Danckwerts/Papenhausen/Scholz/Tavanti
Wettbewerbsprozessrecht

Wettbewerbsprozessrecht

Abmahnung · Einstweiliger Rechtsschutz · Klageverfahren · Vollstreckung

Mit Formulierungsmustern

Von

Dr. Rolf Nikolas Danckwerts, LL.M.
Richter am Landgericht Berlin

Jochen Papenhausen
Rechtsanwalt, Fachanwalt für Informationstechnologierecht,
Fachanwalt für Urheber- und Medienrecht in Osnabrück

Dr. Peter Christian Scholz
Vorsitzender Richter am Landgericht Berlin

Pascal Tavanti
Rechtsanwalt, Fachanwalt für gewerblichen Rechtsschutz,
Fachanwalt für Urheber- und Medienrecht in Berlin

1. Auflage
2016

C.H.BECK

Zitiervorschlag:
D/P/S/T/Bearbeiter WettbProzR Rn. …

www.beck.de

ISBN 978 3 406 63562 5

© 2016 Verlag C.H. Beck oHG
Wilhelmstraße 9, 80801 München

Druck: Nomos Verlagsgesellschaft mbH & Co. KG
In den Lissen 12, 76547 Sinzheim

Satz: Textservice Zink, 74869 Schwarzach

Gedruckt auf säurefreiem, alterungsbeständigem Papier
(hergestellt aus chlorfrei gebleichtem Zellstoff)

Vorwort

Die Durchsetzung oder Abwehr wettbewerbsrechtlicher Ansprüche erfordert nicht nur Kenntnisse des im Gesetz gegen den unlauteren Wettbewerb, Markengesetz und Urheberrechtsgesetz geregelten materiellen Rechts, sondern auch des Verfahrensrechts. Für das Verfahren gilt zwar die Zivilprozessordnung, auf deren Grundlage sich aber für den Wettbewerbsprozess zahlreiche Besonderheiten herausgebildet haben, die dem Fachanwalt bekannt sind, mit denen aber der Rechtsanwalt nicht vertraut ist, der nur gelegentlich eine Wettbewerbssache bearbeitet.

Die Autoren, die als Rechtsanwälte und Richter über langjährige Erfahrungen im gewerblichen Rechtsschutz verfügen, wollen mit diesem Buch dem Nichtspezialisten die Arbeit erleichtern und Fehler vermeiden helfen. Das vorliegende Buch ist deshalb als Leitfaden konzipiert und soll mit Praxistipps die Erfahrungen der Autoren weitergeben. Neben Praxistipps verfügt das Werk über weitere praktische Hilfestellungen, die besonders herauszustellen sind. So verschafft die alphabetische Checkliste zum Rechtsmissbrauch (Rn. 478–587) einen vollständigen Überblick über die im Zusammenhang mit § 8 Abs. 4 UWG immer wieder vorgebrachten Einwendungen. Unter Rn. 390 findet sich eine grafische Übersicht über die Zurechnungsgründe. Die tabellarische Darstellung von Beispielen zur Streitwertbemessung bietet eine umfangreiche Orientierung über die bei Unterlassungsansprüchen üblicherweise festgesetzten Streitwerte (Rn. 1442–1447).

Die Autoren haben Wert darauf gelegt, das Wettbewerbsprozessrecht gründlich und umfassend darzustellen, so dass auch der erfahrene Fachanwalt, Unternehmensjurist und Richter Nutzen aus dem Buch ziehen kann.

Das Werk befindet sich auf dem Stand vom 17. Dezember 2015. Rechtsprechung und Literatur wurden vereinzelt auch darüber hinaus berücksichtigt.

Die Autoren sind für Anregungen, Kritik und Hinweise der Leser dankbar. Hierfür steht folgende eMail-Adresse zur Verfügung: anregungen@wettbewerbsprozessrecht.legal.

Berlin und Osnabrück im April 2016
          Dr. Rolf Nikolas Danckwerts, LLM
              Jochen Papenhausen
           Dr. Peter Christian Scholz
                Pascal Tavanti

Bearbeiterverzeichnis

Im Einzelnen haben bearbeitet:

Dr. Rolf Nikolas Danckwerts: **C** III, IV, V, VII; **D** I, II, III

Jochen Papenhausen: **C** VI; **D** VI 2, VII 3; **E** II

Dr. Peter Christian Scholz: **C** I, II; **D** IV; **F**; **G**; **H**

Pascal Tavanti: **A**; **B**; **D** V, VI 1, VII 1, 2; **E** I

Abkürzungsverzeichnis

a. A.	anderer Ansicht
ABl.	Amtsblatt
Abs.	Absatz
a. E.	am Ende
AEUV	Vertrag über die Arbeitsweise der Europäischen Union
Amtl. Begr.	Amtliche Begründung
AP	Nachschlagewerk des Bundesarbeitsgerichts (seit 1954, vorher: Arbeitsrechtliche Praxis)
ArbEG	Arbeitnehmererfindungsgesetz
Art.	Artikel
ausf.	ausführlich
Az.	Aktenzeichen
BAG	Bundesarbeitsgericht
BAnz.	Bundesanzeiger
BB	Betriebs-Berater
BeckRS	Beck'sche Rechtsprechungssammlung (Jahr + Nummer)
BGB	Bürgerliches Gesetzbuch
BGBl.	Bundesgesetzblatt
BGH	Bundesgerichtshof
BGHZ	Sammlung der Entscheidungen des Bundesgerichtshofs in Zivilsachen
BKartA	Bundeskartellamt
BlPMZ	Blatt für Patent-, Muster- und Zeichenwesen
BPatG	Bundespatentgericht
BPatGE	Entscheidungen des Bundespatentgerichts
Brüssel Ia-VO	Verordnung (EG) Nr. 1215/2012 des Europäischen Parlaments und des Rates über die gerichtliche Zuständigkeit und die Anerkennung und Vollstreckung von Entscheidungen in Zivil- und Handelssachen
BT-Drs.	Bundestags-Drucksache
BVerfG	Bundesverfassungsgericht
BVerfGE	Sammlung der Entscheidungen des Bundesverfassungsgerichts
BVerfGG	Bundesverfassungsgerichtsgesetz
BVerwG	Bundesverwaltungsgericht
BVerwGE	Sammlung der Entscheidungen des Bundesverwaltungsgerichts
CR	Computer und Recht
DB	Der Betrieb
DesignG	Gesetz über den rechtlichen Schutz von Design – Designgesetz
DesignV	Designverordnung
DIN	Deutsche Industrienorm
DPMA	Deutsches Patent- und Markenamt

DPMAVwKostV ...	Verordnung über Verwaltungskosten beim Deutschen Patent- und Markenamt
DVO	Durchführungsverordnung
EGBGB	Einführungsgesetz zum Bürgerlichen Gesetzbuch
EGV	EG-Vertrag (jetzt: Vertrag über die Arbeitsweise der Europäischen Union – AEUV)
EPA	Europäisches Patentamt
EPO	Europäische Patentorganisation
EPÜ	Europäisches Patentübereinkommen
EU	Europäische Union
EuG	Gericht der Europäischen Union (früher: Europäisches Gericht erster Instanz)
EuGH	Gerichtshof der Europäischen Union
EuGRZ	Europäische Grundrechte-Zeitschrift
EuGVVO	s. Brüssel Ia-VO
EUV	Vertrag über die Europäische Union
EuZW	Europäische Zeitschrift für Wirtschaftsrecht
EV	Einstweilige Verfügung
EWiR	Entscheidungen zum Wirtschaftsrecht
EWS	Europäisches Wirtschafts- und Steuerrecht
Fn.	Fußnote
Form.	Formular
GBl.	Gesetzblatt
GebrMG	Gebrauchsmustergesetz
GeschmMG	Geschmacksmustergesetz (jetzt: Designgesetz – DesignG)
ggf.	gegebenenfalls
GGV	Gemeinschaftsgeschmacksmusterverordnung
GMDV	Verordnung zur Durchführung der Gemeinschaftsmarkenverordnung
GMV, GMVO	Gemeinschaftsmarkenverordnung
GRUR	Gewerblicher Rechtsschutz und Urheberrecht; auch: Deutsche Vereinigung für gewerblichen Rechtsschutz und Urheberrecht e. V.
GRUR Int.	Gewerblicher Rechtsschutz und Urheberrecht, Internationaler Teil
GRUR-Prax	Gewerblicher Rechtsschutz und Urheberrecht – Praxis im Immaterialgüter- und Wettbewerbsrecht
GRUR-RR	GRUR-Rechtsprechungsreport
GVBl.	Gesetz- und Verordnungsblatt
GVG	Gerichtsverfassungsgesetz
GVL	Gesellschaft zur Verwertung von Leistungsschutzrechten
GWB	Gesetz gegen Wettbewerbsbeschränkungen (Kartellgesetz)
HABM	Harmonisierungsamt für den Binnenmarkt (Marken, Muster und Modelle)
HalblSchG	Halbleiterschutzgesetz
Halbs.	Halbsatz
HGB	Handelsgesetzbuch
h. L.	herrschende Lehre

h. M.	herrschende Meinung
HRG	Hochschulrahmengesetz
i. d. R.	in der Regel
IIC	International Review of Intellectual Property and Copyright Law
IntPatÜG	Gesetz über internationale Patentübereinkommen
IPRax	Praxis des internationalen Privat- und Verfahrensrechts
i. S. d.	im Sinne des
i. S. v.	im Sinne von
i. V. m.	in Verbindung mit
LAG	Landesarbeitsgericht
LG	Landgericht
MarkenG	Markengesetz
MarkenVO	Markenverordnung
MD	Magazindienst des Verbandes Sozialer Wettbewerb e.V. in Berlin
m. E.	meines Erachtens
Mitt.	Mitteilungen der deutschen Patentanwälte
MMA	Madrider Markenabkommen
MusterAnmV	Musteranmeldeverordnung
MusterRegV	Musterregisterverordnung
MuW	Markenschutz und Wettbewerb
m. w. N.	mit weiteren Nachweisen
NJ	Neue Justiz
NJOZ	Neue Juristische Online-Zeitschrift
NJW	Neue Juristische Wochenschrift
NJW-RR	Neue Juristische Wochenschrift – Rechtsprechungsreport Zivilrecht
NZA	Neue Zeitschrift für Arbeits- und Sozialrecht
OLG	Oberlandesgericht
PatG	Patentgesetz
PatKostG	Patentkostengesetz
PatKostZV	Patentkostenzahlungsverordnung
PatV	Patentverordnung
PCT	Patent Cooperation Treaty (Patentzusammenarbeitsvertrag)
PVÜ	Pariser Verbandsübereinkunft zum Schutze des gewerblichen Eigentums
RdA	Recht der Arbeit
RBÜ	Revidierte Berner Übereinkunft
Rdn.	Randnummer
RIW	Recht der internationalen Wirtschaft
RL	Richtlinie
Rspr.	Rechtsprechung
RVG	Rechtsanwaltsvergütungsgesetz
Rz.	Randziffer
SdT	Stand der Technik
SortenSchG	Sortenschutzgesetz

Slg.	Sammlung; insbesondere: Entscheidungen des EuGH, Amtliche Sammlung (bis 2011)
TRIPS	Übereinkommen über handelsbezogene Aspekte der Rechte des geistigen Eigentums
UGP-Richtlinie	Richtlinie 2005/29/EG des Europäischen Parlaments und des Rates vom 11. 5. 2005 über unlautere Geschäftspraktiken
unv(eröffentl).	unveröffentlicht
UrhG	Urheberrechtsgesetz
UrhSchiedsV	Urheberrechtsschiedsstellenverordnung
UrhWG	Urheberrechtswahrnehmungsgesetz (auch: WahrnG)
UWG	Gesetz gegen den unlauteren Wettbewerb
VerlG	Verlagsgesetz
VG	Verwaltungsgericht; Verwertungsgesellschaft
vgl.	vergleiche
VO	Verordnung
VwGO	Verwaltungsgerichtsordnung
VwVfG	Verwaltungsverfahrensgesetz
WahrnG	Urheberrechtswahrnehmungsgesetz (auch: UrhWG)
WIPO	World Intellectual Property Organization
WPK	Wissenschafts-Pressekonferenz e. V.
WRP	Wettbewerb in Recht und Praxis
WUA	Welturheberrechtsabkommen
WuW	Wirtschaft und Wettbewerb
ZIP	Zeitschrift für Wirtschaftsrecht und Insolvenzpraxis
ZPO	Zivilprozessordnung
ZUM	Zeitschrift für Urheber- und Medienrecht/Film und Recht

Literaturverzeichnis

Ahrens, Der Wettbewerbsprozess, 7. Aufl. 2013

Baumbach/Lauterbach/Albers/Hartmann, ZPO, 73. Aufl. 2015

Beater, Unlauterer Wettbewerb, 2011

Beck'sche Formularsammlung zum gewerblichen Rechtsschutz mit Urheberrecht, 5. Aufl. 2015 (darin: Teil VII. Diekmann/Grohmann, Wettbewerbsrecht)

Berlit, Wettbewerbsrecht, 9. Aufl. 2014

Berneke/Schüttpelz, Die einstweilige Verfügung in Wettbewerbssachen, 3. Aufl. 2015

Binz/Dörndorfer/Petzold/Zimmermann, GKG, FamGKG, JVEG, 3. Aufl. 2014

Büscher/Dittmer/Schiwy, Gewerblicher Rechtsschutz, Urheberrecht, Medienrecht, 3. Aufl. 2015

Cepl/Voß, Prozesskommentar zum Gewerblichen Rechtsschutz, 2015

Dreier/Schulze, Urheberrechtsgesetz, 5. Aufl., 2015

Dreyer/Kotthoff/Meckel, Urheberrecht, 3. Aufl. 2013

Ekey/Klippel/Kotthoff/Meckel/Plaß, Heidelberger Kommentar zum Wettbewerbsrecht, 2. Aufl. 2005

Emmerich, Unlauterer Wettbewerb, 9. Aufl. 2012

Fezer, Lauterkeitsrecht, 2. Aufl. 2010

Gloy/Loschelder/Erdmann, Handbuch des Wettbewerbsrechts, 4. Aufl. 2010

Götting, Wettbewerbsrecht, 2005

Götting/Nordemann, UWG, 2. Aufl. 2013

Großkommentar zum UWG, 2. Aufl. 2013

Harte-Bavendamm/Henning-Bodewig, Gesetz gegen den unlauteren Wettbewerb, 3. Aufl. 2013

Himmelsbach, Beck'sches Mandatshandbuch Wettbewerbsrecht, 4. Aufl. 2014

Immenga/Mestmäcker, Wettbewerbsrecht, Band I/1 und I/2: EU, 5. Aufl. 2012

Immenga/Mestmäcker, Wettbewerbsrecht, Band II: GWB, 5. Aufl. 2014

Ingerl/Rohnke, Markengesetz, Kommentar, 3. Aufl. 2010

juris-Praxiskommentar UWG, 3. Aufl. 2013

Köhler/Bornkamm, Wettbewerbsrecht, 33. Aufl. 2015

Krebs/Becker, Lexikon des Wettbewerbsrechts, 2015

Mayer/Kroiß, Rechtsanwaltsvergütungsgesetz, 6. Aufl. 2013

Melullis, Handbuch des Wettbewerbsprozesses, 3. Aufl. 2000

Münchener Kommentar zum Lauterkeitsrecht, 2. Aufl. 2014

Münchener Kommentar zur ZPO, 4. Aufl. 2012

Münchener Prozessformularbuch, Bd. 5 Gewerblicher Rechtsschutz, Urheber- und Presserecht, 4. Aufl. 2014.

Musielak, Zivilprozessordnung, 12. Aufl. 2015

Nordemann, Wettbewerbs- und Markenrecht, 11. Aufl. 2012

Nosch, Die Abmahnung im Zivilrecht, 2012

Ohly/Sosnitza, UWG, 6. Aufl. 2014

Palandt, Kommentar zum BGB, 74. Aufl. 2015

Schmidt-Kessel/Schubmehl, Lauterkeitsrecht in Europa, 2011

Schuschke/Walker, Vollstreckung und vorläufiger Rechtsschutz, 5. Aufl. 2011

Stein/Jonas, ZPO, 22. Aufl. 2002

Ströbele/Hacker, Markengesetz, 10. Aufl. 2012

Teplitzky, Wettbewerbsrechtliche Ansprüche und Verfahren, 10. Aufl. 2011
Wandtke/Bullinger, Praxiskommentar zum Urheberrecht, 4. Aufl. 2014
Wieczorek/Schütze, ZPO, 4. Aufl. 2014
Zöller, Zivilprozessordnung, 30. Aufl. 2014

Inhaltsverzeichnis

A. Überblick

I. Zielrichtung

Unser Werk „Wettbewerbsprozessrecht" soll ein Leitfaden sein – ein Wegweiser, der 1
den Leser sicher durch eine lauterkeitsrechtlich geprägte Streitigkeit führt. Wir werden
mögliche Fehlerquellen aufzeigen, verschiedene Taktiken erklären und die gängigen
Instrumente des Wettbewerbsverfahrensrechts erläutern.

Anwältinnen und Anwälte möchten wir vor regressträchtigen Fehlentscheidungen 2
bewahren. Der Rechtsabteilung soll verdeutlicht werden, welchen Punkt die Auseinandersetzung erreicht hat und welche Handlungsoptionen jeweils bestehen. Und
Richterinnen und Richtern[1], die nicht regelmäßig mit lauterkeitsrechtlichen Streitigkeiten befasst sind, möchten wir das verfahrensrechtliche Rüstzeug nahebringen, damit sie – etwa in Vergleichsverhandlungen – interessengerechte Vorschläge unterbreiten können. So wäre es beispielsweise nicht von Vorteil, im Rahmen eines einstweiligen
Verfügungsverfahrens die Rücknahme des Widerspruchs anzuregen, ohne vorsorglich
auch die in Betracht kommende Abgabe der Abschlusserklärung anzusprechen. Nähere Ausführungen zu diesem Thema finden sich in Kapitel D. V. 2. a) ff.).

Wir haben nicht den Anspruch, dogmatische Entwicklungen im Detail darzustellen 3
oder eine Vielzahl von besonderen Sachverhaltsgestaltungen aufzuzeigen, die in der Praxis selten vorkommen. Wir möchten ein grundlegendes, praktisches Verständnis für verfahrensrechtliche Zusammenhänge vermitteln und uns nicht in Einzelheiten verlieren.

Das Autorenteam ist bewusst gewählt: Es setzt sich aus zwei Richtern und zwei
Rechtsanwälten zusammen, die mit ihren unterschiedlichen Perspektiven in einen Diskurs treten sollen. Verhaltensweisen, die ein Rechtsanwalt als naheliegend empfindet,
können bei Gericht Unverständnis auslösen. Die Empfehlungen des Gerichts wiederum können aus rechtsanwaltlicher Sicht zu ungünstigen Konsequenzen führen.
Deshalb werden in den von den Rechtsanwälten verfassten Kapiteln Anmerkungen der
Richter zu finden sein. Umgekehrt werden sich die Rechtsanwälte in den von den
Richtern verfassten Kapiteln zu Wort melden.

Mit den Formulierungsmustern in den jeweiligen Kapiteln wollen wir anschauliche 4
Beispiele geben, die aber selbstredend nicht blind übernommen werden können. In jeder Situation muss neu überlegt werden, welche Formulierung geeignet ist, welche Risiken eingegangen werden sollen und welche Besonderheiten beachtet werden müssen.

II. Überblick zum außergerichtlichen Verfahren

Man könnte meinen, die außergerichtliche Auseinandersetzung beginne mit der Ab- 5
mahnung. Dies ist jedoch nicht der Fall. Denn vor Versendung einer Abmahnung muss
zunächst der streitgegenständliche Sachverhalt sorgsam gesichert werden. In der Praxis

---

[1] Im Folgenden werden wir zur Vereinfachung zumeist nur die weibliche oder nur die männliche Form verwenden.

kommt es allerdings immer wieder vor, dass Abmahnungen versandt werden, ohne vorher den Sachverhalt hinreichend exakt zu dokumentieren. Ändert der Abgemahnte dann beispielsweise den streitgegenständlichen Internetauftritt und lehnt die Abgabe der Unterlassungserklärung ab, scheitert ein gerichtliches Verfahren bereits an dem Umstand, dass die konkrete geschäftliche Handlung nicht mehr dargelegt werden kann.

6   Daneben müssen Glaubhaftmachungs- und Beweismittel zusammengetragen werden. Handelt es sich beispielsweise um eine rufschädigende Äußerung, sollte die als Zeuge in Betracht kommende Person vor Absendung der Abmahnung darum gebeten werden, eine **Versicherung an Eides statt** im Sinne des § 294 ZPO abzugeben, die dann als Glaubhaftmachungsmittel verwandt werden kann. Wer sich erst nach dem Ausspruch der Abmahnung um die Beibringung von Glaubhaftmachungsmitteln bemüht, hat seine Chancen auf ein erfolgreiches Verfahren bereits deutlich reduziert – denn unter Umständen kostet die zu spät eingeleitete Einholung von Glaubhaftmachungsmitteln so viel Zeit, dass der Verfügungsgrund entfällt. Außerdem schildert der Zeuge den Sachverhalt häufig genauer oder anders, wenn seine Aussage mit einer Versicherung an Eides statt verbunden ist. Eventuell stellt sich dabei sogar heraus, dass sich die Gegebenheit doch anders zugetragen hat. Wurde die Abmahnung in einem solchen Fall bereits versandt, schwächt das nicht nur die Glaubwürdigkeit des Abmahnenden. Möglicherweise muss sogar eine weitere Abmahnung ausgesprochen werden, da ansonsten der Streitgegenstand des Verfügungsantrags oder der Klage mit dem in der Abmahnung geäußerten Vorwurf nicht identisch wäre.

7   Die Abmahnung ist weder Zulässigkeitsvoraussetzung noch Schlüssigkeitserfordernis eines Verfügungsantrags oder einer Klage.[2] Mahnt der Unterlassungsgläubiger nicht ab und reicht stattdessen sofort einen Antrag auf Erlass einer einstweiligen Verfügung oder eine Klage bei Gericht ein, kann der Unterlassungsschuldner den Anspruch unter Protest gegen die Kostenlast und unter Verweis auf § 93 ZPO **sofort anerkennen**. Denn die Veranlassung zur Einreichung eines Verfügungsantrags oder zur Erhebung der Klage wird im Wettbewerbsprozess regelmäßig nur dann angenommen, wenn der Unterlassungsschuldner keine den Anforderungen genügende Unterlassungserklärung abgegeben hat, obwohl er zuvor durch den Gläubiger abgemahnt worden ist. Der Beklagte gibt Veranlassung zur Klage, wenn er sich außergerichtlich so verhalten hat, dass der Kläger annehmen kann, er werde nur durch die Einleitung des gerichtlichen Verfahrens zu seinem Recht kommen.[3] Die Verweigerung der Unterlassungserklärung stellt ein solches Verhalten dar. Das Anerkenntnis muss sofort, also bei der ersten prozessual dafür in Betracht kommenden Situation erfolgen. Bei Anordnung des schriftlichen Vorverfahrens muss das Anerkenntnis bei Ankündigung der Sachanträge erklärt werden, also im Rahmen der Verteidigungsanzeige oder spätestens innerhalb der Klageerwiderungsfrist gemäß § 276 Abs. 1 S. 2 ZPO, falls der Beklagte seinen Antrag erst mit der Klageerwiderung stellt.[4] Findet ein erster früher Termin statt, muss das Anerkenntnis vor Stellung der Sachanträge abgegeben werden.[5] Beim

---

[2] MünchKommUWG/*Ottofülling*, 2. Aufl. 2014, § 12 Rn. 13.
[3] Cepl/Voß/*Rüting*, Prozesskommentar zum Gewerblichen Rechtsschutz, 1. Aufl. 2015, § 93 ZPO Rn. 17.
[4] Cepl/Voß/*Rüting*, Prozesskommentar zum Gewerblichen Rechtsschutz, 1. Aufl. 2015, § 93 ZPO Rn. 5 f.
[5] Cepl/Voß/*Rüting*, Prozesskommentar zum Gewerblichen Rechtsschutz, 1. Aufl. 2015, § 93 ZPO Rn. 7.

Verfügungsverfahren muss der Antragsgegner mit der Erhebung des Widerspruchs gegen eine Beschlussverfügung den Unterlassungsanspruch anerkennen, weshalb sich der Widerspruch nur gegen die Kosten richten darf (**„Kostenwiderspruch"**).[6] Erkennt der Beklagte den Anspruch nicht rechtzeitig an, ist es unerheblich, ob er abgemahnt wurde oder nicht; die ihn privilegierende Bestimmung des § 93 ZPO findet dann keine Anwendung mehr.

Der Abgemahnte muss sich entscheiden, ob er die mit der Abmahnung geforderte 8 Unterlassungserklärung abgibt oder nicht. Im letztgenannten Fall nimmt der Abgemahnte eine gerichtliche Auseinandersetzung in Kauf. Betrifft die Abmahnung **mehrere Streitgegenstände**, kann der Abgemahnte auch nur hinsichtlich eines Streitgegenstandes die Unterlassungserklärung abgeben und sich im Übrigen auf die gerichtliche Auseinandersetzung einlassen. Die Unterlassungserklärung zielt auf den Abschluss eines Unterlassungsvertrages ab. Der Gläubiger muss bei der Abfassung der von ihm vorformulierten Unterlassungserklärung ein hohes Maß an Sorgfalt aufbringen, damit das Unterlassungsversprechen nicht enger ausfällt als der aufgrund der Verletzungshandlung bestehende gesetzliche Unterlassungsanspruch. Da ein Unterlassungsvertrag nur unter bestimmten Voraussetzungen wieder beendet werden kann, muss auch der Schuldner sorgsam und umsichtig abwägen, ob er eine Unterlassungserklärung abgeben will und falls ja, welchen Inhalt diese Erklärung haben soll.

III. Überblick zum gerichtlichen Verfahren

Verweigert der Abgemahnte die Abgabe der Unterlassungserklärung, sollte er die 9 vom Abmahnenden gesetzte Frist nutzen, um eine **Schutzschrift** bei Gericht zu hinterlegen. In der Schutzschrift trägt der Abgemahnte seine Argumente vor, damit das Gericht bei Eingang eines Verfügungsantrags über den Standpunkt des Abgemahnten im Bilde ist. Die Hinterlegung der Schutzschrift ist schon deshalb sinnvoll, weil im einstweiligen Verfügungsverfahren zunächst häufig über den Verfügungsantrag ohne mündliche Verhandlung entschieden wird. Der Abgemahnte kann demnach nicht darauf bauen, dass ihm noch vor Erlass einer einstweiligen Verfügung die Möglichkeit gegeben wird, zur Antragsschrift des Anspruchstellers Stellung zu nehmen.

Der Unterlassungsgläubiger[7] muss entscheiden, ob er einen **Antrag auf Erlass einer** 10 **einstweiligen Verfügung** oder einen **Antrag im Rahmen eines Klageverfahrens** stellen will. In den meisten Fällen wird sich der Abmahnende für ein einstweiliges Verfügungsverfahren entscheiden. Gerade bei kurzfristig laufenden Werbeaktionen wäre eine erstinstanzliche Entscheidung einige Monate nach Beendigung der streitauslösenden Aktion von keinem großen Nutzen für den Unterlassungsgläubiger. Folgende Gründe können hingegen für die Erhebung einer Klage sprechen: Die **Dringlichkeitsfrist** ist möglicherweise abgelaufen, weswegen der Verfügungsgrund eventuell nicht mehr gegeben ist. Wählt der Unterlassungsgläubiger das Klageverfahren, entfällt der Streitpunkt „Verfügungsgrund" naturgemäß. Oder der Unterlassungsgläubiger sieht sich nicht in der Lage, seine Darlegungen glaubhaft zu machen, weshalb eine Beweis-

---

[6] Cepl/Voß/*Rüting*, Prozesskommentar zum Gewerblichen Rechtsschutz, 1. Aufl. 2015, § 93 ZPO Rn. 8.

[7] Die Begriffe „Unterlassungsgläubiger" und „Unterlassungsschuldner" bezeichnen die Rollen der Parteien, unabhängig davon, ob die Voraussetzungen eines Unterlassungsanspruchs tatsächlich gegeben sind.

erhebung notwendig erscheint. Ein dritter, in der Praxis nicht unbedeutender Grund ist der Wunsch der Parteien nach einer einvernehmlichen Streitbeilegung – etwa im Rahmen eines **Einigungsstellenverfahrens**. Scheitert das Einigungsstellenverfahren, kommt ein Verfügungsverfahren nicht mehr in Betracht, da die Eilbedürftigkeit nicht mehr gegeben ist. Umgekehrt kann aber auch gerade der Wunsch nach einer gütlichen Streitbeilegung ausschlaggebend dafür sein, warum zunächst eine einstweilige Verfügung erwirkt werden soll. Der Unterlassungsgläubiger verbessert möglicherweise seine Verhandlungsposition, wenn das Bestehen des Unterlassungsanspruchs durch die Zustellung der einstweiligen Verfügung unterstrichen werden kann.

11   Wird die einstweilige Verfügung erlassen, muss der Antragsteller dafür Sorge tragen, dass die Zustellung innerhalb der **Monatsfrist** des § 929 Abs. 2 ZPO erfolgt. Richtet sich die einstweilige Verfügung gegen mehrere Antragsgegner, muss die Zustellung an alle Antragsgegner bewirkt werden. Wird die Zustellungsfrist nicht eingehalten, kann der Antragsgegner die Aufhebung der einstweiligen Verfügung erreichen.

12   Nachdem die einstweilige Verfügung zugestellt wurde, muss der Antragsgegner alles unternehmen, um dem gerichtlichen Untersagungsgebot so schnell wie möglich nachzukommen – ein Verstoß gegen die gerichtliche Entscheidung kann ein **Ordnungsmittelverfahren** nach § 890 ZPO zur Folge haben. Ist der Antragsgegner davon überzeugt, dass die einstweilige Verfügung wieder aufgehoben werden wird, kann er sich dafür entscheiden, der gerichtlich ausgesprochenen Entscheidung zuwider zu handeln. Wird die einstweilige Verfügung dann tatsächlich aufgehoben, entfällt der Titel, der für den Ordnungsmittelbeschluss als Grundlage der Zwangsvollstreckung gegeben sein muss. Das Ordnungsgeld kann in dem Fall nicht mehr festgesetzt beziehungsweise beigetrieben werden. Der beratende Rechtsanwalt muss in einer solchen Konstellation aber unmissverständlich – und dokumentarisch festgehalten – darauf hinweisen, welche Folgen eine Nichtbeachtung der gerichtlichen Entscheidung haben kann.

13   Dem Antragsgegner bleiben mehrere Möglichkeiten, gegen die einstweilige Verfügung vorzugehen: Er kann sich mit einem **Widerspruch** nach § 923 ZPO oder den Behelfen nach § 926 ZPO (**Anordnung der Klageerhebung**) beziehungsweise § 927 ZPO (**Aufhebung wegen veränderter Umstände**) zur Wehr setzen. Ergeht die einstweilige Verfügung nach mündlicher Verhandlung, steht ihm das Rechtsmittel der Berufung gegen das Urteil zu, sofern die entsprechenden Zulässigkeitsvoraussetzungen gegeben sind.

14   Im Übrigen kann die abgemahnte Partei nach Erhalt der Abmahnung – und auch noch während des Verfügungsverfahrens – selbst ein Klageverfahren in Gang setzen, indem sie eine **negative Feststellungsklage** erhebt. Das für die Zulässigkeit der Feststellungsklage erforderliche Rechtsschutzbedürfnis wird durch die Abmahnung begründet. Der Beklagte, also der Abmahnende, muss in einem solchen Fall darlegen und beweisen können, dass die Tatbestandsvoraussetzungen des Unterlassungsanspruchs, auf die er sich im Rahmen der Abmahnung berufen hat, tatsächlich vorliegen. Gelingt ihm dies nicht, wird der negativen Feststellungsklage stattgegeben. Auch dieses Prozessrisiko muss bei der Absendung einer Abmahnung berücksichtigt werden.

15   Will der Antragsgegner eine weitere Auseinandersetzung vermeiden, kann er entweder eine **Unterlassungserklärung** oder eine **Abschlusserklärung** abgeben. Mit der Unterlassungserklärung verpflichtet er sich vertraglich, die streitgegenständliche Handlung bei Vermeidung einer Vertragsstrafe künftig zu unterlassen. Verstößt der Unterlassungsschuldner schuldhaft gegen dieses Versprechen, verwirkt er die vereinbarte Vertragsstrafe nach § 339 BGB. Mit der Abschlusserklärung erkennt er die einstweilige Regelung als endgültig gleich einem rechtskräftigen Urteil in einem Kla-

geverfahren an. Verstößt er gegen das gerichtliche Untersagungsgebot, kann der Unterlassungsgläubiger einen Ordnungsmittelantrag stellen. Das Gericht wird in diesem Fall ein Ordnungsmittel in Form eines Ordnungsgeldes (oder in seltenen Ausnahmefällen in Form von Ordnungshaft) festsetzen.

Wird die einstweilige Verfügung nicht erlassen, kann der Antragsteller im Falle einer 16 Entscheidung ohne mündliche Verhandlung sofortige Beschwerde gegen den abweisenden Beschluss einlegen, wobei eine sich aus § 569 Abs. 1 ZPO ergebende Notfrist von zwei Wochen einzuhalten ist. Entscheidet das Gericht über den Verfügungsantrag nach erstinstanzlicher mündlicher Verhandlung durch Urteil, kann die Einlegung einer Berufung in Betracht gezogen werden.

Erlässt das Gericht die einstweilige Verfügung zunächst und erweist sie sich später 17 als von Anfang an ungerechtfertigt, kann der Antragsteller nach § 945 ZPO verpflichtet sein, dem Antragsgegner **Schadensersatz** zu leisten. Mitunter ist der entstandene Schaden erheblich, beispielsweise wenn eine nicht zu wiederholende Verkaufsaktion untersagt wird und der Antragsgegner seine Waren entsorgen muss. Auf das Schadensersatzrisiko muss der beratende Rechtsanwalt seinen Mandanten vor Antragstellung hinweisen. Möglicherweise entscheidet sich der Unterlassungsgläubiger vor diesem Hintergrund dafür, anstelle des Verfügungsverfahrens ein Klageverfahren einzuleiten.

Im Verfügungsverfahren endet die gerichtliche Auseinandersetzung vor dem Beru- 18 fungsgericht. Gemäß § 542 Abs. 2 ZPO findet die Revision gegen entsprechende Entscheidungen des Berufungsgerichts nicht statt. Auch deswegen lohnt es sich, bei der Auswahl eines nach § 14 UWG zuständigen Gerichts die Rechtsprechung der jeweiligen Oberlandesgerichte – auch hinsichtlich der **„Dringlichkeitsfristen"** – zu berücksichtigen.

Der Antragsteller oder der Kläger muss bei der Formulierung des Unterlassungsan- 19 trages sehr sorgfältig arbeiten, zumal eine spätere Änderung des Streitgegenstands durch Umstellung des Antrags mit Blick auf die sich aus § 11 UWG ergebende **kurze Verjährungsfrist** zum Wegfall des Anspruchs führen kann. Die Ansprüche nach §§ 8, 9 und 12 Abs. 1 S. 2 UWG verjähren nach sechs Monaten. Trifft die Formulierung des Antrags nicht die als unzulässig bewertete geschäftliche Praktik, wird möglicherweise die Anspruchsvoraussetzung der Begehungsgefahr (in Form der Wiederholungsgefahr oder auch der Erstbegehungsgefahr) nicht erfüllt. Der Umfang des Unterlassungsanspruchs richtet sich nach der konkreten geschäftlichen Handlung, die durch den Antrag abgebildet werden muss. Stellt der Kläger zu einem späteren Zeitpunkt seinen Antrag um, damit der geltend gemachte Unterlassungsanspruch auf die konkrete Verletzungshandlung abgestimmt ist, kann bei einer Änderung des Streitgegenstandes der nun geltend gemachte Anspruch bereits verjährt sein. Ging dem Klageverfahren ein erfolgreich geführtes Verfügungsverfahren voraus, sollte der Antrag im Klageverfahren dem Untersagungstenor aus dem Verfügungsverfahren entsprechen. Anderenfalls kann der im Verfügungsverfahren zugesprochene Unterlassungsanspruch verjähren, da er im Falle einer Änderung des Streitgegenstandes nicht durch das Klageverfahren weiterverfolgt wird. Die durch das Verfügungsverfahren bewirkte Hemmung der Verjährung bezieht sich nur auf den Streitgegenstand des Verfügungsverfahrens. Ändert der Gläubiger den Unterlassungsantrag im Klageverfahren, kann die Einrede der Verjährung demnach greifen. Außerdem muss damit gerechnet werden, dass auch die einstweilige Verfügung aufgrund der verstrichenen Verjährungsfrist wieder aufgehoben wird. Denn das gerichtliche Untersagungsgebot, das in einem Verfügungsverfahren ausgesprochen wird, erlangt nicht die Rechtskraft einer in einem Klageverfahren getroffenen Entscheidung. Dementsprechend muss der durch die einstweilige Verfügung gesicherte Unterlassungsanspruch anhand eines Klageverfahrens weiterverfolgt werden, bevor der Unterlassungsanspruch verjährt. Eine den Streitgegenstand ändernde Diskrepanz zwischen dem Verfügungsantrag und dem Klageantrag kann aufgrund der zweifach eintretenden Verjährung also dazu führen, dass der Unterlassungsgläubiger letztlich trotz des ursprünglich bestehenden Unterlassungsanspruchs mit leeren Händen dasteht. Im Übrigen kann eine Änderung des Unterlassungsantrags dazu führen, dass die Klage unbegründet ist, wenn der nunmehr verfolgte Unterlassungsanspruch durch die Verletzungshandlung nicht abgedeckt ist. Auch dieses Risiko kann durch die exakte Umsetzung des Unterlassungstenors der einstweiligen Verfügung in einen Unterlassungsantrag im Rahmen der Klageschrift vermieden werden.

20   Die mit Abstand am häufigsten angewandte Klageart ist die **Unterlassungsklage**. Meist wird neben dem Unterlassungsanspruch auch der Aufwendungsersatzanspruch nach § 12 Abs. 1 Satz 2 UWG geltend gemacht, wenn Abmahnkosten angefallen und noch nicht erstattet wurden. Daneben kommen als sonstige wettbewerbsrechtliche Klagen die Schadensersatz-, die Bereicherungs-, die (negative) Feststellungs-, die Auskunfts- und Rechnungslegungs-, die Beseitigungs- sowie die Gewinnabschöpfungsklage in Betracht.

IV. Überblick zum Vollstreckungsverfahren

21   In den meisten Fällen handelt es sich bei der Vollstreckung um die Beitreibung von titulierten außergerichtlichen und gerichtlichen Kosten sowie um Verstöße gegen titulierte Unterlassungsansprüche. Die Zwangsvollstreckung aus einem Unterlassungstitel richtet sich nach § 890 ZPO,[8] wobei (wie sonst auch) Titel, Klausel und Zustellung gegeben sein müssen. Handelt der Schuldner der Unterlassungsverpflichtung zuwider, setzt das Prozessgericht des ersten Rechtszugs auf Antrag des Gläubigers ein **Ordnungsgeld** und – für den Fall, dass dieses nicht beigetrieben werden kann – **Ordnungshaft** fest. Hält das Vollstreckungsgericht die Festsetzung eines Ordnungsgeldes im Hinblick auf die Schwere des neuerlichen Verstoßes für nicht ausreichend, kann es eine Ordnungshaft anstelle des Ordnungsgeldes festsetzen. Eine solche Entscheidung wird jedoch nur in seltenen Ausnahmefällen erfolgen. Das vom Gericht festzusetzende Ordnungsgeld kann unterschiedlich hoch ausfallen, wobei das einzelne Ordnungsgeld zwischen € 5,00 und € 250.000,00 liegt. In fast allen Fällen nennt das Gericht in seiner Entscheidung nur den Höchstbetrag des Ordnungsmittelrahmens – was von den Parteien wie auch von den Medien dahingehend missverstanden werden kann, dass bei jedem Verstoß ein Ordnungsmittel in Höhe von € 250.000,00 festgesetzt werden würde. Tatsächlich fällt das durch ein Gericht festgesetzte Ordnungsmittel im Regelfall niedriger aus als die Bestimmung der Vertragsstrafenhöhe durch eine Partei nach § 315 BGB im Rahmen des „Hamburger Brauchs", so dass von einer unverhältnismäßigen Zwangsmittelandrohung keine Rede sein kann.

22   Der **Ordnungsmittelfestsetzung** muss eine **Ordnungsmittelandrohung** vorausgehen. Diese Androhung ist in dem die Unterlassungsverpflichtung aussprechenden Beschluss oder Urteil enthalten, wenn der Antragsteller beziehungsweise der Kläger einen entsprechenden Antrag gestellt hat. Anderenfalls muss der Unterlassungsgläubi-

---

[8] Ahrens/*Spätgens*, 7. Aufl., Kap. 63, Rn. 4.

ger die Androhung vor dem Prozessgericht des ersten Rechtszuges beantragen, beispielsweise bei einem entsprechenden Prozessvergleich oder bei einer notariell abgegebenen Unterlassungserklärung.[9] Solange die Ordnungsmittelandrohung nicht vom Gericht erlassen worden ist, kann kein Ordnungsmittel festgesetzt werden. Ein Ordnungsmittelantrag bliebe ohne Erfolg, wenn die Androhung der Festsetzung von Ordnungsmitteln nicht bereits vor der neuerlichen Verletzungshandlung erfolgt ist. Der den Unterlassungsgläubiger vertretende Anwalt muss deshalb in jedem Fall sicherstellen, dass die Androhung so früh wie möglich erfolgt.

Die Vollstreckbarkeit eines erstinstanzlichen Urteils ist zumeist nur gegen Sicher- **23** heitsleistung möglich – es sei denn, das Gericht hat ein Versäumnisurteil oder eine einstweilige Verfügung erlassen. Einstweilige Verfügungen sind ohne Leistung einer Sicherheit vollstreckbar.[10] Ist das Urteil nur gegen Sicherheitsleistung für vorläufig vollstreckbar erklärt worden, kann der Ordnungsmittelantrag erst gestellt werden, nachdem der Gläubiger die Sicherheit geleistet hat.[11]

Erachtet das Vollstreckungsgericht eine Beweisaufnahme im Ordnungsmittelverfah- **24** ren für notwendig,[12] wird es einen Termin zur mündlichen Verhandlung anberaumen. Das Gericht kann über den Ordnungsmittelantrag im Übrigen auch ohne mündliche Verhandlung entscheiden. Die Entscheidung ergeht in jedem Fall durch Beschluss. Gegen die Festsetzung eines Ordnungsmittels wie auch gegen die Abweisung des Ordnungsmittelantrags ist das Rechtsmittel der **sofortigen Beschwerde** gegeben. Die sofortige Beschwerde gegen die Festsetzung eines Ordnungsmittels hat aufschiebende Wirkung. Um die Wirkungen des Ordnungsmittelbeschlusses zu beseitigen, kann der Unterlassungsgläubiger auch den zugrunde liegenden Titel (also die Unterlassungsverfügung oder das Unterlassungsurteil) angreifen. Entfällt der für die Zwangsvollstreckung notwendige Titel kann ein Ordnungsmittelbeschluss nicht mehr ergehen; ein bereits erlassener Ordnungsmittelbeschluss muss auf die Beschwerde des Schuldners aufgehoben werden. Oftmals wird die Vergleichsbereitschaft des Unterlassungsschuldners durch die Festsetzung eines Ordnungsmittels begründet oder verstärkt. Kommt es zu einer gütlichen Streitbeilegung, in deren Rahmen der Gläubiger den Ordnungsmittelantrag zurücknimmt, kann das Ordnungsmittel nicht festgesetzt beziehungsweise ein bereits festgesetztes Ordnungsmittel nicht mehr vollstreckt werden. Während der Unterlassungsanspruch verschuldensunabhängig ist, setzt die Festsetzung eines Ordnungsmittels Verschulden voraus.[13]

V. Missbrauch und Streitwert

Nach § 8 Abs. 4 S. 1 UWG ist die Geltendmachung von lauterkeitsrechtlichen Be- **25** seitigungs- und Unterlassungsansprüchen unzulässig, wenn sie unter Berücksichtigung der gesamten Umstände missbräuchlich ist. Lässt sich der Abmahner bei der

---

[9] Gleiches gilt für den Fall, dass es der Rechtsanwalt der klagenden Partei verabsäumt hat, den Antrag auf Androhung eines Ordnungsmittels rechtzeitig zu stellen.

[10] Ahrens/*Spätgens*, 7. Aufl., Kap. 64, Rn. 28.

[11] Ahrens/*Spätgens*, 7. Aufl., Kap. 64, Rn. 27.

[12] Im Ordnungsmittelverfahren ist der Vollbeweis auch dann erforderlich, wenn der Unterlassungsanspruch im Rahmen einer einstweiligen Verfügung tenoriert worden ist: OLG München, Beschluss vom 11.3.2015, 29 W 290/15.

[13] Ahrens/*Spätgens*, 7. Aufl., Kap. 63, Rn. 4.

Rechtsverfolgung überwiegend von sachfremden Erwägungen leiten, ist von einem Missbrauch auszugehen.[14] Ob ein solcher vorliegt, ist unter Berücksichtigung der gesamten Umstände des Einzelfalls zu entscheiden. Typische Indizien eines Missbrauchs sind: Ein hervorstechendes **Gebührenerzielungsinteresse**, das gegeben ist, wenn die Abmahnung ohne ein erkennbares wettbewerbsbezogenes Interesse ausgesprochen wird.[15] Die **systematische Überhöhung** von Abmahnkosten und Vertragsstrafen.[16] Die Forderung nach einem **verschuldensunabhängigen Vertragsstrafeversprechen**.[17] Ein von dem beauftragten Anwalt selbst organisiertes „Abmahngeschäft", bei dem der Anwalt nicht nur die rechtlichen Interessen des Abmahners wahrnimmt, sondern auch die Wettbewerbsverstöße selbst recherchiert.[18] Das durch eine möglichst kostenintensive Rechtsverfolgung hervortretende **Kostenbelastungsinteresse**,[19] welches beispielsweise gegeben ist, wenn das Verfügungsverfahren und das Klageverfahren ohne nachvollziehbaren Grund gleichzeitig eingeleitet werden oder wenn der Unterlassungsgläubiger einen einheitlichen Wettbewerbsverstoß in möglichst viele Einzelstreitigkeiten aufteilt, nur um so die Anzahl der Abmahnungen und der gerichtlichen Verfahren zu steigern.

26   In der öffentlichen Diskussion ist häufig vom „Abmahnungswesen", von „Abmahnwellen", „Abmahnanwälten" und einer „Abmahnindustrie" die Rede. Ausgangspunkt dafür waren Abmahnungen im urheberrechtlichen Bereich, die der Verfolgung von illegalen Downloads und Ähnlichem dienten. Unterlassungsschuldner waren in diesen Fällen oft Privatpersonen. Die Abmahnung wird in diesem Zusammenhang in erster Linie als Einnahmequelle für dubiose Anwälte dargestellt. Auf Verallgemeinerungen sollte jedoch verzichtet werden – so berechtigt die Kritik im Einzelfall auch sein mag. Zur Reduzierung der Anzahl der Abmahnungen hat der Gesetzgeber die Bestimmung des § 97a UrhG geschaffen. Das Institut der Abmahnung hat seine Berechtigung. Dafür spricht bereits, dass der Gesetzgeber die Abmahnung als Obliegenheit in § 12 Abs. 1 S. 2 UWG aufgenommen hat. Wer sich am Wirtschaftsleben beteiligt, muss das Lauterkeitsrecht beachten. Im Wettbewerbsrecht[20] kommen Personen, die nicht als Mitbewerber auftreten, sondern nur „privat" handeln, ohnehin nicht als Anspruchsgegner in Betracht. Schon deshalb lassen sich die Überlegungen zur Begründung der Einführung des § 97a UrhG nicht auf die Materie des Lauterkeitsrechts übertragen.[21]

27   Der Gesetzgeber hat den § 51 GKG durch das **Gesetz gegen unseriöse Geschäftspraktiken** vom 1.10.2013 geändert.[22] In lauterkeitsrechtlichen Verfahren ist der Streitwert im Regelfall nach der sich aus dem Antrag des Klägers für ihn ergebenden Bedeutung zu bestimmen. Das Gericht kann den Streitwert aber auch niedriger ansetzen, wenn die Bedeutung der Sache für den Beklagten erheblich geringer zu bewerten ist als für den Kläger. Ergeben sich nach Ansicht des Gerichts nicht genügend

---

[14] BGH, Urteil vom 6.10.2011, I ZR 42/10, GRUR 2012, 286.
[15] Köhler/Bornkamm/*Köhler*, 33. Aufl. 2015, § 8 UWG Rn. 4.12.
[16] BGH, Urteil vom 6.10.2011, I ZR 42/10, GRUR 2012, 286.
[17] BGH, Urteil vom 15.12.2011, I ZR 174/10, GRUR 2012, 730.
[18] Köhler/Bornkamm/*Köhler*, 33. Aufl. 2015, § 8 UWG Rn. 4.12b.
[19] BGH, Urteil vom 6.10.2011, I ZR 42/10, GRUR 2012, 286.
[20] Die Begriffe „Wettbewerbsrecht" und „Lauterkeitsrecht" werden synonym gebraucht; das Kartellrecht ist mit dem Begriff „Wettbewerbsrecht" in diesem Werk nicht gemeint.
[21] Ähnlich: *Nosch*, Die Abmahnung im Zivilrecht, 2012, S. 115.
[22] BGBl. 2013 I S. 3714 ff.

Anhaltspunkte für die Bestimmung des Streitwertes, ist nach der Neuregelung ein Streitwert in Höhe von € 1.000,00 anzunehmen. Dieser Auffangstreitwert kommt so gut wie nie zur Anwendung. Aus guten Gründen hält die Rechtsprechung an den Grundsätzen der Streitwertfestsetzung fest, die sie bereits vor Inkrafttreten des Gesetzes gegen unseriöse Geschäftspraktiken entwickelt hat: Es ist ein ausdifferenziertes Streitwertsystem, das der Bedeutung der streitgegenständlichen Wettbewerbsverstöße im Einzelfall gerecht wird.

Mit der Beschränkung des Streitwertes gemäß § 97a Abs. 3 UrhG oder mit den Bestimmungen in § 51 GKG versucht der Gesetzgeber gegen „Massenabmahnungen" und den Missbrauch der Anspruchsberechtigung vorzugehen. Missbrauch soll sich (finanziell) nicht lohnen. Damit stellt der Gesetzgeber aber gerade im Bereich des Lauterkeitsrechts die Handelnden in einem gut funktionierenden System unter Generalverdacht. Die Klagebefugnis der Mitbewerber, der die Voraussetzungen nach § 8 Abs. 3 Nr. 2 und Nr. 3 UWG erfüllenden Verbände und qualifizierten Einrichtungen sowie der Industrie- und Handelskammern und der Handwerkskammern hat sich bewährt. Die Entscheidung, auf die Einrichtung einer „Lauterkeitsbehörde" zu verzichten, wird von allen Beteiligten als richtig empfunden. Nichts spricht dafür, dieses tragfähige System durch gesetzgeberische Eingriffe zu stören, zumal die handelnden Mitbewerber auch im Interesse des Verbraucherschutzes gehalten sind, das Lauterkeitsrecht zu befolgen.[23] Die Rechtsprechung geht zu Recht davon aus, dass ein Streitwert in Höhe von € 1.000,00 nur dann in Betracht kommt, wenn es sich um einen Wettbewerbsverstoß handelt, der kaum geeignet ist, einen Verbraucher oder sonstigen Marktteilnehmer in seiner Entscheidung zu beeinflussen.[24]

Der Anwendungsbereich des § 8 Abs. 4 UWG erstreckt sich nicht auf vertragliche Unterlassungsansprüche, Vertragsstrafenansprüche oder Kostenerstattungsansprüche nach § 12 Abs. 1 S. 2 UWG.[25] Statt an der Höhe des Streitwertes anzusetzen, sollte der Rechtsprechung eher durch eine Erweiterung des Anwendungsbereichs des § 8 Abs. 4 UWG die Möglichkeit gegeben werden, noch umfassender und expliziter als bisher den Missbrauch zu ahnden. So wäre vor allem bei der Geltendmachung von Vertragsstrafenansprüchen eine gerichtliche Korrekturmöglichkeit wünschenswert, die nicht auf die Anwendung des § 138 BGB oder des § 242 BGB angewiesen ist. Missbrauchsfälle werden häufig durch Branchenverbände, Kammern und die seriösen Wettbewerbsverbände aufgedeckt.[26] Die Wirtschaft kann die „schwarzen Schafe" also selbst ausfindig machen. Die Rechtsanwaltschaft arbeitet bereits mit den Branchenverbänden zusammen. Die Branchenverbände und die Rechtsanwälte unterrichten sich gegenseitig über Missbrauchsverdachtsmomente. Verkaufsportale können den ihnen ange-

28

29

---

[23] Wie sich aus dem Gesetzentwurf der Bundesregierung, BT-Drs. 17/13057, S. 10 ergibt, hat der Gesetzgeber insbesondere Existenzgründer und kleine Händler im Blick, die sich mit einem Internethandel eine Existenz aufbauen oder ein weiteres Geschäftsfeld erschließen wollen. Aufgrund der Komplexität der im Online-Handel zu beachtenden Vorschriften und deren häufiger Änderung, die oft auf EU-Normen zurückzuführen sei, bestehe die Gefahr, dass Unternehmer immer wieder abgemahnt würden. Das ist zwar richtig. Andererseits aber kann die zurückhaltende Verfolgung der massenhaften, sich zu Lasten der Käufer auswirkenden Rechtsverstöße im Internethandel nicht das gewünschte Resultat sein. Insofern ist bei den maßgeblichen Verbänden bereits eine deutliche Zurückhaltung zu spüren. Die Verbände wollen sich verständlicherweise nicht vorwerfen lassen, unseriöse Geschäftspraktiken anzuwenden.
[24] OLG Celle, Beschluss vom 28.4.2015, 13 W 33/15.
[25] Ahrens/*Jestaedt*, 7. Aufl., Kap. 20, Rn. 1 mit weiteren Nachweisen.
[26] Ahrens/*Spätgens*, 7. Aufl., Kap. 20, Rn. 7.

schlossenen Verkäufern durch entsprechende Hinweise und die Einrichtung von Foren Unterstützung leisten.[27]

30 Nach § 12 Abs. 4 UWG kann eine Partei eine Reduzierung der sie im Rechtsstreit treffenden Kostenlast beantragen. Dafür muss sie glaubhaft machen, dass die Belastung mit den Prozesskosten nach dem vollen Streitwert ihre wirtschaftliche Lage erheblich gefährden würde. Diese Norm hat nur geringe Praxisrelevanz, weil die Gefährdung meist nicht gegeben ist beziehungsweise nicht glaubhaft gemacht wird. Allgemeine wirtschaftliche Schwierigkeiten der den Antrag stellenden Partei genügen für eine Kostenreduzierung nicht.[28]

---

[27] In der Begründung des Gesetzes gegen unseriöse Geschäftspraktiken (BT-Drs. 17/13057) wird insbesondere darauf abgestellt, dass seit der Einführung und Ausweitung des Online-Handels Berichte über Missstände bei Abmahnungen durch Mitbewerber erheblich zunehmen würden. In erster Linie seien Existenzgründer und kleine Händler betroffen, die sich mit dem Internethandel eine Existenz aufbauen oder ein weiteres Geschäftsfeld erschließen wollen. Diese unter dem Schlagwort „Ebay-Fälle" diskutierten Sachverhalte können nicht der Grund dafür sein, dass wettbewerbsrechtliche Abmahnungen pauschal in die Nähe unseriöser Geschäftspraktiken gerückt werden.

[28] *Ohly/Sosnitza*, Gesetz gegen den unlauteren Wettbewerb, 6. Aufl. 2014, § 12 UWG Rn. 236.

B. Außergerichtliches Vorgehen

Das außergerichtliche Vorgehen ist in der wettbewerbsrechtlichen Auseinandersetzung von besonderer Bedeutung, da lauterkeitsrechtliche Konflikte häufig ohne die Einleitung eines Verfügungs- oder Klageverfahrens beigelegt werden. Daneben wird die gerichtliche Auseinandersetzung von dem Inhalt und dem Verlauf des außergerichtlichen Vorgehens stark geprägt: Bereits in der der Abmahnung beigefügten, **vorformulierten Unterlassungserklärung** werden die Streitgegenstände – insbesondere der Inhalt und Umfang des Unterlassungsanspruchs – bestimmt. Darüber hinaus hängen die Erfolgsaussichten eines gerichtlichen Verfahrens maßgeblich davon ab, wie sorgfältig die Auseinandersetzung im Vorfeld vorbereitet wurde. Hat die angreifende Partei beispielsweise nicht schon vor Einleitung gerichtlicher Schritte alles Gebotene unternommen, um den von ihr zu erfüllenden Anforderungen an die Darlegungs- und Glaubhaftmachungslast beziehungsweise Beweislast zu genügen, kann allein aus diesem Grund der Verfügungs- oder Klageantrag scheitern. **31**

I. Einleitung

Der Unterlassungsgläubiger weist den Unterlassungsschuldner meist durch eine Abmahnung zu Beginn der außergerichtlichen Auseinandersetzung auf den Wettbewerbsverstoß hin.[29] Die Abmahnung ist aber keine Voraussetzung für die Zulässigkeit eines gerichtlichen Verfahrens.[30] Ebenso wenig hängt die Begründetheit eines Antrags auf Erlass einer einstweiligen Verfügung oder einer Unterlassungsklage vom Vorliegen einer Abmahnung ab. Nach § 12 Abs. 1 S. 1 UWG sollen die „zur Geltendmachung eines Unterlassungsanspruchs Berechtigten (…) den Schuldner vor der Einleitung eines gerichtlichen Verfahrens abmahnen und ihm Gelegenheit geben, den Streit durch Abgabe einer mit einer angemessenen Vertragsstrafe bewehrten Unterlassungsverpflichtung beizulegen". Eine Pflicht zur Abmahnung besteht somit nicht. **32**

Die **Abmahnobliegenheit** dient dem Zweck, den Unterlassungsschuldner auf einen lauterkeitsrechtlichen Verstoß hinzuweisen. Durch das Angebot auf Abschluss eines Unterlassungsvertrages soll es ihm ermöglicht werden, den Rechtsstreit ohne eine gerichtliche Auseinandersetzung beizulegen. Mit der Abgabe der (ernstlichen und auch sonst den Anforderungen genügenden) Unterlassungserklärung entfällt die Begehungsgefahr, die ihrerseits Tatbestandsvoraussetzung des Unterlassungsanspruchs ist. Nach der Abgabe der Unterlassungserklärung kann der Gläubiger den Unterlassungsanspruch demnach nicht mehr gerichtlich geltend machen – es sei denn, der Schuldner verstößt gegen das Unterlassungsversprechen. In dem Fall steht dem Gläubiger der **33**

---

[29] Zum Teil wird angenommen, dass 90 bis 95 Prozent aller gerügten Wettbewerbsverstöße im außergerichtlichen Abmahnverfahren erledigt werden (dazu: *Teplitzky*, 10. Aufl., Kap. 41, Rn. 3 und Ahrens/*Achilles*, 7. Aufl., Kapitel 2, Rn. 3 mit weiteren Nachweisen). Aus meiner anwaltlichen Praxis kann ich dies nicht bestätigen.

[30] Köhler/Bornkamm/*Bornkamm*, 33. Aufl. 2015, § 12 UWG Rn. 1.7.

Unterlassungsanspruch wieder zu, da die Wiederholungsgefahr durch den weiteren Verstoß neu begründet wird.

34   Bedeutung erlangt das Fehlen einer Abmahnung, wenn die beklagte Partei ein **sofortiges Anerkenntnis** ausspricht mit dem Ziel, dass dem Kläger – beziehungsweise im Verfügungsverfahren dem Antragsteller – die Verfahrenskosten nach § 93 ZPO auferlegt werden. Der Unterlassungsschuldner gibt grundsätzlich keine Veranlassung zur Klageerhebung oder zur Einreichung des Verfügungsantrags, wenn er nicht abgemahnt worden ist. Eine Veranlassung zur Klageerhebung kann auch dann nicht gegeben sein, wenn zwar eine Abmahnung ausgesprochen worden ist, diese aber nicht den inhaltlichen Anforderungen genügt.

35   Bei der Auseinandersetzung über einen **Kostenerstattungsanspruch** im Sinne des § 12 Abs. 1 S. 2 UWG spielt die Frage der ordnungsgemäßen Abmahnung eine erhebliche Rolle. Ein Ersatz der erforderlichen Kosten kann nur dann verlangt werden, wenn die Abmahnung den Anforderungen genügte und somit berechtigt war.

36   Im Übrigen kann das Fehlen einer Abmahnung die für den Antragsteller negative Konsequenz nach sich ziehen, dass ein angerufenes Gericht die beantragte einstweilige Verfügung nicht ohne mündliche Verhandlung erlässt. Aus diesem Grund sollte in einem Verfügungsantrag stets unter Beifügung der Abmahnung in Kopie dargelegt werden, dass eine Abmahnung ausgesprochen wurde und wie die Gegenseite auf die Abmahnung reagiert hat.

37   In vielen Fällen nutzt der Unterlassungsschuldner die Möglichkeit, die Wiederholungsgefahr durch die Abgabe einer den Anforderungen genügenden Unterlassungserklärung zu beseitigen. Daneben kann aber auch die mit einer Abmahnung einhergehende Kommunikation zwischen den Parteien dazu führen, dass Missverständnisse ausgeräumt, alte Verstimmungen aus der Welt geschafft oder neue, gemeinsame Geschäftspraktiken entwickelt werden. Der geltend gemachte Unterlassungsanspruch wird in solchen Fällen mitunter fallengelassen, weil eine wirtschaftliche Betrachtungsweise andere Aspekte in den Vordergrund rücken lässt. Diese Flexibilität in der Auseinandersetzung sollte nicht durch eine Fokussierung auf die rechtlichen Instrumente vernachlässigt werden.

38   Trotz der ausdifferenzierten rechtlichen Streitbeilegungsmechanismen ist der Abschluss eines Unterlassungsvertrages nicht immer die bestmögliche Variante zur Beendigung einer wettbewerbsrechtlichen Auseinandersetzung. Zuweilen können sich die Parteien nicht auf den Umfang des Unterlassungsanspruchs verständigen. Manchmal möchte der Unterlassungsschuldner auch keine Vertragsstrafe versprechen, sondern lieber ein Ordnungsmittel in Kauf nehmen. Dies ist beispielsweise dann der Fall, wenn der Schuldner damit rechnet, dass der Gläubiger nach Abgabe einer Unterlassungserklärung versuchen wird, ihn trickreich zu einem Verstoß gegen das Unterlassungsversprechen zu verleiten.[31]

---

[31] Es kommt häufig vor, dass der Abgemahnte dem Abmahnenden unterstellt, ihn in eine „Vertragsstrafen-Falle" locken zu wollen. In diesem Fall sollte der den Unterlassungsschuldner beratende Anwalt nicht vorschnell zur Abgabe einer Unterlassungserklärung raten. Verwirkt der Unterlassungsschuldner die Vertragsstrafe nach Abgabe der Unterlassungserklärung, wird er sich von seinem Anwalt schlecht beraten fühlen.

Tavanti

> **Richtertipp:** Auch aus der Sicht eines neutralen Betrachters liegt es häufig sehr nahe, dass **39**
> der Verletzer eine Unterlassungserklärung abgibt. Insbesondere ist dies der Fall, wenn das
> angegriffene Verhalten klar unlauter war und er darauf für seine geschäftliche Tätigkeit nicht
> angewiesen ist, die Feststellung des Verstoßes (etwa der Passivlegitimation) aber eine um-
> fangreiche Beweisaufnahme erfordert. Gleichwohl lassen sich Verletzer trotz allen guten
> Zuredens mitunter nicht zum Einlenken bewegen, offenbar aus Angst, mit einer Unter-
> lassungserklärung ein Einfallstor zu öffnen. Dies sollte man ihnen nicht übel nehmen.

Der **Zeitfaktor** ist eine nicht zu unterschätzende Größe in einem wettbewerbsrecht- **40**
lichen Streit. Ist die Beantragung einer einstweiligen Verfügung nicht mehr zu besor-
gen – etwa weil die „Dringlichkeitsfrist" abgelaufen ist –, wird es in vielen Fällen unter
wirtschaftlichen Gesichtspunkten sinnvoll sein, keine Unterlassungserklärung abzugeben. Bis eine vollstreckbare Entscheidung getroffen wird, kann die unlautere Praktik
fortgesetzt werden. Schadensersatzansprüche müssen häufig nicht ernsthaft befürchtet
werden. Die in erste Linie zu beantwortende Frage lautet in solchen Fällen häufig:
Übersteigen die Kosten des Rechtsstreits den durch die Fortsetzung der Praktik zu erwartenden Gewinn oder nicht?[32] Bei dieser Abwägung muss selbstredend „einge-
preist" werden, dass ein Dritter möglicherweise doch noch im Wege der einstweiligen
Verfügung gegen den Unterlassungsschuldner vorgehen wird.

Juristen messen dem Umstand, dass die Abgabe einer den Anforderungen genügen- **41**
den Unterlassungserklärung regelmäßig die Wiederholungsgefahr gegenüber **allen
Anspruchsberechtigten** entfallen lässt, häufig große Bedeutung bei. Die abgemahnte
Partei hält es hingegen meist für unwahrscheinlich, dass sie nacheinander von mehreren Gläubigern auf Unterlassung in Anspruch genommen wird. Der Unterlassungsschuldner wird den Inhalt der Unterlassungserklärung und die Taktik in der Auseinandersetzung nur selten allein von der Möglichkeit einer weiteren Abmahnung oder gar
mehrerer weiterer Abmahnungen abhängig machen. Der beratende Anwalt muss
selbstverständlich auf das Risiko der Mehrfachabmahnung hinweisen.

II. Grundbegriffe

In der außergerichtlichen Auseinandersetzung um lauterkeitsrechtliche Ansprüche **42**
werden einige Grundbegriffe immer wieder verwendet, von denen die wichtigsten
kurz erklärt werden sollen.

1. Abmahnung

Mit der Abmahnung verlangt die Person, die das Verhalten des Abgemahnten für **43**
wettbewerbsrechtlich unzulässig hält, von dem Abgemahnten die Abgabe einer strafbewehrten, unbedingten und unbefristeten Unterlassungserklärung. Der Abgemahnte
soll versprechen, eine bestimmte Handlung nicht mehr zu wiederholen. Damit zielt die
Abmahnung auf den Abschluss eines **Unterlassungsvertrages**. Durch die Abmah-

---

[32] Natürlich handelt es sich um die Fortsetzung des Rechtsverstoßes, weshalb triftige Gründe
dagegen sprechen, an der Praktik festzuhalten. Es wäre aber naiv, zu glauben, der wirtschaftlich
denkende Kaufmann würde solche Überlegungen nicht anstellen.

nung wird der Abgemahnte darauf hingewiesen, dass der Abmahnende gerichtlich vorgehen wird, falls die Unterlassungserklärung nicht abgegeben werden sollte. Diese Warnung hat zur Folge, dass der Abgemahnte einen gerichtlich geltend gemachten Unterlassungsanspruch nicht mehr mit der ihm günstigen Kostenfolge des § 93 ZPO sofort anerkennen kann. Wer die Abgabe einer Unterlassungserklärung nach Erhalt der Abmahnung verweigert, gibt Veranlassung zur Einleitung gerichtlicher Schritte.

2. Abschlusserklärung und Abschlussschreiben

44   Die lauterkeitsrechtliche Auseinandersetzung endet nicht mit der Erwirkung und Zustellung einer einstweiligen Verfügung durch den Unterlassungsgläubiger. Die einstweilige Verfügung hat nur **vorläufigen Charakter**[33] und eignet sich beispielsweise nicht dafür, die Verjährung des Unterlassungsanspruchs auf Dauer abzuwenden. Denn die einstweilige Verfügung entfaltet nicht die Rechtskraft eines in einem Klageverfahren ergangenen Urteils. Dem Antragsgegner bieten sich verschiedene Reaktionsmöglichkeiten auf den Erlass der einstweiligen Verfügung: So kann er die Auseinandersetzung beispielsweise weiter eskalieren lassen, indem er etwa die Anordnung der Klageerhebung nach § 926 ZPO beantragt. Er kann aber auch den Streit um den Unterlassungsanspruch durch die Abgabe einer Unterlassungs- oder einer Abschlusserklärung beenden. Mit der **Unterlassungserklärung** verpflichtet sich der Unterlassungsschuldner auf vertraglicher Ebene zur Unterlassung. Mit der **Abschlusserklärung** erkennt er die einstweilige Verfügung als endgültige Regelung gleich einem Urteil im Klageverfahren an, so dass ein künftiger Verstoß nicht zur Verwirkung einer Vertragsstrafe, sondern zur Einleitung eines gerichtlichen Ordnungsmittelverfahrens führen würde. Entscheidet sich der Unterlassungsschuldner für die Abgabe einer Abschlusserklärung, sollte er dies unverzüglich nach Zustellung der einstweiligen Verfügung tun. Gibt er die Erklärung nicht rechtzeitig ab, wird ihn der Unterlassungsgläubiger mit einem sogenannten Abschlussschreiben unter Fristsetzung dazu auffordern. Durch das Abschlussschreiben fallen weitere erstattungsfähige Kosten an.

3. Aufwendungsersatz

45   Ist die Abmahnung berechtigt, kann der Abmahnende nach § 12 Abs. 1 S. 2 UWG den Ersatz der erforderlichen Aufwendungen verlangen. Bei diesen Aufwendungen handelt es sich zumeist um Rechtsanwaltskosten oder um die einem anspruchsberechtigten Wettbewerbsverband entstehenden Kosten für den Ausspruch einer Abmahnung. Die Rechtsanwaltsgebühren richten sich nach dem Streitwert; regelmäßig fällt eine 1,3 Geschäftsgebühr an.[34] Der Aufwendungsersatzanspruch eines Wettbewerbsverbandes wird als „Kostenpauschale" geltend gemacht. Der Verband muss nicht die Kosten der Abmahnung im Einzelfall darlegen, sondern die ihm durchschnittlich erwachsenden Kosten einer Abmahnung.[35]

---

[33] Köhler/Bornkamm/*Köhler*, 33. Aufl. 2015, § 12 UWG Rn. 3.6.

[34] BGH, Urteil vom 8.1.2015, I ZR 123/13, GRUR 2015, 916.

[35] So beträgt die von der Zentrale zur Bekämpfung unlauteren Wettbewerbs Frankfurt am Main e.V. erhobene und von den Gerichten zugesprochene Kostenpauschale aktuell € 246,10 brutto. Damit fällt die Abmahnung der „Wettbewerbszentrale" im Regelfall kostengünstiger aus, als die durch einen Anwalt ausgesprochene Abmahnung.

4. Begehungsgefahr (Wiederholungsgefahr und Erstbegehungsgefahr)

Die **Begehungsgefahr** ist der Oberbegriff zu den von ihr umfassten Begriffen der **46** **Wiederholungsgefahr** und der **Erstbegehungsgefahr**.

Verletzt jemand durch seine Handlung Vorgaben des Wettbewerbsrechts, wird auf- **47** grund der bereits erfolgten Verletzungshandlung vermutet, dass die handelnde Person ihr Verhalten wiederholen wird. Diese Vermutung führt zur Annahme der Wiederholungsgefahr. Die Wiederholungsgefahr ist Tatbestandsvoraussetzung für den Unterlassungsanspruch. Sie kann im Regelfall nur durch Abgabe einer den Anforderungen genügenden, insbesondere vertragsstrafenbewehrten[36] Unterlassungserklärung ausgeräumt werden. Das gesamte Abmahnverfahren kreist im Wesentlichen darum, ob der Abgemahnte die Wiederholungsgefahr durch Abgabe der Unterlassungserklärung beseitigt oder nicht.

Die Erstbegehungsgefahr ist gegeben, wenn die Verletzungshandlung noch nicht **48** vorgenommen wurde, sondern deren Vornahme konkret droht. In diesem Fall muss der Abmahnende darlegen, dass die Verletzungshandlung unmittelbar bevorsteht – beispielsweise indem er vorträgt, dass der noch nicht verteilte streitgegenständliche Flyer bereits gedruckt ist. In wettbewerbsrechtlichen Auseinandersetzungen wird der Unterlassungsanspruch nur selten allein auf die Erstbegehungsgefahr gestützt, da der Unterlassungsgläubiger von dem die Erstbegehungsgefahr begründenden Sachverhalt nur vereinzelt Kenntnis erlangt. Häufiger kommt es vor, dass die Erstbegehungsgefahr neben der Wiederholungsgefahr zur Begründung eines Verfügungsantrages angeführt wird – etwa dann, wenn eine wettbewerbswidrige Aktion bereits angekündigt wurde (Wiederholungsgefahr) und sich der Unterlassungsantrag nicht nur auf die Ankündigung, sondern auch auf die drohende Durchführung (Erstbegehungsgefahr) der Aktion bezieht. Anders als die Wiederholungsgefahr kann die Erstbegehungsgefahr bereits beseitigt werden, indem der Unterlassungsschuldner plausibel macht, dass er den Eintritt der Rechtsverletzung abwenden – die beabsichtigte Handlung also nicht durchführen – wird. Dafür reicht auch eine Unterlassungserklärung aus, die kein Vertragsstrafeversprechen aufweist.

5. Dringlichkeitsfrist und Dringlichkeitsvermutung

Der Antrag auf Erlass einer einstweiligen Verfügung ist nur begründet, wenn der **49** **Verfügungsanspruch** und der **Verfügungsgrund** gegeben sind. Der Verfügungsgrund setzt voraus, dass die Angelegenheit für den Antragsteller dringlich ist, weil der Unterlassungsanspruch ohne gerichtliches Untersagungsgebot nicht mehr oder nur noch erschwert durchgesetzt werden könnte.[37] Die Begriffe „**Dringlichkeitsfrist**" und „**Dringlichkeitsvermutung**" werden demnach in erster Linie in der gerichtlichen Auseinandersetzung verwendet. Im Abmahnverfahren spielen diese Begriffe aber ebenfalls eine bedeutende Rolle: Der Abmahnende muss darauf achten, dass er die Dringlichkeitsvermutung nicht durch sein eigenes Verhalten widerlegt, bevor er einen Verfügungsantrag stellt. Die Widerlegung der Dringlichkeitsvermutung kann insbe-

---

[36] BGH, Beschluss vom 16.4.2015, IX ZR 180/13, GRUR 2015, 1040.
[37] *Ohly/Sosnitza*, Gesetz gegen den unlauteren Wettbewerb, 6. Aufl. 2014, § 12 UWG Rn. 114.

sondere durch zu langes Zuwarten vor Einreichung des Antrags auf Erlass einer einstweiligen Verfügung herbeigeführt werden. Die Frage lautet daher, wie viel Zeit sich der
Unterlassungsgläubiger mit seinem Verfügungsantrag lassen kann. Einerseits wird von
den Gerichten betont, dass sich keine feste zeitliche Grenze für die Widerlegung der
Dringlichkeitsvermutung ziehen lässt. Vielmehr sei darauf abzustellen, ob eine Partei
das Verfahren mit dem nötigen Nachdruck verfolgt und dementsprechend ihr Interesse
an einer dringlichen Rechtsdurchsetzung in einem Eilverfahren dokumentiert hat. Dabei sei eine Gesamtbetrachtung ihres prozessualen und vorprozessualen Verhaltens geboten.[38] Andererseits gehen die Gerichte davon aus, dass die Dringlichkeitsvermutung
im Regelfall widerlegt ist, wenn der Verletzte ab Kenntnis der beanstandeten Wettbewerbshandlung und des Unterlassungsschuldners eine von den unterschiedlichen Gerichten unterschiedlich lang bemessenen Frist verstreichen lässt.[39] Diese „Regelfrist"
wird als „Dringlichkeitsfrist" bezeichnet – auch wenn sie keine gesetzlich vorgegebene
Frist ist. Der Abgemahnte wird alles daran setzen, den Wegfall der Dringlichkeit zu erreichen, wenn er keine Unterlassungserklärung abgeben will: Die Durchführung des
Klageverfahrens ist für den Unterlassungsschuldner aufgrund des immensen Zeitge-
winns zumeist viel günstiger als die schnelle, ohne weiteres vollstreckbare Entscheidung im Verfügungsverfahren.

50   Nach § 12 Abs. 2 UWG muss der Unterlassungsgläubiger die Voraussetzungen der
Dringlichkeit in einem lauterkeitsrechtlichen Verfahren nicht darlegen und glaubhaft
machen. Diese gesetzliche Begünstigung des Antragstellers bezeichnet man als „Dringlichkeitsvermutung". Mitunter will der über den Verfügungsantrag entscheidende
Richter trotz der Regelung in § 12 Abs. 2 UWG wissen, wann der Unterlassungsgläubiger erstmalig von dem Wettbewerbsverstoß Kenntnis erlangt hat. Die Information
kann sich der Richter im Rahmen einer mündlichen Verhandlung oder durch eine entsprechende schriftliche Auflage verschaffen. Das Interesse des Gerichts beruht auf der
Absicht, die Einhaltung der Dringlichkeitsfrist zu überprüfen. Entsprechende Nach-
fragen können vermieden werden, wenn im Verfügungsantrag angegeben wird, an welchem Tag der Antragsteller die Kenntnis erlangt hat. Einer diesbezüglichen Glaubhaftmachung bedarf es im wettbewerbsrechtlichen Verfahren grundsätzlich nicht;[40]
vorsichtshalber kann aber auch der entsprechende Vortrag durch eine eidesstattliche
Versicherung glaubhaft gemacht werden.

51 | **Richtertipp:** Jedenfalls dann, wenn sich aus dem Antrag Zweifel an der Dringlichkeit erge-
ben, macht eine solche Versicherung Sinn. Solche Zweifel können etwa aus dem Datum der
Abmahnung oder weiterer Glaubhaftmachungsmittel wie etwa Screenshots oder E-Mails
folgen.

---

[38]   Hanseatisches OLG, Urteil vom 20.9.2012, 3 U 53/11, BeckRS 2012, 22220.
[39]   Das OLG Celle bestätigt diese Auffassung in seinem Beschluss vom 20.1.2014, 13 W 100/
13, WRP 2014, 477, wobei es eine Dringlichkeitsfrist von einem Monat annimmt. Als Faustregel
gilt, dass man in keinem Gerichtsbezirk länger als einen Monat ab Kenntniserlangung vom Verstoß und vom Verletzer mit der Stellung des Verfügungsantrags zuwarten sollte. Das Kammergericht in Berlin sieht ein Zuwarten, das nicht länger als zwei Monate dauert, regelmäßig nicht als
dringlichkeitsschädlich an, Beschluss vom 1.8.2014, 5 W 240/14.
[40]   In jedem Fall sollte eine Glaubhaftmachung erfolgen, wenn die Gegenseite substantiiert
vorträgt, dass der Antragsteller bereits derart lange Kenntnis vom Verstoß hat oder haben
müsste, dass die Dringlichkeitsfrist abgelaufen sein dürfte.

Tavanti

6. Hamburger Brauch

Der „Hamburger Brauch" wird auch als „Neuer Hamburger Brauch" bezeichnet, da 52
es einen Vorläufer des aktuell angewandten „Hamburger Brauchs" gab. Dieser Vorläufer spielt seit geraumer Zeit keine Rolle mehr, weshalb der Zusatz „neu" in der Praxis
entbehrlich ist. Ein Unterlassungsversprechen des Unterlassungsschuldners beseitigt
die Wiederholungsgefahr nur dann, wenn es vertragsstrafenbewehrt ist. Die Höhe der
versprochenen **Vertragsstrafe** kann mittels eines **feststehenden Betrages** angegeben
werden. Die Parteien können aber auch vereinbaren, dass der Gläubiger die Vertragsstrafenhöhe im Falle einer Zuwiderhandlung nach **billigem Ermessen** gemäß § 315
BGB bestimmen darf. Streiten sich die Parteien darüber, ob die Bestimmung durch den
Gläubiger der Billigkeit entspricht, kann die Billigkeitsentscheidung des Gläubigers gerichtlich überprüft werden.[41] Mit einer nach § 315 BGB zu bestimmenden Vertragsstrafenhöhe soll den Umständen des Einzelfalls besser Rechnung getragen werden können,
als es bei der Vereinbarung eines festen Vertragsstrafebetrages der Fall wäre. Wird eine
variable, nach § 315 BGB zu bestimmende und gerichtlich zu überprüfende Vertragsstrafe vereinbart, spricht man von einem Vertragsstrafeversprechen nach „Hamburger
Brauch". Der Unterlassungsgläubiger kann frei bestimmen, ob er im Rahmen seiner
vorformulierten Unterlassungserklärung ein festes oder ein variables Vertragsstrafeve-
sprechen nach Hamburger Brauch vorsehen will.[42] Der Unterlassungsschuldner kann
seinerseits frei entscheiden, welche Variante er wählt. Versieht er sein Vertragsstrafeve-
sprechen mit einer angemessen hohen festen Vertragsstrafe, entfällt die Begehungsgefahr ebenso wie bei der Anwendung des Hamburger Brauchs. Der Gläubiger kann die
Unterlassungserklärung nicht allein deshalb zurückweisen, weil sich der Schuldner für
eine bezifferte oder für eine unbezifferte Vertragsstrafe entschieden hat.

7. Kerngleiche Verletzungshandlung

Der Umfang und der Inhalt des Unterlassungsanspruchs richten sich nach der den 53
Unterlassungsanspruch begründenden Wiederholungsgefahr. Die Wiederholungsgefahr wird in erster Linie durch die Verletzungshandlung bestimmt. Auf diese wird bei
der Stellung des Unterlassungsantrags in einem gerichtlichen Verfahren oder bei der
Abgabe einer Unterlassungserklärung häufig Bezug genommen. Die Vermutung für
die Wiederholungsgefahr erstreckt sich aber auch auf im Kern gleichartige Verstöße.[43]
Im Kern gleichartig ist ein Verhalten, das von der konkreten Verletzungshandlung nur
unbedeutend abweicht – wenn also auch die abweichende Handlung das **Charakteristische der Verletzungshandlung** beinhaltet.[44] So begründet eine unzulässige Email-
Werbung nicht nur die Wiederholungsgefahr und damit den Unterlassungsanspruch
hinsichtlich der konkret verwendeten Emailadresse, sondern hinsichtlich aller Email-

---

[41] Die Formulierung für eine beziffertes Vertragesstrafenversprechen könnte beispielsweise
lauten: „… es bei Vermeidung einer Vertragsstrafe in Höhe von € 6.000,00 für jeden Fall der zukünftigen Zuwiderhandlung zu unterlassen …", während nach dem Hamburger Brauch formuliert werden könnte: „… es bei Vermeidung einer Vertragsstrafe, deren Höhe durch den Unterlassungsgläubiger nach billigem Ermessen zu bestimmen und im Streitfall vom zuständigen
Gericht gemäß § 315 BGB zu überprüfen ist, zu unterlassen …".
[42] BGH Urteil vom 13.11.2013, I ZR 77/12, GRUR 2014, 595 m. Anm. Niebling.
[43] Köhler/Bornkamm/*Bornkamm*, 33. Aufl. 2015, § 8 Rn. 1.34, 1.36 f.
[44] *Ohly/Sosnitza*, Gesetz gegen den unlauteren Wettbewerb, 6. Aufl. 2014, § 8 UWG Rn. 8.

Tavanti

adressen im Geltungsbereich des UWG bei sonst gleichbleibend vorliegenden Tatbestandsvoraussetzungen. In diesem Fall ist von einer kerngleichen Verletzungshandlung die Rede. Hat der Unterlassungsschuldner hingegen damit geworben, „Spitzenpreise" zu zahlen, ist die spätere Werbung mit einem „Top Preis" nicht kerngleich. Der „Top Preis" liegt unterhalb des „Spitzenpreises".[45] Kerngleiche Verletzungshandlungen werden grundsätzlich von gerichtlichen Unterlassungstiteln wie auch von vertraglichen Unterlassungsversprechen erfasst. Anders verhält es sich, wenn der Unterlassungsschuldner bei Abgabe der Unterlassungserklärung zum Ausdruck bringt, dass kerngleiche Verstöße gerade nicht erfasst sein sollen. Allerdings ist der Unterlassungsgläubiger in diesem Fall nicht gehalten, die Unterlassungserklärung anzunehmen; er kann – und sollte – sie als unzulänglich zurückweisen. Ebenso wenig würde der titulierte Unterlassungsanspruch mit Blick auf § 308 Abs. 1 ZPO kerngleiche Verletzungshandlungen erfassen, wenn der Antragsteller oder Kläger – aus welchen Gründen auch immer – sein Begehren ausdrücklich auf die konkrete Verletzungshandlung ohne Einbeziehung kerngleicher Verstöße beschränken würde.

8. Unterlassungserklärung

54   Mit der Unterlassungserklärung verpflichtet sich der Unterlassungsschuldner zur Unterlassung einer bestimmten Handlung. Meist übermittelt die abmahnende Partei mit der Abmahnung eine vorformulierte Unterlassungserklärung – und unterbreitet damit das Angebot auf Abschluss eines Unterlassungsvertrages. Der Abgemahnte kann eine eigene Unterlassungserklärung formulieren; er muss sich nicht auf die vom Unterlassungsgläubiger vorformulierte Unterlassungserklärung einlassen. In diesem Fall ist die vom Unterlassungsschuldner abgegebene Unterlassungserklärung das Angebot auf Abschluss eines Unterlassungsvertrages. Der Unterlassungsgläubiger sollte ein inhaltlich ausreichendes Angebot des Unterlassungsschuldners annehmen, damit der Unterlassungsvertrag geschlossen wird – denn die Verwirkung der Vertragsstrafe kommt nur dann in Betracht, wenn eine entsprechende vertragliche Grundlage existiert. Mit einer den Anforderungen genügenden Unterlassungserklärung wird die Begehungsgefahr beseitigt. Der Unterlassungsanspruch muss nicht mehr gerichtlich geltend gemacht werden und kann auch nicht mehr mit Erfolg vor Gericht beansprucht werden – es sei denn, der Schuldner verstößt gegen sein Unterlassungsversprechen und begründet damit erneut eine Wiederholungsgefahr. Die Unterlassungserklärung zielt darauf ab, dass den Parteien eine gerichtliche Klärung der Frage, ob der vom Gläubiger geltend gemachte Unterlassungsanspruch besteht, erspart bleibt.[46] Aus dem Abschluss eines Unterlassungsvertrages folgt auch, dass der Unterlassungsanspruch im Falle einer Zuwiderhandlung gegen das Unterlassungsversprechen auf die vertragliche Grundlage gestützt werden kann. Der Gläubiger erwirbt durch den Unterlassungsvertrag einen eigenständigen Anspruch auf Unterlassung, der grundsätzlich unabhängig vom Bestehen des gesetzlichen Unterlassungsanspruchs ist.[47] Ob die Zuwiderhandlung auch nach dem Gesetz als wettbewerbswidrig einzustufen wäre, ist demnach nicht mehr von Bedeutung.[48]

---

[45] OLG Köln, Urteil vom 19.6.2015, 6 U 173/14 – Goldankauf zu „Top Preisen", GRUR 2016, 24.

[46] BGH Urteil vom 13.11.2013, I ZR 77/12, GRUR 2014, 595 m. Anm. Niebling.

[47] BGH Urteil vom 13.11.2013, I ZR 77/12, GRUR 2014, 595 m. Anm. Niebling.

[48] Dennoch wird die klagende Partei den Unterlassungsanspruch im gerichtlichen Verfahren sowohl auf den vertraglichen als auch auf den gesetzlichen Unterlassungsanspruch stützen. Mög-

9. Verletzungshandlung und Verletzungsform

Eine geschäftliche Handlung, die bereits erfolgt oder zu erwarten ist, wird als **„kon-** 55 **krete Verletzungshandlung"** bezeichnet, wenn sie wettbewerbswidrig ist, also gegen geltendes Lauterkeitsrecht verstößt.[49] Häufig muss eine Wettbewerbshandlung für sich genommen nicht wettbewerbswidrig sein: Die Email-Werbung beispielsweise ist gemäß § 7 Abs. 2 Nr. 3 UWG dann unzulässig, wenn die vorherige ausdrückliche Einwilligung des Adressaten fehlt. Liegt eine solche Einwilligung vor, ist die Email-Werbung zulässig. Die Verletzungsform ist der lauterkeitsrechtliche Umstand, aufgrund dessen eine Handlung wettbewerbswidrig ist. Die Differenzierung zwischen den Begriffen **„Verletzungshandlung"** und **„Verletzungsform"** ist also notwendig, um das Geschehen als solches von dem rechtlichen Grund des Unwerturteils zu unterscheiden. Die Email-Werbung als solche ist die Handlung. Die Verletzungsform kann sich darin zeigen, dass mit der Verletzungshandlung eine unzumutbare Belästigung im Sinne des § 7 Abs. 2 Nr. 3 UWG einhergeht. Es mag aber auch sein, dass die Verletzungsform in einer durch den Inhalt der Email begründeten Irreführungsgefahr im Sinne des § 5 UWG zu sehen ist. Dementsprechend ist es möglich, dass eine Handlung (Email-Werbung) zwei Verletzungsformen (unzumutbare Belästigung und Irreführung) begründet.

10. Vertragsstrafenbewehrt

Das Unterlassungsversprechen ist „vertragsstrafenbewehrt", weil der Schuldner für 56 den Fall, dass er seinem Unterlassungsversprechen nicht gerecht wird, die Zahlung einer angemessen hohen Vertragsstrafe nach § 339 BGB verspricht. Ohne das Zahlungsversprechen ist die Unterlassungserklärung nicht geeignet, die Wiederholungsgefahr zu beseitigen.[50] Das Vertragsstrafeversprechen hat zwei Funktionen:[51] Zum einen soll der Schuldner davon abgehalten werden, die Verletzungshandlung zu wiederholen. Zum anderen soll dem Unterlassungsgläubiger mit dem Vertragsstrafenanspruch ein Mittel gegeben werden, mit dem er unkompliziert eine finanzielle Kompensation im Falle der Zuwiderhandlung erhalten kann.[52]

III. Abmahnung

Nach § 12 Abs. 1 S. 1 UWG soll der zur Geltendmachung eines Unterlassungsan- 57 spruchs Berechtigte den Schuldner vor der Einleitung eines gerichtlichen Verfahrens

---

licherweise deckt der vertragliche Unterlassungsanspruch die (neue) Handlung nicht ab, während die Voraussetzungen des gesetzlichen Unterlassungsanspruchs erfüllt sind.

[49] Ausführliche Erläuterungen zu den Begriffen „Verletzungshandlung" und „Verletzungsform": *Nirk, Kurtze*, Verletzungshandlung und Verletzungsform bei Wettbewerbsverstößen, GRUR 1980, 645 ff.

[50] BGH, Beschluss vom 16.4.2015, IX ZR 180/13, GRUR 2015, 1040.

[51] *Ohly/Sosnitza*, Gesetz gegen den unlauteren Wettbewerb, 6. Aufl. 2014, § 8 UWG Rn. 16.

[52] Bei der Geltendmachung eines Schadensersatzanspruchs müssen neben der Verletzungshandlung auch der konkrete Schaden und die haftungsbegründende und haftungsausfüllende Kausalität dargelegt und bewiesen werden. In wettbewerbsrechtlichen Auseinandersetzungen fällt dem Gläubiger der Nachweis des Schadens und der Kausalität oft schwer. Auf diesen Nachweis kommt es bei der Geltendmachung des Vertragsstrafenanspruchs nicht an.

abmahnen und ihm Gelegenheit geben, den Streit durch Abgabe einer mit einer angemessenen Vertragsstrafe bewehrten Unterlassungsverpflichtung beizulegen. Die Abmahnung ist aus Sicht des Gesetzgebers, der Rechtsprechung, der Parteien und ihrer Rechtsanwälte eines der wichtigsten Instrumente der wettbewerbsrechtlichen Auseinandersetzung. Sie setzt den Startschuss für das außergerichtliche Verfahren. Bevor der Unterlassungsgläubiger die Abmahnung ausspricht, sollte er den Verlauf des Verfahrens in tatsächlicher, rechtlicher und taktischer Hinsicht sorgfältig durchdacht haben.

1. Welche Funktionen erfüllt die Abmahnung?

58   Die Abmahnung erfüllt mehrere Funktionen: die **Warn-**, die **Hinweis-**, die **Streitvermeidungs-** und die **Kostenvermeidungsfunktion**.[53] Die abgemahnte Partei soll mit der Abmahnung darauf aufmerksam gemacht werden, dass die abmahnende Partei eine geschäftliche Handlung des Abgemahnten als wettbewerbsrechtlich unzulässig einstuft und daher ein gerichtliches Verfahren in die Wege leiten wird, falls der Unterlassungsschuldner sich nicht dazu bereiterklären sollte, binnen einer angemessenen Frist die geforderte Unterlassungserklärung abzugeben. Der Abgemahnte wird damit in die Lage versetzt, eine gerichtliche Auseinandersetzung durch Abgabe einer die Begehungsgefahr beseitigenden Unterlassungserklärung zu vermeiden – und sei es auch nur deshalb, um dem sonst drohenden Prozesskostenrisiko aus dem Weg zu gehen. Ist die abgemahnte Partei hingegen der Auffassung, dass die Abmahnung zu Unrecht ausgesprochen wurde (etwa weil die streitgegenständliche Handlung nicht der abgemahnten Partei zugerechnet werden kann oder weil die Handlung aus Sicht der auf Unterlassung in Anspruch genommenen Personen nicht wettbewerbswidrig ist), kann sie der Abmahnung mit einer entsprechenden Begründung entgegentreten. In beiden Fällen kann die Abmahnung befriedend wirken, entweder weil die Unterlassungserklärung abgegeben wird oder weil der Abmahnende aufgrund der Erwiderung des Abgemahnten erkennt, dass ihm der geltend gemachte Anspruch nicht zusteht. In diesem Zusammenhang wird häufig erwähnt, die Funktion der außergerichtlichen Streitbeilegung diene auch der Entlastung der Gerichte.[54] Das ist zwar richtig. Allerdings ist eine solche Entlastung nicht in jedem Fall positiv zu bewerten. Das Wettbewerbsrecht ist „Richterrecht", weil es durch die gerichtlichen Entscheidungen konkretisiert und somit ausgebildet wird. In wettbewerbsrechtlichen Auseinandersetzungen beziehen und verlassen sich die Parteien auf die vorliegenden gerichtlichen Beschlüsse und Urteile. Entscheidungen des Bundesgerichtshofs sind häufig nicht weniger bedeutsam als das Gesetz selbst. Unter diesem Aspekt erscheint es wünschenswert, dass eher mehr als weniger gerichtliche Entscheidungen verkündet werden. Da die Gerichtskosten aufgrund der verhältnismäßig hohen Streitwerte ebenfalls recht hoch ausfallen, könnte sich die Bearbeitung der Wettbewerbsverfahren für die Landeskasse sogar dann rentieren, wenn aufgrund der höheren Anzahl von Klageverfahren auch mehr Richterstellen geschaffen werden müssten.

---

[53] GK-UWG/*Feddersen*, 2. Auf. 2014, § 12 Rn. 4.
[54] Ahrens/*Achilles*, 7. Aufl., Kap. 8, Rn. 2.

> **Richtertipp:** Zumindest in den unteren Instanzen sollte man sich insoweit nicht allzu viel Hoffnung machen. Dort geht es in aller Regel nicht um Rechtsfortbildung, sondern um prozessökonomische und befriedigende Lösungen. Gerade dem Gedanken der Prozessökonomie begegnet man immer wieder, so etwa bei der Frage, ob ein Vollstreckungsverzicht zwecks Förderung von Vergleichsverhandlungen im Hinblick auf die Widerlegung der Dringlichkeitsvermutung als unschädlich anzusehen ist.[55] **59**

Neben der befriedenden Wirkung kann die Abmahnung auch als Auftakt für Gespräche dienen, die ansonsten vielleicht nicht möglich gewesen wären. Bieten beispielsweise zwei Makler dasselbe Grundstück zum Kauf an und legt der eine Makler dem anderen eine wettbewerbswidrige Handlung zur Last, kann der Ausspruch der wettbewerbsrechtlichen Abmahnung der Ausgangspunkt für Gespräche über ein Gemeinschaftsgeschäft sein, bei dem beide Makler ihr Verhalten fortsetzen, eine etwaige Provision aber untereinander aufteilen werden. **60**

> **Richtertipp:** An dieser Stelle sei eine Lanze für die (gerichtliche) Mediation gebrochen: Erfahrungsgemäß regen zumindest die Berliner Wettbewerbskammern eine solche in Wettbewerbssachen nicht an. Geht die Auseinandersetzung allerdings über einen schlichten deliktischen Vorfall hinaus, steht also insbesondere eine (fortgesetzte) zukünftige Zusammenarbeit der Parteien in Rede, so macht eine Mediation durchaus Sinn. Jedenfalls können Wettbewerbskammern nicht die besonderen Techniken eines Mediators bieten, mit deren Hilfe aber möglicherweise erst eine einvernehmliche Lösung in Gang gesetzt werden könnte. **61**

Vereinzelt wird die Abmahnung auch eingesetzt, um mediale Aufmerksamkeit zu erreichen. Der Abmahnende will sich öffentlich positionieren und Druck auf die Gegenseite ausüben. Die Berichterstattung kann den allgemeinen Eindruck verstärken, dass ein ohnehin in Kritik geratenes Unternehmen unlauter agiert – auch wenn eine gerichtliche Klärung des streitgegenständlichen Sachverhalts noch gar nicht stattgefunden hat. Mitunter versucht die abmahnende Partei, die öffentliche Aufmerksamkeit zu nutzen, um das eigene Produkt oder die eigene Person positiv in den Vordergrund zu rücken. Derlei Bemühungen können sich für den Abmahnenden jedoch negativ auswirken. In welche Richtung sich die öffentliche Meinung entwickeln wird, kann nicht vorhergesagt werden. **62**

2. Kann eine gerichtliche Auseinandersetzung auch ohne Abmahnung begonnen werden?

Die Abmahnung im Sinne des § 12 Abs. 1 UWG ist eine Obliegenheit des Unterlassungsgläubigers. Sie ist weder Zulässigkeitsvoraussetzung noch im Rahmen der Begründetheit des Unterlassungsantrags zu prüfen. Folgerichtig kann eine gerichtliche Auseinandersetzung auch ohne vorherige Abmahnung begonnen werden. Dies gilt sowohl für das Verfügungs- als auch für das Klageverfahren. Die beklagte Partei kann deshalb im Zuge einer gerichtlichen Auseinandersetzung nicht mit Erfolg einwenden, die Klage sei unzulässig oder unbegründet, weil die klagende Partei nicht abgemahnt habe. **63**

---

[55] *Danckwerts*, GRURPrax 2010, 473, 475.

64   Mahnt der Anspruchsteller den Anspruchsgegner nicht ab, läuft er Gefahr, die Kosten des Verfahrens auferlegt zu bekommen, falls der Anspruchsgegner ein **sofortiges Anerkenntnis** abgibt. Nach § 93 ZPO fallen dem Kläger die Prozesskosten zur Last, wenn der Beklagte den Anspruch sofort anerkennt und er durch sein Verhalten keine Veranlassung zur Erhebung der Klage gegeben hat. § 93 ZPO findet sowohl auf das Klageverfahren als auch auf das Verfügungsverfahren Anwendung. Im Wettbewerbsprozess wird die „Klageveranlassung" zumeist nur dann angenommen, wenn der Unterlassungsschuldner auf eine Abmahnung hin die Abgabe der geforderten Unterlassungserklärung verweigert. In wenigen Ausnahmesituationen ist eine Abmahnung entbehrlich,[56] so dass dem Schuldner trotz des sofortigen Anerkenntnisses nicht der Kostenvorteil nach § 93 ZPO zugute kommt. Entbehrlich ist eine Abmahnung, wenn sie offensichtlich nicht zu der Abgabe einer Unterlassungserklärung führen wird oder für den Gläubiger aus sonstigen Gründen unzumutbar ist.[57] In der Praxis hält die Rechtsprechung die Abmahnung so gut wie nie für entbehrlich. Bereits die sofortige Anerkennung des gerichtlich geltend gemachten Anspruchs vonseiten der abgemahnten Partei streitet gegen die Annahme, dass eine Abmahnung aller Wahrscheinlichkeit nach erfolglos geblieben wäre. Eine unzumutbare Verzögerung wird mit einer Abmahnung nur sehr selten einhergehen. In besonders dringenden Fällen kann der Unterlassungsgläubiger eine knapp bemessene Frist zur Abgabe der Unterlassungserklärung setzen.[58] Während diese möglicherweise nur wenige Stunden[59] betragende Frist läuft, kann der Antragsteller den Verfügungsantrag entwerfen. Die Entbehrlichkeit der Abmahnung kann nicht mit einem vorsätzlichen Handeln des Unterlassungsschuldners begründet werden. Erst bei einer planmäßig kriminellen Vorgehensweise oder bei besonders schwerwiegenden und hartnäckigen Verstößen soll auf eine Abmahnung verzichtet werden können, um nicht die „Unlauterkeitsrendite" des dergestalt unseriös handelnden Mitbewerbers durch die mit der Abmahnung verbundene Verzögerung zu steigern.[60]

65 | **Richtertipp:** Jedenfalls dann, wenn die Abmahnung den Rechtsschutz des Antragstellers vereiteln würde, ist sie unzumutbar und damit entbehrlich. Das kommt vor allem in Frage, wenn rechtsverletzende Waren im Wege der einstweiligen Verfügung beschlagnahmt werden sollen,[61] aber auch etwa bei den sog. Besichtigungsverfügungen im (Software)Urheber- und Patentrecht.

66   Im Rahmen der wettbewerbsrechtlichen Auseinandersetzung bietet es sich auch im Hinblick auf einen zweiten Grund nicht an, auf die Abmahnung zu verzichten: Die Gerichte neigen dazu, über einen Verfügungsantrag nicht ohne mündliche Verhandlung zu entscheiden, wenn es an einer Abmahnung fehlt. Diese Haltung ist berechtigt. Der Anspruch auf **rechtliches Gehör** nach Art. 103 Abs. 1 GG gebietet es, dem Antragsgegner die Möglichkeit zur Stellungnahme zu geben.

---

[56] MünchKommUWG/*Ottofülling*, 2. Aufl. 2014, § 12 Rn. 115 ff.; *Nosch*, Die Abmahnung im Zivilrecht, 2012, S. 5 ff.
[57] Ahrens/*Achilles*, 7. Aufl., Kap. 3, Rn. 16 ff.
[58] GK-UWG/*Feddersen*, 2. Auf. 2014, § 12 Rn. 39.
[59] MünchKommUWG/*Ottofülling*, 2. Aufl. 2014, § 12 Rn. 51 f.
[60] GK-UWG/*Feddersen*, 2. Auf. 2014, § 12 Rn. 51.
[61] jurisPK-UWG/*Hess*, 3. Aufl., § 12 Rn. 25 mwN.

> **Richtertipp:** Das ist zu unterstreichen. Abgesehen von den verfassungsrechtlichen Vorga- 67
> ben hat ein Gericht schon ein natürliches Interesse daran zu erfahren, was die andere Seite
> sagt.

Von diesem Anspruch kann der Antragsgegner in wettbewerbsrechtlichen Verfah- 68
ren durch die Hinterlegung einer **Schutzschrift** Gebrauch machen. Die Hinterlegung
einer Schutzschrift als vorbeugender Schriftsatz gegen den erwarteten Verfügungsantrag ist ratsam, sobald die Abmahnung zugeht. Verzichtet die abgemahnte Partei auf
die Hinterlegung einer Schutzschrift, kann sie zu einem späteren Zeitpunkt nicht berechtigt den Standpunkt vertreten, ihr sei das rechtliche Gehör nicht gewährt worden.

3. Was sollte der Abmahnende tun, bevor er die Abmahnung versendet?

Bevor eine Abmahnung abgesandt wird, muss der streitgegenständliche Sachverhalt 69
möglichst vollständig dokumentiert werden. Denn nach Zugang der Abmahnung kann
die abgemahnte Partei die Werbung verändern, indem sie etwa die betreffende Angabe
aus ihrem Internetauftritt löscht. Hat der Unterlassungsgläubiger oder dessen Anwalt
nicht rechtzeitig die konkrete Verletzungshandlung (beweissicher) dokumentiert, werden im Rahmen einer gerichtlichen Auseinandersetzung erhebliche Probleme bei der
Darlegung des wettbewerbswidrigen Handels aufkommen.

a) Organisatorisches

Wird das außergerichtliche Verfahren rechtsanwaltlich betreut, sollten beim Anle- 70
gen der Akte folgende Handlungen vorgenommen werden: Vorsorglich sollten mindestens zwei Originalvollmachten eingeholt werden. Eine Vollmacht kann der Abmahnung beigefügt werden, eine weitere dem Verfügungsantrag.[62] Müssen mehrere
Abmahnungen ausgesprochen werden, erhöht sich die Anzahl der Vollmachten entsprechend. Zur Klärung der Passivlegitimation kann ein Handelsregisterauszug über
das Internet[63] eingeholt werden. Außerdem sollte das Impressum aus der Internetprä-
sens des Gegners ausgedruckt werden, um das Betreiben des Internetauftritts durch
den Anspruchsgegner dokumentieren zu können.[64] Es muss ermittelt werden, welches
Gewerbeamt für die Gewerbeanmeldung des Gegners zuständig ist, damit eine entsprechende Gewerbeamtsanfrage abgesandt werden kann. Vor der schriftlichen Anfrage beim zuständigen Gewerbeamt empfiehlt es sich, telefonisch in Erfahrung zu
bringen, welche Kosten anfallen werden und ob diese Kosten vorab (beispielsweise per
Verrechnungscheck) beglichen werden können. Im Rahmen des Telefongesprächs
kann auch gefragt werden, ob es dem Sachbearbeiter möglich ist, die schriftliche Auskunft per Fax zu senden und ob er bereits eine Auskunft zur genauen Firmierung des
Gegners geben kann. Handelt es sich um eine Printwerbung, sollte der Mandant gebeten werden, das Original der Werbung zu übermitteln. Geht es um eine Werbung, die

---

[62] Die Beifügung der Vollmacht bietet sich in jedem Fall an, und zwar unabhängig von der
Frage, ob die Vorlage der Vollmacht verfahrensrechtlich erforderlich ist, um einer Zurückweisung nach § 174 BGB zu entgehen.

[63] https://www.handelsregister.de/.

[64] Auf das Impressum allein sollte sich der Antragsteller nicht verlassen, da die Angaben unzutreffend sein können.

über das Internet öffentlich zugänglich gemacht wird, kann sich der die Sache bearbeitende Anwalt mit dem streitgegenständlichen Internetauftritt vertraut machen, von allen Internetseiten vollständige Screenshots anfertigen und diese abspeichern. Außerdem ist die Erstellung einer Screenshot-Dokumentation vorteilhaft, aus der sich die Navigationsschritte eines möglichen Kunden bis zur streitgegenständlichen Werbung ergeben. Ist die Sache besonders dringlich, kann die Zustellung des erwarteten Verfügungsbeschlusses bereits im Vorfeld des Erlasses der einstweiligen Verfügung vorbereitet werden. Ist die Gegenseite anwaltlich vertreten, genügt es, zu gegebener Zeit einen Botendienst mit der Zustellung der einstweiligen Verfügung zu betrauen und die Zustellung vorab per Fax von Anwalt zu Anwalt zu bewirken. Muss unmittelbar an die gegnerische Partei zugestellt werden, weil diese im gerichtlichen Verfahren nicht anwaltlich vertreten ist, kann frühzeitig geklärt werden, welcher Gerichtsvollzieher die Zustellung vornehmen wird und ob der Gerichtsvollzieher bereit ist, die Zustellung persönlich durchzuführen.[65]

71   Durch das frühe Einleiten der organisatorischen Maßnahmen lässt sich der in wettbewerbsrechtlichen Auseinandersetzungen häufig aufkommende Zeitdruck vermeiden oder zumindest abmildern. Mit der Abmahnung setzt der Unterlassungsgläubiger dem Abgemahnten eine Frist zur Abgabe der geforderten Unterlassungserklärung. Verstreicht die Frist, ohne dass die Gegenseite eine Unterlassungserklärung abgibt, sollte die abmahnende Partei den Antrag auf Erlass einer einstweiligen Verfügung möglichst zeitnah bei Gericht einreichen. Verstreichen nach Ablauf der gesetzten Frist zur Abgabe der geforderten Unterlassungserklärung mehrere Wochen, in denen sich der Unterlassungsgläubiger erst noch sortieren und Glaubhaftmachungsmittel einholen muss, kann dies gegen die für die Annahme eines Verfügungsgrundes erforderliche Dringlichkeit sprechen. Im Einzelfall kann selbst eine zeitliche Verzögerung von nur wenigen Tagen zum Wegfall des Verfügungsgrundes führen, so etwa, wenn der Abmahnende selbst eine sehr kurze Frist gesetzt hatte oder wenn die angegriffene Veranstaltung bereits beendet wurde und eine Wiederholung derselben nicht absehbar ist. Auch nachdem die einstweilige Verfügung erlassen wurde, besteht zeitlicher Druck, da die Zustellung der Verfügung gemäß § 929 Abs. 2 ZPO binnen Monatsfrist zu erfolgen hat. Treten unerwartete Probleme bei der Zustellung auf, droht die Verfehlung der Vollziehungsfrist. Ist die Verfügung unmittelbar per Gerichtsvollzieher an den Antragsgegner zuzustellen, erfährt der Antragsteller unter Umständen erst sehr spät, dass die Zustellung (aus welchen Gründen auch immer) nicht erfolgt ist. Erfahrungsgemäß treten insbesondere bei der Inanspruchnahme des Geschäftsführers Probleme auf – beispielsweise wenn dieser in den Geschäftsräumen nicht anzutreffend ist und die Post die Zustellung deshalb nicht vornimmt. In einer solchen Situation sollte ein weiterer Zustellversuch an die Privatanschrift des Geschäftsführers erfolgen. Die Anschrift ergibt sich nicht aus dem Handelsregisterauszug, wohl aber aus der Auskunft des Gewerbeamtes, sofern die dort genannte Privatanschrift noch aktuell ist. Ist dies nicht der Fall, muss eine Anfrage an das Einwohnermeldeamt gestellt werden. Daneben kommt eine Anschriftenprüfung durch die Deutsche Post AG in Betracht. Möglicherweise kann die gesuchte Person auch über eine der Suchmaschinen im Internet gefunden werden. Häufig tauchen in den dort angelegten Profilen aktuelle Kontaktdaten auf. Eine ebenfalls hilfreiche Quelle ist die Registerauskunft des Deutschen Patent- und

---

[65] Meist gibt der Gerichtsvollzieher das zuzustellende Schriftstück bei der Post auf.

Tavanti

Markenamtes.[66] Wird dort in das Feld „Anmelder/Inhaber" der Name der gesuchten Person eingegeben, erscheint mitunter die aktuelle Privatadresse als Zustellanschrift. Marken werden oftmals auf Privatpersonen angemeldet, damit die Markenrechte im Falle der Insolvenz der Gesellschaft nicht in die Insolvenzmasse fallen. Ähnlich verhält es sich bei der Domain-Registrierung.[67]

Die Dokumentation der streitgegenständlichen Werbung ist nicht nur hinsichtlich **72** der Geltendmachung des Unterlassungsanspruchs von Bedeutung. Gibt der Unterlassungsschuldner die Unterlassungserklärung unter Bezugnahme auf die konkrete Verletzungshandlung ab, muss der Gläubiger im Rahmen eines sich möglicherweise anschließenden Vertragsstrafenprozesses darlegen können, wie die Verletzungshandlung genau aussah. Gelingt ihm dies nicht, droht er das Klageverfahren schon allein aus diesem Grunde zu verlieren.

b) Gespräch mit dem Mandanten

Neben den bereits aufgeführten organisatorischen Maßnahmen ist es wichtig, mit **73** dem Mandanten den möglichen Verlauf der Auseinandersetzung durchzusprechen. So wäre es beispielsweise nur wenig sinnvoll, alle Vorbereitungen für ein einstweiliges Verfügungsverfahren zu treffen, wenn der Mandant schon seit Monaten von dem Verstoß und dem Unterlassungsschuldner Kenntnis hatte. In diesem Fall greift die Dringlichkeitsvermutung des § 12 Abs. 2 UWG nicht mehr. Ebenso überflüssig wäre die Erwirkung einer einstweiligen Verfügung, wenn sich der Unterlassungsgläubiger aufgrund einer eventuell drohenden Schadensersatzpflicht nach § 945 ZPO gegen die Zustellung des Verfügungsbeschlusses entscheiden würde. Befürchtet der Mandant, dass der Unterlassungsschuldner als Reaktion auf die Abmahnung die Werbung des Mandanten auf Wettbewerbsverstöße hin überprüfen wird, kann die Einreichung einer Beschwerde bei einem Wettbewerbsverband[68] in Betracht gezogen werden. Auf diese Weise tritt der Mandant nicht namentlich in Erscheinung.

c) Keine Erklärungsfrist im Verfügungsverfahren, Darlegung des Sachverhalts und Glaubhaftmachungsmittel

Kommt es im Rahmen eines einstweiligen Verfügungsverfahrens zu einer mündlichen Verhandlung, wird in der Regel im Anschluss an die Verhandlung die Entscheidung des Gerichts verkündet. Das Gericht wird kaum dazu bereit sein, einer Partei oder beiden Parteien eine Erklärungsfrist einzuräumen. Die Einräumung einer Erklärungsfrist ist im Verfügungsverfahren auch nicht geboten, da in einem einstweiligen Verfügungsverfahren eine umgehende Entscheidung zu treffen ist.[69] Nach § 294 Abs. 2 ZPO ist eine Beweisaufnahme, die nicht sofort erfolgen kann, unstatthaft. Dementsprechend findet im Rahmen eines Verfügungsverfahrens in der jeweiligen Instanz nur ein Verhandlungstermin statt.[70] Sowohl Aussetzung als auch Vertagung kommen nicht

---

[66] https://register.dpma.de/DPMAregister/marke/einsteiger.

[67] Recherche z.B. über „whois-Funktion" bei https://www.icann.org/ oder www.denic.de.

[68] Der Zentrale zur Bekämpfung unlauteren Wettbewerbs Frankfurt am Main e.V. ist der größte als Selbstkontrollinstitution der gesamten Wirtschaft agierende Wettbewerbsverband.

[69] *Ahrens/Bähr*, 7. Aufl., Kap. 52, Rn. 3.

[70] *Cepl/Voß/Rüting*, Prozesskommentar zum Gewerblichen Rechtsschutz, 1. Aufl. 2015, § 294 ZPO Rn. 8.; *Ahrens/Bähr*, 7. Aufl., Kap. 52, Rn. 4.

in Betracht.[71] Ebenso wenig kann ein erst in der mündlichen Verhandlung geäußerter überraschender Sachvortrag einer Partei als verspätet zurückgewiesen werden.[72] Bringen die Parteien im Termin zur mündlichen Verhandlung neuen Sachvortrag oder legen sie neue Glaubhaftmachungsmittel vor, so ist dies verfahrensrechtlich nicht zu beanstanden.[73] Im Termin zur mündlichen Verhandlung muss der Anwalt demnach alle Informationen und Glaubhaftmachungsmittel zur Hand haben. In den meisten Fällen ist es deshalb sinnvoll, vorsorglich Personen zum Termin zur mündlichen Verhandlung mitzubringen, die als präsente Zeugen auftreten oder im Rahmen einer Sitzungsunterbrechung eine schriftliche Versicherung an Eides statt abgeben können.

| 75 | **Richtertipp:** Auch das ist zu unterstreichen. Ganz häufig wird in oder kurz vor der mündlichen Verhandlung neu vorgetragen. Professionelle Parteien/Anwälte scheuen deshalb weder personellen noch materiellen Aufwand für diesen „Showdown". |

76   Wird der beanstandete Verstoß beispielsweise in Form einer Printanzeige begangen, kann der Sachverhalt schon fast vollständig durch die betreffende Original-Anzeige dargelegt und glaubhaft gemacht werden. In diesem Fall muss nur noch geklärt werden, wer passivlegitimiert ist.

77   Handelt es sich hingegen um Behauptungen, die im Rahmen von Gesprächen aufgestellt worden sind, um einen durch einen Testkauf aufgedeckten Wettbewerbsverstoß oder um rechtlich nicht leicht zu erfassende Sachverhalte, wie etwa den Verrat von Geschäfts- und Betriebsgeheimnissen, sollte der Sachverhalt bereits im Vorfeld des Ausspruchs der Abmahnung sorgfältig aufgeklärt werden. Dazu zählt auch, **Versicherungen an Eides statt** hinsichtlich aller Sachverhaltselemente einzuholen, die als Tatbestandsmerkmale möglicherweise nach § 294 ZPO glaubhaft gemacht werden müssen. Man darf nicht darauf vertrauen, dass die als Zeugen benannten Personen zu einem späteren Zeitpunkt die Versicherung an Eides statt abgeben werden oder dass diese Personen freiwillig als präsente Zeugen in einer mündlichen Verhandlung über den Antrag auf Erlass einer einstweiligen Verfügung erscheinen werden. In der Praxis wird die eidesstattliche Versicherung häufig vom Rechtsanwalt des künftigen Antragstellers entworfen. Sofern der Inhalt der eidesstattlichen Versicherung genau den Bekundungen des Zeugen entspricht, ist dagegen nichts einzuwenden. Außerdem sollte der Anwalt dem Zeugen (mündlich wie auch schriftlich) darlegen, dass es sich um eine persönliche Erklärung des Zeugen handelt und dieser sich strafbar macht, wenn er (und sei es nur fahrlässig) eine falsche eidesstattliche Versicherung zur Vorlage bei Gericht abgibt. Umfasst die Versicherung an Eides statt mehrere Seiten, muss der Zeuge darum gebeten werden, alle Seiten zu unterschreiben, es sei denn, die einzelnen Seiten der eidesstattlichen Versicherung sind beispielsweise durch eine Ösung fest miteinander verbunden. Wird eine aus mehreren Einzelblättern bestehende Versicherung an Eides statt vorgelegt, von der lediglich die letzte Seite unterschrieben ist, kann der Anwalt des Antragsgegners in Abrede stellen, dass die Versicherung als Glaubhaftmachungsmittel geeignet ist, da die ersten nicht unterschriebenen Seiten dem Zeugen nicht eindeutig zugeschrieben werden können. Eine eidesstattliche Versicherung, die nur auf anwaltliche Schriftsätze Bezug nimmt oder in der auf den Sachverhalt ganz pauschal eingegangen

---

[71] Ahrens/*Bähr*, 7. Aufl., Kap. 52, Rn. 18.
[72] Ahrens/*Bähr*, 7. Aufl., Kap. 52, Rn. 12.
[73] MünchKommUWG/*Schlingloff*, 2. Aufl. 2014, § 12 Rn. 420.

wird, ist als Glaubhaftmachungsmittel ungeeignet.[74] Mitunter geht eine Versicherung an Eides statt auf dem Postweg, bei Gericht oder anderswo verloren. Um im Termin zur mündlichen Verhandlung das Glaubhaftmachungsmittel in jedem Fall zur Hand zu haben, sollte vorsorglich ein zweites Exemplar der Versicherung an Eides statt im Original zur Handakte genommen werden. Testkäufer sollten stets als präsente Zeugen zugegen sein. Allein das Nichterscheinen eines Testkäufers zur mündlichen Verhandlung kann beim erkennenden Richter Zweifel an der Glaubwürdigkeit der vorgelegten Versicherung an Eides statt begründen. Stellt die Antragsgegnerseite in einem solchen Fall eigene präsente Zeugen, fällt es dem Antragsteller eventuell schwer, seiner Glaubhaftmachungslast zu genügen.

Liegt eine Werbung im Internet der Auseinandersetzung zugrunde, sollte der von **78** dem Unterlassungsgläubiger beauftragte Rechtsanwalt den gesamten Internetauftritt durch abgespeicherte Screenshots dokumentieren. Er kann auch mit einer speziellen Software, dem sogenannten Bildschirmrekorder, seine eigene (vollständige) Navigation durch den Internetauftritt aufnehmen. Manche Rechtsanwälte lehnen die Erstellung einer Dokumentation ab und verweisen darauf, dass die Sachverhaltsermittlung vom Mandanten vorgenommen werden muss. Die Erstellung der Dokumentation durch den Anwalt bringt jedoch zwei wesentliche Vorteile mit sich: Zum einen versteht der Rechtsanwalt durch die eigene Auseinandersetzung mit dem Internetauftritt den Sachverhalt besser, zum anderen kann er so selbst bezeugen oder anwaltlich versichern, dass die Dokumentation die wahre Sachlage wiedergibt. Behauptet die auf Unterlassung in Anspruch genommene Partei im Laufe der Auseinandersetzung etwa, der Internetauftritt habe zusätzliche Hinweise enthalten, die eine andere wettbewerbsrechtliche Beurteilung nahelegen würden, kann der Anwalt anhand seiner Dokumentation überprüfen, ob diese Angaben bereits zum Zeitpunkt der Abmahnung öffentlich zugänglich gemacht worden waren oder nicht. Es ist wichtig, die Screenshots nicht nur auszudrucken, sondern auch abzuspeichern. Verlangt das erkennende Gericht im Laufe eines Klageverfahrens, dass ein Screenshot in besserer Qualität vorgelegt wird, kann die gespeicherte Datei erneut ausgedruckt werden. Mit den richtigen Druckereinstellungen wird oft eine weit bessere Leserlichkeit erreicht als auf der Internetseite selbst. Werden beim Ausdrucken eine hohe Dichte, ein starker Kontrast etc. ausgewählt, sollte dem Gericht mitgeteilt werden, dass der Text durch die besonderen Justierungen leichter zu lesen ist als auf dem Bildschirm des umworbenen Verbrauchers. Versäumen die abmahnende Partei und ihr Anwalt die rechtzeitige Dokumentation, können sie versuchen, in einem Internetarchiv die streitgegenständlichen Webseiten in ihrer früheren Version zu finden.[75]

Im Rahmen eines Klageverfahrens können die Parteien schriftsätzlich Beweis antre- **79** ten; das Gericht entscheidet darüber, ob es Beweis erhebt. Im einstweiligen Verfügungsverfahren müssen die Parteien ihre Behauptungen glaubhaft machen. Nach § 294 Abs. 1 ZPO kann sich die Partei, die eine tatsächliche Behauptung glaubhaft zu machen hat, aller Beweismittel bedienen. Neben der Versicherung an Eides statt kommen im Verfügungsverfahren daher auch die Einvernahme von Zeugen, die Vorlage von Urkunden und die Beibringung eines Sachverständigengutachtens in Betracht. Sämtliche Glaubhaftmachungsmittel müssen aber von der jeweiligen Partei selbst beigebracht

---

[74] Cepl/Voß/*Rüting*, Prozesskommentar zum Gewerblichen Rechtsschutz, 1. Aufl. 2015, § 294 ZPO Rn. 17.
[75] Z.B. über: *https://www.archive.org/*.

werden und spätestens in der mündlichen Verhandlung präsent sein. Das Gericht wird von sich aus keine Zeugen laden und auch sonst keine vorbereitenden Maßnahmen für eine Beweisaufnahme treffen. Dies muss bereits bei der Vorbereitung der Abmahnung berücksichtigt werden.

4. Welchen Anforderungen muss eine Abmahnung genügen?

80   Damit die Abmahnung die gewünschte Wirkung erzielen kann, müssen inhaltliche wie auch formelle Anforderungen erfüllt sein.

a) Muss der Abmahnung eine Vollmacht beigefügt werden?

81   Ausgangspunkt dieser Frage ist die Überlegung, ob der Abgemahnte die von einem Bevollmächtigten ausgesprochene Abmahnung als **einseitiges Rechtsgeschäft** im Sinne des § 174 BGB zurückweisen könnte.

82   Der Bundesgerichtshof hat entschieden, dass die Vorschrift des § 174 S. 1 BGB auf die wettbewerbsrechtliche Abmahnung nicht anwendbar ist, wenn die Abmahnung mit einem Angebot auf Abschluss eines **Unterlassungsvertrages** verbunden ist.[76] Falls mit der Abmahnung eine vorformulierte Unterlassungserklärung übermittelt wird, bedarf es also grundsätzlich keiner Vollmachtsbeifügung, da der Abmahnende dem Abgemahnten damit den Abschluss eines Unterlassungsvertrages anbietet.

83   Umstritten ist, ob eine Vollmacht beigefügt werden muss, wenn mit der Abmahnung kein Angebot auf Abschluss eines Unterlassungsvertrages verbunden ist, weil es an einer vorformulierten Unterlassungserklärung fehlt.[77] Dieser Streit spielt in der Praxis keine große Rolle, zumal kaum Abmahnungen ohne vorformulierte Unterlassungserklärung versandt werden. Grundsätzlich sollte der Bevollmächtigte der abmahnenden Partei eine Vollmacht beifügen, wenn er diese rechtzeitig von seinem Mandanten erhält. Nichts spricht dafür, sich über die Anwendbarkeit des § 174 BGB zu streiten, wenn die Vollmacht beigefügt werden kann. Umgekehrt wird der Abgemahnte selten allein darauf vertrauen, dass die Abmahnung aufgrund einer entsprechenden Zurückweisung nach § 174 BGB unwirksam wird. Reagiert der Abgemahnte in einem Antwortschreiben an den Gegenanwalt oder im Rahmen einer Schutzschrift auf den Vorwurf und beurteilt er sein Verhalten als rechtmäßig, hilft ihm die Zurückweisung der Abmahnung nicht weiter, da die für ihn günstige Kostenfolge des § 93 ZPO dann nicht greifen wird.

84   In der Regel muss der Abmahnung also keine Vollmacht beigefügt werden. Sie sollte aber grundsätzlich vorgelegt werden, wenn der Bevollmächtigte sie zur Hand hat. Würde die Übermittlung der Vollmacht allerdings so viel Zeit in Anspruch nehmen, dass die Einhaltung der „Dringlichkeitsfrist" fraglich wird, sollte ohne Vollmacht, aber mit vorformulierter Unterlassungserklärung abgemahnt werden. Gibt der Unterlassungsschuldner eine Unterlassungserklärung ab, macht er aber deren Bestand von der Vorlage einer Vollmachtsurkunde abhängig, muss diese im Original nachgereicht werden.[78]

85   Dem Antrag auf Erlass einer einstweiligen Verfügung sollte hingegen in jedem Fall eine Vollmacht im Original beigefügt werden, damit der Antragsgegner den Bevoll-

---

[76] BGH, Urteil vom 19.5.2010, I ZR 140/08, GRUR 2010, 1120
[77] Ahrens/*Achilles*, 7. Aufl., Kap. 2, Rn. 14 ff.
[78] BGH, Urteil vom 19.5.2010, I ZR 140/08, GRUR 2010, 1120.

mächtigten des Antragstellers nicht im Laufe des Verfügungsverfahrens mit der **Rüge der fehlenden Bevollmächtigung** überraschen kann. Nach § 88 ZPO kann der Mangel der Vollmacht in jeder Lage des Rechtsstreits gerügt werden. Erfolgt die Rüge im Termin zur mündlichen Verhandlung über den Verfügungsantrag und kann der Verfahrensbevollmächtigte die Vollmacht nicht bis zum Schluss der mündlichen Verhandlung vorlegen, wird er das Verfahren zumeist schon allein aus diesem Grund verlieren. Eine Genehmigung nach § 89 ZPO kommt im einstweiligen Verfügungsverfahren grundsätzlich nicht in Betracht, da die Entscheidung des Gerichts am Ende der mündlichen Verhandlung zu erfolgen hat. Sollte es im Termin zur mündlichen Verhandlung an einer Vollmacht fehlen, kann der Verfahrensbevollmächtigte seine Vollmacht anwaltlich versichern und zumindest eine per Telefax an die Geschäftsstelle der Kammer oder des Senats übermittelte Vollmacht vorlegen. Möglicherweise wird das Gericht den Standpunkt vertreten, dass es die ordnungsgemäße Vertretung aufgrund der Rüge nicht zu verneinen hat, wenn der Bevollmächtigte das Vorliegen der Vollmacht anwaltlich versichert und noch vor Schluss der mündlichen Verhandlung eine per Telefax übermittelte Vollmacht vorlegt. Dies könnte jedenfalls dann gelten, wenn das Bestreiten der Vollmacht ohne erkennbaren Anlass und damit offensichtlich nur aus prozesstaktischen Gründen erfolgt ist.[79] Hat der Anwalt der anderen Partei aber bereits im außergerichtlichen Verfahren die Vorlage einer Vollmacht vergeblich verlangt, dürfte die Rüge der fehlenden Vollmacht nicht „ohne erkennbaren Anlass" erfolgen.

b) Welchen Inhalt muss die Abmahnung haben?

Der notwendige Inhalt einer Abmahnung ergibt sich aus deren Funktion: Der Anspruchsgegner soll die Gelegenheit erhalten, den Streit durch Abgabe einer mit einer angemessenen Vertragsstrafe bewehrten Unterlassungserklärung beizulegen. **86**

Der Abgemahnte muss möglichst genau, also firmenmäßig benannt werden.[80] Sollen mehrere Personen abgemahnt werden – beispielsweise die Gesellschaft und deren Geschäftsführer –, muss dies der Abmahnung eindeutig zu entnehmen sein. In der Abmahnung sollte kurz erläutert werden, dass mehrere Personen auf Unterlassung in Anspruch genommen werden und warum dies der Fall ist. In der vorformulierten Unterlassungserklärung sollten die einzelnen Personen ebenfalls namentlich benannt und dementsprechend viele Unterschriftenfelder in der Unterschriftzeile vorgegeben werden. Auch der Abmahnende muss seinen Namen exakt angeben. Im Folgenden muss kurz erläutert werden, warum der Abmahnende anspruchsberechtigt sein soll, indem der Abmahnende seine Mitbewerbereigenschaft im Sinne des § 8 Abs. 3 Nr. 1 UWG oder seine Klagebefugnis als rechtsfähiger Verband im Sinne des § 8 Abs. 3 Nr. 2 UWG darlegt. **87**

Damit der Anspruchsgegner den wettbewerbsrechtlichen Vorwurf, der ihm gemacht wird, einordnen kann, muss die streitgegenständliche geschäftliche Praktik genau beschrieben werden.[81] In diesem Zusammenhang ist es hilfreich, der Abmahnung beispielsweise einen Screenshot der Internetwerbung oder eine Kopie der Anzeige beizufügen. Dies gilt insbesondere dann, wenn in der vorformulierten Unterlassungs- **88**

---

[79] LG Hamburg, Urteil vom 28.3.2000, AZ: 312 O 134/00.

[80] Wird etwa das „Hotel Sonnenschein" abgemahnt, kann unklar sein, wer gemeint ist, da die Betriebs-, die Eigentümer-, die Management-, die Marken- oder eine sonstige Gesellschaft adressiert sein könnte.

[81] MünchKommUWG/*Ottofülling*, 2. Aufl. 2014, § 12 Rn. 37.

erklärung auf die konkrete Verletzungshandlung Bezug genommen wird.[82] Bei An-
spruchsgegnern, die eine Vielzahl von Internetauftritten betreiben, sollte angegeben
werden, unter welcher Domain die Handlung zu finden ist. Neben der Beschreibung
des Verstoßes in tatsächlicher Hinsicht sollte auch eine rechtliche Würdigung erfolgen, die die wesentlichen Argumente für die lauterkeitsrechtliche Unzulässigkeit der
Handlung wiedergibt. Die rechtliche Würdigung muss nicht dem Vortrag in einer
Klageschrift entsprechen. Es genügt, die rechtlichen Anknüpfungspunkte herauszustellen. Die Wirksamkeit der Abmahnung wird durch unrichtige rechtliche Ausführungen nicht in Frage gestellt.[83] Der Abmahnende muss keine negativen Konsequenzen befürchten, weil beispielsweise zwei von drei in der Abmahnung vorgebrachten
Argumente nicht stichhaltig sind.

89   Ein weiteres wichtiges Element der Abmahnung ist die qualifizierte Unterlassungs-
aufforderung. Dem Anspruchsgegner muss deutlich gemacht werden, dass der Abmahnende ein gerichtliches Verfahren einleiten wird, falls der Unterlassungsschuldner
der Aufforderung zur Abgabe einer den Anforderungen genügenden Unterlassungserklärung nicht nachkommt. Dem Abgemahnten muss aufgezeigt werden, wie er eine gerichtliche Auseinandersetzung vermeiden kann. Die Forderung nach der Abgabe einer
Unterlassungserklärung weist den Weg zur außergerichtlichen Streitbeilegung.

90   Mit jeder Abmahnung sollte auch eine **Frist zur Abgabe der Unterlassungserklärung** gesetzt werden. Ob die Fristsetzung Voraussetzung für die Wirksamkeit der Abmahnung ist oder nicht, spielt in der Praxis keine wesentliche Rolle.[84] Der Schuldner
soll wissen, wie viel Zeit ihm bleibt, die Unterlassungserklärung abzugeben. Der Gläubiger möchte nach Ablauf der Frist den Verfügungsantrag stellen, ohne darüber speku-
lieren zu müssen, ob die Unterlassungserklärung vielleicht doch noch eingehen wird.
Die Länge der Frist richtet sich nach den Umständen des Einzelfalls. In der Regel ist
eine Frist von einer Woche angemessen.[85] Wird eine zu kurze Frist gesetzt, ändert dies
an der Wirksamkeit der Abmahnung nichts. Durch die zu kurze Frist wird eine angemessen lange Frist in Gang gesetzt.[86] Wird die einstweilige Verfügung dann aber bereits
vor Ablauf der angemessenen Frist zugestellt, kann der Antragsgegner einen Kostenwiderspruch erheben mit dem Ziel, dass dem Antragsteller die Kosten des Verfahrens
auferlegt werden. Die Setzung einer zu kurzen Frist kann ein Indiz für die missbräuchliche Geltendmachung des Unterlassungsanspruchs sein. Lässt sich der Anspruchsteller nach Ablauf einer sehr kurz bemessenen Frist seinerseits mit der Stellung eines
Verfügungsantrags unangemessen viel Zeit, kann dies zu einer Widerlegung der Dringlichkeitsvermutung führen. Ebenso kann eine zu lang bemessene Frist als dringlichkeitsschädlich betrachtet werden. Bezieht sich die Werbung beispielsweise auf eine bestimmte Veranstaltung (etwa auf ein einmal im Jahr stattfindendes Konzert), so dass
die Werbung mit der Veranstaltung endet, und ist die mit der Abmahnung gesetzte
Frist so bemessen, dass eine einstweilige Verfügung nicht mehr vor der Veranstaltung
vollzogen oder auch nur erwirkt werden kann, widerlegt dies womöglich die Dring-

---

[82] Um die dem Unterlassungsversprechen unterfallende Werbung zu bezeichnen, wird häufig
durch eine Formulierung wie „…, wenn dies geschieht, wie durch der dieser Unterlassungserklärung als Anlage 1 beigefügten Screenshot wiedergegeben" ein konkreter Bezug zur Verletzungshandlung vorgenommen.

[83] MünchKommUWG/*Ottofülling*, 2. Aufl. 2014, § 12 Rn. 42.

[84] Zum Meinungsstand: *Teplitzky*, 10. Aufl., Kap. 41 Rn. 14.

[85] Köhler/Bornkamm/*Bornkamm*, 33. Aufl. 2015, § 12 UWG, Rn. 1.19.

[86] GK-UWG/*Feddersen*, 2. Auf. 2014, § 12 Rn. 40.

lichkeitsvermutung (nicht aber die Wiederholungsgefahr).[87] Hat sich der Abgemahnte vor Ablauf der gesetzten Frist ernsthaft und endgültig geweigert, die geforderte Unterlassungserklärung abzugeben, muss der Unterlassungsgläubiger den Ablauf der Frist nicht abwarten[88] – er sollte dann unverzüglich den Antrag auf Erlass der einstweiligen Verfügung stellen.

Beweismittel müssen von dem Abmahnenden im Rahmen der Abmahnung nicht 91 vorgelegt oder benannt werden.[89] Der Abmahnende ist auch nicht verpflichtet, im außergerichtlichen Verfahren seine Berechtigung nach § 8 Abs. 3 Nr. 2 UWG durch Vorlage einer Mitgliederliste darzulegen oder dem Vorwurf einer übermäßigen Abmahntätigkeit im Verhältnis zum eigentlichen Umsatz seines Unternehmens anhand von betriebswirtschaftlichen Auswertungen entgegenzutreten.

Vereinzelt versuchen Unterlassungsschuldner ein Verstreichen der „Dringlichkeits- 92 frist" zu erreichen, indem sie vom Abmahnenden immer wieder weitere Informationen und Belege verlangen oder aber behaupten, der allein entscheidungsbefugte Geschäftsführer sei erst zu einem späteren Zeitpunkt zu erreichen. In diesen Fällen ist es ratsam, der abgemahnten Partei eine letzte, kurze Nachfrist zu setzen und dann ohne weiteres Zuwarten den Erlass einer einstweiligen Verfügung zu beantragen.

c) Muss der Abmahnung eine vorformulierte Unterlassungserklärung beigefügt werden?

Um die gewünschten Wirkungen der Abmahnung zu erzielen, bedarf es nicht der 93 Beifügung einer **vorformulierten Unterlassungserklärung**.

Dennoch ist es üblich, der Abmahnung eine vorformulierte Unterlassungserklärung 94 beizufügen. Es liegt auf der Hand, dass dem Abgemahnten mit der Übermittlung der vorformulierten Unterlassungserklärung nicht in erster Linie die Last der Formulierung einer den Anforderungen genügenden Unterlassungserklärung abgenommen werden soll. Im Wesentlichen sprechen die folgenden Gründe für die Beifügung einer Unterlassungserklärung: Dem Abgemahnten wird durch die Formulierung der Unterlassungserklärung klar vor Augen geführt, welchen Inhalt und welchen Umfang das Unterlassungsversprechen genau haben soll. Mitunter wird das Begehren des Abmahnenden durch den Fließtext der Abmahnung noch nicht hinreichend deutlich. Die vorformulierte Unterlassungserklärung gleicht einem Unterlassungsantrag und gibt somit Aufschluss über den Umfang des von dem Abmahnenden geltend gemachten Unterlassungsanspruchs. Weicht der Abgemahnte von der vorformulierten Unterlassungserklärung ab und formuliert er ein eigenes Unterlassungsversprechen, kann anhand eines Vergleichs zwischen den beiden Texten herausgearbeitet werden, ob und inwieweit sich der Unterlassungsschuldner von dem Begehren des Unterlassungsgläubigers entfernt. In diesem Zusammenhang lassen sich auch **Zweifel an der Ernsthaftigkeit** der abgegebenen Unterlassungserklärung ausmachen – etwa wenn sich aus der geänderten Fassung des Unterlassungsversprechens ergibt, dass sich der Unterlassungsvertrag ausschließlich auf die konkrete Verletzungshandlung, nicht aber auf kerngleiche Handlungen beziehen soll. Der Unterlassungsvertrag soll innerhalb der mit der Abmahnung gesetzten, kurz bemessenen Frist zustande kommen. Müssten die Parteien in Verhandlungen über die vom Unterlassungsschuldner gewählte Formulierung des Unterlas-

---

[87] Ahrens/*Singer*, 7. Aufl., Kap. 45 Rn. 13.
[88] Harte/Henning/*Brüning*, UWG, 3. Aufl. 2013, § 12 Rn. 57.
[89] MünchKommUWG/*Ottofülling*, 2. Aufl. 2014, § 12 Rn. 23.

sungsversprechens treten, wäre die Frist oftmals nicht zu halten. Mit der Unterlassungserklärung soll die Wiederholungsgefahr beseitigt werden. Voraussetzung dafür ist lediglich die Abgabe der strafbewehrten Unterlassungserklärung. Andere Verpflichtungen muss die abgemahnte Partei nicht eingehen. Dennoch werden in der vorformulierten Unterlassungserklärung oftmals auch andere (tatsächlich oder vermeintlich) bestehende Ansprüche angesprochen, wie etwa Auskunfts-, Schadensersatz- und Aufwendungsersatzansprüche. Mitunter wird auch die Vereinbarung eines bestimmten Gerichtsstandes vorgeschlagen. Unterschreibt der Unterlassungsschuldner den ihm vorgegebenen Text, können die von dem Abmahnenden vorgesehenen Ansprüche auf vertraglicher Grundlage geltend gemacht werden; einer Bezugnahme auf gesetzliche Anspruchsgrundlagen bedarf es dann nicht mehr. Der Unterlassungsschuldner kann diese zusätzlichen Bestimmungen streichen, ohne dadurch Zweifel an der Ernsthaftigkeit seiner Unterlassungserklärung zu begründen; die Wiederholungsgefahr wird dennoch beseitigt.[90] Er kann diese zusätzlichen vertraglichen Pflichten aber auch auf sich nehmen, um beispielsweise den Streit über den Aufwendungsersatzanspruch nach § 12 Abs. 1 S. 2 UWG beizulegen. Möchte der Unterlassungsgläubiger den angestrebten Unterlassungsvertrag möglichst schnell schließen, bietet es sich an, die vorformulierte Unterlassungserklärung auf die Unterlassungsverpflichtung und das Vertragsstrafeversprechen zu beschränken. Je mehr Verpflichtungen der Unterlassungsschuldner vertraglich auf sich nehmen soll, desto geringer ist die Wahrscheinlichkeit, dass er das mit der vorformulierten Unterlassungserklärung verbundene Angebot auf Abschluss eines Unterlassungsvertrages annimmt. Die neben dem Unterlassungsanspruch bestehenden Ansprüche können zu einem späteren Zeitpunkt geltend gemacht werden. Wird die Unterlassungserklärung allein auf den Unterlassungsanspruch bezogen, verzichtet der Gläubiger nicht automatisch auf andere ihm zustehende Ansprüche.

95   Der Unterlassungsgläubiger und sein anwaltlicher Vertreter müssen bei der Formulierung des Unterlassungsversprechens darauf achten, keinen überzogenen Streitwert, keine überzogenen Gebühren und keinen zu hoch bemessenen Vertragsstrafenbetrag anzugeben. Außerdem darf das Unterlassungsversprechen als solches nicht zu weit gefasst sein. Denn neben der drohenden Gefahr einer **negativen Feststellungsklage** als Reaktion des Abgemahnten auf ein zu weit gefasstes Unterlassungsversprechen können übermäßige Forderungen die Annahme eines **rechtsmissbräuchlichen Vorgehens** rechtfertigen.

d) Muss die Abmahnung dem Unterlassungsschuldner zugehen?

96   Ja, die Abmahnung muss dem Abgemahnten zugehen, um ihre Wirkung zu erzielen. Manch ein Unterlassungsschuldner wird aus Ärger über die Abmahnung oder aus anderen Gründen dazu neigen, den Zugang der Abmahnung unzutreffend zu bestreiten. Ein solches Verhalten muss der Abmahnende einkalkulieren. Dementsprechend ist es ratsam, die Abmahnung nicht nur auf dem Postweg, sondern vorab auch per Fax oder Email zu übermitteln. Dies gilt auch, wenn die Abmahnung per Boten überbracht wird. Sinnvoll ist es, nach Absendung der Abmahnung bei dem Abgemahnten anzurufen, um eine telefonische Bestätigung des Zugangs zu erhalten.[91] Das Datum, die Uhrzeit, der Name des Gesprächspartners und die erteilte Auskunft sollten dabei notiert werden. Der Zugang der per Fax übermittelten Abmahnung erfolgt mit Abschluss des

---

[90] MünchKommUWG/*Ottofülling*, 2. Aufl. 2014, § 12 Rn. 62.
[91] GK-UWG/*Feddersen*, 2. Auf. 2014, § 12 Rn. 25.

Druckvorgangs am Empfangsgerät während der üblichen Bürozeiten.[92] Der Schuldner kann deshalb nach erfolgter Faxübermittlung nicht mehr einwenden, die in der Abmahnung gesetzte Frist sei zu kurz bemessen, weil die per Post versandte Abmahnung einer ungewöhnlich langen Postlaufzeit unterlag. Wer nicht unter Zeitdruck steht, weil ohnehin kein Antrag auf Erlass einer einstweiligen Verfügung eingereicht, sondern gegebenenfalls Klage erhoben werden soll, kann die Zustellung der Abmahnung auch per Gerichtsvollzieher veranlassen.

Die vorherige Übermittlung per Email dürfte mittlerweile dem Standard entsprechen. Die Abmahnung geht auf diese Weise ohne Verzögerung zu. Der Abgemahnte antwortet häufig sogleich kurz nach Erhalt der Abmahnung seinerseits per Email. Ist dies der Fall, kann der Abgemahnte schon allein deshalb zu einem späteren Zeitpunkt nicht behaupten, er habe die Abmahnung nicht erhalten. Da die Abmahnung bereits per Email zugegangen ist, kann sie im Folgenden ohne Sorge um die Postlaufzeit per Einschreiben verschickt werden. Wird das Schreiben im Vorfeld zusätzlich noch per Fax übermittelt, bleibt dem Unterlassungsschuldner kaum noch die Möglichkeit, sich auf das Fehlen des Zugangs zu berufen. In der Literatur wird von der Übermittlung der Abmahnung als Anhang zu einer Email abgeraten, da dem Abgemahnten ein Öffnen des Anhangs wegen der damit verbundenen Gefahren kaum zugemutet werden könne.[93] Auf diese Argumentation kann der Abgemahnte aber nicht bauen. Wer regelmäßig angehängte Dateien (mit Ausnahme von verdächtigen ZIP-Dateien u. ä.) öffnet, kann nicht damit gehört werden, dass ihm dies gerade im Falle einer Abmahnung nicht zumutbar sein soll.

Die Zugangsproblematik wird zum Gegenstand der Auseinandersetzung, wenn der Unterlassungsschuldner den gerichtlich geltend gemachten Unterlassungsanspruch anerkennt und dabei mit Blick auf die Bestimmung des § 93 ZPO geltend macht, ihm sei die Abmahnung nicht zugegangen, weshalb es sich um ein sofortiges Anerkenntnis handle. In einer solchen Fallkonstellation lautet die entscheidende Frage, wer den Zugang beziehungsweise den Nicht-Zugang der Abmahnung darlegen und beweisen muss. Insofern gilt, dass derjenige darlegungs- und beweisbelastet ist, der sich auf eine für ihn günstige Bestimmung beruft. Die Regelung des § 93 ZPO stellt eine Ausnahme zu dem Kostentragungsgrundsatz des § 91 Abs. 1 ZPO dar. Der sich auf diese Ausnahme stützende Unterlassungsschuldner trägt demnach die **Darlegungs- und Beweislast** hinsichtlich des Vorliegens der Voraussetzungen des § 93 ZPO.[94] Dem Schuldner wird jedoch eine Erleichterung zuteil, da ihm die Umstände der Absendung der Abmahnung nicht bekannt sein können. Deshalb reicht es zunächst aus, wenn der Schuldner den Zugang der Abmahnung bestreitet. Der Abmahnende muss dann im Rahmen einer sekundären Darlegungslast die Umstände der Versendung der Abmahnung detailliert vortragen und unter Beweis stellen.[95] Gelingt dem Unterlassungsgläubiger dies, muss der Unterlassungsschuldner darlegen und beweisen, dass ihm die abgesandte Abmahnung nicht zugegangen ist und dass er den Zugang auch nicht selbst vereitelt hat, indem er beispielsweise die Annahme der Abmahnung grundlos verweigerte.[96] Ein solcher Beweis wird nur selten gelingen – zumal die Abmahnung im Regelfall nicht nur auf einem Weg, sondern eben auch per Fax und/oder Email erfolgt.

97

98

---

[92] Köhler/Bornkamm/*Bornkamm*, 33. Aufl. 2015, § 12 UWG Rn. 1.29b.
[93] Dazu: Ahrens/*Achilles*, 7. Aufl., Kap. 2 Rn. 39 mit weiteren Nachweisen.
[94] BGH Beschluss vom 21.12.2006, I ZB 17/06, GRUR 2007, 629 f.
[95] MünchKommUWG/*Ottofülling*, 2. Aufl. 2014, § 12 Rn. 30a.
[96] Ahrens/*Achilles*, 7. Aufl., Kap. 2, Rn. 43.

99   Der Unterlassungsschuldner wird auch dann die Verfahrenskosten tragen müssen, wenn er nach Abgabe der Unterlassungserklärung eine übereinstimmende Erledigungserklärung unter Protest gegen die Kostenlast abgibt und dabei argumentiert, es fehle mangels Zugangs der Abmahnung an der Klageveranlassung. In diesem Fall geht die Unsicherheit über die erfolgte Zustellung ebenfalls zu Lasten des Schuldners.[97]

5. Wer trägt die Kosten der Abmahnung?

100   Nach § 12 Abs. 1 S. 2 UWG kann die abmahnende Partei von dem Abgemahnten den Ersatz der erforderlichen und tatsächlich getätigten Aufwendungen verlangen, wenn und soweit die Abmahnung berechtigt ist.

a) Voraussetzungen des materiellen Kostenerstattungsanspruchs

101   Der materielle Kostenerstattungsanspruch setzt voraus, dass die Abmahnung berechtigt ist. Die Abmahnung muss somit den inhaltlichen und formellen Anforderungen genügen. Versetzt die Abmahnung den Abgemahnten nicht in die Lage, den geltend gemachten Rechtsverstoß nachzuvollziehen, ist die Abmahnung nicht berechtigt.[98] Sie muss der abgemahnten Partei zugegangen sein, was hinsichtlich des Kostenerstattungsanspruchs (anders als bei der Anwendung des § 93 ZPO) von der abmahnenden Partei dargelegt und bewiesen werden muss.[99] Die streitgegenständliche Verletzungshandlung muss tatsächlich erfolgt und wettbewerbswidrig gewesen sein. Darüber hinaus kann die Erstattung der Kosten nur dann verlangt werden, wenn der Abgemahnte vor Zugang der betreffenden Abmahnung die Begehungsgefahr nicht schon durch die Abgabe einer den Anforderungen genügenden Unterlassungserklärung gegenüber einer anderen Partei beseitigt hat.[100] Genauso wenig besteht ein Anspruch auf Erstattung der Abmahnkosten, wenn bereits vor Zugang der Abmahnung ein Unterlassungsurteil zu Gunsten eines Dritten ergangen ist, dieses Urteil bereits Rechtskraft erlangt hat und der Abgemahnte sich gegenüber dem zu spät Abmahnenden auf das Urteil beruft.[101] In der Praxis wird seitens des Abgemahnten manchmal der Versuch unternommen, sich der wettbewerbsrechtlichen Ansprüche des Gläubigers durch Vorschieben einer vermeintlich ernstlichen Abmahnung und einer korrespondierenden vermeintlich ernstlichen Unterlassungserklärung zu entledigen. Bedenken sind insbesondere angebracht, wenn zwischen dem Unterlassungsschuldner und dem Drittabmahner eine enge Kooperation oder eine kapitalmäßige Verbundenheit festgestellt werden kann.[102] Ein solches Vorgehen ist rechtswidrig und strafbar. Es führt auch nur selten zum Erfolg, da die vorgetäuschte Abmahnung und die vorgetäuschte Unterlassungserklärung häufig dermaßen offensichtliche Zweifel an der Ernsthaftigkeit der „Unterwerfung" begründen, dass sie sich nicht zur Beseitigung der Begehungsgefahr eignen.[103]

---

[97] Ahrens/*Achilles*, 7. Aufl., Kap. 2, Rn. 41.
[98] BGH, Urteil vom 12.2.2015, I ZR 36/11 – Monsterbacke II, GRUR 2014, 403.
[99] Ahrens/*Achilles*, 7. Aufl., Kap. 11, Rn. 6.
[100] Ahrens/*Achilles*, 7. Aufl., Kap. 11, Rn. 8.
[101] Ahrens/*Achilles*, 7. Aufl., Kap. 11, Rn. 10.
[102] MünchKommUWG/*Ottofülling*, 2. Aufl. 2014, § 12 Rn. 76.
[103] Das Fehlen der Ernsthaftigkeit ist etwa anzunehmen, wenn in der „Scheinabmahnung" wesentliche Teile der angeblich nachfolgenden Abmahnung (gegebenenfalls sogar mit Komma-, Grammatik oder Schreibfehlern) übernommen werden oder rechtliche Ausführungen (etwa zur Klagebefugnis) aus der angeblich nachfolgenden Abmahnung nachempfunden wurden, die bei der „Scheinabmahnung" nicht passen.

Richtertipp: Dabei darf aber nicht vergessen werden: Die Frage, ob bei mehreren Unterlassungsgläubigern die einem Gläubiger gegenüber erklärte Unterwerfungserklärung ausreicht, um die Wiederholungsgefahr auch gegenüber allen anderen Gläubigern auszuräumen, war lange streitig, wird aber heute allgemein bejaht, nachdem der Bundesgerichtshof 1982 entschieden hat, dass die Wiederholungsgefahr nur einheitlich und nicht etwa unterschiedlich im Verhältnis zu verschiedenen Gläubigern beurteilt werden könne.[104]

102

b) Höhe der zu erstattenden Kosten

Die Höhe der zu erstattenden Kosten richtet sich nach dem Rechtsanwaltsvergütungsgesetz (RVG). Zumeist wird eine 1,3-Gebühr nach RVG-VV Nr. 2300 in Ansatz zu bringen sein, wobei der Gegenstandswert der Abmahnung dem Streitwert der Hauptsache entspricht. Hat der Mandant den Rechtsanwalt von Anfang an sowohl mit der Abmahnung als auch mit der Einleitung gerichtlicher Schritte beauftragt, fällt nach RVG-VV Nr. 3101 nur eine 0,8-Gebühr an. Da der Abmahnende mit der Abmahnung auch in Erfahrung bringen will, welche Argumente die Gegenseite vorbringen kann, wird im Regelfall zunächst nur das Mandat für die Abmahnung erteilt, so dass eine Beschränkung auf eine 0,8-Gebühr nicht angezeigt ist. Der für den Unterlassungsgläubiger handelnde Anwalt hat keinen Grund, eine Gebühr unterhalb der 1,3-Gebühr in Ansatz zu bringen. Bei einer Abmahnung handelt es sich nicht um ein Schreiben einfacher Art im Sinne von RVG-VV Nr. 2302. Genauso wenig kann dem die Abmahnung aussprechenden Anwalt vorgehalten werden, der Entwurf der Abmahnung falle ihm aufgrund seiner Kenntnisse und seines Erfahrungsschatzes leicht.[105] Das Rechtsanwaltsvergütungsgesetz kennt eine solche Differenzierung nicht.

103

Mitunter ist die Abmahnung nur zum Teil berechtigt. Dies kann beispielsweise dann der Fall sein, wenn mit einer Abmahnung mehrere Unterlassungsbegehren verfolgt wurden, von denen nicht alle berechtigt waren, oder wenn der geltend gemachte Unterlassungsanspruch zwar bestand, der Umfang des Unterlassungsbegehrens in der Abmahnung jedoch zu weit gefasst worden ist. In einer solchen Situation stellt sich die Frage, ob trotz der nur teilweisen Berechtigung die gesamten Kosten der Abmahnung erstattet werden müssen. Bei der Beantwortung dieser Frage ist zu berücksichtigen, wer die Abmahnung ausgesprochen hat. Ist der Unterlassungsgläubiger berechtigt, eine „**Abmahnpauschale**" zu verlangen – was beispielsweise auf Wettbewerbsverbände im Sinne des § 8 Abs. 3 Nr. 2 UWG zutrifft –, muss der entsprechende Betrag auch dann vollständig erstattet werden, wenn die Abmahnung nur zum Teil berechtigt war.[106] Die einem Verband zustehende Kostenpauschale richtet sich nach den pauschalierten Kosten des Verbandes, die auch bei einer nur teilweise berechtigten Abmah-

104

---

[104] *Köhler*/Bornkamm § 12 Rn. 1.166 mwN.

[105] Das LG Dessau-Rosslau hat in seinem Urteil vom 7.5.2010, AZ: 3 O 19/10, den Standpunkt vertreten, dass eine 1,5-Gebühr nicht in Ansatz gebracht werden könne, weil sich die Klägerin eines Fachanwaltes für gewerblichen Rechtsschutz bediene, „so dass von dessen Spezialkenntnissen bereits auszugehen ist". Unabhängig von der Frage, ob im konkreten Fall eine 1,3-Gebühr oder auch eine 1,5-Gebühr angemessen gewesen wäre, kann mit den Spezialkenntnissen des Prozessbevollmächtigten nicht argumentiert werden. Dem nicht erfahrenen, nicht fortgebildeten und nicht spezialisierten Rechtsanwalt stehen nicht höhere Gebühren zu als seinem über „Spezialkenntnisse" verfügenden Kollegen.

[106] MünchKommUWG/*Ottofülling*, 2. Aufl. 2014, § 12 Rn. 167.; Ahrens/*Achilles*, 7. Aufl., Kap. 11, Rn. 36.

nung in voller Höhe anfallen und deshalb in voller Höhe zu erstatten sind.[107] Diese Betrachtungsweise gründet sich auf das Wesen einer Pauschale: Der Verband kann weder bei komplexen oder mehrere Streitgegenstände betreffenden Abmahnungen mehr verlangen als die von ihm errechnete Pauschale noch muss er bei besonders einfach gelagerten Fällen einen Abzug vornehmen. Die von den Verbänden geltend gemachten Pauschalen unterscheiden sich in ihrer Höhe. Die Kostenpauschale der „Wettbewerbszentrale"[108] beläuft sich beispielsweise aktuell auf € 246,10 brutto. Wird die Abmahnung hingegen von einem Mitbewerber im Sinne des § 8 Abs. 3 Nr. 1 UWG ausgesprochen, kommt eine vollständige Erstattung der Abmahnkosten bei einer nur teilweise berechtigten Abmahnung nicht in Betracht. Vielmehr sind die Kosten in diesem Fall nur zu ersetzen, soweit die Abmahnung berechtigt war, weshalb die Höhe des Ersatzanspruchs nach dem Verhältnis des Gegenstandswerts des berechtigten Teils der Abmahnung zum Gegenstandswert der gesamten Abmahnung zu bestimmen ist.[109]

105 | **Richtertipp:** Letzteres ist ständige Rechtsprechung, aber nicht selbstverständlich, da die Kosten auch anhand der Quote des Obsiegens aus den gesamten Abmahnkosten berechnet werden könnten. Das führt aber wegen der Degression der Gebührentabelle zu einem etwas geringeren Anspruch.

c) Recherchekosten zur Vorbereitung der Abmahnung

106   Neben den Abmahnkosten können auch Kosten geltend gemacht werden, die infolge einer die Abmahnung vorbereitenden Recherche erforderlich waren. So können Gebühren für die Erlangung eines Handelsregisterauszugs oder einer Auskunft aus dem Gewerberegister erstattungsfähig sein. Fallen im Zuge eines Auskunftsbegehrens nach § 13 Abs. 3 UKlaG Kosten an, können auch diese geltend gemacht werden.[110] Die Kosten für die Durchführung eines Testkaufes (oder sonstiger Testhandlungen) sind nur dann erstattungsfähig, wenn sie – was regelmäßig der Fall sein wird – aufgrund eines bereits vorher gefassten Entschlusses zur Rechtsverfolgung getätigt wurden[111] und im Einzelfall erforderlich waren.[112] Derartige Kosten sollten grundsätzlich geltend gemacht werden, auch wenn der Kläger damit rechnen muss, dass das erkennende Gericht die Kosten für nicht erforderlich hält, da aus Sicht des Gerichts kostengünstigere Darlegungs- und Beweismöglichkeiten bestanden hätten. An Kosten zur Verbesserung der Darlegungs- und Beweissituation des Klägers sollte nicht gespart werden. Verliert der Kläger das Klageverfahren, weil er den Anforderungen an die Darlegungs- und Beweislast nicht genügen konnte, wird er im Regelfall höhere Kosten tragen müssen als die Kosten eines möglicherweise nicht erstattungsfähigen Testkaufs. Unter diesem Gesichtspunkt kann es durchaus sinnvoll sein, zur Verbesserung der Beweissituation mehrere Testkäufe mit unterschiedlichen Testkäufern durchzuführen, selbst wenn das Gericht den zweiten oder dritten Testkauf voraussichtlich als nicht mehr erforderlich erachten wird. Wurde bereits durch den ersten Testkauf eine Verletzungshandlung auf-

---

[107] BGH, Urteil vom 10.12.2009, AZ: I ZR 149/07, GRUR 2010, 744 ff.
[108] Die Zentrale zur Bekämpfung unlauteren Wettbewerbs Frankfurt am Main e. V. wird häufig als „Wettbewerbszentrale" bezeichnet.
[109] BGH, Urteil vom 10.12.2009, AZ: I ZR 149/07, GRUR 2010, 744 ff.
[110] MünchKommUWG/*Ottofülling*, § 12 Rn. 166.
[111] OLG Düsseldorf, Beschluss vom 25.4.1985, AZ: 2 W 35/85, WRP 1986, 33.
[112] Köhler/Bornkamm/*Köhler*, 33. Aufl. 2015, § 12 UWG, Rn. 2.123.

gedeckt, müssen etwaige weitere Testkäufe in schneller Abfolge vorgenommen werden, damit die Dringlichkeitsfrist im Verfügungsverfahren gewahrt bleibt.

d) Verjährung des Kostenerstattungsanspruchs

Der Kostenerstattungsanspruch verjährt nach § 11 UWG innerhalb von **sechs Monaten**. Die Verjährungsfrist beginnt gemäß § 11 Abs. 2 UWG, wenn der Anspruch entstanden ist und der Gläubiger von den anspruchsbegründenden Umständen und der Person des Schuldners Kenntnis erlangt oder ohne grobe Fahrlässigkeit erlangen müsste. 107

Stellt der Unterlassungsgläubiger nach Versendung der Abmahnung einen Antrag auf Erlass einer einstweiligen Verfügung, weil die Gegenseite die geforderte Unterlassungserklärung nicht abgegeben hat, und kommt es im Zuge dessen zu einem Widerspruchs- und/oder Berufungsverfahren, können bis zum Abschluss des Verfügungsverfahrens leicht sechs Monate verstreichen. Die Hemmung der Verjährung durch Rechtsverfolgung nach § 204 Abs. 1 Nr. 9 BGB betrifft aber nur den im Verfügungsverfahren geltend gemachten Unterlassungsanspruch und nicht den Kostenerstattungsanspruch. Dieser kann im Laufe des Verfügungsverfahrens verjähren. Um den Eintritt der Verjährung abzuwenden, muss die abmahnende Partei parallel zum Verfügungsverfahren ein gerichtliches Mahn- oder Klageverfahren anstrengen, mit dem sie den Kostenerstattungsanspruch verfolgt. Alternativ hierzu kann der Unterlassungsgläubiger den Unterlassungsschuldner auffordern, eine Erklärung abzugeben, mit der der Schuldner bis zu einem bestimmten Zeitpunkt auf die Einrede der Verjährung verzichtet. Wird eine entsprechende Verzichtserklärung abgegeben, kann eine gerichtliche Auseinandersetzung hinsichtlich des Kostenerstattungsanspruchs häufig vermieden werden. Dies gilt insbesondere dann, wenn sich der Schuldner im Rahmen seiner Verzichtserklärung zu einer Erfüllung des Kostenerstattungsanspruchs verpflichtet, falls das Verfügungsverfahren in zweiter Instanz zu Gunsten des Antragstellers ausgeht. Sieht sich der Unterlassungsgläubiger einem wenig konsensorientierten Unterlassungsschuldner gegenüber, ist damit zu rechnen, dass der Schuldner keinen Verzicht erklären wird. In diesem Fall sollte Zahlungsklage vor dem nach § 13 Abs. 1 UWG und § 14 UWG zuständigen Landgericht erhoben werden. Bevor es zu einer mündlichen Verhandlung über das Klagebegehren kommt, ist das Verfügungsverfahren meist so weit vorangeschritten, dass auch der Unterlassungsanspruch ohne weiteres klageerweiternd in das bereits laufende Verfahren eingebunden werden kann. Der Beklagte kann dann im Regelfall nicht mit Erfolg einwenden, dass die klageweise Geltendmachung des Unterlassungsanspruchs eine rechtsmissbräuchliche Doppelverfolgung darstellen würde. 108

e) Keine Geltendmachung im Kostenfestsetzungsverfahren

Die Kosten der Abmahnung und die Recherchekosten können nicht durch einen Kostenfestsetzungsantrag nach § 103 Abs. 2 ZPO geltend gemacht werden.[113] Diese Kosten zählen nicht zu den Kosten des Rechtsstreits im Sinne des § 91 ZPO.[114] Der Kostenerstattungsanspruch muss durch Erhebung der Klage oder durch Stellung eines Mahnantrags nach § 690 ZPO verfolgt werden, falls die Gegenseite ihn nicht freiwillig erfüllt. 109

---

[113] Ahrens/*Achilles*, 7. Aufl., Kap. 11, Rn. 3.
[114] BGH, Beschluss vom 20.10.2005, AZ: I ZB 21/05, GRUR 2006, 439.

f) Nicht zu erstattende Kosten

110   Unter Umständen ist der Unterlassungsschuldner nicht verpflichtet, den Umsatz-steueranteil der Abmahnkosten zu erstatten. Schaltet die abmahnende Partei einen Rechtsanwalt ein, besteht die Anspruchsbeziehung hinsichtlich der Gebührenforde-rung zwischen dem Abmahnenden und dem Rechtsanwalt. Dementsprechend muss der Abmahnende die vom Rechtsanwalt gestellte Rechnung ausgleichen. Der abmah-nende Rechtsanwalt kann also nicht dem Abgemahnten gegenüber Rechnung legen; mit diesem hat der Anwalt keinen Vertrag geschlossen. An der auch steuerrechtlich re-levanten Leistungsbeziehung zwischen der abmahnenden Partei und dem Rechtsan-walt ändert auch eine Abtretung des Kostenerstattungsanspruchs an den Anwalt nichts. Die abgemahnte Partei kann die Erfüllung des Kostenerstattungsanspruchs fol-gerichtig nicht davon abhängig machen, dass der Anwalt ihr gegenüber Rechnung legt. Es ist hingegen üblich und auch sinnvoll, dem Abgemahnten eine Kopie der Rechnung zu übermitteln, die der Anwalt gegenüber dem Abmahnenden gestellt hat. Aufgrund der fehlenden Anspruchsbeziehung zwischen dem Rechtsanwalt und dem Abgemahn-ten muss der Abgemahnte den in der Rechnung ausgewiesenen Umsatzsteueranteil nicht begleichen, wenn die abmahnende Partei zum Vorsteuerabzug nach den Bestim-mungen des Umsatzsteuergesetzes berechtigt ist. Der Abgemahnte muss dann nur den Netto-Rechnungsbetrag leisten, die abmahnende Partei den sich aus der Rechtsan-waltsrechnung ergebenden Bruttobetrag. Das Finanzamt erstattet ihr den Umsatzsteu-eranteil im Zuge der Umsatzsteuervoranmeldung. Für den Abmahnenden handelt es sich in solchen Fällen bei dem Umsatzsteuerbetrag um einen reinen „Durchlauf-posten".

111   Vereinbart die abmahnende Partei mit dem sie vertretenden Rechtsanwalt ein Stun-den- oder ein Pauschalhonorar, muss der Abgemahnte Vergütungsbeträge, die über der nach dem Rechtsanwaltsvergütungsgesetz vorgesehenen Gebührenhöhe liegen, nicht erstatten. Vereinbart die abmahnende Partei umgekehrt ein Honorar, das unterhalb der „RVG-Gebühren" liegt, muss auch nur dieses Pauschalhonorar erstattet werden.[115]

112   Treffen der Abmahnende und sein Anwalt unwirksame Zahlungsabreden, kann der Kostenerstattungsanspruch vollständig entfallen. Unwirksam ist eine Vereinba-rung zwischen dem Abmahnenden und dem ihn vertretenden Rechtsanwalt, nach der nur dann eine Vergütung an den Anwalt gezahlt werden soll, wenn die Gegen-seite tatsächlich eine Zahlung leistet. Gleiches gilt für „Gebührenteilungsvereinba-rungen", nach denen der Rechtsanwalt seinem Mandanten von den vereinnahmten Gebühren einen Teilbetrag abgibt. Solche Vereinbarungen sind abzulehnen; sie kön-nen erhebliche Schwierigkeiten für die Beteiligten nach sich ziehen. Will sich der An-walt nicht mehr an die – aus welchen Gründen auch immer vom Mandanten nicht be-weisbare – Vereinbarung erinnern, bleibt dem Abmahnenden häufig nichts anderes übrig, als doch noch die vollen „RVG-Gebühren" zu entrichten. Der Rechtsanwalt verhält sich standeswidrig. Abmahnender und Rechtsanwalt können sich strafbar machen, wenn sie gegenüber der abgemahnten Partei und/oder dem Gericht, vor dem der Kostenerstattungsanspruch geltend gemacht wird, den unzutreffenden Ein-druck erwecken, die angefallenen Kosten und damit auch der Kostenerstattungsan-spruch würden sich im Innenverhältnis ebenfalls nach den „RVG-Gebühren" rich-ten. Derartige Vereinbarungen sprechen für ein rechtsmissbräuchliches Vorgehen. Nach § 8 Abs. 4 S. 1 UWG ist die Geltendmachung von Unterlassungs- und Beseiti-

---

[115] Köhler/Bornkamm/*Bornkamm*, 33. Aufl. 2015, § 12 UWG Rn. 1.96a.

gungsansprüchen unzulässig, wenn sie unter Berücksichtigung der gesamten Umstände missbräuchlich ist – vor allem wenn sie vorwiegend dazu dient, gegen den Zuwiderhandelnden einen Anspruch auf Ersatz von Aufwendungen oder Kosten der Rechtsverfolgung entstehen zu lassen. Insbesondere bei einer „Gebührenteilungsvereinbarung" ist von einem Missbrauchsfall auszugehen. Ein Kostenerstattungsanspruch besteht dann nicht.

Wird die Abmahnung erst nach Einleitung eines gerichtlichen Verfahrens ausgesprochen, besteht kein Anspruch auf Kostenerstattung.[116] Denn nach § 12 Abs. 1 Satz 1 UWG soll die Abmahnung dem Unterlassungsschuldner gerade „vor der Einleitung eines gerichtlichen Verfahrens" zugehen. **113**

Mahnt der Anspruchsberechtigte ohne Einschaltung eines Anwalts ab, kann er die Kosten seiner eigenen Arbeitskraft[117] oder die Kosten seiner Rechtsabteilung nicht erstattet verlangen.[118] Allerdings kann ein Unternehmen trotz eigener Rechtsabteilung grundsätzlich einen externen Rechtsanwalt mit der Abmahnung beauftragen und die hierfür notwendigen Kosten geltend machen.[119] Dies gilt jedoch nicht, wenn die Rechtsabteilung die Abmahnung bereits vorbereitet hat und der Rechtsanwalt den Text der Abmahnung lediglich auf seinen Briefbogen überträgt oder wenn es für das Unternehmen weniger Aufwand erfordert, die Abmahnung nebst vorformulierter Unterlassungserklärung selbst abzufassen, als einen Rechtsanwalt zu informieren und zu instruieren. **114**

Mandatiert sich ein Rechtsanwalt wegen eigener wettbewerbsrechtlicher Ansprüche selbst, kann er keine Kostenerstattung verlangen, wenn es sich um einen unschwer zu erkennenden Wettbewerbsverstoß handelt.[120] Der Bundesgerichtshof argumentiert, dass die Anwaltskosten nicht notwendig und damit nicht erstattungsfähig sind, wenn der Abmahnende selbst über eine hinreichende eigene Sachkunde zur zweckentsprechenden Rechtsverfolgung eines unschwer zu erkennenden Wettbewerbsverstoßes verfügt. Dementsprechend müsse ein Rechtsanwalt im Fall der eigenen Betroffenheit seine Sachkunde bei der Abmahnung eines Wettbewerbsverstoßes einsetzen. Um dem Einwand der Selbstbeauftragung zu entgehen, mandatieren Anwälte mitunter einen Sozietätspartner oder versuchen mit anderen Mitteln die eigene Tätigkeit zu verschleiern. Die Hinzuziehung eines weiteren Rechtsanwaltes ist aber bei typischen, unschwer zu verfolgenden Wettbewerbsverstößen ebenfalls nicht notwendig.[121] Daher ist dieser unseriöse Trick nicht von Nutzen. **115**

Ein Aufwendungsersatzanspruch besteht grundsätzlich nicht, wenn ein nach § 8 Abs. 3 Nr. 2 und 3 UWG anspruchsberechtigter Fach- oder Wettbewerbsverband einen externen Rechtsanwalt mit dem Ausspruch der Abmahnung oder der Versendung eines Abschlussschreibens mandatiert.[122] Diese Verbände müssen zur eigenständigen Verfolgung typischer und durchschnittlich schwieriger Wettbewerbsverstöße in der Lage sein, weshalb die Einschaltung eines Anwalts nicht erforderlich ist.[123] Genauso wenig sind die Kosten einer zweiten Abmahnung zu erstatten, wenn der Verband zu- **116**

---

[116] Ahrens/*Achilles*, 7. Aufl., Kap. 11, Rn. 5.
[117] GK-UWG/*Feddersen*, 2. Auf. 2014, § 12 Rn. 73.
[118] Ahrens/*Achilles*, 7. Aufl., Kap. 11, Rn. 19.
[119] BGH Urteil vom 8.5.2008, I ZR 83/06, GRUR 2008, 928 f.
[120] BGH Urteil vom 6.5.2004, I ZR 2/03, GRUR 2004, 789 f.
[121] BGH Urteil vom 6.5.2004, I ZR 2/03, GRUR 2004, 789 f.
[122] GK-UWG/*Feddersen*, 2. Auf. 2014, § 12 Rn. 78.
[123] Köhler/Bornkamm/*Bornkamm*, 33. Aufl. 2015, § 12 UWG Rn. 1.97.

nächst vergeblich abmahnt und dann einen externen Anwalt beauftragt, mit einer zweiten Abmahnung nachzufassen.[124]

6. Beispiel und Muster

117   Die H GmbH betreibt ein Hotel in Berlin. Im Rahmen des Internetauftritts wirbt die H GmbH mit der Angabe: „Wir sind ein Vier-Sterne-Haus". Als Bestandteil des Namenszugs werden vier Sterne verwendet, die den Eindruck einer entsprechenden Klassifizierung hervorrufen. Tatsächlich liegt eine solche Klassifizierung nicht vor. Der Geschäftsführer G hat sich dennoch dafür entschieden, mit den Sterne-Angaben zu werben. Gegenüber seinem Konkurrenten K erzählt G, dass er den Webdesigner beauftragt hat, die „Sterne-Angaben" werblich einzubringen. K hat das Klassifizierungsverfahren erfolgreich durchlaufen und empfindet es als irreführend und damit wettbewerbswidrig, dass die H GmbH unter den gegebenen Umständen mit den vier Sternen wirbt.

Die Abmahnung könnte wie folgt formuliert werden:

An die
H GmbH und an Herrn Mark G
B Straße 1
10119 Berlin
Vorab per Fax und per Email

Sehr geehrter Herr G,
Herr Ulf K hat uns mit der Wahrnehmung seiner Interessen beauftragt. Eine Originalvollmacht fügen wir diesem Schreiben bei.

Sie kennen unseren Mandanten persönlich. Dementsprechend ist Ihnen auch bekannt, dass die von Ihnen vertretene Gesellschaft mit unserem Mandanten im Wettbewerb steht, weil sowohl Ihre Gesellschaft als auch unser Mandant jeweils ein Hotel in Berlin betreiben.

Im Rahmen Ihres Internetauftritts werben Sie mit der Angabe: „Wir sind ein Vier-Sterne-Haus" und mit einem Vier-Sterne-Logo, das an die von der Deutschen Hotelklassifizierung verwandte bildliche Darstellung erinnert.

Mit der „Sterne-Angabe" erwecken Sie bei einem nicht unerheblichen Teil der angesprochenen Verkehrskreise den Eindruck, dass es sich bei den von Ihnen verwendeten Sternen um eine „offizielle" (gleich von welcher zuständigen Stelle vorgenommenen) Klassifizierung handelt, die nach einem neutralen, an transparenten Kriterien orientierten Klassifizierungssystem vergeben worden ist (so auch in einem vergleichbaren Fall: LG Berlin, Beschluss vom 22.8.2013, AZ 52.O.231/13). Sie täuschen die Einordnung des Hotels in eine bestimmte Komfort-Kategorie vor, obwohl es an einer entsprechenden Einordnung fehlt. Den interessierten Verbraucherkreisen ist bekannt, dass der Deutsche Hotel- und Gaststättenverband (DEHOGA) mit der Deutschen Hotelklassifizierung ein bundesweit einheitliches Klassifizierungssystem gewährleistet. Jedenfalls weiß

---

[124] Köhler/Bornkamm/*Bornkamm*, 33. Aufl. 2015, § 12 UWG Rn. 1.97a.

das Publikum, dass die Sterneklassifizierung in Deutschland durch ein neutrales Klassifizierungssystem geleistet wird.

Die Verwendung der „Sterne-Angaben" ist folgerichtig irreführend und dementsprechend lauterkeitsrechtlich zu beanstanden. Unserem Mandanten steht ein Unterlassungsanspruch zu, den wir auf §§ 3 Abs. 1, 5 Abs. 1 Nr. 1 UWG und § 3 Abs. 3 UWG in Verbindung mit Anhang Nr. 2 stützen.

Der Unterlassungsanspruch besteht gegenüber der H GmbH, § 8 Abs. 1 UWG. Darüber hinaus sind auch Sie zur Unterlassung verpflichtet. Sie haften für die unlautere Verwendung der „Sterne-Angaben" persönlich, weil Sie die streitgegenständliche Werbung selbst veranlasst haben (vgl. BGH, Urteil vom 18.6.2014, GRUR 2014, S. 883 f.).

Der unserem Mandanten zustehende Unterlassungsanspruch kann außergerichtlich durch Abgabe einer die Wiederholungsgefahr ausräumenden Unterlassungserklärung erledigt werden. Wir überreichen Ihnen eine Unterlassungserklärung, die geeignet ist, die Wiederholungsgefahr zu beseitigen. Namens und in Vollmacht unseres Mandanten fordern wir die von Ihnen vertretene Gesellschaft wie auch Sie persönlich auf, eine den Anforderungen genügende Unterlassungserklärung unverzüglich, spätestens jedoch bis zum 1.6.2015 abzugeben. Für die Wahrung der Frist ist der Eingang der Erklärung in unserer Kanzlei maßgeblich. Sie können die Unterlassungserklärung fristwahrend vorab per Fax übermitteln, wenn Sie die Originalerklärung unverzüglich nachreichen. Aufgrund der bestehenden Eilbedürftigkeit gewähren wir grundsätzlich keine Fristverlängerung.

Sollten Sie die Unterlassungserklärung nicht fristgerecht abgeben, wird unser Mandant den Erlass einer einstweiligen Verfügung beim zuständigen Landgericht beantragen.

Neben dem Unterlassungsanspruch steht unserem Mandanten auch ein Aufwendungsersatzanspruch nach § 12 Abs. 1 Satz 2 UWG zu.

Mit freundlichen Grüßen

Unterlassungs- und Verpflichtungserklärung

Hiermit verpflichten sich die H GmbH und Herr Mark G unwiderruflich und unbedingt gegenüber Herrn Ulf K,

1. es bei Vermeidung einer Vertragsstrafe in Höhe von € 6.000,00 zu unterlassen, im geschäftlichen Verkehr selbst oder durch Dritte im Internet oder sonst werblich mit Hinweisen auf eine Sterneklassifizierung zu werben, sofern dem keine aktuell gültige Zertifizierung nach Maßgabe der Deutschen Hotelklassifizierung zugrunde liegt, wenn dies geschieht, wie in dem als Anlage 1 beigefügten Screenshot wiedergegeben;

2. die durch die Einschaltung der Rechtsanwälte R GbR entstandenen Gebühren in Höhe der 1,3-fachen Geschäftsgebühr nach einem Gegenstandswert in Höhe von € 10.000,00 zuzüglich Auslagen zu erstatten.

Ort, Datum

_____   _____

(H GmbH, Unterschrift des   *(Herr Mark G persönlich)*
Geschäftsführers und Firmenstempel)

Tavanti

118   Die Abmahnung ist sowohl an die Gesellschaft als auch an den Geschäftsführer gerichtet. In der vorformulierten Unterlassungserklärung wird deutlich gemacht, dass sich der Geschäftsführer neben der Gesellschaft persönlich zur Unterlassung verpflichtet. Es wird bewusst davon abgesehen, zwei getrennte Abmahnungen zu versenden und zweimal die Geschäftsgebühr geltend zu machen, um nicht den Eindruck der missbräuchlichen Geltendmachung des Unterlassungsanspruchs zu erwecken. Das Unterlassungsversprechen ist so formuliert, dass es ohne Änderungen in einen Antrag auf Erlass einer einstweiligen Verfügung oder in einen Klageantrag übernommen werden kann. Im Falle eines Verfügungsantrags müsste noch die Ordnungsmittelandrohung hinzugesetzt werden. Das mit der Abmahnung definierte Begehren soll sich nicht unterscheiden von dem in einem sich möglicherweise anschließenden gerichtlichen Verfahren geltend zu machenden Unterlassungsanspruch. Der angegebene Gegenstandswert ist moderat bemessen; ein höher angesetzter Wert wäre vertretbar. Allerdings sollte der in der vorformulierten Unterlassungserklärung angegebene Gegenstandswert nicht höher ausfallen als der im gerichtlichen Verfahren zugrunde gelegte Streitwert.

IV. Berechtigungsanfrage

119   Die Berechtigungsanfrage ist von der Abmahnung zu unterscheiden. Mit der Abmahnung berühmt sich die abmahnende Partei eines Unterlassungsanspruchs. Sie schildert den sie störenden Sachverhalt und begründet, warum ein Verstoß gegen geltendes Wettbewerbsrecht gegeben sein soll. Mit der Berechtigungsanfrage wird der mögliche Unterlassungsschuldner lediglich gefragt, warum er sich zu einer bestimmten Handlung berechtigt sieht beziehungsweise warum er eine bestimmte Handlung für nicht rechtswidrig hält. Wirbt ein Blumenversand beispielsweise damit, der größte Blumenversand in Deutschland zu sein, könnte mit einer Berechtigungsanfrage die Auskunft erbeten werden, warum das werbende Unternehmen diese Aussage als zutreffend erachtet. Im Patentrecht ist das Institut der Berechtigungsanfrage weit verbreitet. Im Wettbewerbsrecht spielt es keine Rolle. Das angeschriebene Unternehmen muss auf eine Berechtigungsanfrage nicht antworten und wird dies in der Regel auch nicht tun. Die Antwort könnte der angreifenden Partei möglicherweise eben jene Argumente und Informationen liefern, die sie braucht, um die Voraussetzungen des geltend zu machenden Unterlassungsanspruchs darzulegen. Verfügt der angreifende Mitbewerber hingegen über alle zur Geltendmachung des Unterlassungsanspruchs erforderlichen Informationen, kann das Vorschalten einer Berechtigungsanfrage vor das eigentliche Abmahnverfahren dazu führen, dass die für den Verfügungsgrund erforderliche Dringlichkeit entfällt. Wer nicht sofort die Abmahnung ausspricht, sondern zunächst zögerlich und zeitaufwendig eine Berechtigungsanfrage versendet, widerlegt die Dringlichkeitsvermutung durch sein eigenes Handeln.

120   Vereinzelt kommt der **Berechtigungsanfrage** beziehungsweise der ähnlich gelagerten **Schutzrechtsverwarnung** jedoch auch im Wettbewerbsrecht eine Bedeutung zu. Wendet sich ein Marktteilnehmer mit einer Berechtigungsanfrage oder einer Schutzrechtsverwarnung an die Abnehmer eines Anbieters, um diese durch irreführende Behauptungen zu einem vermeintlich zu Gunsten des Marktteilnehmers bestehenden Schutzrecht zu verunsichern, kann darin eine wettbewerbsrechtlich unzulässige Irreführung (wie auch ein Eingriff in das sich aus § 823 Abs. 1 BGB ergebende Recht am eingerichteten und ausgeübten Gewerbetrieb) gesehen werden.[125] In diesem Fall ist die Berechtigungsanfrage aber nicht Teil des außergerichtlichen Verfahrens, sondern Grund für die Geltendmachung des materiellen Unterlassungsanspruchs. Ebenso kann der Einsatz zu Unrecht ausgesprochener Abmahnungen wettbewerbsrechtliche Ansprüche auslösen, wenn diese der Anschwärzung dienen oder wenn sie eine Irreführungsgefahr begründen.[126]

V. Vorratsverfügung

Erwirkt ein Unterlassungsgläubiger ohne vorherige Abmahnung eine einstweilige **121** Verfügung und mahnt den Unterlassungsschuldner im Anschluss daran doch noch ab, spricht man von einer „**Vorratsverfügung**" oder – etwas metaphorischer – von einer „**Schubladenverfügung**". Bemüht sich der Bevollmächtigte des Abgemahnten im Folgenden um eine möglichst sorgfältige Verteidigung, indem er der Abmahnung argumentativ entgegentritt und eine Schutzschrift hinterlegt, kann der Abmahnende den Verfügungsbeschluss zustellen und den Anwalt des Abgemahnten vorführen. Dessen Bemühungen waren – was er selbst nicht ahnte – von Anfang an vergeblich, weil die bereits erwirkte einstweilige Verfügung nur aus der Schublade gezogen werden musste.

Mit diesem Spiel verfolgt der Antragsteller zumeist eine psychologische Wirkung. **122** Der Abgemahnte soll den Eindruck gewinnen, dem schlau agierenden Gegner nichts entgegensetzen zu können. Die Erwirkung einer Vorratsverfügung wird häufig als unfair und unkollegial empfunden. Durch die unerwartete Zustellung der Beschlussverfügung entsteht ein unangenehmer Druck: Die Verfügung, mit der noch nicht gerechnet wurde, muss unverzüglich befolgt werden, um ein Ordnungsmittelverfahren zu vermeiden. Der Antragsteller nutzt diese Situation häufig, um in Vergleichsgespräche mit dem Antragsgegner zu treten. Auf diese Weise wird die vom Gericht erlassene Verfügung zu einem Mittel der außergerichtlichen Auseinandersetzung.

Die angerufenen Gerichte sollten eine einstweilige Verfügung nicht ohne mündliche **123** Verhandlung erlassen, wenn der Antragsgegner zuvor nicht abgemahnt wurde, es sei denn, das Gericht hat dem Antragsgegner eine Frist zur Stellungnahme eingeräumt.[127] Für die Gewährung einer solchen Frist sprechen zwei Aspekte: Zum einen muss das Gericht den Erlass der Beschlussverfügung bei der Einreichung eines Verfügungsantrags ohne vorangegangene Abmahnung unter dem Gesichtspunkt des § 937 Abs. 2 ZPO kritisch prüfen,[128] zum anderen sollte dem Antragsgegner im Hinblick auf den **Anspruch auf rechtliches Gehör** nach Art. 103 GG die Möglichkeit zur Stellungnahme eingeräumt werden. Durch einen auf eine Vorratsverfügung gerichteten Verfügungsantrag wird dem Abgemahnten die Möglichkeit genommen, sich außergerichtlich oder durch Hinterlegung einer Schutzschrift zu den Vorwürfen zu äußern. Das Interesse des Antragstellers, dem Antragsgegner keine Chance zur Stellungnahme zu geben, legt nahe, dass der Antragsgegner schlüssige Argumente gegen das Bestehen des

---

[125] *Ohly/Sosnitza*, Gesetz gegen den unlauteren Wettbewerb, 6. Aufl. 2014, § 5 UWG Rn. 581.

[126] MünchKommUWG/*Ottofülling*, 2. Aufl. 2014, § 12 Rn. 106.

[127] Köhler/Bornkamm/*Bornkamm*, 33. Aufl. 2015, § 12 UWG Rn. 1.59.

[128] Ahrens/*Achilles*, 7. Aufl., Kap. 2, Rn. 2.

Unterlassungsanspruchs ins Feld führen könnte. Schon aus diesem Grund sollte von dem Erlass einer Vorratsverfügung abgesehen werden.

124   Auch aus Sicht der abmahnenden Partei sprechen triftige Gründe gegen den Versuch, eine Vorratsverfügung zu erwirken: Wer eine Vorratsverfügung erwirkt, hat keinen Anspruch auf Ersatz der für die nachfolgende Abmahnung erforderlichen Aufwendungen.[129] § 12 Abs. 1 S. 2 UWG sieht vor, dass der Anspruchsgegner vor und nicht nach Einleitung eines gerichtlichen Verfahrens abgemahnt wird. Außerdem neigen immer mehr Gerichte dazu, in Wettbewerbssachen nur dann einstweilige Verfügungen ohne mündliche Verhandlung zu erlassen, wenn die vorangegangene Abmahnung vom Antragsteller dargelegt wird. Das erwünschte Überraschungsmoment wendet sich dann in eine unerwünschte zeitliche Verzögerung, die mit der Anberaumung der mündlichen Verhandlung einhergeht. Im Übrigen wächst für den Antragsteller das Risiko einer **Schadensersatzpflicht** nach § 945 ZPO, da das Gericht von den Argumenten des Antragsgegners zum Zeitpunkt des Erlasses der Beschlussverfügung keine Kenntnis haben kann. Erweist sich die einstweilige Verfügung im Verlauf des Verfügungsverfahrens als von Anfang an ungerechtfertigt, ist der Antragsteller nach § 945 ZPO dazu verpflichtet, dem Gegner den Schaden zu ersetzen, der ihm aus der Vollziehung der einstweiligen Verfügung entstanden ist.

VI. Reaktion des Abgemahnten

125   Der Abgemahnte verfügt über verschiedene Reaktionsmöglichkeiten. Zunächst kommt für ihn die Abgabe der **Unterlassungserklärung** in Betracht. In diesem Fall kann der Abgemahnte entweder die von dem Unterlassungsgläubiger vorgegebene Unterlassungserklärung akzeptieren oder aber eine eigene Unterlassungserklärung formulieren, die möglicherweise ein abgewandeltes Vertragsstrafeversprechen, einen engeren Bezug zur konkreten Verletzungshandlung oder andere, für den Unterlassungsschuldner günstigere Regelungen aufweist als die Bestimmungen der vorformulierten Unterlassungserklärung. Der Abgemahnte kann sich allerdings auch gegen die Abgabe der Unterlassungserklärung entscheiden und stattdessen die geltend gemachten Ansprüche insgesamt zurückweisen. Eine **Antwortpflicht** besteht jedoch nur in Ausnahmefällen; der Abgemahnte kann also auch von seinem Recht Gebrauch machen, gegenüber der abmahnenden Partei zu schweigen. Verweigert der Abgemahnte die Abgabe der Unterlassungserklärung, muss er damit rechnen, dass die Gegenseite einen Antrag auf Erlass einer einstweiligen Verfügung bei einem zuständigen Gericht stellt. Nach § 937 Abs. 2 ZPO kann die gerichtliche Entscheidung sowohl in dringenden Fällen als auch in Fällen, in denen der Antrag auf Erlass einer einstweiligen Verfügung zurückzuweisen ist, ohne mündliche Verhandlung ergehen. Da etliche Gerichte die Dringlichkeit im Sinne des § 937 Abs. 2 ZPO als regelmäßig gegeben erachten, wird die einstweilige Verfügung mit hoher Wahrscheinlichkeit ohne mündliche Verhandlung und ohne eine dem Antragsgegner eingeräumte Frist zur Stellungnahme als Beschlussverfügung erlassen, es sei denn, der Antrag ist unschlüssig oder es fehlt an der Glaubhaftmachung entscheidender Tatbestandselemente. Um sich bei Gericht dennoch Gehör zu verschaffen, kann der Antragsgegner eine **Schutzschrift** hinterlegen. Alternativ kann er auch eine ausführliche Stellungnahme an die Gegenseite senden. In

---

[129] Ahrens/*Achilles*, 7. Aufl., Kap. 11, Rn. 5.

den meisten Fällen wird zu Recht darauf vertraut, dass der Anwalt des Antragstellers die Stellungnahme des Antragsgegners dem Verfügungsantrag beilegt. Darüber hinaus kann sich die auf Unterlassung in Anspruch genommene Person auch gerichtlich zu Wehr setzen. Dafür bietet sich in erster Linie die Erhebung einer **negativen Feststellungsklage** an, mit der die gerichtliche Feststellung begehrt wird, dass die von der abmahnenden Partei geltend gemachten Ansprüche nicht bestehen. Möglich ist unter bestimmten Umständen auch eine Klage auf Feststellung der Zulässigkeit einer geschäftlichen Handlung. Nicht zulässig ist ein Verfügungsantrag des Abgemahnten auf negative Feststellung. Welches Vorgehen die abgemahnte Partei wählt, richtet sich zumeist nach den Faktoren Zeit, Risiko und Kosten. Möchte der Abgemahnte Zeit gewinnen, wird er keine Unterlassungserklärung abgeben, sondern stattdessen versuchen, den Erlass einer einstweiligen Verfügung möglichst lange hinauszuzögern oder – besser noch – die Auseinandersetzung in ein Klageverfahren zu führen. Dies gelingt ihm, wenn er das außergerichtliche Verfahren so in die Länge zieht, dass der Verfügungsgrund nicht mehr gegeben ist. Schätzt der Abgemahnte sein eigenes Prozessrisiko gering ein, wird er es im Zweifel auf eine gerichtliche Auseinandersetzung ankommen lassen. Scheut er hingegen die voraussichtlich im Rahmen einer gerichtlichen Auseinandersetzung anfallenden Kosten, wäre dies ein Motiv für die Abgabe der Unterlassungserklärung. Von Bedeutung ist auch eine weitere Überlegung: Wie stark ist der Wettbewerbsnachteil bei Abgabe der Unterlassungserklärung gegenüber anderen Mitbewerbern, die keine Unterlassungserklärung abgegeben haben? Ein möglicherweise spürbarer Wettbewerbsnachteil kann gegen die Abgabe der Unterlassungserklärung sprechen. Denn mit der Abgabe der Unterlassungserklärung ist der Unterlassungsschuldner unabhängig vom Bestehen oder Nichtbestehen eines gesetzlichen Unterlassungsanspruchs vertraglich zur Unterlassung verpflichtet. Stellt sich in einem solchen Fall im Anschluss an die Abgabe der Unterlassungserklärung heraus, dass der Unterlassungsanspruch zu Unrecht geltend gemacht wurde, ändert dies im Regelfall nichts an der vertraglichen Pflicht zur Unterlassung.[130] Lässt sich der Abgemahnte hingegen auf eine gerichtliche Auseinandersetzung ein, kann er den Rechtsweg ausschöpfen und so ein belastbares Urteil erstreiten. Unterliegt er in diesem Verfahren, kann er das zu seinen Lasten ergangene Urteil als Argumentationsgrundlage für Verfahren nutzen, in deren Rahmen er nunmehr selbst von seinen Mitbewerbern Unterlassung fordert.

1. Muss der Abgemahnte den Abmahnenden auf Fehler in der Abmahnung hinweisen?

Bei der Beantwortung dieser Frage ist von Bedeutung, ob die Abmahnung begründet oder unbegründet ist. 126

Ist die Abmahnung unbegründet, weil sich der Abgemahnte nicht wettbewerbswidrig verhalten hat, muss er die abmahnende Partei grundsätzlich nicht darüber aufklären, dass diese von unzutreffenden tatsächlichen oder rechtlichen Annahmen ausgeht. Anders kann es sich verhalten, wenn der Abgemahnte durch sein eigenes Verhalten die 127

---

[130] Ein Recht auf Kündigung des Unterlassungsvertrages besteht hingegen, wenn das dem Schuldner untersagte Verhalten aufgrund einer höchstrichterlichen Leitentscheidung nunmehr eindeutig als rechtmäßig zu beurteilen ist oder wenn die Rechtmäßigkeit auf einer Gesetzesänderung beruht (BGH, Urteil vom 8.5.2014, AZ: I ZR 210/12 – fishtailparka, GRUR 2014, 797).

Fehleinschätzung verursacht hat.[131] Liegt ein solcher Fall vor, sollte der Abgemahnte dem Abmahnenden einen entsprechenden Hinweis zur Vermeidung unnötiger Streitigkeiten erteilen, auch wenn triftige Gründe für das Fehlen einer Reaktionspflicht in derartigen Situationen angeführt werden können.[132]

128   Ist die Abmahnung hingegen begründet, da sich der Abgemahnte tatsächlich wettbewerbswidrig verhalten hat, muss der Abgemahnte den Abmahnenden über die Umstände in Kenntnis setzen, die zu dem Wegfall der Begehungsgefahr geführt haben – beispielsweise wenn sich der Unterlassungsschuldner bereits aufgrund der Abmahnung eines Dritten ernstlich und auch sonst den Anforderungen genügend zur Unterlassung verpflichtet hat. Gleiches gilt, wenn bereits ein rechtskräftiges Unterlassungsurteil zum gleichen Streitgegenstand zu Lasten des Abgemahnten vorliegt oder wenn der Unterlassungsschuldner eine Abschluserklärung abgegeben hat.[133] Ebenso ist der zu Recht Abgemahnte verpflichtet, den Abmahnenden über tatsächliche oder rechtliche Änderungen zu unterrichten, aufgrund derer die ursprünglich wettbewerbswidrige Handlung nun keinen Wettbewerbsverstoß mehr darstellt.[134] Eine solche Pflicht besteht hingegen nicht, wenn der Unterlassungsanspruch trotz der veränderten Situation fortbesteht. Dies ist beispielsweise dann der Fall, wenn ein Unternehmen ein Zertifikat geführt hat, das ihm nicht verliehen wurde. Wird dem Unternehmen das Zertifikat nach Zugang der Abmahnung für einen bestimmten Zeitraum zuerkannt und muss der Zertifizierungsprozess nach Ablauf des Zeitraums wiederholt werden, so ist der Abgemahnte nach wie vor verpflichtet, die Werbung mit einer Zertifizierung zu unterlassen, sofern es an einer aktuell gültigen Zertifizierung fehlt. Der Unterlassungsschuldner muss den Gläubiger über diesen, am Bestehen des Unterlassungsanspruchs nichts ändernden Umstand nicht informieren. Er sollte es aber im eigenen Interesse tun, da der Abmahnende die Veränderung möglicherweise zum Anlass nehmen wird, den Unterlassungsanspruch nicht weiter zu verfolgen.

129   Besteht eine Aufklärungspflicht, muss der Unterlassungsschuldner substantiiert Auskunft erteilen und dem Unterlassungsgläubiger gegebenenfalls Belege übermitteln. So reicht es beispielsweise nicht aus, zu behaupten, eine Unterlassungserklärung wäre bereits abgegeben worden. Vielmehr muss dem Unterlassungsgläubiger die Möglichkeit gegeben werden, die aufgestellte Behauptung zu überprüfen. Dafür ist im Regelfall zumindest die Vorlegung der Abmahnung und der Unterlassungserklärung in Kopie vonseiten des Abgemahnten erforderlich. Im gerichtlichen Verfahren muss der Unterlassungsschuldner darlegen und beweisen, dass er sich bereits ernsthaft gegenüber einem Dritte zur Unterlassung verpflichtet hat, so dass die Wiederholungsgefahr ausgeräumt ist.[135] Kommt der Unterlassungsschuldner dieser Substantiierungspflicht nicht nach, bleiben seine Hinweise in der gerichtlichen Auseinandersetzung unberücksichtigt. Teilt die Rechtsabteilung eines Unternehmens im Hinblick auf eine Verletzungshandlung beispielsweise mit, dass eine Unterlassungserklärung bereits abgeben worden sei, diese aber aufgrund betroffener Geschäftsinterna nicht offengelegt werden könne, verbessert sich die Situation des Unterlassungsschuldners dadurch nicht. Auf einen entsprechenden Verfügungsantrag wird eine Beschlussverfügung im Regelfall ohne mündliche Verhandlung ergehen. Wird die bereits erfolgte Abgabe einer strafbe-

---

[131] Ahrens/*Spätgens*, 7. Aufl., Kap. 5, Rn. 14.
[132] GK-UWG/*Feddersen*, 2. Auf. 2014, § 12 Rn. 60.
[133] Ahrens/*Spätgens*, 7. Aufl., Kap. 5, Rn. 9.
[134] Ahrens/*Spätgens*, 7. Aufl., Kap. 5, Rn. 10.
[135] MünchKommUWG/*Ottofülling*, 2. Aufl. 2014, § 12 Rn. 195.

wehrten Drittunterwerfung lediglich behauptet, reicht dies zur Darlegung des Wegfalls der Wiederholungsgefahr nicht aus.[136] Für das Gericht besteht auch kein Anlass, einen Termin zur mündlichen Verhandlung anzuberaumen oder der Antragsgegnerseite eine Frist zur Vertiefung ihres Vorbringens zu gewähren. Die Antragsgegnerseite hätte vor Einreichung des Verfügungsantrags die Auskunftspflicht durch Vorlage geeigneter Belege erfüllen können. Der Unterlassungsschuldner muss in jedem Fall darlegen und glaubhaft machen beziehungsweise beweisen, dass die Drittunterwerfung geeignet ist, die Wiederholungsgefahr für alle Gläubiger auszuräumen.[137]

2. Abgabe einer Unterlassungserklärung

Häufig wird der Standpunkt vertreten, ein zu Recht Abgemahnter solle sich durch die Abgabe einer Unterlassungserklärung unterwerfen, um eine gerichtliche Auseinandersetzung zu vermeiden. Dieser Schritt ist allerdings nicht immer der richtige: Es kann aus Sicht des Abgemahnten durchaus sinnvoll sein, die Unterlassungserklärung nicht abzugeben und stattdessen abzuwarten, ob die Gegenseite tatsächlich gerichtliche Hilfe in Anspruch nehmen wird. Möglicherweise gewinnt der Abgemahnte durch die Verweigerung der Abgabe der Unterlassungserklärung wertvolle Zeit, möglicherweise will er die gerichtliche Entscheidung auch nutzen, um selbst gegen Mitbewerber vorzugehen. Umgekehrt mag es sein, dass die Abgabe einer Unterlassungserklärung selbst bei einer zu Unrecht ausgesprochenen Abmahnung infrage kommt – beispielsweise wenn die dem Abgemahnten vorgeworfene Handlung für den Abgemahnten nicht von Belang ist, während ein Streit über die Berechtigung der Abmahnung zur Aufdeckung eines Wettbewerbsverstoßes führen könnte, an dem der Abgemahnte festhalten will. Wird etwa die Erteilung einer irreführenden Auskunft ins Feld geführt, mag es ratsam sein, die geforderte Unterlassungserklärung abzugeben und nicht darauf zu bestehen, dass die Auskunft im Rahmen des tatsächlich unlauteren „Cold-Calls" so nicht erteilt wurde. **130**

Der Begriff der Unterwerfung wird in diesem Zusammenhang sowohl in der Literatur als auch in der Rechtsprechung verwendet. Allerdings schwingt in dem Begriff eine Wortbedeutung mit, die sachlich nicht richtig und in der Kommunikation nicht hilfreich ist. Der Abgemahnte muss sich nicht widerstandslos fügen; genauso wenig ordnet er sich dem Abmahnenden unter. Vielmehr entscheidet sich der Abgemahnte, aus welchen Beweggründen auch immer, mit der Abgabe der Unterlassungserklärung für eine Situation, in der die abmahnende Partei den von ihr geltend gemachten Unterlassungsanspruch nicht mehr gerichtlich verfolgen kann. Erklärt der Anwalt seinem Mandanten jedoch, er müsse sich unterwerfen, führt dies möglicherweise zu einem Gefühl der Unterlegenheit beim Mandanten. Unter Umständen könnte sich der Mandant deswegen sogar gegen die Abgabe der Unterlassungserklärung entscheiden. Weist der Rechtsanwalt seinen Mandanten hingegen darauf hin, dass der Gegenseite mit Abgabe der Unterlassungserklärung die Möglichkeit genommen wird, den lauterkeitsrechtlichen Angriff vor Gericht fortzusetzen, gibt er damit viel mehr die eigentliche Sachlage wieder. **131**

---

[136] LG Berlin, Beschluss vom 28.11.2014, AZ: 15 O 526/14.
[137] Köhler/Bornkamm/*Bornkamm*, 33. Aufl. 2015, § 12 UWG Rn. 1.175.

a) Welche Vorteile und welche Nachteile hat die Abgabe der Unterlassungserklärung für den Schuldner gegenüber dem gerichtlichen Untersagungsgebot?

132   Die Abgabe einer Unterlassungserklärung ist für den Schuldner nicht in jedem Fall günstiger als ein gerichtliches Untersagungsgebot. Umgekehrt ist aber auch deren Verweigerung nicht generell sinnvoll. Es kommt auf die jeweilige Interessenlage des Schuldners und auf die Positionierung des Unterlassungsgläubigers an. Für den Unterlassungsgläubiger bietet sich eine entsprechende Wahlmöglichkeit nicht. Gibt der Schuldner die geforderte Unterlassungserklärung ab, kann der Gläubiger den Unterlassungsanspruch nicht mehr gerichtlich geltend machen. Verweigert der Schuldner die Abgabe der Unterlassungserklärung, muss der Gläubiger ein gerichtliches Verfahren einleiten, wenn er die Sache nicht auf sich beruhen lassen will.

133   Schließt der Schuldner eine Wiederholung der Handlung aus und ist das Unterlassungsbegehren so klar formuliert, dass Auslegungsstreitigkeiten nicht zu erwarten sind, ist die Abgabe der Unterlassungserklärung in der Regel schon aus Kostengründen ratsam.

134   Verlangt die abmahnende Partei zu wenig, weil ihr eigentlich ein wesentlich umfangreicherer Unterlassungsanspruch zustehen würde, bietet sich die Abgabe der Unterlassungserklärung für den Schuldner ebenfalls an. Im Rahmen der gerichtlichen Auseinandersetzung könnte dem Unterlassungsgläubiger bewusst werden, dass er mit seiner Forderung hinter dem ihm an sich zustehenden Anspruch zurückbleibt. Ein Beispiel: Nach Art. 18 des in Bayern geltenden Heilberufe-Kammergesetzes (HKaG) ist die Führung einer ärztlichen Praxis in der Rechtsform einer juristischen Person des privaten Rechts nicht statthaft. Betreibt die abgemahnte Partei in München ein „Zentrum für Plastische Chirurgie" in der Rechtsform der GmbH und stört sich der Abmahnende zu Recht daran, dass die Abgemahnte eine unzulässige Preiswerbung betreibt, bietet es sich an, die Preiswerbung einzustellen und die diesbezügliche Unterlassungserklärung abzugeben. Würde der Abmahnende Kenntnis darüber erlangen, dass die Gegenseite das „Zentrum für Plastische Chirurgie" in der Rechtsform der GmbH in Bayern gar nicht betreiben darf, bliebe es vermutlich nicht bei dem ursprünglich mit der Abmahnung verfolgten Unterlassungsbegehren.

135   Befindet sich eine abgemahnte juristische Person ohnehin in einer schwierigen finanziellen Situation, kann die Abgabe der Unterlassungserklärung sinnvoll sein. Wird ein gerichtliches Untersagungsgebot erlassen und die Gesellschaft kann ein möglicherweise festgesetztes Ordnungsgeld nicht zahlen, droht die nach § 890 Abs. 1 ZPO ersatzweise festgesetzte Ordnungshaft, die an dem Geschäftsführer oder dem Vorstand der Unterlassungsschuldnerin zu vollstrecken ist. Das Risiko der Ordnungshaft sollte vermieden werden. Bemerkt der Unterlassungsgläubiger jedoch, dass die Unterlassungsschuldnerin zahlungsunfähig ist, kann er trotz Abgabe der Unterlassungserklärung Klage erheben oder einen Verfügungsantrag stellen. Das Vertragsstrafeversprechen eines zahlungsunfähigen Schuldners beseitigt nicht die Wiederholungsgefahr.[138]

136   Ist die abmahnende Partei erkennbar daran interessiert, Vertragsstrafen zu vereinnahmen, sollte in der Regel keine Unterlassungserklärung abgegeben werden. In einem solchen Fall ist es günstiger, eine gerichtliche Entscheidung ergehen zu lassen. Bei einer etwaigen Zuwiderhandlung würde das in diesem Zuge festzusetzende Ordnungsgeld an die Landeskasse – und nicht an den Unterlassungsgläubiger – gehen. Möglicher-

---

[138] GK-UWG/*Feddersen*, 2. Auf. 2014, § 12 Rn. 126.

weise lässt der Verfolgungsdruck nach, wenn der Gläubiger aus einem Verstoß keinen eigenen Zahlungsanspruch herleiten kann.

Es ist ungünstig, eine Unterlassungserklärung abzugeben, wenn die Abmahnung **137** und die vorformulierte Unterlassungserklärung so unklar gefasst sind, dass der Abgemahnte nicht mit hinreichender Sicherheit feststellen kann, was das geforderte Unterlassungsversprechen beinhalten soll. In einem solchen Fall ist damit zu rechnen, dass der Unterlassungsgläubiger das Unterlassungsversprechen zu seinen Gunsten auslegen und die Zahlung einer angeblich verwirkten Vertragsstrafe fordern wird, sobald sich aus irgendeinem Grund die Möglichkeit dafür ergibt. Das vorstehende Beispiel kann wie folgt abgewandelt werden: Die in München auftretende „Zentrum für Plastische Chirurgie"-GmbH wird abgemahnt. Aus der Abmahnung geht nicht eindeutig hervor, ob sich die GmbH verpflichten soll, eine Tätigkeit in Bayern gänzlich zu unterlassen oder ob lediglich eine bestimmte Werbeangabe von der GmbH künftig nicht mehr verwandt werden soll. Die GmbH führt aber keine ärztliche Praxis. Sie stellt den tatsächlich handelnden Ärzten lediglich die Gerätschaften und Räume zur Verfügung, damit diese ihre ärztlichen Leistungen unter Einsatz der „Hardware" selbst erbringen können. Ein Verstoß gegen Art. 18 HkaG liegt somit nicht vor.[139] In diesem Fall sollte sich die GmbH nicht auf die Abgabe einer Unterlassungserklärung einlassen oder – wenn überhaupt – eine eindeutig formulierte Unterlassungserklärung hinsichtlich der einen Werbeangabe abgeben. Nimmt der Abmahnende daraufhin gerichtliche Hilfe in Anspruch und formuliert sein Begehren weiterhin mehrdeutig, also unbestimmt, dürfte der Antrag nach § 253 Abs. 2 Nr. 2 ZPO bereits unzulässig sein. Stellt er hingegen einen hinreichend bestimmten Antrag und begründet den Anspruch nachvollziehbar, kann der Unterlassungsschuldner immer noch ein sofortiges Anerkenntnis unter Protest gegen die Kostenlast in Betracht ziehen, da es aufgrund der unzulänglichen Abmahnung an der Klageveranlassung fehlen dürfte.

Ist die Rechtslage unklar und die der Abmahnung zugrunde liegende geschäftliche **138** Praktik weit verbreitet, wirkt es sich in der Regel vorteilhaft aus, keine Unterlassungserklärung abzugeben. Für den Unterlassungsschuldner wäre es misslich, wenn seine Mitbewerber die Praktik fortsetzen könnten und er die von ihm abgegebene Unterlassungserklärung nicht kündigen kann, bis ein Kündigungsgrund vorliegt. In diesem Fall sprechen aus Sicht der abgemahnten Partei triftige Gründe dafür, den Streit vom Berufungsgericht oder vom Bundesgerichtshof entscheiden zu lassen. Mit der Entscheidung gewinnt der Abgemahnte Klarheit und kann gegebenenfalls selbst oder über einen Wettbewerbsverband gegen seine Mitbewerber vorgehen. Ähnlich liegen die Dinge, wenn die Rechtslage unklar und die streitgegenständliche Praktik für den Abgemahnten von besonderer Bedeutung ist. Auch in diesem Fall kann eine gerichtliche Auseinandersetzung sinnvoll sein. Neben der zu erwartenden Rechtsklarheit gewinnt der Abgemahnte Zeit, die er auch für die allmähliche Umstellung seiner Handlungsweise nutzen kann. Dies gilt insbesondere dann, wenn der Streit nicht im Rahmen eines Verfügungsverfahrens ausgetragen wird. Solange kein rechtskräftiges Urteil vorliegt, kann der Beklagte die streitgegenständliche Praktik meist fortsetzen – es sei denn, er wird von einem Dritten durch einen Verfügungsantrag auf Unterlassung in Anspruch genommen. In wettbewerbsrechtlichen Klageverfahren leistet der Unterlassungsgläubiger nur selten Sicherheit, um die Zwangsvollstreckung einleiten zu können. Der Un-

---

[139] Der Fall ist einem Sachverhalt nachgebildet, über den das OLG München mit Urteil vom 12.9.2013, AZ: 6 U 2075/13, entschieden hat.

terlassungsschuldner flüchtet sich hingegen so gut wie nie in die Säumnis, da er an einem gemäß § 708 Nr. 2 ZPO vorläufig ohne Sicherheitsleistung vollstreckbaren Urteil kein Interesse hat.

139 Als Vorteil eines gerichtlichen Titels wird angeführt, dass der Titelschuldner nicht für das Verschulden von Erfüllungsgehilfen haftet, während die entsprechende Haftung bei Vertragsstrafeversprechen die Regel ist. Tatsächlich ist diese Unterscheidung in den meisten Fällen kaum von Bedeutung, da das Verschulden eines Erfüllungsgehilfen zumeist auch auf ein (Organisations-) Verschulden des Unterlassungsschuldners schließen lässt.[140] Außerdem mehren sich die Stimmen, die eine Ausschließung der Gehilfenhaftung auch im Rahmen einer Unterlassungserklärung als zulässig betrachten.[141]

b) Welchen Anforderungen muss die Unterlassungserklärung genügen?

140 Die Unterlassungserklärung genügt den Anforderungen, wenn sie sich dazu eignet, die Begehungsgefahr auszuräumen, so dass der Unterlassungsanspruch nicht mehr gerichtlich geltend gemacht werden kann. Das Unterlassungsversprechen muss in seiner Wirkung einem **rechtskräftigen Urteil** in einem Klageverfahren gleichkommen. Dementsprechend muss der Unterlassungserklärung eindeutig zu entnehmen sein, welche Unterlassungspflicht begründet wird, dass diese Unterlassungspflicht auch sämtliche künftigen Handlungen umfasst, die das Charakteristische der Verletzungshandlung aufweisen, wer verpflichtet wird, wer die Erklärung abgegeben hat und warum die Person des Erklärenden zur Abgabe der Unterlassungserklärung im Namen des Verpflichteten berechtigt ist.[142] Es reicht also beispielsweise nicht aus, die vorformulierte Unterlassungserklärung mit einer unleserlichen, keiner namentlich bekannten Person zuzuordnenden Unterschrift zu versehen und diese dann an den Abmahnenden zurückzusenden. Bestehen Zweifel an dem Umfang des Versprechens oder an der Verbindlichkeit der Erklärung, räumt die Unterlassungserklärung die Wiederholungsgefahr nicht aus.[143]

141 Dementsprechend muss die Unterlassungserklärung den gesetzlich begründeten Unterlassungsanspruch abdecken. So umfasst der gesetzliche Unterlassungsanspruch bei unerwünschter Emailwerbung nach § 7 Abs. 2 Nr. 3 UWG das generelle Verbot, Emails ohne vorherige ausdrückliche Einwilligung des Adressaten zu werblichen Zwecken zu verwenden. Eine Unterlassungserklärung, die sich nur auf eine konkrete Emailadresse oder einen konkreten Empfänger bezieht, wäre demnach zu eng gefasst.[144] Der Umfang des gesetzlichen Unterlassungsanspruchs ergibt sich aus der mit der Verletzungshandlung folgenden Rechtsverletzung. Die Unterlassungserklärung muss sich also auf die konkrete Verletzungsform beziehen.[145] Liegt keine Wiederholungs-, sondern eine Erstbegehungsgefahr vor, folgt der Umfang des Unterlassungsanspruchs aus der durch die unmittelbar drohende Verletzungshandlung resultierenden Rechtsgefährdung. In diesem Fall wird die Erstbegehungsgefahr bereits durch eine Erklärung ausgeräumt, die eine ernstliche Abkehr von der beabsichtigten Handlung vermuten lässt. Eine Vertragsstrafe muss im Falle der Erstbegehungsgefahr hingegen nicht versprochen werden.

[140] Köhler/Bornkamm/*Bornkamm*, 33. Aufl. 2015, § 12 UWG Rn. 1.156.
[141] Köhler/Bornkamm/*Bornkamm*, 33. Aufl. 2015, § 12 UWG Rn. 1.156.
[142] GK-UWG/*Feddersen*, 2. Auf. 2014, § 12 Rn. 114.
[143] GK-UWG/*Feddersen*, 2. Auf. 2014, § 12 Rn. 114.
[144] LG Potsdam, Urteil vom 5.2.2014, AZ: 2.0.361/13, GRUR-RR 2014, 462 f.; LG Berlin, Urteil vom 17.4.2007, AZ: 103 O 22/07.
[145] Teplitzky, 10. Aufl. 2011, Kap. 8, Rn. 16.

Genügt die Unterlassungserklärung den Anforderungen nicht, kann der Abmah- **142**
nende grundsätzlich gerichtliche Hilfe in Anspruch nehmen, ohne damit rechnen zu
müssen, dass sich ein sofortiges Anerkenntnis im Sinne des § 93 ZPO zu seinen Lasten
auswirken würde. Ist davon auszugehen, dass der Unterlassungsschuldner die Unterlassungserklärung bewusst zu eng gefasst, mit einer zu niedrigen Vertragsstrafe oder
sonst wie unzulänglich abgegeben hat, sollte der Unterlassungsgläubiger einen Verfügungsantrag stellen. Weitere Diskussionen mit dem potentiellen Antragsgegner kosten
Zeit und führen erfahrungsgemäß nicht zu einer befriedigenden Lösung. Häufig ist das
Ergebnis eines solchen Prozesses eine für den Unterlassungsgläubiger problematische
Unterlassungserklärung, die von dem Schuldner so eng gefasst wurde, dass sie möglicherweise nicht mehr den Anforderungen genügt, von einem Gericht aber eventuell als
gerade noch hinreichend bewertet werden würde. In einer solchen Situation wird der
Unterlassungsgläubiger die Unterlassungserklärung annehmen; er kann nicht darauf
vertrauen, dass das von ihm angerufene Gericht die Begehungsgefahr weiterhin als gegeben erachten wird. Ist klar zu erkennen, dass der (anwaltlich nicht vertretene) Unterlassungsschuldner eine gerichtliche Auseinandersetzung vermeiden will und hat sich
der Schuldner nach Erhalt der Abmahnung sofort bereit erklärt, weitere Verstöße zu
unterlassen, kann es im Einzelfall aufgrund von Rücksichtnahmepflichten geboten
sein, von ihm erbetene Auskünfte zu erteilen, bevor ein gerichtliches Verfahren anhängig gemacht wird.[146]

In bestimmten Fällen sollte der Unterlassungsgläubiger den Abgemahnten auffor- **143**
dern, die bereits abgegebene Unterlassungserklärung nachzubessern. Bei offensichtlichen Fehlern könnte es trotz der verunglückten Unterlassungserklärung an einer Veranlassung zur Einleitung eines gerichtlichen Verfahrens fehlen – beispielsweise wenn
sich der Unterlassungsschuldner offenbar versehentlich dazu verpflichtet hat, die Verletzungshandlung bei Vermeidung einer Vertragsstrafe künftig *nicht* zu unterlassen.[147]
Gleiches gilt, wenn ein fachfremder Rechtsanwalt die Bestimmung der Höhe der Vertragsstrafe in das freie Ermessen des angerufenen Gerichts stellen will.[148] In solchen Fällen kann davon ausgegangen werden, dass der Unterlassungsschuldner seine Unterlassungserklärung nach einer entsprechenden, mit einer kurzen Nachfrist versehenen
Mitteilung des Unterlassungsgläubigers nachbessern wird. Für den anwaltlichen Vertreter des Unterlassungsschuldners kann ein Hinweis auf die Bereitschaft zur Nachbesserung sinnvoll sein. So könnte der Anwalt in dem Begleitschreiben zur Unterlassungserklärung etwa anmerken: „Ich gehe davon aus, dass die Unterlassungserklärung den
Anforderungen zur Beseitigung der Begehungsgefahr genügt. Sollten Sie dies anders
sehen, bitte ich um entsprechenden Hinweis. Mein Mandant ist bereit, seine Unterlassungserklärung unverzüglich zu ergänzen, um etwaige Unzulänglichkeiten zu beseitigen.“. Der Anwalt des Abmahnenden wird aufgrund dieser Angabe im Zweifelsfall
doch noch einmal nachfassen, bevor er den Verfügungsantrag stellt. Denn es ist nicht
auszuschließen, dass sich der Unterlassungsschuldner im Hinblick auf seine ausdrücklich kommunizierte Bereitschaft zur Nachbesserung auf ein Fehlen der Veranlassung
zur Erhebung der Klage oder des Stellens eines Verfügungsantrags mit Erfolg beruft.

---

[146] KG, Beschluss vom 30.1.2015, 24 W 92/14, GRUR-Prax 2015, 136 m. Anm. Ringle.

[147] Solche Fehler treten in der Praxis aufgrund der üblichen Verschachtelung der Unterlassungserklärung auf.

[148] Nach § 315 BGB muss das Gericht die Ermessensentscheidung auf ihre Billigkeit hin überprüfen. Das Gericht kann die Ermessensentscheidung hingegen nicht als eigene Entscheidung
treffen.

144   Häufig wird angemerkt, dass eine Unterlassungserklärung grundsätzlich **unbedingt** und **unwiderruflich** sein müsse. Diese Annahme ist zutreffend, darf allerdings nicht den Blick auf die in Betracht kommenden Einschränkungen verstellen. Eine Unterlassungserklärung ist nur dann widerruflich, wenn der Abgemahnte einen ausdrücklichen Vorbehalt formuliert,[149] was in der Praxis so gut wie nie geschieht. Die an Bedingungen geknüpfte Abgabe der Unterlassungserklärung kommt hingegen häufig vor. Der Schuldner darf seine Unterlassungserklärung unter der **auflösenden Bedingung einer Gesetzesänderung**, aufgrund derer die streitgegenständliche Praktik rechtmäßig wird, abgeben. Als weitere zulässige auflösende Bedingung kommt die Verkündung einer **höchstrichterlichen Leitentscheidung** in Betracht, nach der die dem Unterlassungsversprechen unterfallende Handlung eindeutig rechtmäßig ist. Im Übrigen können die Parteien eines Unterlassungsvertrages jede erdenkliche Bedingung vereinbaren. Auch für den Unterlassungsvertrag gilt die Vertragsfreiheit. So könnte die eine Vertragspartei ihre Unterlassungserklärung etwa unter der Bedingung abgeben, dass auch die Gegenseite eine von ihr eingesetzte, wettbewerbsrechtlich unzulässige Praktik einstellt. Eine andere, im Einzelfall zu beurteilende Frage ist, ob ein dergestalt ausgehandelter Unterlassungsvertrag die Begehungsgefahr gegenüber allen Gläubigern ausräumt. Außerdem müssen die Parteien die gesetzlichen Grenzen beachten. Diese können sich beispielsweise aus den Bestimmungen des § 134 BGB und des § 138 BGB oder aus kartellrechtlichen Vorgaben ergeben, wenn der Unterlassungsvertrag zu einer unzulässigen Wettbewerbsbeschränkung führen würde.[150]

145   Die Unterlassungserklärung muss ernstlich abgegeben werden. An der Ernsthaftigkeit fehlt es, wenn die Unterlassungsverpflichtung nur zum Schein eingegangen wird. Eine solche „Schein-Erklärung" wird eingesetzt, um Dritten gegenüber den Standpunkt vertreten zu können, die Begehungsgefahr sei bereits durch die Unterlassungserklärung beseitigt worden. **Zweifel an der Ernsthaftigkeit** können auch aufkommen, wenn der Schuldner nur eine sehr gering bemessene Vertragsstrafe versprechen will. Die Erklärung des Schuldners, er gebe die Unterlassungserklärung „ohne Anerkenntnis einer Rechtspflicht, aber rechtsverbindlich" ab, begründet hingegen keinen Zweifel an der Ernsthaftigkeit. Der Abgemahnte muss sich der Rechtsansicht der abmahnenden Partei nicht anschließen. Er kann die Meinung vertreten, dass weder Unterlassungs- noch Zahlungsansprüche des Abmahnenden bestehen, weshalb er die geforderten Abmahnkosten auch nicht erstatten werde.[151] Gibt er die Unterlassungserklärung dennoch ab, ist er an das Unterlassungsversprechen gebunden. Der Schuldner macht damit deutlich, dass er eine gerichtliche Auseinandersetzung hinsichtlich des Unterlassungsanspruchs unabhängig von der objektiven Rechtslage vermeiden will. Aus diesem Grund verpflichtet er sich schuldrechtlich zur Unterlassung. Allerdings erklärt sich der Abgemahnte gleichzeitig damit bereit, das Klageverfahren über die vom Abmahnenden geltend gemachten weiteren Ansprüche zu führen. Eine vom Unterlassungsschuldner in der Unterlassungserklärung verwandte Beschränkung, nach der die Unterlassungserklärung nicht mit sofortiger, sondern erst mit Wirkung ab einem bestimmten Zeitpunkt in Kraft tritt, reicht für die Annahme der fehlenden Ernsthaftigkeit nicht aus.[152] Eine solche aufschiebende Befristung kann dann Zweifel an der Ernst-

---

[149] Teplitzky, 10. Aufl. 2011, Kap. 8, Rn. 2.; BGH, Urteil vom 17.9.2009, AZ: I ZR 217/07, GRUR 2010, 355.
[150] Götting/Nordemann/Schmitz-Fohrmann/*Schwab*, UWG, 2. Aufl. 2013, § 12 Rn. 85.
[151] MünchKommUWG/*Ottofülling*, 2. Aufl. 2014, § 12 Rn. 176.
[152] BGH, Urteil vom 31.5.2001, AZ: I ZR 82/99, GRUR 2002, 180.

haftigkeit des Unterlassungsversprechens begründen, wenn die Angabe des Anfangstermins für sich genommen oder im Hinblick auf weitere Umstände dafür spricht, dass der Unterlassungsschuldner nach einer Möglichkeit sucht, dem eigentlichen Anliegen des Abmahnenden gerade nicht zu genügen. Fakt ist, dass die für das Bestehen des Unterlassungsanspruchs erforderliche Wiederholungsgefahr für den Zeitraum, der nicht dem Unterlassungsversprechen unterfällt, nicht ausgeräumt ist. Dennoch besteht für den Unterlassungsgläubiger ein Prozesskostenrisiko, wenn er eine aufschiebend befristete Unterlassungserklärung zurückweist und den von ihm verfolgten Unterlassungsanspruch gerichtlich geltend macht. Geht das angerufene Gericht davon aus, dass die Unterlassungserklärung ernstlich abgegeben wurde, wird es die Unterlassungsklage wegen Wegfalls der Begehungsgefahr zum Zeitpunkt der mündlichen Verhandlung abweisen. In solchen Fällen bietet es sich für den Unterlassungsgläubiger an, die aufschiebend befristete Unterlassungserklärung anzunehmen und gleichzeitig darauf hinzuweisen, dass er sich die Geltendmachung des Unterlassungsanspruchs hinsichtlich des nicht durch das Unterlassungsversprechen gesicherten Zeitraums vorbehält. Im Anschluss daran kann der Unterlassungsgläubiger den Erlass einer einstweiligen Verfügung beantragen, wobei er konsequenterweise den Verfügungsantrag auf den nicht gesicherten Zeitraum beschränken sollte.[153] Auch sonstige Beschränkungen, die auf eine Umstellungsfrist hinauslaufen, begründen keine Zweifel an der Ernsthaftigkeit des Unterlassungsversprechens, wenn hinreichend konkretisiert ist, was sich der Unterlassungsschuldner genau vorbehält.[154] Bleibt hingegen unklar, was vorbehalten werden soll und was nicht, genügt die Unterlassungserklärung den Anforderungen nicht.

Der Schuldner kann sich auch nur zum Teil zur Unterlassung verpflichten, wenn mit **146** der Abmahnung mehrere Unterlassungsansprüche geltend gemacht wurden oder wenn die Unterlassungsverpflichtung einen sicher abgrenzbaren Teil des gesetzlichen Unterlassungsanspruchs erfasst.[155] Der Unterlassungsgläubiger sollte in diesem Fall die **Teilunterwerfung** ausdrücklich gegenüber dem Abgemahnten annehmen und die verbleibenden Ansprüche gerichtlich verfolgen, es sei denn, es bestehen begründete Zweifel an der Ernsthaftigkeit der Unterlassungserklärung.

Mitunter versucht der Schuldner, die Anzahl der möglichen, die Verwirkung der Vertragsstrafe nach sich ziehenden Zuwiderhandlungen zu beschränken. Solche Beschränkungen führen zur Unzulänglichkeit der Unterlassungserklärung. Unzureichend wäre beispielsweise eine Unterlassungserklärung, mit der für den *nächsten* Fall der Zuwiderhandlung eine Vertragsstrafe versprochen wird. Bereits der übernächste Fall wäre dann nicht mehr von dem Versprechen erfasst, während ein Unterlassungsurteil für alle künftigen Zuwiderhandlungen gelten würde.

Grundsätzlich unzulässig ist es, das Unterlassungsversprechen nur befristet abzugeben. **147** Der Gläubiger würde mit einer solchen Unterlassungserklärung weniger erlangen als mit einem rechtskräftigen Unterlassungsurteil. Anders liegen die Dinge, wenn der Unterlassungsanspruch selbst inhaltlich von vornherein befristet war oder wenn die **Befristung** wie eine zulässige Bedingung wirkt.[156] Steht beispielsweise fest, an welchem Tag eine gesetzliche Vorschrift im Sinne des Regelbeispiels des § 4 Nr. 11 UWG außer Kraft tritt, kann das entsprechende Datum als Befristung in die Unterlassungserklärung aufgenommen werden.

---

[153] MünchKommUWG/*Ottofülling*, 2. Aufl. 2014, § 12 Rn. 225.
[154] Teplitzky, 10. Aufl. 2011, Kap. 8, Rn. 11.
[155] GK-UWG/*Feddersen*, 2. Auf. 2014, § 12 Rn. 122 f.
[156] Teplitzky, 10. Aufl. 2011, Kap. 8, Rn. 13.

148   Der Schuldner kann in der Unterlassungserklärung festhalten, dass er die Vertragsstrafe nur für den Fall einer **schuldhaften Zuwiderhandlung** verspricht. Die Verwirkung einer Vertragsstrafe nach § 339 BGB setzt ohnehin Verschulden voraus. Kommt es
zu einer unverschuldeten Zuwiderhandlung, kann der Gläubiger zwar keine Vertragsstrafe verlangen, aber erneut einen Unterlassungsanspruch geltend machen. Dieser entsteht verschuldensunabhängig. Die dann gegebene Wiederholungsgefahr beruht auf der
neuen Verletzungshandlung. Dem Gläubiger steht es frei, ob er den Unterlassungsanspruch gerichtlich geltend macht oder vor Einreichung einer Klage den Schuldner erneut abmahnt und ihn zur Abgabe einer Unterlassungserklärung auffordert. In diesem
Fall müsste die Unterlassungserklärung mit einem deutlich höheren Vertragsstrafeversprechen versehen sein, damit die Wiederholungsgefahr erneut ausgeräumt wird.

149   Nach § 343 HGB kann eine unangemessen hohe Vertragsstrafe auf Antrag des
Schuldners durch Urteil auf den **angemessenen Betrag** herabgesetzt werden. Ist der
Abgemahnte Kaufmann, sollte er berücksichtigen, dass die Bestimmung des § 348 HGB
eine nach § 343 HGB an sich mögliche Reduzierung der von ihm versprochenen Vertragsstrafe ausschließt. § 348 HGB ist aber dispositiv.[157] Dementsprechend sollte der
Kaufmann entweder eine Unterlassungserklärung nach Hamburger Brauch abgeben
oder die Bestimmung des § 348 HGB im Falle eines bezifferten Vertragsstrafeversprechens abbedingen.[158] Umgekehrt ist die Bestimmung des § 343 HGB nicht abdingbar,[159]
weshalb der Unterlassungsgläubiger in der vorformulierten Unterlassungserklärung die
Anwendung der Norm nicht ausnehmen kann.

150   Umstritten ist, ob der Schuldner seine Haftung für **Erfüllungsgehilfen** nach § 278
BGB ausschließen darf, oder ob die Wiederholungsgefahr im Falle einer entsprechen-
den Beschränkung nicht beseitigt wird.[160] In dieser Frage vertritt die eine Seite den
Standpunkt, dass sich der Schuldner bei einer entsprechenden Beschränkung hinter
seinen Erfüllungsgehilfen verstecken könnte. Die Gegenseite weist darauf hin, dass ein
Unterlassungsurteil auch nicht zu einer Haftung für Erfüllungsgehilfen führen würde.
Nichts spreche dafür, dass der „Unterwerfungsschuldner" mehr als die mit einem Un-
terlassungsurteil verbundenen Folgen auf sich nehmen müsse. In der Praxis ist diese
Diskrepanz meist kaum von Bedeutung, da die Eigenhaftung des Unterlassungs-
schuldners so weit geht, dass Fehler der Erfüllungsgehilfen fast immer auf ein eigenes
(Organisations-) Verschulden des Unterlassungsschuldners zurückzuführen sind. Für
beiden Parteien lohnt es sich deshalb in den meisten Fällen nicht, einen Streit über die
Geeignetheit der Unterlassungserklärung allein auf die (fragliche) Zulässigkeit dieser
Beschränkung zu gründen. Im Einzelfall ist es ratsam, die jeweils aktuelle Rechtsprechung der zuständigen Instanzgerichte zu prüfen, um deren Standpunkt zum Streitstand berücksichtigen zu können. Da die Diskussion nach wie vor besteht, kann sich
die Rechtsprechung der Instanzgerichte laufend verändern.

151   Grundsätzlich muss der Unterlassungsschuldner neben der vertragsstrafenbewehrten Pflicht zur Unterlassung keine weiteren Pflichten auf sich nehmen, damit die Unterlassungserklärung ihren Zweck – die Ausräumung der Wiederholungsgefahr und
damit die Vermeidung einer gerichtlichen Auseinandersetzung – erfüllen kann. Insbesondere muss der Schuldner keine Auskunfts- oder Zahlungsansprüche anerkennen.
Streicht er entsprechende Bestimmungen aus der vorformulierten Unterlassungserklä-

---

[157] MünchKommUWG/*Ottofülling*, 2. Aufl. 2014, § 12 Rn. 295.
[158] Teplitzky, 10. Aufl. 2011, Kap. 8, Rn. 30b.
[159] GK-UWG/*Feddersen*, 2. Auf. 2014, § 12 Rn. 203.
[160] Zum Streitstand: *Teplitzky*, 10. Aufl. 2011, Kap. 8, Rn. 29.

rung, kann er es entweder hinsichtlich dieser Ansprüche auf eine gerichtliche Auseinandersetzung ankommen lassen oder versuchen, die noch offenen Streitpunkte nach Abgabe der Unterlassungserklärung zu vergleichen. Die abgemahnte Partei muss sich auch nicht auf eine Gerichtsstandsvereinbarung einlassen. Anders verhält es sich nur in seltenen Ausnahmefällen – etwa wenn sich der in den Niederlanden geschäftsansässige Unterlassungsschuldner weigert, einen Gerichtsstand in Deutschland zu vereinbaren. Mit der Weigerung wird dem Unterlassungsgläubiger die Durchsetzung seiner aus der Unterlassungserklärung herrührenden Ansprüche so erschwert, dass Zweifel an der Ernsthaftigkeit der Unterlassungserklärung begründet sind.[161]

Heutzutage versuchen Unterlassungsschuldner nur noch selten, sich drohenden **152** Abmahnungen zu entziehen, indem sie von sich aus – also ohne abgemahnt worden zu sein – eine Unterlassungserklärung gegenüber einem Gläubiger ihrer Wahl abgeben. Die dergestalt angesprochenen, potentiellen Gläubiger müssen die Unterlassungserklärung nicht annehmen. Lehnen sie die Annahme der Unterlassungserklärung ab, wird die Wiederholungsgefahr nicht ausgeräumt, da es an einem entsprechenden Verfolgungsdruck fehlt. In diesem Fall reicht die einseitig gebliebene Unterlassungserklärung also nicht aus, um dem Schuldner eine Berufung auf den Wegfall der Wiederholungsgefahr durch die bereits erfolgte „Unterwerfung" zu ermöglichen.

Die Wirksamkeit der Unterlassungserklärung hängt nicht davon ab, ob diese den **153** Anforderungen genügt oder nicht.[162] Dementsprechend sollte eine unzulängliche Unterlassungserklärung nicht als unwirksam bezeichnet werden, es sei denn, es liegen neben den Defiziten der Unterlassungserklärung tatsächlich Unwirksamkeitsgründe vor. Das Angebot auf Abschluss eines Unterlassungsvertrages ist auch dann wirksam, wenn darin unzulässige Beschränkungen enthalten sind, der Unterlassungsanspruch nicht abgedeckt oder ein zu niedriges Vertragsstrafeversprechen formuliert wird. Nimmt die Gegenseite das an sich unzulängliche Angebot an, wird ein wirksamer Unterlassungsvertrag geschlossen. Der Unterlassungsvertrag hat in diesem Fall jedoch nicht die übliche Wirkung: Die Wiederholungsgefahr wird nicht gegenüber allen anderen Anspruchsberechtigten beseitigt.

c) Wie hoch muss die Vertragsstrafe ausfallen?

Die Vertragsstrafe muss so hoch bemessen sein, dass sich ein Verstoß gegen das Un- **154** terlassungsversprechen für den Schuldner voraussichtlich nicht lohnt.[163] Bietet der Schuldner eine zu niedrige Vertragsstrafe an, kann der Gläubiger die Unterlassungserklärung zurückweisen und die ihm zustehenden Ansprüche gerichtlich geltend machen. Der Schuldner kann sich dann weder darauf berufen, dass er keine Klageveranlassung gegeben hat, noch fehlt es an der Begehungsgefahr. Die zu verlangende Höhe der Vertragsstrafe hängt von der Art und Größe des betreffenden Unternehmens, vom Umsatz und vom möglichen Gewinn, von der Schwere und dem Ausmaß der Zuwiderhandlung, vom Verschulden des Verletzers, von der Gefährlichkeit der Verletzungshandlung für den Gläubiger und die Allgemeinheit wie auch vom Interesse des Schuldners an einer Wiederholung der streitgegenständlichen Praktik ab.[164] Daneben muss berücksichtigt werden, dass der Gläubiger meist nicht jeden Verstoß bemerken

---

[161] KG Berlin, Urteil vom 25.4.2014, AZ: 5 U 178/11, GRUR-RR 2014, 351.
[162] *Teplitzky*, 10. Aufl. 2011, Kap. 8, Rn. 2.
[163] *Teplitzky*, 10. Aufl. 2011, Kap. 8, Rn. 18.
[164] Köhler/Bornkamm/*Bornkamm*, 33. Aufl. 2015, § 12 Rn. 1.139.

wird. Bei der Bemessung der Vertragsstrafe ist hingegen nicht zu berücksichtigen, welchen Schaden der Gläubiger erleiden könnte[165] – obwohl die Vertragsstrafe auch die Funktion hat, dem Gläubiger im Falle der Zuwiderhandlung einen pauschalierten Schadensersatz zukommen zu lassen. Die Frage, wie hoch der Betrag ausfallen muss, um den Schuldner von einer Zuwiderhandlung abzuhalten, wird nicht anhand der Bezifferung des dem Gläubiger drohenden Schadens beantwortet. Folgerichtig kann die Vertragsstrafe auch nicht deshalb niedriger ausfallen, weil das Unterlassungsversprechen gegenüber einem Wettbewerbsverband im Sinne des § 8 Abs. 3 Nr. 2 UWG abgegeben wird.[166]

155   Die Parteien des Unterlassungsvertrages können unter Berücksichtigung der vorstehenden Gesichtspunkte eine bezifferte Vertragsstrafe vereinbaren. Dabei wird der Unterlassungsgläubiger zu Recht erwarten, dass die Vertragsstrafenhöhe dem entspricht, was in **vergleichbaren Fällen üblicherweise** vereinbart wird. Selbst wenn der Schuldner dem Gläubiger vorrechnen kann, dass sich bei Verwirkung einer Vertragsstrafe in Höhe von beispielsweise 100 € ein Verstoß gegen das Unterlassungsversprechen für ihn nicht lohnen wird, muss der Gläubiger eine derart niedrige Vertragsstrafenhöhe nicht akzeptieren. In der Regel werden bei durchschnittlichen Wettbewerbsverstößen erfahrungsgemäß Vertragsstrafen zwischen 3.000 € und 15.000 € vereinbart.[167] Handelt es sich um leichte Verstöße, wie etwa geringfügige Rechtsverstöße bei der Verwendung von Allgemeinen Geschäftsbedingungen, kann auch eine Vertragsstrafe in Höhe von 2.000 € pro rechtswidriger Klausel angemessen sein. Gleiches gilt bei geringfügigen Verstößen gegen Impressumspflichten.

156   Für beide Parteien kann die Bezifferung der Vertragsstrafe Risiken mit sich bringen. Verspricht der Schuldner eine hohe Vertragsstrafe, steigt sein Risiko. Verspricht er eine zu niedrige Vertragsstrafe und der Gläubiger lehnt das Angebot zu Recht ab, wird der Gläubiger seinen Unterlassungsanspruch gerichtlich geltend machen. Lehnt der Gläubiger das Vertragsstrafeversprechen hingegen nach Ansicht des angerufenen Gerichts zu Unrecht ab, weil die Vertragsstrafenhöhe gerade noch angemessen hoch sei, verliert der Gläubiger ein von ihm angestrengtes Klageverfahren. Ein den Anforderungen genügendes Unterlassungsversprechen beseitigt die Wiederholungsgefahr, dementsprechend ist eine dennoch erhobene Klage unbegründet. In den meisten Fällen riskieren die Parteien nicht ein Scheitern der außergerichtlichen Streitbeilegung, nur weil ihre Vorstellungen hinsichtlich der Höhe der Vertragsstrafe auseinandergehen. Entweder sie verständigen sich auf eine bezifferte Vertragsstrafe oder sie vereinbaren eine Vertragsstrafe nach Hamburger Brauch. Von einer Unterlassungserklärung nach **Hamburger Brauch** spricht man, wenn die Parteien des Unterlassungsvertrages vereinbaren, dass der Unterlassungsgläubiger die Höhe der Vertragsstrafe im Falle einer Zuwiderhandlung nach **billigem Ermessen** bestimmen soll. Die getroffene Bestimmung ist für den Schuldner gemäß § 315 Abs. 2 Satz 1 BGB nur verbindlich, wenn sie der Billigkeit entspricht. Meint der Schuldner, dass die Bestimmung nicht der Billigkeit entspricht, kann er die Zahlung der Vertragsstrafe verweigern. Im Rahmen des sich anschließenden Zahlungsklageverfahrens hat das angerufene Gericht die Vertragsstrafenhöhe selbst zu bestimmen, wenn – aber auch nur wenn – der Gläubiger sein Ermessen unbillig ausgeübt hat. Das Gericht darf hingegen nicht die Ermessensentscheidung des

---

[165] Harte/Henning/*Brüning*, UWG, 3. Aufl. 2013, § 12 Rn. 199.
[166] *Teplitzky*, 10. Aufl. 2011, Kap. 8, Rn. 21.
[167] MünchKommUWG/*Ottofülling*, 2. Aufl. 2014, § 12 Rn. 269.

Gläubigers durch eine eigene Ermessensentscheidung ersetzen, wenn die durch den Gläubiger vorgenommene Festlegung der Vertragsstrafenhöhe noch der Billigkeit entsprach. Zeigt sich im Laufe der Auseinandersetzung, dass das Gericht auch eine höhere als die vom Gläubiger bestimmte Vertragsstrafe für angemessenen gehalten hätte, kann der Gläubiger seine Vertragsstrafenforderung nicht erhöhen. Der Gläubiger ist an die von ihm vorgenommene Bestimmung gebunden.[168] Die Vereinbarung einer solchen flexiblen Vertragsstrafenbestimmung nach Hamburger Brauch hat den Vorteil, dass die konkreten Umstände des Einzelfalls, wie etwa die durch die Zuwiderhandlung zu erwartenden Gewinne, das Verschuldensmaß etc. bei der Bestimmung der Vertragsstrafenhöhe berücksichtigt werden können.

Der Schuldner kann auch eine Vertragsstrafe nach Hamburger Brauch versprechen,   **157** dabei aber eine **Höchstgrenze** und/oder einen **Mindestbetrag** angeben. Die Obergrenze darf allerdings nicht der an sich üblichen Vertragsstrafenhöhe entsprechen; sie muss deutlich höher ausfallen. Im Regelfall wird die Obergrenze doppelt so hoch angesetzt wie die angemessene feste Vertragsstrafe.[169] Kommt es nach der Abgabe eines mit einer Obergrenze versehenen Vertragsstrafeversprechens zu einem Verstoß gegen die Unterlassungsverpflichtung, wird der Gläubiger sein Ermessen bei einem durchschnittlich gelagerten Fall billig ausüben, wenn er die Hälfte des Höchstbetrages als Vertragsstrafe bestimmt. Visiert der Gläubiger einen höheren Betrag an, muss er anhand der Umstände des Einzelfalls die Angemessenheit des höheren Betrags begründen. Der Schuldner hingegen kann sich darauf berufen, dass in der konkreten Situation nur eine niedrigere Vertragsstrafenhöhe angemessen ist. Verlangt der Schuldner in außergerichtlichen Verhandlungen die Angabe einer Obergrenze im Unterlassungsvertrag, sollte der Gläubiger die Vereinbarung einer Untergrenze vorschlagen. Wird auch die Untergrenze festgelegt, weiß der Gläubiger, welchen Vertragsstrafenbetrag er im Falle einer schuldhaften Zuwiderhandlung risikolos geltend machen kann.

Der Unterlassungsschuldner kann wählen, ob er ein Vertragsstrafeversprechen nach   **158** **Hamburger Brauch** oder ein **beziffertes Vertragsstrafeversprechen** abgeben will. In beiden Fällen ist zu prüfen, ob die von dem Schuldner gewählte Variante Zweifel an der Ernsthaftigkeit des Unterlassungsversprechens begründet. Maßgeblich ist somit insbesondere, ob das Vertragsstrafeversprechen geeignet scheint, den Schuldner von einer Zuwiderhandlung abzuhalten. Ist dies der Fall, entfällt die Wiederholungsgefahr auch dann, wenn der Gläubiger die Unterlassungserklärung zu Unrecht zurückweist, weil er mit der Art des Vertragsstrafeversprechens oder der Vertragsstrafenhöhe nicht einverstanden ist. Welche Art des Vertragsstrafeversprechens für den Schuldner günstiger ist, richtet sich nach den Umständen des Einzelfalls. Eine allgemeingültige Aussage lässt sich nicht treffen. Ist sich der Schuldner sicher, dass eine Zuwiderhandlung – wenn überhaupt – nur auf lange Sicht als „Ausreißer" in Betracht kommt, bietet sich ein Vertragsstrafeversprechen nach Hamburger Brauch an. Bei der Bestimmung der Vertragsstrafenhöhe müsste berücksichtigt werden, dass sich der Schuldner über lange Zeit vertragskonform verhalten hat. Plant der Schuldner hingegen eine schwerwiegende Zuwiderhandlung, etwa in Form einer ganzseitigen Zeitungsanzeige, mag das Versprechen einer bezifferten Vertragsstrafe für ihn günstiger sein. Aufgrund der Zuwiderhandlung kann der Unterlassungsgläubiger zwar eine neue Unterlassungserklä-

---

[168] *Teplitzky*, 10. Aufl. 2011, Kap. 8, Rn. 22.
[169] BGH, Urteil vom 12.7.1984, AZ: I ZR 123/82, GRUR 1985, 155; Teplitzky, 10. Aufl. 2011, Kap. 8, Rn. 22.

rung mit einem höheren Vertragsstrafeversprechen verlangen oder den durch die Verletzungshandlung erneut entstandenen Unterlassungsanspruch gerichtlich geltend machen. Dennoch bleibt das Risiko des vertragsuntreuen Schuldners überschaubar, da er nur die verhältnismäßig niedrige Vertragsstrafe zahlen muss und die Durchsetzung eines Schadensersatzanspruchs im Lauterkeitsrecht oftmals daran scheitert, dass der Gläubiger den Schadenseintritt, die Schadenshöhe und/oder die Kausalität nicht darlegen und beweisen kann.

159   Häufig ist der Unterlassungsgläubiger daran interessiert, eine bezifferte Vertragsstrafe zu vereinbaren. Handelt der Schuldner seinem Unterlassungsversprechen zuwider, kann der Gläubiger die feste Vertragsstrafe verlangen. Er muss die Vertragsstrafenhöhe dann nicht nach billigem Ermessen bestimmen. Ebenso wenig muss er das Risiko eingehen, dass ihm im Rahmen einer etwaigen gerichtlichen Auseinandersetzung ein geringerer Betrag zugesprochen und ein Teil der Verfahrenskosten auferlegt wird, da seine Bestimmung der Vertragsstrafenhöhe vom Gericht als unbillig gewertet wird.

Nach § 13 Abs. 1 S. 1 UWG sind ausschließlich die Landgerichte für alle bürgerlichen Rechtsstreitigkeiten zuständig, mit denen ein Anspruch aufgrund des UWG geltend gemacht wird. In der Literatur und der Rechtsprechung ist es umstritten, ob diese Zuständigkeitsnorm auch für eine Klage auf Zahlung der Vertragsstrafe gilt. Der Bundesgerichtshof hat diese Frage bisher nicht geklärt, sondern in seinen Entscheidungen offen gelassen.[170] Will der Unterlassungsschuldner ein Vertragsstrafeversprechen nach Hamburger Brauch abgeben, sollte er sich demnach nicht darauf einlassen, dass die Bestimmung der Vertragsstrafenhöhe im Streitfall vom zuständigen *Land*gericht getroffen wird. Denn diese Formulierung könnte im Hinblick auf die Bestimmung des § 23 Nr. 1 GVG dahingehend ausgelegt werden, dass die Vertragsstrafe in jedem Fall einen Betrag in Höhe von 5.000 € übersteigen soll und dementsprechend die Zuständigkeit des Landgerichts nach § 71 Abs. 1 GVG gegeben ist. Die Überprüfung nach § 315 Abs. 3 BGB sollte also dem jeweils zuständigen Gericht überlassen bleiben.

160   **Richtertipp:** Auch wenn der Kläger damit nichts festlegen kann, sollte er versuchen, die Klage an die Wettbewerbskammer des Gerichts („Landgericht XXX – Wettbewerbskammer", die sich nach dem Geschäftsplan sogar konkret ermitteln lässt) zu adressieren.

161   Verspricht der Schuldner die Zahlung der Vertragsstrafe nicht an den Gläubiger, sondern an einen Dritten – beispielsweise an eine wohltätige Einrichtung –, muss der Gläubiger dies nicht hinnehmen. Ein **Vertragsstrafeversprechen zu Gunsten Dritter** ist nicht geeignet, die Wiederholungsgefahr zu beseitigen.[171] Erst recht kann die Wiederholungsgefahr nicht ausgeräumt werden, indem gegenüber einem von der Werbung betroffenen Verbraucher eine Unterlassungserklärung abgegeben wird. Verpflichtet sich beispielsweise der Versender einer unerbetenen E-Mail in Reaktion auf eine wettbewerbsrechtliche Abmahnung gegenüber dem E-Mail-Empfänger, ausschließlich ihm keine weiteren E-Mails mehr zuzusenden, beseitigt das die Wiederholungsgefahr nicht.

---

[170] BGH, Beschluss vom 26.8.2014, AZ: X ARZ 275/14, BeckRS 2014, 17303.
[171] *Teplitzky*, 10. Aufl. 2011, Kap. 8, Rn. 26 ff.

d) Wie muss der Abmahnende auf die Abgabe der Unterlassungserklärung reagieren?

Der Unterlassungsgläubiger muss eine ihm zugehende Unterlassungserklärung auf **162** ihre Tauglichkeit zur Beseitigung der Wiederholungsgefahr hin überprüfen. Daneben sollte er die Unterlassungserklärung ausdrücklich annehmen. Wurde ihm die Unterlassungserklärung per Fax übermittelt, kann er die Originalerklärung anfordern. Wurde die Unterlassungserklärung von einem Bevollmächtigten des Unterlassungsschuldners ohne Vorlage einer Vollmacht abgegeben, ist es sinnvoll, die Nachreichung der Vollmacht zu verlangen.

aa) Prüfung der Unterlassungserklärung

Erhält die abmahnende Partei die Unterlassungserklärung, muss zunächst geprüft **163** werden, ob die Erklärung inhaltlich weit genug gefasst ist und ob sie auch im Übrigen den Anforderungen genügt.

bb) Annahme der Unterlassungserklärung

Die Unterlassungserklärung sollte ausdrücklich angenommen werden, wenn sie ge- **164** eignet ist, die Wiederholungsgefahr zu beseitigen. Denn der angestrebte Abschluss des Unterlassungsvertrages setzt Angebot und Annahme voraus.

Bereits die vorformulierte Unterlassungserklärung, die der Abgemahnte binnen ei- **165** ner ihm vom Abmahnenden gesetzten Frist annehmen soll, beinhaltet das Angebot auf Abschluss eines Unterlassungsvertrages. Unterschreibt der Abgemahnte die vorformulierte Unterlassungserklärung ohne Änderungen vorzunehmen und geht diese fristgerecht beim Unterlassungsgläubiger ein, ist dies in der Regel als Annahme des Angebots auf Abschluss eines Unterlassungsvertrages zu werten.

Nimmt der Abgemahnte hingegen Änderungen an der Unterlassungserklärung vor, **166** gilt dies nach § 150 Abs. 2 BGB als Ablehnung des mit der vorformulierten Unterlassungserklärung unterbreiteten Angebots bei gleichzeitiger Unterbreitung eines neuen Angebots seitens des Schuldners. Selbst die unveränderte Übernahme der vorformulierten Unterlassungserklärung könnte eine Ablehnung des Angebots des Abmahnenden bedeuten, wenn der Unterlassungsschuldner in seinem Begleitschreiben zur Unterlassungserklärung Einschränkungen vornimmt, die bei der Interpretation des Unterlassungsversprechens berücksichtigt werden müssen. Dabei kann sich herausstellen, dass der Inhalt des Unterlassungsversprechens von dem ursprünglichen, mit der vorformulierten Unterlassungserklärung verbundenen Angebot des Abmahnenden abweicht.

Gleiches gilt für den Fall, dass die vorformulierte Unterlassungserklärung unverän- **167** dert unterschrieben wurde, deren Eingang beim Unterlassungsgläubiger aber nicht innerhalb der gesetzten Frist erfolgte. Die verspätete Annahme eines Angebots gilt nach § 150 Abs. 1 BGB als neues Angebot.

Im Einzelfall kann es schwierig sein, zu entscheiden, ob die Unterlassungserklä- **168** rung des Unterlassungsschuldners als Annahme des mit der Abmahnung und der vorformulierten Unterlassungserklärung unterbreiteten Angebots auf Abschluss eines Unterlassungsvertrages zu werten ist oder nicht. Daher sollten der Abmahnende und sein anwaltlicher Berater sich absichern und in jedem Fall die Annahme der Unterlassungserklärung erklären. Der Unterlassungsgläubiger muss den Zugang seiner Annahmeerklärung darlegen und beweisen können. Die den Unterlassungsgläubiger begünstigende verfahrensrechtliche Erleichterung in Bezug auf den Zugang seiner Abmahnung bei sofortigem Anerkenntnis kommt in diesem Fall nicht zur Anwendung. Diese Erleichterung beruht auf einer Berufung des Abgemahnten auf die ihm günstige Bestimmung des § 93 ZPO. Bei der Geltendmachung einer Vertragsstrafe beruft sich der Gläubiger hingegen auf den für ihn günstigen Abschluss des Unterlassungsvertrages; dementsprechend trifft den Gläubiger die Darlegungslast hinsichtlich der Voraussetzungen des Vertragsschlusses. Der Unterlassungsgläubiger kann den Zugang auf verschiedene Weise dokumentieren. So kann er die Annahmeerklärung etwa per Einschreiben oder per Gerichtsvollzieher zustellen lassen. Er kann aber auch das Konto, auf das der Aufwendungsersatz nach § 12 Abs. 1 S. 2 UWG überwiesen werden soll, erstmalig in der Annahmeerklärung benennen. Überweist der Unterlassungsschuldner den Aufwendungsersatz auf das angegebene Konto, kann er später nicht mehr behaupten, ihm sei die Annahmeerklärung nicht zugegangen. Parallel zu den vorgenannten Verfahrensweisen sollte der Unterlassungsgläubiger seine Erklärung vorab per Fax oder Email versenden, um den schnellen Zugang der Annahmeerklärung darlegen zu können – allein schon deshalb, weil eine Vertragsstrafe lediglich für eine Zuwiderhandlung gefordert werden kann, die nach Abschluss des Unterlassungsvertrages stattfindet.

169   Hat der Unterlassungsgläubiger die Annahme des durch den Unterlassungsschuldner unterbreiteten Angebots auf Abschluss eines Unterlassungsvertrages nicht ausdrücklich erklärt oder kann er den Zugang der Annahmeerklärung nicht beweisen, muss er nicht zwingend von der Geltendmachung des Vertragsstrafenanspruchs Abstand nehmen. Ihm bleiben mehrere Argumentationsansätze, die er im Rahmen der Auseinandersetzung vorbringen kann. Der anwaltliche Vertreter des auf Zahlung einer Vertragsstrafe klagenden Unterlassungsgläubigers muss diese Argumente vorbringen, um die Position seines Mandanten so gut wie möglich zu stärken. Zunächst kann eine **konkludente Annahmeerklärung** in Erwägung gezogen werden. Der Unterlassungsgläubiger vertritt dabei den Standpunkt, dass er durch sein Verhalten die Annahme des Unterlassungsversprechens des Abgemahnten erklärt hat. Die Annahme kann sich beispielsweise darin zeigen, dass der Abmahnende entgegen seiner nachdrücklichen Ankündigung davon abgesehen hat, Klage zu erheben oder einen Verfügungsantrag zu stellen. Gleiches gilt, wenn der Abmahnende die Unterlassungserklärung zwar nicht ausdrücklich annimmt, aber in einem Antwortschreiben darauf hinweist, dass er bestimmte Verhaltensweisen als vertragswidrig einstufen würde. Daneben könnte eine Annahme **ohne eine entsprechende Erklärung** nach § 151 BGB gegeben sein. Dieser Norm zufolge kommt der Vertrag durch die Annahme des Angebots zustande, ohne dass die Annahme erklärt wird, wenn eine solche Erklärung nach der Verkehrssitte nicht zu erwarten ist. Hält sich die Unterlassungserklärung des Abgemahnten im Wesentlichen im Rahmen dessen, was der Abmahnende ursprünglich gefordert hat, soll die Annahmeerklärung entbehrlich sein.[172] Bei nicht nur unerheblichen Abweichungen ist dies jedoch nicht der Fall.[173] Bemerkt der Unterlassungsgläubiger oder dessen anwaltlicher Vertreter, dass die Unterlassungserklärung des Unterlassungsschuldners noch nicht angenommen wurde, kann die Annahme des Angebots auf Abschluss eines Unterlassungsvertrages noch zu einem späteren Zeitpunkt erklärt werden. Im Regelfall ist davon auszugehen, dass der Unterlassungsschuldner das Angebot unbefristet abgegeben hat.[174] Selbst wenn der Zugang der Unterlassungserklärung Monate zurück-

---

[172] Ahrens/*Achilles*, 7. Aufl., Kap. 8, Rn. 11.
[173] GK-UWG/*Feddersen*, 2. Auf. 2014, § 12 Rn. 138.
[174] BGH, Urteil vom 17.9.2009, AZ: I ZR 217/07, GRUR 2010, 355.

liegt, kann der Unterlassungsgläubiger dem Unterlassungsschuldner mitteilen, dass er die Unterlassungserklärung bereits konkludent angenommen habe, nun aber zur „Klarstellung" vorsorglich auch noch einmal ausdrücklich die Annahme erkläre. Handelt der Unterlassungsschuldner im Anschluss daran seinem Unterlassungsversprechen zuwider, ist die Vertragsstrafe verwirkt. Nach der Rechtsprechung des Bundesgerichtshofs bezieht sich das Versprechen einer Vertragsstrafe grundsätzlich nicht auf Handlungen, die der Schuldner vor dem Abschluss des Unterlassungsvertrages begangen hat.[175] Von einer gewichtigen Stimme in der Literatur wird hingegen der Standpunkt vertreten, die Annahmeerklärung sei rückwirkend auf den Zeitpunkt der Abgabe des Unterlassungsversprechens zu beziehen.[176] Dementsprechend werde die Vertragsstrafe selbst dann verwirkt, wenn dem Schuldner die Annahmeerklärung erst nach der Zuwiderhandlung zugehe. Diese Ansicht kann geteilt oder abgelehnt werden. Der den Unterlassungsgläubiger vertretende Anwalt muss die Annahme des Angebots auf Abschluss eines Unterlassungsvertrages vorsorglich im Nachhinein erklären, wenn beispielsweise erst im Klageverfahren deutlich wird, dass der Zugang der Annahmeerklärung nicht dargelegt und bewiesen werden kann. Alternativ hierzu bliebe nur die Rücknahme der Klage. Im Klageverfahren können also alle Argumentationsansätze nebeneinander gestellt werden: Der Gläubiger kann den Standpunkt vertreten, er habe die Annahmeerklärung bereits abgegeben – und sei dies auch nur konkludent geschehen. Er kann vorsorglich anführen, dass die Annahmeerklärung nach § 151 BGB entbehrlich war. Und er kann die Annahme noch einmal ausdrücklich erklären und sich dabei auf die vorstehend zitierte Quelle beziehen.

cc) Übermittlung der Unterlassungserklärung per Fax oder durch einen Bevollmächtigten

Wurde die den Anforderungen genügende Unterlassungserklärung per Fax übermittelt, sollte diese durch den Unterlassungsgläubiger unter der **auflösenden Bedingung** angenommen werden, dass der Unterlassungsschuldner die Unterlassungserklärung im Original binnen einer angemessenen Frist nachreicht. Die Unterlassungserklärung kann nicht abgelehnt werden, weil sie lediglich als Faxkopie vorliegt. Dem Gesetz ist nicht zu entnehmen, dass die Unterlassungserklärung schriftlich abgegeben werden muss.[177] Allerdings können im Falle eines Verstoßes gegen das Unterlassungsversprechen Beweisschwierigkeiten zu Lasten des Unterlassungsgläubigers auftreten, wenn er die Originalerklärung nicht als Urkunde vorlegen kann. Aus diesem Grund liegt es in seinem Interesse, dass ihm die Originalerklärung zugeht. Verweigert der Abgemahnte die Zusendung der Originalerklärung, scheint er die entsprechende Beweisführung erschweren zu wollen. Ein solches Verhalten spricht gegen die Ernsthaftigkeit der Unterlassungserklärung. Deshalb wird dem Unterlassungsgläubiger die Möglichkeit gegeben, die Annahme der Unterlassungserklärung unter der Bedingung der Nachreichung der Originalerklärung zu erklären.

Allerdings ist es nicht ratsam, die per Fax übermittelte Unterlassungserklärung nicht anzunehmen und der Gegenseite mitzuteilen, man werde die Unterlassungserklärung erst bei Vorlage des Originals akzeptieren. Denn in diesem Fall ist der Unterlassungsgläubiger vorerst nicht durch das Vertragsstrafeversprechen gesichert. Kommt es nun zu einer Wiederholung der Verletzungshandlung bevor der Unterlassungsgläubiger die

170

171

---

[175]　BGH, Urteil vom 18.5.2006, AZ: I ZR 32/03, GRUR 2006, 878 f.
[176]　Ahrens/*Achilles*, 7. Aufl., Kap. 8, Rn. 12.
[177]　MünchKommUWG/*Ottofülling*, 2. Aufl. 2014, § 12 Rn. 17.

Unterlassungserklärung angenommen hat, ist die Vertragsstrafe nicht verwirkt. Der Vertragsstrafenanspruch muss nach § 339 BGB auf eine vertragliche Grundlage gestützt werden. Bei dem Vertragsstrafeversprechen handelt es sich nicht um ein einseitiges Rechtsgeschäft, das den Schuldner auch dann bindet, wenn der Gläubiger das Angebot auf Abschluss eines Unterlassungsvertrages ausdrücklich noch nicht angenommen hat.

172   Wird die Unterlassungserklärung durch einen Bevollmächtigten übermittelt, bietet es sich ebenfalls an, die Unterlassungserklärung unter der Bedingung einer fristgerecht im Original zu übermittelnden Vollmacht anzunehmen.[178] Anderenfalls könnte der Unterlassungsschuldner bei einem künftigen Verstoß argumentieren, die die Unterlassungserklärung abgebende Person habe nicht über eine entsprechende Vollmacht verfügt.

e) Was spricht dafür, die Unterlassungserklärung vor dem Notar abzugeben?

173   Der Unterlassungsschuldner kann die Unterlassungserklärung auch vor einem Notar abgeben.[179] Gemäß § 794 Abs. 1 Nr. 5 ZPO stellt die von dem Notar aufgenommene Urkunde einen Vollstreckungstitel dar, wenn sich der Schuldner in der Urkunde hinsichtlich des Unterlassungsanspruchs der sofortigen Zwangsvollstreckung unterworfen hat. Der Schuldner muss sich also in der Urkunde der sofortigen Zwangsvollstreckung unterwerfen und herausstellen, dass er die Kosten des Androhungsbeschlusses nach § 891 ZPO tragen wird. Im nächsten Schritt muss der Schuldner eine vollstreckbare Ausfertigung der Urkunde von dem Notar erteilen lassen, um die Zustellung an den Unterlassungsgläubiger zu bewirken. In dem Begleitschreiben zur Zustellung der Urkunde kann der Schuldner den Gläubiger darauf hinweisen, dass die Zwangsvollstreckung aus dem Titel noch die gerichtliche Androhung von Ordnungsmitteln voraussetzt. Die Ansicht, derzufolge der Schuldner diesen Hinweis erteilen muss,[180] um keine Zweifel an der Ernsthaftigkeit seiner Erklärung aufkommen zu lassen, ist nicht zwingend: Der Schuldner darf davon ausgehen, dass der Gläubiger die Voraussetzungen für eine erfolgreiche Zwangsvollstreckung kennt. Dem Unterlassungsgläubiger obliegt es sodann, dem Schuldner den Titel nach § 750 ZPO zuzustellen. Darauf folgt der Antrag des Gläubigers auf Androhung von Ordnungsmitteln nach § 890 Abs. 2 ZPO. Für diesen Antrag ist das Landgericht zuständig, in dessen Bezirk der Notar seinen Sitz hat.[181] Das Gericht muss vor Erlass des Androhungsbeschlusses den Schuldner gemäß § 891 S. 1 ZPO anhören.

174   Wird die Unterlassungserklärung vor einem Notar abgegeben, muss der Unterlassungsschuldner keine Vertragsstrafe versprechen. Der Gläubiger wird durch die Vollstreckungsmöglichkeit hinreichend gesichert. Im Falle einer Zuwiderhandlung würde ein Ordnungsmittel festgesetzt werden. Aus Sicht des Schuldners kann die Abgabe der Unterlassungserklärung vor dem Notar den Vorteil mit sich bringen, dass der Gläubiger ein weniger starkes Interesse daran hat, eine etwaige Zuwiderhandlung aufzudecken und diese dann gerichtlich zu verfolgen. Insbesondere bei den Wettbewerbsverbänden und den qualifizierten Einrichtungen im Sinne des § 8 Abs. 3 Nr. 2 und 3

---

[178] *Teplitzky*, 10. Aufl. 2011, Kap. 8 Rn. 8, Kap. 41 Rn. 6a; MünchKommUWG/*Ottofülling*, 2. Aufl. 2014, § 12 Rn. 22.

[179] Köhler, „Notarielle Unterwerfung – Alternative zur strafbewehren Unterlassungserklärung?", in: GRUR 2010, 6 ff.

[180] Köhler/Bornkamm/*Bornkamm*, 33. Aufl. 2015, § 12 Rn. 112d.

[181] OLG Köln, Beschluss vom 26.3.2014, AZ: 6 W 43/14, GRUR-RR 2014, 277.

UWG dürfte der erhoffte Vorteil nicht gegeben sein. Diese Gläubiger handeln ohnehin nicht gewinnorientiert. Sie werden erfahrungsgemäß ein Ordnungsmittelverfahren ebenso motiviert führen wie eine Vertragsstrafenklage.

Das Androhungsverfahren nach § 890 Abs. 2 ZPO führt zu einer zeitlichen Verzöge- **175** rung. Diese Verzögerung wird mitunter von dem Unterlassungsschuldner als Vorteil gewertet. Bis der Androhungsbeschluss zugestellt wird, erfährt der Gläubiger aufgrund der Unterlassungserklärung keinen Schutz gegen etwaige Zuwiderhandlungen.[182] Ein Ordnungsmittel kann nur für Handlungen festgesetzt werden, die nach Zustellung des Androhungsbeschlusses begangen werden. Tatsächlich ist der Gläubiger jedoch nicht vollständig schutzlos gestellt. Entstehen im konkreten Fall durch den Zeitverlust erhebliche Nachteile für den Gläubiger, kann ein Rechtsschutzbedürfnis für einen Verfügungsantrag gegeben sein.[183] Der Schuldner kann demnach nicht darauf vertrauen, dass bei Abgabe einer notariellen Unterlassungserklärung nicht doch noch eine einstweilige Verfügung ergeht. Hinzu kommt, dass der Schuldner Dritten gegenüber nicht argumentieren kann, die Wiederholungsgefahr sei bereits mit Abgabe der notariellen Unterlassungserklärung entfallen. Dies ist nämlich nicht der Fall. Die Wiederholungsgefahr wird erst durch die Zustellung des Androhungsbeschlusses ausgeräumt.[184]

Kostengünstiger ist die Abgabe der Unterlassungserklärung vor dem Notar nur **176** dann, wenn die anfallenden Kosten mit den Kosten einer aufgrund der Unterlassungserklärung nicht stattfindenden gerichtlichen Auseinandersetzung verglichen werden. Ansonsten erhöht sich die Kostenlast des Schuldners. Neben den Notargebühren und den Kosten für das Verfahren nach § 890 Abs. 2 ZPO fallen zumeist auch die Kosten für den Anwalt an, der den Schuldner im außergerichtlichen Verfahren berät. Gibt der Anwalt die Unterlassungserklärung für den Schuldner ab, entfallen die Notarkosten und die Kosten des Androhungsverfahrens. Außerdem kann der Gläubiger im Hinblick auf die mit dem Androhungsverfahren einhergehende zeitliche Verzögerung möglicherweise eine einstweilige Verfügung erwirken. In diesem Fall trägt der Schuldner die Kosten des Notars, seines Anwalts, die Gerichtskosten für das Anordnungsverfahren und für das Verfügungsverfahren sowie die Kosten des Anwalts des Antragstellers. Der den Unterlassungsschuldner beratende Anwalt muss seinen Mandanten auf dieses Kostenrisiko aufmerksam machen.

Insgesamt scheint diese Variante der notariellen Unterlassungserklärung aktuell et- **177** was überbewertet zu sein. Die Vorteile der notariellen Unterlassungserklärung fallen bei genauerer Betrachtung eher gering aus. Außerdem wird der Gläubiger durch die ungewisse Dauer des Anordnungsverfahrens in eine rechtlich nicht eindeutige Lage gebracht: Ob das Rechtsschutzbedürfnis für einen Antrag auf Erlass einer einstweiligen Verfügung vom angerufenen Gericht angenommen werden würde oder nicht, kann nicht verlässlich kalkuliert werden. Mit der notariellen Unterlassungserklärung wird dem Unterlassungsgläubiger die Möglichkeit genommen, kurzfristig eine gesicherte Rechtsposition zu erlangen. Die vom Schuldner zumindest bewusst in Kauf genommene Erschwerung der zeitnahen Durchsetzung des Unterlassungsanspruchs kann Zweifel an der Ernsthaftigkeit der Unterlassungserklärung begründen. Es scheint nur eine Frage der Zeit zu sein, bis jedenfalls die namhaften Unterlassungsgläubiger nicht mehr akzeptieren werden, über die Dauer des Anordnungsverfahrens – das etli-

---

[182] Berneke/*Schüttpelz*, Die einstweilige Verfügung in Wettbewerbssachen, 3. Aufl. 2015, S. 30 f.
[183] Berneke/*Schüttpelz*, Die einstweilige Verfügung in Wettbewerbssachen, 3. Aufl. 2015, S. 30.
[184] Berneke/*Schüttpelz*, Die einstweilige Verfügung in Wettbewerbssachen, 3. Aufl. 2015, S. 30 f.

che Wochen in Anspruch nehmen kann – ungesichert zu sein. Sollten die Gläubiger beginnen, einstweilige Verfügungen im Hinblick auf den ungesicherten Zeitraum zu erwirken oder sollte die Rechtsprechung dazu übergehen, Zweifel an der Ernsthaftigkeit notarieller Unterlassungserklärungen grundsätzlich als begründet zu erachten, würde diese bald nicht mehr zur Anwendung kommen. Das Landgericht Berlin hat bereits festgestellt, dass die Abgabe der notariellen Unterlassungserklärung dem Rechtsschutzbedürfnis für eine Unterlassungsklage nicht entgegensteht. Das notarielle Unterlassungsversprechen stelle keinen Vollstreckungstitel dar, der mit einem gerichtlichen Unterlassungstitel gleichwertig wäre. Diese Gleichwertigkeit sei aber Voraussetzung für den Fortfall des Rechtsschutzbedürfnisses für eine Unterlassungsklage.[185] Welche Entwicklung die „notarielle Unterwerfung" nehmen wird, bleibt abzuwarten.

f) Kann die Unterlassungserklärung auch noch während der gerichtlichen Auseinandersetzung abgegeben werden?

178   Ja, der Schuldner kann sich auch noch während der gerichtlichen Auseinandersetzung zur Unterlassung verpflichten.

179   Geht dem Gläubiger die Unterlassungserklärung zu, nachdem er den Verfügungsantrag oder die Klage abgesandt hat, aber bevor der Schriftsatz dem Gericht zugegangen ist, kommt eine entsprechende Anwendung des § 269 Abs. 3 S. 3 ZPO in Betracht.[186] Aus diesem Grund sollte der Verfügungsantrag oder die Klage in diesem Fall umgehend zurückgenommen werden.

180   Da die Klage und der Verfügungsantrag wirksam per Telefax bei dem angerufenen Gericht eingereicht werden können, kann die Anhängigkeit herbeigeführt werden, indem der betreffende Schriftsatz vorab per Telefax an das Gericht übermittelt wird. Ist das Verfahren bereits anhängig, bedarf es nicht der entsprechenden Anwendung des § 269 Abs. 3 S. 3 ZPO; vielmehr findet diese Bestimmung dann unmittelbar Anwendung. Der Gläubiger sollte seinen Antrag vorab per Telefax an das Gericht senden, um nicht den Unwägbarkeiten der entsprechenden Anwendung des § 269 Abs. 3 S. 3 ZPO ausgesetzt zu sein.

181   Im Rahmen eines Klageverfahrens muss der Kläger die Klage zurücknehmen, wenn ihm die Unterlassungserklärung nach Anhängigkeit und vor Rechtshängigkeit zugeht. Nach § 269 Abs. 3 S. 3 ZPO bestimmt sich die Kostentragungspflicht in diesem Fall unter Berücksichtigung des bisherigen Sach- und Streitstandes nach billigem Ermessen. Bestand der Unterlassungsanspruch zum Zeitpunkt der Einreichung der Klage, wird das Gericht dem Beklagten die Verfahrenskosten auferlegen. Erklärt der Kläger hingegen den Rechtsstreit in der Hauptsache für erledigt, bevor die Rechtshängigkeit durch Zustellung der Klageschrift eingetreten ist und bleibt seine Erledigungserklärung einseitig, wird er das Klageverfahren verlieren. Denn mit der einseitig gebliebenen Erledigungserklärung begehrt der Kläger die Feststellung, dass die Klage zum Zeitpunkt der Klageerhebung begründet war. Die Erhebung der Klage erfolgt gemäß § 253 Abs. 1 ZPO erst durch die Zustellung der Klageschrift, also mit Rechtshängigkeit. Die Klage war folgerichtig zum Zeitpunkt der Klageerhebung aufgrund des schon zuvor eintretenden Wegfalls der Begehungsgefahr unbegründet. Schließt sich die beklagte Partei hingegen der Erledigungserklärung an, kann das Gericht ebenfalls nach billigem Ermessen über die Kostentragungspflicht entscheiden. In diesem Fall wird das Gericht der be-

---

[185] LG Berlin, Urteil vom 4.8.2015, 15 O 56/15 mit Anmerkung Tavanti, WRP 2015, 1411 ff.
[186] Ahrens/*Bornkamm*, 7. Aufl., Kap. 33, Rn. 22.

klagten Partei die Kosten auferlegen, falls der Unterlassungsanspruch bestand. Dem Beklagten kann dementsprechend nicht empfohlen werden, eine übereinstimmende Erledigungserklärung abzugeben, wenn dem Gläubiger die Unterlassungserklärung vor Rechtshängigkeit zuging.[187] Bemerkt der Kläger, dass er mit der einseitigen Erledigungserklärung falsch lag, kann er diese frei widerrufen.[188] Eine Erledigungserklärung ist grundsätzlich frei widerruflich, solange sich der Beklagte ihr nicht angeschlossen und das Gericht noch keine Entscheidung über die Erledigung der Hauptsache getroffen hat. Bei der einseitigen Erledigungserklärung handelt es sich um eine Prozesshandlung, die nach § 264 Nr. 2 ZPO nicht als Klageänderung gewertet wird. Der Kläger kann deshalb ohne Kostennachteil wieder zu seinem ursprünglichen Klageantrag zurückkehren und sich dabei ebenfalls auf die Bestimmung des § 264 Nr. 2 ZPO berufen.

> **Richtertipp:** Es ist dringend zu empfehlen, in Zweifelsfällen Akteneinsicht zu nehmen. Nur so können die für die Entscheidung (Rücknahme/Erledigung?) erheblichen Zeitpunkte verlässlich festgestellt werden.

182

Im Verfügungsverfahren tritt die Wirkung der Rechtshängigkeit bereits mit Eingang der Antragsschrift bei Gericht ein.[189] Geht dem Antragsteller die Unterlassungserklärung nach Einreichung des Verfügungsantrags bei Gericht zu, muss er das Verfügungsverfahren für erledigt erklären, um Kostennachteile zu vermeiden.

183

Wird die Unterlassungserklärung nach Rechtshängigkeit abgegeben und erklärt der Unterlassungsgläubiger daraufhin den Rechtsstreit in der Hauptsache für erledigt, muss der Unterlassungsschuldner entscheiden, ob er eine übereinstimmende Erledigungserklärung abgeben will oder nicht. Zwei Fallgestaltungen sind dabei von Bedeutung: Zum einen kann sich der Unterlassungsschuldner gegen die Abgabe der übereinstimmenden Erledigungserklärung entscheiden, wenn die Klage trotz der Verletzungshandlung unbegründet war. Dies trifft beispielsweise dann zu, wenn mit der Klage ein Unterlassungsanspruch verfolgt wurde, der mit dem durch die Verletzungshandlung begründeten Unterlassungsanspruch nicht übereinstimmte. Der Unterlassungsschuldner sollte hingegen eine übereinstimmende Erledigungserklärung abgeben, wenn der Unterlassungsschuldner nicht vom Unterlassungsgläubiger abgemahnt wurde. In diesem Fall hat der Schuldner keine Klageveranlassung gegeben, weshalb das Gericht dem Unterlassungsgläubiger im Rahmen der Billigkeitsentscheidung nach § 91a Abs. 1 ZPO die Verfahrenskosten auferlegen wird. Dies wäre lediglich in den seltenen Fällen anders, bei denen die Abmahnung entbehrlich ist.

184

Die Abgabe der Unterlassungserklärung ist auch noch in der Berufungs- und der Revisionsinstanz möglich. Allerdings ist es unter Kostengesichtspunkten häufig sinnvoll, sich bereits im Rahmen der ersten Instanz zur Unterlassung zu verpflichten, falls überhaupt die Bereitschaft zur Streitbeilegung durch Abgabe der Unterlassungserklärung besteht.

185

Gibt der Schuldner die Unterlassungserklärung erst nach Eintritt der Rechtskraft einer gerichtlichen Entscheidung ab, ist diese Erklärung unbeachtlich.[190] Die Wiederholungsgefahr wurde bereits durch das rechtskräftige Urteil ausgeräumt.

186

---

[187] Ahrens/*Bornkamm*, 7. Aufl., Kap. 33, Rn. 22.
[188] BGH, Urteil vom 7.6.2001, AZ: I ZR 157/98, GRUR 2002, 287 f.
[189] Ahrens/*Bornkamm*, 7. Aufl., Kap. 33, Rn. 22.
[190] MünchKommUWG/*Ottofülling*, 2. Aufl. 2014, § 12 Rn. 191a.

187   Der Unterlassungsschuldner kann im laufenden gerichtlichen Verfahren eine Unterlassungserklärung abgeben, den Unterlassungsanspruch anerkennen, nach Erlass einer
einstweiligen Verfügung eine Abschlusserklärung abgeben oder sich im Rahmen eines
Prozessvergleichs unter Androhung von Ordnungsmitteln zur Unterlassung verpflichten. Eines sollte der Unterlassungsschuldner jedoch nicht tun: Er sollte keinen
Prozessvergleich schließen, in dem er sich bei Vermeidung einer Vertragsstrafe zur Unterlassung verpflichtet – es sei denn, der Gläubiger verzichtet im Gegenzug auf eine
Vollstreckung gemäß § 890 Abs. 1 ZPO. Mit dem Bundesgerichtshof ist davon auszugehen, dass bei einem Prozessvergleich neben der Verwirkung einer Vertragsstrafe zusätzlich die Festsetzung eines Ordnungsmittels in Betracht kommt.[191] Beide Sanktionen können grundsätzlich vom Unterlassungsgläubiger parallel geltend gemacht
werden. Eine Ordnungsmittelandrohung kann durch die Parteien nicht wirksam in
den Prozessvergleich aufgenommen werden. Die Androhung von Ordnungsmitteln
hat vielmehr durch das Gericht nach einem entsprechenden Antrag gemäß § 890 Abs. 2
ZPO zu erfolgen. Folgerichtig spricht eine fehlende Aufnahme der Ordnungsmittelandrohung in den Prozessvergleich nicht dafür, dass der Gläubiger mit Abschluss des
Vergleichs einen Verzicht hinsichtlich einer Vollstreckung nach § 890 Abs. 1 ZPO erklärt hat. Eine übermäßige Beanspruchung des Schuldners wird zwar in der Regel dadurch vermieden, dass bei der Festsetzung der Sanktion die Höhe der jeweils zuvor
verhängten Sanktion zu berücksichtigen ist.[192] Der Schuldner wird die doppelte Sank-
tionsmöglichkeit jedoch als Belastung empfinden und seinem Anwalt vorwerfen, ihn
nicht vor der drohenden Doppelbestrafung gewarnt zu haben.

g) Was muss der Abgemahnte vor Abgabe der Unterlassungserklärung veranlassen?

188   Bevor der Schuldner die Unterlassungserklärung abgibt, muss er alles tun, um eine
Wiederholung der Verletzungshandlung zu vermeiden.

189   Nach der Rechtsprechung des Bundesgerichtshofs muss der Unterlassungsschuldner nicht nur alles unterlassen, was zu einer Verletzung führen könnte, sondern auch
alles im konkreten Fall Erforderliche und Zumutbare tun, um künftige oder andauernde Verletzungen zu verhindern beziehungsweise rückgängig zu machen.[193] Zwar
muss der Schuldner grundsätzlich nicht für das selbständige Handeln Dritter einste-
hen, er ist jedoch gehalten, auf Dritte, deren Handeln ihm wirtschaftlich zu Gute
kommt, einzuwirken, wenn er mit einem Verstoß ernstlich rechnen muss und außerdem über rechtliche und tatsächliche Einwirkungsmöglichkeiten auf das Verhalten je-
ner Dritter verfügt.[194] Insofern kann sich der Schuldner nicht darauf berufen, dass der
Verstoß ohne sein Zutun erfolgt ist oder dass ihn kein Verschulden hinsichtlich der
Handlungen Dritter trifft. Das Verschulden des Schuldners wird vermutet, wenn eine
Zuwiderhandlung vorliegt.[195] Dementsprechend muss der Schuldner darlegen und beweisen, dass ihm kein Schuldvorwurf gemacht werden kann. Verpflichtet sich beispielsweise ein Maklerunternehmen dazu, es zu unterlassen, die Bezeichnung „Haus &
Grund" im Firmennamen zu verwenden, so muss es unverzüglich eigene Recherchen
über die weitere Verwendung der ihr untersagten Firmierung durchführen. Es muss die

---

[191] BGH, Beschluss vom 3.4.2014, AZ: I ZB 3/12, GRUR 2014, 909.
[192] BGH, Urteil vom 17.9.2009, AZ: I ZR 217/07, GRUR 2010, 355.
[193] BGH, Urteil vom 13.11.2013, AZ: I ZR 77/12, GRUR 2014, 595 m. Anm. Niebling.
[194] OLG Köln, Beschluss vom 23.1.2015, 6 W 154/14, GRUR-RR 2015, 271.
[195] BGH, Urteil vom 17.7.2008, AZ: I ZR 168/05, GRUR 2009, 181.

Betreiber der gängigsten Internet-Branchendienste mit allen in Betracht kommenden rechtlichen Schritten dazu veranlassen, diese Firmierung aus ihren Verzeichnissen zu entfernen. Diese Pflicht besteht auch dann, wenn der Unterlassungsschuldner die Eintragungen in den Internetverzeichnissen nicht selbst vorgenommen hat und wenn der die Vertragsstrafe geltend machende Kläger nicht darauf hingewiesen hat, dass er die Beseitigung solcher Einträge verlangt. Der Bundesgerichtshof bewertete es im konkreten Fall als eigenes schuldhaftes Verhalten der Beklagten, dass sie keine entsprechenden Recherchen durchgeführt hatte.[196]

Der Unterlassungsschuldner muss auch dafür Sorge tragen, dass seine Erfüllungsgehilfen die Unterlassungspflicht strikt beachten.[197] Eine Person ist dann als Erfüllungsgehilfe anzusehen, wenn sie als Hilfsperson des Schuldners mit dessen Willen bei der Erfüllung der dem Schuldner obliegenden Verbindlichkeit tätig wird.[198] Zu den Erfüllungsgehilfen gehören die Mitarbeiter des Unterlassungsschuldners und Dritte, die der Schuldner im Rahmen seiner werblichen Bemühungen einsetzt, wie etwa Werbeagenturen, Zeitungsverlage oder Betreiber von Internetseiten. Unter dem Gesichtspunkt des Organisationsverschuldens muss der Schuldner alles ihm Zumutbare unternehmen, um Zuwiderhandlungen durch solche Hilfspersonen zu vermeiden. Dazu gehört auch eine nachdrückliche, schriftliche Unterrichtung über das Bestehen der Unterlassungspflicht und über die Konsequenzen einer Zuwiderhandlung. Der Schuldner sollte sich schriftlich bestätigen lassen, dass die von ihm unterrichteten Personen den Inhalt der Unterlassungspflicht verstanden haben. Droht die Unterlassungspflicht in Vergessenheit zu geraten, muss der Schuldner die für ihn tätigen Erfüllungsgehilfen an die Pflicht erinnern. **190**

Der Anwalt eines Unterlassungsschuldners wiederum ist verpflichtet, seinen Mandanten ausführlich darüber zu unterrichten, was zur Vermeidung einer Zuwiderhandlung unternommen werden muss. Diese Aufgabe zählt zu den haftungträchtigsten Bereichen der anwaltlichen Tätigkeit im Lauterkeitsrecht. Dementsprechend sollte der Anwalt seine Empfehlungen gegenüber dem Mandanten schriftlich dokumentieren. Umgekehrt sollte der Mandant darauf bestehen, dass der Anwalt ihn bei der Erstellung von Dienstanweisungen, Schreiben an Dritte sowie bei der Umsetzung sonstiger organisatorischer Maßnahmen zur Vermeidung von Zuwiderhandlungen unterstützt. **191**

Keinesfalls darf der Unterlassungsschuldner darauf vertrauen, dass ihm unmittelbar nach Abgabe des Unterlassungsversprechens unterlaufende Verletzungshandlungen nicht zur Last gelegt werden können. Das Argument, der Webdesigner sei erst eine Woche nach Abgabe der Unterlassungserklärung in der Lage gewesen, den streitgegenständlichen Internetauftritt gemäß dem Unterlassungsversprechen zu ändern, trägt nicht. Es ist durchaus möglich, dass der Schuldner ihn treffende Umstellungspflichten nicht schnell genug erfüllen kann, um objektiv gegebene Zuwiderhandlungen zu vermeiden. An einem Verschulden des Schuldners fehlt es, wenn – aber auch nur wenn – er darlegen und beweisen kann, dass die erforderliche Umstellung trotz größtmöglicher Sorgfalt und stärkstem Bemühen zeitlich nicht früher zu leisten war.[199] Diese Konstellation wird als „Auslauffall" bezeichnet. Liegt ein echter Auslauffall vor, wird durch die objektive Zuwiderhandlung weder eine neue Begehungsgefahr begründet noch hat der Schuldner die versprochene Vertragsstrafe verwirkt.[200] Die Zuwiderhand- **192**

196 BGH, Urteil vom 13.11.2013, AZ: I ZR 77/12, GRUR 2014, 595 m. Anm. Niebling.
197 BGH, Urteil vom 22.1.1998, AZ: I ZR 18/96, GRUR 1998, 963 – Verlagsverschulden II.
198 BGH, Urteil vom 3.3.1988, AZ: I ZR 40/86, GRUR 1988, 561 – Verlagsverschulden.
199 Ahrens/*Spätgens*, 7. Aufl., Kap. 6, Rn. 3.
200 Ahrens/*Spätgens*, 7. Aufl., Kap. 6, Rn. 4.

lung kann auch nicht mit der Festsetzung eines Ordnungsmittels bestraft werden. Dem Schuldner wird es jedoch kaum möglich sein, darzulegen und zu beweisen, dass er die „größtmögliche Sorgfalt" und das „stärkste Bemühen" zur Vermeidung der Zuwiderhandlung angewandt hat. Aus diesem Grund sollte der Abgemahnte keine Unterlassungserklärung abgeben in der Hoffnung, er könne sich darauf berufen, dass die zu erwartende Zuwiderhandlung einen Auslauffall darstellen würde. Das Risiko der Verwirkung einer Vertragsstrafe wäre in diesem Fall zu hoch. Besser gibt er die Unterlassungserklärung ab und erklärt dabei, das Unterlassungsversprechen solle nicht ab sofort, sondern erst ab einem bestimmten Datum gelten. Im Rahmen des Begleitschreibens zur Unterlassungserklärung sollte der Unterlassungsschuldner nachvollziehbar und möglichst detailliert erläutern, warum er die Umstellungsfrist benötigt. Der Unterlassungsgläubiger wird die zeitliche Verzögerung unter Umständen dennoch nicht hinnehmen und trotz Abgabe der Unterlassungserklärung den Erlass einer einstweiligen Verfügung beantragen. Je länger die vom Schuldner als erforderlich genannte Umstellungsfrist ausfällt, desto höher ist die Wahrscheinlichkeit, dass der Gläubiger den Verfügungsantrag stellt. Nichtsdestotrotz sprechen folgende Gründe für die Abgabe der aufschiebend bedingten Unterlassungserklärung: Ein Verfügungsverfahren wird häufig weniger Kosten verursachen als die Verwirkung einer Vertragsstrafe. Kommt es nach Abgabe der unbedingten Unterlassungserklärung zu einer Zuwiderhandlung, kann der Unterlassungsgläubiger ohnehin eine einstweilige Verfügung beantragen, da die Wiederholungsgefahr aufgrund der Zuwiderhandlung vermutet wird. Zusätzlich wird der Gläubiger eine Zahlungsklage einreichen, um den ihm aller Wahrscheinlichkeit nach zustehenden Vertragsstrafenanspruch durchzusetzen. Die Abgabe einer Unterlassungserklärung unter Bestimmung eines Datums, ab dem die Unterlassungspflicht gelten soll, kann unter dem Gesichtspunkt von Treu und Glauben gerechtfertigt sein. Die Rechtsprechung billigt dem Unterlassungsschuldner auch in gerichtlichen Verfahren in besonders gelagerten Fällen eine **„Aufbrauchsfrist"** zu.[201] Dies gilt dann, wenn dem Schuldner durch ein sofortiges mit der Zustellung des Titels uneingeschränkt zu beachtendes Verbot unverhältnismäßige Nachteile entstehen würden und sowohl die Belange des Gläubigers als auch der Allgemeinheit durch eine befristete Fortsetzung des Wettbewerbsverstoßes nicht unzumutbar beeinträchtigt würden.[202] Während ein Verstoß gegen ein Unterlassungsversprechen als klarer Vertragsbruch gewertet wird, könnte das Verlangen nach einer **Umstellungsfrist** nach § 242 BGB also gerechtfertigt sein. Wird ein Verfügungsantrag trotz Abgabe der bedingten Unterlassungserklärung gestellt, resultiert daraus zu Lasten des Antragstellers ein nicht unwesentliches Prozessrisiko. Möglicherweise hält das angerufene Gericht die Bitte um Einräumung einer Umstellungsfrist mit Blick auf die Bestimmung des § 242 BGB für berechtigt und weist den Verfügungsantrag ab. Hält das Gericht die Bitte für gut nachvollziehbar begründet, kann es einen Termin zur mündlichen Verhandlung anberaumen, um den Schuldner nicht übermäßig zu belasten. Bereits der damit verbundene Zeitgewinn kann für den Schuldner wertvoll sein.

193   Vertritt das Gericht hingegen die Ansicht, dass eine Umstellungsfrist zu einer unzumutbaren Beeinträchtigung der Interessen des Gläubigers oder der Allgemeinheit führen würde, wird es eine Beschlussverfügung ohne mündliche Verhandlung erlassen. Die damit verbundenen Kosten sind überschaubar, zumal ein Termin zur mündlichen

---

[201] BGH, Urteil vom 8.12.1994, AZ: I ZR 192/92, GRUR 1995, 156 f.
[202] BGH, Urteil vom 29.3.2007 – I ZR 122/04, GRUR 2007, 1079.

Verhandlung voraussichtlich nur auf den Widerspruch des Antragsgegners anberaumt werden würde.

h) Wie wird die Unterlassungserklärung ausgelegt?

Nach ständiger Rechtsprechung des Bundesgerichtshofs richtet sich die Auslegung **194** eines Unterlassungsvertrages nach den allgemeinen, für die Vertragsauslegung geltenden Grundsätzen. Maßgeblich ist somit in erster Linie der gewählte Wortlaut und der diesem zu entnehmende objektive Parteiwille.[203] Dementsprechend ist der **Empfängerhorizont** der Person, die das Angebot auf Abschluss eines Unterlassungsvertrages annimmt, von zentraler Bedeutung. Nimmt der Abgemahnte das Angebot des Abmahnenden an, indem er die vorformulierte Unterlassungserklärung unterschreibt und zurücksendet, ist der Empfängerhorizont des Unterlassungsschuldners für die Auslegung der Erklärung maßgeblich. Gibt der Unterlassungsschuldner eine von ihm selbst formulierte Unterlassungserklärung ab, ist auf die objektivierte Erklärungsbedeutung aus Sicht des Unterlassungsgläubigers abzustellen. Auch wenn im Wesentlichen der Wortlaut der Erklärung entscheidend ist, muss bei der Auslegung der Unterlassungserklärung nach § 133 BGB der wirkliche Wille ergründet werden, weshalb eine ausschließlich auf den Wortlaut abstellende Interpretation nach §§ 133, 157 BGB unzulässig ist.[204] Eine sich eng am Wortlaut orientierende Auslegung eines strafbewehrten Unterlassungsvertrages ist jedoch umso mehr geboten, je höher die vereinbarte Vertragsstrafe im Verhältnis zur Bedeutung des gesicherten Unterlassungsanspruchs ist.[205] Ob der allgemeine Sprachgebrauch, die fachsprachliche Bedeutung oder ein branchenspezifisches Verständnis zu Grunde gelegt werden muss, bestimmt sich danach, an wen die Unterlassungserklärung gerichtet ist.[206] Bei der Feststellung des Parteiwillens können alle Umstände des Einzelfalls berücksichtigt werden, solange das Auslegungsergebnis nicht mit dem Wortlaut der Erklärung unvereinbar ist. So kann insbesondere auf die im Rahmen der außergerichtlichen Auseinandersetzung gewechselte Korrespondenz der Parteien abgestellt werden, wobei sowohl der Abmahnung als auch dem Begleitschreiben zur Unterlassungserklärung meist eine besondere Bedeutung zukommt. Wird die Unterlassungserklärung in einer gerichtlichen Verhandlung abgegeben, sollten die Parteien darauf achten, dass auslegungsrelevante Umstände in dem Protokoll festgehalten werden. Mitunter kommt es vor, dass der Unterlassungsgläubiger in der mündlichen Verhandlung sein Unterlassungsbegehren viel enger verstanden wissen will, als von dem Abgemahnten zuvor angenommen. Zieht der Abgemahnte daraufhin die Abgabe der Unterlassungserklärung in Betracht, sollte er das Gericht bitten, die vorangegangene Erklärung des Unterlassungsgläubigers zu protokollieren. Alternativ hierzu kann die Unterlassungserklärung so formuliert werden, dass sich die vom Unterlassungsgläubiger zugebilligte Beschränkung aus dem Wortlaut des Unterlassungsversprechens selbst ergibt.

Bei der Auslegung der Unterlassungserklärung kann nur bedingt auf die Frage abge- **195** stellt werden, ob das vertragliche Unterlassungsversprechen über den gesetzlichen Unterlassungsanspruch hinausgeht oder nicht. Einerseits wird die mit der Unterlassungserklärung einhergehende Beseitigung der Begehungsgefahr dem Willen beider Parteien

---

[203] BGH, Urteil vom 25.10.2012, AZ: I ZR 169/10, GRUR 2013, 531.
[204] BGH, Urteil vom 19.12.2001, AZ: XII ZR 281/99, NJW 2002, 1260.
[205] BGH, Urteil vom 13.2.2003, AZ: I ZR 281/01, GRUR 2003, 545.
[206] Vgl. Palandt/*Ellenberger*, BGB, 73. Aufl. 2014, § 133 Rn. 14.

Tavanti

entsprechen. Auch der Unterlassungsschuldner ist daran interessiert, dass das Unterlassungsversprechen den Umfang des gesetzlichen Unterlassungsanspruchs abdeckt. Nur in diesem Fall kann sich der Schuldner gegenüber Dritten, die ihn nach Abgabe der Unterlassungserklärung abmahnen, darauf berufen, dass die Begehungsgefahr bereits ausgeräumt ist. Dementsprechend kann eine weite Auslegung des Unterlassungsversprechens, durch die diese Parteiinteressen berücksichtigt werden, geboten sein. Andererseits wird ein über den gesetzlichen Unterlassungsanspruch hinausgehendes Unterlassungsversprechen nicht im Wege der Auslegung auf den gesetzlichen Anspruchsumfang reduziert. Denn die Parteien des Unterlassungsvertrages nehmen eine überschießende Verpflichtung in Kauf, um eine gerichtliche Auseinandersetzung zu vermeiden. Mit dem Unterlassungsversprechen wird durch die Parteien schuldrechtlich verbindlich geklärt, welche Handlungen dem Unterlassungsversprechen unterfallen sollen. Die Unsicherheit, ob eine Handlung nach dem Gesetz noch zulässig oder bereits unzulässig ist, soll durch den Unterlassungsvertrag gerade beseitigt werden. Das Unterlassungsversprechen hat somit auch den Charakter eines Vergleichs, der den vertraglichen Unterlassungsanspruch begründet. Das vom Vertragsstrafenschuldner angeführte Argument, die Vertragsstrafe sei nicht verwirkt, da seine neuerliche Handlung nicht gegen die Bestimmungen des UWG verstoße, kann somit nicht berücksichtigt werden. Der Unterlassungsschuldner kann sich weder darauf berufen, dass der vertragliche Unterlassungsanspruch zu weit gefasst ist, noch darauf dass die Zuwiderhandlung nicht geeignet ist, die Interessen von Mitbewerbern, Verbrauchern oder sonstigen Marktteilnehmern spürbar zu beeinträchtigen.[207] Genauso wenig kann der Unterlassungsschuldner darauf abstellen, dass der Unterlassungsgläubiger zum Zeitpunkt der Abmahnung gar nicht anspruchsberechtigt war. Verteidigt sich der Unterlassungsschuldner hingegen gegenüber einem Dritten damit, dass er bereits zugunsten einer anderen Person eine Unterlassungserklärung abgegeben hat, und ist diese andere Person augenscheinlich nicht nach § 8 Abs. 3 UWG anspruchsberechtigt, kann dies Zweifel an der Ernsthaftigkeit der Erstunterwerfung begründen. In einem solchen Fall liegt die Vermutung nahe, dass der Dritte eine Gefälligkeitsabmahnung ausgesprochen hat. Es ist unwahrscheinlich, dass ein quasi Unbeteiligter einen lauterkeitsrechtlichen Unterlassungsanspruch verfolgt.

196   Geht der Unterlassungsschuldner mehrere Verpflichtungen zur Unterlassung ein, stellt sich häufig die Frage, ob die Vertragsstrafe bei einem Verstoß gegen mehrere Pflichten aus dem Unterlassungsvertrag auch mehrfach oder nur einmal verwirkt sein soll. Diese Frage ist anhand des konkreten Inhalts des Unterlassungsvertrages zu beantwortet. Die Entscheidung, ob nach dem Inhalt des Unterlassungsvertrages gegebenenfalls mehrere Verstöße zu einer rechtlichen Einheit zusammenzufassen sind, kann nicht in Anwendung des Rechtsbegriffs der fortgesetzten Handlung beantwortet werden.[208] So scheidet eine Zusammenfassung mehrerer oder aller Verstöße zu einer einzigen Zuwiderhandlung gegen ein Unterlassungsgebot aus, wenn die Parteien eine Vertragsstrafe für jedes einzelne verkaufte Produkt vereinbart haben.[209] Verpflichtet sich der Unterlassungsschuldner, künftig mehrere Klauseln seiner Allgemeinen Geschäftsbedingungen nicht mehr zu verwenden und/oder sich auf diese Klauseln nicht mehr zu berufen, und verspricht er für jeden Einzelfall der zukünftigen Zuwiderhandlung eine bezifferte Ver-

---

[207] BGH, Urteil vom 10.6.2009, AZ: I ZR 37/07, GRUR 2010, 167.
[208] BGH, Urteil vom 25.1.2001, I ZR 323/98, GRUR 2001, 758.
[209] BGH, Urteil vom 17.7.2008, AZ: I ZR 168/05, GRUR 2009, 181.

tragsstrafe, gilt Folgendes: Verwendet der Schuldner nach Abschluss des Unterlassungsvertrages eine Klausel und beruft er sich gegenüber einem Kunden auf diese Klausel,
verwirkt er die Vertragsstrafe zweimal. Verwendet der Schuldner trotz seines strafbewehrten Unterlassungsversprechens mehrere der einzelnen AGB-Klauseln erneut, verwirkt er die Vertragsstrafe ebenfalls mehrfach. Verspricht der Schuldner, Verbraucher
nicht ohne ihr vorheriges Einverständnis zu Wettbewerbszwecken anzurufen oder anrufen zu lassen, und verspricht er für jeden Fall der Zuwiderhandlung die Zahlung einer
Vertragsstrafe in Höhe von 2.000 €, so verwirkt er bei vierzig Anrufen eine Gesamtvertragsstrafe in Höhe von 80.000 €. Der Schuldner kann sich nicht darauf berufen, dass er
nur einen Auftrag an das Callcenter erteilt oder dass er dem Callcenter nur ein Daten-
paket zur Verfügung gestellt habe, weshalb die Vertragsstrafe nur einmal verwirkt sei.
Soll eine in solchen Fällen mehrfache Verwirkung der Vertragsstrafe nicht vereinbart
werden, muss der Unterlassungsschuldner darauf achten, dass sich dies unzweifelhaft
aus dem Text des Unterlassungsvertrages ergibt. Nur in seltenen Ausnahmefällen wird
im Übrigen davon auszugehen sein, dass mehrere Zuwiderhandlungen gegen ein Vertragsstrafeversprechen ohne entsprechende ausdrückliche Regelung im Unterlassungsvertrag als genau ein Verstoß zu werten sind, so dass die Vertragsstrafe auch nur einmal
verwirkt wird. Der Bundesgerichtshof hat so einen Fall angenommen, weil die Zuwiderhandlungen gleichartig gewesen seien, diese unter Außerachtlassung derselben
Pflichtenlage begangen worden wären, zeitlich in einem engen Zusammenhang stehen
würden und der Handelnde sein Verhalten als wettbewerbskonform angesehen habe.[210]

Es ist allgemeinhin anerkannt, dass eine Unterlassungserklärung grundsätzlich je-   **197**
derzeit – also auch noch lange nach Abgabe der Erklärung – von dem Unterlassungsgläubiger angenommen werden kann,[211] es sei denn, der Unterlassungsschuldner hat
die Erklärung mit einer entsprechenden Bindungsfrist versehen. Nimmt der Gläubiger
die Unterlassungserklärung zu einem späteren Zeitpunkt an, stellt sich die Frage, ob
die Unterlassungserklärung auch für Verstöße gelten soll, die vor der Annahmeerklärung stattgefunden haben. In der Literatur wird der Standpunkt vertreten, dass die
Auslegung der Unterlassungserklärung eine rückwirkende Bindung nahelegt.[212] Die
Rechtsprechung folgt dem nicht. Das Versprechen einer Vertragsstrafe bezieht sich
grundsätzlich nicht auf Handlungen, die der Schuldner vor dem Zustandekommen der
Vereinbarung begangen hat.[213] Der Unterlassungsgläubiger und dessen Anwalt sollten
die Annahme des Unterlassungsversprechens daher zügig erklären, da ihnen ansonsten
eine Vertragsstrafe entgehen kann.

i) Wann ist die Unterlassungserklärung unwirksam und wie kann der Unterlassungsvertrag beendet werden?

Kommt es zu einer Vertragsstrafenanforderung, weil der Unterlassungsgläubiger   **198**
eine Zuwiderhandlung festgestellt hat, wendet der Schuldner mitunter ein, dass das
Vertragsstrafeversprechen unwirksam sei. Dafür kann der Schuldner unterschiedliche
Argumente ins Feld führen.

So kann ein Vertragsstrafeversprechen nach § 307 Abs. 1 BGB unwirksam sein, wenn   **199**
die vorformulierte Unterlassungserklärung als **allgemeine Geschäftsbedingung** ver-

---

[210] BGH, Urteil vom 9.7.2015, I ZR 224/13, GRUR 2015, 1021 – Kopfhörerkennzeichnung.
[211] BGH, Urteil vom 17.9.2009, AZ: I ZR 217/07, GRUR 2010, 355.
[212] Ahrens/*Achilles*, 7. Aufl., Kap. 8, Rn. 12.
[213] BGH, Urteil vom 18.5.2006, AZ: I ZR 32/03, GRUR 2006, 878 f.

wandt worden ist und die Höhe der Vertragsstrafe bereits auf den ersten Blick außer Verhältnis zu dem mit der Vertragsstrafe sanktionierten Verstoß und den Gefahren steht, die mit möglichen zukünftigen Verstößen für den Unterlassungsgläubiger verbunden sind.[214]

200   Liegen **Anfechtungsgründe** nach §§ 119, 123 BGB vor und erklärt der Abgemahnte innerhalb der Anfechtungsfrist nach § 121 BGB oder nach § 124 BGB die Anfechtung, ist das Vertragsstrafeversprechen gemäß § 142 BGB als von Anfang an nichtig anzusehen. Allerdings besteht nur in seltenen Fällen ein Anfechtungsrecht zugunsten des Schuldners. Vor allem kann der Unterlassungsschuldner die Anfechtung nicht darauf stützen, dass er aufgrund der Abmahnung geglaubt habe, die streitgegenständliche Handlung sei unzulässig, obwohl sie bei richtiger rechtlicher Würdigung rechtmäßig war. Der Schuldner kann seine Anfechtung nicht darauf stützen, dass er die Anspruchsberechtigung des Abmahnenden ungeprüft hingenommen hat, weil er sich nicht für berechtigt hielt, diese in Abrede zu stellen. Derartige Irrtümer würden selbst dann nicht zur Anfechtung berechtigen, wenn sie tatsächlich vorlägen – was meist nicht der Fall ist. Kann der Schuldner hingegen darlegen und beweisen, dass er durch arglistige Täuschung zur Abgabe des Unterlassungsversprechens bestimmt worden ist, liegt ein Anfechtungsrecht vor. Der entsprechende Nachweis lässt sich erfahrungsgemäß jedoch nur schwer anführen.

201   Auch wenn ein individuell ausgehandeltes Vertragsstrafeversprechen wirksam ist, kommt in seltenen Einzelfällen eine Herabsetzung der Vertragsstrafenhöhe nach § 242 BGB in Betracht. Dafür muss die versprochene Vertragsstrafe in einem derartigen **Missverhältnis** zu der Bedeutung der Zuwiderhandlung stehen, dass ihre Durchsetzung einen Verstoß gegen den das gesamte Rechtsleben beherrschenden **Grundsatz von Treu und Glauben** darstellen würde.[215] In einem solchen Fall ist die verwirkte Vertragsstrafe auf ein Maß zu reduzieren, das einen Verstoß gegen den Grundsatz von Treu und Glauben nicht nach sich ziehen würde. Eine Herabsetzung nach § 242 BGB kommt in der Regel nur dann in Betracht, wenn die Multiplikation der Vertragsstrafe aufgrund einer Vielzahl von für sich genommen nicht besonders schwerwiegenden Verstößen zu einem exorbitant hohen Gesamtbetrag führt. In dem vom Bundesgerichtshof entschiedenen Fall[216] wurden rund 7.000 Wärmekissen verkauft. Für jeden einzelnen Verkauf war eine Vertragsstrafe in Höhe von rund 7.700 € vereinbart worden. Die Gesamtvertragsstrafe hätte sich auf rund 54.000.000 € belaufen und wäre somit unverhältnismäßig hoch ausgefallen.

202   Bei einem wirksamen Unterlassungsvertrag handelt es sich um ein **Dauerschuldverhältnis**, das nach den auch sonst geltenden Regeln gemäß § 314 BGB oder § 313 BGB gekündigt werden kann. Die **Kündigung aus wichtigem Grund** nach § 314 BGB ist vorrangig zu prüfen, wenn Umstände gegeben sind, aufgrund derer der Schuldner die Zwangsvollstreckung aus einem entsprechenden gerichtlichen Titel im Wege einer **Vollstreckungsabwehrklage** nach § 767 ZPO für unzulässig erklären lassen könnte.[217] Ändert sich das Gesetz, so dass die dem Unterlassungsversprechen zugrunde liegende Praktik rechtmäßig wird, besteht ein solcher, die Kündigung des Unterlassungsvertrages rechtfertigender Umstand. Der Gesetzesänderung steht der Fall gleich, dass die entsprechende Praktik im Hinblick auf eine höchstrichterliche Leitentscheidung eindeutig als rechtmäßig zu beurteilen ist. Ein **Wegfall der Geschäftsgrundlage** kommt nur dann in

---

[214] BGH, Urteil vom 13.11.2013, AZ: I ZR 77/12, GRUR 2014, 595.
[215] BGH, Urteil vom 17.7.2008, AZ: I ZR 168/05, GRUR 2009, 181.
[216] BGH, Urteil vom 17.7.2008, AZ: I ZR 168/05, GRUR 2009, 181.
[217] BGH, Urteil vom 8.5.2014, AZ: I ZR 210/12, GRUR 2014, 797.

Betracht, wenn der Fortbestand des Unterlassungsvertrages untragbare, mit Recht und Gerechtigkeit schlechthin unvereinbare Folgen nach sich ziehen würde. Die Anforderungen an die Beendigung des Unterlassungsversprechens aufgrund des Wegfalls der Geschäftsgrundlage sind somit weitaus höher als die Anforderungen an das Kündigungsrecht nach § 314 BGB. Wer sich nicht mit Erfolg auf die Bestimmung des § 314 BGB berufen kann, dem steht erfahrungsgemäß auch nicht das Kündigungsrecht nach § 313 Abs. 3 S. 2 BGB zu. Ist der Unterlassungsschuldner der Auffassung, ihm stehe ein Kündigungsrecht zu, sollte er die Kündigung aussprechen und den Zugang des Kündigungsschreibens „beweisfest" dokumentieren. Auch in diesem Fall bietet sich die Übermittlung per Einschreiben oder Boten an. In Ausnahmefällen kann der Geltendmachung des Vertragsstrafenanspruchs der Einwand unzulässiger Rechtsausübung entgegenstehen, wenn der Unterlassungsvertrag kündbar war, aber nicht gekündigt wurde.[218] Der Einwand führt nur selten zum Untergang des Zahlungsanspruchs, weil nicht nur der Kündigungsgrund, sondern auch die Treuwidrigkeit der Berufung auf das Unterlassungsversprechen durch den Unterlassungsgläubiger von dem Schuldner begründet werden muss.

j) Beispiel und Muster

Der umsatzschwache Kfz-Händler K wird von Mitbewerber M abgemahnt. Hintergrund der Abmahnung ist eine Anzeige von K in der Tageszeitung T vom 1.4.2015, Seite 15, in deren Rahmen er nur die Netto-Preise für die zum Kauf angebotenen Fahrzeuge angegeben hat. Nach § 1 Abs. 1 S. 1 PAngVO hätte K mit Gesamtpreisen werben müssen, die die Umsatzsteuer einschließen. M nimmt K nach §§ 3, 4 Nr. 11 UWG in Verbindung mit § 1 Abs. 1 S. 1 PAngVO auf Unterlassung in Anspruch. Der mit Rechtsanwaltsschreiben übermittelten Abmahnung von M war folgende vorformulierte Unterlassungserklärung beigefügt: **203**

Unterlassungs- und Verpflichtungserklärung

Hiermit verpflichtet sich K gegenüber M unbedingt und unwiderruflich,

1. *es zu unterlassen, gegen die Bestimmungen der Preisangabenverordnung zu verstoßen, wenn sich die Werbung auch an Endverbraucher richtet;*
2. *für jeden Fall der zukünftigen Zuwiderhandlung gegen die vorstehend unter Nr. 1 stehende Verpflichtung eine Vertragsstrafe in Höhe von € 10.000,00 an M zu zahlen;*
3. *die durch die Inanspruchnahme der Rechtsanwälte R GbR angefallenen Kosten nach einem Gegenstandswert in Höhe von € 75.000,00 zu erstatten, wobei K anerkennt, dass eine 1,3 Gebühr nebst Auslagen und Umsatzsteuer angefallen ist;*
4. *Auskunft darüber zu erteilen, in welchem Umfang K die streitgegenständliche Handlung begangen hat, und zwar unter Angabe der Art, des Zeitpunkts und der Anzahl der betreffenden geschäftlichen Handlungen;*
5. *M sämtlichen Schaden zu ersetzen, der ihm durch die streitgegenständliche Handlung entstanden ist und künftig noch entstehen wird.*

Die Parteien sind sich darüber einig und erkennen an, dass das Landgericht Düsseldorf für sämtliche Streitigkeiten aus der Unterlassungs- und Verpflichtungserklärung zuständig sein soll.

(Ort, Datum, Unterschrift, Firmenstempel)

---

[218] BGH, Urteil vom 8.5.2014, AZ: I ZR 210/12, GRUR 2014, 797.

204   K lässt sich anwaltlich beraten. Der Anwalt weist zu Recht darauf hin, dass die vorformulierte Unterlassungserklärung zu weit gefasst ist. K bittet den Anwalt zwei Unterlassungserklärungen zu entwerfen, die unzweifelhaft den Anforderungen genügen.
In dem ersten Entwurf sollen eine feste Vertragsstrafe und eine Klausel zum Aufwendungsersatzanspruch enthalten sein. In dem zweiten Entwurf soll ein flexibles Vertragsstrafeversprechen Verwendung finden; ein vertraglicher Kostenerstattungsanspruch soll nicht begründet werden.

205   Erster Entwurf: Hiermit verpflichtet sich K gegenüber M, ohne Anerkenntnis einer
Rechtspflicht dennoch rechtsverbindlich und unter Ausschluss der Bestimmung des
§ 348 HGB, es bei Vermeidung einer Vertragsstrafe in Höhe von € 6.000,00 für jeden
Fall der zukünftigen schuldhaften Zuwiderhandlung zu unterlassen, gegenüber Endverbrauchern mit Netto-Preisen für den Kauf von Pkw zu werben, wenn dies geschieht,
wie in der Tageszeitung T vom 1.4.2015 auf Seite 15 geschehen. Darüber hinaus verpflichtet sich K gegenüber M ebenfalls ohne Anerkenntnis einer Rechtspflicht, dennoch
rechtsverbindlich, die durch die Inanspruchnahme der Rechtsanwälte R GbR angefallenen Kosten nach einem Gegenstandswert in Höhe von € 20.000,00 zu erstatten. Die
Unterlassungserklärung steht unter der auflösenden Bedingung, dass die zu unterlassende Handlung infolge einer Gesetzesänderung rechtmäßig wird oder aufgrund einer
höchstrichterlichen Entscheidung unzweifelhaft als rechtmäßig zu bewerten ist.

206   Zweiter Entwurf: Hiermit verpflichtet sich K gegenüber M, ohne Anerkenntnis einer Rechtspflicht dennoch rechtsverbindlich, es bei Vermeidung einer Vertragsstrafe,
deren Höhe im Falle einer zukünftigen schuldhaften Zuwiderhandlung von M nach
billigem Ermessen bestimmt und im Streitfall vom zuständigen Gericht nach § 315
BGB überprüft werden soll, zu unterlassen, gegenüber Endverbrauchern mit Netto-
Preisen für den Kauf von Pkw zu werben, wenn dies geschieht, wie in der Tageszeitung
T vom 1.4.2015 auf Seite 15 geschehen. Die Unterlassungserklärung steht unter der
auflösenden Bedingung, dass die zu unterlassende Handlung infolge einer Gesetzesänderung rechtmäßig wird oder aufgrund einer höchstrichterlichen Entscheidung eindeutig als rechtmäßig zu beurteilen ist.

207   Der Anwalt hat folgende zulässige Beschränkungen vorgenommen: Das Unterlassungsversprechen bezieht sich nicht mehr auf jeden Verstoß gegen die Preisangabenverordnung. Vielmehr wird die konkrete Verletzungsform zum Gegenstand der Unterlassungserklärung gemacht. Durch die „wenn-dies-geschieht-wie"-Formulierung
wird die Unterlassungserklärung auf die konkrete Verletzungshandlung bezogen, um
zu verdeutlichen, dass die Vertragsstrafe nur in kerngleich gelagerten Fällen verwirkt
sein soll. Durch die Formulierung „ohne Anerkenntnis einer Rechtspflicht, dennoch
rechtsverbindlich" verdeutlicht der Anwalt, dass die Abgabe der Unterlassungserklärung hinsichtlich anderer in Betracht kommender Ansprüche keine Auswirkung auf
die Rechtslage haben soll. Die auflösende Bedingung am Ende der Unterlassungserklärungen ist zulässig,[219] da in den genannten Fällen auch eine **Vollstreckungsabwehrklage** gegen ein Unterlassungsurteil nach § 767 ZPO in Betracht käme und somit ein
Recht zur Kündigung des Unterlassungsvertrages aus wichtigem Grund nach § 314
BGB bestünde. Der Schuldner kann sich also gegebenenfalls auf den Eintritt der Bedingung berufen; er muss nicht laufend überprüfen, ob die zur Begründung eines Kün-
digungsrechts erforderlichen Umstände gegeben sind. Indem der Anwalt die Bestimmung des § 348 HGB abbedingt, eröffnet er die Möglichkeit einer Herabsetzung der

---

[219] MPFormB GewRS, 4. Aufl. 2014, Schabenberger/*Sonntag*, Form A.2 Anm. 10.

Vertragsstrafe nach § 343 HGB. Eine Vertragsstrafe in Höhe von € 6.000,00 und ein Gegenstandswert in Höhe von € 20.000,00 sollten ausreichend sein. In der Unterlassungserklärung wird klargestellt, dass nur schuldhafte Zuwiderhandlungen einen Vertragsstrafenanspruch begründen. In dem zweiten Entwurf fügt der Anwalt ein Vertragsstrafeversprechen nach Hamburger Brauch ein, weshalb die Regelung des § 348 HGB nicht mehr abbedungen werden muss. Beide Entwürfe sind geeignet, die Wiederholungsgefahr zu beseitigen. Insbesondere sind Klauseln zu etwa bestehenden Auskunfts- und Zahlungsansprüchen des Unterlassungsgläubigers ebenso entbehrlich wie eine Gerichtsstandvereinbarung. Eine vertragliche Verpflichtung zur Zahlung des Aufwendungsersatzanspruchs muss der Unterlassungsschuldner nicht eingehen, um die Wiederholungsgefahr auszuräumen. Ob sich eine Auseinandersetzung hinsichtlich der Abmahnkosten lohnt, muss die abgemahnte Partei anhand der Umstände des Einzelfalls prüfen. Bei hohen Kostenforderungen mag eine Auseinandersetzung eher in Betracht kommen als bei geringen Beträgen, wie den „Abmahnpauschalen" von klagebefugten Verbänden. Die Aufnahme einer Umstellungsfrist war im vorliegenden Fall nicht veranlasst. K kann kein berechtigtes Interesse an der zeitlich befristeten Fortsetzung der streitgegenständlichen Praktik darlegen.

Mitunter beziehen Abmahnende das Vertragsstrafeversprechen in der vorformulierten Unterlassungserklärung nicht nur auf die Unterlassungspflicht, sondern auf alle eingegangenen Verpflichtungen. Es liegt auf der Hand, dass der Unterlassungsschuldner ein Vertragsstrafeversprechen, das sich nicht ausschließlich auf den Unterlassungsanspruch bezieht, nicht abgeben sollte. **208**

3. Hinterlegung einer Schutzschrift

Durch die Einreichung einer Schutzschrift kann die abgemahnte Partei bei einem drohenden Verfügungsverfahren frühzeitig – nämlich schon vor Einreichung des Verfügungsantrags – ihre eigenen Argumente gegenüber dem Gericht vorbringen und sich so rechtliches Gehör gemäß Art. 103 Abs. 1 GG verschaffen. Sie kann als (möglicher) Antragsgegner in tatsächlicher und rechtlicher Hinsicht vortragen, Glaubhaftmachungsmittel vorlegen, auf erwartete Defizite des Vortrags des (möglichen) Antragstellers hinweisen und auch sonst jegliche Mittel einsetzen, die ihr im Rahmen einer Erwiderung auf den Verfügungsantrag zustehen. Das Institut der Schutzschrift wurde zunächst ohne eine entsprechende gesetzliche Grundlage in der gerichtlichen Praxis entwickelt. In § 110 Abs. 2 S. 2 GWB wird die Schutzschrift als „vorsorglich hinterlegter Schriftsatz" bezeichnet. Durch das *Gesetz zur Förderung des elektronischen Geschäftsverkehrs mit den Gerichten* vom 10.10.2013 (BGBl. I S. 3786) erfuhr die Zivilprozessordnung eine Änderung; mit § 945a ZPO wird eine neue Bestimmung in das kodifizierte Verfahrensrecht eingefügt. In dieser Norm werden Schutzschriften als vorbeugende Verteidigungsschriftsätze gegen erwartete Anträge auf Arrest oder einstweilige Verfügung definiert. Eine Schutzschrift gilt nach § 945a Abs. 2 ZPO als bei allen ordentlichen Gerichten der Länder hinterlegt, sobald sie in das Schutzschriftenregister eingestellt ist. Die Bundesländer werden das Schutzschriftenregister elektronisch führen. Die Vorschrift des § 945a ZPO ist am 1.1.2016 in Kraft getreten.[220] Ab Inkrafttreten der Norm ist es also möglich, Schutzschriften per elektronischer Übermittlung **209**

---

[220] Art. 26 Abs. 5 Gesetz zur Förderung des elektronischen Geschäftsverkehrs.

an das **Schutzschriftenregister** bei allen Landgerichten einzureichen. Ab dem
1.1.2017 sind Anwälte verpflichtet, das Schutzschriftenregister zu nutzen.[221]

a) Welche Vorteile hat die Hinterlegung der Schutzschrift für die abgemahnte Partei?

210   Mit der Hinterlegung der Schutzschrift sind drei wesentliche Vorteile für den potentiellen Antragsgegner verbunden.

211   Erstens: Der Antragsgegner kann dem Gericht rechtzeitig alle Argumente mitteilen, die gegen den Erlass der einstweiligen Verfügung sprechen. Dabei muss der Antragsgegner nicht befürchten, dass der Abmahnende bereits vor Stellung des Verfügungsantrags Kenntnis von dem Inhalt der Schutzschrift erlangt. Dieser wird von der Hinterlegung der Schutzschrift nicht informiert.[222] In lauterkeitsrechtlichen Auseinandersetzungen wird eine einstweilige Verfügung häufig ohne mündliche Verhandlung erlassen. Nach § 937 Abs. 2 ZPO kann die Entscheidung über einen Verfügungsantrag sowohl in dringenden Fällen als auch bei einer Zurückweisung des Antrags auf Erlass einer einstweiligen Verfügung ohne mündliche Verhandlung ergehen. Kommt das Gericht zu dem Ergebnis, dass der Verfügungsantrag begründet ist, wird es häufig die einstweilige Verfügung unter Berufung auf die Bestimmung des § 937 Abs. 2 ZPO ohne mündliche Verhandlung als Beschlussverfügung erlassen. Liegt der Verfügungsbeschluss vor, kann sich der Antragsgegner mit den ihm zustehenden Rechtsmitteln – also insbesondere durch Erhebung eines Widerspruchs – zur Wehr setzen. Er muss aber nach Zustellung der einstweiligen Verfügung unverzüglich das Unterlassungsgebot beachten. Tut er dies nicht, droht die Festsetzung eines Ordnungsmittels. Aus der Umsetzung des gerichtlichen Unterlassungsgebotes resultieren für den Antragsgegner Nachteile, die er zumeist selbst bei einer späteren Aufhebung der einstweiligen Verfügung nicht mehr ausgleichen kann. Dementsprechend ist es wichtig, dass die abgemahnte Partei bereits vor Erlass der Beschlussverfügung sämtliche Argumente und Verteidigungsmittel im Rahmen der Schutzschrift vorträgt.

212   Zweitens: Der Antragsgegner wird über den Ablauf des Verfahrens informiert. Hält das Gericht den Verfügungsantrag für unzulässig oder unbegründet, wird es den Verfügungsantrag durch Beschluss zurückweisen oder aber den Antragsteller schriftlich oder telefonisch darauf hinweisen, dass der Antrag keine Aussicht auf Erfolg hat. In diesem Fall kann der Antragsteller den Antrag zurücknehmen. Wird der Verfügungsantrag auf Hinweis des Gerichts zurückgenommen, erlangt der Antragsgegner ohne Hinterlegung der Schutzschrift keine Kenntnis vom Ausgang des Verfahrens. Durch die Hinterlegung der Schutzschrift wird der Antragsgegner frühzeitig an dem Verfahren beteiligt und muss auch über alle Entscheidungen in dem Verfahren unterrichtet werden. Verzichtet der Antragsgegner auf die Hinterlegung einer Schutzschrift, würde er erst mit Zustellung der Beschlussverfügung oder sonstiger gerichtlicher Schriftstücke zum Verfahrensbeteiligten. Für den Antragsgegner ist es jedoch von Interesse zu erfahren, dass und warum der Verfügungsantrag zurückgenommen oder zurückgewiesen wurde. Vor dem Hintergrund dieser Informationen kann er sein künftiges werbliches Verhalten sinnvoll ausrichten.

213   Drittens: Durch die Hinterlegung der Schutzschrift kann sich ein Kostenvorteil für den Antragsgegner ergeben. Wird der Verfügungsantrag zurückgenommen oder zu-

---

[221] Art. 26 Abs. 6 Gesetz zur Förderung des elektronischen Geschäftsverkehrs.
[222] Harte/Henning/*Retzer*, UWG, 3. Aufl. 2013, § 12 Rn. 616.

rückgewiesen, sind die Kosten der Schutzschrift erstattungsfähig, wenn der Anwalt des Antragsgegners das Verfahren bereits vor der Rücknahme des Verfügungsantrags betrieben hat.[223] Durch die Erstattungsfähigkeit der im gerichtlichen Verfahren angefallenen Gebühren reduzieren sich auch die außergerichtlichen Kosten des Antragsgegners, die zum Teil mit den gerichtlichen Kosten verrechnet werden.

Die abgemahnte Partei sollte möglichst frühzeitig die Schutzschrift hinterlegen, um **214** die mit ihr verbundenen Vorteile nutzen zu können. Meist ist es sinnvoll, die Schutzschrift zeitgleich mit der Versendung des ersten, außergerichtlichen Schreibens an den Abmahnenden zu hinterlegen. Dies gilt auch dann, wenn die Verteidigungsmittel noch nicht vollständig zusammengetragen sind. Ergänzende Verteidigungsmittel können auch noch zu einem späteren Zeitpunkt nachgereicht werden. Nach Hinterlegung der Schutzschrift sollte das der Schutzschrift vom Gericht zugewiesene Aktenzeichen bei der Registratur des Landgerichts telefonisch in Erfahrung gebracht werden. Alle weiteren Schriftsätze kann der potentielle Antragsgegner unter Nennung des Aktenzeichens an das Gericht übermitteln. Das gerichtliche Aktenzeichen verändert sich, wenn der Verfügungsantrag eingeht. Das Gericht wird den Antragsgegner über die Änderung des Aktenzeichens benachrichtigen und Schriftsätze, die noch zum ursprünglichen Aktenzeichen eingereicht werden, der neuen Verfahrensakte zuordnen.

b) In welchen Situationen sollte eine Schutzschrift hinterlegt werden?

Geht einer Partei eine Abmahnung zu, sollte daran gedacht werden, eine Schutzschrift **215** zu hinterlegen. Von der Hinterlegung der Schutzschrift kann abgesehen werden, wenn der Vorwurf des Abmahnenden ganz offensichtlich unbegründet ist, so dass ein Verfügungsantrag keine Aussicht auf Erfolg hätte. In diesem Fall kann der potentielle Antragsgegner seine Argumente in einem Schreiben an den Gegenanwalt vorbringen. Für den Antragsgegner und dessen Anwalt birgt dies aber eine gewisse Unsicherheit, da nicht darauf vertraut werden kann, dass der Antragsteller das außergerichtliche Schreiben des Antragsgegners im Rahmen des Verfügungsantrags ansprechen und vorlegen wird.

Sind mehrere Personen für eine Wettbewerbshandlung lauterkeitsrechtlich verant- **216** wortlich und wird nur eine Person durch den Abmahnenden auf Unterlassung in Anspruch genommen, sollten auch die bislang nicht abgemahnten Personen die Hinterlegung einer Schutzschrift in Erwägung ziehen. Der Verfügungsantrag kann ohne vorherige Abmahnung gestellt werden, weshalb die nicht abgemahnten Parteien nicht darauf bauen können, dass sie nicht als Antragsgegner benannt werden. Zur Vermeidung unnötiger Kosten können mehrere potentielle Antragsgegner gemeinschaftlich eine Schutzschrift hinterlegen. Der Nachteil eines gemeinsamen Vorgehens und der Mandatierung nur eines Anwalts besteht darin, dass die Antragstellerseite durch die ihr im Falle eines Verfügungsantrags bekannt werdende Schutzschrift erfährt, wer noch als Unterlassungsschuldner in Betracht kommt. Das gemeinsame Vorgehen kann also dazu führen, dass Personen in Anspruch genommen werden, die ansonsten unbehelligt geblieben wären.

Die Hinterlegung einer Schutzschrift kann auch vor Ausspruch einer Abmahnung **217** in Betracht gezogen werden. Weiß die handelnde Person, dass ein Mitbewerber oder ein Verband ihre geschäftlichen Praktiken immer wieder überprüft und gegebenenfalls angreift, ist es sinnvoll, eine Schutzschrift zu hinterlegen, wenn eine neue werbliche Praktik mit hoher werblicher Bedeutung eingesetzt werden soll. Gleiches gilt, wenn

---

[223] BGH, Beschluss vom 23.11.2006, AZ: I ZB 39/06, GRUR 2007, 727.

der mögliche Antragsgegner gerüchteweise erfahren hat, dass eine lauterkeitsrechtliche Auseinandersetzung droht oder wenn das Verhalten des möglichen Antragstellers auf die Vorbereitung eines Verfügungsverfahren schließen lässt. Bemüht sich der künftige Antragsteller beispielsweise erkennbar um die Zusammentragung von Glaubhaftmachungsmitteln, indem er Kunden des möglichen Antragsgegners bittet, die Richtigkeit bestimmter Sachverhalte an Eides statt zu versichern, liegt die baldige Stellung eines Verfügungsantrags nahe. In dem vorstehenden Fallbeispiel sollte der mögliche Antragsgegner nicht nur eine Schutzschrift hinterlegen, sondern auch prüfen, ob er nicht seinerseits den möglichen Antragsteller auf Unterlassung in Anspruch nehmen kann.

c) Inhalt und Form der Schutzschrift

218   Inhalt und Form der Schutzschrift entsprechen einem Schriftsatz des Antragsgegners zur Erwiderung auf den Verfügungsantrag; lediglich das Rubrum und die Antragstellung fallen anders aus. Der Inhalt der Schutzschrift muss geeignet sein, das Bestehen des Unterlassungsanspruchs oder der Dringlichkeit in Zweifel zu ziehen. Anderenfalls wird das Gericht trotz dem Vorliegen der Schutzschrift eine Beschlussverfügung erlassen.[224]

219   Die Schutzschrift beginnt mit dem Rubrum, in dem die Angaben zum Antragsgegner aufgeführt werden müssen. Weiß der Antragsgegner, wer ihn auf Unterlassung in Anspruch nehmen wird, sollte der mögliche Antragsteller namentlich genannt werden. Hat der Antragsgegner noch keine verlässliche Kenntnis darüber, kann er auch alle namentlich nicht benannten Antragsteller mit der Angabe „N.N." bezeichnen. Dadurch verdeutlicht der Antragsgegner, dass die Schutzschrift bei allen gegen ihn gerichteten Verfügungsverfahren unabhängig von der Person des Antragstellers hinzugezogen werden soll. Es folgen die Anträge. Zunächst sollte beantragt werden, dass der Antrag auf Erlass der einstweiligen Verfügung ohne mündliche Verhandlung zurückgewiesen wird, hilfsweise dass nicht ohne mündliche Verhandlung entschieden werden soll. Der Kostenantrag wie auch der Antrag auf Akteneinsicht kann gestellt werden. Für den Fall, dass die Beschlussverfügung ohne mündliche Verhandlung erlassen wird, sollte noch einmal gesondert Akteneinsicht beantragt werden. Durch die Übersendung der Gerichtsakte kann der Anwalt des Antragsgegners sicherstellen, dass ihm keine gerichtliche Verfügung und auch kein interner Vermerk – etwa bezüglich eines Telefonats zwischen dem Richter und dem Antragstellervertreter – entgehen. Diese Informationen können bei der Fertigung eines Widerspruchs gegen die einstweilige Verfügung von Bedeutung sein. Schließlich kann beantragt werden, dass die Anordnung der einstweiligen Verfügung gemäß §§ 936, 921 S. 2 ZPO von einer Sicherheitsleistung abhängig gemacht wird,[225] etwa weil zu befürchten sei, dass der Antragsteller die Schadensersatzpflicht nach § 945 ZPO aufgrund seiner finanziellen Situation nicht erfüllen kann. Dieser Antrag (wie auch der Antrag auf vorläufige Einstellung der Vollstreckung) hat im Verfügungsverfahren wenig Aussicht auf Erfolg, da der Erlass einer einstweiligen Verfügung mit einer darauffolgenden Beschränkung der Vollstreckungsmöglichkeiten widersprüchlich ist.[226] Bessere Chancen hat der Antragsgegner, wenn er nach Erlass der einstweiligen Verfügung und mit Erhebung des Widerspruchs beantragt, dass über einen etwaigen Ordnungsmittelantrag erst im Anschluss an den Termin

---

[224] Harte/Henning/*Retzer*, UWG, 3. Aufl. 2013, § 12 Rn. 618.
[225] *Wehlau*, Die Schutzschrift, Rn. 87.
[226] Köhler/Bornkamm/*Köhler*, 33. Aufl. 2015, § 12 UWG Rn. 3.36.

zur mündlichen Verhandlung entschieden wird. Sollte die einstweilige Verfügung im Widerspruchstermin aufgehoben werden, entfiele damit auch die Grundlage für ein Ordnungsmittel, weshalb der Ordnungsmittelantrag ohne weitere Prüfung abgewiesen werden müsste. Häufig hält es der erkennende Richter in einer solchen Situation für prozessökonomisch, zuerst über den Widerspruch und dann über den Ordnungsmittelantrag zu entscheiden. Daneben kann die Einräumung einer Umstellungsfrist begehrt werden.

Die Schutzschrift ist schriftlich zu hinterlegen. Es besteht kein Anwaltszwang.[227] **220** Allerdings sind neben den materiell-rechtlichen Fragen etliche verfahrensrechtliche Aspekte zu berücksichtigen. Deshalb bietet es sich an, einen Prozessanwalt einzuschalten. Der Schutzschrift sind **Glaubhaftmachungsmittel** im Sinne des § 294 ZPO beizufügen. Insbesondere die Vorlage von Versicherungen an Eides statt kommt in Betracht. Falsch ist es, Beweis durch die Einvernahme von Zeugen anzubieten. Das Gericht wird nur Glaubhaftmachungsmittel berücksichtigen, die es sofort, also bei Prüfung des Verfügungsantrags ohne mündliche Verhandlung, würdigen kann.

Der Inhalt der Schutzschrift richtet sich nach den mit der Hinterlegung verfolgten **221** Zielen. Für den Antragsgegner wird eine Zurückweisung des Verfügungsantrags ohne mündliche Verhandlung häufig am günstigsten sein. Darauf zielt die Schutzschrift ab. Erfolgreich ist eine Schutzschrift aber auch dann, wenn das Gericht nicht ohne mündliche Verhandlung über den Verfügungsantrag entscheidet. Mitunter will der Antragsgegner in erster Linie eine mündliche Verhandlung erreichen. Aufbau und Inhalt der Schutzschrift unterscheiden sich nicht nach dem vorrangigen Ziel.

Der mit der Anberaumung eines Termins zur mündlichen Verhandlung verbundene **222** Zeitgewinn kann für den Antragsgegner wichtig sein, um sich auf das drohende gerichtliche Untersagungsgebot einzustellen und um eine möglichst gute Verteidigung bis zum Verhandlungstermin aufzubauen. Im Termin zur mündlichen Verhandlung können auch präsente Zeugen gestellt werden. Es ist ratsam, von dieser Möglichkeit Gebrauch zu machen, wenn sich die präsenten Zeugen zu entscheidungserheblichen Sachverhaltselementen äußern können. Selbst wenn das Gericht keine Zeugeneinvernahme durchführen will, kann jederzeit eine Unterbrechung der Verhandlung beantragt werden, damit der Zeuge eine schriftliche Versicherung an Eides statt abgeben kann. Die Verhandlung selbst wie auch die Zeit zwischen der Terminierung und der Verhandlung können von beiden Seiten genutzt werden, um Einigungsgespräche zu führen.

Das über den Verfügungsantrag entscheidende Gericht muss sich mit allen in der **223** Schutzschrift angesprochenen verfahrensrechtlichen und materiell-rechtlichen Aspekten befassen.[228] In der Schutzschrift können zunächst Themen behandelt werden, die in verfahrensrechtlicher Hinsicht von Bedeutung sind. So kann der Antragsgegner rügen, dass der als Verfahrensbevollmächtigter der Antragstellerseite auftretende Anwalt nicht über eine entsprechende Vollmacht verfügt. Nach § 88 Abs. 1 ZPO kann der Mangel der Vollmacht in jeder Lage des Rechtsstreits gerügt werden. Eine solche Rüge kommt insbesondere dann in Betracht, wenn sich der Anwalt des Antragstellers außergerichtlich nicht dazu bereiterklärte, eine Vollmacht vorzulegen. In diesem Zusammenhang sollte der Antragsgegner darlegen, dass er den Nachweis der Vollmacht vergeblich verlangt hat. Auch wenn der Antragsgegner von dem konkreten Verfügungsantrag keine Kenntnis haben kann, sollte bei entsprechendem Anlass vorsorglich gerügt werden,

---

[227] GK-UWG/*Schwippert*, 2. Auf. 2014, § 12 Rn. 134.
[228] GK-UWG/*Schwippert*, 2. Auf. 2014, § 12 Rn. 123.

dass es an einem hinreichend bestimmten Antrag nach § 253 Abs. 2 Nr. 2 ZPO fehlt. Eine solche Rüge liegt nahe, wenn bereits das in der vorformulierten Unterlassungserklärung vorgesehene Unterlassungsversprechen dem Bestimmtheitserfordernis nicht entspricht. Des Weiteren kann vorsorglich ein Verweisungsantrag nach § 98 GVG gestellt werden. Bei lauterkeitsrechtlichen Streitigkeiten handelt es sich nach § 95 Abs. 1 Nr. 5 GVG um Handelssachen. Beantragt der Antragsgegner in der Schutzschrift, dass ein vor der Zivilkammer gestellter Verfügungsantrag an die Kammer für Handelssachen verwiesen wird, ist der Rechtsstreit antragsgemäß zu verweisen. Der Verweisungsantrag sollte nur gestellt werden, wenn der Antragsgegner konkrete Gründe nennen kann, warum das Verfahren schon frühzeitig bei der Kammer für Handelssachen geführt werden sollte. Anderenfalls kann der Verweisungsantrag zurückgestellt werden. Wird die einstweilige Verfügung ohne mündliche Verhandlung von der Zivilkammer erlassen, kann der Antragsgegner Widerspruch erheben und die Verweisung des Rechtsstreits an die Kammer für Handelssachen verlangen. Hat die Zivilkammer die Beschlussverfügung erlassen, mag die im Widerspruchsverfahren erstmalig mit der Sache betraute Kammer für Handelssachen mitunter leichter davon zu überzeugen sein, die Verfügung aufzuheben. Die Zivilkammer, die die Beschlussverfügung erlassen hat, könnte im Einzelfall dazu tendieren, an ihrer Entscheidung festzuhalten.

224 Nach § 937 Abs. 2 ZPO kann die Entscheidung über den Verfügungsantrag in dringenden Fällen ohne mündliche Verhandlung ergehen. Ist die Sache ganz besonders dringlich, kann der Vorsitzende nach § 944 ZPO über den Verfügungsantrag allein entscheiden. Die meisten Landgerichte gehen von einer Dringlichkeit im Sinne des § 937 Abs. 2 ZPO aus. Dennoch kann im Rahmen der Schutzschrift erläutert werden, warum die Dringlichkeit nicht gegeben ist. Hat der Antragsteller die den Verfügungsgrund betreffende „Dringlichkeitsfrist" fast vollständig ausgeschöpft, spricht das beispielsweise gegen das Vorliegen eines dringenden Falls, der eine Entscheidung des Gerichts ohne mündliche Verhandlung rechtfertigen würde. Ist die streitgegenständliche geschäftliche Handlung bereits abgeschlossen, dürfte ein dringender Fall nicht gegeben sein.

225 Von der Dringlichkeit im Sinne des § 937 Abs. 2 ZPO ist der Verfügungsgrund nach §§ 935, 940 ZPO zu unterscheiden. Nach diesen Bestimmungen sind einstweilige Verfügungen zulässig, wenn zu befürchten ist, dass durch eine Veränderung des bestehenden Zustandes die Verwirklichung des Rechts einer Partei vereitelt beziehungsweise erheblich erschwert werden könnte oder dass ihr ansonsten wesentliche Nachteile entstehen. Durch § 12 Abs. 2 UWG erfährt der Antragsteller in lauterkeitsrechtlichen Auseinandersetzungen eine Privilegierung. Er muss die in den §§ 935 und 940 ZPO bezeichneten Voraussetzungen weder darlegen noch glaubhaft machen. Die Dringlichkeit wird vermutet. Diese tatsächliche Vermutung kann aber widerlegt werden. Die Vermutung der Dringlichkeit ist widerlegt, wenn der Antragsteller durch sein Verhalten selbst zu erkennen gegeben hat, dass es ihm nicht eilig ist.[229] Hat der Antragsteller vor der Stellung des Verfügungsantrags nicht zügig gehandelt oder kann der Antragsgegner glaubhaft machen, dass der Antragsteller wesentlich früher als nunmehr von ihm behauptet Kenntnis von der Verletzungshandlung hatte, sollte das Fehlen des Verfügungsgrundes im Rahmen der Schutzschrift thematisiert werden.

226 In materiell-rechtlicher Hinsicht sind in der Schutzschrift alle Tatbestandsmerkmale zu behandeln, die aus Sicht des Antragsgegners nicht erfüllt sind. Dabei muss der Antragsgegner darauf achten, dass er den Vortrag des Antragstellers durch seine eigenen

---

[229] KG, Urteil vom 17.10.2014, AZ: 5 U 63/14, GRUR-RR 2015, 181.

Ausführungen nicht vervollständigt oder ihn ohne Not unstreitig stellt. Das angerufene Gericht kann eine einstweilige Verfügung auch erlassen, wenn die Voraussetzungen für den Unterlassungsanspruch erst durch das Zusammenspiel von Verfügungsantrag und Schutzschrift wahrscheinlich werden, weil es auf eine ungenügende Glaubhaftmachung durch den Antragsteller mit Blick auf den durch den Antragsgegner unstreitig gestellten Sachvortrag nicht mehr ankommt.[230] Zu den Anspruchsvoraussetzungen gehört auch das Vorliegen der Begehungsgefahr. Gegebenenfalls muss der Antragsgegner die Umstände darlegen und glaubhaft machen, durch die diese Gefahr bei Einreichung der Schutzschrift bereits ausgeräumt worden ist. Es ist auch möglich, in der Schutzschrift eine Unterlassungserklärung abzugeben. Genügt diese den Anforderungen und hat das Gericht keinen Zweifel an der Ernsthaftigkeit des Unterlassungsversprechens, kann es dem Antragsteller die Schutzschrift mit der Anregung übermitteln, den Rechtsstreit in der Hauptsache für erledigt zu erklären. Ein solches Vorgehen kommt für den Unterlassungsschuldner infrage, wenn er ein gerichtliches Vorgehen des Unterlassungsgläubigers für unwahrscheinlich hält und er gleichzeitig verhindern will, dass ihm ein gerichtliches Unterlassungsgebot auferlegt wird. Sollte der Unterlassungsgläubiger dann doch wider Erwarten einen Verfügungsantrag stellen, bestünden gute Chancen, dass dem Antrag aufgrund der eingetretenen Erledigung nicht stattgegeben wird. Die Verfahrenskosten müsste der Antragsgegner aber selbstredend dennoch tragen, es sei denn, das Gericht hält den Verfügungsantrag aus anderen Gründen für unzulässig beziehungsweise unbegründet. Neben den Anspruchsvoraussetzungen können auch materiell-rechtliche Einwendungen zum Gegenstand der Schutzschrift gemacht werden. Ein Beispiel wäre der Missbrauchseinwand nach § 8 Abs. 4 UWG oder das Vorliegen von Umständen, die die Einräumung einer Umstellungsfrist rechtfertigen. Bestehen Zweifel an der Aktiv- oder der Passivlegitimation, sind diese darzulegen und gegebenenfalls glaubhaft zu machen.

d) Bei welchen Gerichten sollte die Schutzschrift hinterlegt werden?

Schutzschriften sind bei den Landgerichten zu hinterlegen. **227**

Tritt ein Mitbewerber als möglicher Antragsteller auf, ist zu berücksichtigen, dass **228** dieser den Verfügungsantrag nach § 14 Abs. 2 Satz 1 UWG bei jedem Gericht einreichen kann, in dessen Bezirk die Handlung begangen wurde. Bei Werbung auf einer Internetseite kann der Erlass einer einstweiligen Verfügung somit bei allen deutschen Landgerichten beantragt werden. In den seltensten Fällen nimmt der mögliche Antragsgegner diesen Umstand zum Anlass für eine flächendeckende Einreichung von Schutzschriften. Erfahrungsgemäß wird der Antragsteller ein für ihn günstig gelegenes Gericht auswählen. In erster Linie ist dies das Landgericht, in dessen Bezirk der mögliche Antragsteller seinen Sitz oder dessen Anwalt seine Kanzlei hat. Daneben kommen Gerichte in Betracht, die im Bereich des Lauterkeitsrechts häufig angerufen werden. Zu diesen Gerichten gehören die Landgerichte in Berlin, Düsseldorf, Hamburg, Köln, Mannheim und München. Es ist auch nicht unüblich, dass sich die Bevollmächtigten der Parteien im Vorfeld auf ein Landgericht verständigen. Bei dem bislang von der *Europäischen EDV-Akademie des Rechts gGmbH* betriebenen **„Zentralen Schutzschriftenregister"**[231] („ZSR") können die angeschlossenen Gerichte Schutzschriften abfragen. Folgende Gerichte haben sich beim ZSR registriert: Arnsberg, Ba-

---

[230] GK-UWG/*Schwippert*, 2. Auf. 2014, § 12 Rn. 125.

[231] www.schutzschriftenregister.de.

den-Baden, Bielefeld, Bochum, Bremen, Cottbus, Darmstadt, Detmold, Dortmund, Duisburg, Düsseldorf, Ellwangen, Essen, Frankfurt a.M., Frankfurt/Oder, Freiburg, Fulda, Gießen, Hagen, Hamburg, Hanau, Heidelberg, Kassel, Kleve, Krefeld, Leipzig, Limburg, Mannheim, Marburg, Mönchengladbach, Mosbach, Münster, Nürnberg-Fürth, Paderborn, Ravensburg, Saarbrücken, Siegen, Stuttgart, Tübingen, Ulm, Waldshut-Tiengen, Wiesbaden, Wuppertal. Wichtige Gerichte, wie etwa die Landgerichte Berlin, Köln und München nehmen nicht teil. Die Einrichtung des ZSR war eine gute Idee. Durchgesetzt hat sich das ZSR aber im Wettbewerbsrecht nicht, weil zu wenige Landgerichte an dem System teilnehmen. Mit der Schaffung des Schutzschriftenregisters nach § 945a ZPO wird das ZSR für Wettbewerbsstreitigkeiten keine Relevanz mehr haben.

229　Sollte sich die Klagebefugnis des möglichen Antragstellers aus § 8 Abs. 3 Nr. 2 bis 4 UWG ergeben, muss die Schutzschrift nur bei dem Gericht hinterlegt werden, in dessen Bezirk der mögliche Antragsgegner seine gewerbliche oder selbständige berufliche Niederlassung hat. Der **„fliegende Gerichtsstand"** gilt für diese Anspruchsinhaber nach § 14 Abs. 2 UWG nicht.

230　| **Richtertipp:** Es gibt keine Garantie, dass eine Schutzschrift bei Gericht einem späteren Eilantrag zugeordnet wird. Zwar wird routinemäßig ein Abgleich mit der gerichtlichen Datenbank durchgeführt, der in aller Regel zum Auffinden der passenden Schutzschrift führt. Auch bekommen die Richter die Schutzschriften bei deren Eingang zur Kenntnisnahme vorgelegt. Das alles kann aber Ausreißer nicht ganz verhindern.

e) Kostenerstattung

231　Die Kosten der Schutzschrift sind erstattungsfähig, wenn ein Verfügungsantrag gestellt und die Schutzschrift hinzugezogen wurde. Unerheblich ist, ob die Schutzschrift vor oder nach Stellung des Verfügungsantrags eingereicht wird, solange das Verfahren noch nicht durch Antragsrücknahme oder Zurückweisung des Antrags abgeschlossen ist.[232] Wird der Verfügungsantrag zurückgenommen oder durch Beschluss zurückgewiesen, hat das Gericht eine Kostengrundentscheidung zu Lasten des Antragstellers zu treffen. Auf Grundlage dieser Entscheidung kann ein Kostenfestsetzungsverfahren durchgeführt werden. Häufig unterrichtet das Gericht den Antragsgegner trotz Hinterlegung der Schutzschrift nicht über die Rücknahme oder Zurückweisung des Verfügungsantrags. Zur Begründung wird auf die Bestimmung des § 922 Abs. 3 ZPO verwiesen, nach der der Zurückweisungsbeschluss dem Gegner nicht mitzuteilen ist. Durch diese Bestimmung soll dem Interesse des Antragstellers an einem möglichst effektiven Eilrechtsschutz Rechnung getragen werden. Nach Einreichung einer Schutzschrift steht dem Antragsgegner aber als Partei des Prozessrechtsverhältnisses ein **Akteneinsichtsrecht**[233] zu, weshalb das Gericht ihm die Auskunft nicht auf Dauer vorenthalten darf. Dem Wunsch des Antragstellers, den Antragsgegner mit der einstweiligen Verfügung zu überraschen, kommt nach Einreichung der Schutzschrift ohnehin kaum noch Bedeutung zu.[234] In der Praxis ist die Ansicht verbreitet, das Gericht müsse dem Antragsgegner in jedem Fall nach Ablauf der „Dringlichkeitsfrist" Mitteilung über die Rücknahme oder Zurückweisung des

---

[232] Ohly/*Sosnitza*, UWG, 6. Aufl. 2014, § 12 Rn. 137.
[233] Zöller/*Vollkommer*, ZPO, 30. Aufl. 2014, § 922 Rn. 12.
[234] Vgl. Harte/Henning/*Retzer*, UWG, 3. Aufl. 2013, § 12 Rn. 624.

Verfügungsantrags machen. Dementsprechend bietet es sich an, zwei Monate nach Einreichung der Schutzschrift beim Gericht anzufragen, ob ein Verfügungsantrag eingegangen ist. Beantwortet das Gericht die Anfrage nicht, kann vorsorglich Streitwertfestsetzung beantragt werden. Den Antrag auf Streitwertfestsetzung wird das Gericht nicht unbeantwortet lassen.

f) Beispiel und Muster

Das Maklerunternehmen M hat den Mitbewerber S schon zweimal abgemahnt. In **232** beiden Fällen warf M Mitbewerber S vor, in den von S versandten Exposés zu hohe Wohnflächen angegeben zu haben. Nun liegt eine dritte Abmahnung vor, die den gleichen Vorwurf zum Gegenstand hat. S ist davon überzeugt, dass die Angabe der Wohnflächen in den Exposés zutreffend ist, weshalb ein Wettbewerbsverstoß nicht gegeben sei. Beide Parteien haben ihren Sitz in Berlin. Der von S mandatierte Anwalt hinterlegt vorsorglich folgende Schutzschrift:

Vorab per Fax
Landgericht Berlin
Littenstraße 12–17
10179 Berlin

Schutzschrift
in einem etwaigen einstweiligen Verfügungsverfahren
der M GmbH & Co. KG, diese vertreten durch die Komplementärin K GmbH, diese wiederum vertreten durch den Geschäftsführer G, C-Straße 1, 10111 Berlin,

voraussichtliche Antragstellerin, im Folgenden: „Antragstellerin",
<u>*voraussichtliche Verfahrensbevollmächtigte:*</u>
Anwaltssozietät S…

gegen die M GmbH, diese vertreten durch ihren Geschäftsführer H, O-Straße 3, 10333 Berlin,
voraussichtliche Antragsgegnerin, im Folgenden: „Antragsgegnerin",
<u>*Verfahrensbevollmächtigte:*</u>
Rechtsanwälte R…

wegen: angeblichem Verstoß gegen UWG
Gegenstandswert: € 50.000,00

Für den Fall, dass die Antragstellerin wegen des nachstehend wiedergegebenen Sachverhalts einen Antrag auf Erlass einer einstweiligen Verfügung stellen sollte, beantragen wir namens und in Vollmacht der Antragsgegnerin,

den Antrag auf Erlass einer einstweiligen Verfügung zurückzuweisen,

hilfsweise nicht ohne mündliche Verhandlung zu entscheiden.

Für den Fall der Zurückweisung des Verfügungsantrags oder seiner Rücknahme beantragen wir, der Antragstellerin die Kosten des Verfahrens aufzuerlegen.

Tavanti

Des Weiteren beantragen wir Akteneinsicht. Akteinsicht wird auch für den Fall beantragt, dass das Gericht wider Erwarten eine Beschlussverfügung ohne mündliche Verhandlung erlassen sollte.

Wir sind damit einverstanden, dass der Antragstellerin die vorliegende Schutzschrift zugänglich gemacht wird, sofern diese einen Antrag auf Erlass einer einstweiligen Verfügung stellen sollte.

Begründung:

I. Sachverhalt

1.

Die Antragsgegnerin ist von der Antragstellerin mit dem als

Anlage AG 1

beigefügten Schreiben vom 3.4.2015 abgemahnt worden. Die Antragstellerin wirft der Antragsgegnerin zu Unrecht vor, das Grundstück X-Straße 59, 10444 Berlin, in dem als

Anlage AG 2

beigefügten Exposé mit einer zu hohen Wohnflächenangabe beworben zu haben. Tatsächlich ist dies nicht der Fall, was sich auch aus dem als

Anlage AG 3

im Original beigefügten Aufmaß des Architekten A ergibt. Das Aufmaß ist zutreffend. Glaubhaftmachung: Versicherung an Eides statt des A, beigefügt im Original als

Anlage AG 4.

Es kann nicht nachvollzogen werden, wie die Antragstellerin zu ihrer gegenteiligen Behauptung kommt.

2.

Die Antragstellerin hat die Antragsgegnerin bereits mit den als

Anlagen AG 5 und AG 6

beigefügten Schreiben vom 1.9.2013 und vom 26.3.2014 wegen ähnlich gelagerter Vorwürfe abgemahnt. Auch die mit diesen Abmahnungen geltend gemachten Unterlassungsansprüche bestanden nicht, weil es an der behaupteten Irreführungsgefahr fehlte.

3.

Mit den weiterhin als

Anlagen AG 7, AG 8 und AG 9

beigefügten Rechtsanwaltsschreiben vom 4.9.2013, 28.3.2014 und 6.4.2015 forderte die Antragsgegnerin die als Bevollmächtigte der Antragstellerin auftretende S – jeweils vergeblich – auf, ihre Vollmacht nachzuweisen. In den Schreiben wies die Antragsgegnerin die jeweils erhobenen Vorwürfe zurück.

II. Rüge nach § 88 Abs. 1 ZPO

Wir rügen das Fehlen der Vollmacht. Die als Verfahrensbevollmächtigte der Antragstellerin auftretende S verfügt offenbar nicht über eine entsprechende Vollmacht. Wäre dies anders, hätte S keinen Grund gehabt, die Vorlage der Vollmacht außergerichtlich zu verweigern.

Tavanti

III. Rechtslage

Dringlichkeit ist nicht gegeben. Der Verfügungsgrund und die Voraussetzungen des geltend gemachten Unterlassungsanspruchs liegen nicht vor.

1.

Eine Entscheidung ohne mündliche Verhandlung kommt vorliegend nur in Betracht, wenn der Antrag auf Erlass der einstweiligen Verfügung durch Beschluss zurückgewiesen werden soll. Anderenfalls fehlt es jedenfalls an der Dringlichkeit im Sinne des § 937 Abs. 2 ZPO. Erst recht kommt eine Entscheidung des Vorsitzenden allein nach § 944 ZPO nicht in Betracht. Mit Blick auf das von der Antragstellerin gezeigte zögerliche Verhalten und die vorangegangenen Abmahnungen, denen jeweils kein Verfügungs- oder Klageantrag folgte, kann nicht davon ausgegangen werden, dass die Sache so dringlich ist, dass eine stattgebende Entscheidung ohne mündliche Verhandlung geboten wäre.

2.

Die Antragstellerin kann sich nicht auf die durch die Bestimmung des § 12 Abs. 2 UWG begründete tatsächliche Vermutung der Dringlichkeit berufen. Durch ihr eigenes Verhalten hat die Antragstellerin die Dringlichkeitsvermutung widerlegt. Es kann der Antragstellerin nicht eilig mit der Durchsetzung des vermeintlich bestehenden Unterlassungsanspruchs sein. Anderenfalls hätte sie bereits die vorangegangenen – tatsächlich ebenfalls nicht gegebenen – Verstöße zum Anlass genommen, einen Verfügungsantrag zu stellen.

3.

Der Verfügungsanspruch besteht nicht. Eine Irreführung liegt nicht vor. Die Antragsgegnerin hat in ihren Exposés zutreffende Flächenangaben publiziert.

Der Antragstellerin obliegt es, die Umstände, die die Irreführungsgefahr begründen sollen, darzulegen und glaubhaft zu machen. Bislang hat die Antragstellerin nicht hinreichend substantiiert vorgetragen. Selbst wenn es ihr gelingen würde, dies nachzuholen und ihren Vortrag glaubhaft zu machen, könnte die Verfügung aufgrund des sich zu Lasten der Antragstellerin auswirkenden non-liquets nicht erlassen werden.

Beglaubigte und einfache Abschriften anbei.

Rechtsanwältin

4. Erhebung einer negativen Feststellungsklage

a) Bedeutung der negativen Feststellungsklage im Wettbewerbsprozess

Die negative Feststellungsklage ist im Wettbewerbsprozessrecht von besonderer Be- **233** deutung, da sie dem Abgemahnten die Möglichkeit gibt, sich effektiv gegen eine Abmahnung zu wehren. Während die **Gegenabmahnung** in den meisten Fällen keinen Kostenerstattungsanspruch auslöst, muss die im Klageverfahren unterliegende Partei die Kosten des Rechtsstreits, insbesondere die dem Gegner erwachsenen Kosten, erstatten. Durch die Erhebung einer negativen Feststellungsklage entsteht also auch zu Lasten des Abmahnenden ein reales Kostenrisiko. Wird die Entscheidung über die Stattgabe der negativen Feststellungsklage rechtskräftig, ist das Nichtbestehen des mit der Abmahnung geltend gemachten Anspruchs bindend festgestellt.[235] Der Abmahnende

---

[235] Ohly/*Sosnitza*, Gesetz gegen den unlauteren Wettbewerb, 6. Aufl. 2014, § 12 UWG Rn. 98.

könnte den Unterlassungsanspruchs dann seinerseits nicht mehr durch Erhebung einer Klage verfolgen, da die Rechtskraft des stattgebenden Urteils dem entgegensteht.

234   Häufig gehen der Abmahnende und der ihn vertretende Rechtsanwalt davon aus, dass die Gegenseite keine negative Feststellungsklage erheben wird. Der Abmahnende ist vielfach der Ansicht, er befinde sich in der Offensive; mit einer gegen ihn erhobenen Klage rechnet er nicht. Außerdem halten viele es für unwahrscheinlich, dass der Anwalt des Abgemahnten seinem Mandanten zum aggressiven Mittel der negativen Feststellungsklage rät, da ein solches Verfahren selbstredend auch zu Ungunsten des Abgemahnten ausgehen könne. In diesem Fall müsse der die negative Feststellungsklage erhebende Anwalt erklären, warum nicht abgewartet worden sei, ob der Abmahnende überhaupt Klage erheben werde. Als eine weitere Barriere für die Erhebung einer negativen Feststellungsklage gilt offenbar der Umstand, dass der Abgemahnte dabei als klagende Partei den Gerichtskostenvorschuss einzahlen muss.

235   Tatsächlich liegt die Erhebung einer negativen Feststellungsklage in vielen Fällen näher als vom Abmahnenden angenommen – auch und gerade weil der Abmahnende nicht mit der Klageerhebung rechnet. So glaubt der Abmahnende etwa häufig, er müsse es bei der Formulierung der der Abmahnung beigefügten Unterlassungserklärung nicht so genau nehmen, da bei der eigentlichen Antragstellung noch „nachjustiert" werden könne. Aus diesem Grund fällt die vorformulierte Unterlassungserklärung mitunter zu weit, zu unbestimmt oder einfach zu nachlässig aus. Mit der negativen Feststellungsklage soll die Feststellung erreicht werden, dass der Unterlassungsanspruch, wie er in der formulierten Unterlassungserklärung definiert wird, nicht besteht.

b) Wann kommt die Erhebung einer negativen Feststellungsklage in Betracht?

236   Die Erhebung der negativen Feststellungsklage erfolgt zumeist, um eine unklare Rechtslage gerichtlich beurteilen zu lassen, um einen Kostenerstattungsanspruch gegen den Abmahner zu begründen oder weil der Abgemahnte seinen guten Ruf durch die Abmahnung in Mitleidenschaft gezogen sieht. Die Begründung eines Kostenerstattungsanspruchs wird insbesondere dann leicht fallen, wenn der Abmahnende den der Abmahnung zugrunde liegenden Sachverhalt schlecht recherchiert oder die vorformulierte Unterlassungserklärung unsauber formuliert wurde.

aa) Interesse an der Klärung des Bestehens oder Nichtbestehens des Anspruchs

237   Will der Abgemahnte ein Geschäftskonzept aufbauen, das auch auf der angegriffenen Praktik beruht, kann es für ihn wichtig sein, vor den mit dem Aufbau verbundenen Investitionen zu erfahren, ob der Unlauterkeitsvorwurf begründet ist. Möglicherweise geht es um eine weniger grundlegende Problematik, die aus Sicht des Abgemahnten – aus welchen Gründen auch immer – gerichtlich geklärt werden soll. Das Interesse an der Klärung des Umfangs des Unterlassungsanspruchs kann auch gegeben sein, wenn bereits eine gerichtliche Entscheidung vorliegt. Wirft der Unterlassungsgläubiger dem Unterlassungsschuldner vor, gegen den Titel zu verstoßen, muss sich der Unterlassungsschuldner nicht auf die Durchführung des Ordnungsmittelverfahrens verweisen lassen. Vielmehr kann er im Wege der negativen Feststellungsklage eine Bestimmung des tatsächlich gegebenen Anspruchsumfangs herbeiführen. Die Feststellungsklage kann also auch genutzt werden, um Streitigkeiten über die Auslegung eines Untersagungstitels auszutragen.[236] Die Rechtsfrage, wie weit der Unterlassungstenor zu inter-

---

[236] Ahrens/*Bacher*, 7. Aufl., Kap. 71 Rn. 3.

pretieren ist, kann nicht Gegenstand einer Feststellungsklage sein. Vielmehr ist das Feststellungsbegehren darauf zu richten, dass der Unterlassungsanspruch nicht so weit gefasst ist, wie dies nach Ansicht des Unterlassungsgläubigers der Fall sein soll.

bb) Unsauber formulierte Unterlassungserklärung des Abmahnenden

Mitunter versucht der Abmahnende durch die von ihm vorformulierte Unterlas-   **238** sungserklärung einen vertraglichen Unterlassungsanspruch zu begründen, der über den Umfang des gesetzlichen Anspruchs hinausgeht. Es mag auch sein, dass der Abmahnende bei der Abfassung der Abmahnung schlechthin nicht exakt arbeitet. Ist die im Rahmen einer lauterkeitsrechtlichen Auseinandersetzung vorformulierte Unterlassungserklärung zu weit gefasst, hat dies zwar keine Auswirkungen auf die Wirksamkeit der Abmahnung. Anders verhält es sich im Urheberrecht: Nach § 97a Abs. 2 UrhG ist eine Abmahnung unwirksam, wenn in der Abmahnung eine Aufforderung zur Abgabe einer Unterlassungsverpflichtungserklärung enthalten ist und der Abmahnende nicht angibt, inwieweit die vorgeschlagene Unterlassungsverpflichtung über die abgemahnte Rechtsverletzung hinausgeht. Im Lauterkeitsrecht existiert eine solche Norm nicht. Eine Analogie kommt mangels einer Regelungslücke nicht in Betracht. Auch wenn die Abmahnung somit wirksam ist, entsteht für den Abmahnenden ein Nachteil. Aus Sicht des Abgemahnten kann die Ungenauigkeit bei der Formulierung der Unterlassungserklärung der Beweggrund für die Erhebung einer negativen Feststellungsklage sein.

cc) Wahrung des guten Rufs

Abgemahnte Unternehmen reagieren oft emotional, wenn ihnen eine Abmahnung   **239** zugeht. Dies ist insbesondere dann der Fall, wenn sie von der Rechtmäßigkeit ihres Handelns überzeugt sind. Mitunter fühlt sich der Abgemahnte auch in die Defensive gedrängt, da der Abmahnende ihn angreift und möglicherweise andere Personen über die erfolgte Abmahnung informiert. Allein die Information über den Ausspruch der Abmahnung kann bei den angesprochenen Dritten – etwa bei Kunden, Mitbewerbern, Geschäftspartnern oder auch Mitarbeitern des Abgemahnten – den Eindruck hervorrufen, dass ein Rechtsbruch des Abgemahnten feststehen würde. Die negative Feststellungsklage kann erhoben werden, um den Abgemahnten wieder in eine offensive Position zu bringen.

dd) Kosten

In den meisten Fällen kann der Abgemahnte die Kosten seiner rechtsanwaltlichen   **240** Beratung nicht gegenüber dem Abmahnenden geltend machen. Mahnt ein Mitbewerber einen anderen Mitbewerber immer wieder ab, zwingt der Abmahnende dem Abgemahnten erhebliche, nicht erstattungsfähige Kosten auf. Ein solches Verhalten ist insbesondere dann zu beobachten, wenn der Abmahnende finanzstärker ist als der Abgemahnte. Erhebt der Abgemahnte hingegen eine **negative Feststellungsklage**, wird am Ende des Rechtsstreits eine Kostenentscheidung stehen. Gewinnt der Abgemahnte das Klageverfahren, hat der Abmahnende die Kosten des Rechtsstreits zu tragen, § 91 Abs. 1 ZPO. Der Gegenstandswert der negativen Feststellungsklage entspricht dabei dem Wert der Unterlassungsklage umgekehrten Rubrums.[237]

---

[237] BGH, Urteil vom 12.3.2015, I ZR 99/14, BeckRS 2015, 06520.

Tavanti

c) Welche Voraussetzungen müssen vor Erhebung der Feststellungsklage erfüllt sein?

241   Das **Feststellungsinteresse** im Sinne des § 256 ZPO muss gegeben sein. Liegt eine Abmahnung vor, kann das Interesse unproblematisch angenommen werden. Meist enthält die Abmahnung auch eine vorformulierte Unterlassungserklärung, die bei Abfassung des Feststellungsantrags übernommen werden sollte. Ob ein Feststellungsinteresse besteht oder nicht, wenn keine Abmahnung ausgesprochen wurde, hängt von den jeweiligen Umständen des Einzelfalls ab. Bei wettbewerbsrechtlichen Auseinandersetzungen treten solche Fallgestaltungen selten auf, da der Ausspruch der Abmahnung das Standardverfahren darstellt.

242   Der Abgemahnte kann unter Umständen auch auf Feststellung klagen, dass eine bestimmte geschäftliche Praktik wettbewerbsrechtlich zulässig ist. In der Praxis wird die negative Feststellungsklage vorgezogen, da sie eher zum Erfolg führt. So mag eine konkrete Verletzungshandlung aufgrund einzelner Elemente der Handlung unzulässig sein. Folgerichtig bliebe eine Klage auf Feststellung, dass diese Praktik in ihrer konkreten Ausgestaltung zulässig ist, ohne Erfolg. Begehrt der Unterlassungsgläubiger in seiner Abmahnung hingegen ein von den konkreten Umständen des Einzelfalls losgelöstes Schlechthinverbot, wird die negative Feststellungsklage erfolgreich sein, wenn der gesetzliche Unterlassungsanspruch das generelle Verbot der Praktik nicht umfasst.

243   Das Feststellungsinteresse kann entfallen, wenn der Abmahnende selbst Klage auf Unterlassung erhebt und der streitgegenständliche Unterlassungsanspruch in beiden Verfahren identisch ist. Mit dem Wegfall des Feststellungsinteresses ist die negative Feststellungsklage in der Hauptsache erledigt. Der Abgemahnte muss in der Rolle des Klägers eine entsprechende Erledigungserklärung abgeben, will er nicht riskieren, dass seine Klage abgewiesen wird. Allerdings entfällt das Feststellungsinteresse erst dann, wenn die Unterlassungsklage nicht mehr einseitig durch den Abmahnenden zurückgenommen werden kann. Die negative Feststellungsklage kann deshalb erst nach Beginn der mündlichen Verhandlung für erledigt erklärt werden, § 269 Abs. 1 ZPO. Die Hauptsacheerledigung kommt auch in Betracht, wenn der Abmahnende bereits vor Beginn der mündlichen Verhandlung verbindlich darauf verzichtet, seinen Unterlassungsklageantrag zurückzunehmen. Ist der Antrag auf negative Feststellung entscheidungsreif, während das parallel laufende Unterlassungsklageverfahren noch nicht entsprechend weit vorangeschritten ist, kann dem Abgemahnten trotz Klageerhebung durch den Abmahnenden auch weiterhin das Feststellungsinteresse zustehen.[238]

244   Vor Erhebung der negativen Feststellungsklage muss die abgemahnte Partei grundsätzlich **keine Gegenabmahnung** aussprechen und dem Abmahnenden auch sonst keine Gelegenheit geben, den Abgemahnten klaglos zu stellen.[239] Dennoch ist es sinnvoll, den Abmahnenden unter Fristsetzung dazu aufzufordern, das Nichtbestehen der von ihm mit der Abmahnung geltend gemachten Ansprüche anzuerkennen. Gibt der Abmahnende die geforderte Erklärung ab, kann der Kosten- und Zeitaufwand des Klageverfahrens vermieden werden. Der Abgemahnte hat das von ihm verfolgte Ziel erreicht und den Abmahnenden zur Aufgabe der Ansprüche veranlasst. Verweigert der Abmahnende hingegen die geforderte Erklärung, kann er sich im Rahmen des Klageverfahrens kaum noch damit verteidigen, dass die nunmehr erhobene negative Feststellungsklage überflüssig und damit rechtsmissbräuchlich sei. Ebenso wenig kann der

---

[238] GK-UWG/*Feddersen*, 2. Auf. 2014, § 12 Rn. 93.
[239] GK-UWG/*Feddersen*, 2. Auf. 2014, § 12 Rn. 44.

Abmahnende ein sofortiges Anerkenntnis aussprechen und argumentieren, er habe im Sinne des § 93 ZPO keine Veranlassung zur Klageerhebung gegeben. In Ausnahmefällen wird eine Gegenabmahnung verlangt. Beruht die Abmahnung auf einem offensichtlich unzutreffenden Sachverhalt und ist damit zu rechnen, dass der Abmahnende bei einem entsprechenden Hinweis das Nichtbestehen des von ihm fälschlich geltend gemachten Unterlassungsanspruchs anerkennen wird, wird eine **Obliegenheit zur Gegenabmahnung** angenommen.[240] Gleiches gilt für den Fall, dass die in der Abmahnung gesetzte Frist zur Abgabe der Unterlassungserklärung bereits vor längerer Zeit abgelaufen ist. In diesen Fällen kann der Abgemahnte die Kosten der als geboten erachteten Gegenabmahnung erstattet verlangen.[241]

d) Worauf muss der Abmahnende bei der Durchführung der negativen Feststellungsklage achten?

aa) Verjährung des Unterlassungsanspruchs wird durch die Erhebung der negativen Feststellungsklage nicht gehemmt.

Nach § 204 Abs. 1 BGB wird die Verjährung durch die Erhebung der Klage auf 245 Leistung oder auf Feststellung des Anspruchs gehemmt. Somit hemmt die negative Feststellung die Verjährung des mit der Abmahnung geltend gemachten Unterlassungsanspruchs nicht. Die negative Feststellungsklage ist keine Leistungsklage und auch nicht auf die Feststellung eines Anspruchs gerichtet – sondern im Gegenteil auf die Feststellung, dass der Anspruch nicht besteht.

Der Abmahnende muss demnach selbst Unterlassungsklage erheben oder den von 246 ihm geltend gemachten Unterlassungsanspruch im Wege der **Widerklage** verfolgen, um den Eintritt der Verjährung zu vermeiden. Dabei muss er sich nicht an die von ihm selbst gewählte Formulierung aus der vorformulierten Unterlassungserklärung halten. Er kann auch eine engere, beispielsweise auf die konkrete geschäftliche Handlung bezogene Formulierung bei der Antragstellung wählen. In diesem Fall sollte der Abmahnende aber eine zweite Abmahnung aussprechen, die sich gerade auf die neu gewählte Formulierung bezieht. Anderenfalls könnte der Abgemahnte den mit der Unterlassungsklage erstmals geltend gemachten Anspruch sofort anerkennen, um die Kostenfolge des § 93 ZPO herbeizuführen.

bb) Aufgabe der Berühmung reicht zur Abwendung der negativen Feststellungsklage nicht aus

Auch wenn eine Gegenabmahnung verfahrensrechtlich nicht notwendig ist, droht 247 der Abgemahnte dem Abmahnenden häufig zunächst die Erhebung der negativen Feststellungsklage an. Erkennt der Abmahnende aufgrund der Ausführungen in dem Erwiderungsschreiben des Abgemahnten, dass die Tatbestandsvoraussetzungen des von ihm geltend gemachten Unterlassungsanspruchs nicht gegeben sind oder dass er die Rechtslage falsch eingeschätzt hat, muss er seine Berühmung eindeutig aufgeben, indem er endgültig auf den Unterlassungsanspruch verzichtet oder indem er anerkennt, dass der Unterlassungsanspruch nicht besteht. Anderenfalls besteht das Feststellungsinteresse nach wie vor und der Abgemahnte kann ohne jede weitere Vorankündigung Klage erheben. Die Erklärung des Abmahnenden, er werde den Unterlassungsanspruch nicht

---

[240] GK-UWG/*Feddersen*, 2. Auf. 2014, § 12 Rn. 93.
[241] BGH, Urteil vom 29.4.2004, I ZR 233/01, GRUR 2004, 790.

weiter verfolgen oder vorerst auf die Durchsetzung des Unterlassungsanspruchs verzichten, genügt nicht zur Ausräumung des Feststellungsinteresses.[242]

cc) Verteilung der Darlegungs- und Beweislast

248   Durch die Erhebung der negativen Feststellungsklage wird der Unterlassungsschuldner zum Kläger und der Unterlassungsgläubiger zum Beklagten. Diese Rollen-
verteilung ändert jedoch nichts an den sonst geltenden Darlegungs- und Beweislastre-
geln. Der Abgemahnte muss darlegen, dass er von dem Beklagten abgemahnt wurde,
um das Feststellungsinteresse zu begründen. Darüber hinaus muss er lediglich den
Standpunkt vertreten, dass der vom Beklagten geltend gemachte Unterlassungsanspruch nicht besteht. Hingegen muss er auch als Kläger grundsätzlich nicht darlegen
und beweisen, dass die Voraussetzungen des Unterlassungsanspruchs nicht bestehen.
In der Klageerwiderung muss der Beklagte dann die Voraussetzungen des streitgegenständlichen Unterlassungsanspruchs darlegen und unter Beweis stellen. In Ausnahmefällen trägt der Abgemahnte die Darlegungslast für das Nichtvorliegen der Anspruchsvoraussetzungen. Ein solcher Ausnahmefall ist etwa der Bestimmung des § 5 Abs. 4
UWG zu entnehmen. Nur in solchen Konstellationen muss der Abgemahnte im Rahmen der negativen Feststellungsklage seinerseits darlegen und beweisen, dass die Tatbestandsmerkmale des Wettbewerbsverstoßes nicht gegeben sind.

e) Worauf muss der Abgemahnte achten?

aa) Erledigungserklärung nicht zu früh abgeben

249   Der Abgemahnte darf nach Erhebung der negativen Feststellungsklage nicht zu
schnell die Hauptsache für erledigt erklären. Erhebt der Abmahnende beispielsweise
eine Widerklage auf Unterlassung, sollte der Abgemahnte an seiner Klage festhalten,
bis die mündliche Verhandlung begonnen oder bis der Abgemahnte verbindlich erklärt
hat, dass er seine Widerklage nicht zurücknehmen wird. Anderenfalls wäre das Feststellungsinteresse noch nicht entfallen und der Streitgegenstand der negativen Feststellungsklage noch nicht erledigt. Der Abmahnende könnte in diesem Fall eine übereinstimmende Erledigungserklärung unter Protest gegen die Kostenlast abgeben und
seine Widerklage zurücknehmen. Eine Entscheidung über das Bestehen oder Nichtbestehen des streitgegenständlichen Unterlassungsanspruchs würde damit vereitelt.

bb) Gerichtsstand kann dem Abgemahnten nicht aufgezwungen werden

250   Mitunter wird die negative Feststellungsklage erhoben, um einen für den Abgemahnten günstig erscheinenden Gerichtsstand für die Auseinandersetzung zu begründen. Der Abmahnende muss die Unterlassungsklage jedoch nicht vor dem Gericht erheben, bei dem die negative Feststellungsklage geführt wird. Vielmehr kann er seine
Unterlassungsklage vor jedem zuständigen Gericht anhängig machen.[243]

f) Beispiel und Muster

251   Der Immobilienmakler A hat von dem Eigentümer des Grundstücks G-Straße einen
Alleinauftrag erhalten, um das Grundstück zum Verkauf am Markt anzubieten. Erbost

---

[242] Ohly/*Sosnitza*, Gesetz gegen den unlauteren Wettbewerb, 6. Aufl. 2014, § 12 UWG
Rn. 86.
[243] Ohly/*Sosnitza*, Gesetz gegen den unlauteren Wettbewerb, 6. Aufl. 2014, § 12 UWG
Rn. 29.

stellt A fest, dass sein Mitbewerber B das Grundstück ebenfalls maklermäßig zum Kauf anbietet. A denkt sich, dass B unlauter handelt, da B über seine Leistungsfähigkeit täusche. B könne das Grundstück gar nicht anbieten, weil A den Alleinauftrag habe. Der Eigentümer hat B aber gestattet, das Grundstück zum Verkauf anzubieten, eine Irreführung hinsichtlich der Leistungsfähigkeit von B ist also nicht gegeben. B muss sich nicht damit befassen, ob der Eigentümer seine vertraglichen Verpflichtungen gegenüber A einhält. Ein lauterkeitsrechtlicher Unterlassungsanspruch ist somit nicht gegeben. Anders könnte die Lage sein, wenn B den Eigentümer zum Vertragsbruch verleitet hätte, was aber nicht der Fall ist. B hinterlegt eine Schutzschrift beim zuständigen Landgericht und teilt A per Rechtsanwaltsschreiben mit, dass die Voraussetzungen des geltend gemachten Unterlassungsanspruchs nicht vorliegen; der Eigentümer habe ihm das Anbieten des Grundstücks erlaubt. Aus diesem Grunde solle A schriftlich anerkennen, dass ihm die mit der Abmahnung geltend gemachten Ansprüche nicht zustehen. A teilt dem B daraufhin mit, dass er den geltend gemachten Unterlassungs- sowie den Aufwendungsersatzanspruch nicht weiter verfolgen wird, um die Sache vorerst abzuschließen. B reicht diese Erklärung nicht aus. Er entschließt sich, eine negative Feststellungsklage zu erheben.

Die vorformulierte Unterlassungserklärung aus der Abmahnung vom 14.1.2015 hat folgenden Wortlaut:

Unterlassungserklärung
B verpflichtet sich unbedingt und unwiderruflich gegenüber A, es bei Vermeidung einer Vertragsstrafe, deren Höhe von A nach billigem Ermessen im Sinne des § 315 BGB zu bestimmen ist, zu unterlassen, das Grundstück G-Straße im geschäftlichen Verkehr zu Zwecken des Wettbewerbs maklermäßig zum Verkauf anzubieten.

Weiterhin verpflichtet sich B, A die durch die Mandatierung der R-Rechtsanwälte entstandenen Gebühren in Höhe einer 1,3-fachen Geschäftsgebühr nach einem Gegenstandswert in Höhe von € 50.000,00 zu erstatten.

Der Antrag von B könnte in diesem Fall wie folgt lauten und begründet werden:

Namens und in Vollmacht des Klägers erheben wir Klage gegen den Beklagten und beantragen, wie folgt zu erkennen:
1. *Es wird festgestellt, dass die von dem Beklagten mit Abmahnung vom 14.1.2014 (Anlage K 1) geltend gemachten Ansprüche*
   a) *es zu unterlassen, das Grundstück G-Straße im geschäftlichen Verkehr zu Zwecken des Wettbewerbs maklermäßig zum Verkauf anzubieten;*
   und
   b) *an den Beklagten die durch die Mandatierung der R-Rechtsanwälte entstandenen Gebühren in Höhe einer 1,3fachen Geschäftsgebühr nach einem Gegenstandswert von € 50.000,00 zuzüglich Auslagen zu erstatten;*
   nicht bestehen.
2. *Der Beklagte trägt die Kosten des Verfahrens.*

Für den Fall, dass das Gericht das schriftliche Vorverfahren gemäß § 276 ZPO wählt und der Beklagte nicht innerhalb der gesetzlichen Frist die erforderlichen Anzeigen macht, beantragen wir gemäß § 331 Abs. 3 ZPO, ein Versäumnisurteil ohne vorherige mündliche Verhandlung zu erlassen.

Tavanti

Begründung:
Die negative Feststellungsklage ist begründet.

I. Sachverhalt

Der Beklagte hat den Kläger mit der als

Anlage K 1

beigefügten Abmahnung auf Unterlassung und Zahlung in Anspruch genommen. Der Kläger ist der Abmahnung mit dem als

Anlage K 2

entgegengetreten. Er forderte den Beklagten auf, das Nichtbestehen der von ihm mit der Abmahnung geltend gemachten Ansprüche anzuerkennen. Der Beklagte antwortete mit dem weiterhin als

Anlage K 3

beigefügten Schreiben, in dem er aber weder auf die Ansprüche verzichtete noch deren Nichtbestehen anerkannte. Vielmehr hielt sich der Beklagte alle Optionen offen, indem er lediglich angab, die Sache vorerst nicht weiterverfolgen zu wollen. Auf die Einzelheiten der gewechselten Schreiben nehmen wir vollumfänglich Bezug.

II. Rechtslage

Das Feststellungsinteresse ist gegeben. Der Beklagte berühmt sich der in der Abmahnung genannten Ansprüche.

Diese bestehen schon deshalb nicht, weil der Kläger das Grundstück mit der Zustimmung des Eigentümers maklermäßig zum Kauf angeboten hat. Die von dem Beklagten behauptete Irreführungsgefahr lag und liegt nicht vor.

Durch die Erhebung der negativen Feststellungsklage ändert sich an der Verteilung der Darlegungs- und Beweislast nichts; der Beklagte ist darlegungs- und beweisbelastet. Der Kläger muss nicht näher begründen, warum sein Verhalten wettbewerbsrechtlich nicht zu beanstanden ist.

Beglaubigte und einfache Abschrift anbei.

Rechtsanwalt

252   Die Klage ist in der vorliegenden Form schlüssig. Sollte der Beklagte substantiiert begründen, warum aus seiner Sicht der von ihm geltend gemachte Unterlassungsanspruch und der Aufwendungsersatzanspruch bestehen, muss der Kläger den Ausführungen substantiiert entgegentreten. Wie auch sonst kann dem substantiierten Vortrag der darlegungsbelasteten Partei nicht allein durch einen Hinweis auf die Verteilung der Darlegungslast begegnet werden. Im Rahmen der Klageschrift sollte der Kläger seinen Vortrag aber kurz halten, um dem Beklagten nicht unnötig Informationen zu geben, die er sonst nicht hätte.

Tavanti

C. Vorbereitung des gerichtlichen Verfahrens

I. Ansprüche im Wettbewerbsprozess

1. Welche Ansprüche sind im Wettbewerbsprozess geltend zu machen?

Nach der Abmahnung wird der Rechtsanwalt des Verletzten prüfen, welche Ansprüche gerichtlich durchzusetzen sind. Die typischen wettbewerbsrechtlichen Ansprüche sind Unterlassung, Beseitigung, Schadensersatz, Auskunft, Erstattung der Kosten für die Abmahnung und das Abschlussschreiben, Urteilsveröffentlichung, Vernichtung und Besichtigung. Dabei ist auch zu entscheiden, ob zunächst eine einstweilige Verfügung beantragt oder gleich die Hauptsacheklage erhoben wird. **253**

a) Ansprüche auf Unterlassung und Beseitigung

Eine ausreichende strafbewehrte Unterlassungserklärung stellt den Verletzten klaglos, was die gerichtliche Durchsetzung eines Unterlassungsanspruchs ausschließt. Hat der Abgemahnte jedoch keine oder eine nicht ausreichende strafbewehrte Unterlassungserklärung abgegeben, ist zunächst der in § 8 Abs. 1 UWG geregelte **Unterlassungsanspruch** gerichtlich geltend zu machen. Nach dieser Vorschrift kann derjenige, der eine unlautere geschäftliche Handlung (§ 3 UWG) oder unzumutbare Belästigung (§ 7 UWG) begangen hat, auf Unterlassung in Anspruch genommen werden. Der Unterlassungsanspruch ist der wichtigste Anspruch zur Durchsetzung von Schutzrechten und ist für das Markenrecht und Urheberrecht in § 14 Abs. 5 MarkenG bzw. § 97 Abs. 1 UrhG geregelt. **254**

Der Unterlassungsanspruch ist darauf gerichtet, zukünftige Rechtsverletzungen zu verhindern. Dabei kann es sich um in der Vergangenheit abgeschlossene, die nicht zu wiederholen sind, oder auch noch andauernde Beeinträchtigungen handeln, die nicht beendet sind. Weitere Voraussetzung des Unterlassungsanspruchs ist die **Wiederholungsgefahr** oder die **Erstbegehungsgefahr**. Wiederholungsgefahr wird aufgrund der bereits erfolgten Rechtsverletzung vermutet und entfällt in der Regel nur durch die Abgabe einer strafbewehrten Unterwerfungserklärung.[244] Aber auch bevorstehende Rechtsverletzungen können einen Unterlassungsanspruch begründen, wenn konkrete Umstände vorliegen, die eine unmittelbar bevorstehende Beeinträchtigung erkennen lassen.[245] Zur Beseitigung der Erstbegehungsgefahr genügt die einfache Unterlassungserklärung ohne Versprechen einer Vertragsstrafe.[246] Unterlassungsansprüche setzen kein Verschulden voraus. **255**

Der Unterlassungsanspruch kann im Wege **einstweiliger Verfügung** zunächst gesichert werden, wenn **Dringlichkeit** (§§ 935, 940 ZPO) gegeben ist, die jedoch bei Wettbewerbsverstößen vermutet wird (§ 12 Abs. 2 UWG). Die auf Unterlassung gerichtete einstweilige Verfügung ist keine unzulässige Vorwegnahme der Hauptsache, weil die Unterlassungspflicht nur für die Dauer der Eilmaßnahme besteht. **256**

---

[244] BGH 16.11.1995 – I ZR 229/93, GRUR 1997, 379 – Wegfall der Wiederholungsgefahr II.

[245] Köhler/*Bornkamm*, UWG, 33. Aufl. 2015, § 8 Rdnr. 1.17.

[246] Teplitzky, Wettbewerbsrechtliche Ansprüche, 10. Aufl. 2011, Kap. 10 Rn. 21.

257   Auf keinen Fall sollte vergessen werden, den Unterlassungsantrag mit der Androhung der in § 890 ZPO vorgesehenen Ordnungsmittel (Ordnungsgeld oder Ordnungshaft) zu verbinden. Die Androhung müsste sonst in einem gesonderten Verfahren nachgeholt werden, womit ein Zeitverlust für die Vollstreckung des Unterlassungsanspruchs
verbunden sein kann.

258   Neben dem Unterlassungsanspruch gewährt § 8 Abs. 1 UWG auch einen **Beseitigungsanspruch**, der eine bereits eingetretene und noch andauernde Beeinträchtigung
beenden soll. Dabei mag es sich um einen vom Unterlassungsanspruch wesensver-
schiedenen Anspruch handeln,[247] der jedoch eine enge Beziehung zur Unterlassung
aufweisen kann. Die Beseitigung muss zur Abwehr der Störung notwendig sein, was
aufgrund einer Interessenabwägung festzustellen ist.[248]

259   Dauert bei der Verurteilung die zu unterlassende Handlung noch an, dann kann der
Schuldner seiner Unterlassungspflicht nur nachkommen, indem er die Handlung einstellt und die Rechtsverletzung damit beseitigt.[249] In diesem Fall hat der Beseitigungsanspruch neben dem Unterlassungsanspruch keine selbständige Bedeutung.

260   **Beispiel 1:** Der Unterlassungsschuldner hat unberechtigt ein Foto auf seiner Internetseite
ins Internet gestellt. Er kann der Unterlassungspflicht nur nachkommen, indem er das Foto
aus dem Internet entfernt und damit die Rechtsverletzung beseitigt. Eines besonderen Beseitigungsanspruchs bedarf es dafür nicht. Hier genügt es, lediglich den Unterlassungsanspruch geltend zu machen, was den Beseitigungsanspruch aber nicht ausschließt.

261   Anders verhält sich, wenn die zu unterlassende Handlung abgeschlossen ist, aber
dennoch fortwirkt. In diesem Fall ist es erforderlich, die Beseitigung des andauernden
Störungszustandes zu verlangen.[250]

262   **Beispiel 2:** Der Kläger vertreibt Lampen im Internet über ein Handelsportal. Der Beklagte
meint, diese würden seine Marke verletzen und beanstandet dies beim Betreiber des Portals,
der sofort das Angebot des Klägers sperrt. Der Kläger meint, eine Markenverletzung liege
nicht vor und will die Sperre rückgängig machen.

263   Eine besondere Form des Beseitigungsanspruchs ist der **Widerruf**, der verlangt werden kann, wenn der Störungszustand auf einer Äußerung gegenüber einem Dritten beruht.[251] Im Beispiel 2 wäre danach gegen den Beklagten ein Anspruch auf Widerruf der
behaupteten Markenverletzung gegenüber dem Betreiber des Handelsportals gerichtlich geltend zu machen. Der Antrag könnte darauf gerichtet sein, den Beklagten zu verurteilen, zu erklären, dass die Behauptung einer Markenverletzung nicht aufrechterhalten wird.

264   Ob der Beseitigungsanspruch, insbesondere in der Form des Widerrufs, der Entscheidung durch **einstweilige Verfügung** zugänglich ist, ist umstritten. So hat das

---

[247] Köhler/*Bornkamm*, § 8 Rdnr. 1.71.
[248] Teplitzky, Kap. 22 Rdnr. 16.
[249] BGH 18.9.2014 – I ZR 76/13, GRUR 2015, 258 Rn. 67 – CT-Paradies.
[250] BGH 12.3.2015 – I ZR 188/13, GRUR 2015, 607 Rn. 35 – Uhrenkauf im Internet.
[251] Ahrens/*Jestaedt*, Wettbewerbsprozess, 7. Aufl. 2013, Kap. 56 Rn. 18; Köhler/*Bornkamm*,
§ 8 Rn. 1.95.

OLG Frankfurt[252] im Jahr 1998 eine einstweilige Verfügung zugelassen, mit der einem Süßwarenhersteller aufgegeben wurde, „die Handelskunden zu benachrichtigen, dass die Platzierungsempfehlung nicht aufrechterhalten werde." Die auf bloße Beseitigung gerichtete einstweilige Verfügung ist zulässig, sofern sie nicht zu einer Erfüllung des Anspruchs führt.[253] Hier ist besonders darauf zu achten, dass der Anspruch lediglich gesichert und nicht bereits die Hauptsache vorweggenommen wird. Zulässig ist die einstweilige Verfügung, wenn sie zeitlich begrenzt ist und dem Verletzten durch die Fortdauer der Störung besonders schwerwiegende Nachteile drohen.[254] Hinsichtlich eines Widerrufs wird jedoch die einstweilige Verfügung grundsätzlich für unzulässig gehalten, da hier durch die Erklärung der Gläubiger befriedigt wird.[255] Dies schließt aber nicht aus, dass bei besonderen Fallgestaltungen unter engen Voraussetzungen dennoch eine auf Widerruf gerichtete einstweilige Verfügung ergehen kann. Maßgebend sind hier die Umstände des Einzelfalls, wobei das Gericht bei seiner Entscheidung darauf zu achten hat, dass bei der Tenorierung die Vorläufigkeit der Entscheidung zum Ausdruck kommt.

In praktischer Hinsicht hat der Beseitigungsanspruch nur Bedeutung, wenn die Beendigung der Störung nicht durch Unterlassen der noch andauernden Verletzungshandlung erreicht werden kann. Diese Fälle sind eher selten, so dass der Beseitigungsanspruch in der gerichtlichen Praxis die Ausnahme ist. **265**

Praxistipp: Bevor der Beseitigungsanspruch geltend gemacht wird, ist zu prüfen, ob die Beseitigung der Störung nicht auch durch den Unterlassungsanspruch erreicht werden kann. **266**

---

b) Anspruch auf Schadensersatz

Vorsätzlich oder fahrlässig begangene Wettbewerbsverstöße gewähren dem Verletzten einen **Schadensersatzanspruch** (§ 9 UWG). Im Bereich des Wettbewerbsrechts haben Schadensersatzansprüche keine Bedeutung erlangt. Bezifferte Schadensersatzansprüche werden hier äußerst selten geltend gemacht, und dann meist auch nur pauschal mit Marktverwirrung begründet. Die Berechnung eines Marktverwirrungsschadens stößt wie auch die Berechnung anderer Schäden im Wettbewerbsrecht auf erhebliche Schwierigkeiten, was der Grund dafür sein dürfte, dass Ansprüche aus § 9 UWG nur selten eingeklagt werden.[256] **267**

Üblich ist hingegen die Geltendmachung von Schadensersatz im Markenrecht (§ 19 Abs. 6 MarkenG) und im Urheberrecht (§ 97 Abs. 2 UrhG). Die Rechtsprechung hat hier und auch in anderen Gebieten des Gewerblichen Rechtsschutzes als **Schadensberechnungsmethoden** den Ersatz des konkreten Schadens, die Erstattung des Verletzergewinns und die Entrichtung der fiktiven Lizenzgebühr entwickelt.[257] Dieser Berechnungsmethoden wurden mit der Umsetzung der Enforcementrichtlinie[258] in die **268**

---

[252] OLG Frankfurt 19.9.1988 – 6 W 103/88, GRUR 1989, 74 – Folgenbeseitigungsanspruch.
[253] Ahrens/*Jestaedt*, Kap. 56 Rdnr. 7.
[254] Ahrens/*Jestaedt*, Kap. 56 Rdnr. 7 ff.
[255] Ahrens/*Jestaedt*, Kap. 56 Rdnr. 19; Teplitzy, Kap. 54 Rdnr. 11 f.
[256] Teplitzy, Kap. 28 Rdnr. 1.
[257] BGH 2.2.1995 – I ZR 16/93, GRUR 1995, 349 – Objektive Schadensberechnung.
[258] Richtlinie 2004/48/EG des Europäischen Parlaments und des Rates vom 29. April 2004 zur Durchsetzung der Rechte des geistigen Eigentums.

gesetzliche Regelungen aufgenommen, ohne dass damit eine Änderung der Rechtslage verbunden ist.

269   Schadensersatz soll die auf der Rechtsverletzung beruhenden Nachteile ausgleichen. Einen **Strafschaden**, d.h. einen Zuschlag auf den Schadensersatzbetrag als Strafe für den Rechtsverletzer, kennt das deutsche Schadensersatzrecht nicht. Die Enforcementrichtlinie verlangt zwar in Art. 3, dass die Maßnahmen, Verfahren und Rechtsbehelfe zur Durchsetzung der Rechts des geistigen Eigentums wirksam, verhältnismäßig und abschreckend sein müssen. Ein Anspruch auf einen Strafschadensersatz lässt sich damit aber nicht begründen. Denn Erwägungsgrund 26 der Enforcementrichtlinie stellt klar, dass Schadensersatz nicht strafen soll, sondern nur den Ausgleich von Nachteilen bezweckt.

270   Mitunter machen die Geschädigten einen „Verletzeraufschlag" unter Bezugnahme auf den der GEMA bei Schadensersatzansprüchen gewährten Aufschlag geltend. Dieser Aufschlag wird häufig als Strafschadensersatz missverstanden. Die Rechtsprechung gewährt der GEMA bei Verletzung ihrer Rechte durch ungenehmigte öffentliche Musikwiedergaben aus Billigkeitsgründen einen Zuschlag von 100 % auf den Tarif, nach dem der Schadensersatz berechnet wird. Hierbei handelt es sich aber nicht um einen Strafzuschlag, sondern um eine als **Kontrollzuschlag** bezeichnete Schadenspauschalisierung mit der der Aufwand der GEMA für die Ermittlung dieser Rechtsverletzungen ausgeglichen werden soll.[259] Eine Ausdehnung des Kontrollzuschlags auf andere Bereiche lässt der BGH[260] nicht zu.

271   **Praxistipp:** Schadensersatz ist nur der Ausgleich von Vermögensnachteilen, die als konkreter Schaden, Verletzergewinn oder angemessene Lizenzgebühren zu berechnen sind. Es gibt keinen Strafschadensersatz.

272   Zahlungsklagen und damit auch Schadensersatzansprüche sind grundsätzlich zu beziffern (§ 253 Abs. 2 Nr. 2 ZPO), denn zur Bestimmtheit des Zahlungsantrages gehört auch der konkret zu zahlende Betrag. Im gewerblichen Rechtsschutz lässt sich der Schaden mitunter nur schwer berechnen, so dass das Gericht den Schaden gem. § 287 ZPO zu schätzen hat. In den Fällen, in denen die Schadensberechnung eine Schätzung des Gerichts erfordert, wird deshalb die unbezifferte Zahlungsklage zugelassen.[261] Der Kläger hat jedoch die erforderlichen tatsächlichen Angaben zu machen, die dem Gericht die Schadensschätzung ermöglichen, wobei auch eine Größenordnung oder ein Mindestbetrag des Schadens anzugeben ist. Dies soll auch gelten, wenn der Lizenzschaden verlangt wird, weil auch in diesem Fall die Höhe der fiktiven Lizenz von einer wertenden Entscheidung des Gerichts abhängt.[262] Mit der unbezifferten Zahlungsklage lässt sich das Kostenrisiko der Geltendmachung eines zu hohen Schadens vermeiden. Die Schwierigkeit der Schadensberechnung wird damit vom Kläger auf das Gericht verlagert.

273   Statt der **unbezifferten Zahlungsklage** lässt die Rechtsprechung auch die auf **Feststellung der Schadensersatzpflicht** gerichtete Klage zu. Im Schadensersatzrecht ist

---

[259]   BGH 10.3.1972 – I ZR 160/70, GRUR 1973, 379 – Doppelte Tarifgebühr; *Dreier*/Schulze, UrhG, 4. Aufl. 2013, § 97 Rn. 71.

[260]   22.1.1986 – I ZR 194/83, GRUR 1986, 376, 380 – Filmmusik.

[261]   Ohly/*Sosnitza*, UWG, 6. Aufl. 2014 § 12 Rn. 84; Harte-Bavendamm/*Goldmann*, UWG, 3. Aufl. 2013, § 9 Rn. 202.

[262]   Harte-Bavendamm/*Goldmann*, § 9 Rn. 203.

dies allgemein anerkannt, wenn die Schadensentwicklung noch nicht abgeschlossen ist. Die Klage ist dann auf die Feststellung zukünftiger Schäden zu richten und insbesondere geboten, um drohende Verjährung zu verhindern.

Im gewerblichen Rechtsschutz entspricht es inzwischen allgemeiner Meinung,[263] **274** dass die Klage auf Feststellung der Schadensersatzpflicht gleichrangig neben der entsprechenden Leistungsklage steht. Die Feststellungsklage ist nicht auf zukünftige Schäden beschränkt, sondern auch wegen bereits eingetretener Schäden zulässig. Diese Ansicht stützt sich auf die Schwierigkeiten der Schadensberechnung, die auch bei einer Stufenklage nach erteilter Auskunft bestehen. Die Feststellungsklage ist selbst dann noch zulässig, wenn der Kläger im Wege der Stufenklage vorgehen könnte. Diese großzügige Handhabung des Feststellungsinteresses wird auch mit den kurzen Verjährungsfristen begründet und der Bundesgerichtshof[264] hat diese Rechtsprechung für die Zeit nach Inkrafttreten der Reform des Verjährungsrechts am 1.1.2002 bestätigt. Ausreichend für das Feststellungsinteresse ist die Möglichkeit oder nur geringe Wahrscheinlichkeit eines Schadens.[265]

In der gerichtlichen Praxis ist die lediglich auf Feststellung gerichtete Schadenser- **275** satzklage sehr häufig, an die sich aber nur in Ausnahmefällen eine bezifferte Zahlungsklage anschließt. Bei der Heftigkeit, mit der mitunter die Feststellungsklagen geführt werden, dürfte dies nicht darauf beruhen, dass sich die Parteien nach erteilter Auskunft außergerichtlich geeinigt haben. Ursache dürfte vielmehr die Schwierigkeit sein, den Schaden konkret zu berechnen oder vielleicht auch die mit der Feststellungsklage nur verfolgte Absicht, den Beklagten mit den Kosten für diese Klage wirtschaftlich zu belasten.

Entschließt sich der Kläger einen Auskunftsanspruch und den Schadensersatz nicht **276** mit einer bezifferten Zahlungsklage im Wege der **Stufenklage** geltend zu machen, dann muss er in seinem Antrag klar und unmissverständlich zum Ausdruck bringen, ob er eine unbezifferte Zahlungsklage oder nur eine Feststellungsklage erheben will. Für die Stufenklage hat diese Unterscheidung besondere Bedeutung, denn bei einer unbezifferten Zahlungsklage kann in der ersten Stufe nur ein Teilurteil über den Auskunftsanspruch ergehen, während bei einer Schadensersatzfeststellungsklage über die gesamte Klage durch Urteil entschieden werden kann. Davon hängt auch ab, wann wegen des Grundsatzes von der Einheitlichkeit der Kostenentscheidung über die Kosten zu entscheiden ist.

Praxistipp: Bei einer Stufenklage ist klar und deutlich zum Ausdruck zu bringen, ob ein zu- **277** nächst unbezifferter Zahlungsantrag oder nur ein Feststellungsantrag gestellt werden soll.

---

c) Ansprüche auf Auskunft

Mitunter hängt die Geltendmachung von Ansprüchen von Informationen ab, die **278** nur der Beklagte dem Kläger verschaffen kann. Zu diesem Zweck kann er vom Beklagten **Auskünfte** verlangen, die erforderlichenfalls im Wege der Stufenklage oder mit einer isolierten Auskunftsklage gerichtlich durchzusetzen sind.

---

[263] BGH 17.5.2001 – I ZR 189/99, GRUR 2001, 1177 – Feststellungsinteresse II – mwN.; *Köhler*/Bornkamm, § 12 Rdnr. 2.18;.

[264] BGH 15.5.2003 – I ZR 277/00, GRUR 2003, 900 – Feststellungsinteresse III.

[265] Ullmann/*Koch*, jurisPK-UWG, 3. Aufl. 2013, § 9 Rdnr. 41; Ahrens/*Bacher*, Kap. 71 Rdnr. 14.

279   Zunächst besteht der inzwischen gewohnheitsrechtlich anerkannte **Auskunftsanspruch gem. § 242 BGB**, wenn der Kläger über das Bestehen und den Umfang seiner Ansprüche in entschuldbarer Weise im Ungewissen ist und der Verpflichtete die Auskünfte unschwer erteilen kann.[266] Hierzu gehören, um den jeweiligen Lizenzschaden berechnen zu können, Auskünfte über die Dauer und den Umfang einer Rechtsverletzung bspw. die Dauer der rechtswidrigen Wiedergabe eines Fotos oder die Größe eines Geschäftslokals bei der Aufführung von Musik.

280   Daneben bestehen im Markenrecht (§ 19 MarkenG) und Urheberrecht (§ 101 UrhG) sowie bei den technischen Schutzrechten identisch geregelte **Auskunftsansprüche über die Herkunft und den Vertriebsweg von Produktpiratteriewaren**. Bei offensichtlicher Rechtsverletzung können diese Ansprüche auch gegenüber Dritten im Wege einstweiliger Verfügung durchgesetzt werden. Diesen Auskunftsanspruch gibt es nicht im Wettbewerbsrecht, denn dieses regelt nur relative Rechte gegenüber Wettbewerbern, nicht aber Ansprüche wegen Verletzung absoluter Rechte durch den Vertrieb von Produktpiratteriewaren.

281   Die Auskunftsansprüche über die Herkunft und den Vertriebsweg können bei offensichtlichen Rechtsverletzungen auch im Wege **einstweiliger Verfügung** durchgesetzt werden (§ 101 Abs. 7 UrhG, § 19 Abs. 7 MarkenG). Diese Vorgehensweise ist besonders effektiv, weil der Verletzte, der zunächst die am Markt auftretenden Einzelhändler in Anspruch nehmen muss, von diesen schnell Informationen über die Herkunft der Produktpiratteriewaren erlangen kann, um danach gegen die Lieferanten vorzugehen und zügig den weiteren Vertrieb zu unterbinden.

d) Erstattung der Kosten für die Abmahnung und das Abschlussschreiben

282   Die Abmahnung und das Abschlussschreiben erfolgen regelmäßig durch einen Rechtsanwalt, wofür der Auftraggeber die Geschäftsgebühr (Nr. 2300 VV RVG) zu entrichten hat. Diese Kosten sind vom Empfänger der Schreiben zu erstatten, wenn die **Abmahnung** berechtigt war oder nach Erlass der einstweiligen Verfügung die Abschlusserklärung nicht rechtzeitig abgegeben wurde. Ursprünglich wurde die Kostenerstattung mit Geschäftsführung ohne Auftrag begründet.[267] Zwischenzeitlich hat der Gesetzgeber die Erstattungspflicht der Kosten für die Abmahnung im Wettbewerbsrecht in § 12 Abs. 1 UWG und im Urheberrecht in § 97a Abs. 3 UrhG gesetzlich geregelt.

283   Für die Erstattung der Kosten des **Abschlussschreibens** fehlen gesetzliche Vorschriften, so dass diese unter dem rechtlichen Gesichtspunkt der Geschäftsführung ohne Auftrag oder als Schadensersatz zu ersetzen sind, wobei letztere Anspruchsgrundlage zusätzlich Verschulden erfordert.

284   Unabhängig von den gesetzlichen Regelungen kann die Kostenerstattung für Abmahnung und Abschlussschreiben zwischenzeitlich auch als gewohnheitsrechtlich anerkannt bezeichnet werden.

285   Macht der Verletzte die Erstattung der Kosten beim Gegner geltend, bevor er seinen mit der Abmahnung oder dem Abschlussschreiben beauftragten Rechtsanwalt honoriert hat, besteht gem. § 250 BGB grundsätzlich nur ein **Freistellungsanspruch**. Die Rechtsprechung lässt aber die sofortige **Zahlungsklage** zu, wenn der Schuldner die

---

[266] BGH 6.2.2007 – X ZR 117/04, GRUR 2007, 532 Rn. 13 – Meistbegünstigungsvereinbarung; Ahrens/*Bacher*, Kap. 72, Rdnr. 8 ff.
[267] Ahrens/*Scharen*, Kap. 11, Rdnr. 17.

Zahlung verweigert hat und darin zugleich eine endgültige Erfüllungsverweigerung hinsichtlich des Freistellungsanspruchs liegt.[268] Damit kann sofort auf Erstattung der Rechtsanwaltskosten geklagt werden, wenn eine vorgerichtliche Zahlungsaufforderung erfolglos geblieben ist. Ob alle Gerichte dieser Ansicht folgen, steht nicht sicher fest.

Praxistipp: Es wird empfohlen, die Zahlungsklage wegen noch nicht bezahlter Anwalts- **286** kosten für die Abmahnung oder das Abschlussschreiben zumindest **hilfsweise** mit einem **Freistellungsantrag** zu verbinden.

e) Verurteilung zur Urteilsveröffentlichung

Das Gericht kann im Wettbewerbsrecht (§ 12 Abs. 3 UWG) aber auch im Marken- **287** recht (§ 19c MarkenG), Urheberrecht (§ 103 UrhG) und weiteren Gebieten des gewerblichen Rechtsschutzes (z.B. § 140e PatG) der obsiegenden Partei das Recht zusprechen, das **Urteil öffentlich bekannt zu machen**, wenn ein berechtigtes Interesse dafür besteht. Im Wettbewerbsrecht ist dieser Anspruch auf die Unterlassungsklage beschränkt, während er in den anderen Rechtsgebieten für Klagen aufgrund des jeweiligen Gesetzes gilt und damit bspw. auch für Schadensersatzklagen.

An das berechtigte Interesse sind keine hohen Anforderungen zu stellen. Es ist aber **288** nur zu bejahen, wenn durch die Bekanntmachung des Urteils eine noch andauernde Störung beseitigt werden kann.[269] Für seine Entscheidung hat das Gericht die Interessen der Parteien umfassend abzuwägen und dabei zu berücksichtigen, ob die Veröffentlichung erforderlich und geeignet ist, den eingetretenen Störungszustand zu beseitigen. Dabei ist unter Berücksichtigung der Enforcementrichtlinie[270] auch zu bedenken, dass die Veröffentlichung generalpräventiven Zwecken dienen und zukünftige Rechtsverletzungen verhindern soll.[271]

Art und Umfang der Bekanntmachung bestimmt das Gericht im Urteil auf Antrag **289** der klagenden Partei. Das Gericht kann festlegen in welchem Medium und in welchem Umfang das Urteil veröffentlicht wird.

Die Kosten der Veröffentlichung trägt die unterlegene Partei. Die Verurteilung zur **290** Veröffentlichung des Urteils ist nicht vorläufig vollstreckbar. Die Bekanntmachung kann nur innerhalb von drei Monaten nach der Verurteilung erfolgen.

In der Rechtsprechungspraxis hat der Anspruch bisher keine Bedeutung erlangt. Er **291** wird nur äußerst selten geltend gemacht und scheitert meistens daran, dass es an einer andauernden Störung fehlt, die durch die Urteilsbekanntmachung beseitigt werden kann.

---

[268] OLG München 20.5.2010 – 6 U 2236/09, BeckRS 2010, 15097; OLG Köln, 23.7.2010 – 6 U 31/10, MMR 2010, 780 – Kfz-Diagnose-Software; OLG Hamm 23.10.2012 – 4 U 134/12, MMR 2013, 171 und 3.9.2013 – 4 U 58/13, GRUR-RR 2014, 133 – Zahlung statt Freistellung; OLG Frankfurt 23.8.2011 – 6 U 49/11, BeckRS 2011, 24257; differenzierend Hess, Abmahnkostenerstattung nach § 12 Abs. 1 S. 2 UWG: Zahlung oder Freistellung?, Festschrift für Bornkamm, S. 375; Hewecker, Marquardt, Neurauter, Der Abmahnkostenersatz im Urheberrecht, NJW 2014, 2753, 2757.
[269] *Köhler*/Bornkamm, § 12 Rdnr. 4.7.
[270] Richtlinie 2004/48/EG des Europäischen Parlaments und des Rates vom 29. April 2004 zur Durchsetzung der Rechte des geistigen Eigentums.
[271] OLG Frankfurt 9.1.2014 – 6 U 106/13, GRUR 2014, 296, 297 – Sportreisen, hierzu Kolb, Der Anspruch auf Urteilsbekanntmachung im Markenrecht, GRUR 2014, 513.

f) Abschöpfung des aus der Wettbewerbsverletzung erzielten Gewinns

292   Mit der UWG-Novelle im Jahr 2004 schuf der Gesetzgeber die in § 10 UWG geregelte **Gewinnabschöpfung**.[272] Mit dieser Vorschrift soll der Gewinn aus vorsätzlichen Verstößen gegen § 3 oder § 7 UWG abgeschöpft werden, der zu Lasten einer Vielzahl von Abnehmern erzielt wurde. Damit sollen dem Wettbewerbsverletzer die sich aus der Rechtsverletzung ergebenden Vorteile genommen werden. Der Anspruch, der schadensersatzrechtliche und bereicherungsrechtliche Aspekt aufgreift,[273] steht nur Verbänden gem. § 8 Abs. 3 Nr. 2–4 UWG zu und damit nicht dem Wettbewerber, der durch einen Wettbewerbsverstoß Nachteile erlitten hat. Vergleichbare Regelungen kennt das Kartellrecht mit der Vorteilsabschöpfung durch die Kartellbehörde (§ 34 GWB) und durch Verbände (§ 34a GWB).

293   Wie sich der abzuschöpfende Gewinn berechnet, ist streitig. Das LG München I[274] geht von dem Gewinnanteil aus, der gerade auf der Verletzungshandlung beruht[275] und hat einen Anspruch auf Gewinnabschöpfung gegenüber einem Zahnarzt verneint, der mithilfe von Gutscheinen Dienstleitungen entgegen der Gebührenordnung unangemessen niedrig angeboten hat. Auch Vorteile aus der Anlockwirkung der Werbemaßnahme hat das Gericht für die Gewinnabschöpfung verneint. Demgegenüber hält *Goldmann*[276] den gesamten zeitlich nach dem Wettbewerbsverstoß entstandenen Gewinn für abschöpfungsfähig. Bis zu einer höchstrichterlichen Entscheidung muss die Frage der Gewinnberechnung als offen betrachtet werden.

294   Eine höchstrichterliche Entscheidung dürfte jedoch weiterhin auf sich warten lassen, denn in der Praxis hat die Regelung des § 10 UWG **keine Bedeutung** erlangt, was nicht allein auf der Schwierigkeit beruht, den abzuschöpfenden Vorteil zu berechnen. Diese Vorschrift enthält mit der Verpflichtung der klagenden Verbände, den durch einen Prozess erstrittenen Gewinn, an den Bundeshaushalt abzuführen, einen schwerwiegenden Konstruktionsfehler. Den Verbänden bleibt damit nur das Prozessrisiko, denn auch ein erfolgreiches Gerichtsverfahren würde ihnen wegen der Abführungspflicht keinen wirtschaftlichen Vorteil belassen. Damit fehlt jeder Anreiz, die Ansprüche gem. § 10 UWG geltend zu machen, so dass die Vorschrift in der gerichtlichen Praxis bedeutungslos geblieben ist.[277] *Goldmann*[278] bezeichnet deshalb § 10 UWG völlig zutreffend als „praktisch totes Recht". Die mit der Gewinnabführung an den Bundeshaushalt anerkennenswerte Absicht, die missbräuchliche Geltendmachung zu verhindern,[279] führt im Ergebnis dazu, dass der Anspruch nicht verfolgt wird. Hier ist der Gesetzgeber gefordert, eine Änderung herbeizuführen, wenn die Gewinnabführung ein schlagkräftiges Instrument zur Bekämpfung unlauteren Wettbewerbs werden soll.

---

[272]   Fezer, Unrechtserlösabschöpfung – Ein originärer Anspruch sui generis im zivilrechtlichen Haftungssystem, Festschrift für Bornkamm, S. 335.

[273]   Fezer, Festschrift für Bornkamm, S. 335, 340.

[274]   17.9.2014 – 37 O 16359/13, BeckRS 2015, 00053; hierzu Klett, GRUR-Prax 2105, 117.

[275]   Köhler/Bornkamm, § 10 Rn. 7; *Ohly*/Sosnitza, § 10 Rn. 7.

[276]   Harte-Bavendamm, 3. Aufl. 2013, § 10 Rn. 130.

[277]   Fezer, Festschrift für Bornkamm, S. 335, 341.

[278]   Harte-Bavendamm/*Goldmann*, § 10 Rn. 5.

[279]   *Köhler*/Bornkamm, § 10 Rn. 21.

g) Ansprüche auf Vernichtung und Rückruf

Außerhalb des Wettbewerbsrechts gibt es noch Ansprüche auf **Rückruf und Ver-** 295 **nichtung** rechtswidrig hergestellter oder verbreiteter **Vervielfältigungsstücke** oder widerrechtlich gekennzeichneter Waren (bsp. § 98 UrhG, § 18 MarkenG). Dieser Anspruch betrifft **Produktpiraterieware**. Die Sicherung des Vernichtungsanspruchs kann im Wege einstweiliger Verfügung durch **Sequestration** erreicht werden. Damit werden Produktpiraterieware sofort aus dem Verkehr gezogen und können nicht mehr bis zu einer Entscheidung in der Hauptsache beiseite geschafft werden. Die Bedeutung liegt hier in der Überraschung des Rechtsverletzers durch eine ohne mündliche Verhandlung erlangte beschlussförmige einstweilige Verfügung.

Die Sequestrierung aufgrund einer einstweiligen Verfügung erfolgt durch den Ge- 296 richtsvollzieher, der hierfür erforderlichenfalls die Räume durchsuchen muss. Stimmt der Schuldner dem nicht zu, benötigt der Gläubiger eine **Durchsuchungsanordnung**. Für derartige Anordnungen ist das Amtsgericht zuständig, an dessen Sitz die Durchsuchung erfolgen soll (§ 758a Abs. 1 ZPO). Ob hiervon bei einer Sequestrierung eine Ausnahme zu machen ist und das Prozessgericht zugleich mit der einstweiligen Verfügung die Durchsuchung anordnen kann, ist umstritten. Das Landgericht Hamburg[280] geht in einer Entscheidung aus dem Jahr 2013 von der ausschließlichen Zuständigkeit des Amtsgerichts aus. Demgegenüber ließ das OLG Hamburg[281] im Jahr 1999 die Durchbrechung der Zuständigkeit zu und geht davon aus, dass mit der einstweiligen Verfügung im Rahmen des Tenorierungsermessens gem. § 938 ZPO auch die Durchsuchung angeordnet werden kann. Den von Art. 13 Abs. 2 GG geforderten Grundrechtsschutz sieht es auch durch diese richterliche Entscheidung gewährleistet. Für das OLG Hamburg dürfte die praktische Erwägung sprechen, dass mit der Durchsuchungsanordnung im Rahmen der einstweiligen Verfügung der für eine erfolgreiche Sequestrierung notwendige Überraschungseffekt gewahrt ist. Dem wird jedoch entgegengehalten, dass bei Gefahr im Verzug der Gerichtsvollzieher auch ohne gerichtliche Anordnung die Durchsuchung vornehmen kann.[282]

Praxistipp: Die Frage, ob der mit der im Wege einstweiliger Verfügung beantragten Seque- 297 strierung verbundene Durchsuchungsanordnung gem. § 758a ZPO erfolgreich sein wird, dürfte offen sein. Es ist nicht abzuraten, den Durchsuchungsantrag mit dem Verfügungsantrag zu verbinden, da nicht ausgeschlossen ist, dass das Prozessgericht dem stattgeben wird. Und im Fall der Zurückweisung ist wegen des geringen anteiligen Verfahrenswerts für den Durchsuchungsantrag nur eine geringe Kostenbelastung zu befürchten, wenn das Gericht nicht sogar § 92 Abs. 2 ZPO anwendet. Sich darauf zu verlassen, dass der Gerichtsvollzieher wegen Gefahr im Verzug auch ohne gerichtliche Anordnung durchsuchen wird, ist nicht zu empfehlen.

---

h) Ansprüche auf Vorlage und Besichtigung

Schließlich sind noch die Ansprüche auf **Vorlage und Besichtigung** zu nennen, die 298 aber ebenfalls nicht für das Wettbewerbsrecht geregelt sind. Für das Urheber- und

---

[280] 16.1.2013 – 327 O 10/13, GRUR-RR 2014, 47 – Ausschließliche Zuständigkeit; hierzu Kleinemenke, GRUR-Prax 2013, 514; so auch OLG Frankfurt 30.6.1995 – 6 W 77/95, BeckRS 1996, 00446; KG, Beschluss vom 3.6.2008 – 5 W 177/08.
[281] 12.2.1999 – 3 U 184/98, NJWE-WettbR 2000, 19 – Berodual.
[282] KG, Beschluss vom 3.6.2008 – 5 W 177/08.

Markenrecht bestehen hier die Regelungen in § 101a UrhG und § 19a MarkenG. Diese Vorschriften eröffnen dem Anspruchsteller die Möglichkeit, bei hinreichender Wahrscheinlichkeit einer Rechtsverletzung die Vorlage einer Urkunde oder die Besichtigung einer Sache zu verlangen. Er soll damit die notwendigen Informationen erhalten, die es ihm ermöglichen gegen eine Rechtsverletzung vorzugehen. Die Geltendmachung von Besichtigungsansprüchen ist im Markenrecht die Ausnahme. Besichtigungsansprüche kommen bspw. im Urheberrecht vor, um festzustellen, ob der Lizenznehmer einer Software diese stärker nutzt als vertraglich vereinbart. Sie haben auch im Patentrecht Bedeutung, wenn Anhaltspunkte für eine Patentverletzung bestehen, diese aber nur betriebsintern erfolgt und der Rechtsinhaber dazu keinen Zugang hat.

299　　Der Gesetzgeber hat zwar für den gewerblichen Rechtsschutz Ansprüche auf Vorlage und Besichtigung geschaffen. Was aber völlig fehlt, sind Verfahrensvorschiften zur Durchsetzung dieser Ansprüche. Hier hat die Rechtsprechung für den Besichtigungsanspruch die **Düsseldorfer Praxis** entwickelt, bei der ein selbständiges Beweisverfahren eingeleitet und im Wege einstweiliger Verfügung durchgesetzt wird. Wegen Einzelheiten hierzu wird auf die Darstellung bei Kühnen[283] verwiesen.

II. Anspruchsberechtigung/Klagebefugnis (Aktivlegitimation)

300　　Neben der Frage, welche Ansprüche im Wettbewerbsprozess durchsetzbar sind, kommt es auch darauf an, wer berechtigt ist, diese geltend zu machen. Hier ist zwischen einerseits wettbewerbsrechtlichen sowie andererseits markenrechtlichen und urheberrechtlichen Ansprüchen zu unterscheiden.

1. Wettbewerbsrechtliche Ansprüche

301　　Die Durchsetzung des Wettbewerbsrechts ist in der Bundesrepublik Deutschland privatrechtlich organisiert, weshalb hierfür die ordentlichen Gerichten zuständig sind. Anspruchsberechtigt sind ausschließlich die in § 8 Abs. 3 UWG genannten Personen und Organisationen, d.h. die Mitbewerber, rechtsfähige Verbände zur Förderung gewerblicher oder selbständiger beruflicher Interessen, qualifizierte Einrichtungen nach § 4 UKlaG sowie die Industrie- und Handelskammern und Handwerkskammern. Der abschließende Charakter des § 8 Abs. 3 UWG schließt die Anspruchsberechtigung von Verbrauchern aus, deren Schutz ebenfalls zu den Zwecken des Wettbewerbsrechts gehört.[284]

302　　Unter engen Voraussetzungen können wettbewerbsrechtliche Ansprüche auch aus abgetretenem Recht oder im Wege gewillkürter Prozessstandschaft geltend gemacht werden. Da diese Vorgehensweise aber in der richterlichen Praxis keine Bedeutung erlangt hat, sei derjenige, der sich für diese Fragen interessiert, auf die Kommentierung von *Köhler*/Bornkamm[285] verwiesen.

303　　Die **Anspruchsberechtigung** wird auch als **Klagebefugnis** bezeichnet. Beide Begriffe stimmen inhaltlich überein, weil ihre Voraussetzungen identisch sind, d.h. der Anspruchsberechtigte ist immer klagebefugt und wer klagebefugt ist, ist auch an-

---

[283]　Die Besichtigung im Patentrecht, GRUR 2005, 185.
[284]　*Köhler*/Bornkamm, § 8 Rn. 3.4.
[285]　§ 8 Rn. 3.17 ff.

spruchsberechtigt. Sie unterscheiden sich nur in ihrer dogmatischen Bedeutung. Während sich die Anspruchsberechtigung auf die Rechtsinhaberschaft bezieht und damit zur Begründetheit des Anspruchs gehört, ist die Klagebefugnis, die im Eilverfahren auch als Antragsbefugnis bezeichnet wird, Voraussetzung für die Zulässigkeit des Rechtsstreits. Die Klagebefugnis ist damit in jeder Lage des Verfahrens von Amts wegen zu prüfen und bei deren Fehlen ist die Klage als unzulässig abzuweisen.[286] Bei Mitbewerbern ergibt sich die Klagebefugnis bereits aus § 51 ZPO und ist damit immer gegeben.[287] Die Verbandsklagebefugnis nach § 8 Abs. 3 Nr. 2–4 UWG unterliegt jedoch besonderen Voraussetzungen, die im Rechtsstreit gegeben sein müssen. Ist jedoch die Klage aus anderen Gründen unbegründet, kann aus prozessökonomischen Gründen von der Prüfung der Klagebefugnis abgesehen und die Klage als unbegründet abgewiesen werden.[288] In den nachfolgenden Ausführungen soll einheitlich der Begriff Klagebefugnis verwendet werden.

a) Klagebefugnis des Mitbewerbers

§ 2 Abs. 1 Nr. 3 UWG definiert den Mitbewerber als „Unternehmer, der mit einem **304** oder mehreren Unternehmern als Anbieter oder Nachfrager von Waren oder Dienstleistungen in einem konkreten Wettbewerbsverhältnis steht."

Mitbewerber können nur **Unternehmer** sein. Nach der Legaldefinition in § 2 Abs. 1 **305** Nr. 6 UWG, mit der Art. 2 lit. b UGP-Richtlinie umgesetzt wurde, ist Unternehmer, „jede natürliche oder juristische Person, die geschäftliche Handlungen im Rahmen ihrer gewerblichen, handwerklichen oder beruflichen Tätigkeit vornimmt und jede Person, die im Namen oder Auftrag solcher Person handelt." Die juristische Person muss keine Handelsgesellschaft sondern kann auch eine Einrichtung sein, die im Allgemeininteresse liegende oder öffentlich-rechtliche Aufgaben erfüllt. Der EuGH[289] hat deshalb die Unternehmereigenschaft einer gesetzlichen Krankenkasse bejaht, die im Wettbewerb um Mitglieder irreführende Angaben gemacht hat. Entscheidend ist die Entgeltlichkeit der Tätigkeit, so dass von einem weiten Unternehmensbegriff[290] auszugehen ist, der im wesentlichen nur privates Handeln nicht erfasst.

Die Abgrenzung zwischen gewerblicher und privater Tätigkeit ist bei Abmahnen- **306** den, die ihre Waren im Internet über Verkaufsplattformen vertreiben, mitunter schwierig. Hier sind auch Kleinhändler unterwegs, die serienmäßig einfachste Wettbewerbsverstöße im Bereich der Hinweispflichten beim Fernabsatz und der Klauselkontrolle von AGB abmahnen lassen. Ob tatsächlich eine gewerbliche Tätigkeit vorliegt, ist nur im Einzelfall zu beurteilen, wobei der Abgemahnte die unternehmerischen Aktivitäten des Abmahnenden genau prüfen sollte. Hilfreich können hierbei Ermittlungen zum Namen des Abmahnenden in einer Suchmaschine sein, weil Serienabmahnungen auch im Internet Wellen schlagen und dort zu einem entsprechenden Informationsaustausch führen. Bei derartigen Kleinhändlern kann die Abmahntätigkeit auch in einem Missverhältnis zum durch Warenverkauf getätigten Umsatz stehen, so dass der Rechtsverfolgung auch durch den Missbrauchseinwand entgegen getreten werden kann (§ 8 Abs. 4 UWG).

---

[286] Harte-Bavendamm/*Bergmann*/*Goldmann*, § 8 Rn. 329; *Köhler*/Bornkamm, § 8 Rn. 3.9.
[287] Teplitzky, Kap. 13 Rn. 13; *Köhler*/Bornkamm, § 8 Rn. 3.8.a.
[288] BGH 11.7.1996 – I ZR 79/94, GRUR 1996, 804, 805 – Preisrätselgewinnauslobung III.
[289] 3.10.2013 – C-59/12, GRUR 2013, 1159 Rn. 32 – BKK/Wettbewerbszentrale.
[290] *Köhler*/Bornkamm, § 2 Rn. 24 ff.

307   Weiterhin setzt die Mitbewerbereigenschaft ein **konkretes Wettbewerbsverhältnis** zwischen den Unternehmen voraus, das auf jeden Fall vorliegt, wenn die Unternehmen Waren oder Dienstleistungen gleicher Art innerhalb desselben Endverbraucherkreises vertreiben und dadurch das Wettbewerbsverhalten des einen den anderen beeinträchtigen kann.[291] Aber auch wenn die Unternehmen keine gleichartigen Waren und Dienstleistungen abzusetzen versuchen, kann ein Wettbewerbsverhältnis schon deshalb bestehen, weil das Wettbewerbsverhalten des einen Unternehmens den Absatz des anderen behindern oder stören kann.[292] Der Vertrieb gleichartiger Waren und Dienstleistungen ist somit keine zwingende Voraussetzung für ein Wettbewerbsverhältnis. Der Entscheidung „nickelfrei" lag ein Sachverhalt zugrunde, bei dem die Klägerin Inhaberin eines ausschließlichen Nutzungsrechts für ein Patent zur Herstellung nickelfreien Stahls war, das sie an drei Unternehmen unterlizensiert hatte. Sie wandte sich mit dem Vorwurf irreführender Werbung gegen eine Schmuckhändlerin, die Edelstahlketten als „nickelfrei" beworben hatte, die tatsächlich einen Nickelanteil von 8,438% und 8,397% aufwiesen. Der BGH[293] bejahte hier ein konkretes Wettbewerbsverhältnis, weil die Bezeichnung der Ketten als nickelfrei die Vermarktung des Patents durch die Klägerin beeinträchtigen kann.

308   Um einen hohen wettbewerbsrechtlichen Schutz zu erreichen, sind an die Voraussetzung eines Wettbewerbsverhältnisses **keine hohen Anforderungen** zu stellen.[294] So kann ein Wettbewerbsverhältnis auch erst durch die konkrete Wettbewerbshandlung begründet werden. Dies wird mit einer Gleichstellungsbehauptung erreicht, indem bspw. für ein Mineralwasser mit den Aussagen „Ein Champagner unter den Mineralwässern" und „Perrier aus Frankreich. So elegant wie Champagner" geworben wird.[295] Ein konkretes Wettbewerbsverhältnis kann sich auch ergeben, wenn branchenfremde Unternehmen derart gegenüber treten, dass die Ware oder Dienstleistung des einen Unternehmens diejenige des anderen Unternehmens ersetzen soll. Typisches Beispiel hierfür ist der Fall „Statt Blumen Onko-Kaffee,"[296] bei dem ein Unternehmen mit dieser Werbeaussage in einer Rundfunk- und Fernsehzeitschrift für den Absatz von Kaffee warb. Dagegen wandte sich die Klägerin, der mehrere Verbände aus dem Bereich des Blumenhandels angehörten. Der BGH ließ es für das Wettbewerbsverhältnis ausreichen, dass die Parteien erst durch die konkrete Werbung in Wettbewerb getreten sind, indem sie die Produkte als austauschbar bewarben und sich damit an den gleichen Kundenkreis wandten.

309   **Unterschiedliche Wirtschaftsstufen** stehen der Annahme eines Wettbewerbsverhältnisses nicht entgegen.[297] So kann ein Wettbewerbsverhältnis bspw. auch zwischen dem Händler und dem Hersteller oder dem Einzelhändler und dem Großhändler gegeben sein. Diese Unternehmen haben zwar unterschiedliche Kundenkreise. Aber die irreführende Werbung eines Einzelhändlers kann die Absatzchancen anderer Einzelhändler und damit auch die ihres Großhändlers beeinträchtigen. Im Ergebnis werden damit die gleichen Abnehmerkreise angesprochen, so dass durch den Wettbewerbsver-

---

[291]   BGH 17.10.2013 – I ZR 173/12, GRUR 2014, 573 Rn. 15 – Werbung für Fremdprodukte.
[292]   BGH 10.4.2014 – I ZR 43/13, GRUR 2014, 1114 Rn. 32 – nickelfrei.
[293]   10.4.2014 – I ZR 43/13, GRUR 2014, 1114 Rn. 31 – nickelfrei.
[294]   10.4.2014 – I ZR 43/13, GRUR 2014, 1114 Rn. 32 – nickelfrei.
[295]   BGH 4.6.1987 – I ZR 109/85, GRUR 1988, 453, 454 – Ein Champagner unter den Mineralwässern.
[296]   BGH 12.1.1972 – I ZR 60/70, GRUR 1972, 553 – Statt Blumen Onko-Kaffee.
[297]   *Köhler*/Bornkamm, § 2 Rn. 102.

stoß des Einzelhändlers zumindest mittelbar auch der Großhändler in seinen Marktchancen betroffen ist.

Fehlt es an einem konkreten Wettbewerbsverhältnis kann sich die Aktivlegitima-   **310** tion auch aus dem Gesichtspunkt der **Förderung fremden Wettbewerbs** ergeben. Der mitunter schlagwortartig verwendete Begriff der Förderung fremden Wettbewerbs erfasst ein Dreiecksverhältnis, bei dem ein Unternehmen einen Wettbewerbsverstoß begeht, mit dem es ein anderes Unternehmen fördert und dabei die wettbewerbsrechtlichen Interessen dessen Mitbewerbers beeinträchtigt. Das wettbewerbsrechtliche Verhalten des fördernden Unternehmens führt hier zum Wettbewerbsverhältnis und begründet die Aktivlegitimation des Mitbewerbers gegenüber diesem Unternehmen.[298] Typische Bereiche für die Förderung fremden Wettbewerbs können Verbandstätigkeiten zugunsten der Mitglieder und absatzfördernde Berichterstattung sein. So hat der BGH in einem unberechtigten Patentverletzungshinweis eines Fachverbands gegenüber einem Drittunternehmen nicht nur eine Behinderung gem. § 4 Nr. 10 UWG gesehen, sondern auch wegen Förderung fremden Wettbewerbs die Aktivlegitimation des durch den Hinweis Betroffenen bejaht.[299] Bei Berichterstattung kommt es darauf an, ob lediglich eine journalistische Berichterstattung oder eine darüberhinausgehende Absatzförderung gewollt ist.[300] So hat der BGH[301] bei der Veröffentlichung von Rechtsanwaltsranglisten die nach Recherchen des Verlags auf einer subjektiven Einschätzung beruhen, die Förderung fremden Wettbewerbs verneint. Demgegenüber hat der BGH[302] eine redaktionelle Berichterstattung über Rechtsanwälte unter dem Titel „Die 500 besten Rechtsanwälte" ohne aussagekräftige Beurteilungskriterien als getarnte Werbung bewertet und wegen der übermäßig werbenden Darstellung der empfohlenen Rechtsanwälte die Aktivlegitimation für eine Unterlassungsklage der Rechtsanwaltskammer bejaht. Die Klagebefugnis besteht nur für den durch die Wettbewerbshandlung beeinträchtigten Mitbewerber gegenüber dem fördernden Unternehmen, jedoch nicht umgekehrt für das fördernde Unternehmen gegenüber dem Mitbewerber.[303]

In zeitlicher Hinsicht kommt es darauf an, dass das Wettbewerbsverhältnis nicht nur   **311** im **Zeitpunkt** der Verletzungshandlung, sondern auch am Schluss der mündlichen Verhandlung bestehen muss.[304] Das OLG Frankfurt[305] lässt es jedoch ausreichen, dass das konkrete Wettbewerbsverhältnis erst zum Schluss der letzten mündlichen Tatsachenverhandlung gegeben ist. Zur Begründung führt es aus, dass der Unterlassungsanspruch nur zukünftiges Verhalten unterbinden soll und auch der neu hinzutretende Wettbewerber ein Interesse an der Unterlassung zukünftiger Wettbewerbsverletzungen hat. Ob sich diese Ansicht durchsetzt bleibt bis zur Entscheidung über die gegen das Urteil des OLG Frankfurts eingelegte Revision abzuwarten.

---

[298] BGH 17.10.2013 – I ZR 173/12, GRUR 2014, 573 Rn. 19 – Werbung für Fremdprodukte; *Köhler*/Bornkamm, § 2 Rn. 105.

[299] BGH 15.1.2009 – I ZR 123/06, GRUR 2009, 878 Rn. 15 – Fräsmaschine.

[300] Harte-Bavendamm/*Keller*, § 2 Rn. 91.

[301] 9.2.2006 – I ZR 124/03, GRUR 124/03, GRUR 2006, 875 Rn. 24 ff. – Rechtsanwalts-Ranglisten.

[302] 30.7.1997 – I ZR 154/95, GRUR 1997, 914, 915 – Die Besten II.

[303] BGH 17.10.2013 – I ZR 173/12, GRUR 2014, 573 Rn. 20 – Werbung für Fremdprodukte.

[304] BGH 12.7.1995 – I ZR 85/93, GRUR 1995, 697, 699 – Funny Paper; *Köhler*/Bornkamm, § 3 Rn. 3.29; Cepl/Voß*Thomas*, §§ 51, 52 Rn. 67.

[305] 3.7.2014 – 6 U 240/13, WRP 2014, 1229 Rn. 14.

312   Beispiele für ein Wettbewerbsverhältnis gem. § 8 Abs. 3 Nr. 1 UWG:

- Händler von Autoteilen und Fahrzeugverklebungen und Händler von Leuchtmitteln für Autos, weil beide Unternehmen auf dem bundesweiten Markt für Autoteile und -zubehör tätig sind;[306]
- Automobilhändler, die ihre Fahrzeuge im Internet bewerben, selbst wenn ihre Unternehmenssitze räumlich weit entfernt voneinander liegen, denn Kaufinteressenten berücksichtigen auch Angebote räumlich entfernter Händler;[307]
- werbefinanzierter Fernsehsender und Unternehmen, das ein Gerät vertreibt, mit dem Werbeblöcke automatisch ausgeblendet werden können, da die geringere Zahl von Werbezuschauern die Attraktivität des Senders für Werbekunden und damit die Werbeeinnahmen mindern kann.[308]

b) Klagebefugnis von Verbänden

313   Das Wettbewerbsrecht schützt nicht nur die Mitbewerber und die Verbraucher oder sonstigen Marktteilnehmer, sondern auch die Interessen der Allgemeinheit an einem unverfälschten Wettbewerb (§ 1 UWG). Diese Interessen werden mit der in § 8 Abs. 3 Nr. 2–4 UWG geregelten Verbandsklage wahrgenommen. Das Gesetz differenziert dabei zwischen gewerblichen Verbänden, qualifizierten Einrichtungen sowie den Industrie- und Handelskammern und den Handwerkskammern. Klagebefugte Verbände müssen körperschaftlich strukturiert sein und sind in der Regel als eingetragene Vereine oder Kammern organisiert.

aa) Verbände zur Förderung gewerblicher oder selbständiger beruflicher Interessen

314   § 8 Abs. 3 Nr. 2 UWG regelt die Klagebefugnis von Wettbewerbs- und Fachverbänden. Diese sind nur befugt, Wettbewerbsverstöße zu verfolgen, wenn ihnen eine erhebliche Zahl von Unternehmen angehört, die Waren und Dienstleistungen gleicher oder verwandter Art auf demselben Markt vertreiben, wie der in Anspruch genommene Wettbewerbsverletzer. Darüber hinaus müssen die Verbände auch über eine ausreichende personelle, sachliche und finanzielle Ausstattung verfügen, die es ihnen ermöglicht die Aufgaben wahrzunehmen.

315   Zunächst muss bei allen Verbänden die Verfolgung von Wettbewerbsverstößen zu ihren Aufgaben gehören. Dies ergibt sich in der Regel aus einer entsprechenden Satzungsbestimmung. Wo diese fehlt, genügt aber auch tatsächliche Tätigkeit, mit der Wettbewerbsverstöße verfolgt werden.[309] In der Praxis verfügen im Wettbewerbsrecht tätige Verbände über eine Satzungsbestimmung, die im Prozess durch Vorlage der Satzung belegt werden kann. Hierauf sollte im Wettbewerbsprozess geachtet werden.

316   Ferner kommt es auf ein Wettbewerbsverhältnis zwischen den Mitgliedern des Verbandes und dem in Anspruch genommenen Unternehmen an. Denn Verbände sind nur in den Geschäftsbereichen klagebefugt, aus denen ihnen eine erhebliche Zahl von Mitgliedern angehört. Zu unterscheiden ist hier zwischen dem sachlich und dem räumlich relevanten Markt.

---

[306] OLG Hamm 11.3.2014 – 4 U 127/13, GRUR-RR 2014, 395, 396 – Soffittenlampe.
[307] OLG Celle 5.12.2013 – 13 U 154/13, GRUR-RR 2014, 73, 74 – Ladenhüter.
[308] BGH 24.6.2004 – I ZR 26/02, GRUR 2004, 877, 878 – Werbeblocker; KG 24.7.2001 – 5 U 1112/00, MMR 2002, 483, 484 – Fernsehfee.
[309] *Köhler*/Bornkamm, § 8 Rn. 3.34.

Bei Fachverbänden ist die Klagebefugnis auf das Fachgebiet beschränkt, aus dem **317** ihre Mitglieder kommen. So kann ein Verband der Kraftfahrzeughändler keine Wettbewerbsverstöße bei Arzneimittelwerbung verfolgen.

Anders verhält es sich bei Verbänden, deren Zweck die Bekämpfung unlauteren **318** Wettbewerbs ist und die auch als Wettbewerbsverbände oder Wettbewerbsvereine bezeichnet werden. Diese Verbände können für eine Vielzahl von Branchen klagebefugt sein. Maßgebend ist hier, welchen Branchen die Mitglieder angehören. Nur in diesen Branchen besteht auch die Klagebefugnis. Daran sind keine hohen Anforderungen zu stellen, wobei nach der Rechtsprechung des BGH[310] sogar Werbung in angrenzenden Branchen ausreichend ist. So nimmt die Rechtsprechung in folgenden Beispielen ein Wettbewerbsverhältnis an:

- bei allen Anbietern von Immobilien, Maklern, Bauträgern, Bauunternehmen;[311]
- bei Mitgliedschaft von Pharmaunternehmen gegen Werbung zur Durchführung von Heilbehandlungen;[312]
- bei Mitgliedschaft von Einzelhandelsunternehmen, die auch Fertiggerichte verkaufen, gegen Werbung eines Restaurants.[313]

Der räumlich relevante Markt ist in den meisten Fällen das gesamte Gebiet der Bun- **319** desrepublik Deutschland, da die meisten Waren und Dienstleistungen bundesweit beworben werden nicht zuletzt durch das Internet. Dieser Markt kann jedoch auch nur Teilbereiche des Inlands umfassen, wenn die für die Klagebefugnis maßgebenden Mitgliedsunternehmen lediglich regional tätig sind. Beispiele hierfür sind Gaststätten, Ärzte oder nur örtlich tätige Dienstleister wie für Kleiderpflege oder Gebäudereinigung.

§ 8 Abs. 3 Nr. 2 UWG verlangt, dass dem Verband eine erhebliche Zahl von Unter- **320** nehmen aus der entsprechenden Branche angehören. Es gibt keine absoluten Zahlen, wann eine derartige Mitgliedschaft erreicht ist. Ausreichend ist, wenn die Mitglieder so repräsentativ sind, dass ein missbräuchliches Verhalten ausgeschlossen ist.[314] Dieses Merkmal soll verhindern, dass ein Verband vorgeschoben wird, um Einzelinteressen zu verfolgen, denn ein einzelnes Mitglied könnte auch als Mitbewerber gem. § 8 Abs. 3 Nr. 1 UWG vorgehen. Wann eine erhebliche Zahl erreicht ist, hängt von den Marktverhältnissen ab. Bei einem kleinen Markt mit nur wenigen Marktteilnehmern wird eine geringere Anzahl ausreichen, als bei einem großen Markt mit vielen branchenangehörigen Unternehmen. So genügte die Mitgliedschaft von sieben Kliniken bei der Verfolgung der Werbung einer Klinik, die bundesweit um Patienten warb.[315] Ebenfalls sieben Verbandsmitglieder aus dem Tourismusbereich reichten aus, die Klagebefugnis hinsichtlich einer unzulässigen Preiswerbung für Kreuzfahrten zu begründen.[316] Andererseits hat der BGH[317] bei fünf branchenangehörigen Mitgliedern die Klagebefugnis

---

[310] 1.3.2007 – I ZR 51/04, GRUR 2007, 809 Rn. 14 – Krankenhauswerbung.
[311] BGH 5.10.200 – I ZR 237/98, GRUR 2001, 260, 261 – Vielfachabmahner.
[312] BGH 24.11.1999 – I ZR 189/97, GRUR 2000, 438, 440 – Gesetzeswiederholende Unterlassungsanträge.
[313] KG 7.2.1997 – 5 W 688/97, NJWE-WettbR 1997, 209.
[314] BGH 23.10.2008 – I ZR 197/06, GRUR 2009, 692 Rn. 12 – Sammelmitgliedschaft VI; Ullmann/*Seichter*, jurisPK-UWG, 3. Aufl. 2013, § 8 Rn. 167.
[315] BGH 1.3.2007 – I ZR 51/04, GRUR 2007, 809 Rn. 14 – Krankenhauswerbung.
[316] OLG Jena 19.2.2014 – 2 U 668/13, GRUR-RR 2014, 294 – Serviceentgelt.
[317] 16.11.2006 – I ZR 218/03, GRUR 2007, 610 Rn. 18 – Sammelmitgliedschaft V.

gegen eine Zeitungswerbung für ein Navigationsgerät und einen CD-Wechsler verneint. Diese Beispiele dürfen aber nicht dahingehend verstanden werden, dass sieben branchenzugehörige Mitglieder stets ausreichen, während fünf immer zu wenig sind.

321 | **Praxistipp des Anwalts:** Sofern ein Verband selektiv vorgeht, könnte von der Rechtsprechung ein Indiz für Rechtsmissbrauch nach § 8 Abs. 4 Satz 1 UWG angenommen werden, insbesondere dann, wenn ein Verband gegen außenstehende Dritte vorgeht und gleichzeitig den unlauteren Wettbewerb durch gleichartige Verletzungshandlungen der eigenen Mitglieder jedoch planmäßig duldet. U. a. dieser Aspekt sollte vor der Aussprache von Abmahnungen geprüft werden, vgl. hierzu das Kapitel V. 1. f) Stichwort: Diskriminierende Auswahl des Abzumahnenden sowie Verbandsabmahnungen.

322   Bei der Mitgliedschaft ist nicht nur auf die unmittelbaren Mitglieder abzustellen. Die erhebliche Anzahl von Mitgliedern kann auch durch die Mitgliedschaft von Verbänden vermittelt werden, die ihrerseits dem Wettbewerbsverband angehören.[318] Deren Mitglieder sind als **mittelbare Mitglieder** des Wettbewerbsverbands bei der Klagebefugnis zu berücksichtigen. Der die Mitgliedschaft vermittelnde Verband muss jedoch seinerseits mit der Verfolgung unlauteren Wettbewerbs beauftragt und berechtigt sein, den Wettbewerbsverband damit zu betrauen. Auf ein Stimmrecht der mittelbaren Mitglieder im Wettbewerbsverband kommt es nur an, wenn die Konstruktion nur dazu dienen sollte, die Verbandsklagebefugnis zu erlangen.[319] Gehört einem Wettbewerbsverband eine Berufskammer oder ein Fachverband an, dann ist er für deren Branchen uneingeschränkt klagebefugt. Auch die Mitgliedschaft von Industrie- und Handelskammern und Handwerkskammern vermittelt eine weitgehende Klagebefugnis.

323 | **Praxistipp:** Mit Einreichung der Klage sollte der Wettbewerbsverband auch seine Mitgliederliste soweit vorlegen, dass die Klagebefugnis geprüft werden kann. Fehlt diese Liste, ist dem Beklagten zu empfehlen, diese Liste anzufordern, sofern das Gericht nicht von sich aus, eine entsprechende Auflage erteilt.

324   Nach der sog. Mischverbandsrechtsprechung darf ein Wettbewerbsverband nicht satzungsgemäß gleichrangig gewerbliche und Verbraucherinteressen vertreten. Dem stehen die gegenläufigen Interessen von Unternehmen und Verbrauchern und die sich daraus ergebende Gefahr von Interessenkonflikten innerhalb des Verbands entgegen.[320] Lediglich eine geringe Anzahl von Verbrauchern unter den Mitgliedern ist unschädlich, sofern der Verbraucherschutz nicht zu den Satzungszwecken gehört.[321] Im konkreten Fall waren 8 Verbraucher von 113 Verbandsmitgliedern für die Klagebefugnis unschädlich.

325   Schließlich hat der Verband auch über die zur Wahrnehmung seiner Aufgaben erforderliche **personelle, sachliche und finanzielle Ausstattung** zu verfügen. Er muss in der Lage sein, den Vereinszweck, wie er sich insbesondere aus der Satzung ergibt, zu erfüllen. Ein Wettbewerbsverband darf sich nicht auf die Abmahnung von Rechts-

---

[318] BGH 27.1.2005 – I ZR 146/02, GRUR 2005, 689, 690 – Sammelmitgliedschaft III.
[319] BGH 16.11.2006 – I ZR 218/03, GRUR 2007, 610 Rn. 18 – Sammelmitgliedschaft V.
[320] BGH 14.10.1982 – I ZR 81/81, GRUR 1983, 129, 130 – Mischverband.
[321] BGH 12.7.1984 – I ZR 37/82, GRUR 1985, 58, 59 – Mischverband II.

verletzungen beschränken, sondern hat auch weitere Tätigkeiten zu entfalten, wie die Beobachtung des Wettbewerbsgeschehens, Testkäufe oder auch Teilnahme an wettbewerbspolitischen Veranstaltungen und einen Rundschreibendienst.[322] Zur personellen Ausstattung gehören Mitarbeiter, die in der Lage sind, Abmahnungen ohne Einschaltung eines Rechtsanwalts vorzunehmen. Zur sachlichen Ausstattung gehört eine eigene Geschäftsstelle mit der erforderlichen Büroausstattung. Die finanzielle Ausstattung soll nicht nur sicherstellen, dass der Verband seine Aufgaben erfüllen kann, sondern auch bei unterlegenen Rechtsstreiten die Erstattung gegnerischer Kosten ermöglichen.[323] Der Verband hat sich aus Beiträgen zu finanzieren und kann auch Vertragsstrafen verwenden. Zur Sicherung von Erstattungsansprüchen sind gerade bei umfangreicher Prozesstätigkeit Rücklagen in Form eines Prozesskostenfonds zu bilden.

Verbände im Sinne des § 8 Abs. 3 Nr. 2 UWG sind auch **Kammern für freie Be-** **326** **rufe**,[324] wie die für Rechtsanwälte, Patentanwälte, Ärzte, Zahnärzte, Wirtschaftsprüfer, Steuerberater, Architekten usw. Denn die Klagebefugnis gem. § 8 Abs. 3 Nr. 4 UWG ist auf Industrie- und Handelskammern sowie Handwerkskammern beschränkt.

Die Verärgerung über eine Abmahnung durch einen Wettbewerbsverband veranlasst **327** den Abgemahnten mitunter den Verband als Abmahnverein zu bezeichnen. Dieser Begriff vergiftet nicht nur die Atmosphäre zwischen den Parteien, sondern wird auch der Sache nicht gerecht. Denn die Abmahnung von Wettbewerbsverstößen gehört zu den satzungsgemäßen Aufgaben eines Verbands. Und seit der UWG-Novelle von 1994, mit der der fliegende Gerichtsstand für Verbandsklagen abgeschafft wurde (§ 14 Abs. 2 S. 2 UWG), sind keine Verbände mehr bekannt, die sich auf das Abmahnen von einfachsten Wettbewerbsverstößen beschränken, die sie in den Inseraten auswärtiger Zeitungen ermitteln.

bb) Verbraucherschutzorganisationen

Die in § 8 Abs. 3 Nr. 3 UWG geregelte Klagebefugnis für „qualifizierte Einrichtun- **328** gen, die nachweisen, dass sie in der Liste qualifizierter Einrichtungen nach § 4 des Unterlassungsklagengesetzes oder in dem Verzeichnis der Europäischen Gemeinschaften nach Artikel 4 der Richtlinie 98/27/EG des Europäischen Parlaments und des Rates vom 19. Mai 1998 über Unterlassungsklagen zum Schutz der Verbraucherinteressen (ABl. EG Nr. L 166 S. 51) eingetragen sind" ist die umständliche Bezeichnung der Klagebefugnis für Verbraucherschutzorganisationen.

Die Liste qualifizierter Einrichtungen wird beim Bundesamt für Justiz geführt und **329** kann unter https://www.bundesjustizamt.de/DE/SharedDocs/Publikationen/Verbraucherschutz/Liste_qualifizierter_Einrichtungen.pdf?__blob=publicationFile&v=29 abgerufen werden. Eintragungsvoraussetzungen sind die Wahrnehmung der Verbraucherinteressen durch Aufklärung und Beratung, die Mitgliedschaft von in diesem Bereich tätigen Verbänden oder 75 natürlichen Personen, das Bestehen seit mindestens einem Jahr und die Gewähr sachgerechter Aufgabenerfüllung (§ 4 Abs. 2 S. 1 UKlaG). Bei aus öffentlichen Mitteln geförderten Verbänden werden die Eintragungsvoraussetzungen unwiderruflich vermutet (§ 4 Abs. 2 S. 2 UKlaG).

---

[322] BGH 5.10.1989 – I ZR 56/89, GRUR 1990, 282, 284 – Wettbewerbsverein IV.
[323] BGH 17.8.2011 – I ZR 148/10, GRUR 2012, 411 Rn. 15 – Glücksspielverband; OLG Oldenburg 9.1.2015 – 6 U 166/14, MD 2015, 285, 288.
[324] BGH 6.4.2006 – I ZR 272/03, GRUR 2006, 598 Rn. 12 – Zahnarztbriefbogen.

330   Die Eintragung in der Liste führt nicht automatisch zur Klagebefugnis. Im Verletzungsprozess kommt es darauf an, ob der konkrete Rechtsstreit vom Satzungszweck des Verbands umfasst ist.[325] Dies hat das Verletzungsgericht zu prüfen.

cc) Industrie- und Handelskammern und Handwerkskammern

331   § 8 Abs. 3 Nr. 4 UWG räumt den Industrie- und Handelskammern sowie den Handwerkskammern die Klagebefugnis ein. Diese Klagebefugnis gilt bei Industrie- und Handelskammern nur für Wettbewerbsverstöße von Unternehmen aus dem Bereich der Industrie und des Handels und für Handwerkskammern nur gegenüber Handwerkern.[326] Auf die Berufskammern der freien Berufe, wie Rechtsanwälte, Patentanwälte, Ärzte, Wirtschaftsprüfer usw., ist § 8 Abs. 3 Nr. 4 UWG nicht anzuwenden. Diese Kammern sind als Verbände unter den Voraussetzungen des § 8 Abs. 3 Nr. 2 UWG klagebefugt.

2. Anspruchsberechtigung im Urheberrecht und Markenrecht

a) Überlassung von Nutzungsrechten

332   Urheberrechte und Markenrechte sind absolute Rechte, die ausschließlich dem Urheber oder Inhaber der Marke zustehen. Bei Verletzung dieser Rechte sind sie berechtigt ist, die sich aus dem Urheberrechtsgesetz oder Markengesetz ergebenden Ansprüche auf Unterlassung, Schadensersatz, Auskunft, Vernichtung usw. geltend zu machen (§§ 97 ff. UrhG, §§ 14 ff. MarkenG). Ist bei gemeinschaftlich geschaffenen Werken ein Miturheberrecht (§ 8 Abs. 1 UrhG) entstanden oder sind mehrere Personen Inhaber der Marke, sind die Rechtsinhaber gemeinsam berechtigt, weshalb sie bei Rechtsverletzungen Leistung nur an die Gemeinschaft verlangen können. Lediglich der Unterlassungsanspruch kann auch von einem Mitinhaber uneingeschränkt geltend gemacht werden, denn jede unberechtigte Nutzung beeinträchtigt auch seine Rechte und die Unterlassungspflicht ist nicht teilbar. Erhebt nur ein Mitinhaber Klage auf Schadensersatz, Auskunft usw., dann ist wegen fehlender Alleinberechtigung der Antrag auf Leistung an alle Mitberechtigten zu richten.

333   Zur Begründung der Aktivlegitimation kann sich der Markeninhaber auf die sich aus der Eintragung ergebende Vermutung der Rechtsinhaberschaft berufen (§ 28 Abs. 1 MarkenG), während für den Urheber dessen auf dem Vervielfältigungsstück eines veröffentlichten Werkes oder dem Original angegebene Bezeichnung streitet (§ 10 Abs. 1 UrhG).

334   Nutzungsrechte an urheberrechtlich geschützten Werken oder Marken können die Rechtsinhaber auch auf Dritte übertragen, wobei zwischen der Einräumung von einfachen und ausschließlichen Rechten zu unterscheiden ist.

335   Mit der **Überlassung ausschließlicher Nutzungsrechte** sind alle andere Personen, auch der Urheber oder Markeninhaber, von der Nutzung ausgeschlossen. Kommt es hier zu Rechtsverletzungen, ist der Nutzungsberechtigte aus eigenem Recht befugt, die sich aus dem Schutzrecht ergebenden Ansprüche durchzusetzen. Da der Umfang der Ansprüche von dem Umfang abhängt, in dem Nutzungsrechte übertragen sind, ist bei der Rechtsverfolgung genau drauf zu achten, für welche Nutzungen die Rechte ausschließlich überlassen wurden. Dies betrifft zum einen den sachlichen Umfang der

---

[325] BGH 22.9.2011 – I ZR 229/10, GRUR 2012, 415 Rn. 11 – Überregionale Klagebefugnis.
[326] *Köhler*/Bornkamm, § 8 Rn. 3.64.

Rechtsübertragung. So kann der Inhaber ausschließlicher Printrechte keine Ansprüche wegen öffentlicher Zugänglichmachung durchsetzen. Der Berechtigte kann jedoch ausnahmsweise gegen Nutzungen vorgehen, die über sein Benutzungsrecht hinaus gehen, um wirtschaftliche Beeinträchtigungen seiner Rechte zu verhindern.[327]

> **Praxistipp:** Vor der Geltendmachung von Ansprüchen sollte der ausschließlich Nutzungsberechtigte genau prüfen, ob die Rechtsverletzung auch den sachlichen, zeitlichen und räumlichen Umfang der ihm überlassenen Rechte betrifft.

336

In dem Umfang der auf einen Dritten übertragenen ausschließlichen Nutzungsrechte sind der Urheber oder Markeninhaber nicht nur von der Nutzung, sondern auch von der Rechtsverfolgung ausgeschlossen. Dies gilt aber nicht, soweit der Rechtsinhaber an der Durchsetzung von Ansprüchen ein eigenes schutzwürdiges Interesse hat, das wirtschaftlicher oder ideeller Art ein kann. Ein solches Interesse kann sich nicht nur aus dem Urheberpersönlichkeitsrecht ergeben.[328] Es ist vielmehr auch anzunehmen, wenn der Rechtsinhaber mit dem ausschließlichen Lizenznehmer eine Umsatzlizenz vereinbart hat und sich deshalb die Rechtsverletzung auch auf die Lizenzeinnahmen des Rechtsinhabers auswirkt.[329] In diesem Fall tangieren die Umsatzbeeinträchtigungen des Lizenznehmers auch die wirtschaftlichen Interessen des Lizenzgebers und berechtigen ihn, den Rechtsverletzer auf Unterlassung in Anspruch zu nehmen, obwohl einem Dritten das ausschließliche Nutzungsrecht eingeräumt ist.

337

> **Praxistipp:** Der ausschließliche Nutzungsberechtigte, der gegen eine Rechtsverletzung vorgehen will, hat im Prozess nicht nur sein Nutzungsrecht darzulegen und ggf. zu beweisen, sondern auch die Rechtekette mit der er sein Recht vom Urheber ableitet, die bei Unterlizensierungen über mehrere Stationen verlaufen kann. Diese Rechtekette muss immer bei einer natürlichen Person beginnen, denn Urheber kann nach dem Schöpferprinzip nur eine natürliche Person sein.[330]

338

Anstelle eines ausschließlichen Nutzungsrechts kann der Rechtinhaber auch nur ein **einfaches Nutzungsrecht** übertragen. In diesem Fall bleiben er und eventuelle weitere Lizenznehmer zur Nutzung im gleichen Umfang berechtigt. Diese Nutzungen muss der einfache Lizenznehmer hinnehmen, weil diese Lizenz andere Personen von der Nutzung nicht ausschließt. Ihm stehen keine Ansprüche auf Unterlassung, Schadensersatz usw. gegen den Dritten zu, der unberechtigt das Schutzrecht nutzt.

339

b) Rechtsverfolgung aufgrund gewillkürter Prozessstandschaft

In der gerichtlichen Praxis stützt der Nutzungsberechtigte seine Ansprüche mitunter auch auf eine **gewillkürte Prozessstandschaft**. Hierbei macht er ein fremdes Recht im eigenen Namen geltend, was auch im Wettbewerbsprozess grundsätzlich möglich

340

---

[327] OLG München 15.1.2013 – 6 W 86/13, MMR 2013, 317; OLG Köln 1.2.2013 – 6 W 255/12, BeckRS 2013, 19146.

[328] KG 16.8.2005 – 5 W 66/03, GRUR 2006, 53, 55 – Bauhaus-Glasleuchte II.

[329] BGH 17.6.1992 – I ZR 182/90, GRUR 1992, 697, 698 – Alf.

[330] LG Berlin 30.5.1989 – 16 O 33/89, GRUR 1990, 270 – Satellitenfoto; BGH 18.9.2014 – I ZR 76/13 – GRUR 2015, 258 Rn. 41 – CT-Paradies.

ist. Voraussetzung sind eine wirksame Ermächtigung des Rechteinhabers und ein eigenes persönliches bzw. schutzwürdiges Interesse des Ermächtigten, das auch wirtschaftlicher Art sein kann.[331] Dieses Interesse bejaht der BGH beim Wahrnehmungsberechtigten,[332] bei der Abtretung von Ansprüchen nur sicherheitshalber,[333] wenn eine Konzernmutter die von ihr beherrschte Konzerntochter ermächtigt,[334] wenn zwischen Ermächtigendem und Ermächtigtem ein Vertriebsvertrag hinsichtlich der betroffenen Produkte besteht.[335] Aber auch der einfache Lizenznehmer ist berechtigt als Prozessstandschafter gegen Rechtsverletzungen vorzugehen, die die ihm eingeräumten Nutzungsrechte betreffen, jedoch nur in Abhängigkeit von einer Ermächtigung durch den Rechteinhaber.[336] Im Gegensatz dazu benötigt der ausschließliche Nutzungsberechtigte diese Ermächtigung nicht, um gegen Rechtsverletzungen anspruchsberechtigt zu sein.

341   Im Prozess wird die gewillkürte Prozessstandschaft meist hilfsweise als weitere Anspruchsbegründung herangezogen, wenn der Gegner das Bestehen von Nutzungsrechten oder deren Umfang bestreitet. In dieser Situation darf der Kläger aber nicht vergessen neben dem schutzwürdigen Interesse an der Rechtverfolgung auch die Ermächtigung des Rechtsinhabers vorzutragen.

342   **Praxistipp:** Lässt sich der Vertragslage der Nachweis der Übertragung ausschließlicher Nutzungsrechte nicht eindeutig entnehmen, sollte hilfsweise im Wege der gewillkürten Prozessstandschaft vorgegangen und hierfür die Ermächtigung des Urhebers eingeholt werden.

343   In prozessualer Hinsicht ist zu beachten, dass das ausschließliche Nutzungsrecht und die gewillkürter Prozessstandschaft verschiedene Streitgegenstände sind, denn der ausschließliche Lizenznehmer stützt seine Ansprüche auf ein eigenes Recht während der Prozessstandschafter ein fremdes Recht geltend macht. Hieraus kann sich auch eine Erhöhung des Streitwerts ergeben.

344   Im Urheberrecht sind von den Nutzungsrechten die **Urheberpersönlichkeitsrechte** zu unterscheiden, die Ausdruck der besonderen geistigen und persönlichen Beziehung des Urhebers zu seinem Werk sind.[337] Der höchstpersönliche Charakter dieser Rechte schließt die isolierte Übertragung von Nutzungsrechten aus. Zulässig ist jedoch die Übertragung persönlichkeitsrechtlicher Befugnisse im Zusammenhang mit der Einräumung von Nutzungsrechten, die ohne diese Befugnisse nicht genutzt werden könnten. Dem Urheber muss jedoch der Kern seiner Rechte verbleiben, die er auch gegen den Willen des Nutzungsberechtigten ausüben kann.[338] Persönlichkeitsrechtliche Ansprüche können im Wege gewillkürter Prozessstandschaft nur ausgeübt werden, sofern diese abtretbar sind,[339] bspw. Zahlungsansprüche wegen Verletzung des urheberrechtlichen Nennungsanspruchs (§ 13 UrhG).

---

[331] BGH 16.5.2013 – I ZR 28/12, GRUR 2014, 65 Rn. 24 – Beuys-Aktion.
[332] BGH 16.5.2013 – I ZR 28/12, GRUR 2014, 65 Rn. 26 – Beuys-Aktion.
[333] BGH 17.7.2008 – I ZR 168/05, GRUR 2009, 181 Rn. 21 – Kinderwärmkissen.
[334] BGH 13.10.1994 – I ZR 99/92, GRUR 1995, 54, 57 – Nicoline.
[335] BGH 31.7.2008 – I ZR 21/06, GRUR 2008, 1108 Rn. 54 – Haus und Grund III.
[336] BGH 13.2.1981 – I ZR 43/79, GRUR 1981, 652 – Stühle und Tische; OLG Düsseldorf 12.1.2010 – 20 U 54/09, BeckRS 2011, 19346.
[337] Dreier/*Schulze*, Vor § 12 Rn. 1.
[338] Dreier/*Schulze*, Vor § 12 Rn. 12.
[339] Dreier/*Schulze*, § 97 Rn. 21.

c) Abtretung von Ansprüchen

Anstelle der Einräumung von Nutzungsrechten und der gewillkürten Prozessstand- **345** schaft kann der Rechtsinhaber seine Rechte auch an Dritte abtreten. Hier gelten die allgemeinen Vorschriften der §§ 398 ff. BGB. Ausgeschlossen ist jedoch die isolierte Abtretung von Unterlassungsansprüchen wegen der damit verbundenen Änderung des Leistungsinhalts (§ 399 BGB).[340] Unterlassungsansprüche sind deshalb nur vom Urheber, Lizenznehmer oder Prozessstandschafter durchsetzbar. Im Markenrecht kann der Unterlassungsanspruch nur gemeinsam mit dem verletzten Kennzeichen abgetreten werden.[341] Abtretbar sind aber die sich aus einer Rechtverletzung ergebenden Zahlungsansprüche, auch soweit sie auf einer Verletzung des Urheberpersönlichkeitsrechts beruhen.

d) Beispiel zur Aktivlegitimation im Urheberrecht

Die Aktivlegitimation für urheberrechtliche Ansprüche lässt sich anhand eines Bei- **346** spiels zu veranschaulichen, bei dem ein Berufsfotograf feststellt, dass sein Foto von einem Dritten unberechtigt auf dessen Internetseite wiedergegeben wird:

- keine Lizensierung
  Hat der Fotograf keinerlei Lizenzen an dem Foto erteilt, stehen ihm sämtliche sich aus §§ 97 ff. UrhG ergebenden Ansprüche zu.
- ausschließliches Nutzungsrecht
  Hat der Fotograf einer Bildagentur das ausschließliche Nutzungsrecht eingeräumt, dann stehen nur dieser im Umfang der überlassenen Rechte die sich aus einer Rechtverletzung ergebenden Ansprüche zu. Wurden bspw. nur die online-Rechte übertragen, dann kann sie keine Ansprüche für den Printbereich geltend machen. Bei einem vor der Lizensierung an die Bildagentur noch nicht veröffentlichten Foto wird zugleich zumindest konkludent das Veröffentlichungsrecht übertragen (§ 12 Abs. 1 UrhG). Ist der Fotograf, was branchenüblich ist, mit einem bestimmten Prozentsatz an den von der Agentur für das Foto erzielten Erlöse beteiligt, wird mit der unberechtigten Nutzung sein Honorarinteresse beeinträchtigt, weshalb er neben der Agentur den Unterlassungsanspruch geltend machen kann.
- einfaches Nutzungsrecht
  Hat der Fotograf der Bildagentur nur ein einfaches Nutzungsrecht eingeräumt, hat diese keinerlei Rechte, um gegen unberechtigte Nutzungen vorzugehen.
- gewillkürte Prozessstandschaft
  Der Inhaber einer einfachen Lizenz kann jedoch Rechtsverletzungen im Wege gewillkürter Prozessstandschaft verfolgen. Das einfache Nutzungsrecht begründet ein persönliches Interesse, wobei der Rechtsinhaber den Prozessstandschafter zur Geltendmachung der fremden Rechte im eigenen Namen ermächtigen muss.
- Abtretung von Ansprüchen
  Die isolierte Abtretung des Unterlassungsanspruchs ist unzulässig. Die sich aus einer Rechtverletzung ergebenden Zahlungs- und Auskunftsansprüche sind jedoch abtretbar.

---

[340] BGH 5.7.2001 – I ZR 311/98, GRUR 2002, 248, 250 – SPIEGEL-CD-ROM.
[341] Ingerl/Rohnke, Markengesetz, 3. Aufl. 2010, Vor §§ 14–19 d Rn. 24.

III. Bestimmung des Anspruchsgegners (Passivlegitimation)

347   Bereits vorprozessual stellt sich schließlich die Frage, wen der Angreifer in Anspruch nehmen kann. § 8 Abs. 2 UWG gibt hier nur eine kleine Hilfestellung, so dass im Wesentlichen auf die deliktsrechtlichen Haftungsgrundsätze zurückzugreifen ist, die die Rechtsprechung allerdings weiterentwickelt und in einigen Bereichen – wie etwa der Verantwortlichkeit von Internetanbietern – mittlerweile stark ausdifferenziert hat.

1. Überblick über die Zurechnungsgründe

348   Die sogleich dargestellten Haftungs- oder Zurechnungsgründe unterscheiden sich insbesondere dadurch, wie weit der in Anspruch Genommene von der Rechtsverletzung entfernt ist. Sie reichen von einer Verantwortung für eigenes bis zu einer solchen für fremdes Verhalten.

349   Neben dem Täter kommen als Schuldner nach § 830 BGB zunächst sowohl Mittäter als auch Beteiligte, also Anstifter und Gehilfen in Betracht. All diese Begriffe sind nicht zuletzt aus dem Strafrecht bekannt und auch entsprechend zu verstehen.[342] **Täter** ist danach derjenige, der die Zuwiderhandlung selbst oder in mittelbarer Täterschaft begeht (§ 25 Abs. 1 StGB)[343], also eine unlautere geschäftliche Handlung vornimmt (§ 2 Abs. 1 Nr. 1, § 3 UWG), wobei die Förderung fremden Wettbewerbs genügt[344]. **Mittäterschaft** erfordert eine gemeinschaftliche Begehung (§ 830 Abs. 1 BGB, § 25 Abs. 2 StGB), also ein bewusstes und gewolltes Zusammenwirken. Die praxisrelevante **Gehilfenhaftung** (§ 830 Abs. 2 BGB, § 27 StGB) setzt neben einer objektiven Beihilfehandlung, die auch durch Unterlassen verwirklicht werden kann,[345] zumindest einen bedingten Vorsatz in Bezug auf die Haupttat voraus, der das Bewusstsein der Rechtswidrigkeit einschließen muss,[346] woran eine solche Haftung in der Regel scheitert[347].

350   Darüber hinaus gibt es im Wettbewerbsrecht – wie im allgemeinen Deliktsrecht – eine Haftung für **mittelbare Rechtsverstöße** durch die **Verletzung von Verkehrspflichten**: Wer die Gefahr schafft, dass Dritte durch das Wettbewerbsrecht geschützte Interessen von Marktteilnehmern verletzen, ist dazu verpflichtet, diese Gefahr im Rahmen des Möglichen und Zumutbaren zu begrenzen. Das hat der BGH etwa im Hinblick auf die Handelsplattform Ebay, bei der volksverhetzende und gewaltverherrlichende Inhalte angeboten wurden, bejaht.[348] Dieses Haftungsmodell ersetzt die aus

---

[342] BGH, Urt. v. 22.7.2010 – I ZR 139/08, GRUR 2011, 152 Rn. 30 – Kinderhochstühle im Internet, mwN.

[343] Ausführlich zu beiden Täterschaftsformen, auch in Abgrenzung zur Verletzung von Verkehrspflichten: *Ohly*/Sosnitza § 8 Rn. 115a f.

[344] BGH 15.1 2009 – I ZR 123/06, GRUR 2009, 878 Rn. 11 – Fräsautomat.

[345] BGH, Urt. v. 22.7.2010 – I ZR 139/08, GRUR 2011, 152 Rn. 34 – Kinderhochstühle im Internet.

[346] BGH 12.7.2007 – I ZR 18/04, GRUR 2007, 890 Rn. 21 – Jugendgefährdende Medien bei eBay, mwN.

[347] *Ohly*/Sosnitza § 8 Rn. 119.

[348] BGH, Urt. v. 12.7.2007 – I ZR 18/04, GRUR 2007, 890 Rn. 22f – Jugendgefährdende Medien bei eBay.

dem Sachenrecht (§ 1004 BGB) bekannte Figur der **Störerhaftung**,[349] die den trifft, der – ohne Täter oder Teilnehmer zu sein – in irgendeiner Weise willentlich und adäquat kausal zur Verletzung des geschützten Rechts beiträgt, und die ferner die Verletzung zumutbarer Verhaltenspflichten, insbesondere von Prüfungspflichten, voraussetzt.[350] Insoweit besteht allerdings große Uneinigkeit, nicht zuletzt zwischen den Senaten des BGH, die mit dem Wettbewerbsrecht und angrenzenden Gebieten befasst sind. Merken muss man sich: Auf die Störerhaftung kann im Wettbewerbsrecht nicht (mehr) zurückgegriffen werden.[351] Bei der Verletzung von geistigen[352], nicht aber technischen[353] Schutzrechten, und bei Persönlichkeitsrechten[354] gilt sie allerdings weiterhin und spielt dort nicht zuletzt dann eine maßgebliche Rolle, wenn es um die Haftung von Internetanbietern geht[355]. Bei einem **Vergleich** ähneln die tatbestandlichen Voraussetzungen der Störerhaftung denen der Verletzung einer wettbewerbsrechtlichen Verkehrspflicht; insbesondere das Erfordernis der Zumutbarkeit wurde übernommen.[356] Bedeutsam sind allerdings die **Unterschiede** im Hinblick auf den Umfang der Haftung, da die Verletzung von Verkehrspflichten nicht nur, wie die Störerhaftung, Unterlassungsansprüche auslösen, sondern als täterschaftliche auch zu Schadensersatz führen kann. Letzteres setzt zwar Verschulden voraus, erweitert aber doch die Rechtsschutzmöglichkeiten merklich.

Für die in einem Unternehmen von einem **Mitarbeiter oder Beauftragten** begangenen Zuwiderhandlungen, also für **fremdes Verhalten**, haftet der Inhaber des Unternehmens, § 8 Abs. 2 UWG. Ferner folgt zwar die Verantwortlichkeit für unlauteres Verhalten eines Organs oder eines anderen verfassungsmäßig berufenen Vertreters aus §§ 31, 89 BGB und trifft nicht nur den Verein, was in der Praxis des Wettbewerbsprozesses aber deshalb keine Rolle spielen dürfte, weil die Haftung nach § 8 Abs. 2 UWG bereits weit ausgestaltet ist. Das gilt auch im Hinblick auf die deliktische Haftung für den Verrichtungsgehilfen (§ 831 BGB),[357] während die Haftung des Schuldners für Erfüllungsgehilfen (§ 278 BGB) insbesondere bei Verstößen gegen einen Unterlassungsvertrag in Betracht kommt.[358] **351**

Häufig werden **Vertretungsorgane** eines Unternehmens **persönlich in Anspruch genommen**. Dies bereitet keine Probleme, wenn sie selbst die Rechtsverletzung begangen oder veranlasst haben, wohl aber, wenn sie vom konkreten rechtswidrigen Handeln des Angestellten nichts gewusst haben wollen. Ist ein Unterlassungsanspruch gegen eine Gesellschaft begründet, so haftet der einzelne Gesellschafter ebenfalls nicht **352**

---

[349] Etwa *Ohly*/Sosnitza § 8 Rn. 121, auch zur Entwicklung der Rechtsprechung.

[350] Jüngst etwa BGH 8.1.2014 – I ZR 169/12, GRUR 2014, 657 Rn. 22 – BearShare, mwN.

[351] BGH, Urt. v. 22.7.2010 – I ZR 139/08, GRUR 2011, 152 Rn. 30 – Kinderhochstühle im Internet; dazu Hess, GRUR-Prax 2011, 25; jüngst BGH 18.6.2014 – I ZR 242/12, GRUR 2014, 883 Rn. 11 – Geschäftsführerhaftung.

[352] Zum Markenrecht BGH 22.7.2010 – I ZR 139/08, GRUR 2011, 152 Rn. 45 – Kinderhochstühle im Internet; zum Urheberrecht BGH 8.1.2014 – I ZR 169/12, GRUR 2014, 657 Rn. 22 – BearShare; zum Namensrecht BGH 27.10.2011 – I ZR 131/10, GRUR 2012, 651 Rn. 21 – regierung-oberfranken.de.

[353] BGH 17.9 2009 – Xa ZR 2/08, GRUR 2009, 1142 Rn. 29f – MP3-Player-Import.

[354] Allerdings mit anderen Begrifflichkeiten: BGH 14.5.2013 – VI ZR 269/12, GRUR 2013, 751 Rn. 24, 29 – „Autocomplete"-Funktion.

[355] Etwa BGH 30.4.2008 – I ZR 73/05, GRUR 2008, 702 Rn. 49f – Internet-Versteigerung III,.

[356] Fezer/*Büscher* § 8 Rn. 123.

[357] Fezer/*Büscher* § 8 Rn. 155; *Köhler*/Bornkamm § 8 Rn. 2.23.

[358] Fezer/*Büscher* § 8 Rn. 154.

schon auf Grund seiner **Gesellschafterstellung** ebenfalls auf Unterlassung; § 128 S 1 HGB ist nicht anwendbar.[359] Der persönlich haftende Gesellschafter ist wiederum vielmehr nur dann mitverantwortlich, wenn er selbst den Wettbewerbsverstoß begangen oder ihn pflichtwidrig nicht verhindert hat.[360]

353   Sollen **mehrere Verletzer** auf Unterlassung in Anspruch genommen werden, so hat jeder von ihnen das Verbot zu befolgen; weil es dem Gläubiger nichts nützt, wenn einer der Schuldner die Unterlassungsverpflichtung erfüllte, der andere aber nicht, scheidet eine gesamtschuldnerische Haftung (§ 421 BGB) aus.[361] Das setzt sich bei den Kosten fort, für die die Schuldner gem. § 100 Abs. 1 ZPO nach Kopfteilen haften, also etwa drei Schuldner zu je 1/3.

354   Bereits hier sei darauf hingewiesen, dass es sich bei der Störerhaftung nach § 1004 BGB und der Haftung nach § 8 Abs. 2 UWG um zwei selbständige Anspruchsgrundlagen mit unterschiedlichen Anspruchsvoraussetzungen handelt.[362] Es liegt nahe, beide Haftungsgründe damit als unterschiedliche **Streitgegenstände** anzusehen, und dies auch im Verhältnis zu den weiteren Haftungsgründen zu tun. Das OLG Köln jedenfalls spricht in Bezug auf den Verletzer als Täter oder als Störer von zwei unterschiedlichen Streitgegenständen.[363]

2. Verletzung einer wettbewerbsrechtlichen Verkehrspflicht

355   Wie bereits angedeutet kann nach der Entscheidung „Jugendgefährdende Medien bei eBay" des BGH[364] derjenige eine unlautere Wettbewerbshandlung begehen, der durch sein Handeln im geschäftlichen Verkehr in einer ihm zurechenbaren Weise die **Gefahr eröffnet, dass Dritte Interessen von Marktteilnehmern** verletzen, die durch das Wettbewerbsrecht geschützt sind, wenn er diese Gefahr nicht im Rahmen des **Möglichen und Zumutbaren** begrenzt. Diese Haftung folgt unmittelbar aus § 3 UWG.[365] Da eine täterschaftliche geschäftliche Handlung vorausgesetzt wird, scheidet eine mittelbare Haftung nicht geschäftlich Handelnder nach den Grundsätzen der Störerhaftung aus,[366] also insbesondere von Medienunternehmen, die bei Erfüllung ihrer journalistischen Aufgaben handeln.[367]

a) Haftung von Telediensteanbietern

356   Für Diensteanbieter iSd. § 2 Nr. 1 TMG hat der BGH in der zuletzt genannten und einer Vielzahl von weiteren Entscheidungen ein **zweistufiges Modell** entwickelt, bei dem es maßgeblich auf die Kenntniserlangung durch konkreten Hinweis auf Rechts-

---

[359]   BGH 3.11.2005 – I ZR 311/02, GRUR 2006, 493 Rn. 22 – Michel-Nummern.

[360]   Fezer/*Büscher* § 8 Rn. 153 mwN; *Köhler*/Bornkamm § 8 Rn. 2.21 mwN.

[361]   S. etwa *Ohly*/Sosnitza § 8 Rn. 152 mwN.

[362]   BGH 5.4.1995 – I ZR 133/93, GRUR 1995, 605, 608 – Franchise-Nehmer, zum alten § 13 Abs. 4 UWG.

[363]   OLG Köln 24.3.2011 – 6 W 42/11, MMR 2011, 396, 397.

[364]   BGH 12.7.2007 – I ZR 18/04, GRUR 2007, 890 Rn. 22f – Jugendgefährdende Medien bei eBay.

[365]   BGH aaO Rn. 36.

[366]   *Ohly*/Sosnitza § 8 Rn. 125 mwN.

[367]   *Ohly*/Sosnitza § 8 Rn. 131 mwN, auch zu den von der Gegenansicht zu beachtenden Einschränkungen aufgrund Art. 5 Abs. 1 GG; aA *Himmelsbach* Rn. 526.

verletzungen (sog. „Notice of Claimed Infringement") ankommt: Eine proaktive Prüfungspflicht besteht danach nicht, wohl aber die Pflicht, mitgeteilte Verletzungen abzustellen.

Zur Begründung verweist der BGH einerseits auf die hohe Bedeutung des Schutzes **357** von Kinder und Jugendlichen sowie die Schwierigkeit der Inanspruchnahme einzelner Anbieter und andererseits auf die Regelung des § 7 Abs. 2 TMG, der Art. 15 Abs. 1 der sog- E-Commerce-Richtlinie[368] in das deutsche Recht umsetzt und nach dem Diensteanbieter nicht verpflichtet sind, die von ihnen übermittelten oder gespeicherten Informationen zu überwachen oder nach Umständen zu forschen, die auf eine rechtswidrige Tätigkeit hindeuten:[369]

„Der Bekl. dürfen keine Anforderungen auferlegt werden, die ihr von der Rechts- **358** ordnung gebilligtes Geschäftsmodell gefährden oder ihre Tätigkeit unverhältnismäßig erschweren. … Bei der gebotenen Abwägung dieser Gesichtspunkte kann die Bereitstellung der Internet-Auktionsplattform durch die Bekl. für sich allein nicht schon Prüfungspflichten der Bekl. begründen. … Der Bekl. ist es als Betreiberin einer Plattform für Internetauktionen nicht zuzumuten, jedes Angebot vor Veröffentlichung im Internet auf eine mögliche Rechtsverletzung hin zu untersuchen. … Eine Handlungspflicht der Bekl. entsteht aber, sobald sie selbst oder über Dritte Kenntnis von konkreten jugendgefährdenden Angeboten erlangt hat. Ab Kenntniserlangung kann sie sich nicht mehr auf ihre medienrechtliche Freistellung von einer Inhaltskontrolle der bei ihr eingestellten Angebote berufen. Ist die Bekl. auf eine klare Rechtsverletzung hingewiesen worden, besteht für sie ein lauterkeitsrechtliches Handlungsgebot."

Der EuGH hat dieses Modell in der Sache „L'Oréal ./. eBay"[370] im wesentlichen **359** übernommen.[371] Es wird auch bei Schutzrechtsverletzungen angewandt, allerdings im Gewand der Störerhaftung.[372]

aa) Voraussetzungen

Ausgangspunkt des Haftungsmodells ist eine **Prüfungspflicht**.[373] Diese trifft unter **360** gewissen Voraussetzungen sogar die Vergabestelle für Domainnamen,[374] ist insbesondere aber weit zu ziehen wenn der angebotene Dienst besonders gefahrgeneigt ist, wenn das Geschäftsmodell von vornherein auf Rechtsverletzungen durch die Nutzer angelegt ist oder wenn der Gewerbetreibende durch eigene Maßnahmen die Gefahr einer rechtsverletzenden Nutzung fördert.[375] Verschiedene Kriterien und Fallgruppen listet etwa *Ohly* auf.[376]

Die „medienrechtliche Freistellung", die hinter dem Modell steht, genießt nur, wer **361** sich auf ein gesetzliches **Haftungsprivileg** berufen kann. Ein solches folgt insbesondere aus den §§ 7–10 TMG, wobei die in § 10 TMG geregelte Speicherung fremder Informationen, also das sog. Hosting, praktisch im Vordergrund steht. Das Haftungspri-

---

[368] Richtlinie 2000/31/EG über den elektronischen Geschäftsverkehr.
[369] BGH aaO Rn. 39 f.
[370] EuGH 12.7.2011 – C-324/09, GRUR 2011, 1025 – L'Oréal/eBay. Strenger wohl der EGMR, 16.6.2015 – 64 S 69/09, NJW 2015, 2863.
[371] So Hacker, GRUR-Prax 2011, 391; dagegen und weiterführend Lehment, WRP 2012, 149.
[372] S. etwa BGH 5.2.2015 – I ZR 240/12, GRUR 2015, 485 – Kinderhochstühle im Internet III, Rn. 49 f.
[373] BGH 18.6.2014 – I ZR 242/12, GRUR 2014, 883 Rn. 21 – Geschäftsführerhaftung, mwN.
[374] BGH 27.10.2011 – I ZR 131/10, GRUR 12, 651 – regierung-oberfranken.de.
[375] BGH, 15.8.2013 – I ZR 80/12, GRUR 2013, 1030 Rn. 31 – File-Hosting-Dienst, mwN.
[376] *Ohly*/Sosnitza § 8 Rn. 128, 130f mwN.

vileg gilt allerdings nur so lange, wie der Diensteanbieter **keine aktive Rolle** spielt, die ihm eine Kenntnis der gespeicherten Daten oder eine Kontrolle über sie ermöglicht; das soll vorliegen, wenn er Hilfestellung leistet, die unter anderem darin besteht, die Präsentation der fraglichen Verkaufsangebote zu optimieren oder diese zu bewerben.[377] Dem entsprechend[378] sind Diensteanbieter für **eigene Informationen**, die sie zur Nutzung bereithalten, nach den allgemeinen Gesetzen, also auch nach §§ 3 ff. iVm §§ 8 ff. UWG verantwortlich (§ 7 Abs. 1 TMG). Dazu gehören auch **fremde Inhalte**, soweit der Diensteanbieter sie sich **zu eigen gemacht** hat,[379] was dann anzunehmen ist, wenn er die eingestellten Inhalte vor ihrer Freischaltung auf Vollständigkeit und Richtigkeit überprüft;[380] der Betreiber einer Internet-Plattform, der sich erkennbar darauf beschränkt, den Nutzern lediglich eine Handelsplattform zur Verfügung zu stellen, macht sich die Angebote der Nutzer allerdings ebenso wenig zu eigen wie der Verpächter einer Domain für darunter abrufbare Äußerungen oder der Betreiber eines Bewertungsportals (→ Rn. 47).[381]

362   Erforderlich ist ferner Begehungsgefahr, die in Form der **Wiederholungsgefahr** nach Begründung der Prüfungspflicht erst durch eine vollendete unlautere Handlung des unmittelbaren Täters entstehen kann, etwa wenn es zu „einem weiteren jugendgefährdenden Angebot eines von dem Kl. zuvor auf der Plattform der Bekl. konkret beanstandeten Mediums bei demselben oder einem anderen Versteigerer gekommen ist".[382] Ein Unterlassungsanspruch mag aber auch unter dem Aspekt der **Erstbegehungsgefahr** (→ Rn. 48) begründet sein: Steht fest, dass ein Diensteanbieter die ihm obliegenden Prüfungspflichten verletzt, kann die ernstliche, unmittelbar bevorstehende Gefahr drohen, dass es in Zukunft zu identischen oder gleichartigen Angeboten kommt;[383] davon dürfte insbesondere dann auszugehen sein, wenn der Anbieter nach einem Hinweis auf Rechtsverletzungen durch das kenntnisbegründendes Schreiben eines Anspruchsberechtigten unlautere Angebote nicht löscht.[384]

bb) Anforderungen an den Hinweis

363   Wie der Hosting-Anbieter von den maßgeblichen Tatsachen oder Umständen Kenntnis erlangt, sei es durch eigene Überprüfung, sei es durch Mitteilungen Dritter, ist an sich unerheblich.[385] Im letztgenannten Fall gilt es aber Folgendes zu bedenken:

364   Die Funktion des Hinweises auf Rechtsverletzungen, der sowohl vorprozessual – etwa durch eine Abmahnung – als auch durch die Klageerhebung erfolgen kann, be-

---

[377] EuGH 12.7.2011 – C-324/09, GRUR 2011, 102 Rn. 113 – L'Orèal/eBay, mwN; BGH 17.8.2011 – I ZR 57/09, GRUR 2011, 1038 Rn. 23 – Stiftparfüm; BGH 5.2.2015 – I ZR 240/12, GRUR 2015, 485 Rn. 56 f. – Kinderhochstühle im Internet III.

[378] Für eine Gleichsetzung der „aktiven Rolle" und der „eigenen Informationen" *Köhler/Bornkamm* § 8 Rn. 2.28.

[379] BGH 18.10.2007 – I ZR 102/05, GRUR 2008, 534 Rn. 20 f. – ueber18.de, mwN; BGH 12.11.2009 – I ZR 166/07, GRUR 2010, 616 Rn. 23 – marions-kochbuch.de, mwN.

[380] BGH 12.11.2009 – I ZR 166/07, GRUR 2010, 616 Rn. 25f – marions-kochbuch.de.

[381] BGH 17.8.2011 – I ZR 57/09, GRUR 2011, 1038 Rn. 22 – Stiftparfüm; BGH 30.6.2009 – VI ZR 210/08, GRUR 2009, 1093 Rn. 19 – Focus Online; BGH 19.3.2015 – I ZR 94/13, GRUR 2015, 1129 – Hotelbewertungsportal.

[382] BGH 12.7.2007 – I ZR 18/04, GRUR 2007, 890 Rn. 53 – Jugendgefährdende Medien bei eBay.

[383] BGH aaO Rn. 54.

[384] *Köhler/Bornkamm* § 8 UWG Rn. 2.28a sieht das als Fall der Wiederholungsgefahr, was sich nur schwer vertreten lässt.

[385] *Köhler/Bornkamm* § 8 Rn. 2.28b.

steht darin, den grundsätzlich nicht zur präventiven Kontrolle verpflichteten Betreiber einer Internethandelsplattform in die Lage zu versetzen, in der Vielzahl der ohne seine Kenntnis von den registrierten Mitgliedern der Plattform mit Hilfe der zur Verfügung gestellten Plattform-Software eingestellten Verkaufsangebote diejenigen auffinden zu können, die Rechte Dritter verletzen; dies setzt voraus, dass der Hinweis so konkret gefasst ist, dass der Adressat des Hinweises den Rechtsverstoß unschwer – d.h. ohne eingehende rechtliche oder tatsächliche Überprüfung – feststellen kann.[386] Es kommt also auf die **Identifizierbarkeit des angeblichen Verstoßes** an, nicht hingegen die Erfolgsaussichten eines Vorgehens dagegen, was die vom 1. Zivilsenat des Bundesgerichtshofs ständig verwandte Formulierung „klare Rechtsverletzung"[387] durchaus nahelegen könnte.

> **Praxistipp:** Zwischen dem für die Entstehung einer Prüfungspflicht erforderlichen Hinweis und dem **Beleg** der dazu im Hinweis mitgeteilten Umstände (etwa durch Urkunden) ist nach Ansicht des BGH[388] zu unterscheiden: Ein Beleg ist nur dann erforderlich, wenn schutzwürdige Interessen der Diensteanbieters dies rechtfertigen, was der Fall sein kann, wenn dieser nach den Umständen des Einzelfalls berechtigte Zweifel am Bestehen eines Schutzrechts, an der Befugnis zur Geltendmachung dieses Schutzrechts durch den Hinweisenden oder aber am Wahrheitsgehalt der mitgeteilten tatsächlichen Umstände einer Rechtsverletzung haben darf und deshalb aufwendige eigene Recherchen anstellen müsste, um eine Rechtsverletzung hinreichend sicher feststellen zu können. Auf Markenartikler, um die es in der Regel geht, dürfte das aber nicht zutreffen.   **365**

cc) *Umfang der Haftung*

In früheren Entscheidungen hatte der BGH die Haftungsprivilegierung nicht auf **366** den Unterlassungsanspruch erstreckt;[389] ob dies noch gilt, ist umstritten.[390] Fest steht hingegen, dass der Diensteanbieter nicht nur verpflichtet ist, das konkrete jugendgefährdende Angebot, von dem er Kenntnis erlangt hat, unverzüglich zu sperren, sondern auch Vorsorge dafür treffen muss, dass es möglichst nicht zu weiteren gleichartigen Rechtsverletzungen kommt.[391]

b) **Sonderfall: Haftung für die unzureichende Sicherung von Zugangsberechtigungen**

Benutzt ein Dritter ein fremdes Mitgliedskonto bei eBay zu Schutzrechtsverletzun- **367** gen und Wettbewerbsverstößen, nachdem er an die Zugangsdaten dieses Mitgliedskontos gelangt ist, weil der Inhaber diese nicht hinreichend vor fremdem Zugriff gesichert

---

[386] BGH 17.8.2011 – I ZR 57/09, GRUR 2011, 1038 Rn. 28 – Stiftparfüm. Ähnlich für Persönlichkeitsrechtsverletzungen BGH 1.3.2016 – VI ZR 34/15 Rn. 24 und, zum Prüfungsaufwand, Rn. 37 f.
[387] BGH 5.2.2015 – I ZR 240/12, GRUR 2015, 485 Rn. 52 – Kinderhochstühle im Internet III.
[388] BGH 17.8.2011 – I ZR 57/09, GRUR 2011, 1038 Rn. 31 – Stiftparfüm..
[389] BGH 22.7.2010 – I ZR 139/08, GRUR 2011, 152 Rn. 26 – Kinderhochstühle im Internet, mwN.
[390] Dafür BGH 27.3.2012 – VI ZR 144/11, GRUR 2012, 751 Rn. 9 – RSS-Feeds; *Himmelsbach* Rn. 524; dagegen KG 16.4.2013 – 5 U 63/12, MMR 2014, 46, 48; *Köhler*/Bornkamm § 8 UWG Rn. 2.28 mwN; *Ohly*/Sosnitza § 8 Rn. 124 mwN; *von Ungern-Sternberg*, GRUR 2012, 321, 327.
[391] BGH 12.7.2007 – I ZR 18/04, GRUR 2007, 890 Rn. 43 – Jugendgefährdende Medien bei eBay.

hat, muss der Inhaber des Mitgliedskontos sich so behandeln lassen, als ob er selbst gehandelt hätte.[392] Dies stellt einen selbständigen Zurechnungsgrund dar, der über die genannte Fallgruppe hinaus aber noch nicht zum Tragen gekommen ist.

3. Störerhaftung

368   Als Störer kann bei der Verletzung absoluter Rechte auf Unterlassung in Anspruch genommen werden, wer – ohne Täter oder Teilnehmer zu sein – in irgendeiner Weise willentlich und adäquat kausal zur Verletzung des geschützten Rechts beiträgt; sie setzt die Verletzung zumutbarer Verhaltenspflichten, insbesondere von Prüfungspflichten, voraus.[393]

369   Beispielhaft sei hier nur die Haftung für ein **privates WLAN** genannt: Die Prüfungspflicht im Hinblick auf die unbefugte Nutzung eines WLAN-Routers konkretisiert der BGH dahin, dass jedenfalls die im Kaufzeitpunkt des Routers für den privaten Bereich marktüblichen Sicherungen ihrem Zweck entsprechend wirksam einzusetzen sind.[394] Im Hinblick auf die Nutzung des WLAN von Personen im Haushalt hat der BGH jüngst bestimmt, dass eine Verpflichtung der Eltern, die Nutzung des Internets durch das Kind zu überwachen, den Computer des Kindes zu überprüfen oder dem Kind den Zugang zum Internet (teilweise) zu versperren, grundsätzlich ebenso wenig besteht[395] wie die Haftung für volljährige Familienangehörige, wenn diese den ihnen zur Nutzung überlassenen Anschluss für Rechtsverletzungen missbrauchen[396].

370   Die bereits dargestellte Haftung der Telediensteanbieter (→ Rn 356 f.) spielt auch im Rahmen der Störerhaftung eine Rolle, nach der Abschaffung dieses Zurechnungsgrundes im Wettbewerbsrecht (→ Rn 350) also noch bei Schutzrechtsverletzungen. Für Urheberrechtsverletzungen kommt eine Störerhaftung des Vermittlers von Internetzugängen (**Access-Provider**) nach Auffassung des Bundesgerichtshofs nur in Betracht, wenn der Rechteinhaber zunächst zumutbare Anstrengungen unternommen hat, gegen diejenigen Beteiligten vorzugehen, die – wie der Betreiber der Internetseite – die Rechtsverletzung selbst begangen haben oder – wie der Host-Provider – zur Rechtsverletzung durch die Erbringung von Dienstleistungen beigetragen haben.[397] Der **Registrar einer Domain** kann ebenfalls als Störer haften.[398] Zur Haftung der Videoplattform **Youtube** als Störerin haben Oberlandesgerichte verschiedene Positionen vertreten.[399] Wegen weiterer Fallbeispiele wird auf die Darstellung bei *Ohly*[400] und die Kommentare zu den einzelnen Schutzgesetzen verwiesen.

---

[392]   BGH 11.3.2009 – I ZR 114/06, GRUR 09, 597 Rn. 16 – Halzband.

[393]   Jüngst etwa BGH 8.1.2014 – I ZR 169/12, GRUR 2014, 657 Rn. 22 – BearShare, mwN.

[394]   BGH 12.5.2010 – I ZR 121/08, GRUR 2010, 633 Rn. 23 – Sommer unseres Lebens. Zu einem offenen Netz EuGH, Schlussantrag v. 16.3.2016 – C 484/14.

[395]   BGH 15.11.2012 – I ZR 74/12, GRUR 2013, 511 – Morpheus.

[396]   BGH 8.1.2014 – I ZR 169/12, GRUR 2014, 657 – BearShare, auch zur Beweislast.

[397]   BGH 26.11.2015 – I ZR 3/14 und 174/14, MMR 2016, 180 und 188. Kritisch Frey/Nohr, GRURPrax 2016, 164.

[398]   OLG Saarbrücken 22.10.2014 – 1 U 25/14, MMR 2015, 120.

[399]   OLG Hamburg 1.7.2015 – 5 U 87/12, ZUM-RD 2016, 83 Rn 359 f., anhängig BGH - I ZR 156/15: Bejaht nach Mitteilung von Urheberrechtsverletzungen durch den Rechtsinhaber; anders OLG München, 28.1.2016 – 29 U 2798/15, WRP 2016, 527: Weder Täterin noch Störerin.

[400]   *Ohly*/Sosnitza § 8 Rn. 130 f.

Der Störer haftet auch auf Löschung bzw. Hinwirken auf Löschung rechtswidriger, **370a**
im Internet abrufbarer Tatsachenbehauptungen, die erst durch die Weiterverbreitung
des Ursprungsbeitrags durch Dritte entstanden sind.[401]

4. Haftung für Mitarbeiter und Beauftragte

§ 8 Abs. 2 UWG sieht ein **strenges Regime** vor: Der Inhaber des Unternehmens, **371**
dem die geschäftlichen Handlungen eines unmittelbar handelnden Mitarbeiters oder
Beauftragten zu Gute kommen, soll sich bei einer wettbewerbsrechtlichen Haftung
keinesfalls hinter dem von ihm abhängigen Dritten verstecken können.[402] Anders als
im allgemeinen Deliktsrecht (§ 831 BGB: Haftung für den Verrichtungsgehilfen) gibt
es auch keine Entlastungsmöglichkeit.[403]

Parallelvorschriften finden sich in § 14 Abs. 7 MarkenG, der ebenso wie § 8 Abs. 2 **372**
UWG auszulegen ist,[404] sowie in § 99 UrhG, § 44 DesignG und § 2 Abs. 1 Satz 2
UKlaG.

a) Rechtsnatur und Anwendungsbereich

Bei § 8 Abs. 2 UWG handelt es sich jedoch nicht um eine Anspruchsgrundlage, son- **373**
dern eine Zurechnungsnorm. Das bedeutet, dass der wettbewerbsrechtliche Anspruch
stets über § 8 Abs. 1 und 3 sowie § 3 oder § 7 UWG hergeleitet werden muss; er kann
allerdings neben dem Anspruch gegen den unmittelbar Handelnden gegeben sein.[405]
Beide Ansprüche bestehen unabhängig voneinander und können getrennte rechtliche
Schicksale nehmen, weshalb etwa der Wegfall der Begehungsgefahr in der Person des
Zuwiderhandelnden, zB wegen Abgabe einer strafbewehrten Unterlassungserklärung,
den Anspruch gegen den Unternehmensinhaber nicht berührt.[406]

Praxistipp: Kommt eine Haftung des Unternehmensinhaber auch als Täter, Teilnehmer **374**
oder etwa gem. §§ 31, 89 BGB in Frage, so mag ein Vorgehen über § 8 Abs. 2 UWG gleichwohl Vorteile bei der Darlegung- und Beweislast bieten.[407]

Der **Anwendungsbereich** des § 8 Abs. 2 UWG ist nach dessen Wortlaut allerdings **375**
auf Beseitigungs- und Unterlassungsansprüche beschränkt. Er gilt also insbesondere
nicht im Ordnungsmittelverfahren, weil § 890 ZPO ein eigenes Verschulden des Unternehmensinhabers, bei juristischen Personen des gesetzlichen Vertreters, voraussetzt.[408]

---

[401] BGH 23.12.2015 – VI ZR 340/14, NJW 2016, 56, Rn 13, 37.
[402] BGH 25.4.2012 – I ZR 105/10, GRUR 2012, 1279 Rn. 62 – DAS GROSSE RÄTSEL-
HEFT.
[403] BGH 4.4.2012 – I ZR 103/11, BeckRS 2012, 15721 Rn. 9 mwN.
[404] BGH 7.10.2009 – I ZR 109/06, GRUR 2009, 1167 Rn. 21 – Partnerprogramm.
[405] *Köhler*/Bornkamm § 8 Rn. 2.32, 2.52 mwN; *Ohly*/Sosnitza § 8 Rn. 143, 146 mwN.
[406] BGH 5.4.1995 – I ZR 133/93, GRUR 1995, 605, 608 – Franchise-Nehmer; *Köhler* GRUR
1991, 344, 353.
[407] Gloy/Loschelder/Erdmann/*Fritzsche* § 79 Rn. 119.
[408] *Ohly*/Sosnitza § 8 Rn. 144 mwN.

376 | **Praxistipp:** Nicht notwendig erscheint es, die Zurechnung auch in den Unterlassungsan-
trag aufzunehmen, etwa durch die Wendung „… unmittelbar oder mittelbar durch ihre Rei-
senden oder Vertreter …“. Der durch die Zurechnungsvorschrift bewirkte Rechtszustand
gilt nämlich bereits kraft Gesetzes, also auch ohne Erwähnung in der Urteilsformel.[409]

b) Voraussetzungen

377   Nach der ratio legis ist eine weite Auslegung der Tatbestandsmerkmale geboten:[410]

aa) In einem Unternehmen

378   Die Zuwiderhandlung des Mitarbeiters oder Beauftragten muss zunächst einen **inneren Zusammenhang** zum Unternehmen aufweisen.[411] Damit scheidet eine rein pri-
vate Tätigkeit, die nur dem Handelnden selbst zugute kommt, auch dann aus, wenn die
Tätigkeit ihrer Art nach zur Unternehmenstätigkeit gehört.[412] Im Übrigen hat der
BGH[413] konkretisiert: Es ist unerheblich, wie die Beteiligten ihre Rechtsbeziehungen
ausgestaltet haben, ob der Beauftragte gegen den Willen des Unternehmensinhabers
seine vertraglichen Befugnisse überschritten hat oder ob er ohne Wissen oder sogar gegen dessen Willen gehandelt hat. Allerdings haftet der Unternehmensinhaber nicht,
wenn das betreffende geschäftliche Handeln nicht seiner **Geschäftsorganisation**, sondern derjenigen eines Dritten oder des Beauftragten selbst zuzurechnen ist, etwa weil
dieser noch für andere Personen oder Unternehmen tätig wird oder weil er neben dem
Geschäftsbereich, in dem er für den Unternehmensinhaber tätig wird, noch weitere,
davon zu unterscheidende Geschäftsbereiche unterhält. Dies gilt jedenfalls dann, wenn
der Auftrag auf einen bestimmten Geschäftsbereich des Beauftragten beschränkt ist
und der Unternehmensinhaber nicht damit rechnen muss, dass der Beauftragte auch
anderweitig für ihn tätig wird.

bb) Mitarbeiter oder Beauftragter

379   **Mitarbeiter** ist jeder, der auf Grund eines (nicht notwendig entgeltlichen oder wirksamen) Vertrages oder Dienstverhältnisses weisungsabhängige Dienste zu leisten hat,
also im Wesentlichen Arbeitnehmer.[414] Der **Beauftragte** muss in die betriebliche Organisation in der Weise eingegliedert sein, dass einerseits der Unternehmensinhaber auf
das beauftragte Unternehmen einen bestimmenden, durchsetzbaren Einfluss hat und
dass andererseits der Erfolg der Geschäftstätigkeit des beauftragten Unternehmens
dem Unternehmensinhaber zugute kommt.[415] Konkret erforderlich ist, dass dieser den
Risikobereich in einem gewissen Umfang beherrscht und ihm ein bestimmender und
durchsetzbarer Einfluss jedenfalls auf diejenige Tätigkeit eingeräumt ist, in deren Bereich das fragliche Verhalten fällt, also dass sich – anders als bei den üblichen Lieferbe-
ziehungen zwischen dem Großhandel und dem Unternehmensinhabers und bei einem
selbstständigen Absatzmittler – die Einflussmöglichkeiten des Betriebsinhabers auf
alle das Vertriebssystem des Vertragspartners kennzeichnenden wesentlichen Vorgänge

---

[409] BGH 19.12.1960 – I ZR 14/59, GRUR 1961, 288, 290 – Zahnbürsten.
[410] *Köhler*/Bornkamm § 8 Rn. 2.34 mwN.
[411] BGH 28.6.2007 – I ZR 153/04, GRUR 2008, 186 Rn. 23 – Telefonaktion.
[412] BGH 19.4.2007 – I ZR 92/04, GRUR 2007, 994 Rn. 19 – Gefälligkeit, mwN.
[413] BGH 4.4.2012 – I ZR 103/11, BeckRS 2012, 15721 Rn. 9 mwN.
[414] Köhler/Bornkamm § 8 Rn. 2.39 mwN.
[415] BGH 18.11.2010 – I ZR 155/09, GRUR 11, 617 Rn. 54 – Sedo, mwN.

erstrecken und dass auch die von den Kunden zu treffenden Maßnahmen zwangsläufig vom Willen des Unternehmensinhabers abhängen.[416] Dabei kommt es nicht darauf an, welchen Einfluss sich der Unternehmensinhaber gesichert hat, sondern welchen Einfluss er sich sichern konnte und musste.[417] Beauftragter kann insbesondere auch ein selbstständiges Unternehmen sein.[418]

Eine genaue Abgrenzung der Begriffe des Mitarbeiters und des Beauftragten ist entbehrlich, da die Rechtsfolgen beide Male gleich sind.[419] Wegen weiterer Einzelfälle wird auf die Auflistungen in den gängigen Kommentaren verwiesen.   380

c) Haftung für ausgeschiedene und neu eingetretene Mitarbeiter und Beauftragte (Arbeitsplatzwechsel)

Der Unternehmensinhaber haftet nicht für Zuwiderhandlungen, die ein neu eingetretener Mitarbeiter oder Beauftragter in seinem früheren Unternehmen begangen hat,[420] außer wenn letzterer in dem neuen Unternehmen die Zuwiderhandlung fortsetzt[421] oder – was sich von selbst versteht – der Unternehmensinhaber als Mittäter oder Teilnehmer an der Zuwiderhandlung beteiligt ist[422]. Nach Ansicht von *Köhler*[423] und *Ohly*[424] endet die Haftung des Unternehmensinhabers allerdings nicht mit dem Ausscheiden des zuwiderhandelnden Mitarbeiters oder Beauftragten, was mit der bereits erwähnten rechtlichen Selbstständigkeit der gegen beide begründeten Haftung (→ Rn. 373) im Einklang steht.   381

5. Haftung von Vertretungsorganen eines Unternehmens

Wie bereits in der Einleitung angedeutet bereiten die Fälle Schwierigkeiten, in denen dem Vertretungsorgan nicht vorgeworfen werden kann, die Rechtsverletzung selbst begangen oder veranlasst zu haben. An der gleichwohl strengen Praxis der Rechtsprechung, wonach der Geschäftsführer auch dann für Wettbewerbsverstöße der Gesellschaft haftet, wenn er lediglich von ihnen **Kenntnis** und sie nicht verhindert hatte, will der BGH in dieser Allgemeinheit nicht mehr festhalten: 382

Der über viele Jahre hinweg verwandte „Kniff" beruhte auf dem **Gesichtspunkt der Erstbegehungsgefahr** (→ Rn. 48). Der Geschäftsführer haftete, wenn er die Möglichkeit erneuter gleichartiger Handlungen der Angestellten des Unternehmens kannte und für sein eigenes Verhalten, insbesondere für seine Verpflichtung zur Störungsbeseitigung, in Rechnung stellen musste.[425] War also etwa die Abmahnung auch an ihn   383

---

[416] BGH 28.10.2010 – I ZR 174/08, GRUR 2011, 543 Rn. 13 – Änderung der Voreinstellung III, mwN.
[417] BGH 7.10.2009 – I ZR 109/06, GRUR 2009, 1167 Rn. 21 – Partnerprogramm, mwN.
[418] BGH 25.4.2012 – I ZR 105/10, GRUR 2012, 1279 Rn. 62 – DAS GROSSE RÄTSELHEFT.
[419] Köhler/Bornkamm § 8 Rn. 2.39 mwN.
[420] BGH 19.12.2002 – I ZR 119/00, GRUR 2003, 453, 454 – Verwertung von Kundenlisten.
[421] *Köhler*/Bornkamm aaO.
[422] BGH aaO.
[423] *Köhler*/Bornkamm § 8 Rn. 2.54.
[424] *Ohly*/Sosnitza § 8 Rn. 153.
[425] BGH, Urt. v. 26.9.1985 – I ZR 86/83, GRUR 1986, 248, 251 – Sporthosen; bestätigt durch BGH 9.6.2005 – I ZR 279/02, GRUR 2006, 1061, 1064 – Telefonische Gewinnauskunft; BGH 17.8.2011 – I ZR 108/09, GRUR 2011, 1043 Rn. 70 – TÜV II.

persönlich adressiert, so hatte er zwar im Regelfall deren Kosten nicht zu tragen, wenn er vorher keine Kenntnis von dem Verstoß hatte. Er musste nun aber tätig werden, um weitere Rechtsverletzungen des von ihm vertretenen Unternehmens zu verhindern; ansonsten haftete er wegen der Gefahr, dass es zu solchen kommt.

384   Nunmehr soll eine persönliche Haftung des Geschäftsführers für unlautere Wettbewerbshandlungen der von ihm vertretenen Gesellschaft nur dann bestehen, wenn er daran entweder **durch positives Tun beteiligt** war oder wenn er die Wettbewerbsverstöße auf Grund einer nach allgemeinen Grundsätzen des Deliktsrechts begründeten **Garantenstellung** – als Unterfall der wettbewerbsrechtlichen Verkehrspflicht – hätte verhindern müssen; die schlichte Kenntnis des Geschäftsführers von Wettbewerbsverletzungen scheidet als haftungsbegründender Umstand hingegen aus.[426] Weniger konturiert erscheint allerdings das offenbar zusätzliche Erfordernis, dass der Wettbewerbsverstoß auf einem Verhalten beruhen müsse, das nach seinem äußeren Erscheinungsbild und mangels abweichender Feststellungen dem Geschäftsführer anzulasten ist; als Beispiel hat der BGH im gleichen Zug Fälle der rechtsverletzenden Benutzung einer bestimmten Firmierung und des allgemeinen Werbeauftritts eines Unternehmens genannt, über die typischerweise auf Geschäftsführungsebene entschieden wird.[427]

385   Die Haftung aufgrund Erstbegehungsgefahr scheint der BGH damit allerdings (noch?) nicht aufgegeben zu haben. Insofern führt er aus, dass der Beklagte auch durch sein **Verhalten im Prozess** keinen Anlass für die Annahme gegeben habe, er werde sich in naher Zukunft rechtswidrig verhalten.[428] Das beruhte aber auf dem Umstand, dass das vertretene Unternehmen die Unlauterkeit der angegriffenen Behauptungen nicht in Abrede gestellt und die Unterlassungsverpflichtung durch Verzicht auf Rechtsmittel gegen das erstinstanzliche Urteil anerkannt hatte.[429] Wie der Fall zu beurteilen ist, wenn auch das Unternehmen noch im Prozess nicht einlenkt, wird die Zukunft zeigen.[430]

386   Noch nicht vollständig geklärt ist schließlich die Frage, ob bei **Schutzrechtsverletzungen** an der strengen Störerhaftung gem. der „Sporthosen"-Entscheidung festzuhalten ist. Gewichtige Stimmen haben sich allerdings dafür ausgesprochen[431] und verweisen zutreffend darauf, dass der Bundesgerichtshof zwar ausdrücklich meinte, nach Aufgabe der Störerhaftung im Lauterkeitsrecht an der bisherigen Rechtsprechung in dieser Allgemeinheit nicht mehr festhalten zu können,[432] im Bereich des Schutzrechte – anders als im Wettbewerbsrecht – aber weiterhin an der Störerhaftung festhält. Mittlerweile hat der BGH die Frage bejaht, allerdings in einem obiter dictum.[433]

---

[426] BGH 18.6.2014 – I ZR 242/12, GRUR 2014, 883 Rn. 17, 19 und 22 – Geschäftsführerhaftung.

[427] BGH 18.6.2014 – I ZR 242/12, GRUR 2014, 883 Rn. 19 – Geschäftsführerhaftung, mwN.

[428] BGH 18.6.2014 – I ZR 242/12, GRUR 2014, 883 Rn. 35 – Geschäftsführerhaftung, mwN.

[429] BGH 18.6.2014 – I ZR 242/12, GRUR 2014, 883 Rn. 9 – Geschäftsführerhaftung.

[430] Die Haftung bejahend BGH, Urt. v. 26.9.1985 – I ZR 86/83, GRUR 1986, 248, 251 – Sporthosen; anders, aber ohne ausdrückliche Aufgabe des häufig in Rspr und Lehre zitierten Sporthosen-Urteils: BGH 16.3.2006 – I ZR 92/03, GRUR 2006, 879 Rn. 17 – Flüssiggastank.

[431] OLG Hamburg, Urt. v. 22.1.2015 – 5 U 271/11, GRURPrax 2015, 86, Juris Rn. 141; OLG Köln, Urt. v. 5.12.2014 – I-6 U 57/14, ZUM 2015, 404, Juris Rn. 39; *Büscher*/Dittmer/Schiwy § 14 MarkenG Rn. 102; *Büscher*, GRUR 2015, 5, 17. A.A. *Goldmann* GRURPrax 14, 404, 406.

[432] BGH 18.6.2014 – I ZR 242/12, GRUR 2014, 883 Rn. 15 – Geschäftsführerhaftung.

[433] 27.11.2014 – I ZR 124/11, GRUR 2015, 672 Rn. 81 – Videospielkonsolen II, m. Anm. Pfeifer.

Danckwerts

Klar dürfte aber weiterhin sein, dass die Wiederholungsgefahr nicht dadurch ent- **387**
fällt, dass die Anspruchsgegner **nicht mehr Organe** sind, da nicht auszuschließen ist,
dass sie das Geschäftsmodell so oder im Kern in gleicher Weise als Einzelkaufleute
oder als Verantwortliche eines anderen Unternehmens weiter betreiben oder wieder
aufnehmen werden.[434]

6. Auswirkungen von Rechtsnachfolge oder Insolvenz

Die wettbewerbsrechtliche Haftung besteht bei einem Wechsel des Inhabers des **388**
Unternehmens nicht fort: Im Fall der **Rechtsnachfolge** kann bei dem übernehmen-
den Rechtsträger weder Wiederholungs- noch Erstbegehungsgefahr deshalb angenommen werden, weil zuvor in dem fortgeführten Betrieb wettbewerbswidrige
Handlungen begangen wurden; dies gilt nicht nur, wenn der Rechtsvorgänger die
Wiederholungsgefahr persönlich durch eigenes Verhalten begründet hat, sondern
auch, wenn der Wettbewerbsverstoß auf Handeln der Organe des Rechtsvorgängers
oder Mitarbeiter seines Unternehmens beruht.[435] Ebenso liegt es bei einer **Insolvenz**
im Hinblick auf den Insolvenzverwalter, wenn dieser den Betrieb des Insolvenz-
schuldners, dem oder dessen Mitarbeiter oder Beauftragten wettbewerbswidrige
Handlungen anzulasten sind, fortführt.[436]

Zurechnungsgründe

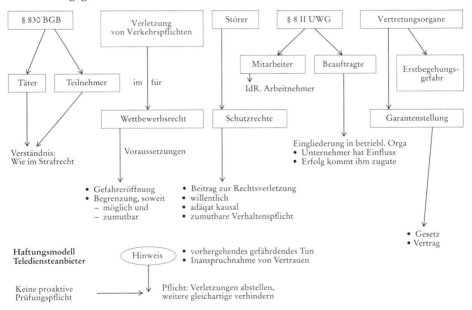

---

[434] BGH 22.4.2009 – I ZR 216/06, GRUR 2009, 845 Rn. 47 – Internet-Videorecorder, mwN.
[435] BGH 26.4.2007 – I ZR 34/05, GRUR 2007, 995 11, 14 – Schuldnachfolge; BGH 3.4.2008 –
I ZR 49/05, GRUR 2008, 1002 Rn. 39 – Schuhpark; entschieden und eingehend gegen beide Fe-
zer/*Büscher* § 8 Rn. 158; differenzierend zur Erstbegehungsgefahr BGH 6.12.2012 – III ZR 173/
12, NJW 13, 593 Rn. 26.
[436] BGH 18.3.2010 – I ZR 158/07, GRUR 2010, 536 Rn. 40 – Modulgerüst II.

Danckwerts

389   Eine Erstreckung nach § 325 ZPO auf den Dritten, dessen Rechtsnachfolge nach Rechtshängigkeit eingetreten ist, scheidet schließlich ebenso aus wie die Erteilung einer Vollstreckungsklausel nach § 727 ZPO.[437]

390   **Praxistipp:** Kommt es zu einer Rechtsnachfolge, bleibt dem Angreifer also nur, den Rechtsstreit für erledigt zu erklären und eine ggf. später vom Rechtsnachfolger begründete Begehungsgefahr zum Gegenstand eines neuen Rechtsstreits zu machen.

IV. Entgegenstehende Rechtskraft

391   Wegen eines Streitgegenstandes, über den bereits rechtskräftig entschieden wurde, kann kein weiteres gerichtliches Erkenntnisverfahren angestrengt werden (Grundsatz der „Res Iudicata"). Wegen § 261 Abs. 3 Nr. 1 ZPO gilt diese Sperre sogar schon dann, wenn der Streitgegenstand anderweitig rechtshängig gemacht worden ist.

392   **Praxistipp:** Wer das nicht bedenkt, der riskiert, dass sein Begehren als unzulässig zurückgewiesen wird. Natürlich heißt das nicht, dass der Angreifer die Hände in den Schoß legen muss. Vielmehr stellt sich für ihn die Frage, ob er nicht – anstelle eines erneuten Erkenntnisverfahrens – gemäß § 890 ZPO vollstrecken, also auf Grund der Verletzung seines bereits erstrittenen Titel einen Ordnungsantrag stellen sollte.

393   Schon deshalb kommt der Bestimmung des Streitgegenstandes eine entscheidende Rolle zu, weshalb zunächst die insoweit geltenden Grundsätze dargestellt (→ Rn. 394 f.) und sodann typische Problemfälle aufgezeigt werden sollen (→ Rn. 404 f.).

1. Der Streitgegenstand

394   Nach ständiger Rechtsprechung wird der Streitgegenstand durch den **Klageantrag**, in dem sich die vom Kläger in Anspruch genommene Rechtsfolge konkretisiert, und den Lebenssachverhalt **(Klagegrund)** bestimmt, aus dem der Kläger die begehrte Rechtsfolge herleitet (sog. „zweigliedriger Streitgegenstand"). In der Entscheidung „Biomineralwasser"[438] hat der Bundesgerichtshof weiter grundlegend ausgeführt:

395   „Zu dem Lebenssachverhalt, der die Grundlage der Streitgegenstandsbestimmung bildet, rechnen … alle Tatsachen, die bei einer vom Standpunkt der Parteien ausgehenden natürlichen Betrachtungsweise zu dem durch den Vortrag der Klagepartei zur Entscheidung gestellten Tatsachenkomplex gehören. Das ist dann der Fall, wenn der Tatsachenstoff nicht sinnvoll auf verschiedene eigenständige, den Sachverhalt in seinem Kerngehalt verändernde Geschehensabläufe aufgeteilt werden kann, selbst wenn diese einer eigenständigen rechtlichen Bewertung zugänglich sind. Der Streitgegenstand wird damit durch den gesamten historischen Lebensvorgang bestimmt, auf den sich das Rechtsschutzbegehren der Klagepartei bezieht, unabhängig davon, ob einzelne Tatsachen dieses Lebenssachverhalts von den Parteien vorgetragen worden sind oder

---

[437] Fezer/*Büscher* § 8 Rn. 156.
[438] Urt. v. 13.9.2012 – I ZR 230/11, GRUR 2013, 401 Rn. 19 f. mAnm *Teplitzky.*

nicht, und auch unabhängig davon, ob die Parteien die nicht vorgetragenen Tatsachen des Lebensvorgangs kannten und hätten vortragen können. Eine Mehrheit von Streitgegenständen liegt dagegen dann vor, wenn die materiell-rechtliche Regelung die zusammentreffenden Ansprüche durch eine Verselbständigung der einzelnen Lebensvorgänge erkennbar unterschiedlich ausgestaltet."

Mit dem vorletzten Satz zielt der Bundesgerichtshof auf die eingangs beschriebene **396** Rechtskraftwirkung: Wurde bereits über einen historischen Lebenssachverhalt entschieden, also etwa der Antrag auf Verbot einer konkreten Zeitungsanzeige wegen irreführender Angaben abgelehnt, so kann der Angreifer nicht erneut ein solches Verbot mit der Begründung beantragen, die Anzeige sei aus weiteren, bislang nicht eingeführten Gründen irreführend.

Praxistipp des Anwalts: In wettbewerbsrechtlichen Auseinandersetzungen kommt eine **397** Rechtskrafterstreckung auf Dritte grundsätzlich nicht in Betracht. Deshalb kann der unterlegene Kläger einen anderen Anspruchsberechtigten bitten, erneut Klage zu erheben. Als „Dritter" kommen sämtliche in § 8 Abs. 3 Nr. 1 bis 4 UWG genannten Aktivlegitimierten in Betracht. Eine weitere Klage kann vor allem dann Sinn machen, wenn das erste Klageverfahren verloren ging, weil dem Kläger Fehler im Vortrag und der Beweisführung unterlaufen sind. Blieb der Kläger beispielsweise beweisfällig, kann in der neuen Klage das Beweisangebot nachgeholt werden.

Allein anhand der soeben beschriebenen allgemeinen Grundsätze dürfte ein Angreifer **398** allerdings nur schwer vorhersagen können, wie ein Gericht den Streitgegenstand in seinem Fall bestimmen wird. Hilfe bieten hier aber die jüngeren Entscheidungen des Bundesgerichtshofs. Für die verschiedenen Gebiete des gewerblichen Rechtsschutzes finden sich darin konkrete Regeln. Diese zeigen innerhalb der einzelnen Gebiete eine Tendenz zu einem weit gefassten Streitgegenstand, während sie bei Zusammentreffen mehrerer Schutzrechte oder Rechtsgebiete zur Annahme verschiedener Streitgegenstände führen:

a) Wettbewerbsrecht

Wurde ein wettbewerbsrechtlicher Unterlassungsanspruch gegen eine konkrete Verletzungsform (etwa ein Werbeschreiben) gerichtet und die Begründung auf verschiedene Verbotsnormen des UWG oder sogar nur mehrere Tatbestände des Irreführungsverbots des § 5 UWG gestützt, so hatte der Bundesgerichtshof in der Vergangenheit darin noch mehrere Streitgegenstände erkannt.[439] In „Branchenbuch Berg"[440], in dem ein Werbeschreiben verboten werden sollte, welches als Korrekturabzug getarnt war und darüber hinaus auch über die Fälligkeit des monatlichen Preises täuschte, nahm er demgegenüber nur einen Streitgegenstand an und erläuterte:

„Auch wenn die Kl. das Werbeschreiben unter zwei unterschiedlichen tatsächlichen **400** Gesichtspunkten als irreführend beanstandet hat, hat sie damit nicht mehrere Streitgegenstände in den Rechtsstreit eingeführt. Die Kl. hat ihr Unterlassungsbegehren … auf eine konkrete Verletzungshandlung gestützt. Sie hat nur einen einzigen Lebenssach-

---

[439] Urt. v. 20.9.2007 – I ZR 171/04, GRUR 2008, 443 Rn. 23 – Saugeinlagen bzw. Urt. v. 8.6.2000 – I ZR 269/97, GRUR 2001, 181 – dentalasthetika I und Urt. v. 13.7.2006 – I ZR 222/03, GRUR 2007, 161 – dentalasthetika II.

[440] Urt. v. 30.6.2011 – I ZR 157/10, GRUR 2012, 184 mAnm *Heil* Rn. 15; s. dazu auch *Teplitzky*, WRP 2012, 261; *Schmidt*, GRUR-Prax 2012, 179, 180 f.

verhalt zur Begründung ihres Unterlassungsbegehrens vorgetragen und damit auch nur einen Streitgegenstand in den Rechtsstreit eingeführt. Dass der vorgetragene Lebenssachverhalt zugleich die Voraussetzungen mehrerer Verbotsnormen erfüllt, ist für die Frage, ob nur ein Streitgegenstand vorliegt oder mehrere Streitgegenstände gegeben sind, nicht maßgeblich, da die rechtliche Würdigung der beanstandeten konkreten Verletzungshandlung Sache des Gerichts ist."

401   Mit „Biomineralwasser" hat der Bundesgerichtshof diese großzügige Linie derart deutlich bestätigt, dass in nächster Zeit keine Änderungen zu erwarten sind.

b) Markenrecht

402   In Sachen „Oscar"[441] hielt der Bundesgerichtshof Identitäts- und Verwechslungsschutz gemäß § 14 Abs. 2 Ziff. 1 und 2 MarkenG im Verhältnis zum Bekanntheitsschutz gemäß Ziff. 3 nicht für gesonderte Streitgegenstände. Dass auch dies nicht selbstverständlich ist, zeigt sich schon daran, dass er kurz zuvor noch das Gegenteil angedeutet hatte.[442] Unterschiedliche Streitgegenstände sollen hingegen vorliegen, wenn ein Anspruch auf Markenlöschung einmal mit Verfall gemäß § 49 MarkenG, ein anderes Mal mit böswilliger Markenanmeldung begründet wird.[443]

c) Mehrere Schutzrechte oder Rechtsgebiete

403   Der Bundesgerichtshof geht allerdings in ständiger Rechtsprechung davon aus, dass jedes in den Streit eingeführte Schutzrecht einen eigenen Streitgegenstand darstellt,[444] also etwa jedes einzelne Geschmacksmuster[445] oder jedes einzelne Zeichen (Marke/ Unternehmenskennzeichen).[446] Bei auf Urheberrecht und ergänzenden wettbewerbsrechtlichen Leistungsschutz (§ 4 Nr. 9 UWG) gestützten Ansprüchen nimmt er ebenfalls zwei Streitgegenstände an,[447] was auf das Verhältnis der anderen Schutzrechte (also etwa der bereits erwähnten) zu Letzterem übertragbar sein dürfte. Auch zwischen Ansprüchen aus §§ 14 und 15 MarkenG einerseits sowie § 5 Abs. 2 UWG andererseits unterschied der BGH.[448]

2. Problemfall: Gleichartige Verletzungshandlungen

404   Mehrere mit der Klage vorgetragene gleichartige Verletzungshandlungen (im konkreten Fall: Verkauf angeblich markenverletzender Schuhe zu mehreren Zeitpunkten), auf die ein Unterlassungsantrag mit einem bestimmten Klageziel gestützt wird, bilden einen einheitlichen Klagegrund[449], weshalb sich auch die noch näher unten (→ Rn. 880 f.) beschriebenen Schwierigkeiten der Bestimmtheit der Antragsfassung nicht stellen.

---

[441] Urt. v. 8.3.2012 – I ZR 75/10, GRUR 2012, 621.
[442] Beschl. v. 24.3.2011 – I ZR 108/09, GRUR 2011, 521 Rn. 3 f. – TÜV I.
[443] Urt. v. 9.6.2011 – I ZR 41/10, GRUR 2012, 180 Rn. 20 – Werbegeschenke.
[444] Gegen die Kritik daran *Büscher*, GRUR 2012, 16, 25.
[445] Urt. v. 7.4.2011 – I ZR 56/09, GRUR 2011, 1117 Rn. 16 – ICE.
[446] Urt. v. 19.4.2012 – I ZR 86/10, GRUR 2012, 1145 Rn. 17 f. – Pelikan.
[447] Urt. v. 12.5.2011 – I ZR 53/10, GRUR 2012, 58 Rn. 13 f. – Seilzirkus. Allerdings ist der wettbewerbsrechtliche Anspruch nicht als ein solcher aus einem Schutzrecht zu verstehen; so aber OLG Frankfurt, Urt. v. 1.11.2011 – 11 U 75/06, Rn. 164 – Perlentaucher II.
[448] Urt. v. 2.4.2009 – I ZR 78/06, GRUR 2009, 672 Rn. 57 – Ostsee-Post.
[449] BGH 15.3.2012 – I ZR 137/10, GRUR 2012, 630 Rn. 17 – CONVERSE II.

Nach den soeben vor Ziffer 1 dargestellten Grundsätzen ist aber auch klar, wie der **405** Angreifer vorzugehen hat, wenn bei einem erneuten Verstoß im Verhältnis zu einem bereits erstrittenen Titel **eindeutig der gleiche oder aber ein neuer Streitgegenstand** vorliegt: Im ersten Fall, also wenn der Verletzer die Handlung schlicht fortsetzt und etwa irreführende Angaben auf seiner Homepage nicht entfernt, kann der Angreifer nur aus dem bereits vorhandenen Titel vollstrecken. Im zweiten Fall hingegen, also wenn der Verletzer etwa neben irreführenden nunmehr auch herabsetzende Äußerungen über einen Mitbewerber tätigt, kann der Betroffene wegen den Herabsetzungen nur ein neues Erkenntnisverfahren einleiten. Weitaus weniger gesichert erscheint der Weg indes, wenn es lediglich um **gleichartige Verletzungshandlungen** geht. Derartige Zweifelsfälle dürften häufig auftreten[450] und seien hier anhand zweier Beispiele erläutert:

Ein Möbelhaus bezeichnet sich in einer Zeitungsanzeige unzutreffend als „Größtes **406** Möbelhaus Berlins!". Nachdem ein Mitbewerber ein Verbot dieser konkreten Anzeige erwirkt, wirbt das Möbelhaus nunmehr (1) auf seiner Homepage mit dieser Anzeige oder (2) in der derselben Zeitung mit der Angabe „Wir sind die Größten in Berlin!".

Eine Markeninhaberin nimmt einen (Grau-) Importeur wegen des Vertriebs eines **407** mit ihrer Marke versehenen Parfüms, welches sie an den außereuropäischen Markt geliefert hatte, gerichtlich in Anspruch. Wegen einer gleichartigen Verletzung ihrer Marke ist bereits ein Verfahren zwischen den Parteien rechtshängig, der im Verlauf des nunmehr angestrengten Rechtsstreit rechtskräftig wird.

Der BGH hatte über den zweiten Beispielsfall zu entscheiden und hielt die (erneute) **408** Klage der Markeninhaberin für zulässig. Dies schloss er daraus, dass mit der späteren Einführung weiterer Verletzungshandlungen in einen Unterlassungsprozess ohne Änderung des Klageantrags eine Änderung des Streitgegenstands, d.h. eine Klageänderung (§ 263 ZPO), verbunden sei, auch wenn sich aus den nachgeschobenen Verletzungsfällen dieselbe Verletzungsform ergebe.[451] Allerdings stand dies im Gegensatz zu einer früheren höchstrichterlichen Entscheidung[452] und ist in der Literatur heftig kritisiert worden,[453] vor allem mit dem Hinweis darauf, dass kein Raum für eine Zwangsvollstreckung bliebe.[454] Mittlerweile dürfte der Bundesgerichtshof – auch wenn er das nicht ausdrücklich erklärt hat – die soeben beschriebene Ansicht aufgegeben haben.[455] Die praktische Bedeutung dieser Frage hatte er aber ohnehin schon dadurch entschärft, dass er zwischenzeitlich feststellte:

„Der Gläubiger kann … nicht auf den Weg des Ordnungsmittelantrags verwiesen **409** werden, wenn der Ausgang im Zwangsvollstreckungsverfahren ungewiss ist und eine Verjährung der aufgrund des erneuten Verstoßes geltend zu machenden wettbewerbsrechtlichen Ansprüche droht".[456]

---

[450] *von der Decken/Heim*, GRUR 2011, 746 f. (Anm).

[451] Urt. v. 23.2.2006 – I ZR 272/02, GRUR 2006, 421 Rn. 26 mwN – Markenparfümverkäufe. Ähnlich in jüngerer Zeit OLG Frankfurt 7.2.2013 – 6 U 188/12, GRUR-Prax 2013, 358 *(Hövel)*, das zwischen Markenplagiaten und Parallelimporten unterscheidet.

[452] Urt. v. 23.9.1992 – I ZR 224/90, GRUR 1993, 157 – dauernd billig.

[453] S. etwa *v. Linstow/Büttner*, Nach Markenparfümverkäufen sind Reinigungsarbeiten erforderlich, WRP 2007, 169 und den Meinungsstand bei *Köhler*/Bornkamm § 12 UWG Rn. 2.23 mwN.

[454] *Teplitzky*, Wettbewerbsrechtliche Ansprüche und Verfahren, 10. Aufl., Kap 46 Rn. 5b. Vgl. auch OLG Hamburg, 28.4.2015 – 3 W 32/15.

[455] Urt. v. 15.3.2012 – I ZR 137/10, GRUR 2012, 630 Rn. 17 – CONVERSE II.

[456] Urt. v. 7.4.2011 – I ZR 34/09, GRUR 2011, 742 Rn. 20 – Leistungspakete im Preisvergleich.

410   Dem Dilemma, bei gleichartigen Verletzungshandlungen mit einem – zwar kosten-
günstigen – Ordnungsantrag möglicherweise keinen Erfolg zu haben und nachfolgend
auch noch die Verjährung des Anspruchs entgegengehalten zu bekommen, entkommt
der Angreifer also, wenn er erneut Klage erhebt.[457] Das gleichzeitig laufende Ordnungsverfahren steht dem nach der zuletzt genannten Entscheidung nicht entgegen.

411   **Praxistipp des Anwalts:** In solchen Zweifelsfällen bietet es sich regelmäßig nicht an, den
Unterlassungsanspruch mit einem Verfügungsantrag zu verfolgen. Vielmehr sollte zunächst
der Ordnungsmittelantrag gestellt werden. Kurz vor Ablauf der Verjährung kann dann die
Klage eingereicht werden, falls noch nicht abschließend über den Ordnungsmittelantrag
entschieden wurde oder falls der Ordnungsmittelantrag abschließend zurückgewiesen
wurde, weil der neue Verstoß nicht dem vorliegenden Titel unterfalle. Eine einstweilige Verfügung könnte an der fehlenden Dringlichkeit scheitern. Verjährung kann nicht drohen, solange die Dringlichkeitsfrist noch läuft.

3. „Rechtskraft" der einstweiligen Verfügung und der Unterlassungserklärung?

412   Einem neuen gerichtlichen Verfahren können auch außergerichtliche Erklärungen
des Schuldners gegenüber dem Gläubiger entgegenstehen. Insbesondere: Erkennt der
Unterlassungsschuldner durch eine Abschlusserklärung (→ Rn. 44) die gegen ihn ergangene Unterlassungsverfügung als nach Bestandskraft und Wirkung einem entsprechenden Hauptsachetitel gleichwertig an, wird dadurch das Rechtsschutzbedürfnis
für eine Hauptsacheklage beseitigt, weil die Abschlusserklärung einen dem Unterlassungstitel gleichwertigen Vollstreckungstitel entstehen lässt.[458] Erst recht gilt das
natürlich für einen neuen Verfügungsantrag wegen desselben Verfügungsverfahrens-
gegenstands. Das ändert aber nichts an dem Grundsatz, dass einstweiliges Verfügungsverfahren einerseits und Hauptsacheverfahren andererseits sich nicht ausschließen, also jedenfalls nacheinander, aber auch nebeneinander[459] durchgeführt werden
können. Letzteres begegnet aber dem Einwand des Rechtsmissbrauches (→
Rn. 139 f.)[460] und dürfte sich nur dann empfehlen, wenn der Anspruchsgegner Widerspruch eingelegt und in der ihm gesetzten angemessenen Frist nicht die geforderte
Abschlusserklärung abgegeben hat.[461]

413   Fehlt aber, wenn der Schuldner gegenüber dem Gläubiger bereits eine strafbewehrte Unterlassungserklärung (→ Rn. 43) abgegeben hatte, für ein erneutes Erkenntnisverfahren wegen der Fortsetzung des Verstoßes nicht zumindest das Rechtsschutzbedürfnis (von Rechtskraft kann angesichts des vertraglichen Charakters
ohnehin keine Rede sein)? Dies sieht die Rechtsprechung nicht so, wobei sie zur Begründung auf die andere Qualität des nunmehr anzustrebenden gerichtlichen Verbo-

---

[457] Vgl. *Kefferpütz*, GRURPrax 2013, 392, Anm. zu BGH 6.2.2013 – I ZB 79/11, GRUR 2013,
1071 – Umsatzangaben.
[458] BGH Urt. v. 19.5.2010 – I ZR 177/07, GRUR 2010, 855 Rn. 16 – Folienrollos.
[459] s. etwa *Köhler*/Bornkamm § 12 UWG Rn. 2.17 (3) mwN.
[460] s. etwa *Köhler*/Bornkamm § 8 UWG Rn. 4.15 mwN.
[461] OLG Köln, Beschl. v. 9.2.2009 – 6 W 4/09, GRUR-RR 2009, 183; OLG München, Urt. v.
17.1.2008 – 6 U 1880/07, OLGR 2008, 457; aA OLG Nürnberg, Beschl. v. 20.7.2004 – 3 W 1324/
04, GRUR-RR 2004, 336.

tes verweist.[462] Das Rechtsschutzbedürfnis fehlt hingegen (natürlich), wenn es keinen weiteren Verstoß gibt als den, der zur Unterlassungserklärung geführt hatte, da ansonsten der Zweck des Abmahnverfahrens – Vermeidung eines gerichtlichen Verfahrens – ausgehebelt würde.

Praxistipp des Anwalts: Verfügt der Gläubiger über eine Unterlassungserklärung, so sollte er bei einem Verstoß dagegen also sowohl die Vertragsstrafe anfordern als auch den Unterlassungsanspruch nunmehr gerichtlich geltend machen. Ist für letzteren der Verfügungsgrund gegeben, also ein Eilverfahren zulässig, muss er wegen der Vertragsstrafe allerdings ein gesondertes Hauptsacheverfahren anstrengen, falls er den Unterlassungsanspruch im Verfügungsverfahren verfolgen will. Häufig bietet es sich an, ein einheitliches Klageverfahren zu führen, um in diesem sowohl den Unterlassungs- wie auch den Zahlungsanspruch geltend zu machen. Der Gläubiger ist durch die Unterlassungserklärung bereits in dem gegebenen Umfang gesichert. Der Streit um das Bestehen eines Verfügungsgrundes kann im Klageverfahren nicht aufkommen.

414

---

4. Zusammenfassung: Neues Erkenntnisverfahren oder Vollstreckung?

Bei erneutem Verstoß und …

415

- gleichem Streitgegenstand: Vollstreckung (Ordnungsantrag)
- gleichartiger Verletzungshandlung: Erst Ordnungsantrag, vor Verjährung neue Klage
- anderem Streitgegenstand: Neuer Verfügungsantrag/neue Klage
- strafbewehrter Unterlassungserklärung: Neuer Verfügungsantrag/neue Klage

V. Auswahl des Gerichts:
Sachliche, funktionale und örtliche Zuständigkeit

Aufgrund des sog. „fliegenden Gerichtsstandes" (dazu Rn. 438 f.) und des Umstandes, dass in Wettbewerbs- und Markensachen auch die Kammer für Handelssachen angerufen werden kann (dazu Rn. 421 f.), hat der Angreifer im Wettbewerbsprozess – im Verhältnis zum allgemeinen Zivilprozess – **breite Wahlmöglichkeiten** unter den zumeist sachlich zuständigen Landgerichten (dazu sogleich). Ein umsichtiger Anwalt wird immer prüfen, ob davon unter Berücksichtigung der nachfolgenden Ausführungen Gebrauch zu machen ist.

416

1. Sachlich zuständig …

… für Wettbewerbssachen sind in erster Instanz gem. § 13 Abs. 1 UWG die Landgerichte, was ebenso etwa für das Markenrecht gilt (§ 140 MarkenG), während für das Urheberrecht in erster Instanz streitwertabhängig – also bis zu einem Streitwert von 5.000 € – die Amtsgerichte zuständig sein können, §§ 23 Nr. 1, 71 Abs. 1 GVG, da eine entsprechende Zuweisung an die Landgerichte im Urhebergesetz fehlt.

417

---

[462] BGH Urt. v. 9.11.1979 – I ZR 24/78, GRUR 1980, 241, 242 – Rechtsschutzbedürfnis.

418   Wettbewerbsverstöße, die mit einem **Arbeitsverhältnis** in Zusammenhang stehen, sind als unerlaubte Handlungen gemäß § 2 Abs. 1 Nr. 3 d) ArbGG den Arbeitsgerichten zugewiesen. Und bei den – in der Praxis ebenfalls nicht seltenen – privatrechtlichen Streitigkeiten in **Angelegenheiten der gesetzlichen Krankenversicherung** nach § 51 Abs. 1 Nr. 2, Abs. 2 Satz 1 SGG entscheiden die Gerichte der Sozialgerichtsbarkeit,[463] was allerdings dann nicht gilt, wenn die wettbewerbsrechtlichen Ansprüche nicht auf einen Verstoß gegen Vorschriften des SGB V gestützt werden, sondern ausschließlich auf wettbewerbsrechtliche Normen, deren Beachtung auch jedem privaten Mitbewerber obliegt.[464]

419   Die sachliche Zuständigkeitsbestimmung des § 13 Abs. 1 UWG gilt aber nur für „Rechsstreitigkeiten, mit denen ein **Anspruch auf Grund dieses Gesetzes** geltend gemacht wird". Das betrifft die in § 8 Abs. 1 bzw. § 12 Abs. 1 Satz 2 UWG geregelten Ansprüche auf Beseitigung oder Unterlassung und vor allem die – häufig unter 5.001 € angesiedelten und früher vor den Amtsgerichten im sog. „kleinen Wettbewerbsprozess" durchzusetzenden – auf Ersatz der **Abmahnkosten** (→ Rn. 100 f.). Umstritten ist hingegen, ob § 13 Abs. 1 UWG vertragliche Ansprüche und damit insbesondere auch Ansprüche auf Grund von **Vertragsstrafeversprechen** (→ Rn. 154 f.) erfasst.[465]

420   Von der in § 13 Abs. 2 UWG vorgesehenen **Konzentrationsermächtigung** der Bundesländer für ihre Gerichtsbezirke haben lediglich Sachsen und Mecklenburg-Vorpommern Gebrauch gemacht.[466]

2. Funktional zuständig …

421   … ist zunächst auch dann, wenn bei dem Landgericht eine **Kammer für Handelssachen** („KfH") gebildet ist, die Wettbewerbs(zivil)kammer. Denn der Rechtsstreit gelangt nur nach Antrag des Klägers in der Klageschrift oder nach späterem Verweisungsantrag des Beklagten vor die KfH, §§ 96 Abs. 1, 98 Abs. 1 GVG. Dies gilt auch für Verfügungsverfahren, so dass der Antragsteller also bereits in der Antragsschrift einen entsprechenden Antrag stellen muss, wenn er vor der KfH verhandeln will. Von der Sache her sind diese Kammern auch für Wettbewerbs- und Markensachen zuständig, **nicht jedoch für Urhebersachen** (§§ 94, 95 Abs. 1 Nr. 4 c), Nr. 5 GVG); wird ein gerichtliches Vorgehen auf all diese Gründe gestützt und vor die KfH gebracht, muss man also mit einer amtswegigen Abtrennung (§ 145 ZPO) und zumindest Verweisung des urheberrechtlichen Teils, wenn nicht sogar des gesamten Rechtsstreits an die Zivilkammer rechnen.[467]

422 | **Praxistipp des Anwalts:** Kennt der Anwalt weder die Richter an der KfH noch die Richter an der Wettbewerbszivilkammer oder kennt er die Richter und zieht deshalb die Richter an der KfH vor, sollte er bereits in der Antragsschrift den Antrag nach § 96 Abs. 1 GVG stellen. Hat der Anwalt hingegen die Erfahrung gemacht, dass Gründe bestehen, die die Verfahrens-

---

[463]   BGH, Beschl. v. 17.8.2011 – I ZB 7/11, GRUR 2012, 94 – Radiologisch-diagnostische Untersuchungen.
[464]   BGH, Beschl. v. 30.1.2008 – I ZB 8/07, GRUR 2008, 447 Rn. 14 – Treuebonus.
[465]   Zum Streitstand BGH 15.12.2011 – I ZR 174/10, GRUR 2012, 730 Rn. 23 – Bauheizgerät; ferner etwa *Hess* FS Ullmann (2006) 927.
[466]   Einzelheiten bei Harte/Henning/*Retzer* § 13 Rn. 48.
[467]   Ullmann/*Hess*, § 13 Rn. 16.

Danckwerts

führung durch die Richter an der Wettbewerbszivilkammer vorteilhaft erscheinen lassen, sollte er den Antrag nicht stellen. Dann kann zwar der Antragsgegner nach Erlass einer einstweiligen Verfügung durch die Zivilkammer Widerspruch (§ 924 ZPO) einlegen und Verweisung an die KfH beantragen. Die damit verbundene **Auswechslung des Spruchkörpers** führt jedoch zumeist nicht zu wesentlichen Nachteilen auf Seiten des Antragstellers. Die Neigung der KfH, den Ausführungen der Wettbewerbszivilkammer nicht zu folgen, ist erfahrungsgemäß schwächer ausgebildet als von dem Anwalt des Antragsgegners erhofft.

Ein weiterer Grund für die Wahl der Kammer für Handelssachen könnte darin be- **423** stehen, dass der dort geschäftsplanmäßig zuständige Richter dem Antragsteller aufgrund früherer Erfahrungen attraktiver erscheint als die ansonsten zuständige Zivilkammer. Das setzt natürlich eine Bestimmbarkeit der konkreten Spruchkörper anhand des Geschäftsplans des Gerichts voraus (→ Rn. 446).

3. Örtlich zuständig ...

... für den Wettbewerbsprozess sind – anders als im allgemeinen Zivilprozess, in **424** dem der Kläger den Beklagten in der Regel an dessen Sitz in Anspruch nehmen muss (§§ 12, 13, 17 ZPO) – häufig **sämtliche bundesdeutschen Landgerichte**. Gerade diese örtliche Auswahl kann nicht nur für die Reisekosten, sondern vor allem für den Erfolg des Vorgehens erhebliche Bedeutung haben: Wie weiter unten dargestellt (→ Rn. 823, 830) wird das Verfügungsverfahrens in den einzelnen OLG-Bezirken unterschiedlich gehandhabt, etwa im Hinblick auf die Zeitspanne des dringlichkeitsschädlichen Zuwartens. Auch unterscheiden sich die Gerichte in ihrer Bereitschaft, einstweiligen Verfügungsanträgen zu entsprechen, also in ihrer Erlassfreude. Und nimmt man einen finanzschwachen Unternehmer wegen einer eher unbedeutenden Frage in Anspruch (etwa einer falschen oder fehlenden Widerrufsbelehrung), so mag schon die Wahl eines von dessen Sitz weit entfernten Gerichts dazu führen, dass er sich nicht verteidigt; ein solches Vorgehen mag allerdings im Einzelfall rechtsmissbräuchlich sein.[468]

a) § 14 UWG: Überblick

Neben dem – sogleich im Einzelnen darzustellenden – schillernden Tatortgerichts- **425** stand des § 14 Abs. 2 Satz 1 UWG kann ein Schuldner bei Klagen aufgrund dieses Gesetzes immer am Ort seiner gewerblichen oder selbstständigen beruflichen Niederlassung oder in Ermangelung einer solchen an seinem Wohnsitz verklagt werden, höchst hilfsweise an seinem Aufenthaltsort (§ 14 Abs. 1 UWG).

Die damit beschriebene Zuständigkeitsregelung gilt auch bei der im Wettbewerbs- **426** recht nicht unüblichen **negativen Feststellungsklage**: Diese kann ein mit einer Abmahnung Angegriffener nicht zuletzt deshalb erheben, um den sich abzeichnenden Rechtsstreit vor ein ihm genehmes Gericht zu bringen. Denn für die Feststellungsklage ist das Gericht zuständig, das auch für die Leistungs(unterlassungs)klage umgekehrten Rubrums zuständig wäre;[469] der Feststellungskläger hat also wegen der Besonderheiten des Tatortgerichtsstands häufig eine breite Wahlmöglichkeit. Ob damit viel gewonnen ist, erscheint allerdings fraglich: Erhebt der Verletzte nachfolgend seinerseits Leis-

---

[468] KG 25.1.2008 – 5 W 371/07, GRUR-RR 2008, 212.
[469] *Köhler*/Bornkamm § 14 Rn. 3 mwN.

tungs(unterlassungs)klage, was er jederzeit und ohne örtliche Festlegung durch die Feststellungsklage kann,[470] so entfällt das Feststellungsinteresse, sobald die Leistungsklage nicht mehr einseitig zurückgenommen werden kann.[471] Daraufhin ist die Feststellungsklage für erledigt zu erklären.

427   Zum Prüfungsumfang: Das Gericht entscheidet die **Zuständigkeitsfrage allein anhand des Vortrags des Angreifers**, auf ein Bestreiten des Gegners kommt es nicht an. Es reicht also aus, dass der Kläger eine Verletzung behauptet und diese nicht von vornherein ausgeschlossen ist,[472] was auf eine Schlüssigkeitsprüfung hinauslaufen dürfte. Dies betrifft aber nur sog. **doppelrelevante Tatsachen**, die also auch für die Begründetheitsprüfung von Bedeutung sind; im Übrigen hat der Angreifer auch die Tatsachen nachzuweisen, die die Zuständigkeit betreffenden.[473]

428   Der Gerichtsstand des § 14 UWG ist **ausschließlich**,[474] kann also wegen § 40 Abs. 2 ZPO weder durch Vereinbarung noch durch rügeloses Einlassen begründet werden.

b) Insbesondere: Tatortgerichtsstand

429   Zuständig ist nicht zuletzt nach § 14 Abs. 2 Satz 1 UWG das „Gericht, in dessen Bezirk die Handlung begangen ist". Kann sich der Angreifer lediglich auf eine **Erstbegehungsgefahr** stützen, so ist die Zuständigkeit an dem Ort begründet, an dem die Verletzung droht. Ist die Handlung allerdings an einem bestimmten Ort begangen worden, so folgt daraus auch bei einer bundesweiten Tätigkeit des Verletzers mangels Begehungsgefahr keine Zuständigkeit von anderen deutschen Gerichtsständen, da insofern die (allgemeine) Wiederholungsgefahr nicht genügt und für eine Erstbegehungsgefahr konkrete Anhaltspunkte vorzutragen sind.[475]

430   Eine dem § 14 Abs. 2 Satz 1 UWG identische Regelung sieht § 32 ZPO vor, weshalb der Tatortgerichtsstand auch für Verletzungen nach dem **Marken- oder Urhebergesetz** sowie den **angrenzenden Rechtsgebieten**, in denen sich keine spezielle Vorschrift findet, gilt.

431   Nicht nur das internationale Privatrecht, sondern auch die soeben erwähnten deutschen Zuständigkeitsvorschriften einerseits und die europäischen andererseits zeichnen sich im Übrigen bei der Bestimmung des Tatorts durch einen **Gleichlauf** aus.[476] Deshalb soll im Folgenden nicht scharf zwischen diesen Rechtsbereichen getrennt, sondern sollen die mit der Bestimmung des Tatorts verbundenen Probleme im Wesentlichen bei der Abhandlung der internationalen Zuständigkeit dargestellt werden.

aa) Anwendungsbereich

432   Der besondere Gerichtsstand des Tatorts gilt nach dem Wortlaut des § 14 Abs. 1 Satz 1 UWG nur bei „Klagen aufgrund dieses Gesetzes". Dazu gehören auch Klagen

---

[470]   BGH 7.7.1994 – I ZR 30/92, GRUR 1994, 846, 848 – Parallelverfahren II.
[471]   BGH 21.12.2005 – X ZR 17/03, GRUR 2006, 217 – Detektionseinrichtung I, Rn. 12.
[472]   BGH 13.10.2004 – I ZR 163/02, GRUR 2005, 431, 432 – HOTEL MARITIME; 12.12.2013 – I ZR 131/12, GRUR 2014, 601 Rn. 17 mwN – englischsprachige Pressemitteilung, mwN.
[473]   Ullmann/*Hess* § 14 Rn. 28.
[474]   *Köhler*/Bornkamm § 14 Rn. 1.
[475]   OLG Köln 30.9.2011 – 6 U 54/11, MMR 2012, 161, die Nichtzulassungsbeschwerde vor dem BGH (I ZR 203/11) ist zurückgenommen worden; Ullmann/*Hess* § 14 Rn. 23 mwN.
[476]   Stein/Jonas/*Roth*, ZPO, 23. Aufl., § 32 Rn. 38 mwN; Gloy/Loschelder/Erdmann/*Schütze* § 11 Rn. 16 mwN.

auf Ersatz von **Abmahnkosten**, da sich die Anspruchsgrundlage in § 12 Abs. 1 Satz 2 UWG findet. Wie im Hinblick auf die sachliche Zuständigkeit (→ Rn. 420) ist allerdings streitig, ob darunter auch Ansprüche aus einem **Vertragsstrafeversprechen** fallen.[477]

> **Praxistipp:** Aus anwaltlicher Vorsicht sollten die letztgenannten Ansprüche am Sitz des Beklagten geltend gemacht werden, und zwar bis zu einem Betrag von 5.000 € beim dortigen Amtsgericht.   **433**

bb) Lokalisierung des Tatorts

Tatort einer Wettbewerbsverletzung ist der Ort, an dem die wettbewerblichen Inte-   **434** ressen der Parteien aufeinandertreffen (sog. **Marktortprinzip**).[478] Bei der näheren Bestimmung unterscheidet man allerdings im internationalen Zivilprozessrecht herkömmlich zwischen dem Ort, an dem die Verletzungshandlung vorgenommen wurde, und dem Ort, an dem der Verletzungserfolg eintritt **(Handlungs- und Erfolgsort)**. Das klassische – aus dem Bereich des internationalen Privatrechts stammende – Beispiel ist der Gewehrschuss über die Grenze hinweg, wo der Handlungsort in einem Rechtsgebiet, der Erfolgsort hingegen in einem anderen liegt.

Auch im **Wettbewerbsrecht** gilt diese Grundregel,[479] also etwa bei Herabsetzungen   **435** eines Mitbewerbers mittels eines Schreibens, eines Anrufs oder einer E-Mail an einen Dritten, der sich in einem anderen Gerichtsbezirk als der absendende Verletzer befindet. Dies bedeutet aber nicht, dass neben dem Gericht am Handlungsort als eines am Erfolgsort gefahrlos angerufen werden kann. Vielmehr streitet die Rechtsprechung darüber, ob ein tatsächliches Verbreiten genügt oder ob das Verbreiten in **wettbewerblich relevanter Weise** erfolgt sein muss.[480] Bei einer Anknüpfung an die Handlung kann übrigens nichts anderes gelten, was folgendes Beispiel[481] zeigt: Wird aus den Niederlanden für eine Schuldenberatung in Deutschland unter Verstoß gegen das Rechtsberatungsgesetzes geworben, so dürften für eine Klage eines deutschen Rechtsanwalts nur die deutschen Gerichte zuständig sein, obwohl der Handlungsort in den Niederlanden liegt.

Bei der Anknüpfung von **Persönlichkeitsrechts- und Immaterialgüterrechtsver-   436 letzungen** ist schließlich ebenfalls anhand dieser Grundregel (Handlungs- und Erfolgsort) zu verfahren.[482] Auch hier finden sich Erwägungen zur Eingrenzung uferloser Zuständigkeiten, die den soeben angestellten ähneln (dazu und zu den weiteren Einzelheiten→ Rn. 439).

---

[477] *Köhler*/Bornkamm § 14 Rn. 4 mwN.
[478] Grundlegend BGH 20.12.1963 – Ib ZR 104/62, GRUR 1964, 316, 318 – Stahlexport.
[479] BGH 12.12.2013 – I ZR 131/12, GRUR 2014, 601 Rn. 17 mwN – englischsprachige Pressemitteilung, mwN.
[480] Grundlegend zum sog. Marktortprinzip BGH 20.12.1963 – Ib ZR 104/62, GRUR 1964, 316, 318 – Stahlexport; zur Rechtsprechung der Oberlandesgerichte etwa Ullmann/*Hess*, § 14 Rn. 22 mwN.
[481] BGH 5.10.2006 – I ZR 7/04, GRUR 2007, 245 – Schulden Hulp, allerdings zu Art. 40 EG-BGB.
[482] BGH 12.12.2013 – I ZR 131/12, GRUR 2014, 601 Rn. 17 mwN – englischsprachige Pressemitteilung, mwN. Zum Persönlichkeitsrecht und mit informativem Überblick BGH 2.3.2010 – VI ZR 23/09, GRUR 2010, 461 – New York Times. Zum Urheberrecht BGH 15.2.2007 – I ZR 114/04, GRUR 2007, 871 Rn. 17 – Wagenfeld-Leuchte.

cc) Handlungsort

437   Der Ort des ursächlichen Geschehens ist nach ständiger Rechtsprechung der **Ort der Niederlassung** des handelnden Unternehmens,[483] dessen Bestimmung keine Schwierigkeiten bereiten sollte.[484]

dd) Erfolgsort

438   Auch über den Ort, an dem der Verletzungserfolg eintritt, kann man in den allermeisten Fällen erfahrungsgemäß nicht ernsthaft streiten. Zunächst ist klar, dass Immaterialgüterrechte nicht am Sitz des Rechtsinhabers belegen sind, also ihre Verletzung nur unter weiteren Umständen dort verfolgt werden könnte.[485] Findet schließlich die soeben beschriebene Herabsetzung zwischen nur lokal tätigen Unternehmern innerhalb des Bezirks eines Landgerichts statt, so kommt lediglich dieses als Streitgericht in Frage. Häufig spielen sich die Sachverhalte heute allerdings im Internet ab, etwa in Form eines wettbewerbswidrigen, urheber- oder markenverletzenden Angebots eines Unternehmers auf einer Handelsplattform. Auch dann aber lässt sich die Frage nach der Zuständigkeit zweifelsfrei beantworten: Da diese Angebote regelmäßig auf das gesamte Bundesgebiet ausgerichtet sind, bestehen zunächst einmal an allen Landgerichten Erfolgsorte (sog. **„Ubiquitätsprinzip"**; im Presserecht und mittlerweile auch den hier interessierenden Rechtsgebieten spricht man vom **„fliegenden Gerichtsstand"**).

439   Bereits in der „Profil"-Entscheidung entschied der Bundesgerichtshof im Hinblick auf die Beanstandung einer in Wien erscheinenden Zeitschrift durch einen in Berlin lebenden Kläger allerdings, dass bei Verletzungen, die mittels der **Massenmedien** begangen werden, der Erfolg grundsätzlich (nur) überall dort eintritt, wo diese **bestimmungsgemäß verbreitet** und **nicht bloß zufällig** (wie etwa im Fall einer Zeitung, die in einem grenzüberquerenden Zug liegen bleibt) zur Kenntnis gebracht werden. Er führte aus (anders mittlerweile der EuGH, dazu Rn. 442a):

440   „Es kann nicht ausreichen, daß nur hier und da einmal durch Dritte ein oder mehrere Exemplare in ein Gebiet gelangen, das von der Betriebsorganisation des Verlegers oder Herausgebers nicht erfaßt und in das das Druckerzeugnis nicht regelmäßig geliefert wird, und so außerhalb des üblichen, von der Zeitschrift erreichten Gebiet wohnenden Lesern zur Kenntnis kommt (…). Schon gar nicht kann von einem Vertrieb gesprochen werden, wenn jemand ein Exemplar nur zu dem Zweck bezieht, um dadurch an seinem Wohnsitz erst den Gerichtsstand des Begehungsorts zu begründen (…). Immer muß der Leser des Druckerzeugnisses, dem dessen Inhalt zur Kenntnis gegeben werden soll, sich in dem Bereich aufhalten, den der Verleger oder Herausgeber nach seinen Intentionen auch wirklich erreichen will oder in dem er mit einer Verbreitung rechnen muß."[486]

441   Dass eine Zuständigkeit an allen Orten der Verbreitung zu unbilligen Ergebnissen führen kann, zeigt nicht zuletzt die Werbung in Printmedien, die in geringer Anzahl auch außerhalb ihres üblichen nationalen Territoriums verkauft werden, zB an Flughäfen oder in internationalen Buchhandlungen,[487] und der sogenannte „Spill-Over" bei Rundfunk- und Fernsehsendungen in grenznahen Gebieten, wenn diese Massenme-

---

[483] BGH 12.12.2013 – I ZR 131/12, GRUR 2014, 601 Rn. 18 mwN – englischsprachige Pressemitteilung, mwN.
[484] Musielak/*Stadler* Art. 5 EuGVVO Rn. 24 mwN.
[485] Stein/Jonas/*Roth*, ZPO, 23. Aufl., § 32 Rn. 29 mwN.
[486] BGH, 3.5.1977 – VI ZR 24/75, GRUR 1978, 194, 195 – profil.
[487] BGH 23.10.1970 – I ZR 86/69, GRUR 1971, 153, 154 – Tampax.

dien auf ein bestimmtes Land ausgerichtet sind und ein weiteres Land nur beiläufig erreichen.[488] Die Gegebenheiten des Internets bestätigen diese Bedenken, da Informationen dort bekanntlich weltweit abrufbar sind und deshalb Erfolgsorte überall zu finden wären, ohne dass sich an jedem dieser Orte ein Gerichtsstand sachlich rechtfertigen ließe. Auch die Vertreter der soeben erwähnten Meinung, dass eine Verbreiterung in wettbewerblich relevanter Weise erforderlich sei, berufen sich nicht zuletzt darauf, dass eine uferlose Ausweitung des fliegenden Gerichtsstandes vermieden werden müsse.[489] Allerdings ist es der Verletzer, der sich des Internets als Mediums bedient und sich deshalb nicht wundern darf, wenn er weltweit in Anspruch genommen wird.

Die soeben dargestellten Grundsätze des Bundesgerichtshof hat dieser auf **Persön-** **442** **lichkeitsrechtsverletzungen** im **Internet** – jedenfalls soweit es um die internationale Zuständigkeit geht – nicht übertragen, weil Internetinhalte nicht – wie Presseerzeugnisse – verbreitet, sondern zum Abruf bereitgehalten würden.[490] Er verlangt vielmehr einen deutlichen **Inlandsbezug**, der sich nicht aus der (subjektiven) Zielrichtung der Verletzung, sondern aus objektiven Umständen ergeben müsse.

Allerdings dürfte sich ein Festhalten an den beschriebenen Einschränkungen des **442a** fliegenden Gerichtsstands nach den letzten Entscheidungen des Gerichtshofs der Europäischen Union nur noch schwer begründen lassen. Vielmehr hat dieser das Erfordernis der bestimmungsgemäßen Verbreitung jedenfalls im Urheberrecht eindeutig abgelehnt. Zu diesen und wegen der weiteren Einzelheiten wird auf die Ausführungen zur **internationalen Zuständigkeit** (→ Rn. 739) **verwiesen**, da es auch dort im Wesentlichen um die Tatortanknüpfung geht, die Probleme aber weitaus plastischer hervortreten.

> **Praxistipp:** In aller Regel sind für Verletzungen in Massenmedien aufgrund des soeben beschriebenen fliegenden Gerichtsstandes alle deutschen Wettbewerbsgerichte zuständig. Der Angreifer sollte sich aber stets ernsthaft fragen, ob an dem von ihm ins Auge gefassten Gerichtsstand tatsächlich die Interessen der Mitbewerber aufeinandertreffen. Vorsicht ist also insbesondere dann geboten, wenn die Information regional begrenzt ist, was etwa auf Ladengeschäfte oder Gaststätten zutrifft, die im Internet ihre Öffnungszeiten und eine Wegbeschreibung bereithalten.[491]   **443**

ee) Wahlmöglichkeit

Zwischen dem Tatortgerichtsstand sowie dem allgemeinen Gerichtsstand des § 14 **444** Abs. 1 UWG bzw. der §§ 12, 17 ZPO kann der Angreifer **wählen**, § 35 ZPO, also nicht zuletzt zwischen den einzelnen Tatorten, mithin zwischen Handlungs- und Erfolgsort sowie zwischen mehreren Erfolgsorten (häufig eben sämtlichen deutschen Landgerichten).[492] Er handelt auch nicht rechtsmissbräuchlich gem. § 8 Abs. 4 UWG, wenn er – was durchaus Tradition hat – etwa sein Heimatgericht oder ein Gericht auswählt, welches ihm am meisten Erfolg versprechend erscheint, also ein „**Rechtsprechungsge-**

---

[488] BGH 14.5.1998 – I ZR 10/96, GRUR 1998, 945, 946 – Co-Verlagsvereinbarung.
[489] *Köhler*/Bornkamm § 14 UWG Rn. 15 mwN.
[490] BGH 2.3.2010 – VI ZR 23/09, NJW 2010, 1752 – New York Times, Rn. 16 f; bestätigt durch BGH 29.3.2011 – VI ZR 111/10, NJW 2011, 2059 – Sieben Tage in Moskau, Rn. 9 und BGH 25.10.2011 – VI ZR 93/10, NJW 2012, 148 – Hostprovider, Rn. 11.
[491] Vgl. *Köhler*/Bornkamm § 14 Rn. 16 mwN; *Danckwerts*, GRUR 2007, 104, 105, insbesondere zum Urheberrecht.
[492] Stein/Jonas/*Roth*, ZPO, 23. Aufl., § 32 Rn. 26.

Danckwerts

fälle" bewusst ausnutzt.[493] Die Rechtsprechung ist allerdings mittlerweile kritischer, wenn der Angreifer seinen Verfügungsantrag nach Hinweis des Gerichts zurücknimmt und bei einem anderen Landgericht einreicht (sog. „forum hopping", → Rn. 1032 f.). Auch kann die Wahl des Gerichts Auswirkungen auf die Erstattungsfähigkeit der Reisekosten des Anwalts oder der Partei haben.[494]

ff) Verbände als Kläger

445   Anspruchsberechtigte nach § 8 Abs. 3 Nr. 2–4 UWG (also insbesondere Verbände) können sich auf den Tatortgerichtsstand nur dann berufen, wenn der Beklagte im Inland nicht ansässig ist (§ 14 Abs. 2 Satz 2 UWG). Ansonsten bleibt ihnen nur das Gericht am Sitz des Beklagten gemäß § 14 Abs. 1 UWG.

4. Praxistipps des Anwalts

446   Will der Anwalt Klage oder einen Verfügungsantrag einreichen, muss er selbstverständlich die Rechtsprechung der Oberlandesgerichte und der Landgerichte daraufhin überprüfen, ob zu vergleichbaren Sachverhalten bereits Entscheidungen vorliegen. Diese Prüfung wird zumeist anhand der zur Verfügung stehenden Datenbanken vorgenommen. Findet der Anwalt Entscheidungen, die seine Position stärken, bietet es sich an, das Gericht anzurufen, das die betreffende Entscheidung erlassen hat. Zuvor muss aber geklärt werden, ob das Berufungsgericht die landgerichtliche Entscheidung bestätigt hat. Ein zweiter wichtiger Aspekt ist die unterschiedliche Handhabung der Dringlichkeitsfristen. Erfahrungsgemäß sind die Gerichte in Berlin, Rostock und Schleswig insoweit am großzügigsten. Gerade bei Verfügungsverfahren bietet es sich an, mit Gerichten „zusammenzuarbeiten", die man schon kennt. Auf diese Weise können unliebsame Überraschungen vermieden werden, die darauf zurückzuführen sind, dass die unterschiedlichen Gerichte verfahrensspezifische Anforderungen unterschiedlich streng betrachten. Wer keine Präferenzen hat, sollte eines der bekannte „Wettbewerbsgerichte" aussuchen. Zu diesen Gerichten gehören die Landgerichte in Berlin, Düsseldorf, Hamburg, Köln, Mannheim und München. Diese Gerichte verfügen über viel Erfahrung, so dass mit einem zügigen Verfahrensverlauf gerechnet werden kann.

Welcher Spruchkörper eines Gerichts für den konkreten Fall zuständig wäre, kann über die im Internet abrufbaren **Geschäftsverteilungspläne** der einzelnen Gerichte ermittelt werden. Geht es um große Gerichte, kann dabei – soweit vorhanden – die **Zuständigkeitsübersicht** helfen.

447   Bei den Oberlandesgerichten werden Wettbewerbssachen spezialisierten Senaten zugewiesen, aber auch zumindest bei den größeren Landgerichten sind besondere Kammern eingerichtet. Hat man bereits einschlägige Erfahrungen mit einem solchen **Wettbewerbsspruchkörper** des zuständigen Gerichts gemacht, bedeutet das aber nicht, dass man wieder bei diesem landet: Häufig gibt es bei den Gerichten mehrere Wettbewerbskammern oder -senate, von denen ggf. manche auch noch andere Bereiche des gewerblichen Rechtsschutzes oder etwa das Urheberrecht zu bearbeiten ha-

---

[493] KG 25.1.2008 – 5 W 371/07, GRUR-RR 2008, 212, 213: Rechtsmissbrauch aber, wenn ein Massenabmahner das Gericht nicht nach ihm vorteilhaft erscheinenden Präferenzen, sondern prinzipiell allein so auswählt, dass dieses vom Sitz des Gegners weit entfernt liegt.
[494] BGH, Beschl. v. 10.4.2003 – I ZB 36/02, GRUR 2003, 725 – Auswärtiger Rechtsanwalt II.

ben. Auch dann lässt sich aber der konkrete Spruchkörper bestimmen, und zwar wenn etwa die Eingänge des Gerichts nach dem Anfangsbuchstaben des Namens des Beklagten eingetragen werden (sog. Buchstabenverteilung), nicht hingegen bei einer rotierenden Eintragung (sog. Turnusverteilung). Beim Landgericht Berlin etwa gilt Letzteres für die Verteilung innerhalb der Kammern für Handelssachen, während es für die Bestimmung der zuständigen Zivilkammer nach dem Beklagten geht.

5. Checkliste für die Auswahl des Gerichts

- Landgericht (für Wettbewerbs- und Markensachen immer, fraglich nur bei Ver- **448**
  tragsstrafeklagen) oder Amtsgericht (jedenfalls für Urhebersachen bis 5.000 €)?
- Bei Wettbewerbs- und Markensachen Antrag auf Verhandlung vor der Kammer für
  Handelssachen?
- Angriff am Sitz des Schuldner oder am – oft bundesweit gegebenen – Tatortgericht
  (fraglich wiederum allerdings bei Vertragsstrafeklagen)?

VI. Weitere Erwägungen insbesondere vor dem Gang zu Gericht

Vor der Übermittlung einer Abmahnung an den Gegner bzw. auch nach Erhalt einer **449**
Abmahnung sowie im Rahmen der Vorbereitung eines gerichtlichen Verfahrens durch den Prozessbevollmächtigten des Abmahnenden sind gerade vor dem Gang zum Gericht weitere Erwägungen bzw. Vorprüfungen zu empfehlen.

Bei der Vorbereitung des gerichtlichen Verfahrens sollten insbesondere zum einen **450**
eine mögliche rechtsmissbräuchliche Geltendmachung eines Beseitigungs- bzw. eines Unterlassungsanspruches, zum anderen § 945 ZPO (Schadensersatzpflicht bei ungerechtfertigter Anordnung eines Arrestes oder einer einstweiligen Verfügung), daneben auch das Schiedsgerichtsverfahren nach § 1025 ZPO, das Einigungsstellenverfahren gemäß § 15 UWG und letztlich die Wahl zwischen Verfügungsverfahren und Hauptsacheklage durchdacht werden.

Der Inhalt dieses Kapitels stellt sich daher wie folgt dar: **451**

1. Die rechtsmissbräuchliche Geltendmachung des Beseitigungs- bzw. Unterlassungsanspruches
2. Schadensersatzpflicht bei ungerechtfertigter Anordnung eines Arrestes oder einer
   einstweiligen Verfügung gemäß § 945 ZPO
3. Das Einigungsstellenverfahren gemäß § 15 UWG
4. Das Schiedsgerichtsverfahren nach §§ 1025 ff. ZPO
5. Entscheidung zwischen Verfügungsverfahren oder Hauptsacheklage

1. Die rechtsmissbräuchliche Geltendmachung des Beseitigungs- bzw. Unterlassungsanspruches

a) Allgemeines

Im Nachfolgenden wird die rechtsmissbräuchliche Geltendmachung eines Beseiti- **452**
gungs- bzw. eines Unterlassungsanspruches des Abmahnenden näher beleuchtet. Dieses Kapitel dient insbesondere dazu, sich bewusst zu machen, ob der Abgemahnte ge-

gen eine Abmahnung entsprechende, sich auf rechtsmissbräuchliches Verhalten des Gegners stützende Argumente hervorbringen und die Abmahnung mit dem Hinweis auf einen Rechtsmissbrauch zurückweisen kann. Es ist aber auch für den Ersteller einer Abmahnung wichtig, vor Übermittlung einer Abmahnung zu prüfen, ob sich seine Abmahnung gegebenenfalls des Vorwurfes eines rechtsmissbräuchlichen Vorgehens aussetzen könnte: Indizien, die auf einen Rechtsmissbrauch hindeuten, sollten daher zuvor beseitigt werden. Beide Sichtweisen, das heißt die des Abmahnenden als auch die des Abgemahnten, werden in diesem Kapitel vereint. Weiter unten findet sich zudem eine alphabetische Checkliste, die sich aus den einzeln aufgeführten Punkten zusammensetzt.

453   Die für das Wettbewerbsprozessrecht einschlägige Norm findet sich im Gesetz gegen den unlauteren Wettbewerb (UWG). § 8 Abs. 4 Satz 1 UWG besagt, dass die Geltendmachung der in § 8 Abs. 1 UWG bezeichneten Ansprüche, namentlich die Ansprüche auf Beseitigung und bei Wiederholungsgefahr auf Unterlassung, unzulässig ist, wenn sie sich – unter Berücksichtigung der gesamten Umstände – als missbräuchlich darstellt, insbesondere wenn sie vorwiegend dazu dient, gegen den Zuwiderhandelnden einen Anspruch auf Ersatz von Aufwendungen oder Kosten der Rechtsverfolgung entstehen zu lassen. Demnach kann ein wettbewerbsrechtlicher Anspruch bereits und allein aus dem Grunde zurückgewiesen werden, wenn eine rechtsmissbräuchliche Geltendmachung eines Unterlassungsanspruches seitens des Abmahnenden vorliegt. Da in diesen Fällen, wie § 8 Abs. 4 Satz 2 UWG ausdrücklich normiert, der Anspruchsgegner, hier also der Abgemahnte, zudem den Ersatz der für seine Rechtsverteidigung erforderlichen Aufwendungen verlangen kann, mithin insbesondere die eigenen Anwaltskosten zur Prüfung und Zurückweisung der Abmahnung zu ersetzen sind, sollte sowohl der Abmahnende vor dem Aussprechen einer Abmahnung als auch der Abgemahnte vor der Erwiderung und insbesondere vor einer etwaigen Abgabe einer (modifizierten) Unterlassungserklärung die Rechtslage auch hinsichtlich eines eventuell vorliegenden Rechtsmissbrauches prüfen.

454   Die **Prüfung des gesamten Kontextes** einer Abmahnung ist für die Frage, ob eine rechtsmissbräuchliche Geltendmachung eines Unterlassungsanspruches vorliegt, entscheidend: Um rechtsmissbräuchliches Vorgehen des Abmahnenden bejahen zu können, reicht in der Regel nicht allein nur ein Aspekt, der auf einen Rechtsmissbrauch hindeutet. Nach überwiegender Rechtsprechung müssen vielmehr regelmäßig mehrere Indizien vorhanden sein, deren Gesamtwürdigung einen Rechtsmissbrauch einer Abmahnung aufzeigen kann. Den einzelnen Indizien kommt dabei zum Teil sehr unterschiedliches Gewicht zu. Zutreffend wird von der Rechtsprechung etwa wie folgt formuliert: Nur eine Gesamtschau aller Indizien, denen im einzelnen nur geringeres Gewicht zukommen mag[495], die aber insgesamt ein stimmiges Bild ergeben, kann belegen, dass der Geltendmachung eines Unterlassungsanspruches überwiegend ggf. sachfremde Motive zugrunde liegen. Der BGH stellt hierzu ausdrücklich fest, dass es bereits **ausreichend** ist, dass die **sachfremden Ziele überwiegen**.[496] Ein Fehlen oder vollständiges Zurücktreten wettbewerbsrechtlicher Absichten hinter den vom Gesetzgeber missbilligten Zielen ist demgegenüber nicht zu verlangen.[497]

---

[495] So ausdrücklich LG Bochum 13.7.2010 – 12 O 101/10, Juris JURE110005683.
[496] BGH 17.11.2005 – I ZR 300/02, GRUR 2006, 243 – MEGA SALE; BGH 6.4.2000 – I ZR 114/98, WRP 2000, 1266 – Neu in Bielefeld II.
[497] BGH 6.4.2000 – I ZR 114/98, WRP 2000, 1266 – Neu in Bielefeld II.

Papenhausen

Darlegungs- und beweispflichtig für die Voraussetzungen eines rechtsmissbräuch- 455
lichen Vorgehens ist grundsätzlich der in Anspruch Genommene.[498]

Erst wenn in ausreichendem Umfang Indizien vorgetragen sind, die für eine rechts- 456
missbräuchliche Geltendmachung des Unterlassungsanspruches sprechen, obliegt es
sodann dem Anspruchsteller, diese **Umstände zu widerlegen**.[499] Falls der Abmahnende demnach zu Maßnahmen greift, die in ihrem Zusammenwirken unverhältnismäßig und zur lauteren Rechtsverfolgung nicht erforderlich sind und daher ausreichend Indizien für ein überwiegend von sachwidrigen Erwägungen bestimmtes
Vorgehen vorliegen, hat der Abmahnende im gerichtlichen Verfahren seinerseits Umstände vorzutragen, die sein **Verhalten rechtfertigen**.[500] In der Regel erfordert dies
die **Darlegung der Abmahnpraxis**: Hierbei reicht es grundsätzlich nicht aus, wenn
sich die prozessuale Stellungnahme des Abmahnenden im Wesentlichen darauf beschränkt, anzuführen, warum das genannte Indiz für sich genommen nicht überzeu-
gend oder nicht ausreichend sei, um einen Rechtsmissbrauch zu begründen. Damit
werde die eigentliche Bedeutung des Indizienkataloges – etwa nach dem OLG Hamm
– verkannt werden: Der Katalog diene dem entscheidenden Gericht dazu, ein missbräuchliches Verhalten aus der Summe der Einzelumstände zu vermuten mit der
Folge, dass der Antragsteller bzw. der Kläger in einem solchen Fall sein Vorgehen
rechtfertigen müsse.[501]

Ob und wann sich die Abmahntätigkeit verselbständigt hat, ist unter Berücksichti- 457
gung der grundsätzlich zunächst vom Abgemahnten vorzutragenden Begleitumstände
der Verletzungshandlung, des Wettbewerbsverhältnisses und der sonstigen Umstände
wie der wirtschaftlichen Bedeutung des Gläubigers und sein Verhalten bei der Verfolgung des konkreten, aber auch anderer Wettbewerbsverstöße[502] im Rahmen des Freibeweises zu würdigen.[503]

Bei der Prüfung und Abwägung der für einen etwaigen Rechtsmissbrauch maßgeb- 458
lichen **Einzelumstände** ist daher nach dem BGH[504] zusammenfassend auf verschiedene Aspekte abzustellen, wobei das Hauptgewicht der Gesamtabwägung auf den ersten beiden genannten Punkten liegt:

- auf das Verhalten des Gläubigers bei der Verfolgung des konkret vorliegenden Wettbewerbsverstoßes,
- auf das Verhalten des Gläubigers bei der Verfolgung anderer Wettbewerbsverstöße,
- auf die wirtschaftliche Bedeutung für den Gläubiger,
- auf die Art und Schwere des Wettbewerbsverstoßes,
- auf das Verhalten des Schuldners nach dem Verstoß,
- auf das Verhalten sonstiger Anspruchsberechtigter.

---

[498] OLG Hamm 14.8.2014 – 4 U 46/14, Juris JURE140017032: OLG Hamm 4.8.2015 – 4 U
66/15, WRP 2015, 1381; LG Hamburg 8.12.2015 – 406 HKO 26/15, DSB 2016, 66.
[499] BGH 17.11.2005 – I ZR 300/02, GRUR 2006, 243 – MEGA SALE; OLG Hamm 14.8.2014
– 4 U 46/14, Juris JURE140017032.
[500] BGH 17.11.2005 – I ZR 300/02, GRUR 2006, 243 – MEGA SALE.
[501] OLG Hamm 28.7.2011 – 4 U 55/11, BeckRS 2011, 21443, Juris JURE110015883.
[502] Vgl. BGH 6.4.2000 – I ZR 76/98, BGHZ 144, 165, NJW 2000, 3566, GRUR 2000, 1089 –
Missbräuchliche Mehrfachverfolgung.
[503] OLG Hamm 12.11.2009 – 4 U 93/09, GRUR-RR 2010, 356.
[504] Vgl. BGH 15.12.2011 – I ZR 174/10, GRUR 2012, 730, CR 2012, 469 – Bauheizgerät;
BGH 6.4.2000 – I ZR 76/98, NJW 2000, 3566, GRUR 2000, 1089 – Missbräuchliche Mehrfachverfolgung – mit weiteren Nachweisen.

b) Die Regelung des § 8 Abs. 4 UWG

459   Der BGH stellt ausdrücklich fest, dass die Regelung des § 8 Abs. 4 UWG nicht nur für die **gerichtliche**, sondern auch für die **außergerichtliche** Geltendmachung eines wettbewerbsrechtlichen Anspruchs und damit insbesondere für die Abmahnung gilt.[505]

460   Eine im Sinne des § 8 Abs. 4 UWG missbräuchliche Abmahnung ist nicht berechtigt im Sinne des § 12 Abs. 1 Satz 2 UWG und begründet keinen Anspruch auf Ersatz der Aufwendungen.[506]

461   Bei der Anwendung des § 8 Abs. 4 UWG ist nach dem BGH zu berücksichtigen, dass dieser Regelung neben der Aufgabe der **Bekämpfung von Missbräuchen** bei der Verfolgung von Wettbewerbsverstößen auch die **Funktion eines Korrektivs** gegenüber der weit gefassten Anspruchsberechtigung nach § 8 Abs. 3 UWG zukommt. Nach § 8 Abs. 3 UWG kann ein und derselbe Wettbewerbsverstoß durch eine Vielzahl von Anspruchsberechtigten verfolgt werden. Dies erleichtert zwar die im Interesse der Allgemeinheit liegende Rechtsverfolgung; die Fülle der Anspruchsberechtigten kann aber den Anspruchsgegner in erheblichem Maße belasten, so insbesondere dadurch, dass der Wettbewerbsverstoß zum Gegenstand mehrerer Abmahnungen und gerichtlicher Verfahren gemacht werden kann. Umso wichtiger ist es, dass die Regelung des § 8 Abs. 4 UWG immer dann eine Handhabe bietet, wenn wettbewerbsrechtliche Ansprüche auf Beseitigung oder Unterlassung missbräuchlich geltend gemacht werden, insbesondere wenn **sachfremde Ziele** die eigentliche Triebfeder und das beherrschende Motiv der Verfahrenseinleitung darstellen.[507] Der Einwand der rechtsmissbräuchlichen Rechtsverfolgung nach § 8 Abs. 4 UWG ist demnach insbesondere dann anzunehmen, wenn der Anspruchsberechtigte mit der Geltendmachung des Anspruchs überwiegend sachlich nicht gerechtfertigte und für sich gesehen nicht schutzwürdige Interessen – etwa die Schädigung des Gegners – verfolgt und dies als der Antrieb für sein Handeln erscheint.[508]

462   In einem Antrag auf Erlass einer einstweiligen Verfügung bzw. in einer Klageschrift sollte in der Regel (noch) nicht auf außergerichtlich vorgebrachte Einwendungen des Antragsgegners bzw. des Beklagten hinsichtlich eines etwaigen Rechtsmissbrauches eingegangen werden, sondern erst nach einer entsprechenden Erwiderung des Antragsgegners bzw. des Beklagten.

463   Aus Sicht des Antragsgegners (bzw. des Beklagten) ist zu beachten, dass eine rechtsmissbräuchliche, gerichtliche Geltendmachung eines Unterlassungsanspruches dogmatisch eine **Zulässigkeitsfrage** und keine Frage der Begründetheit des Antrags bzw. der Klage ist, da im Falle des Rechtsmissbrauchs die Klage- und Prozessführungsbefugnis fehlt.[509] Dies wird immer wieder von Rechtsanwälten wie auch von Gerichten

---

[505]   BGH 15.12.2011 – I ZR 174/10, GRUR 2012, 730, CR 2012, 469 – Bauheizgerät; vgl. zu § 13 Abs. 5 UWG alte Fassung: BGH 17.1.2002 – I ZR 241/99, BGHZ 149, 371, GRUR 2002, 357 – Missbräuchliche Mehrfachabmahnung; BGH 20.12.2001 – I ZR 215/98, GRUR 2002, 715, CR 2002, 715 – Scanner-Werbung.

[506]   BGH 15.12.2011 – I ZR 174/10, GRUR 2012, 730, CR 2012, 469 – Bauheizgerät.

[507]   BGH 15.12.2011 – I ZR 174/10, GRUR 2012, 730, CR 2012, 469 – Bauheizgerät.

[508]   BGH 15.12.2011 – I ZR 174/10, GRUR 2012, 730, CR 2012, 469 – Bauheizgerät; LG Köln 6.8.2009 – 31 O 33/09, Juris JURE090047551.

[509]   Vgl. BGH 17.1.2002 – I ZR 241/99, BGHZ 149, 371, GRUR 2002, 357 – Missbräuchliche Mehrfachabmahnung.

verkannt.[510] Der Einwand des Rechtsmissbrauches sollte in einer Erwiderung daher vorangestellt werden, vorzugswürdigerweise mit dem kurzen Hinweis, dass die Klage bereits wegen des rechtsmissbräuchlichen Vorgehens des Antragstellers bzw. des Klägers unzulässig sei. Die Klage bzw. der Verfügungsantrag wäre in diesem Fall richtigerweise als unzulässig abzuweisen.[511]

Diese dogmatische Einordnung kann durchaus an Wichtigkeit gewinnen, da das Gericht die Frage, ob ein rechtsmissbräuchliches Verhalten im Sinne des § 8 Abs. 4 UWG vorliegt, im erstinstanzlichen wie im Berufungsverfahren und auch im Revisionsverfahren **von Amts wegen zu prüfen** hat.[512]   **464**

Nach der Rechtsprechung begründet § 8 Abs. 4 UWG im Wettbewerbsverfahren eine **Sachurteilsvoraussetzung**. Daraus ergibt sich, dass das zuständige Gericht alle ihm vorliegenden und zugänglichen Tatsachen bei seiner Entscheidung zu berücksichtigen hat. Das betrifft **alle aktenkundigen Tatsachen**, die für einen Rechtsmissbrauch sprechen. Das OLG Hamm etwa[513] bezieht dies auch auf sonstige gerichtsbekannte, jedenfalls im Berufungsverfahren aktenkundige Tatsachen, die für einen Rechtsmissbrauch eines Beteiligten sprechen, und bezieht bei der erforderlichen Amtsprüfung auch Erkenntnisse aus benachbarten Verfahren, wenn diese im zu beurteilenden Verfahren aktenkundig geworden sind, mit ein. In einem Verfahren des OLG Hamm wurden beispielsweise 16 Akten sowohl aus anderen erstinstanzlichen Verfahren als auch aus Berufungsverfahren hinzugezogen und wurden als gerichtsbekannte aktenkundige Tatsachen in einer Gesamtwürdigung berücksichtigt.[514]   **465**

Verschiedene Gerichte haben sich bei der Auseinandersetzung mit und der Weiterentwicklung des § 8 Abs. 4 Satz 1 UWG im positiven Sinne hervorgetan[515]. Gelegentlich wurde in der Vergangenheit von anwaltlichen Kollegen bei der Berufung auf ei-   **466**

---

[510] Vgl. etwa LG Bielefeld 5.11.2008 – 18 O 34/08, MMR 2009, 364; im Ergebnis aber bestätigt durch OLG Hamm 24.3.2009 – 4 U 211/08, MMR 2009, 474.

[511] Vgl. OLG Nürnberg 3.12.2013 – 3 U 410/13, GRUR-RR 2014, 166.

[512] BGH 17.1.2002 – I ZR 241/99, BGHZ 149, 371, GRUR 2002, 357 – Missbräuchliche Mehrfachabmahnung; OLG Hamm 28.7.2011 – 4 U 55/11, BeckRS 2011, 21443, Juris JURE110015883; LG Bonn 3.1.2008 – 12 O 157/07, CR 2008, 598.

[513] Vgl. OLG Hamm 28.7.2011 – 4 U 55/11, BeckRS 2011, 21443, Juris JURE110015883; OLG Hamm 3.5.2011 – 4 U 9/11, MMR 2012, 170, NJW-RR 2011, 1261, GRUR-RR 2011, 329.

[514] OLG Hamm 26.7.2011 – I-4 U 49/11, Juris JURE110017572.

[515] Etwa der 4. Senat des OLG Hamm: OLG Hamm 15.9.2015 – 4 U 105/15, WRP 2016, 100 = Schaden-Praxis 2016, 23; OLG Hamm 14.8.2014 – 4 U 46/14, Juris JURE140017032; OLG Hamm 10.9.2013 – 4 U 48/13, MittdtschPatAnw 2014, 185; OLG Hamm 11.7.2013 – 4 U 34/13, Juris JURE130015524; OLG Hamm 8.11.2012 – 4 U 86/12, MiKaP 2013/3, 27, abrufbar unter http://www.mikap.de/mikap_2013_03.pdf; OLG Hamm 19.4.2012 – I-4 U 196/11, BeckRS 2012, 11810, MiKaP 2013/3, 33, abrufbar unter http://www.mikap.de/mikap_2013_03.pdf; OLG Hamm 28.7.2011 – 4 U 55/11, BeckRS 2011, 21443, Juris JURE110015883; OLG Hamm 26.7.2011 – I-4 U 49/11, Juris JURE110017572; OLG Hamm 3.5.2011 – 4 U 9/11, MMR 2012, 170, NJW-RR 2011, 1261, GRUR-RR 2011, 329; OLG Hamm 20.1.2011 – I-4 U 175/10, Juris JURE110006298, BeckRS 2011, 07325; OLG Hamm 23.11.2010 – I-4 U 136/10, WRP 2011, 501, GRUR-RR 2011, 473; OLG Hamm 17.8.2010 – I-4 U 62/10, GRUR-RR 2011, 196; OLG Hamm 29.6.2010 – I-4 U 24/10, MMR 2010, 826; OLG Hamm 9.3.2010 – 4 W 22/10, Juris JURE110007715; OLG Hamm 12.11.2009 – 4 U 93/09, GRUR-RR 2010, 356; OLG Hamm 22.9.2009 – I-4 U 77/09, ZUM-RD 2010, 135; OLG Hamm 19.5.2009 – I-4 U 23/09, OLGR Hamm 2009, 738, GRUR-RR 2009, 444; OLG Hamm 24.3.2009 – 4 U 211/08, MMR 2009, 474; OLG Hamm 1.4.2008 – 4 U 10/08, Juris JURE090046723; OLG Hamm 22.6.2004 – 4 U 13/04, NJW-RR 2005, 348, GRUR-RR 2005, 141, OLGR Hamm 2005, 245.

Papenhausen

nen Rechtsmissbrauch des Abmahnenden vom Gericht aber auch vernommen, dass das Gericht noch nie einen Anspruch wegen rechtsmissbräuchlicher Geltendmachung verneint habe und dies, so wörtlich in einem Verfahren im Termin zur mündlichen Verhandlung, „in dieser Kammer auch nie vorkommen wird". In diesem Falle sollte – neben der Überlegung, ob ein Befangenheitsantrag gestellt werden sollte – dennoch zu einem etwaigen Rechtsmissbrauch, sofern hinreichend Anhaltspunkte vorliegen, sofern erforderlich auch im Termin vorgetragen und später aus anwaltlicher Vorsorge besonderes Augenmerk auf den Tatbestand des Urteils gelegt werden, um, mit Blick auf eine möglicherweise einzulegende Berufung, zuvor ggf. einen Antrag auf Tatbestandsberichtigung bzw. auf Tatbestandsergänzung nach § 320 ZPO zu stellen. Auf der anderen Seite beschäftigen sich in der letzten Zeit immer mehr Gerichte intensiver mit der Frage eines möglichen Rechtsmissbrauchs, wobei die Norm des § 8 Abs. 4 Satz 1 UWG immer mehr an Bedeutung gewinnt und stets weiter hinsichtlich der Indizien für eine Gesamtwürdigung ausgefüllt wird. Hervorzuheben ist hier unter anderem der 4. Senat des OLG Hamm.[516] Falls wettbewerbsrechtliche Klagen bei einem der zehn Landgerichte in diesem Oberlandesgerichtsbezirk anhängig sind[517], sollte vor Klageerhebung Kenntnis über die Rechtsprechung des OLG erlangt werden. Es sollte ohnehin stets vor Antragstellung bzw. vor Klageerhebung eruiert werden, in welchem Oberlandesgerichtsbezirk sich das Landgericht befindet und wie die dortige Rechtsprechung ist.

467   Der Vorwurf des Rechtsmissbrauchs ist jedoch zunehmend schnell bei der Hand, d.h. er wird zunehmend häufiger aus der Not heraus vorgetragen, wenn ansonsten keine weiteren substantiellen Einwände aus Sicht des Antragsgegners bzw. Beklagten bestehen.[518] Sofern zu einem Rechtsmissbrauch vorgetragen werden soll, sollte zuerst überdacht werden, ob tatsächlich **genügend Argumentationsstoff** vorhanden ist. Falls dies bejaht werden kann, sollte sodann **umfassend** hierzu **vorgetragen** werden, da die Gerichte sehr unterschiedlich auf einzelne Umstände, die auf einen Rechtsmissbrauch hindeuten, abstellen und hierbei möglichst viele und detailliert vorgetragene Indizien das Gericht am ehesten dazu überzeugen können, einen Missbrauch anzunehmen.

468   Der Begriff Rechtsmissbrauch wird unterschiedlich verwendet und findet sich in verschiedenen Gesetzen wieder: Neben dem UWG sind ausdrückliche Rechtsmissbrauchsregelungen etwa im Gesetz über Unterlassungsklagen bei Verbraucherrechts- und anderen Verstößen enthalten:[519] § 2 Abs. 3 UklaG normiert, dass der Unterlassungsanspruch bei verbraucherschutzgesetzwidrigen Praktiken dann nicht geltend gemacht werden kann, wenn die Geltendmachung unter Berücksichtigung der gesamten Umstände missbräuchlich ist, insbesondere wenn sie vorwiegend dazu dient, gegen den Zuwiderhandelnden einen Anspruch auf Ersatz von Aufwendungen oder Kosten der Rechtsverfolgung entstehen zu lassen. Das UklaG lehnt sich mit dieser Formulierung direkt an das UWG an. Auch das Gesetz gegen Wettbewerbsbeschränkungen (GWB) normiert in § 125 GWB einen Schadensersatz bei Rechtsmissbrauch: Ein Miss-

---

[516] Vgl. vorgehende Rn.

[517] Namentlich bei den Landgerichten Arnsberg, Bielefeld, Bochum, Detmold, Dortmund, Essen, Hagen, Münster, Paderborn, Siegen.

[518] Vgl. etwa OLG Hamm 19.4.2012 – I-4 U 196/11, Juris BeckRS 2012, 11810, MiKaP 2013/3, 33, abrufbar unter http://www.mikap.de/mikap_2013_03.pdf zur Benennung des Abmahnende in Gegnerlisten.

[519] Unterlassungsklagengesetz – UklaG.

Papenhausen

brauch ist hiernach u. a. gegeben, wenn ein Vergabeverfahren durch Aussetzungsantrag behindert oder Konkurrenten geschädigt werden sollen.[520] Aber auch Gerichte verwenden den Begriff und werfen sich mitunter Rechtsmissbrauch vor, etwa bei einem aus Sicht des LG Hannover[521] rechtsmissbräuchlichen und daher unwirksamen Verweisungsbeschlusses eines anderen Landgerichts.[522]

c) Analoge Anwendung des § 8 Abs. 4 Satz 1 UWG

Der BGH hat eine **analoge Anwendung** des § 8 Abs. 4 Satz 1 UWG **für das Urhe-** **469** **berrecht verneint.**[523] Der BGH stellt in seinem amtlichen Leitsatz fest, dass eine rechtsmissbräuchliche Abmahnung wegen einer Urheberrechtsverletzung grundsätzlich nicht zum Erlöschen des Unterlassungsanspruchs aus § 97 Abs. 1 UrhG und zur Unzulässigkeit einer nachfolgenden Klage führe. Zunächst wurde vom BGH festgestellt, dass das Urheberrechtsgesetz nicht die Folgen einer rechtsmissbräuchlichen Geltendmachung von Ansprüchen regelt. Eine entsprechende Anwendung des § 8 Abs. 4 UWG im Urheberrecht komme nach dem BGH aber nicht in Betracht, weil keine planwidrige Regelungslücke bestehe und stützt dies darauf, dass die Bundesrechtsanwaltskammer im Gesetzgebungsverfahren zur Umsetzung der Durchsetzungsrichtlinie angeregt hatte, im Urheberrechtsgesetz eine Missbrauchsvorschrift nach dem Vorbild von § 8 Abs. 4 UWG einzuführen.[524] Der Gesetzgeber habe dem jedoch nicht entsprochen. Eine analoge Anwendung des § 8 Abs. 4 Satz 1 UWG im Urheberrecht kam nach dem BGH daher nicht in Betracht. Das OLG Hamm als Berufungsgericht hatte zuvor angenommen, für die Frage des Rechtsmissbrauchs komme es im Urheberrecht wie im Wettbewerbsrecht nicht allein auf die gerichtliche Inanspruchnahme, sondern auch auf die Abmahnung an. Sei die Abmahnung missbräuchlich, erlösche der Unterlassungsanspruch.[525] Dieser Argumentation stimmte der BGH nicht zu und stellte fest, dass eine missbräuchliche Abmahnung wegen einer Urheberrechtsverletzung grundsätzlich nicht zum Erlöschen des Unterlassungsanspruchs führe.[526] Eine Rechtsmissbräuchlichkeit hat jedoch unstreitig zur Folge, dass zumindest kein Anspruch auf Erstattung der Abmahnkosten besteht.[527]

d) Exkurs: Vergleich Rechtsmissbrauch im Urheberrecht und im Wettbewerbsrecht

Der BGH hat eine analoge Anwendung des § 8 Abs. 4 Satz 1 UWG für das Urhe-   **470** berrecht zwar verneint, stellt aber in seiner o.g. Entscheidung fest, dass auch für urhe-

---

[520] § 125 Abs. 2, 2. Alt. GWB; zum Missbrauch im Sinne des GWB im Falle einer unbilligen Behinderung vgl. LG Mannheim 27.11.2015 – 2 O 106/14, WuW 2016, 86 ff.
[521] LG Hannover 29.11.2012 – 24 0 56/12, MiKaP 2013/4, 45, abrufbar unter http://www.mikap.de/mikap_2013_04.pdf.
[522] Im Ergebnis bestätigt durch OLG Oldenburg 17.12.2012 – 5 AR 32/12, MiKaP 2013/4, 47, abrufbar unter http://www.mikap.de/mikap_2013_04.pdf.
[523] BGH 31.5.2012 – I ZR 106/10, NJW 2013, 787, GRUR 2013, 176 – Ferienluxuswohnung; vgl. auch OLG Frankfurt 26.5.2015 – 11 U 18/14, Juris.
[524] BRAK-Stellungnahme-Nr. 38/2007, S. 6.
[525] OLG Hamm 22.9.2009 – I-4 U 77/09, ZUM-RD 2010, 135.
[526] BGH 31.5.2012 – I ZR 106/10, NJW 2013, 787, GRUR 2013, 176 – Ferienluxuswohnung.
[527] BGH 31.5.2012 – I ZR 106/10, NJW 2013, 787, GRUR 2013, 176 – Ferienluxuswohnung; OLG Hamm 22.9.2009 – I-4 U 77/09, ZUM-RD 2010, 135; vgl. auch LG Bielefeld 6.2.2015 – 20 S 65/14 zur isolierten Geltendmachung von Abmahnkosten beim filesharing.

Papenhausen

berrechtliche Ansprüche das **allgemeine Verbot unzulässiger Rechtsausübung nach § 242 BGB** gilt[528]: Die im Wettbewerbsrecht zur missbräuchlichen Geltendmachung von Ansprüchen entwickelten Rechtsgrundsätze beruhen gleichfalls auf dem Gedanken der unzulässigen Rechtsausübung. Sie können daher grundsätzlich auch für das Urheberrecht verwendet werden. Dabei sind nach dem BGH allerdings die zwischen beiden Rechtsgebieten bestehenden Unterschiede zu beachten.

471　　Im **Wettbewerbsrecht** führe eine gemäß § 8 Abs. 4 UWG rechtsmissbräuchliche außergerichtliche Geltendmachung des Unterlassungsanspruchs dazu, dass der Unterlassungsanspruch ebenfalls nicht mehr gerichtlich geltend gemacht werden könne und eine nachfolgende, für sich genommen nicht missbräuchliche Klage dennoch unzulässig sei. Dieser Grundsatz könne jedoch nicht ohne weiteres auf das Urheberrecht übertragen werden. Der Regelung des § 8 Abs. 4 UWG komme neben der Aufgabe der Bekämpfung von Missbräuchen bei der Verfolgung von Wettbewerbsverstößen auch die Funktion eines Korrektivs gegenüber der weit gefassten Anspruchsberechtigung nach § 8 Abs. 3 UWG zu. Nach § 8 Abs. 3 UWG könne ein und derselbe Wettbewerbsverstoß durch eine Vielzahl von Anspruchsberechtigten verfolgt werden. Dies erleichtere zwar die im Interesse der Allgemeinheit liegende Rechtsverfolgung; die Fülle der Anspruchsberechtigten könne aber den Anspruchsgegner in erheblichem Maße belasten, so insbesondere dadurch, dass der Wettbewerbsverstoß zum Gegenstand mehrerer Abmahnungen und gerichtlicher Verfahren gemacht werden könne. Umso wichtiger sei es nach dem BGH, dass die Regelung des § 8 Abs. 4 UWG immer dann eine Handhabe biete, wenn wettbewerbsrechtliche Ansprüche auf Beseitigung oder Unterlassung missbräuchlich geltend gemacht würden, insbesondere wenn sachfremde Ziele die eigentliche Triebfeder und das beherrschende Motiv der Verfahrenseinleitung darstellten. Das Interesse der Allgemeinheit an der wirksamen Verfolgung von Wettbewerbsverstößen werde dadurch nicht wesentlich beeinträchtigt. Wäre ein einzelner Anspruchsteller wegen missbräuchlichen Verhaltens von der Geltendmachung des Unterlassungsanspruchs ausgeschlossen, könne der Unterlassungsanspruch gleichwohl von anderen Anspruchsberechtigten geltend gemacht werden.[529]

472　　Bei der Verletzung des **Urheberrechts** oder eines anderen nach dem Urheberrechtsgesetz geschützten Rechts sei dagegen allein der Verletzte berechtigt, Ansprüche geltend zu machen (§ 97 UrhG). Die Berechtigung zur Verfolgung von Urheberrechtsverletzungen bestehe nicht auch im Interesse der Allgemeinheit, sondern allein im Interesse des Verletzten. Hätte eine missbräuchliche Abmahnung zur Folge, dass der Verletzte seine Ansprüche auch nicht mehr gerichtlich geltend machen könnte und eine nachfolgende Klage unzulässig wäre, müsste er die Rechtsverletzung endgültig hinnehmen. Für eine so weitgehende Einschränkung seiner Rechte gebe es nach dem BGH keinen sachlichen Grund. Insbesondere bedürfe es im Urheberrecht keines Korrektivs gegenüber einer weit reichenden Anspruchsberechtigung einer Vielzahl von Anspruchsberechtigten.[530]

e) Beispielsfall für eine Indizienhäufung

473　　Wie oben dargestellt ist die Prüfung des gesamten Kontextes einer Abmahnung für die Frage, ob eine rechtsmissbräuchliche Geltendmachung eines Unterlassungsanspru-

---

[528] BGH 31.5.2012 – I ZR 106/10, NJW 2013, 787, GRUR 2013, 176 – Ferienluxuswohnung.
[529] BGH 31.5.2012 – I ZR 106/10, NJW 2013, 787, GRUR 2013, 176 – Ferienluxuswohnung.
[530] BGH 31.5.2012 – I ZR 106/10, NJW 2013, 787, GRUR 2013, 176 – Ferienluxuswohnung; vgl. auch LG Frankfurt 28.3.2012 – 6 O 387/11, Juris.

Papenhausen

ches vorliegt, entscheidend. In aller Regel reicht nicht allein nur ein Indiz, das auf einen Rechtsmissbrauch hindeutet. Es müssen vielmehr regelmäßig mehrere Indizien vorhanden sein, deren Gesamtwürdigung einen Rechtsmissbrauch einer Abmahnung aufzeigen kann. Den einzelnen Indizien kommt dabei unterschiedliches Gewicht zu.

Als Beispiel für eine Gesamtwürdigung einzelner Indizien wird ein Verfahren vor **474** dem LG Bochum[531], bestätigt durch das OLG Hamm[532], herangezogen: Das Landgericht hat das Vorgehen des Klägers für rechtsmissbräuchlich gehalten und die Klage abgewiesen. Es hat sich für befugt gehalten, die im Rahmen der sonstigen beim LG Bochum anhängigen Verfahren des Klägers bekannt gewordenen Tatsachen, die für ein missbräuchliches Verhalten sprechen, zu berücksichtigen. Das Landgericht hat als Indizien für ein missbräuchliches Vorgehen geprüft:

- die Anzahl der aus anderen Verfahren bekannt gewordenen Abmahnungen (diese sind aber für sich genommen noch nicht schädlich, da allein die Anzahl der Abmahnungen weder einen Rechtsmissbrauch begründet noch einen solchen indiziert),
- das angesichts der Vielzahl von Abmahnungen eingegangene Kostenrisiko, dem ferner ein verhältnismäßig niedriger operativer Umsatz in Höhe von 200.000,– Euro jährlich gegenüberstehe,
- der überhöhte Streitwert in anderen Verfahren vor dem LG Bochum, der durch das Gericht von 60.000,00 Euro auf den (dort üblichen) Streitwert von 20.000,00 Euro herabgesetzt worden ist,
- die Nahezu-Gleichsetzung der Fristen für die Zahlung von Abmahnkosten mit dem Termin zur Abgabe der Unterwerfungserklärung im vorliegenden Verfahren,
- die Kopplung der beiden Fristen zur Abgabe der Unterwerfungserklärung und für die Zahlung der Abmahngebühren in einem anderen Verfahren vor dem LG Bochum,
- das Verlangen einer hier am oberen Rand liegenden Vertragsstrafe in Höhe von 5.100,– Euro für jeden Verstoß (auch wenn nach dem LG in Einzelfällen eine besonders hohe Vertragsstrafe zur Erzielung unterwerfungskonformen Verhaltens durchaus angezeigt sein kann),
- die vom Kläger durchgängig gewählte Praxis derartig hohe Vertragsstrafen in der vorformulierten Unterlassungserklärung auch in anderen Abmahnungen anzusetzen,
- die Verkoppelung der Vertragsstrafe mit dem Ausschluss der Einrede des Fortsetzungszusammenhangs,
- das systematische Abverlangen uneingeschränkter Verzichtsklauseln,
- die Verweigerung der Übersendung einer Originalvollmacht in einem anderen Verfahren vor dem LG, obgleich diese ohne nennenswerten Aufwand möglich gewesen wäre,
- ein kollusives Zusammenwirken zwischen dem Kläger und dem von ihm beauftragten Prozessbevollmächtigten (wurde im konkreten Fall vom LG verneint),
- das Motiv des Gebührenerzielungsinteresses entweder eigennützig oder fremdnützig (die zweite Alternative hinsichtlich des beauftragten Prozessbevollmächtigten wurde hier vom LG bejaht).

---

[531] LG Bochum 17.2.2011 – 14 O 110/10, MiKaP 2013/3, 34, abrufbar unter http://www.mikap.de/mikap_2013_03.pdf.
[532] OLG Hamm 28.7.2011 – 4 U 55/11, BeckRS 2011, 21443, Juris JURE110015883.

475   Die (unterschiedlichen) Wertigkeiten der aufgeführten Indizien hat das Landgericht bei seiner Prüfung nicht angegeben, was sich aber auch als schwierig erweisen würde.

476   **Praxistipp:** Der Beispielsfall zeigt, wie intensiv sich manche Gerichte mit den Indizien – und mit den inneren Motiven des Abmahnenden[533] – auseinandersetzen und dass es lohnenswert sein kann, sofern sich handfeste Indizien für einen Rechtsmissbrauch finden lassen, diese **im Detail** dem erkennenden Gericht **darzulegen** und unter Beweis zu stellen, zumal – wie etwa das OLG Hamm feststellt[534] – in solchen Fällen eine Zulassung der Revision nach § 543 Abs. 1 ZPO nicht veranlasst ist, da es um eine Gesamtbewertung und somit um eine Einzelfallbewertung geht.

477   **Praxistipp:** Bei der Suche nach Motiven, Äußerungen und sonstigen Internetveröffentlichungen kann die sog. **Wayback Machine** unter www.archive.org hilfreich sein, die historische Internetauftritte sichtbar machen kann. Das Internetarchiv wird als **Beweismittel** von deutschen[535] wie auch von internationalen[536] Gerichten anerkannt. Auch das Genfer Streitbeilegungsgericht, die WIPO, verwendet das Internetarchiv.[537]

f) Alphabetische Checkliste bzw. Indizien eines Rechtsmissbrauchs

478   Im Folgenden wird eine alphabetische Checkliste mit den einzelnen in der Rechtsprechung herausgebildeten Indizien, die einen Rechtsmissbrauch belegen können, aufgeführt. Zu beachten ist dabei, dass die einzelnen auf rechtsmissbräuchliches Verhalten hindeutenden Indizien von der Rechtsprechung zum Teil noch sehr unterschiedlich bewertet werden.

479   **Abkaufen des Unterlassungsanspruchs (Abmahnung als Druckmittel):**
       Ein Rechtsmissbrauch kann sich nach dem OLG München daraus ergeben, dass sich der Abmahnende bereit erklärt, nach Zahlung eines Geldbetrags – als Hauptbeispiel des Abkaufens (beispielsweise der Abkauf eines titulierten Unterlassungsanspruchs) – durch den Abgemahnten die Angelegenheit nicht weiter zu verfolgen, dass sich also kein gerichtliches Verfahren mehr anschließen wird, bzw. die Angelegenheit nach der Titulierung eines Unterlassungsanspruches ruhen zu lassen, d.h. keine Titelvollstre-

---

[533] Vgl. etwa OLG Hamm 26.7.2011 – I-4 U 49/11, Juris JURE110017572 und Stichwort: Äußerungen zum Ausschalten der Konkurrenz.

[534] OLG Hamm 28.7.2011 – 4 U 55/11, BeckRS 2011, 21443, Juris JURE110015883.

[535] BPatG 4.4.2013 – 2 Ni 59/11 (EP), CR 2014, 78; OLG Hamburg 6.9.2005 – 5 W 71/05, OLGR Hamburg 2006, 297 = MD 2006, 471 = MMR 2006, 409: Das OLG Hamburg macht in seinem Beschluss deutlich, dass es die Wayback-Machine unter archive.org als Beweis zugelassen hätte, wenn das Archiv als Beweis benannt worden wäre; FG Nürnberg 11.3.2014 – 2 K 929/12, BeckRS 2014, 95510 = EFG 2014, 1642; siehe auch VG Berlin 12.7.2012 – 15 K 42.10 V, BeckRS 2012, 55074; kritisch zur Beweiskraft der Wayback-Machine: BPatG 26.3.2015 – 30 W (pat) 801/14, BeckRS 2015, 10483.

[536] Harmonisierungsamt für den Binnenmarkt (4. Beschwerdekammer) 13.4.2005 – R 126/2004–4, GRUR 2006, 344 – Jahrgangsschokolade, Jahrsgangsschokolade.

[537] WIPO 19.4.2007 – D2007–0254, abrufbar unter http://www.wipo.int/amc/en/domains/decisions/html/2007/d2007–0254.html mit weiteren Erklärungen zur Wayback-Machine; WIPO 7.12.2001 – D2001–1037, abrufbar unter http://www.wipo.int/amc/en/domains/decisions/html/2001/d2001–1037.html.

ckungen vorzunehmen.[538] In einem vom OLG Hamm entschiedenen Fall wurde das eingeleitete Abmahnverfahren dazu benutzt, sich die anschließende Klage abkaufen zu lassen. Das zeigte insbesondere auch die ausgestellte Rechnung über den genannten Betrag zuzüglich Umsatzsteuer. Bei Zahlung der beträchtlichen – hier 500.000,00 Euro – Summe war die Abgemahnte bereit, den von ihr festgestellten Wettbewerbsverstoß auf sich beruhen zu lassen und auch gegen weitere Verstöße ähnlicher Art nicht mehr vorzugehen. Dies stellt eine sachfremde Erwägung dar, da die Abgemahnte als Anspruchsberechtigte ihren Unterlassungsanspruch als Druckmittel einsetzt, um sich oder einem Dritten erhebliche Beträge zu verschaffen. Mit dieser Interessenwahrnehmung verträgt es sich in keiner Weise, wenn ein Mitbewerber seine Klagebefugnis nicht (weiterhin) zur Unterbindung von Wettbewerbsverstößen nutzt, sondern sie unter Hinnahme weiterer Verstöße des Anspruchsgegners in Geld umzusetzen sucht und damit missbraucht.[539]

Über ein anderes Beispiel des Abkaufens eines Unterlassungsanspruchs und des Verhaltens eines Abmahnungsberechtigten vor Ausspruch einer wettbewerbsrechtlichen Abmahnung hatte das OLG Hamburg zu entscheiden: Die (spätere) Klägerin mahnte die Beklagte zunächst nicht ab, sondern bot der Beklagten per E-Mail an, entweder 1. eine anwaltliche Abmahnung mit den entsprechenden Kosten zu erhalten samt der Rücknahme der entsprechenden Produkte aus dem Markt und Ärger mit der Kundschaft oder aber 2. die Beendigung der Zusammenarbeit mit einem Lieferanten und dem Abschluss eines Liefervertrages mit der Klägerin. Die Beklagte lehnte das Angebot über den Abschluss eines Liefervertrages mit der Klägerin ab. Daraufhin ließ diese die Beklagte gemäß der ersten Alternative abmahnen und erwirkte, da eine Unterwerfung nicht erfolgte, eine einstweilige Verfügung, die durch das Oberlandesgericht aufgehoben wurde: Wenn der Berechtigte eines Unterlassungsanspruch zunächst versucht, sich seine Anspruchsberechtigung abkaufen zu lassen, liegt ein rechtsmissbräuchliches Verhalten vor, da es bei der Durchsetzung von Wettbewerbsansprüchen nicht nur um die Durchsetzung von Individualansprüchen, sondern vorwiegend um die Einhaltung des Wettbewerbs im Interesse der Mitbewerber, der Verbraucher und der Allgemeinheit geht. Damit verträgt es sich nicht, wenn der Abmahnende seine Klagebefugnis nicht nutzt, um Wettbewerbsverstöße zu unterbinden, sondern das Klagerecht unter Hinnahme weiterer Verstöße zu Geld machen will, was ein sachfremdes Ziel darstellt.[540]

Allgemein gehaltene Abmahnung ohne Bezug zum Einzelfall:

Für ein Indiz der Missbräuchlichkeit können u.a. auch lediglich allgemein gehaltene Ausführungen in einer Abmahnung, die keinen Bezug zum Einzelfall aufweisen, sprechen. Das LG Bückeburg stellte in einem Verfahren fest, dass sowohl die Abmahnung als auch die Antragsschrift ganz überwiegend allgemein gehaltene tatsächliche und rechtliche Ausführungen enthielten und sich nur in einem vergleichsweise geringen Umfang auf den konkreten Einzelfall bezogen.[541]

480

481

---

[538] OLG München 22.12.2011 – 29 U 3463/11, GRUR-RR 2012, 169.

[539] OLG Hamm 22.6.2004 – 4 U 13/04, NJW-RR 2005, 348, GRUR-RR 2005, 141, OLGR Hamm 2005, 245; vgl. auch OLG Hamm 8.11.2012 – 4 U 86/12, MiKaP 2013/3, 27, abrufbar unter http://www.mikap.de/mikap_2013_03.pdf.

[540] OLG Hamburg 7.7.2010 – 5 U 16/10, GRURPrax 2011, 18, Juris KORE521192011.

[541] LG Bückeburg 22.4.2008 – 2 O 62/08, ITRB 2008, 202, Juris KORE726052008, BeckRS 2008, 09349.

482   Zu einer Abmahnung gehört, dass der Abmahnende in seiner Abmahnung mit hinreichender Deutlichkeit zum Ausdruck bringen muss, welches konkrete Verhalten beanstandet wird.[542] In einem urheberrechtlichen Fall ließ die Abmahnung den monierten Verstoß nicht erkennen und konnte daher auch einen bereitwilligen Schuldner nicht in die Lage versetzen, eine wirksame Unterlassungsverpflichtungserklärung abzugeben, was das OLG Düsseldorf, so wörtlich, mit einer völlig unbrauchbaren anwaltlichen Dienstleistung umschrieb.[543]

483   **Aufbrauchs- bzw. Umstellungsfristen:**
Die Gewährung von Aufbrauchsfristen für den Abgemahnten gegen die Zahlung eines geringen Entgelts ist nach dem KG Berlin noch nicht bedenklich.[544]

484   Das Fehlen von Aufbrauchs- bzw. Umstellungsfristen – in Verbindung mit hohen Vertragsstrafen unter Ausschluss des Fortsetzungszusammenhangs – kann jedoch einen Missbrauch indizieren, insbesondere bei einer sog. Kostenfalle, d.h. dann, wenn der Abgemahnte vorschnell eine sofortige Unterlassungserklärung unterzeichnet, die er aber – ob der geringen Zeit für die Umsetzung des Verbots – nicht einhalten kann, und damit direkt Vertragsstrafen verwirkt.[545]

485   **Äußerungen zum Ausschalten der Konkurrenz:**
Äußerungen des Abmahnenden in verschiedenen Internetforen zum Ausschalten der Konkurrenz sprechen für andere Motive als die Reinhaltung des Wettbewerbs und begründen ein Indiz für Missbrauch. Der Kläger bedauerte in einem dem OLG Hamm vorliegenden Fall, dass er immer noch nach einem Trick suche, wie er mittels Abmahnung seine Konkurrenz ausschalten könne. Die Abmahnkosten und die Vertragsstrafenandrohung nach Hamburger Brauch würden insoweit noch nicht als existenzbedrohend für die Konkurrenz ausreichen. Dass dieser Beitrag nicht nur ironisch, sondern durchaus ernst gemeint war, zeige auch die frühere Äußerung des Klägers in seinem Internetblog, dass es ihm darum gehe, in seiner Nische keinen Wettbewerber mit besonders günstigen Preisen mehr zu dulden, damit er seine Preise erhöhen könne. Er kündigte an, dass er den Hammer herausholen werde, wenn der letzte Preisbrecher nicht von selber aufgebe. In dieselbe Richtung zielt auch die im Zusammenhang mit einer Abmahnung und einer auf Euro 7.500,00 erhöhten Vertragsstrafe bei twitter.com getätigte Äußerung des Klägers, dass man für diesen Betrag über 8.000 kg Kirschkerne verkaufen müsse. Dieser Bezug macht deutlich, dass der Kläger nach seinem Dafürhalten **mit Abmahnungen besser und schneller sein Geld verdienen kann** als mit dem Verkauf der hier maßgeblichen Kirschkerne und dass Abmahnungen und Vertragsstrafen der Konkurrenz wirtschaftlich schaden und ihm Vertragsstrafen dann in doppelter Weise nützen können. In einem weiteren Blogbeitrag nimmt der Kläger die in einem früheren Beitrag von dritter Seite erfolgte Bezeichnung der Problematik mit der sog. 40-Euro-Klausel als „Kinderkacke" auf und betont, dass die diesbezügliche Rechtsprechung für die Praxis keinerlei Gewicht habe. Hieraus ergibt sich, dass die Wettbewerbswidrigkeit als solche für ihn nicht von primärer Bedeutung ist. Der Kläger macht zudem deutlich, dass ihm die geringe wettbewerbliche Bedeutung solcher

---

[542]   BGH 12.2.2015 – I ZR 36/11, GRUR 2015, 403 = NJW 2015, 1453 – Monsterbacke II; OLG Stuttgart 12.7.1996 – 2 W 39/96, WRP 1996, 1229; OLG Düsseldorf 14.11.2011 – I-20 W 132/11, CR 2012, 187, K&R 2012, 116.
[543]   Vgl. OLG Düsseldorf 14.11.2011 – I-20 W 132/11, CR 2012, 187, K&R 2012, 116.
[544]   KG Berlin 1.12.2009 – 5 U 8/06, Magazindienst 2010, 154, AfP 2010, 488.
[545]   Vgl. OLG Hamm 29.6.2010 – I-4 U 24/10, MMR 2010, 826.

Papenhausen

Verstöße bewusst ist, er aber dennoch auch solche Informationspflichtverletzungen abmahnen lässt.[546]

Diese Rechtsprechung zeigt, wie intensiv sich manche Gerichte mit den inneren Motiven eines Abmahnenden beschäftigen. Daneben wird hierdurch deutlich, dass zum einen aus Sicht des Abmahnenden dieser vor der Einleitung gerichtlicher Verfahren bzw. besser noch vor Ausspruch einer Abmahnung prüfen sollte, ob solche Motive Indizien für Rechtsmissbräuchlichkeit begründen können und es sich zum anderen aus Sicht des Abgemahnten lohnen kann, solche Motive des Abmahnenden zu recherchieren und dem Gericht darzulegen. **486**

Das Oberlandesgericht hat hier missbräuchliches Vorgehen bejaht unter Bezugnahme auf folgende, weitere Indizien: das Missverhältnis zwischen Zahl der Abmahnungen und Umfang des Geschäftsbetriebs, einhergehend mit einem insofern unverhältnismäßigen Kostenrisiko, die Art und Weise der Rechtsverfolgung, das Ansetzen überhöhter Streitwerte, die Verknüpfung der Frist für die Abgabe der Unterlassungserklärung mit der Frist zur Zahlung der Abmahnkosten, das Ansetzen hoher Vertragsstrafen, die in der vorgefertigten Unterwerfungserklärung aufgenommene überholte[547] Klausel zum Ausschluss der Einrede des Fortsetzungszusammenhangs sowie die Weigerung der Abgabe einer Originalvollmacht, obwohl dann mit einem unbedingten Unterlassungsversprechen zu rechnen gewesen wäre.[548] **487**

Belastung des Abgemahnten mit Kosten: **488**

Sofern der Abmahnende gegen den Abgemahnten lediglich deshalb vorgeht, um diesen mit Aufwendungsersatzansprüchen und Kosten der Rechtsverfolgung zu belasten und damit dessen personelle und/oder finanzielle Ressourcen/Kräfte zu binden, handelt er ebenfalls rechtsmissbräuchlich.[549]

Als Beispiele hierzu sind insbesondere unnötige Mehrfachabmahnungen und/oder unnötige Mehrfachklagen etwa konzernangehöriger Unternehmen zu nennen.[550] **489**

Belehrungsmuster (Verwendung alter Musterbelehrung in der Übergangszeit): **490**

Eine Abmahnung wegen der Verwendung alter Musterbelehrungen, hier nach der BGB-InfoV, ist nach dem LG Bielefeld rechtsmissbräuchlich[551]: Die Übergangsregelung in § 16 BGB InfoV n. F. sei im Rahmen des § 8 Abs. 4 UWG zu berücksichtigen. Ein vor Ablauf der Übergangsfrist geltend gemachter Unterlassungsanspruch widerspreche dieser Regelung, die den verwendeten lückenhaften Wortlaut selbst in Textform noch bis zum 1.10.2008 gelten ließ. Daneben stellte das LG Bielefeld zudem auf eine enge personelle Verflechtung zwischen dem Abmahnenden und dem beauftragten Anwalt ab.[552]

Court Hopping, vgl.: Forum-Shopping. **491**

Detektei (Entdeckung des Verstoßes durch beauftragte Detektei): **492**

Das LG Erfurt benennt als Verdachtsmoment für ein missbräuchliches Vorgehen u. a. das Aufspüren eines Wettbewerbsverstoßes durch eine vom Abmahnenden beauf-

---

[546] OLG Hamm 26.7.2011 – I-4 U 49/11, Juris JURE110017572.

[547] Vgl. dazu BGH 18.12.2008 – I ZB 32/06, NJW 2009, 921 – Mehrfachverstoß gegen Unterlassungstitel.

[548] Vgl. OLG Hamm 26.7.2011 – I-4 U 49/11, Juris JURE110017572.

[549] Vgl. BGH 6.4.2000 – I ZR 67/98, GRUR 2001, 82, 83 – Neu in Bielefeld I.

[550] Vgl. hierzu die Stichworte: Mehrfachabmahnungen und Mehrfachverfahren.

[551] LG Bielefeld 5.11.2008 – 18 O 34/08, MMR 2009, 364; bestätigt durch OLG Hamm 24.3.2009 – 4 U 211/08, MMR 2009, 474.

[552] Vgl.: Personelle Verflechtung des Abmahnenden und dem beauftragten Anwalt.

tragte Detektei: Anstatt sich telefonisch oder schriftlich an den Beklagten unter dessen auf der Webseite mehrfach angegeben Daten zu wenden, wurde hier eine Detektei eingeschaltet, was nach dem LG Erfurt unter Kostengesichtspunkten angesichts des geringen Gefährdungspotentials für die Klägerin unverhältnismäßig erschien. Erst aus dem Schreiben der Detektei will die Klägerin zudem Kenntnis von dem behaupteten Rechtsverstoß des Beklagten erlangt haben. Dies lässt nach dem LG nur den Schluss zu, dass sie diese mit der gezielten Recherche nach Verstößen beauftragt hat.[553]

493   **Diskriminierende Auswahl des Abzumahnenden:**

Die diskriminierende Auswahl der Abzumahnenden kann ein Indiz für Missbrauch darstellen: Nach dem BGH kann es als missbräuchlich anzusehen sein, wenn ein Verband gegen außenstehende Dritte vorgeht, den unlauteren Wettbewerb durch gleichartige Verletzungshandlungen der eigenen Mitglieder jedoch planmäßig duldet.[554] Zwar gibt es nach dem BGH grundsätzlich keine Obliegenheit eines Verbands, gegen eigene Mitglieder vorzugehen, auf die sich außenstehende Dritte berufen könnten. Die Prozessführungsbefugnis der Verbände zur Förderung gewerblicher Interessen findet ihre Rechtfertigung aber darin, dass die Bekämpfung unlauterer Wettbewerbshandlungen nicht nur im Interesse des unmittelbar Betroffenen, sondern auch im öffentlichen Interesse liegt. Insbesondere wäre es etwa rechtsmissbräuchlich, wenn der Verband mit einem selektiven Vorgehen ausschließlich gegen Nichtmitglieder bezweckt, neue Mitglieder zu werben, denen er nach einem Beitritt Schutz vor Verfolgung verspricht.[555]

494   Ein Kläger handelt nach dem BGH dagegen nicht missbräuchlich, wenn er sich dauerhaft auf die Verfolgung von Wettbewerbsverstößen etwa der staatlichen Lottogesellschaften beschränkt, denn diese Beschränkung folgt bereits aus seinem – rechtlich unbedenklichen – Verbandszweck, ausschließlich die Interessen privater Gewerbetreibender im Glücksspielwesen zu vertreten und zu diesem Zweck den lauteren Wettbewerb zu fördern und das Marktverhalten von Marktteilnehmern zu beobachten.[556]

495   **Druckmittel**, vgl.: Abkaufen des Unterlassungsanspruchs sowie Äußerungen zum Ausschalten der Konkurrenz.

496   **Einnahmequelle durch Abmahnungen**, vgl.: Massenabmahnungen sowie kollusives Zusammenwirken des Abmahnenden mit seinem Anwalt.

497   **Fehlendes wettbewerbspolitisches Interesse/Einwand der sog. unclean hands:**

Als Indiz für Rechtsmissbräuchlichkeit wird ferner auch ein fehlendes wettbewerbspolitisches Interesse des Abmahnenden an der Rechtsverfolgung angesehen.[557]

498   Das OLG Bremen erwägt in einem Hinweisbeschluss an die Parteien, dass eine vorgenommene Abmahnung nach § 8 Abs. 4 UWG rechtsmissbräuchlich sei, wenn der Abmahnende selbst rechtswidrig vorgehe: Der Abmahnende gebe hierdurch deutlich zu erkennen, dass es ihm in Wirklichkeit nicht um die Einhaltung der rechtlichen Normen, sondern nur um das Entstehenlassen von Abmahnkosten gehe. Wer sich wie die Klägerin im dem OLG vorliegenden Fall zur Hüterin des Wettbewerbs mache, dürfe sich nicht darüber beklagen, wenn der derart Abgemahnte dies zum Anlass nimmt, die Werbemethoden des Abmahnenden näher zu prüfen und darin enthaltene Wettbe-

---

[553] LG Erfurt 11.3.2008 – 1 HK O 28/08, Juris JURE080005895.
[554] BGH 17.8.2011 – I ZR 148/10, GRUR 2012, 411 – Glücksspielverband; BGH 23.1.1997 – I ZR 29/94, NJW 1997, 2757, GRUR 1997, 681 – Produktwerbung.
[555] BGH 17.8.2011 – I ZR 148/10, GRUR 2012, 411 – Glücksspielverband.
[556] BGH 24.1.2013 – I ZR 51/11, GRUR 2013, 956 – Glücksspielwesen; vgl. auch BGH 17.8.2011 – I ZR 148/10, GRUR 2012, 411 – Glücksspielverband.
[557] LG Paderborn 3.4.2007 – 7 O 20/07, MMR 2007, 672.

werbsverstöße abzumahnen. Andernfalls hätte derjenige, der zuerst abmahnt, gegenüber dem Abgemahnten gewissermaßen einen Wettbewerbsverstoß frei. § 8 Abs. 4 UWG soll u.a. den Abgemahnten jedoch vor solchen (vorgeblichen) Wettbewerbsschützern schützen, denen es nicht um den fairen Wettbewerb, sondern um die Generierung von Abmahnkosten geht. Er schützt dagegen nicht den Abmahnenden davor, an seinen eigenen Maßstäben gemessen zu werden.[558]

Es ist jedoch umstritten, ob der wegen eines Wettbewerbsverstoßes abgemahnte **499** Mitbewerber seinem Konkurrenten entgegenhalten kann, dieser verstoße selbst gegen das Wettbewerbsrecht. Es wird überwiegend vertreten, dass der Einwand der sog. unclean hands dann unzulässig sei, wenn der Wettbewerbsverstoß auch Interessen der Allgemeinheit berührt.[559]

Dass der unclean hands-Einwand gegenüber einem Unterlassungsanspruch, der sich **500** gegen einen die Allgemeininteressen berührenden Wettbewerbsverstoß richtet, generell nicht in Betracht kommen soll[560], ist allerdings zweifelhaft, da der Abmahnwillige nach dieser Ansicht vor der Aussprache von Abmahnungen nicht angehalten würde, eigene Wettbewerbsverstöße bei sich zu beenden – was die Interessen der Allgemeinheit aber direkt (da ohne Abmahnung) fördern würde – bevor er andere Mitbewerber abmahnt, die ebenso Wettbewerbsverstöße begehen, wie er.[561] Der unclean hands-Einwand bedeutet zudem auch lediglich, dass der zu Abmahnungen bereitwillige Mitbewerber zunächst einmal selbst Wettbewerbsverstöße abstellen müsste. Der nur konkret auf diesen Mitbewerber bezogene unclean hands-Einwand bedeutet dagegen nicht, dass in dieser Schwebezeit nicht andere, sich lauter verhaltene Mitbewerber – oder auch Wettbewerbskontrollinstitutionen – (in diesem Beispielsfalle) beide Mitbewerber abmahnen könnte. Das Argument, dass unlautere Wettbewerbsmaßnahmen bestehen blieben, wenn sich mehrere Mitbewerber ihrer in gleicher Weise bedienen würden[562], überzeugt aufgrund der zunehmenden Anzahl von Wettbewerbskontrollinstitutionen wie etwa der Wettbewerbszentrale u. ä., die Verbandsklagebefugnis gemäß § 8 Abs. 3 Nr. 2 UWG und § 33 Abs. 2 GWB haben, zumindest heutzutage nicht mehr.[563]

Der unclean hands-Einwand wird von der Rechtsprechung im Übrigen dann für zulässig **501** erachtet, wenn der Kläger bzw. der Antragsteller sich bei wechselseitiger Abhängigkeit der beiderseitigen unlauteren Wettbewerbsmaßnahmen mit seinem eigenen Handeln in Widerspruch setzen würde.[564]

---

[558] OLG Bremen 8.8.2008 – 2 U 69/08, Juris JURE080018102; ähnlich auch OLG Frankfurt 5.12.2008 – 6 W 157/08, OLGR Frankfurt 2009, 529, MMR 2009, 564; vgl. auch OLG Frankfurt 17.9.2002 – 11 U 67/00, Juris zum missbräuchlichen Verhalten wegen Lizenzverweigerung.

[559] OLG Düsseldorf 28.5.2014 – I-15 U 50/14, Juris JURE140016886; OLG Frankfurt 24.7.2008 – 6 U 73/08, GRUR-RR 2008, 410; OLG Oldenburg 18.9.2008 – 1 W 66/08, CR 2009, 43.

[560] So das OLG Frankfurt 24.7.2008 – 6 U 73/08, GRUR-RR 2008, 410; vgl. auch OLG Oldenburg 18.9.2008 – 1 W 66/08, CR 2009, 43.

[561] Ähnlich: OLG Bremen 8.8.2008 – 2 U 69/08, Juris JURE080018102.

[562] So etwa BGH 2.7.1971 – I ZR 43/70, NJW 1971, 1749, GRUR 1971, 582 – Kopplung im Kaffeehandel.

[563] Zentrale zur Bekämpfung unlauteren Wettbewerbs Frankfurt am Main e.V. (Wettbewerbszentrale). Mitglieder der Wettbewerbszentrale sind rund 2000 Verbände und Unternehmen. Zu ihren Mitgliedern zählen u.a. die Industrie- und Handelskammern sowie die meisten Handwerkskammern, vgl. etwa LG Dortmund 26.8.2014 – 25 O 104/14, WRP 2014, 1360.

[564] BGH 2.7.1971 – I ZR 43/70, NJW 1971, 1749, GRUR 1971, 582 – Kopplung im Kaffeehandel; BGH 5.6.1956 – I ZR 4/55, NJW 1956, 1556, JurionRS 1956, 13965, abrufbar unter

502 Bei der Frage, ob in diesem Falle dem Abgemahnten zu raten ist, gegen den Abmahnenden vorgerichtlich vorzugehen, ist die Rechtsprechung zur Gegenabmahnung bzw. zur sog. Retourkutsche zu beachten.[565]

503 **Fliegender Gerichtsstand**, vgl.: Gerichtsstandswahl und Forum-Shopping.

504 **Forum-Shopping:**
Der sog. fliegende Gerichtsstand – insbesondere hinsichtlich des Internets – eröffnet die Möglichkeit, sich dasjenige Landgericht in Deutschland auszusuchen, vor dem sich der Antragsteller bzw. der Kläger die größten Erfolgsaussichten für sein Begehren ausrechnet[566]. Auch stehe es dem Kläger offen, bestehende Rechtsprechungsunterschiede zwischen den zuständigen Gerichten zu testen.[567]

505 Das sog. Forum-Shopping bzw. Court Hopping[568] umschreibt hierbei die Ausnutzung der Vorteile von nebeneinander bestehenden Gerichtszuständigkeiten.[569]

506 Das sog. Forum-Shopping wird in der Regel jedoch nicht als rechtsmissbräuchlich im Sinne des § 8 Abs. 4 UWG angesehen[570], auch wenn manche Gerichte von missbräuchlichem Forum-Shopping sprechen.[571] Bei einer Zweiteinreichung eines Antrags bei verschiedenen Gerichten sind vielmehr Fragen der Dringlichkeit bzw. des Rechtsschutzbedürfnisses[572] berührt. Vgl. Kapitel Forum-Shopping.[573]

507 **Freistellung von Anwaltskosten**, vgl.: Kollusives Zusammenwirken des Abmahnenden mit seinem Anwalt.

508 **Frühere missbräuchliche Abmahnung:**
Die Abmahnung wegen eines Wettbewerbsverstoßes ist nach dem BGH jedoch nicht allein deshalb nach § 8 Abs. 4 UWG unzulässig, weil eine frühere Abmahnung wegen eines gleichartigen Wettbewerbsverstoßes missbräuchlich war und sich die spätere Abmahnung ausdrücklich auf die frühere Abmahnung bezieht: Im Streitfall könne die Missbräuchlichkeit der zweiten Abmahnung nicht mit der Missbräuchlichkeit der ersten Abmahnung begründet werden, da die Klägerin mit der zweiten Abmahnung keinen vertraglichen Unterlassungsanspruch aus einem infolge der ersten (missbräuchlichen) Abmahnung geschlossenen Unterlassungsvertrag geltend mache. Sie verfolge mit der zweiten Abmahnung vielmehr einen gesetzlichen Unterlassungsanspruch, der mit der von ihr behaupteten erneuten Zuwiderhandlung entstanden sein soll. Das folge daraus, dass die Klägerin die Beklagte mit der zweiten Abmahnung dazu aufgefordert habe, zur Ausräumung der durch die Zuwiderhandlung begründeten Wiederholungsgefahr eine strafbewehrte Unterlassungserklärung abzugeben. Eine

---

https://www.jurion.de/Urteile/BGH/1956–06–05/I-ZR-4_55 – Bünder-Glas; OLG Oldenburg 18.9.2008 – 1 W 66/08, CR 2009, 43; vgl. OLG Frankfurt 9.12.2011 – 25 U 106/11, BeckRS 2012, 05297 zu einem Fall der nach §§ 8 Abs. 4 UWG, 242 BGB unzulässigen Rechtsausübung.

[565] Vgl. Stichwort: Gegenabmahnung/Retourkutsche.

[566] Vgl. etwa OLG Hamm 19.11.2013 – I-4 U 65/13, MMR 2014, 534.

[567] OLG Schleswig 21.1.2014 – 2 AR 4/14, ZUM 2014, 430.

[568] Vgl. Schultz, Kommentar zu OLG Nürnberg, Urteil vom 3.12.2013, Az. 3 U 410/13 (Facebook-Abmahnwelle), WRP 2014, 237.

[569] Vgl. Szalai, Rechtsdurchsetzung im Lauterkeitsrecht, DZWIR 2014, 1 – mit weiteren Nachweisen.

[570] OLG Hamm 10.9.2013 – 4 U 48/13, MittdtschPatAnw 2014, 185.

[571] Vgl. etwa OLG Hamburg 6.12.2006 – 5 U 67/06, NJW-RR 2007, 763.

[572] Vgl. OLG Hamburg 26.11.2009 – 3 U 60/09, WRP 2010, 790; vgl. auch Teplitzky, Gerichtliche Hinweise im einseitigen Verfahren zur Erwirkung einer einstweiligen Unterlassungsverfügung, GRUR 2008, 34 – mit weiteren Nachweisen.

[573] Vgl. zum Forum-Shopping insgesamt: D. VI. 2. Forum-Shopping.

Papenhausen

erneute Zuwiderhandlung begründe erneut eine Wiederholungsgefahr; sie lasse nicht die durch die erste Unterwerfungserklärung ausgeräumte Wiederholungsgefahr wieder aufleben.[574]

Gebührenerzielungsinteresse, vgl.: Massenabmahnungen/Kostenrisiko.   **509**

Gerichtsstandswahl/Verschleierung des Rufs als Vielfachabmahner: **510**
Die Wahl des Gerichtsstandes nach § 14 Abs. 2 UWG für sich genommen kann eine Annahme eines rechtsmissbräuchlichen Verhaltens noch nicht begründen[575]: Es kann zu den berechtigten Interessen des Klägers gehören, bei der ihm gesetzlich eingeräumten Wahl des Gerichtsstandes zu berücksichtigen, ob ein Gericht nach Einschätzung seines Prozessbevollmächtigten bereits Erfahrungen in dem für sein Klagebegehren maßgebenden Sach- oder Rechtsgebiet aufweist oder sogar spezialisierte Spruchkörper gebildet hat. Dass eine Spezialisierung des Gerichts der sachlichen Förderung oder schnelleren Erledigung von Rechtsstreitigkeiten dienen kann, ist vom Gesetzgeber ausdrücklich anerkannt[576] und kann von der klagenden Partei auch sonst bei der Auswahlentscheidung gemäß § 35 ZPO zugrunde gelegt werden, ohne dass dies zu Kostennachteilen führt.[577] Ebenso ist es nach dem BGH grundsätzlich nicht rechtsmissbräuchlich, sondern entspricht seinem berechtigten Interesse an einer erfolgreichen Rechtsdurchsetzung, wenn der Kläger aus prozesstaktischen Erwägungen einen Gerichtsstand wählt, an dem nach Einschätzung seines Prozessbevollmächtigten für sein konkretes Begehren voraussichtlich die besten Erfolgsaussichten bestehen. Der BGH stellt ferner fest, dass der nach diesen Gesichtspunkten vom Kläger ausgewählte Gerichtsstand naturgemäß auch ein Ort sein kann, der weder mit dem Gerichtsstand des Beklagten noch mit dem des Sitzes seines Prozessbevollmächtigten übereinstimmt, sondern unter Umständen weit von diesen entfernt liegt, was aber an sich noch als keine rechtsmissbräuchliche Ausübung des Wahlrechts gemäß § 35 ZPO anzusehen ist. Im dem BGH vorliegenden Fall fehlten weitere Gesichtspunkte, die für einen Rechtsmissbrauch sprachen. Im Streitfall wurden solche Umstände vom Beschwerdegericht nicht festgestellt.[578]

In der Instanzrechtsprechung wird es als ein Indiz für Rechtsmissbräuchlichkeit – **511**
sofern noch eine zielgerichtete Schädigungsabsicht bei der Wahl des Gerichtsstandes hinzukommt[579] – angesehen, wenn die Klageerhebung des Abmahnenden möglichst weit entfernt vom betreffenden Firmensitz des Abgemahnten stattfindet, ohne dass hierfür sachliche Gründe erkennbar sind.[580]

In einem Verfahren vor dem OLG Jena hat die Verfügungsklägerin den von ihr zu- **512**
nächst gewählten Gerichtsort nicht mehr in Anspruch genommen, nachdem dort Fragen der Rechtsmissbräuchlichkeit problematisiert wurden. Daher hat sie die Ansprüche unstreitig sodann vor einem anderen Landgericht verfolgt. Dies indiziere, dass die

---

[574] BGH 15.12.2011 – I ZR 174/10, GRUR 2012, 730, CR 2012, 469 – Bauheizgerät; vgl. auch BGH 12.7.1995 – I ZR 176/93, GRUR 1995, 678 – Kurze Verjährungsfrist.

[575] OLG Schleswig 21.1.2014 – 2 AR 4/14, ZUM 2014, 430.

[576] Vgl. § 140 Abs. 2 MarkenG; § 105 UrhG; § 92 GWB; § 143 Abs. 2 PatG; § 13a GVG.

[577] BGH 12.9.2013 – I ZB 39/13, K&R 2014, 346, AnwBl 2014, 453 – Klageerhebung an drittem Ort.

[578] BGH 12.9.2013 – I ZB 39/13, K&R 2014, 346, AnwBl 2014, 453 – Klageerhebung an drittem Ort.

[579] Vgl. dazu OLG Schleswig 21.1.2014 – 2 AR 4/14, ZUM 2014, 430.

[580] Vgl. etwa KG Berlin 25.1.2008 – 5 W 371/07 – WRP 2008, 511, K&R 2008, 252; OLG Jena 6.10.2010 – 2 U 386/10, GRUR-RR 2011, 327; LG Aurich 22.1.2013 – 6 O 38/13 (5) – MMR 2013, 249; ähnlich: LG Paderborn 3.4.2007 – 7 O 20/07, MMR 2007, 672.

Verfügungsklägerin das Vorliegen von Vielfachabmahnungen verschleiern wollte, was für Rechtsmissbräuchlichkeit spreche.[581]

513   **Getrennte Abmahnung statt einer Abmahnung,** vgl.: Mehrfachabmahnung.

514   **Gleichsetzung der Abgabefrist der Unterlassungserklärung mit Zahlungsfrist:** U.a. vom OLG Hamm wird die Gleichsetzung der Frist zur Abgabe der Unterlassungserklärung mit der Frist zur Zahlung anwaltlicher Gebühren als ein Indiz für Rechtsmissbräuchlichkeit gewertet.[582]

515   Eine Verkoppelung der Frist zur Zahlung der für die Abmahnung entstandenen vorgerichtlichen Gebühren mit der Frist für die Erfüllung des Unterwerfungsverlangens ist richtigerweise unter keinen Umständen als erforderlich anzusehen. Durch ein solches Verhalten des Abmahnenden wird der unzutreffende Eindruck erweckt, Unterwerfung und Kostenerstattung könnten zusammengehören – insbesondere dann, wenn im vorformulierten Unterlassungsvergleich auch die Zahlungspflicht anwaltlicher Gebühren mit aufgenommen wird – und der Schuldner könnte die Gefahr gerichtlicher Inanspruchnahme nur verhindern, wenn er neben der Unterlassungserklärung auch die Abmahnkosten umgehend erstattet.[583]

516   Manche Gerichte lassen bereits als Indiz eine Nahezu-Gleichsetzung der Fristen für die Zahlung von Abmahnkosten mit dem Termin zur Abgabe der Unterwerfungserklärung genügen.[584] Bereits dieser Umstand lege nahe, dass der Kläger in den von ihm geführten Verfahren einen übermäßigen Entscheidungsdruck auf die von ihm in Anspruch Genommenen ausübt.[585]

517   Im einstweiligen Verfügungsverfahren bzw. im Rahmen dessen Vorbereitung lässt sich die Dringlichkeit ausreichend dadurch wahren, dass mit kurzer Frist die Unterlassungserklärung gefordert wird. Die schnelle Kostenerstattung hängt mit der Eilbedürftigkeit dagegen nicht zusammen. Das OLG Hamm macht bei der Fristenkoppelung allerdings richtigerweise deutlich, dass die Kopplung der Abmahnfrist mit der Frist zur Begleichung der Kosten nur in der Kombination mit weiteren Indizien den Rückschluss auf die innere Motivation der Abmahnstrategie eröffnet und damit zur Annahme der Rechtsmissbräuchlichkeit nur im Falle des Vorliegens anderer Indizien führen kann und in dem vom Oberlandesgericht zu entscheidenden Fall auch führte.[586]

518   **Gleichzeitiges Verfügungs- und Hauptsacheverfahren eines Gläubigers:** Ein Indiz für Missbrauch stellt auch das gleichzeitige – oder den Ablauf der gesetzten Frist nicht beachtende – Einleiten eines Verfügungs- und eines Hauptsacheverfahrens durch den Gläubiger dar: Hierbei wird dem Abgemahnten als Schuldner die

---

[581] OLG Jena 6.10.2010 – 2 U 386/10, GRUR-RR 2011, 327; dagegen: OLG Hamm 1.4.2008 – 4 U 10/08, Juris JURE090046723.

[582] OLG Hamm 11.7.2013 – 4 U 34/13, Juris JURE130015524; OLG Hamm 28.7.2011 – 4 U 55/11, BeckRS 2011, 21443, Juris JURE110015883; LG Bochum 17.2.2011 – 14 O 110/10, MiKaP 2013/3, 34, abrufbar unter http://www.mikap.de/mikap_2013_03.pdf; LG Bochum 13.7.2010 – 12 O 101/10, Juris JURE110005683.

[583] Vgl. OLG Hamm 28.7.2011 – 4 U 55/11, BeckRS 2011, 21443, Juris JURE110015883; OLG Hamm 29.6.2010 – I-4 U 24/10, MMR 2010, 826; OLG Hamm 9.3.2010 – 4 W 22/10, Juris JURE110007715.

[584] LG Bochum 17.2.2011 – 14 O 110/10, MiKaP 2013/3, 34, abrufbar unter http://www.mikap.de/mikap_2013_03.pdf.

[585] OLG Hamm 28.7.2011 – 4 U 55/11, BeckRS 2011, 21443, Juris JURE110015883.

[586] OLG Hamm 28.7.2011 – 4 U 55/11, BeckRS 2011, 21443, Juris JURE110015883 – Beispiel für eine Gesamtwürdigung, vgl.: 1. e) Beispielsfall für eine Indizienhäufung.

Papenhausen

Möglichkeit genommen, die einstweilige Verfügung durch Abschlusserklärung als endgültige Regelung anzuerkennen.[587]

Hohe bzw. überhöhte Vertragsstrafenforderung: **519**

Das Verlangen einer hohen bzw. überhöhten Vertragsstrafe – in Kombination mit einem Verzicht auf die Einrede des Fortsetzungszusammenhangs – kann ebenfalls als Indiz für Rechtsmissbräuchlichkeit in Betracht kommen: Für das erkennende Gericht lag die Forderung einer Vertragsstrafe in Höhe von 5.100,00 Euro für jeden Verstoß bei Zuwiderhandlung in diesem Fall am oberen Rand der Angemessenheit[588]: Eine solche Vertragsstrafe könne gerade bei Handlungen im Internet dazu führen, dass es zu einer mehrfachen Verwirkung und zu insgesamt unangemessenen und außergewöhnlich hohen Gesamtstrafen und somit zu Haftungsfallen kommen kann. Solche dem Abmahnenden zugutekommenden Vertragsstrafen könnten einerseits erhebliches Einkommen für den Abmahnenden generieren, andererseits den Wettbewerber empfindlich treffen und gezielt behindern. In einem solchen Fall müsse der Abmahnende nach dem OLG Hamm ein sachliches Interesse an diesem Vorgehen darlegen.[589] Der BGH hat im Übrigen die Figur des Fortsetzungszusammenhangs aufgegeben.[590]

Kollusives Zusammenwirken des Abmahnenden mit seinem Anwalt (Freistel-   **520** **lung von Anwaltskosten):**

Das OLG Frankfurt hat festgestellt, dass bei umfangreichen Abmahnaktionen eines wirtschaftlich schwachen Abmahners von einem missbräuchlichen Vorgehen dann auszugehen ist, wenn ein kollusives Zusammenwirken zwischen dem Abmahner und seinem Prozessbevollmächtigten vorliegt, bei welchem der Anwalt den Mandanten von den Kostenrisiken vollständig oder aber zum großen Teil freistellt. In diesem Fall ist nach dem Gericht von einem Rechtsmissbrauch ohne weiteres auszugehen, da hier der Abmahner ersichtlich keine ernsthaften Interessen am Schutz des unlauteren Wettbewerbs verfolgt, sondern sich lediglich dafür hergibt, seinem Anwalt eine Gebühreneinnahmequelle zu verschaffen.[591]

Auch das KG Berlin hat entsprechend in einem Fall entschieden, in dem das Kosten-   **521** risiko der ausgesprochenen Abmahnungen vom Abmahnanwalt übernommen wurde und dies, was sich in der Regel als schwierig erweist, vom Abgemahnten im Verfahren nachgewiesen werden konnte; wobei zudem eine Vereinbarung zu etwaig anfallenden und sodann vom Abmahnenden und seinem Anwalt hälftig zu teilenden Vertragsstra-

---

[587] BGH 6.4.2000 – I ZR 76/98, BGHZ 144, 165, WM 2000, 2197 – Missbräuchliche Mehrfachverfolgung; BGH 6.4.2000 – I ZR 67/98, GRUR 2001, 82, 83 – Neu in Bielefeld I; OLG Nürnberg 20.7.2004 – 3 W 1324/04, GRUR-RR 2004, 336.

[588] LG Bochum 17.2.2011 – 14 O 110/10, MiKaP 2013/3, 34, abrufbar unter http://www.mikap.de/mikap_2013_03.pdf; bestätigt durch: OLG Hamm 28.7.2011 – 4 U 55/11, BeckRS 2011, 21443, Juris JURE110015883; vgl. auch LG Frankfurt 8.2.2012 – 6 O 439/11, Juris, zur Vertragsstrafenforderung von Euro 5.000,– bei urheberrechtlicher Abmahnung.

[589] OLG Hamm 28.7.2011 – 4 U 55/11, BeckRS 2011, 21443, Juris JURE110015883.

[590] Vgl. hierzu BGH 18.12.2008 – I ZB 32/06, NJW 2009, 921 – Mehrfachverstoß gegen Unterlassungstitel; vgl. zudem Stichwort: Kopplung des Vertragsstrafeversprechens an den Ausschluss der Einrede des Fortsetzungszusammenhangs.

[591] OLG Frankfurt 14.12.2006 – 6 U 129/06 – NJW-RR 2007, 482, CR 2007, 387; ebenso OLG Jena 6.10.2010 – 2 U 386/10, GRUR-RR 2011, 327; LG Heilbronn 23.4.2007 – 8 O 90/07, CR 2008, 129, MMR 2007, 536: Werbung von Rechtsanwälten mit kostenneutraler Abmahntätigkeit; vgl. zudem Stichwort Strohmann; vgl. auch OLG Hamm 2.3.2010 – 4 U 217/09.

fen geschlossen wurde.[592] Über solche sog. No-Cost-Projekte wurde auch mehrfach in der Fachpresse berichtet.[593]

522   **Kopplung der Abgabefrist der Unterlassungserklärung mit der Zahlungsfrist,** vgl.: Gleichsetzung der Abgabefrist der Unterlassungserklärung mit der Zahlungsfrist.

523   **Kopplung des Vertragsstrafeversprechens an den Ausschluss der Einrede des Fortsetzungszusammenhangs:**
Nicht erforderlich ist nach dem BGH die Koppelung des Vertragsstrafeversprechens an den Ausschluss der Einrede des Fortsetzungszusammenhangs, um die Wiederholungsgefahr auszuschließen.[594]

524   In einem Fall des OLG Hamm[595] wurde der Verzicht auf die Einrede mit einer für sich genommen noch zulässigen, aber nicht geringen Vertragsstrafeforderung in Höhe von 5.100,– Euro kombiniert: Eine solche Vertragsstrafe könne dazu führen, dass eine mehrfache Verwirkung zu insgesamt unangemessenen und außergewöhnlich hohen Gesamtstrafen führen kann. Der Hinweis, dass das Vorgehen in älteren Formularbüchern empfohlen wird, reicht dafür nicht aus, da hierbei ersichtlich übersehen wird, dass die Rechtsprechung des BGH die Figur des Fortsetzungszusammenhangs aufgegeben hat.[596]

525   Bereits in einer Entscheidung des Bundesgerichtshofs aus dem Jahre 1992 hatte der BGH das systematische Abverlangen uneingeschränkter Verzichtsklauseln als bedenklich angesehen, weil sie den Zweck, mittels gehäufter Strafsanktionen möglichst hohe Einnahmen zu erzielen, deutlich und möglicherweise auch ungebührlich in den Vordergrund treten lassen.[597] Eine Koppelung des Vertragsstrafeversprechens an den Ausschluss der Einrede des Fortsetzungszusammenhangs kann aber wie bei den meisten hier aufgeführten Punkten nur ein Indiz unter mehreren für Rechtsmissbräuchlichkeit sein.

526   **Kostenrisiko (wegen Vielzahl von Abmahnungen),** vgl.: Massenabmahnungen/ Kostenrisiko.

527   **Kostenrisiko (Freistellung von Anwaltskosten),** vgl.: Kollusives Zusammenwirken des Abmahnenden mit seinem Anwalt.

528   **Massenabmahnungen/Kostenrisiko:**
Umfangreiche Abmahntätigkeit – auch Massenabmahnungen, unverhältnismäßiges Abmahnwesen bzw. Abmahnwellen genannt[598] – allein für sich genommen können nach überwiegender Rechtsprechung noch keinen Rechtsmissbrauch begründen, wenn

---

[592] KG Berlin 8.7.2008 – 5 W 34/08, MMR 2008, 742; vgl. OLG Köln 17.8.2012 – 6 U 208/10, Juris zum Erfolgshonorar bei urheberrechtlicher Abmahnung.

[593] Vgl. etwa die Fachcomputerzeitschrift c't, 2010/01, Seite 154 ff.

[594] BGH 10.12.1992 – I ZR 186/90, BGHZ 121, 13, NJW 1993, 721; OLG Hamm 28.7.2011 – 4 U 55/11, BeckRS 2011, 21443, Juris JURE110015883.

[595] OLG Hamm 28.7.2011 – 4 U 55/11, BeckRS 2011, 21443, Juris JURE110015883; vgl. auch: LG Bochum 17.2.2011 – 14 O 110/10, MiKaP 2013/3, 34, abrufbar unter http://www.mikap.de/ mikap_2013_03.pdf – für das Landgericht liegt das Verlangen einer Vertragsstrafe in Höhe von 5.100,00 Euro für jeden Verstoß in diesem Fall am oberen Rand der Angemessenheit.

[596] Vgl. dazu BGH 18.12.2008 – I ZB 32/06, NJW 2009, 921 – Mehrfachverstoß gegen Unterlassungstitel.

[597] BGH 10.12.1992 – I ZR 186/90, BGHZ 121, 13, NJW 1993, 721; vgl. hierzu auch LG Bochum 17.2.2011 – 14 O 110/10, MiKaP 2013/3, 34, abrufbar unter http://www.mikap.de/ mikap_2013_03.pdf.

[598] Vgl. etwa Hoeren, Internetrecht, Seite 286, abrufbar unter: http://www.uni-muenster.de/ Jura.itm/hoeren/materialien/Skript/Skript_Internetrecht_Oktober_2014.pdf; vgl. auch AG Hamburg 10.2.2009 – 36a C 171/08, Juris für urheberrechtliche Abmahnungen.

und soweit entsprechend auch umfangreiche Verletzungen in Betracht kommen.[599] Es müssten dann weitere Umstände hinzutreten, die die Missbräuchlichkeit der Geltendmachung des Unterlassungsanspruchs begründen können. Solch ein Umstand kann zum Beispiel ein Missverhältnis zwischen der Zahl der Abmahnungen und dem Umfang des Geschäftsbetriebs sein.[600] Ob und wann sich die Abmahntätigkeit verselbständigt hat, ist unter Berücksichtigung der grundsätzlich vom Abgemahnten vorzutragenden Begleitumstände der Verletzungshandlung, des Wettbewerbsverhältnisses und der sonstigen Umstände wie der wirtschaftlichen Bedeutung des Gläubigers und sein Verhalten bei der Verfolgung des konkreten, aber auch anderer Wettbewerbsverstöße im Rahmen des Freibeweises zu würdigen.[601] Dass der Abmahnende in den Gegnerlisten verschiedener Anwälte aufgeführt wird, reicht als Indiz für rechtsmissbräuchliches Verhalten aber nicht aus.[602]

Ein massives Vorgehen des Abmahnenden kann ein erhebliches und unverhältnismä- **529** ßiges Kostenrisiko bergen: Ein insofern unangemessenes Verhältnis der Abmahnkosten zum Umsatz des Abmahnenden rechtfertigt daher die Annahme eines Missbrauchs.[603]

Auch die Verbindung hoher Gegenstandswerte mit einem nicht übermäßig hohen **530** operativen Geschäftsvolumen kann den Verdacht begründen, dass sich die Abmahntätigkeit irgendwann verselbständigt hat und vorrangig Behinderungszwecke verfolgt.[604] Für das OLG Hamm etwa reicht ein Kostenrisiko – noch ohne die Berücksichtigung von etwaigen negativen Feststellungsklagen und von möglichen Revisionsverfahren vor dem BGH – von jedenfalls 8 % des Umsatzes aus, um ein Indiz für Rechtsmissbrauchs zu begründen, da die Mehrfachabmahnungen mit einem solchen Kostenrisiko nicht wirtschaftlich vernünftig erscheinen, auch wenn sie für sich genommen noch nicht zwingend auf einen Rechtsmissbrauch hindeuten, also lediglich ein Indiz darstellen.[605]

Nach dem LG Bielefeld reichen rund 100 Abmahnungen innerhalb weniger Tage **531** für die Annahme eines rechtsmissbräuchlichen Vorgehens aus: Es ist nach dem Landgericht rechtsmissbräuchlich, wenn ein (angeblicher) Mitbewerber in großer Zahl Konkurrenten wegen fehlerhafter Widerrufsbelehrungen und Impressumsangaben abmahnt. Ein solches Vorgehen deute auf sachfremde Erwägungen hin, insbesondere in dem Sinne, dass das Verhalten darauf angelegt sei, ohne große Risiken möglichst viel an Gebühren, wie sie mit den Abmahnungen eingefordert wurden, zu erzielen. Das LG

---

[599] BGH 30.9.2004 – I ZR 261/02, BB 2005, 794, BRAK-Mitt 2005, 139 – Telekanzlei; OLG Hamm 28.7.2011 – 4 U 55/11, BeckRS 2011, 21443, Juris JURE110015883; OLG Frankfurt 14.12.2006 – 6 U 129/06, NJW-RR 2007, 482; LG Halle 26.4.2006 – 11 O 5/06, GRUR-RR 2007, 26; vgl. auch OLG Hamm 14.8.2014 – 4 U 46/14, Juris JURE140017032.

[600] BGH 5.10.2000 – I ZR 237/98, NJW 2001, 371, GRUR 2001, 260 – Vielfachabmahner; OLG Hamm 15.9.2015 – 4 U 105/15, WRP 2016, 100 = Schaden-Praxis 2016, 23; OLG Jena 6.10.2010 – 2 U 386/10, GRUR-RR 2011, 327.

[601] OLG Hamm 28.7.2011 – 4 U 55/11, BeckRS 2011, 21443, Juris JURE110015883.

[602] OLG Hamm 19.4.2012 – I-4 U 196/11, BeckRS 2012, 11810, MiKaP 2013/3, 33, abrufbar unter http://www.mikap.de/mikap_2013_03.pdf.

[603] BGH 5.10.2000 – I ZR 237/98, NJW 2001, 371, GRUR 2001, 260 – Vielfachabmahner; OLG Brandenburg 22.9.2009 – 6 W 93/09, OLGR Brandenburg 2009, 914; OLG Hamm 19.5.2009 – I-4 U 23/09, OLGR Hamm 2009, 738, GRUR-RR 2009, 444; LG Stade 23.4.2009 – 8 O 46/09, MMR 2009, 578; LG Dortmund 6.8.2009 – 19 O 39/08, Juris JURE090046897.

[604] OLG Hamm 26.7.2011 – I-4 U 49/11, Juris JURE110017572; OLG Hamm 28.4.2009 – 4 U 216/08, CR 2010, 122, MMR 2009, 865.

[605] OLG Hamm 26.7.2011 – I-4 U 49/11, Juris JURE110017572.

Bielefeld hat ferner darauf abgestellt, dass das Bestehen der erhobenen Unterlassungsansprüche sehr fraglich sei.[606]

532   Nach dem LG Bochum sind bei der Gesamtwürdigung der sog. Massenabmahnungen folgende Aspekte entscheidend: die Anzahl der aus anderen Verfahren bekannt gewordenen Abmahnungen und das angesichts der Vielzahl von Abmahnungen eingegangene Kostenrisiko, dem ein verhältnismäßig niedriger operativer Umsatz – hier in
Höhe von 200.000,– Euro jährlich – gegenübersteht.[607]

533   Das AG Regensburg hat Missbrauch sowie eine vorsätzliche sittenwidrige Schädigung gemäß § 826 BGB für einen Fall bejaht, in dem ein Start-Up Unternehmen innerhalb von zwei Wochen 1043 Abmahnungen ausgesprochen hat, für die Anwaltsgebühren in Höhe von Euro 679.827,40 anfallen würden.[608]

534   Anderen Gerichten, die ein missbräuchliches Verhalten – unter Bezugnahme auf
weitere Indizien – bejahten, lagen Fälle von 500 Abmahnungen pro Monat[609], über 300
Abmahnungen[610], 120 Abmahnungen in 19 Tagen[611], mehr als 78 Abmahnungen in
neun Monaten[612] vor.

535   **Mehrfachabmahnungen (getrennte Abmahnungen statt einer Abmahnung/Sa-
lami-Taktik):**
In seiner Entscheidung „missbräuchliche Mehrfachabmahnung" macht der BGH
deutlich, dass eine rechtsmissbräuchliche Geltendmachung des Unterlassungsanspruchs
darin liegen kann, dass mehrere durch denselben Rechtsanwalt vertretene Konzernunternehmen wegen eines Wettbewerbsverstoßes in der Weise vorgehen, dass sie den Beklagten gleichzeitig in jeweils getrennten Anwaltsschreiben abmahnen. Dies gelte jedenfalls dann, wenn keine vernünftigen Gründe für das zuvor beschriebene Vorgehen
ersichtlich sind. Nach dem BGH ist dem Konzernunternehmen in einem solchen Fall
zuzumuten, das Vorgehen in der Weise zu koordinieren, dass die Abmahnung entweder
nur von einem Konzernunternehmen oder gemeinsam ausgesprochen wird.[613]

536   Zwei Jahre zuvor hatte der BGH in seiner Entscheidung „missbräuchliche Mehrfachverfolgung" entschieden, dass die (alte) Missbrauchsregelung des § 13 Abs. 5
UWG nicht nur in den Fällen Anwendung findet, in denen sich die Anspruchsberechtigung des Gläubigers aus § 13 Abs. 2 UWG ergibt, sondern auch dann, wenn der
Gläubiger als betroffener Wettbewerber unmittelbar aus der verletzten Norm vorgehen kann. Ein Hinweis auf eine missbräuchliche Geltendmachung des wettbewerbsrechtlichen Unterlassungsanspruchs liege darin, dass zwei konzernmäßig verbundene
und vom selben Rechtsanwalt vertretene Gläubiger die Möglichkeit nicht nutzen, ihre
Ansprüche beim selben Gericht als Streitgenossen geltend zu machen, vielmehr jeweils

---

[606] LG Bielefeld 2.6.2006 – 15 O 53/06, MMR 2006, 561.
[607] LG Bochum 17.2.2011 – 14 O 110/10, MiKaP 2013/3, 34, abrufbar unter http://www.mi-
kap.de/mikap_2013_03.pdf; bestätigt durch OLG Hamm 28.7.2011 – 4 U 55/11, BeckRS 2011,
21443, Juris JURE110015883.
[608] AG Regensburg 5.7.2013 – 4 C 3780/12, MMR-Aktuell 2014, 353767, BeckRS 2013,
17453.
[609] LG Bückeburg 22.4.2008 – 2 O 62/08, ITRB 2008, 202, Juris KORE726052008, BeckRS
2008, 09349.
[610] KG Berlin 25.1.2008 – 5 W 371/07 – WRP 2008, 511, K&R 2008, 252.
[611] KG Berlin 22.7.2011 – 5 W 161/11, WRP 2011, 1319.
[612] OLG Jena 6.10.2010 – 2 U 386/10, GRUR-RR 2011, 327.
[613] BGH 17.1.2002 – I ZR 241/99, BGHZ 149, 371, GRUR 2002, 357 – Missbräuchliche
Mehrfachabmahnung; vgl. auch OLG Frankfurt 1.12.2015 - 6 W 96/15, WRP 2016, 368 ff.

getrennte Verfahren gegen den Schuldner einleiten. Auch die gleichzeitige Einleitung von Verfügungs- und Hauptsacheverfahren kann nach dem BGH auf einen Missbrauch der Klagebefugnis hindeuten.[614]

Die Rechtsprechung hat ferner angenommen, ein missbräuchliches Kostenbelas- **537** tungsinteresse ergebe sich daraus, dass infolge der getrennten Abmahnung von drei späteren Beklagten erheblich höhere Kosten entstanden seien als bei einer gemeinsamen Abmahnung aller Beklagten[615]: Der spätere Kläger hätte jedenfalls die Beklagte zu 3 und den Beklagten zu 2 ohne jeden Nachteil als Streitgenossen in Anspruch nehmen können, da diese als Unternehmen und Geschäftsführer miteinander verbunden seien und der Kläger die Beklagte zu 3 nur deshalb in Anspruch nehme, weil sie es dem Beklagten zu 2 ermöglicht habe, die vom Kläger gestaltete Webseite auf seine Internetseiten zu übertragen und der Öffentlichkeit zugänglich zu machen. Der BGH hat diese Entscheidung aufgehoben, da der Kläger jeweils selbstständige Verletzungen seiner Leistungsschutzrechte an Lichtbildern durch die Beklagten geltend mache. Es sei daher nicht missbräuchlich, dass der Kläger wegen eigenständiger Rechtsverletzungen gesonderte Abmahnungen ausgesprochen habe.[616] In einer anderen Entscheidung des BGH stellt dieser jedoch fest, dass sich ein Rechtsmissbrauch dann ergebe, wenn ein einheitlicher Wettbewerbsverstoß mehrerer Verletzer, nämlich die wettbewerbswidrige gemeinschaftliche Werbeanzeige dreier Gesellschaften eines Konzerns, in drei getrennten Abmahnungen gerügt wird. Der BGH stellt hierzu fest, dass die gegen eine gemeinschaftliche Werbeanzeige gerichtete Rechtsverfolgung in jeweils getrennten Verfügungsverfahren gegen drei Unterlassungsschuldner, die einen einheitlichen Gerichtsstand haben und durch denselben Rechtsanwalt vertreten werden, wegen der höheren Kostenbelastung gegenüber einer streitgenössischen Inanspruchnahme auf der Beklagtenseite rechtsmissbräuchlich sein könnte. Dass die zusätzliche Kostenbelastung wegen der Größe und finanziellen Leistungsfähigkeit des Konzernverbunds, dem die Beklagten angehören, nicht geeignet sei, diese im Wettbewerb zu behindern, schließt die missbräuchliche Geltendmachung des Unterlassungsanspruchs durch den Kläger nicht aus.[617]

U.a. nach dem OLG Düsseldorf indiziert auch die sog. Salami-Taktik ein rechts- **538** missbräuchliches Vorgehen des Abmahnenden. Der Verletzte muss seine Kenntnisse über die Rechtsverletzungen in einer konkreten Verletzungsform grundsätzlich ausschöpfen, also in der Abmahnung für den Gegner erkennbar machen. Dies gilt insbesondere dann, wenn sonst der Verletzer dazu gebracht wird, Aufwendungen zu tätigen, um die Verletzungsform dem Angriff des Verletzten anzupassen, nur um dann erneut aufgrund eines anderen rechtlichen Gesichtspunktes zur Änderung derselben Verletzungsform gezwungen zu werden, obwohl dieser rechtliche Gesichtspunkt dem Verletzten von Anbeginn bekannt gewesen ist. Werden verschiedene Unterlassungsansprüche demnach schrittweise im Sinne einer Salami-Taktik geltend gemacht, liege ein Rechtsmissbrauch nahe.[618]

---

[614] BGH 6.4.2000 – I ZR 76/98, BGHZ 144, 165, NJW 2000, 3566, GRUR 2000, 1089 – Missbräuchliche Mehrfachverfolgung; vgl. LG Frankfurt 28.3.2012 – 6 O 387/11, Juris zum Missbrauchseinwand im Urheberrecht.
[615] OLG Hamm 22.9.2009 – I-4 U 77/09, ZUM-RD 2010, 135.
[616] BGH 31.5.2012 – I ZR 106/10, NJW 2013, 787, GRUR 2013, 176 – Ferienluxuswohnung.
[617] BGH 17.11.2005 – I ZR 300/02, GRUR 2006, 243 – MEGA SALE.
[618] OLG Düsseldorf 30.10.2007 – I-20 U 107/07, OLGR Düsseldorf 2008, 398; OLG Hamburg 15.2.1996 – 3 U 6/96, WRP 1996, 579.

539   **Mehrfachverfahren (getrennte gerichtliche Verfahren statt eines Verfahrens):**
Falls ein Gläubiger gegen denselben Schuldner wegen Wettbewerbsverstöße ohne
sachlichen Grund mehrere Verfügungsverfahren anstrengt bzw. mehrere Klagen
einreicht, obwohl die Verstöße hätten zusammengefasst werden können, spricht
dies ebenfalls für ein Kostenbelastungsinteresse und damit für einen Rechtsmissbrauch.[619]

540   Falls der Verfügungskläger hierbei jedoch vortragen lässt, dies beruhe auf einem
Versehen seiner Prozessbevollmächtigten, sollte der Verfügungsbeklagte soweit möglich konkret darlegen und glaubhaft machen, dass dies unzutreffend sei. Dies fordert
etwa das OLG Hamm und führt hierzu aus: Auf ein im Vordergrund stehendes Gebührenerzielungsinteresse kann es zwar hindeuten, dass der Verfügungskläger unstreitig Kostenerstattungsansprüche gegen die Verfügungsbeklagte in derselben Sache
in zwei gerichtlichen Verfahren, also doppelt, geltend gemacht hat. Er hat jedoch dazu
vorgetragen, dies beruhe auf einem Versehen seiner Prozessbevollmächtigten. Dass
dies unzutreffend ist, hat die Verfügungsbeklagte weder konkret dargetan noch glaubhaft gemacht.[620]

541   Kein Missbrauch liegt vor, wenn aus prozessualen Gründen eine getrennte Verfolgung notwendig ist, etwa in dem Fall, dass neben einem Antrag auf Erlass einer einstweiligen Unterlassungsverfügung zusätzlich eine Beseitigungsklage erhoben wird: Die
Beseitigung kann im Verfügungsverfahren regelmäßig nicht verlangt werden.[621]

542   Nach dem BGH[622] kann sich ein Grund für die Erhebung gesonderter Klagen insbesondere daraus ergeben, dass sich die Rechtsdurchsetzung in der einen Hinsicht anders
und insbesondere zeitaufwändiger gestalten kann als in der anderen Hinsicht und daher bei Erhebung einer einheitlichen Klage die – gerade bei in die Zukunft gerichteten
Unterlassungsansprüchen – relevante Gefahr besteht, dass ein an sich ohne viel Aufwand durchsetzbarer Anspruch zunächst nicht ausgeurteilt wird. Dabei ist zu berücksichtigen, dass eine Prozesstrennung gemäß § 145 ZPO zwar möglich ist, aber im nicht
überprüfbaren und auch nicht mit Rechtsmitteln anfechtbaren Ermessen des Prozessgerichts liegt. Dies gilt in besonderem Maße, wenn die beklagte Partei die Zulässigkeit
des Rechtswegs nach § 17a Abs. 3 Satz 2 GVG rügt und diese Frage daher vorab gegebenenfalls durch drei Instanzen geprüft werden muss.[623]

543   **Mitbewerbereigenschaft zweifelhaft und fehlende Aufklärung durch Geschäftsführer:**
Ein weiteres Indiz stellt es nach dem OLG Zweibrücken dar, wenn zweifelhaft ist,
ob ein Mitbewerber überhaupt in der fraglichen Branche tätig ist und der Geschäftsführer trotz Anordnung seines persönlichen Erscheinens vor Gericht unentschuldigt
nicht erscheint: Das lege den Schluss nahe, dass der Geschäftsführer Fragen nach seinem Geschäftsbetrieb und zu wahren Umständen, die für die Beurteilung der Rechtsmissbräuchlichkeit von Interesse wären, ausweichen wolle.[624]

---

[619] Vgl. KG Berlin 25.11.2011 – 5 W 175/11, GRUR-RR 2012, 134 und zudem Stichwort:
Mehrfachabmahnungen.
[620] OLG Hamm 14.8.2014 – 4 U 46/14, Juris JURE140017032.
[621] OLG Hamm 23.11.2010 – I-4 U 136/10, WRP 2011, 501, GRUR-RR 2011, 473.
[622] BGH 26.2.2014, berichtigt am 15.5.2014 – I ZR 119/09, KrV 2014, 61, Juris
JURE140006288: vgl. auch OLG Celle 7.7.2015 – 13 W 35/15, WRP 2015, 1114.
[623] Vgl. § 17a Abs. 3 Satz 1, Abs. 4 GVG.
[624] OLG Zweibrücken 24.3.2011 – 4 U 130/10, MDR 2011, 1192.

Originalvollmacht, Vorlage nach Aufforderung: 544

Die Erforderlichkeit der Vorlage einer Originalvollmacht war in der land- und oberlandesgerichtlichen Rechtsprechung seit langer Zeit umstritten.[625]

Nach dem Urteil des BGH aus dem Jahre 2010, welches sich auf die wettbewerbs   545
rechtliche Abmahnung bezieht, wird die Vorlage einer Originalvollmacht – auch bei einer ausdrücklichen Aufforderung durch den Abgemahnten – nicht als erforderlich betrachtet.[626]

Dennoch wird die Nichtvorlage einer Originalvollmacht nach Aufforderung durch   546
den Abgemahnten zum Teil als Indiz für ein rechtsmissbräuchliches Verhalten angesehen. So stellt etwa das LG Bochum fest, dass das berechtigte Interesse daran, eine Originalvollmacht zu erhalten, auf der Hand liege: Diesem nachvollziehbaren Wunsch des späteren Verfügungsbeklagten stand nach dem LG Bochum ein unerheblicher Aufwand auf Seiten des Verfügungsklägers gegenüber. Die Übersendung der Originalvollmacht wäre weder mit nennenswertem Aufwand noch mit nennenswerten Kosten verbunden gewesen. Dies gelte umso mehr, als im anschließenden Prozess ohnehin auf die zu erwartende Rüge des Verfügungsbeklagten die Originalvollmacht vorzulegen war. Es sei kein billigenswertes Motiv zu erkennen, aufgrund dessen der Verfügungskläger die Übersendung der Originalvollmacht verweigern durfte. Dem Verfügungskläger wäre vielmehr offenbar erneut daran gelegen, ein gerichtliches Verfahren mit dessen Kostenfolgen einzuleiten.[627]

Auch das OLG Hamm stellt auf die Übersendung einer Originalvollmacht bei der   547
Indizienprüfung ab, insbesondere dann, wenn der Kläger die Übersendung einer Originalvollmacht verweigert, obwohl in diesem Falle mit der Abgabe eines unbedingten Unterlassungsversprechens zu rechnen gewesen wäre.[628] Das OLG Hamm führt dazu aus, dass Originalvollmachten zwar im Abmahnverfahren nicht schon kraft Gesetzes vorgelegt werden müssen und verweist hierzu auf die BGH-Entscheidung Vollmachtsnachweis[629], doch räumt die Vorlage der Vollmacht nach dem OLG jedenfalls den Verdacht aus, dass der Prozessbevollmächtigte im eigenen Interesse und auf eigene Initiative vorgeht. Die Verweigerung der Übersendung einer Originalvollmacht ohne ersichtlichen Grund erweckt insoweit den Eindruck, dass der Kläger, der mit seinem gesamten Verhalten Druck auf den von ihm in Anspruch Genommenen aufbaut, naheliegende Mittel, diesen Eindruck zu korrigieren, nicht wählt.

Praxistipp: Die Vorlage einer Originalvollmacht – zumindest nach der Aufforderung durch   548
den Abgemahnten, am sichersten aber sogleich mit der ausgesprochenen Abmahnung – verhindert, dass ein Gericht dies als rechtsmissbräuchliches Indiz gegen den Abmahnenden werten könnte. So wird auch sicher vermieden, dass der Abgemahnte im Falle der Zurück-

---

[625] Für die Vorlage einer Originalvollmacht: OLG Düsseldorf 13.7.2000 – 20 W 55/98, GRUR-RR 2001, 286; OLG Dresden 26.8.1998 – 14 W 1697/97, NJWE-WettbR 1999, 140; OLG Nürnberg 4.1.1991 – 3 W 3523/90, GRUR 1991, 387; oberlandesgerichtliche Rechtsprechung gegen die Vorlage einer Originalvollmacht: OLG Hamburg 19.7.2007 – 3 U 241/06, GRUR-RR 2008, 370; OLG Karlsruhe 17.4.1990 – 4 W 117/87, NJW-RR 1990, 1323; OLG Köln 25.1.1985 – 6 W 159/84, WRP 1985, 360.
[626] BGH 19.5.2010 – I ZR 140/08, GRUR 2010, 1120 – Vollmachtsnachweis.
[627] LG Bochum 13.7.2010 – 12 O 101/10, Juris JURE110005683.
[628] OLG Hamm 28.7.2011 – 4 U 55/11, BeckRS 2011, 21443, Juris JURE110015883; verneinend in einem urheberrechtlichen Fall OLG Hamm 7.6.2011 – 4 U 208/10, Juris.
[629] BGH 19.5.2010 – I ZR 140/08, GRUR 2010, 1120 – Vollmachtsnachweis.

weisung der geltend gemachten Ansprüche zusätzlich die Abmahnung trotz der BGH-Entscheidung Vollmachtsnachweis[630] vorsorglich u. a. auch wegen fehlender Vollmachtsvorlage zurückweist und sich zudem – bei weiterer Nichtvorlage – auf Rechtsmissbrauch beruft. Ferner wäre die Originalvollmacht ohnehin im Prozess vorzulegen, sofern der Abgemahnte weiterhin die Bevollmächtigung bestreitet.

549   **Praxistipp des Richters:** Der Prozessbevollmächtigte sollte im Termin die Originalvollmacht stets zur Hand haben, um auf eine Vollmachtsrüge sofort reagieren zu können und das zeitaufwendige Verfahren nach § 89 Abs. 1 ZPO zu vermeiden.

550   **Personelle Verflechtung des Abmahnenden und des beauftragten Anwalts:**
Indizien für einen Rechtsmissbrauch können nach dem OLG Naumburg auch ein systematisches, massenhaftes Vorgehen und eine enge personelle Verflechtung zwischen dem Abmahnenden und dem beauftragten Anwalt sein.[631] Das LG Bielefeld stellte als Indiz in Bezug auf eine enge personelle Verflechtung u. a. darauf ab, dass der Prozessbevollmächtigte der Klägerin, der die Abmahnung verfasst hatte, zugleich der Bruder des Betreibers des Shops war.[632]

551   **Prozessfinanzierer (Ausschaltung des Kostenrisikos für den Abmahnenden):**
Sofern das Kostenrisiko für den Abmahnenden durch einen Prozessfinanzierer ausgeschaltet wird, der mit dem abmahnenden Anwalt laufend zusammenarbeitet und eine Teilung künftiger Vertragsstrafen anbietet, indiziert dies nach dem KG Berlin einen Rechtsmissbrauch.[633]

552   **Retourkutsche (Gegenabmahnung vom Abgemahnten):**
Die sog. Retourkutsche – im Sinne einer Gegenabmahnung vom Abgemahnten – bedeutet, dass der Abgemahnte bei dem Abmahnenden ebenfalls Wettbewerbsverstöße entdeckt, aktiv sucht oder suchen lässt und diesen sodann auch mit einer Abmahnung belegt. Die Gegenabmahnung wird hierbei zum Teil als Mittel eingesetzt, um ein Gleichgewicht zwischen den Streitenden zu schaffen.

553   Eine Gegenabmahnung vom Abgemahnten, die erst bei Hinzutreten weiterer Voraussetzungen als (sodann ggf. missbräuchliche) Retourkutsche bezeichnet wird, ist richtigerweise regelmäßig ohne weiteres zulässig.

554   Das OLG Frankfurt stellt hierzu etwa fest: Allein der Umstand, dass ein Wettbewerber, der sich selbst mit einer Abmahnung konfrontiert sieht, den Abmahnenden auf eigene Verstöße hinweist, rechtfertigt nicht die Annahme, dieser Wettbewerber lasse sich allein von sachfremden Gesichtspunkten leiten.[634]

555   Das OLG Bremen merkt hierzu an, dass der Mitbewerber, der zuerst abmahnt, gegenüber dem Abgemahnten gewissermaßen einen Wettbewerbsverstoß frei hätte,

---

[630] BGH 19.5.2010 – I ZR 140/08, GRUR 2010, 1120 – Vollmachtsnachweis.
[631] OLG Naumburg 13.7.2007 – 10 U 14/07, CR 2008, 247.
[632] LG Bielefeld 5.11.2008 – 18 O 34/08, MMR 2009, 364; bestätigt durch OLG Hamm 24.3.2009 – 4 U 211/08, MMR 2009, 474.
[633] KG Berlin 3.8.2010 – 5 U 82/08, MMR 2010, 688.
[634] OLG Frankfurt 5.12.2008 – 6 W 157/08, OLGR Frankfurt 2009, 529, MMR 2009, 564; ähnlich auch OLG Bremen 8.8.2008 – 2 U 69/08, Juris JURE080018102; vgl. auch OLG Bremen 1.7.2013 – 2 U 44/13, WRP 2013, 1371, GRUR-RR 2013, 477; OLG Hamm 10.9.2013 – 4 U 48/13, Mitt 2014, 185; vgl. auch OLG Hamm 2.3.2010 – 4 U 217/09, Juris zur urheberrechtlichen Abmahnung.

wenn die erste Abmahnung als rechtens und die Gegenabmahnung als missbräuchlich angesehen werden würde. § 8 Abs. 4 UWG soll den Abgemahnten jedoch vor solchen (vorgeblichen) Wettbewerbsschützern schützen, denen es nicht um den fairen Wettbewerb, sondern um die Generierung von Abmahnkosten geht. Er schützt dagegen nicht den Abmahnenden davor, an seinen eigenen Maßstäben gemessen zu werden.[635]

Dies gelte nach anderer oberlandesgerichtlicher Rechtsprechung jedoch nicht, wenn **556** die Gegenabmahnung – dann als sog. Retourkutsche – primär das Ziel hat, Kostenerstattungsansprüche zu produzieren, mit denen eine Aufrechnung ermöglicht bzw. ein Druckmittel für Vergleichsverhandlungen geschaffen werden soll.[636]

Eine rechtsmissbräuchliche Retourkutsche ist nach dem OLG Hamm auch gegeben, **557** wenn sich mehrere unabhängige Unternehmen über einen gemeinsamen Rechtsanwalt zum mehrfachen Gegenschlag zusammentun.[637]

Das LG München I hat im Rahmen einer sog. Retourkutsche auf folgende drei Aspekte abgestellt: 1. Stehen die Parteien in einem direkten Wettbewerb, in dem sie das **558** gegenseitige Verhalten regelmäßig beobachten und neue Wettbewerbsverletzungen zeitnah gegenseitig rügen, stellt dies ein Indiz dafür dar, dass eine Abmahnung, auch wenn ihr eine Abmahnung des Konkurrenten vorausgegangen war, vorrangig im Interesse der Durchsetzung eines fairen Wettbewerbs ausgesprochen wurde. 2. Sofern dies nicht der Fall ist, kann ein Indiz für die vorrangige Verfolgung legitimer wettbewerblicher Interessen daraus gezogen werden, dass die Gegenabmahnung ein gleichartiges und gleichgewichtiges Verhalten wie die Abmahnung zum Gegenstand hat. Zwar greift der Einwand der unclean hands gegen die Abmahnung selbst nicht durch; dafür liegt es bei einer Gegenabmahnung betreffend solcher gleichartigen Verstöße nahe, dass es dabei auch vornehmlich um deren Beseitigung und nicht allein um die Erlangung des Kampfmittels Kostenersatzanspruch geht. 3. Liegen beide oben genannten Indizien nicht vor, spricht – jedenfalls solange die Gegenabmahnung nicht besonders grobe andersartige Verstöße betrifft – alles dafür, dass die dort gerügten Verstöße lediglich als Vehikel zur Generierung eines Kostenersatzanspruchs benutzt wurden, der als Kampfmittel gegen die eigene Inanspruchnahme in Stellung gebracht werden kann. In diesem Fall greift die gesetzgeberische Grundentscheidung durch, die ihren Ausdruck im Regelbeispiel des § 8 Abs. 4 UWG gefunden hat.[638]

Eine Gegenabmahnung als Retourkutsche wird außerdem als rechtsmissbräuchlich **559** angesehen, wenn gezielt gegen führende Mitglieder eines Verbandes vorgegangen wird[639] oder wenn gleichzeitig ein wechselseitiger Verzicht auf die Anspruchsverfolgung – hier noch vor Ausspruch der Gegenabmahnung – angeboten wird, was einem Abkauf bzw. Tausch nahekommt[640], dies allerdings dann nicht, wenn eine – wie das OLG Bremen formuliert – pragmatische Lösung mit dem Ziel, ein beiderseitiges künftiges wettbewerbskonformes Verhalten zu erreichen, vorgeschlagen wird und dadurch

---

[635] OLG Bremen 8.8.2008 – 2 U 69/08, Juris JURE080018102.

[636] OLG Hamm 8.11.2012 – 4 U 86/12, MiKaP 2013/3, 27, abrufbar unter http://www.mikap.de/mikap_2013_03.pdf; LG München I 28.11.2007 – 1HK O 5136/07, Magazindienst 2008, 576; LG München I 16.1.2008 – 1HK O 8475/07, Magazindienst 2008, 566: OLG Köln 21.8.2015 – 6 U 41/15, Juris.

[637] OLG Hamm 3.5.2011 – 4 U 9/11, MMR 2012, 170, NJW-RR 2011, 1261, GRUR-RR 2011, 329.

[638] LG München I 16.1.2008 – 1HK O 8475/07, Magazindienst 2008, 566.

[639] OLG München 25.4.2013 – 29 U 194/13, GRUR-RR 2013, 403.

[640] OLG Hamm 20.1.2011 – I-4 U 175/10, Juris JURE110006298, BeckRS 2011, 07325.

die Notwendigkeit einer weiteren Auseinandersetzung und die Entstehung weiterer Kosten auf beiden Seiten verhindert wird.[641]

560   **Praxistipp:** Sofern beiden Parteien Wettbewerbsverstöße vorzuwerfen sind, sollte der Abgemahnte im späteren Prozess vorsorglich einbringen, dass die ausgesprochene Abmahnung nach § 8 Abs. 4 UWG rechtsmissbräuchlich sei, da der Abmahnende selbst rechtswidrig vorgegangen sei und dieser hierdurch zu erkennen gegeben habe, dass es ihm in Wirklichkeit nicht um die Einhaltung der rechtlichen Normen, sondern nur um das Entstehenlassen von Abmahnkosten gegangen sei.[642] Der Einwand der sog. unclean hands ist jedoch umstritten.[643]

561   **Salami-Taktik**, vgl.: Mehrfachabmahnungen (getrennte Abmahnungen statt einer Abmahnung u. ä.).

562   **Selbstständiges Vorgehen des Anwalts bei Abmahnungen:**
Ein Vorgehen, bei dem der Anwalt die Abmahnungen selbstständig in eigener Regie erledigt und insbesondere die Wettbewerbsverstöße selbst ermittelt, spricht für ein reines Gebührenerzielungsinteresse und kann ein Indiz für Rechtsmissbrauch darstellen: Ein derartiges Verhalten ist nach dem OLG Hamburg wettbewerbsfremd und mit den tragenden Grundsätzen des deutschen Wettbewerbsrechts unvereinbar. Denn diese setzen stets voraus, dass sich der Wettbewerber selbst originär und unmittelbar in seinen wettbewerblichen Interessen verletzt gesehen hat. Trifft der Wettbewerber eine derartige Entscheidung nicht bzw. nicht im konkreten Einzelfall, sondern überlässt er diese seinen Prozessbevollmächtigten, so wird das Instrument der wettbewerblichen Selbstkontrolle durch die Mitbewerber nicht dazu verwendet, Konkurrenten zu rechtstreuem Verhalten anzuhalten. Es besteht vielmehr die nachhaltige Gefahr, dass das Wettbewerbsrecht letztlich in sachwidriger Weise dazu benutzt wird, vermeidbare Kosten zu produzieren, sich bzw. die eigenen Prozessbevollmächtigten zu bereichern oder mit Hilfe des Wettbewerbsrechts den Markt von unliebsamen Konkurrenten zu bereinigen. Ein derartiges Verhalten ist rechtsmissbräuchlich gemäß § 8 Abs. 4 UWG.[644]

563   **Sofortige Abmahnung nach Kenntnisnahme des Verstoßes:**
Das LG Bückeburg stellt u.a. als Indiz auch auf den Zeitraum ab, der zwischen der Kenntnisnahme von einer wettbewerbswidrigen Handlung, der Information des Prozessbevollmächtigten und der Abmahnung liegt, und bejaht dies als Missbrauchsindiz, sofern dieser Zeitraum nur äußerst gering ist, obwohl die rechtliche Überprüfung eines Wettbewerbsverstoßes regelmäßig einen nicht unerheblichen Zeitaufwand erfordert.[645]

564   **Strohmann (Tätigwerden für Dritte):**
Sofern der Anspruchsberechtigte ausschließlich oder überwiegend in fremdem Interesse tätig wird, kann dies ebenfalls einen Missbrauch indizieren[646], etwa um Prozess-

---

[641] OLG Bremen 1.7.2013 – 2 U 44/13, WRP 2013, 1371, GRUR-RR 2013, 477.
[642] Vgl. OLG Bremen 8.8.2008 – 2 U 69/08, Juris JURE080018102.
[643] Vgl. hierzu Stichwort: Fehlendes wettbewerbspolitisches Interesse.
[644] OLG Hamburg 30.5.2007 – 5 U 184/06, OLGR Hamburg 2008, 698, WRP 2008, 833.
[645] LG Bückeburg 22.4.2008 – 2 O 62/08, ITRB 2008, 202, Juris KORE726052008, BeckRS 2008, 09349.
[646] BGH 6.4.2000 – I ZR 294/97, NJW 2001, 896 – Impfstoffversand an Ärzte; OLG Frankfurt 4.2.2016 – 6 W 10/16, juris:

kostenhilfe zu erlangen oder die Erstattung von Kosten an den Abgemahnten zu verhindern bzw. zu erschweren.[647]

Solange jedoch ein sachliches Eigeninteresse an der Bekämpfung der Wettbewerbs-   **565** verstöße seitens des Abmahnenden besteht, ist ein Missbrauch diesbezüglich in der Regel ausgeschlossen.[648]

Testpersonen/Testkäufe: **566**

Der Einsatz von Testpersonen und Testkäufen sind nach dem BGH grundsätzlich zulässig. Testkäufe können allenfalls bei Vorliegen besonderer Umstände ihrerseits lauterkeitsrechtlich bedenklich sein, beispielsweise wenn Anhaltspunkte für einen bereits begangenen oder bevorstehenden Wettbewerbsverstoß fehlen und mit ihnen lediglich die Absicht verfolgt wird, den Mitbewerber hereinzulegen bzw. zu provozieren, um ihn mit einem Wettbewerbsprozess überziehen zu können.[649]

Unclean-hands-Einwand, vgl.: Fehlendes wettbewerbspolitisches Interesse.   **567**

Unterlassungserklärung mit vorformuliertem Verschuldenausschluss, vgl.: Ver-   **568** schuldensunabhängig vorformulierte Unterlassungserklärung.

Überhöhter Gegenstandswert: **569**

Sollte ein Kläger bei der Berechnung der Abmahnkosten mehrerer Abmahnungen bewusst einen überhöhten Gegenstandswert zugrunde gelegt haben, so begründet dieser Umstand für sich genommen nach dem BGH noch keinen Rechtsmissbrauch.[650] In dem konkreten Fall hatte der BGH eine rechtsmissbräuchliche Geltendmachung verneint, machte aber durch die gewählte Formulierung deutlich, dass eine Zugrundelegung eines überhöhten Gegenstandswert an sich ein Indiz für Rechtsmissbrauch sein könnte.

Das OLG Hamm als Vorinstanz hatte einen Rechtsmissbrauch bejaht und hierbei   **570** angenommen, für ein missbräuchliches Kostenbelastungsinteresse spreche außerdem, dass der Kläger in allen drei Fällen mit der Abmahnung mehr Verletzungshandlungen gerügt habe, als er zum Gegenstand der späteren Klage gemacht habe. Für die – überwiegend unbegründeten – Abmahnungen seien Streitwerte zugrunde gelegt worden, die im Vergleich mit den im Klageverfahren zugrunde gelegten Streitwerten überhöht seien. Darüber hinaus habe der Kläger eine der Beklagten wegen unberechtigter Beendigung der Vertragsbeziehung zweimal gesondert abgemahnt.[651]

Auch andere Gerichte berücksichtigen überhöhte bzw. hohe Streitwerte als Indizien   **571** für Rechtsmissbrauch[652]; dies zudem auch aus anderen dem Gericht bekannt gewordenen Fällen, etwa eine Herabsetzung des Streitwerts in einem anderen Verfahren vor demselben Gericht von 60.000,00 Euro auf 20.000,00 Euro.[653]

---

[647]   Vgl. zudem Stichwort: Kollusives Zusammenwirken des Abmahnenden mit seinem Anwalt.
[648]   BGH 6.4.2000 – I ZR 294/97, NJW 2001, 896 – Impfstoffversand an Ärzte. So auch OLG Düsseldorf 28.1.2010 – 2 U 124/08, Juris bei patentrechtlicher Abmahnung.
[649]   BGH 19.5.2011 – I ZR 215/08, ZfWG 2011, 378, GRUR-RR 2011, 439 – Gewerbliche Spielevermittlung. Vgl. auch OLG Düsseldorf 28.1.2010 – 2 U 124/08, Juris bei patentrechtlicher Abmahnung.
[650]   BGH 31.5.2012 – I ZR 106/10, NJW 2013, 787, GRUR 2013, 176 – Ferienluxuswohnung.
[651]   OLG Hamm 22.9.2009 – I-4 U 77/09, ZUM-RD 2010, 135.
[652]   Vgl. etwa OLG Naumburg 13.7.2007 – 10 U 14/07, CR 2008, 247, NJW-RR 2008, 776; OLG Jena 6.10.2010 – 2 U 386/10, GRUR-RR 2011, 327; LG Bochum 17.2.2011 – 14 O 110/10, MiKaP 2013/3, 34, abrufbar unter http://www.mikap.de/mikap_2013_03.pdf; bestätigt durch OLG Hamm 28.7.2011 – 4 U 55/11, BeckRS 2011, 21443, Juris JURE110015883; LG Bückeburg 22.4.2008 – 2 O 62/08, ITRB 2008, 202, Juris KORE726052008, BeckRS 2008, 09349: statt 100.000,00 Euro 6.000,00 Euro Streitwert.
[653]   LG Bochum 17.2.2011 – 14 O 110/10, MiKaP 2013/3, 34, abrufbar unter http://www.mikap.de/mikap_2013_03.pdf.

Papenhausen

572   **Übernahme des Kostenrisikos von Abmahnungen,** vgl.: Kollusives Zusammenwirken des Abmahnenden mit seinem Anwalt.

573   **Umstellungsfristen,** vgl.: Aufbrauchs- bzw. Umstellungsfristen.

574   **Verbandsabmahnungen:**
Abmahnende Verbände, d. h. Gewerbeverbände gemäß § 8 Abs. 3 Nr. 2 UWG und qualifizierte Einrichtungen nach § 8 Abs. 3 Nr. 3 UWG, gehen nach dem OLG Jena auch dann nicht missbräuchlich vor, wenn ein Verband seit Längerem in erheblichem Umfang Wettbewerbsverstöße verfolgt und dabei die Abmahngebühren ein erhebliches Ausmaß annehmen und sogar die Einnahmen aus Mitgliedsbeiträgen übertreffen: Bei einem (anerkannt) klagebefugten Verband ist es vielmehr nicht ungewöhnlich, dass er, gerade wenn er wie der Verfügungskläger in einem bestimmten Bereich erfolgreich Wettbewerbsverstößen nachgeht, auch eine erhebliche Zahl von Abmahnungen ausspricht. Deshalb ist die große Zahl ausgesprochener Abmahnungen (wie hier von der Verfügungsbeklagten behauptet etwa 8 pro Arbeitstag) vorliegend kein maßgebendes Indiz für Rechtsmissbräuchlichkeit. Es wäre nicht gerechtfertigt, dass sich die Abmahntätigkeit eines klagebefugten Verbandes an seinem Beitragsaufkommen orientieren oder durch dieses begrenzt sein muss. Dies widerspräche der gesetzgeberischen Wertung, Verbände mit einer eigenen Klagebefugnis auszustatten. Es ist auch nicht grundsätzlich bedenklich, dass ein Verband die Verfolgung von Wettbewerbsverstößen anders als durch Beiträge finanziert, z. B. durch Vertragsstrafeeinnahmen o. ä.[654]

575   Sofern ein Verband jedoch selektiv vorgeht, könnte ein Indiz für Missbrauch gegeben sein.[655]

576   **Verflechtung des Abmahnenden mit seinem Anwalt,** vgl.: Personelle Verflechtung des Abmahnenden und dem beauftragten Anwalt.

577   **Verhalten des Abmahnenden,** vgl.: Äußerungen zum Ausschalten der Konkurrenz sowie Abkaufen des Unterlassungsanspruchs (Abmahnung als Druckmittel).

578   **Verhältnis der Abmahntätigkeit zur Unternehmensgröße bzw. zum Umsatz:**
Ein Indiz für Rechtsmissbrauch liegt u. a. auch darin, dass die Anzahl der Abmahnungen in keinem vernünftigen Verhältnis zur Größe des abmahnenden Unternehmens bzw. zum Umsatz des Unternehmens steht.[656]

579   **Verjährung (Vorgehen erst kurz vor der Verjährung):**
Ein Indiz für einen Rechtsmissbrauch kann nach dem OLG Hamm auch sein, wenn der Kläger erst kurz vor Ablauf der Verjährungsfrist gegen den Gegner vorgeht, obwohl der Kläger bereits lange Kenntnis von den Verstößen hatte: Hierdurch zeige der Kläger, dass für ihn die Durchsetzung der mit den Abmahnungen geltend gemachten Unterlassungsansprüchen jedenfalls keine Priorität hatte.[657]

580   **Verschleierung des Rufs als Vielfachabmahner,** vgl.: Gerichtsstandswahl weit entfernt vom Firmensitz des Gegners.

581   **Verschuldensunabhängig vorformulierte Unterlassungserklärung:**
Nach dem BGH kann ein Anhaltspunkt für eine missbräuchliche Geltendmachung eines Unterlassungsanspruchs auch darin zu sehen sein, dass der Abmahnende dem wegen eines Wettbewerbsverstoßes Abgemahnten in einer vorformulierten Unterlassungs-

---

[654] OLG Jena 20.7.2011 – 2 U 211/11, VuR 2011, 471, Magazindienst 2011, 747.
[655] Vgl. hierzu Stichwort: Diskriminierende Auswahl des Abzumahnenden.
[656] Vgl. hierzu Stichwort: Massenabmahnungen/Kostenrisiko.
[657] Vgl. OLG Hamm 11.7.2013 – 4 U 34/13, Juris JURE130015524.

Papenhausen

verpflichtungserklärung für jeden Fall der Zuwiderhandlung das Versprechen einer Vertragsstrafe vorschlägt, die unabhängig von einem Verschulden verwirkt sein soll.[658]

Die Vorinstanz (Berufungsgericht)[659] hatte einen deutlichen Hinweis darauf, dass für **582** die Klägerin die Generierung von Ansprüchen auf Zahlung von Vertragsstrafen im Vordergrund stand, darin gesehen, dass die Vertragsstrafe nach der von ihr vorformulierten Erklärung unabhängig von einem Verschulden für jeden Fall der Zuwiderhandlung entrichtet werden sollte. Die Regelung zum Ausschluss des Verschuldens sei zudem so in die Unterwerfungserklärung eingefügt, dass sie ohne weiteres überlesen werden könnte. Einer solchen für den Abgemahnten überraschenden Abbedingung des Verschuldenserfordernisses bedürfe es zur Sicherung der Gläubigerinteressen nicht. Der Ausschluss der Exkulpationsmöglichkeit kann, wie das OLG Hamm richtigerweise darlegt, bei einem Versprechen einer Vertragsstrafe für den Fall einer Verletzung von Informationspflichten beim Versandhandel im Internet auch eine Haftungsfalle bilden. Das Oberlandesgericht hat hierzu festgestellt, Unterlassungsverpflichtungserklärungen würden wegen der drohenden gerichtlichen Inanspruchnahme sehr häufig schon abgegeben, bevor alle fehlerhaften Angaben aus dem Internetauftritt entfernt seien. Unterbliebene oder fehlerhafte Informationen seien oft nicht von einem Tag auf den anderen einzufügen oder zu korrigieren. Insbesondere kleinere oder unerfahrenere Anbieter müssten für die Korrektur der Widerrufsbelehrung oder der Allgemeinen Geschäftsbedingungen regelmäßig Kontakt mit Dritten aufnehmen. Sie könnten einer Vertragsstrafe daher vielfach nur schwer entgehen, wenn ihnen der Einwand abgeschnitten sei, sie hätten den Verstoß so kurzfristig nicht abstellen können.[660]

Hierzu merkt das BGH an, dass diese vom OLG Hamm getroffenen Feststellungen **583** keinen Rechtsfehler erkennen lassen und sie insbesondere nicht der Lebenserfahrung widersprechen. Das Argument der Revision, auch eine verschuldensunabhängige Vertragsstrafe entfalle wegen Unvermögens gemäß § 275 Abs. 1 BGB, wenn der gerügte Wettbewerbsverstoß so kurzfristig nicht abgestellt werden könne, lehnte der BGH ab, da dies nichts daran ändere, dass das Versprechen einer vom Verschulden unabhängigen Vertragsstrafe den Schuldner in eine Zwangslage bringe, die der vom BGH zu beurteilenden Fallgestaltung zum Schutz des lauteren Wettbewerbs erkennbar nicht erforderlich sei.[661]

Verwechslung der Gegner bzw. Beifügung einer falschen Unterwerfungserklärung: **584**
Sofern die verschiedenen abgemahnten Gegner verwechselt und dabei jeweils falsche Unterwerfungserklärungen beifügt werden, kann dies ein Indiz für einen Missbrauch darstellen: Bei der Verfolgung von angeblichen Wettbewerbsverstößen ist es in einem Verfahren vor dem OLG Jena zu entsprechenden Fehlern gekommen ist, die nahelegten, dass die Verfügungsklägerin teilweise den Überblick über die ausgesprochenen Abmahnungen verloren hat.[662]

Werbung von Rechtsanwälten mit kostenneutraler Abmahntätigkeit: **585**
Die Freistellung von Anwaltskosten für die Abmahnungen und die weiteren Kostenrisiken im Falle einer Klage können einen Missbrauch begründen.[663]

---

[658] BGH 15.12.2011 – I ZR 174/10, GRUR 2012, 730, CR 2012, 469 – Bauheizgerät.
[659] OLG Hamm 17.8.2010 – I-4 U 62/10, GRUR-RR 2011, 196.
[660] OLG Hamm 17.8.2010 – I-4 U 62/10, GRUR-RR 2011, 196.
[661] BGH 15.12.2011 – I ZR 174/10, GRUR 2012, 730, CR 2012, 469 – Bauheizgerät.
[662] OLG Jena 6.10.2010 – 2 U 386/10, GRUR-RR 2011, 327.
[663] Vgl. hierzu Stichwort: Kollusives Zusammenwirken des Abmahnenden mit seinem Anwalt/Freistellung von Anwaltskosten.

586   Ferner kam es in diesem Rahmen auch zu anwaltlicher Werbung mit kostenneutraler Abmahntätigkeit bzw. zu anwaltlicher Werbung für günstige Abmahnungen, was als Missbrauchsindiz gewertet wurde.[664]

587   **Zeitraum zwischen Kenntnisnahme eines Wettbewerbsverstoßes und Abmahnung**, vgl.: Sofortige Abmahnung nach Kenntnisnahme des Verstoßes.

2. Schadensersatzpflicht wegen einer ungerechtfertigten Anordnung eines Arrestes oder einstweiligen Verfügung gemäß § 945 ZPO

a) Allgemeines

588   Vor dem Gang zu Gericht sollte eine mögliche Schadensersatzpflicht nach der ZPO bedacht werden: Der Antragsteller kann sich aufgrund einer ungerechtfertigten Anordnung eines Arrestes oder eines ungerechtfertigten Erlasses einer einstweiligen Verfügung gemäß § 945 ZPO schadensersatzpflichtig machen (sog. Vollziehungsschaden).

589   Erweist sich die Anordnung eines Arrestes oder einer einstweiligen Verfügung nach § 945 ZPO als von Anfang an ungerechtfertigt, so ist die Partei, welche die Anordnung erwirkt hat, verpflichtet, dem Gegner den Schaden zu ersetzen, der ihm aus der Vollziehung der angeordneten Maßregel oder dadurch entsteht, dass er Sicherheit leistet, um die Vollziehung abzuwenden oder die Aufhebung der Maßregel zu erwirken.

590   Eine Schadensersatzpflicht entsteht im Übrigen daneben auch, wenn die angeordnete Maßregel (Arrest oder einstweilige Verfügung) auf Grund des § 926 Abs. 2 ZPO oder des § 942 Abs. 3 ZPO aufgehoben wird:

591   § 926 ZPO betrifft die Anordnung der Klageerhebung. Ist die Hauptsache nicht anhängig, so hat das Arrestgericht auf Antrag anzuordnen, dass die Partei, die den Arrestbefehl erwirkt hat, binnen einer zu bestimmenden Frist Klage zu erheben habe. Wird dieser Anordnung nicht Folge geleistet, so ist auf Antrag die Aufhebung des Arrestes (durch Endurteil) auszusprechen.

592   § 942 ZPO betrifft die Zuständigkeit des Amtsgerichts und die Bestimmung der Frist, innerhalb der die Ladung des Gegners zur mündlichen Verhandlung über die Rechtmäßigkeit der einstweiligen Verfügung bei dem Gericht der Hauptsache zu beantragen ist. Nach fruchtlosem Ablauf dieser Frist hat das Amtsgericht auf Antrag die erlassene Verfügung aufzuheben.

593   Köhler spricht aufgrund der bei § 945 ZPO für den Antragsteller bestehenden Gefährdungshaftung[665] zutreffend davon, dass sich die Erwirkung einer einstweiligen Verfügung als „Schuss nach hinten" erweisen könnte.[666]

594   Beispielsweise kann, wenn sich im Nachhinein etwa ein unzulässiges Forum-Shopping herausstellt, der Antragsgegner eine Verfügung aufheben lassen und gegebenenfalls Schadensersatzansprüche gemäß § 945 ZPO geltend machen.[667]

---

[664]   Vgl. LG Heilbronn 23.4.2007 – 8 O 90/07, CR 2008, 129, MMR 2007, 536.
[665]   Vgl. OLG Köln 30.10.2002 – 6 U 55/02, OLGR Köln 2003, 194, Magazindienst 2003, 493.
[666]   Köhler/Bornkamm-Köhler, UWG, 32. Aufl. 2014, § 12, Rn. 3.78.
[667]   Vgl. dazu Guhn, Richterliche Hinweise und forum shopping im einstweiligen Verfügungsverfahren, WRP 2014, 27.

Unanwendbar ist § 945 ZPO insbesondere bei einem Rechtsmissbrauch[668] und bei **595** einer Maßnahme im Ausland[669]. Die Anwendbarkeit des § 945 ZPO ist umstritten beispielsweise bei einem Prozessvergleich[670].

Neben der **verschuldensunabhängigen** Schadensersatzpflicht nach § 945 ZPO **596** kann eine verschuldensabhängige Haftung aus anderen Rechtsgründen bestehen.[671]

b) Aktivlegitimation

Inhaber des Anspruchs nach § 945 ZPO ist der durch eine ungerechtfertigter Weise **597** erlassene einstweilige Verfügung betroffene Antragsgegner.

Das OLG Frankfurt hat hierzu entschieden, dass eine Klägerin zur Geltendma- **598** chung des Schadensersatzanspruches aus § 945 ZPO auch dann aktiv legitimiert ist, wenn die Umsatzeinbußen nicht bei Ihr, sondern bei Ihrer Muttergesellschaft entstanden sind: Schaden und Anspruch werden nach den Grundsätzen der Drittschadensliquidation zusammengeführt mit der Folge, dass die Klägerin als Inhaberin der verletzten Rechtsstellung den bei ihrer Muttergesellschaft eingetretenen Schaden mit deren Einwilligung liquidieren kann.[672] In dem dem OLG vorliegenden Fall besteht die für die Drittschadensliquidation typische Konstellation eines Auseinanderfallens von Schaden (der Muttergesellschaft) und Aktivlegitimation (der Klägerin) aufgrund eines Vertragsverhältnisses, hier eines Ergebnisübernahmevertrag zwischen dem Anspruchinhaber (Klägerin) und dem Geschädigten (Muttergesellschaft).[673]

c) Der Begriff der Vollziehung der angeordneten Maßregel

Die Schadensersatzpflicht aus § 945 ZPO darf, um einen Wertungswiderspruch zu **599** vermeiden, nach dem BGH nicht später einsetzen als die strafbewehrte Verbindlichkeit des Unterlassungsgebots für den Schuldner.[674] Sobald der Schuldner das Verbot beachten und im Fall einer Zuwiderhandlung mit der Verhängung von Ordnungsmitteln rechnen muss, muss er daher auch durch § 945 ZPO geschützt sein. Derjenige, der die Vollstreckung aus einem noch nicht endgültigen Titel betreibt, soll das Risiko tragen, dass sich sein Vorgehen nachträglich als unberechtigt erweist.[675]

Nach dem BGH ist unter Vollziehung die **Zwangsvollstreckung aus dem Arrest** **600** **bzw. aus der einstweiligen Verfügung** zu verstehen: Das ergibt sich aus § 928 ZPO, der die Vorschriften über die Zwangsvollstreckung auf die Vollziehung des Arrests für

---

[668] Vgl. Baumbach/Lauterbach/Albers/Hartmann, ZPO, 72. Auflage von 2014, § 945, Rn. 5, mit weiteren Nachweisen.

[669] Vgl. Baumbach/Lauterbach/Albers/Hartmann, ZPO, 72. Auflage von 2014, § 945, Rn. 4, mit weiteren Nachweisen.

[670] Umstritten, vgl. dazu Baumbach/Lauterbach/Albers/Hartmann, ZPO, 72. Auflage von 2014, § 945, Rn. 5 mit weiteren Nachweisen.

[671] Berneke/Schüttpelz, Die einstweilige Verfügung in Wettbewerbssachen, 3. Auflage 2015, Rn. 721.

[672] OLG Frankfurt 7.5.2009 – 6 U 185/07, Juris KORE229042012; vgl. auch Palandt-Heinrichs, BGB, 72. Aufl. 2014, Vorb. v. § 249, Rn. 107, mit weiteren Nachweisen.

[673] OLG Frankfurt 7.5.2009 – 6 U 185/07, Juris KORE229042012.

[674] BGH 22.1.2009 – I ZB 115/07, BGHZ 180, 72, GRUR 2009, 890; vgl. auch OLG Hamm 28.8.2007 – 4 W 48/07, Magazindienst 2007, 1210.

[675] BGH 22.1.2009 – I ZB 115/07, BGHZ 180, 72, GRUR 2009, 890.

entsprechend anwendbar erklärt und nach § 936 ZPO auch für die einstweilige Verfügung gilt.[676]

601　Einstweilige Verfügungen, die lediglich ein Unterlassungsgebot enthalten, sind vollziehbar.[677] Zwar können sie nicht durch unmittelbaren Zwang vollstreckt werden; wohl aber kann ihre Befolgung durch die Androhung und Festsetzung von Ordnungsmitteln mittelbar erzwungen werden. Die Wirkung, die den Schuldner zum Wohlverhalten veranlassen soll, wird dabei durch die Androhung von Ordnungsmitteln erzeugt; denn ab diesem Zeitpunkt läuft der Schuldner Gefahr, dass Zuwiderhandlungen geahndet werden können.[678]

602　§ 945 ZPO beruht nach dem BGH ebenso wie § 717 ZPO auf dem Rechtsgedanken, dass derjenige, der die Vollstreckung aus einem noch nicht endgültigen Titel betreibt, auch das Risiko zu tragen hat, dass sich sein Vorgehen **nachträglich als unberechtigt** erweist. Daher kann ein Vollziehungsschaden bereits dann entstanden sein, wenn der Verfügungskläger mit der Vollziehung lediglich **begonnen** hat.[679] Für den Schadensersatzanspruch aus § 945 ZPO kann es deshalb – anders als für die Wahrung der Vollziehungsfrist des § 929 Abs. 2 ZPO – nach dem BGH nicht darauf ankommen, ob die vom Verfügungskläger eingeleitete Vollziehung der einstweiligen Verfügung zum Abschluss gebracht worden ist. Es genügt, dass der Verfügungsbeklagte sich dem **Druck** der vom Verfügungskläger begonnenen Vollziehung **gebeugt** und dadurch einen **Schaden erlitten** hat.[680]

603　Die zur Wirksamkeit der Beschlussverfügung erforderliche **Parteizustellung** nach § 922 Abs. 2 ZPO stellt zugleich eine Vollziehungshandlung im Sinne des § 929 Abs. 2 ZPO dar.[681] Im Regelfall leitet der Gläubiger mit der Parteizustellung die Vollstreckung aus der Unterlassungsverfügung ein.[682]

604　Für das Entstehen der Schadensersatzpflicht nach § 945 ZPO kann aber auch die Androhung von Ordnungsmitteln in einer mit der Verkündung wirksam werdenden Urteilsverfügung genügen, da in diesem Fall bereits ein Vollstreckungsdruck entsteht.[683] Der Antragsteller haftet daher für Urteilsverfügungen, die auf ein Gebot und Verbot lauten, nach der herrschenden Meinung von dem Zeitpunkt an, zu dem der Antragsgegner die Eilmaßnahme zu befolgen hat.[684] Enthält die Verfügung daher bereits

---

[676] BGH 2.11.1995 – IX ZR 141/94, BGHZ 131, 141, NJW 1996, 198 – Unterlassungsverfügung ohne Strafandrohung; BGH 22.10.1992 – IX ZR 36/92, BGHZ 120, 73, NJW 1993, 1076 – Straßenverengung, mit weiteren Nachweisen.

[677] BGH 22.10.1992 – IX ZR 36/92, BGHZ 120, 73, NJW 1993, 1076 – Straßenverengung.

[678] BGH 2.11.1995 – IX ZR 141/94, BGHZ 131, 141, NJW 1996, 198 – Unterlassungsverfügung ohne Strafandrohung.

[679] BGH 20.7.2006 – IX ZR 94/03, BGHZ 168, 352 – Schadensersatzanspruch aus Vollziehung; BGH 2.11.1995 – IX ZR 141/94, BGHZ 131, 141, NJW 1996, 198 – Unterlassungsverfügung ohne Strafandrohung; BGH 13.4.1989 – IX ZR 148/88, WRP 1989, 514 – Vollziehungsschaden.

[680] BGH 13.4.1989 – IX ZR 148/88, WRP 1989, 514 – Vollziehungsschaden.

[681] BGH 2.11.1995 – IX ZR 141/94, BGHZ 131, 141, NJW 1996, 198 – Unterlassungsverfügung ohne Strafandrohung; BGH 22.10.1992 – IX ZR 36/92, BGHZ 120, 73, NJW 1993, 1076 – Straßenverengung.

[682] BGH 20.7.2006 – IX ZR 94/03, BGHZ 168, 352 – Schadensersatzanspruch aus Vollziehung; BGH 2.11.1995 – IX ZR 141/94, BGHZ 131, 141 – Unterlassungsverfügung ohne Strafandrohung.

[683] BGH 22.1.2009 – I ZB 115/07, BGHZ 180, 72, GRUR 2009, 890.

[684] Berneke/Schüttpelz, Die einstweilige Verfügung in Wettbewerbssachen, 3. Auflage 2015, Rn. 737, mit weiteren Nachweisen.

Papenhausen

eine Ordnungsmittelandrohung, beginnt die Haftung bereits mit der **Verkündung des Urteils** und nicht erst nach erfolgter Zustellung[685]. In diesem Falle wäre es aufgrund des bereits eingetretenen Vollstreckungsdrucks nicht sachgerecht, die Schadensersatzverpflichtung erst mit der Vollziehung einsetzen zu lassen.[686]

Praxistipp: Das Risiko des Antragstellers, sich den Schadensersatzansprüchen nach § 945 ZPO bereits ab dem Zeitpunkt der Urteilsverkündung auszusetzen, kann dieser verhindern, indem er davon absieht, bereits im Erkenntnisverfahren eine Ordnungsmittelandrohung zu beantragen. Der Antragsteller kann aber auch vor der Verkündung der mit der Ordnungsmittelandrohung versehenen Urteilsverfügung dem Antragsgegner gegenüber die Erklärung abgeben, dass er, der Antragsteller, für einen bestimmten Zeitraum (beispielsweise bis zur Zustellung der Urteilsverfügung) keine Rechte aus dem Vollstreckungstitel herleitet.[687]

605

Praxistipp des Richters: Bei dem auch nur vorübergehenden Verzicht auf die Zwangsvollstreckung aus einer einstweiligen Verfügung sollte bedacht werden, dass damit die Dringlichkeit entfallen könnte, denn der Gläubiger gibt zu erkennen, dass ihm die Durchsetzung des Anspruchs nicht besonders eilbedürftig ist.

606

Die Vorschrift des § 945 ZPO ist auch auf solche Schäden anzuwenden, die durch **607** Leistungen entstehen, welche der Schuldner zur Abwendung der Vollziehung durch Erfüllung des Anspruchs erbringt.[688] Das bloße Erwirken einer Beschlussverfügung allein und damit eine **analoge Anwendung** des § 945 ZPO kommt allerdings nicht in Betracht, ansonsten hätte es der Gläubiger nicht mehr in der Hand, nach Erwirken einer einstweiligen Verfügung sein Haftungsrisiko zu minimieren und den Eintritt eines etwaigen Schadens zu begrenzen, indem er den Zeitpunkt der Zustellung des vorläufigen Titels mit Bedacht wählt. Diese faktische Möglichkeit zur Haftungsminimierung würde dem Antragsteller indes genommen, wenn nicht auf die Vollziehung, sondern das bloße Erwirken einer Beschlussverfügung abgestellt werden würde.[689]

Hierbei ist allerdings zu beachten, dass die Dringlichkeitsvermutung des § 12 Abs. 2 **608** UWG als widerlegt angesehen werden könnte, wenn der Antragsteller nach Erlass der Beschlussverfügung und deren Vollziehung in Kenntnis der Fortsetzung des untersagten Verhaltens keinen Vollstreckungsantrag stellt, um das sich aus § 945 ZPO ergebende Kostenrisiko zu vermeiden.[690]

---

[685] So aber Gleußner, Die Vollziehung von Arrest und einstweiliger Verfügung, 1. Auflage 1997, Seite 149, 158.
[686] Berneke/Schüttpelz, Die einstweilige Verfügung in Wettbewerbssachen, 3. Auflage 2015, Rn. 737, mit weiteren Nachweisen.
[687] BGH 22.1.2009 – I ZB 115/07, BGHZ 180, 72, GRUR 2009, 890; vgl. auch OLG Frankfurt 25.3.2010 – 6 U 219/09, ZLR 2010, 458, LRE 60, 361 zur möglichen Widerlegung der Dringlichkeitsvermutung des § 12 Abs. 2 UWG.
[688] BGH 2.11.1995 – IX ZR 141/94, BGHZ 131, 141, NJW 1996, 198 – Unterlassungsverfügung ohne Strafandrohung.
[689] OLG Köln 30.10.2002 – 6 U 55/02, OLGR Köln 2003, 194, Magazindienst 2003, 493.
[690] Vgl. OLG Frankfurt 25.3.2010 – 6 U 219/09, ZLR 2010, 458, LRE 60, 361.

Papenhausen

d) Verschuldensunabhängige Haftung

609   Der Verfügungskläger haftet verschuldensunabhängig, wenn sich die einstweilige Verfügung als von Anfang an ungerechtfertigt erweist.[691] Es besteht insofern eine **Gefährdungshaftung**.[692]

610   Der durch die Anordnung von Ordnungsmitteln durch den Verfügungskläger aufgebaute Vollstreckungsdruck[693] stellt nach dem BGH die innere Rechtfertigung für dessen scharfe, **verschuldensunabhängige Haftung** dar.[694]

611   Die verschuldensunabhängige Haftung wird allerdings auch im Bereich des einstweiligen Rechtsschutzes nicht schon dadurch ausgelöst, dass der Gläubiger die gerichtliche Entscheidung erwirkt hat. Ebenso wie im gewöhnlichen Erkenntnisverfahren muss er die Möglichkeit haben, einen wirksamen Titel zu erlangen, ohne dass er Gefahr läuft, allein deshalb Schadensersatzansprüchen ausgesetzt zu sein. Eine Leistung zur Abwendung der Vollstreckung setzt voraus, dass diese bereits droht. Ohne den in § 890 Abs. 2 ZPO vorgesehenen Ausspruch besteht ein solcher Vollstreckungsdruck, wie oben ausgeführt, nicht; der Antragsgegner, der das Unterlassungsgebot trotzdem erfüllt, hat sich in einem solchen Falle der einstweiligen Verfügung freiwillig gefügt.[695]

e) Bindungswirkung/Darlegungs- und Beweislast/Prozessuales

612   Das erkennende Gericht ist bei der Beurteilung, ob die Anordnung der einstweiligen Verfügung von Anfang an ungerechtfertigt war, an eine vorangegangene Entscheidung über diese Frage nur im **Umfang ihrer Rechtskraft** gebunden.[696] Denn für das Wettbewerbsrecht gilt, dass in Rechtskraft nicht der Verbotsausspruch als solcher erwächst, sondern jeweils nur in Bezug auf die vom Gericht festgestellten Verletzungshandlungen.[697]

613   Ob die einstweilige Verfügung eines (anderen) Gerichts berechtigt war, ist nach dem OLG Frankfurt im Schadensersatzprozess nach § 945 ZPO von dem Verletzungsgericht **eigenständig** zu beurteilen. Insoweit besteht **keine Bindung** an das Urteil des anderen Landgerichts.[698] Für den Schadensersatzprozess ist jedoch eine rechtskräftige Sachentscheidung im Hauptsacheverfahren zwischen diesen Parteien **bindend**, soweit die Rechtslage im Zeitpunkt dieser Entscheidung (in der letzten mündlichen Verhandlung) derjenigen zur Zeit des Verfügungserlasses entspricht.[699]

---

[691] BGH 20.7.2006 – IX ZR 94/03, BGHZ 168, 352 – Schadenersatzanspruch aus Vollziehung; OLG Köln 30.10.2002 – 6 U 55/02, OLGR Köln 2003, 194, Magazindienst 2003, 493.

[692] OLG Köln 30.10.2002 – 6 U 55/02, OLGR Köln 2003, 194, Magazindienst 2003, 493.

[693] Vgl. dazu eingehend OLG Karlsruhe 26.3.2003 – 6 U 181/02, OLGR Karlsruhe 2003, 254, NJW-RR 2003, 1708.

[694] BGH 20.7.2006 – IX ZR 94/03, BGHZ 168, 352 – Schadenersatzanspruch aus Vollziehung; OLG Köln 30.10.2002 – 6 U 55/02, OLGR Köln 2003, 194, Magazindienst 2003, 493.

[695] BGH 2.11.1995 – IX ZR 141/94, BGHZ 131, 141, NJW 1996, 198 – Unterlassungsverfügung ohne Strafandrohung; BGH 22.10.1992 – IX ZR 36/92, BGHZ 120, 73, NJW 1993, 1076 – Straßenverengung.

[696] BGH 28.11.1991 – 1 ZR 297/89, GRUR 1992, 203, Juris jzs-GRUR-1992–03-Rs-0025 – Roter mit Genever; OLG Frankfurt 7.5.2009 – 6 U 185/07, Juris KORE229042012.

[697] BGH 23.2.2006 – I ZR 272/02, BGHZ 166, 253 – Markenparfümverkäufe; Köhler/Bornkamm, UWG, 32. Aufl. 2014, § 12, Rn. 2.113.

[698] OLG Frankfurt 4.3.2004 – 6 U 171/02, WRP 2004, 1196, Juris KORE539082004.

[699] OLG Hamburg 4.9.2003 – 3 U 27/03, OLGR Hamburg 2004, 186, Magazindienst 2003, 1263.

Papenhausen

Die **Darlegungs- und Beweislast** für die Rechtfertigung der einstweiligen Verfü- 614
gung aus anderen als den sie tragenden Gründen trägt nach allgemeinen Grundsätzen
derjenige, der sich darauf beruft.[700] Sofern etwa ein Kläger seinen Verfügungsantrag zurücknimmt, muss er als Gläubiger im einstweiligen Verfügungsverfahren und Beklag-
ter im Schadensersatzprozess beweisen, dass sein Antrag auf Erlass einer einstweiligen
Verfügung (in vollem Umfang) von Anfang an berechtigt war.[701]

Der Schadensersatzprozess nach § 945 ZPO seinerseits ist im Übrigen in einem or- 615
dentlichen Klageverfahren und nicht in einem Verfügungsverfahren zu führen.[702]

f) Schadensersatz

Nach § 945 ZPO ist der gesamte nach den allgemeinen Grundsätzen der §§ 249 ff. 616
BGB zu berechnende, adäquat kausal verursachte, zurechenbare unmittelbare und
mittelbare[703] **Vermögensschaden** zu ersetzen, der aus der Vollziehung einer zu Unrecht ergangenen einstweiligen Verfügung entstanden ist.[704]

Dabei gilt der allgemeine Grundsatz, dass ein Schaden im Sinne des § 945 ZPO immer nur die **Beeinträchtigung eines lauteren Zustandes** oder Verhaltens sein kann.[705]
Ein Schadensersatzanspruch besteht deshalb nicht, wenn beispielsweise ein Vertriebsverbot zwar nicht aus den Gründen der später aufgehobenen einstweiligen Verfügung,
wohl aber aus anderen Gründen berechtigt war.[706]

g) Mitverschulden

Für die Schadensbemessung sind die §§ 249 ff. BGB anzuwenden. Dies gilt auch für 617
ein mitwirkendes Verschulden des Verfügungsbeklagten.[707]

Dabei liegt die **Darlegungs- und Beweislast** für die Anwendung des § 254 BGB 618
grundsätzlich bei dem Schädiger, also beim Antragsteller, weil dieser auf diesem Wege
seine Ersatzpflicht mindern oder beseitigen will.[708]

Bei Verletzung der Schadensminderungspflicht durch den Geschädigten hängt der 619
Umfang der Ersatzpflicht von einer Würdigung der Umstände des Einzelfalls ab, insbesondere vom Maß der beiderseitigen Verursachung und in zweiter Linie vom Maß
des beiderseitigen Verschuldens.[709]

Ein Mitverschulden nach § 254 BGB kann unter Umständen auch zum völligen 620
Ausschluss des geltend gemachten Schadensersatzanspruchs führen.[710]

---

[700] OLG Frankfurt 7.5.2009 – 6 U 185/07, Juris KORE229042012.
[701] LG München I 21.5.2008 – 21 O 10753/07, MMR 2008, 622.
[702] Berneke/Schüttpelz, Die einstweilige Verfügung in Wettbewerbssachen, 3. Auflage 2015,
Rn. 743.
[703] LG München I 21.5.2008 – 21 O 10753/07, MMR 2008, 622; bei einer Urheberrechtsverletzung.
[704] BGH 20.7.2006 – IX ZR 94/03, BGHZ 168, 352 – Schadenersatzanspruch aus Vollziehung;
OLG Frankfurt 7.5.2009 – 6 U 185/07, Juris KORE229042012; LG München I 21.5.2008 – 21 O
10753/07, MMR 2008, 622.
[705] OLG Frankfurt 7.5.2009 – 6 U 185/07, Juris KORE229042012.
[706] BGH 28.11.1991 – 1 ZR 297/89, GRUR 1992, 203, Juris jzs-GRUR-1992–03-Rs-0025 –
Roter mit Genever; OLG Frankfurt 7.5.2009 – 6 U 185/07, Juris KORE229042012.
[707] OLG Frankfurt 7.5.2009 – 6 U 185/07, Juris KORE229042012; vgl. auch BGH 20.7.2006
– IX ZR 94/03, BGHZ 168, 352 – Schadenersatzanspruch aus Vollziehung.
[708] OLG Frankfurt 7.5.2009 – 6 U 185/07, Juris KORE229042012.
[709] LG München I 21.5.2008 – 21 O 10753/07, MMR 2008, 622.
[710] OLG Karlsruhe 26.3.2003 – 6 U 181/02, OLGR Karlsruhe 2003, 254, NJW-RR 2003, 1708;
OLG Frankfurt 12.3.1998 – 6 U 40/97, OLGR Frankfurt 1998, 228, Magazindienst 1998, 598.

621   Ein Mitverschulden des Klägers wäre insbesondere darin zu sehen, dass er es versäumt, im Anschluss an die von ihm abgegebene Unterlassungserklärung (unverzüglich[711]) die formal fortbestehende einstweilige Verfügung im Wege des Widerspruchs-
oder Aufhebungsverfahrens nach §§ 925, 927, 936 ZPO zu beseitigen. Die **unterlas-
sene Beseitigung einer Unterlassungsverfügung** stellt regelmäßig einen groben Verstoß gegen die dem Verfügungsbeklagten obliegende Schadensminderungspflicht dar,
der grundsätzlich geeignet ist, einen Ersatzanspruch nach § 945 ZPO gänzlich auszuschließen[712]

h) Kein Schadensersatzanspruch

622   Enthält der zugestellte Titel allein das Unterlassungsgebot, d.h. ohne Androhung
der in § 890 Abs. 1 ZPO vorgesehenen Ordnungsmittel, entsteht auch dann kein Schadensersatzanspruch gemäß § 945 ZPO, wenn die einstweilige Verfügung **im Parteibetrieb zugestellt** wurde.[713]

623   Nach dem BGH gewährt die Bestimmung des § 945 ZPO demjenigen, der von einer
einstweiligen Verfügung betroffen ist, die sich im Nachhinein als von Anfang an ungerechtfertigt erweist, unter der Voraussetzung Schadensersatz, dass der Antragsteller
von der ihm eingeräumten Befugnis Gebrauch gemacht hat, seinen Anspruch vor dessen endgültiger Feststellung zwangsweise durchzusetzen oder zu sichern. § 945 ZPO
ist dabei in einer Linie mit den gleichzeitig in Kraft getretenen Vorschriften der §§ 302
Abs. 4 Satz 3, 600 Abs. 2 und 717 Abs. 2 ZPO zu sehen. Nur eine Gläubigerhandlung,
die als zwangsweise Durchführung einer angeordneten Maßregel angesehen werden
kann, enthält demnach eine Vollziehung im Sinne des § 945 ZPO. Ohne eine solche ist
die scharfe Haftung des Gläubigers auch bei einstweiligen Verfügungen, die ein Unterlassungsgebot aussprechen, nicht gerechtfertigt; denn die Schadensersatzpflicht kann
nie allein durch das Erwirken des Titels, sondern erst durch ein darüber hinausgehendes Verhalten, das zumindest einen **gewissen Vollstreckungsdruck** erzeugt, begründet
werden. Ein solcher Vollstreckungsdruck geht von Unterlassungstiteln nicht aus, solange die **Ordnungsmittel nicht angedroht** sind; denn die Androhung muss der Verurteilung zur Zahlung eines Ordnungsgeldes vorausgehen (§ 890 Abs. 2 ZPO). Die
Androhung ist zwingende Vollstreckungsvoraussetzung; solange sie nicht ausgesprochen ist, braucht der Gegner keine Vollziehung zu befürchten. Erst die Androhung
bringt den Willen zur zwangsweisen Durchsetzung zum Ausdruck.[714] Das hat der
BGH für Ansprüche nach § 717 Abs. 2 ZPO ebenfalls in diesem Sinne entschieden.[715]
Eine einstweilige Verfügung wird insoweit erst mit der Zustellung der nachträglich er-
wirkten Ordnungsmittelandrohung vollzogen.[716]

---

[711] OLG München 7.3.1996 – 29 U 2314/95, WRP 1996, 784.
[712] OLG Karlsruhe 26.3.2003 – 6 U 181/02, OLGR Karlsruhe 2003, 254, NJW-RR 2003,
1708; OLG Frankfurt 12.3.1998 – 6 U 40/97, OLGR Frankfurt 1998, 228, Magazindienst 1998,
598; OLG München 7.3.1996 – 29 U 2314/95, WRP 1996, 784; anderer Ansicht: Teplitzky, Wettbewerbsrechtliche Ansprüche, 10. Auflage 2011, Kap 36, Rn. 39.
[713] BGH 2.11.1995 – IX ZR 141/94, BGHZ 131, 141, NJW 1996, 198 – Unterlassungsverfügung ohne Strafandrohung; vgl. auch OLG Stuttgart 20.8.1993 – 2 U 138/93, OLGZ 1994, 364.
[714] BGH 2.11.1995 – IX ZR 141/94, BGHZ 131, 141, NJW 1996, 198 – Unterlassungsverfügung ohne Strafandrohung; OLG Stuttgart 20.8.1993 – 2 U 138/93, OLGZ 1994, 364.
[715] BGH 22.6.1976 – X ZR 44/74, NJW 1976, 2162.
[716] BGH 2.11.1995 – IX ZR 141/94, BGHZ 131, 141, NJW 1996, 198 – Unterlassungsverfügung ohne Strafandrohung; vgl. auch OLG Stuttgart 20.8.1993 – 2 U 138/93, OLGZ 1994, 364.

An einem nach § 945 ZPO zu ersetzenden Schaden fehlt es, wenn der Verfügungs- **624** schuldner materiellrechtlich ohnehin verpflichtet war, die ihm durch die einstweilige Verfügung untersagte Handlung zu unterlassen.[717]

Sofern sich der Antragsgegner über den objektiven Verbotsumfang des Unterlas- **625** sungstitels hinaus Beschränkungen unterworfen hat, so liegt ebenfalls kein im Rahmen des § 945 ZPO zu ersetzender Schaden vor.[718]

i) Negative Feststellungsklage

Der Antragsteller kann gegen einen Antragsgegner, gegen den eine einstweiligen **626** Verfügung erlassen wurde, negative Feststellungsklage erheben, wenn dieser sich berühmt, Schadensersatzansprüche gemäß § 945 ZPO innezuhaben. Der Antragsteller kann hierbei aber nur auf Feststellung klagen, dass Schadensersatzansprüche gemäß § 945 ZPO nicht bestehen, und nicht darauf, dass ein Unterlassungsanspruch bestanden habe.[719]

j) Verjährung

Der Schadensersatzanspruch nach § 945 ZPO verjährt gemäß § 195 BGB in drei Jah- **627** ren. § 199 BGB findet Anwendung.[720]

Nach Aufhebung der einstweiligen Verfügung beginnt die Verjährung (spätestens) **628** dann zu laufen, wenn der Antragsgegner im Hauptsacheverfahren ein noch nicht rechtskräftiges Urteil erzielt, das in hohem Maße dafür spricht, dass die einstweilige Verfügung von Anfang an ungerechtfertigt war.[721]

k) Exkurs: Nichtigerklärung eines Patents, Patentverletzung

Auch etwa bei einer Nichtigerklärung eines Patents können nach dem BGH An- **629** sprüche nach § 945 ZPO in Betracht kommen, da die vollständige oder teilweise Nichtigerklärung eines Patents gegenüber jedermann ex tunc auf den Zeitpunkt der Anmeldung der Erfindung zum Patent zurückwirken. Dem Patentinhaber erwächst durch den Bestand eines zu Unrecht erteilten Patents nach dem BGH auch keine geschützte Rechtsstellung. Hier sei die Rechtslage im Ergebnis daher nicht anders als in dem Fall, dass sich die einstweilige Verfügung als von Anfang an ungerechtfertigt erweist.[722]

Auch kann durch die Vollziehung einer einstweiligen Unterlassungsverfügung we- **630** gen Patentverletzung seitens des Patentinhabers dieser gegenüber dem Antragsgegner nach § 945 ZPO zum Schadensersatz verpflichtet sein.[723]

---

[717] OLG Hamburg 4.9.2003 – 3 U 27/03, OLGR Hamburg 2004, 186, Magazindienst 2003, 1263 mit weiteren Nachweisen.

[718] OLG München 12.11.2003 – 7 U 3739/03, OLGR München 2004, 59, GRUR-RR 2004, 63.

[719] Köhler/Bornkamm, UWG, 32. Aufl. 2014, § 12, Rn. 3.84.

[720] Berneke/Schüttpelz, Die einstweilige Verfügung in Wettbewerbssachen, 3. Auflage 2015, Rn. 743.

[721] Köhler/Bornkamm, UWG, 32. Aufl. 2014, § 12, Rn. 3.83.

[722] BGH 21.12.2005 – X ZR 72/04, BGHZ 165, 311 – Detektionseinrichtung II; zum Patent-Nichtigkeitsverfahren und Schadenersatzanspruch siehe auch OLG Düsseldorf 21.1.2016 – 2 U 48/15, juris.

[723] Vgl. dazu LG Düsseldorf 10.1.2002 – 4a O 241/00, Juris KORE555532005.

3. Das Einigungsstellenverfahren gemäß § 15 UWG

a) Einleitung:

631   Das Einigungsstellenverfahren ist zu unterscheiden vom schiedsrichterlichen Verfahren (auch Schiedsgerichtsverfahren genannt), von der Schlichtung und von dem Schiedsgutachtenverfahren.

632   Das **Einigungsstellenverfahren** ist in § 15 UWG geregelt. Die Landesregierungen errichten bei den Industrie- und Handelskammern Einigungsstellen zur Beilegung von bürgerlichen Rechtsstreitigkeiten, in denen ein Anspruch auf Grund des UWG geltend gemacht wird.

633   Das im Buch 10 der ZPO geregelte schiedsrichterliche Verfahren oder **Schiedsgerichtsverfahren** ist dagegen ein nach der ZPO formalisiertes Verfahren, das zwar nicht vor einem staatlichen Gericht stattfindet, jedoch ebenfalls durch seinem Spruchkörper, der das staatliche Gericht vollständig ersetzt, zu einer vollstreckbaren Entscheidung gelangen kann.[724]

634   Die **Schlichtung** ist – ähnlich einer Mediation – ein freiwilliges und außergerichtliches Verfahren. Es zielt auf die gütliche Beilegung einer Rechtsstreitigkeit zwischen den streitenden Parteien durch Vermittlung eines Kompromisses eines Dritten ab. Bei Tarifverhandlungen beispielsweise kann eine Schlichtung zwischen Gewerkschaften und Arbeitgebern die ggf. ins Stocken geratenen Verhandlungen ohne Arbeitskampf lösen.

635   Das **Schiedsgutachten** wiederum regelt einzelne Aspekte eines Rechtsverhältnisses zwischen den betroffenen Parteien. Die Parteien können mit einer – formfreien – Schiedsgutachtenvereinbarung einzelne Rechts- und Tatsachenfragen durch einen neutralen Dritten klären lassen. Da diese Klärung im Schiedsgutachten sodann bindend ist, können die Ergebnisse des Gutachtens vor Gericht nur noch eingeschränkt überprüft werden.

b) Besetzung der Einigungsstellen

636   Die Einigungsstellen sind gemäß § 15 Abs. 2 UWG mit einer vorsitzenden Person, die die Befähigung zum Richteramt nach dem Deutschen Richtergesetz hat, und beisitzenden Personen zu besetzen. Hier gilt für die Bundesländer Brandenburg, Mecklenburg-Vorpommern, Sachsen, Sachsen-Anhalt und Thüringen die Besonderheit, dass die Einigungsstelle auch mit einem Rechtskundigen als Vorsitzendem besetzt werden kann, der die Befähigung zum Berufsrichter nach dem Recht der Deutschen Demokratischen Republik erworben hat.

637   Bei der Besetzung der Einigungsstellen sind gemäß § 15 Abs. 11 Satz 2 UWG die Vorschläge der für ein Bundesland errichteten, mit öffentlichen Mitteln geförderten Verbraucherzentralen zur Bestimmung der in § 15 Abs. 2 Satz 2 UWG genannten Verbraucher, d.h. der beisitzenden Personen, zu berücksichtigen.

638   Die vorsitzende Person soll auf dem Gebiet des Wettbewerbsrechts erfahren sein.

639   Als beisitzende Personen werden im Falle einer Anrufung durch eine nach § 8 Absatz 3 Nummer 3 UWG zur Geltendmachung eines Unterlassungsanspruchs be-

---

[724] Das Schiedsgerichtsverfahren gemäß §§ 1025 ff. ZPO wird im nachfolgenden Kapitel unter C. V. 4. besprochen.

rechtige qualifizierte Einrichtung, die nachweist, dass sie in die Liste qualifizierter Einrichtungen[725] eingetragen ist, Unternehmer und Verbraucher in gleicher Anzahl tätig, sonst mindestens zwei sachverständige Unternehmer. Die beisitzenden Personen werden von der vorsitzenden Person für den jeweiligen Streitfall aus einer alljährlich für das Kalenderjahr aufzustellenden Liste berufen. Die Berufung soll im Einvernehmen mit den Parteien erfolgen.

c) Ablehnung eines Beisitzers der Einigungsstelle/Befangenheitsantrag

Für die Ausschließung und Ablehnung von Mitgliedern der Einigungsstelle sind die §§ 41 bis 43 und § 44 Absatz 2 bis 4 der ZPO entsprechend anzuwenden. Über das Ablehnungsgesuch entscheidet das für den Sitz der Einigungsstelle zuständige Landgericht und hier die Kammer für Handelssachen oder, falls es an einer solchen fehlt, die Zivilkammer. **640**

Soweit der Befangenheitsantrag dahin zu interpretieren sein sollte, dass die Einigungsstelle insgesamt wegen Befangenheit abgelehnt werden soll, ist der Befangenheitsantrag nach dem LG Hannover unzulässig: Gemäß § 42 ZPO, der für die Entscheidung über einen Befangenheitsantrag entsprechend anwendbar ist, kann nicht das Gericht oder ein Spruchkörper eines Gerichts als solches abgelehnt werden.[726] Wird dieser Gedanke auf die Einigungsstelle als zur Entscheidung berufene Institution übertragen, hat dies zur Folge, dass nur einzelne Mitglieder der Einigungsstelle abgelehnt werden können. Nicht aber kann die Einigungsstelle als solche als zur Entscheidung berufene Institution abgelehnt werden.[727] **641**

Die Ablehnung eines Beisitzers der Einigungsstelle wegen der Besorgnis der Befangenheit – aus in ihrer Person liegenden Gründen – ist jedoch statthaft.[728] **642**

Der im Falle des LG Meiningen berufene und wegen Befangenheit von der Antragsgegnerin abgelehnte Beisitzer war in den konkreten Streitfall nicht involviert, weder kannte er die Antragsteller noch deren Firmen. Der Befangenheitsantrag wurde daher zurückgewiesen.[729] **643**

Praxistipp: Solche aussichtslosen Befangenheitsanträge sollten auch (oder gerade) im Rahmen eines Einigungsstellenverfahrens nach § 15 UWG unterlassen werden, um nicht einzelne Einigungsstellenmitglieder zu verärgern. Das Einigungsstellenverfahren, sollte es einmal eingeleitet worden sein, sollte vielmehr dazu genutzt werden, um den Fall auszuloten und um den Rechtsstreit, sofern sinnvoll, ggf. zügig und kostengünstig beenden zu können. **644**

---

[725] Nach § 4 des Unterlassungsklagengesetzes oder in dem Verzeichnis der Kommission der Europäischen Gemeinschaften nach Artikel 4 der Richtlinie 98/27/EG des Europäischen Parlaments und des Rates vom 19. Mai 1998 über Unterlassungsklagen zum Schutz der Verbraucherinteressen (ABl. EG Nr. L 166 S. 51).

[726] Vgl. bereits BGH 7.11.1973 – VIII ARZ 14/73, NJW 1974, 55 – Rechtsmissbräuchliche Ablehnung von Richtern.

[727] Vgl. LG Hannover 5.7.2007 – 21 T 2/07, WRP 2007, 1520.

[728] Gemäß § 15 Abs. 2 Satz 6 und 7 UWG, § 8 UWG in Verbindung mit § 41, § 42 ZPO, vgl. auch LG Meiningen 19.8.2011 – HK T 1/11 sowie HK T 2/11, WRP 2011, 1502; LG Hannover 5.7.2007 – 21 T 2/07, WRP 2007, 1520.

[729] Vgl. LG Meiningen 19.8.2011 – HK T 1/11 sowie HK T 2/11, WRP 2011, 1502.

Papenhausen

d) Zuständigkeit

645   Für die örtliche Zuständigkeit der Einigungsstellen ist § 14 UWG entsprechend anzuwenden:

646   Für Klagen auf Grund des UWG ist demnach das Gericht zuständig, in dessen Bezirk der Beklagte seine gewerbliche oder selbstständige berufliche Niederlassung oder in Ermangelung einer solchen seinen Wohnsitz hat. Hat der Beklagte auch keinen Wohnsitz, so ist sein inländischer Aufenthaltsort maßgeblich. Außerdem ist das Gericht zuständig, in dessen Bezirk die Handlung begangen ist. Dies gilt für Klagen, die von dem nach § 8 Absatz 3 Nummer 2 bis 4 zur Geltendmachung eines Unterlassungsanspruchs Berechtigten erhoben werden, nur dann, wenn der Beklagte im Inland weder eine gewerbliche oder selbständige berufliche Niederlassung noch einen Wohnsitz hat.

647   Für die sachliche Zuständigkeit gilt Folgendes:

648   Die Einigungsstellen können gemäß § 15 Abs. 3 UWG bei bürgerlichen Rechtsstreitigkeiten, in denen ein Anspruch auf Grund des UWG geltend gemacht wird, angerufen werden, wenn der Gegner zustimmt. Soweit die Wettbewerbshandlungen Verbraucher betreffen, können die Einigungsstellen von jeder Partei zu einer Aussprache mit dem Gegner über den Streitfall angerufen werden: Einer Zustimmung des Gegners bedarf es in diesem Falle nicht.[730]

649   Ferner kann die Einigungsstelle, wenn sie sich selbst für unzuständig erachtet, die Einleitung von Einigungsverhandlungen ablehnen.

650   Die Einigungsstelle kann ihre begonnene Tätigkeit, selbst wenn sie zunächst sachlich unzuständig war, jedoch nicht beenden, wenn die Parteien ihrerseits die Fortsetzung des Einigungsstellenverfahrens wünschen.[731]

e) Zielsetzung der Einigungsstelle/Vergleich

651   Als Zielsetzung der Einigungsstelle hat diese einen **gütlichen Ausgleich** anzustreben. Die Einigungsstelle kann den Parteien einen schriftlichen, mit Gründen versehenen Einigungsvorschlag machen. Der Einigungsvorschlag und seine Begründung dürfen nur mit Zustimmung der Parteien veröffentlicht werden. Kommt ein Vergleich zustande, so muss er in einem besonderen Schriftstück niedergelegt und unter Angabe des Tages seines Zustandekommens von den Mitgliedern der Einigungsstelle, welche in der Verhandlung mitgewirkt haben, sowie von den Parteien unterschrieben werden.

652   Aus einem vor der Einigungsstelle geschlossenen Vergleich findet die **Zwangsvollstreckung** statt. § 797a ZPO, der das Verfahren bei Gütestellenvergleichen regelt, ist entsprechend anzuwenden: Bei Vergleichen wird die Vollstreckungsklausel von dem Urkundsbeamten der Geschäftsstelle desjenigen Amtsgerichts erteilt, in dessen Bezirk die Einigungsstelle ihren Sitz hat. Über Einwendungen, welche die Zulässigkeit der Vollstreckungsklausel betreffen, entscheidet dasselbe Gericht.

f) Verjährungshemmung

653   Durch die Anrufung der Einigungsstelle wird gemäß § 15 Abs. 9 UWG die Verjährung in gleicher Weise wie durch Klageerhebung gehemmt. Kommt ein Vergleich nicht

---

[730] § 15 Abs. 3, Satz 2 UWG.
[731] Vgl. Himmelsbach, Wettbewerbsrecht, 4. Auflage von 2014, § 12, Rn. 661 mit weiteren Nachweisen.

zustande, so ist der Zeitpunkt, zu dem das Verfahren beendet ist, von der Einigungsstelle festzustellen. Die vorsitzende Person der Einigungsstelle hat dies den Parteien mitzuteilen.

Die Verjährung der streitgegenständlichen Wettbewerbsverstöße wird nicht nur **654** dann unterbrochen, wenn der Unterlassungsgläubiger die Einigungsstelle angerufen hat, sondern auch dann, wenn der Unterlassungsschuldner die Einigungsstelle bemüht hat.[732]

Nach dem OLG Hamm ist es allein Sache der Einigungsstelle, das Verfahren zu för- **655** dern, so dass die Regelung des § 204 Abs. 2 Satz 2 BGB – Nichtbetreiben durch die Parteien – nicht eingreift.[733]

Soweit sich der Unterlassungsschuldner auf die Einrede der Verjährung beruft, weil **656** der Unterlassungsgläubiger nach seiner Darstellung nicht in allen Fällen das Einigungsstellenverfahren nach § 15 UWG durchgeführt hat, blieb sein Einwand im Ergebnis ohne Erfolg, und zwar deshalb, weil der Unterlassungsschuldner in einem vom LG Kleve zu entscheidenden Fall nicht in Abrede stellte, dass das Einigungsstellenverfahren jedenfalls in einigen der streitgegenständlichen Fällen erfolglos betrieben worden ist. Dies reicht aus.[734]

g) Rechtsschutzbedürfnis/Anhängigkeit vor Anrufung der Einigungsstelle

Nach dem LG Rostock entfällt das Rechtsschutzbedürfnis für eine Unterlassungs- **657** klage im Falle des Nichtanrufens der Einigungsstelle nach § 15 UWG bzw. bei der Ablehnung des Angebotes eines Einigungsstellenverfahrens seitens des Gegners nicht; selbst dann nicht, wenn hier der Gläubiger sein Rechtsschutzziel auf einfacherem und billigerem Wege hätte erreichen können. In diesem Fall ist ein Anrufen der Einigungsstelle überdies auch durch die Beklagten nicht erfolgt. Die Beklagten hätten ebenso, wie das LG feststellt, gemäß § 15 Abs. 3 Satz 2 UWG die Einigungsstelle ohne Zustimmung des Klägers anrufen können, da die streitgegenständlichen Wettbewerbshandlungen auch Verbraucher betrafen.[735]

Ist ein Rechtsstreit der in § 15 Abs. 3 Satz 2 UWG bezeichneten Art, d.h. also soweit **658** die Wettbewerbshandlungen Verbraucher betreffen, ohne vorherige Anrufung der Einigungsstelle anhängig gemacht worden, so kann das Gericht auf Antrag den Parteien unter Anberaumung eines neuen Termins aufgeben, vor diesem Termin die Einigungsstelle zur Herbeiführung eines gütlichen Ausgleichs anzurufen.

In dem Verfahren über den Antrag auf Erlass einer einstweiligen Verfügung ist die **659** vorgenannte gerichtliche Anordnung nur zulässig, wenn der Gegner zustimmt. Die Einigungsstelle kann hier, wenn sie den geltend gemachten Anspruch von vornherein für unbegründet oder sich selbst für unzuständig erachtet, die Einleitung von Einigungsverhandlungen aber nicht ablehnen.[736]

---

[732] OLG Koblenz 8.3.1988 – 6 W 102/88, GRUR 1988, 566.
[733] Vgl. OLG Hamm 1.8.2006 – 4 U 19/06, Juris JURE070105044.
[734] Vgl. LG Kleve 9.3.2010 – 7 O 38/08, WRP 2010, 674; vgl. auch LG Hamburg 14.12.2007 – 406 O 214/07, WRP 2009, 760.
[735] Vgl. LG Rostock 11.4.2014 – 5 HK O 139/13, Juris JURE140013204.
[736] Vgl. § 15 Abs. 10 Satz 3 UWG.

660 | **Praxishinweis:** Der Verletzte geht das Risiko ein, dass das nach dem Scheitern der Vergleichsbemühungen angerufene Gericht die Dringlichkeit verneinen könnte. Hier ist zuvor die entsprechende oberlandesgerichtliche Rechtsprechung eingehend zu prüfen.

661   Ist ein Verfahren vor der Einigungsstelle anhängig, so ist eine erst nach Anrufung der Einigungsstelle erhobene Klage des Antragsgegners auf Feststellung, dass der geltend gemachte Anspruch nicht bestehe, nicht zulässig. Der Antragsgegner soll sich dem Einigungsstellenverfahren nicht entziehen können, indem er eine negative Feststellungsklage erhebt.[737]

h) Persönliches Erscheinen der Parteien/Ordnungsgeld

662   Die der Einigungsstelle vorsitzende Person kann das persönliche Erscheinen der Parteien gemäß § 15 Abs. 5 UWG anordnen, und zwar auch oder gerade dann, wenn eine der Parteien erklärt, dass sie zu einem Vergleich nicht bereit wäre[738] oder das Einigungsstellenverfahren gänzlich ablehnt[739]. Der Vorsitzende der Einigungsstelle kann daher das persönliche Erscheinen einer Partei auch gegen ihren Willen anordnen.[740] Gegen eine unentschuldigt ausbleibende Partei kann die Einigungsstelle – wie nach der ZPO – ein Ordnungsgeld festsetzen. Gegen die Anordnung des persönlichen Erscheinens und gegen die Festsetzung des Ordnungsgeldes findet die sofortige Beschwerde nach den Vorschriften der ZPO an das für den Sitz der Einigungsstelle zuständige Landgericht statt, hier ist die Kammer für Handelssachen oder, falls es an einer solchen fehlt, die Zivilkammer zuständig. Zur Entscheidung berufen ist gemäß § 349 Abs. 2 Nr. 12 ZPO der Vorsitzende der Kammer für Handelssachen ohne Mitwirkung der Handelsrichter.[741]

663   Nach § 381 Abs. 1 Satz 2 ZPO ist ein Ordnungsgeldbeschluss dann aufzuheben, wenn nachträglich eine rechtzeitig erklärte genügende Entschuldigung glaubhaft gemacht wird.[742]

664   Sofern eine persönlich geladene Partei trotz ordnungsgemäßer Ladung zu einem Termin der Einigungsstelle zur Beilegung von Wettbewerbsstreitigkeiten nicht erscheint und sich lediglich damit entschuldigt, sie habe einen anderweitigen geschäftlichen Termin wahrnehmen müssen, reicht dies nach dem LG München als Entschuldigung für das Nichterscheinen nicht aus. Daher wurde in diesem Falle ein Ordnungsgeld zu Recht verhängt.[743]

i) Unbegründetheit des Anspruchs

665   Die Einigungsstelle kann die Einleitung von Einigungsverhandlungen dann ablehnen, wenn sie den geltend gemachten Anspruch von vornherein für unbegründet hält.

---

[737] Köhler/Bornkamm, UWG, 32. Aufl. 2014, § 15, Rn. 30.
[738] Vgl. OLG Koblenz 8.3.1988 – 6 W 102/88, GRUR 1988, 566.
[739] Vgl. LG Passau 10.2.2005 – 1 HK T 9/05, WRP 2006, 138.
[740] Vgl. OLG Koblenz 8.3.1988 – 6 W 102/88, GRUR 1988, 566.
[741] Vgl. LG Arnsberg 3.7.2012 – I-8 T 1/12, WRP 2012, 1317.
[742] § 15 Abs. 5 Satz 3 UWG, § 381 Abs. 1 Satz 2 ZPO analog; vgl. auch LG Arnsberg 3.7.2012 – I-8 T 1/12, WRP 2012, 1317.
[743] LG München 19.3.2009 – 17 HK T 2072/08, WRP 2009, 1160.

Dies gilt gemäß § 15 Abs. 8 UWG ebenfalls, wenn die Einigungsstelle sich selbst für **666** unzuständig erachtet.[744]

j) Aufwendungsersatz beim Einigungsstellenverfahren/Kosten

In der Rechtsprechung wird vertreten, dass sich der Anspruch auf Ersatz der Auf- **667** wendungen für die Durchführung des Einigungsstellenverfahrens aus § 12 Abs. 1 Satz 2 UWG[745] bzw. früher aus §§ 677, 681, 670 BGB[746] ergibt.

Nach dem BGH entfällt ein Anspruch auf Ersatz der Kosten, die infolge der Durch- **668** führung des Verfahrens vor der Einigungsstelle für Wettbewerbsstreitigkeiten entstan- den sind, aus Geschäftsführung ohne Auftrag[747] dann, wenn die Durchführung des Verfahrens vor der Einigungsstelle – aufgrund der erfolglosen Abmahnungen – nicht mehr dem mutmaßlichen Willen des Unterlassungsschuldners entsprach, sondern ein Versuch des Unterlassungsgläubigers war, im eigenen Interesse einen Rechtsstreit zu vermeiden.[748]

Auch die Einigungsstellen können Aufwendungsersatz verlangen.[749]　　　**669**

k) Ermächtigung für die Landesregierungen

Die Landesregierungen werden gemäß § 15 Abs. 11 UWG ermächtigt, durch **670** Rechtsverordnung die zur Durchführung der vorstehenden Bestimmungen und zur Regelung des Verfahrens vor den Einigungsstellen erforderlichen Vorschriften zu er- lassen, insbesondere über die Aufsicht über die Einigungsstellen, über ihre Besetzung unter angemessener Beteiligung der nicht den Industrie- und Handelskammern ange- hörenden Unternehmern und über die Vollstreckung von Ordnungsgeldern sowie Be- stimmungen über die Erhebung von Auslagen durch die Einigungsstelle zu treffen.[750]

---

[744] Vgl. oben unter Zuständigkeit.

[745] LG Osnabrück 9.7.2012 – 16 O 37/12, WRP 2012, 1307; LG Kaiserslautern 28.11.2007 – 1 HK O 50/07, WRP 2008, 527.

[746] LG Berlin 25.11.2003 – 103 O 159/03, WRP 2004, 647.

[747] Gemäß § 683 Satz 1, §§ 677, 670 BGB.

[748] BGH 5.7.2001 – I ZR 104/99, NJW-RR 2001, 1693 – Fernflugpreise.

[749] Zu den Auslagen durch die Einigungsstelle vgl. Ermächtigung für die Landesregierungen.

[750] Vgl. Durchführungsverordnungen der Bundesländer: Baden-Württemberg: Verordnung der Landesregierung über die Errichtung von Einigungsstellen bei Industrie- und Handelskam- mern nach dem Gesetz gegen den unlauteren Wettbewerb vom 9.2.1987, GBl. 1987, 64 und 158, geändert durch VO vom 19.10.2004, GBl. 2004, 774; Bayern: Verordnung über Einigungsstellen zur Beilegung bürgerlicher Rechtsstreitigkeiten auf Grund des Gesetzes gegen den unlauteren Wettbewerb vom 17.5.1988, GVBl 1988, 115, geändert durch VO vom 15.3.2005, GVBl 2005, 80; Berlin: Verordnung über die Einigungsstelle für Wettbewerbsstreitigkeiten bei der Industrie- und Handelskammer zu Berlin vom 29.7.1958, GVBl 1958, 732, geändert durch VO vom 4.12.1974, GVBl 1974, 2785, VO vom 28.10.1987, GVBl 1987, 2577, VO vom 12.8.2008, GVBl 2008, 230; Brandenburg: Verordnung über Einigungsstellen zur Beilegung von bürgerlichen Rechtsstreitigkeiten nach dem Gesetz gegen den unlauteren Wettbewerb vom 10.10.2006, GVBl 2006, 450; Bremen: Verordnung über Einigungsstellen zur Beilegung von bürgerlichen Rechts- streitigkeiten aufgrund des Gesetzes gegen den unlauteren Wettbewerb vom 16.2.1988, GBl. 1988, 17, geändert durch VO vom 22.4.2008, GBl. 2008, 117; Hamburg: Verordnung über die Ei- nigungsstelle zur Beilegung von Wettbewerbsstreitigkeiten vom 27.1.1959, GVBl 1959, 369, ge- ändert durch VO vom 23.12.1986, GVBl 1986, 368; Hessen: Verordnung über Einigungsstellen zur Beilegung von Wettbewerbsstreitigkeiten vom 13.2.1959, GVBl 1959, 3, geändert durch VO vom 16.12.1974, GVBl 1974, 672, VO vom 7.4.1987, GVBl 1987, 59, VO vom 16.11.2005, GVBl

l) Muster eines Antrags auf Einleitung eines Einigungsstellenverfahrens

671   Ein Antrag auf Einleitung eines Einigungsstellenverfahrens gemäß § 15 UWG könnte beispielsweise wie folgt formuliert werden:

„An die Einigungsstelle für Wettbewerbsstreitigkeiten
bei der Industrie- und Handelskammer
Straße, Nr.
PLZ, Ort

Antrag

der Firma, vertreten durch, Straße, Nr., PLZ, Ort
– Antragstellerin –

gegen

die Firma, vertreten durch, Straße, Nr., PLZ, Ort
– Antragsgegnerin –

auf Einleitung eines Einigungsstellenverfahrens gemäß § 15 UWG.

Die Antragstellerin beantragt,

die Antragsgegnerin vor die gesetzliche Einigungsstelle gemäß § 15 Gesetz gegen den unlauteren Wettbewerb (UWG) zwecks Herbeiführung eines gütlichen Ausgleichs hinsichtlich der nachfolgend ausgeführten Wettbewerbsstreitigkeit zu laden.

Weiterhin wird darum gebeten,

das persönliche Erscheinen beider Parteien nach § 15 Abs. 5 UWG anzuordnen, um den Abschluss eines einvernehmlichen Vergleiches zu fördern und die Angelegenheit somit in Gänze erledigen zu können.

2005, 738; Mecklenburg-Vorpommern: Verordnung über Einigungsstellen zur Beilegung von bürgerlichen Rechtsstreitigkeiten aufgrund des Gesetzes gegen den unlauteren Wettbewerb vom 19.9.1991, GVBl 1991, 384; Niedersachsen: Verordnung über Einigungsstellen nach dem Gesetz gegen den unlauteren Wettbewerb vom 21.2.1991, GVBl 1991, 139; Nordrhein-Westfalen: Verordnung über Einigungsstellen zur Beilegung von bürgerlichen Rechtsstreitigkeiten aufgrund des Gesetzes gegen den unlauteren Wettbewerb vom 15.8.1989, GVBl 1989, 460, geändert durch VO vom 5.4.2005, GVBl 2005, 408; Rheinland-Pfalz: Landesverordnung über Einigungsstellen vom 2.5.1988, GVBl 1988, 102, geändert durch VO vom 28.8.2001, GVBl 2001, 210, VO vom 19.10.2005, GVBl 2005, 489; Saarland: Verordnung über die Einigungsstelle bei der Industrie- und Handelskammer des Saarlandes zur Beilegung von bürgerlichen Rechtsstreitigkeiten auf Grund des Gesetzes gegen den unlauteren Wettbewerb vom 21.1.1988, Amtsbl. 1988, 89, geändert durch VO vom 24.2.1994, Amtsbl. 1994, 607; Sachsen: Verordnung der Sächsischen Staatsregierung über Einigungsstellen zur Beilegung bürgerlicher Rechtsstreitigkeiten aufgrund des Gesetzes über den unlauteren Wettbewerb vom 10.4.2006, GVBl 2006, 97; Sachsen-Anhalt: Verordnung über Einigungsstellen zur Beilegung von Wettbewerbsstreitigkeiten vom 21.1.1992, GVBl 1992, 30, geändert durch VO vom 18.11.2005, GVBl 2005, 698, durch VO vom 14.2.2008, GVBl 2008, 58; Schleswig-Holstein: Landesverordnung über die Errichtung von Einigungsstellen bei den Industrie- und Handelskammern zur Beilegung von Wettbewerbsstreitigkeiten vom 19.7.1991, GVBl 1991, 390, geändert durch VO vom 12.10.2005, GVBl 2005, 487, VO vom 15.3.2006, GVBl 2006, 52; Thüringen: Thüringer Verordnung über Einigungsstellen nach dem Gesetz gegen den unlauteren Wettbewerb vom 10.12.1991, GVBl 1991, 666.

Papenhausen

Begründung:

Die Wettbewerbsstreitigkeit stellt sich wie folgt dar:

(...)

Ferner wird folgende Unterlassungserklärung als Vorschlag zur Güte unterbreitet:

(...)"

4. Das Schiedsgerichtsverfahren nach §§ 1025 ff. ZPO

a) Einleitung

Das im Buch 10 der ZPO geregelte schiedsrichterliche Verfahren (auch Schiedsge- **672** richtsverfahren genannt) ist zu unterscheiden von dem Einigungsstellenverfahren gemäß § 15 UWG, von der Schlichtung und von dem Schiedsgutachtenverfahren. Die Unterschiede werden im vorherigen Kapitel zum Einigungsstellenverfahren dargestellt.[751]

Das Schiedsgerichtsverfahren ist ein nach der Zivilprozessordnung formalisiertes **673** Verfahren, das zwar nicht vor einem staatlichen Gericht stattfindet, jedoch ebenfalls durch den Spruchkörper, der das staatliche Gericht vollständig ersetzt, zu einer vollstreckbaren Entscheidung gelangen kann.

Die Vorteile des Schiedsgerichtsverfahrens sind insbesondere,   **674**

- dass es in der Regel erheblich schneller durchgeführt werden kann als ein Verfahren in der ordentlichen Gerichtsbarkeit,
- dass es unter Ausschluss der Öffentlichkeit stattfindet,
- dass der Spruchkörper des Schiedsgerichts zumeist über besondere Fach- und Sachkenntnisse verfügt, da die Parteien die Zusammensetzung des Spruchkörpers selbst bestimmen können, und
- dass dieses Verfahren auch bei hohen Streitwerten ohne die Beteiligung von Rechtsanwälten durchgeführt werden kann.

Ein Nachteil des Schiedsgerichtsverfahrens kann dadurch entstehen, dass eine un- **675** parteiische Entscheidung möglicherweise nicht gewährleistet ist. Bedenken gegen die Unparteilichkeit der berufenen Schiedsrichter könnten sich insbesondere dann ergeben, wenn diesen die nötige innere Unabhängigkeit fehlt.[752]

Das Schiedsgerichtsverfahren findet seine Regelungen in den §§ 1025 ff. ZPO.   **676**

Daneben bestehen weitere internationale Schiedsnormen, wie insbesondere das Eu- **677** ropäische Übereinkommen[753] und das New Yorker Übereinkommen[754].

Die Verhandlungen zum Freihandelsabkommen zwischen der EU und den USA **678** (TTIP) lösten eine Diskussion über ein mögliches Ende der Schiedgerichtsbarkeit aus.[755]

---

[751] Vgl. Kapitel C. V. 3. Einigungsstellenverfahren gemäß § 15 UWG.

[752] Vgl. Baumbach/Lauterbach/Albers/Hartmann, ZPO, 72. Auflage von 2014, Grundz § 1025 Rn. 7 mit weiteren Nachweisen.

[753] Vgl. Europäisches Übereinkommen über die internationale Handelsschiedsgerichtsbarkeit vom 21. April 1961.

[754] Vgl. New Yorker Übereinkommen über die Anerkennung und Vollstreckung ausländischer Schiedssprüche vom 10. Juni 1958.

[755] Vgl. etwa Filges, TTIP – Ende der Schiedsgerichtsbarkeit?, BRAK-Mitteilungen, 6/2014, 281.

b) Institutionen und Schiedsgerichtsordnungen

679   Ein Schiedsgerichtsverfahren wird in Deutschland von verschiedenen Institutionen angeboten, die eigene Verfahrensordnungen geschaffen haben, wie etwa die Industrie- und Handelskammern (IHK) und die Deutsche Institution für Schiedsgerichtsbarkeit e. V. (DIS).

680   Die DIS ist ein eigens geschaffener, eingetragener Verein, dessen Zweck die Förderung der deutschen und internationalen Schiedsgerichtsbarkeit ist. Die Schiedsgerichtsordnungen mehrerer Industrie- und Handelskammern verweisen auf die Schiedsgerichtsordnung der Deutschen Institution für Schiedsgerichtsbarkeit e. V. (DIS).[756]

c) Anwendungsbereich der §§ 1025 ff. ZPO und Ort des schiedsrichterlichen Verfahrens

681   Die Vorschriften der §§ 1025 ff. ZPO sind anzuwenden, wenn der Ort des schiedsrichterlichen Verfahrens in Deutschland liegt. Dies können die Parteien frei vereinbaren. Fehlt eine solche Vereinbarung, so wird der Ort des schiedsrichterlichen Verfahrens vom Schiedsgericht bestimmt. Dabei sind die Umstände des Falles einschließlich der Eignung des Ortes für die Parteien zu berücksichtigen. Haben die Parteien nichts anderes vereinbart, so kann das Schiedsgericht ungeachtet des Absatzes 1 an jedem ihm geeignet erscheinenden Ort zu einer mündlichen Verhandlung, zur Vernehmung von Zeugen, Sachverständigen oder der Parteien, zur Beratung zwischen seinen Mitgliedern, zur Besichtigung von Sachen oder zur Einsichtnahme in Dokumente zusammentreten.[757]

682   Die Vorschriften der §§ 1025 ff. ZPO müssen aber auch konkret einbezogen werden, um Anwendung zu finden: So hat das OLG Karlsruhe festgestellt, dass sportgerichtliche Entscheidungen keine Schiedssprüche sind, denen gemäß § 1055 ZPO die Wirkung eines rechtskräftigen gerichtlichen Urteils zukäme, da zum einen die Sportgerichte des im dortigen Verfahren Beklagten in dessen Rechts- und Verfahrensordnung weder als Schiedsgericht bezeichnet werden noch wird dort auf die Vorschriften der §§ 1025 ff. ZPO Bezug genommen.[758]

683   Die Bestimmungen der § 1032 ZPO (Schiedsvereinbarung und Klage vor Gericht)[759], § 1033 ZPO (Schiedsvereinbarung und einstweilige gerichtliche Maßnahmen) und § 1050 ZPO (Gerichtliche Unterstützung bei der Beweisaufnahme und sonstige richterliche Handlungen) sind aber auch dann anzuwenden, wenn der Ort des schiedsrichterlichen Verfahrens im Ausland liegt oder noch nicht bestimmt ist. Solange der Ort des schiedsrichterlichen Verfahrens noch nicht bestimmt ist, sind die deutschen Gerichte für die Ausübung der in den §§ 1034 ZPO (Zusammensetzung des Schiedsgerichts), 1035 (Bestellung der Schiedsrichter), 1037 (Ablehnungsverfahren) und 1038 (Untätigkeit oder Unmöglichkeit der Aufgabenerfüllung) bezeichneten gerichtlichen Aufgaben zuständig, wenn der Beklagte oder der Kläger seinen Sitz oder

---

[756] DIS-Schiedsgerichtsordnung der Deutschen Institution für Schiedsgerichtsbarkeit e. V. (DIS), gültig ab 1.7.1998, abrufbar unter: http://www.dis-arb.de/de/16/regeln/dis-schiedsgerichtsordnung-98-id2.

[757] Vgl. § 1025, § 1043 ZPO.

[758] Vgl. OLG Karlsruhe 8.11.2012 – 9 U 97/12, SpuRt 2013, 31.

[759] Zum Verlust des Rügerechts wegen nicht rechtzeitigem Vorbringen, vgl. LG Dortmund 14.5.2014 – 8 O 46/13, Juris JURE140017038; vgl. auch BGH 8.2.2011 – XI ZR 168/08, WM 2011, 650, MDR 2011, 717.

seinen gewöhnlichen Aufenthalt in Deutschland hat. Das Oberlandesgericht, das in der Schiedsvereinbarung bezeichnet ist oder, wenn eine solche Bezeichnung fehlt, in dessen Bezirk der Ort des schiedsrichterlichen Verfahrens liegt, ist diesbezüglich zuständig.[760]

d) Begriff, Form und Inhalt der Schiedsvereinbarung

Das Gesetz beinhaltet eine **Legaldefinition** des Begriffes der Schiedsvereinbarung in § 1029 Abs. 1 ZPO. Hiernach ist die Schiedsvereinbarung eine Vereinbarung der Parteien, alle oder einzelne Streitigkeiten, die zwischen ihnen in Bezug auf ein bestimmtes Rechtsverhältnis vertraglicher oder nichtvertraglicher Art entstanden sind oder künftig entstehen, der Entscheidung durch ein Schiedsgericht zu unterwerfen. **684**

Eine Schiedsvereinbarung kann in Form einer selbständigen Vereinbarung (Schiedsabrede) oder in Form einer Klausel in einem Vertrag (Schiedsklausel) geschlossen werden.[761] **685**

Die Schiedsvereinbarung kann auch auf einem **formularmäßigen Schiedsvertrages** beruhen.[762] **686**

Ob die gegnerische Partei von einer **Formularklausel** erfasst wird, ist durch Auslegung zu ermitteln. Allgemeine Geschäftsbedingungen sind nach dem BGH nach ihrem objektiven Inhalt und typischen Sinn einheitlich so auszulegen, wie sie von verständigen und redlichen Vertragspartnern unter Abwägung der Interessen der regelmäßig beteiligten Verkehrskreise verstanden werden, wobei die Verständnismöglichkeiten des durchschnittlichen Vertragspartners zugrunde zu legen sind. Zweifel bei der Auslegung gehen nach § 305c Abs. 2 BGB[763] zu Lasten des Verwenders.[764] Außer Betracht bleiben dabei nur solche Verständnismöglichkeiten, die zwar theoretisch denkbar, praktisch aber fern liegend und nicht ernstlich in Betracht zu ziehen sind.[765] Die Auslegung der Schiedsvereinbarung ergab hier, dass die Beklagte nicht in die Schiedsabrede zwischen dem Kläger und einem Dritten einbezogen war, da sie insbesondere nicht zu den Organen der Klägerin gehörte.[766] **687**

Die Schiedsvereinbarung muss entweder in einem von den Parteien unterzeichneten Dokument oder in zwischen ihnen gewechselten Schreiben, Fernkopien, Telegrammen oder anderen Formen der Nachrichtenübermittlung, die einen Nachweis der Vereinbarung sicherstellen, enthalten sein. Diese **Form** gilt auch dann als erfüllt, wenn die Schiedsvereinbarung in einem von der einen Partei der anderen Partei oder von einem Dritten beiden Parteien übermittelten Dokument enthalten ist und der Inhalt des Dokuments im Falle eines nicht rechtzeitig erfolgten Widerspruchs nach der Verkehrssitte als Vertragsinhalt angesehen wird. Nimmt ein den zuvor genannten Formerfordernissen entsprechender Vertrag auf ein Dokument Bezug, das eine Schiedsklausel enthält, so begründet dies eine Schiedsvereinbarung, wenn die Bezugnahme dergestalt ist, dass sie diese Klausel zu einem Bestandteil des Vertrages macht. Der **Mangel der** **688**

---

[760] Vgl. § 1062 Abs. 1 ZPO; vgl. auch OLG Köln 1.10.2011 – 19 SchH 7/11, SchiedsVZ 2012, 222.
[761] Vgl. § 1029 Abs. 2 ZPO.
[762] Vgl. BGH 8.2.2011 – XI ZR 168/08, WM 2011, 650, MDR 2011, 717.
[763] Früher § 5 AGBG.
[764] Vgl. BGH 8.2.2011 – XI ZR 168/08, WM 2011, 650, MDR 2011, 717.
[765] Vgl. BGH 8.2.2011 – XI ZR 168/08, WM 2011, 650, MDR 2011, 717; BGH 30.10.2002 – IV ZR 60/01, BGHZ 152, 262.
[766] BGH 8.2.2011 – XI ZR 168/08, WM 2011, 650, MDR 2011, 717.

Form wird durch die Einlassung auf die schiedsgerichtliche Verhandlung zur Hauptsache geheilt.[767]

689   Notwendiger **Inhalt** einer wirksamen Schiedsvereinbarung ist die eindeutige Benennung des zuständigen Schiedsgerichts.[768] Die diesbezügliche Vereinbarung der Parteien ist jedoch wie jedes Rechtsgeschäft der Auslegung fähig (§§ 133, 157 BGB).[769]

e) Schiedsfähigkeit

690   **Jeder vermögensrechtliche Anspruch** kann nach § 1030 ZPO Gegenstand einer Schiedsvereinbarung sein. Eine Schiedsvereinbarung über nichtvermögensrechtliche Ansprüche hat insoweit rechtliche Wirkung, als die Parteien berechtigt sind, über den Gegenstand des Streites einen Vergleich zu schließen. Eine Schiedsvereinbarung über Rechtsstreitigkeiten, die den Bestand eines **Mietverhältnisses** über Wohnraum im Inland betreffen, ist unwirksam. Dies gilt nicht, soweit es sich um Wohnraum der in § 549 Abs. 2 Nr. 1 bis 3 des Bürgerlichen Gesetzbuchs bestimmten Art handelt.

f) Besonderheiten bei Beteiligung von Verbrauchern

691   Schiedsvereinbarungen, an denen ein **Verbraucher** beteiligt ist, müssen in einer von den Parteien eigenhändig unterzeichneten Urkunde enthalten sein. Diese schriftliche Form kann durch die elektronische Form nach § 126a des Bürgerlichen Gesetzbuchs ersetzt werden. Andere Vereinbarungen als solche, die sich auf das schiedsrichterliche Verfahren beziehen, darf die Urkunde oder das elektronische Dokument nicht enthalten; dies gilt nicht bei notarieller Beurkundung. Der Mangel der Form wird auch hier durch die Einlassung auf die schiedsgerichtliche Verhandlung zur Hauptsache geheilt.[770]

g) Befugnis des Schiedsgerichts zur Entscheidung über die eigene Zuständigkeit

692   Das Schiedsgericht entscheidet über die eigene **Zuständigkeit** und im Zusammenhang hiermit über das Bestehen oder die Gültigkeit der Schiedsvereinbarung. Die Entscheidung, ob eine beabsichtigte Schiedsklage zulässig ist, obliegt ausschließlich dem Schiedsgericht.[771]

693   Die **Rüge der Unzuständigkeit** des Schiedsgerichts ist spätestens mit der Klagebeantwortung vorzubringen. Hält das Schiedsgericht sich für zuständig, so entscheidet es über eine Rüge in der Regel durch Zwischenentscheid. In diesem Fall kann jede Partei innerhalb eines Monats nach schriftlicher Mitteilung des Entscheids eine gerichtliche Entscheidung beantragen.[772] Während ein solcher Antrag anhängig ist, kann das Schiedsgericht das schiedsrichterliche Verfahren fortsetzen und einen Schiedsspruch erlassen.[773]

---

[767]   Vgl. § 1031 Abs. 1 bis 4 und 6 ZPO.
[768]   OLG Karlsruhe 4.4.2007 – 1 U 232/06, OLGR Karlsruhe 2007, 990; OLG München 7.1.2009 – 34 SchH 014/08, OLGR München 2009, 221.
[769]   OLG München 7.1.2009 – 34 SchH 014/08, OLGR München 2009, 221.
[770]   Vgl. § 1031 Abs. 5 und 6 ZPO.
[771]   OLG Köln 1.10.2011 – 19 SchH 7/11, SchiedsVZ 2012, 222; vgl. auch BGH 14.1.2016 - I ZB 50/15, juris.
[772]   Das Oberlandesgericht, das in der Schiedsvereinbarung bezeichnet ist oder, wenn eine solche Bezeichnung fehlt, in dessen Bezirk der Ort des schiedsrichterlichen Verfahrens liegt, ist diesbezüglich zuständig, vgl. § 1062 Abs. 1 ZPO.
[773]   Vgl. § 1040 ZPO.

h) Einrede des Schiedsvertrages/Verlust des Rügerechts

Ist einer Bestimmung, von der die Parteien abweichen können, oder einem verein- 694
barten Erfordernis des schiedsrichterlichen Verfahrens nicht entsprochen worden, so
kann eine Partei, die den Mangel nicht unverzüglich oder innerhalb einer dafür vorgesehenen Frist rügt, diesen nach § 1027 ZPO später nicht mehr geltend machen. Dies
gilt nicht, wenn der Partei der Mangel nicht bekannt war.

Die **Einrede des Schiedsvertrages** ist nach dem BGH an keine Form gebunden. Es 695
genügt, dass die Partei seinen Willen hinreichend zum Ausdruck bringt, dass die Sachentscheidung nicht von dem angerufenen staatlichen Gericht, sondern von einem
Schiedsgericht getroffen werden soll. Erforderlich ist aber, dass die Partei bei der Erhebung der Schiedseinrede die Schiedsvereinbarung, auf die sie die Einrede stützen will,
konkret bezeichnet.[774]

Das LG Dortmund hatte in einem Verfahren über den etwaigen **Verlust des Rüge-** 696
rechts zu der Wirksamkeit bzw. Unwirksamkeit einer Schiedsgerichtsvereinbarung
zwischen den Parteien zu entscheiden und stellte hierbei fest, dass die Beklagten ihre
diesbezügliche Einrede nach § 1032 Abs. 1 ZPO nicht rechtzeitig vor Beginn der
mündlichen Verhandlung erhoben haben und dass § 1032 Abs. 1 ZPO (Abweisung der
Klage als unzulässig) nach 1025 Abs. 2 ZPO unabhängig davon gilt, ob der Ort des
Schiedsverfahrens im Ausland liegt und welchem Recht die Schiedsvereinbarung unterfällt, was in diesem Fall die Abweisung der Klage nach sich zog.[775]

i) Schiedsvereinbarung und Klage vor Gericht sowie einstweilige gerichtliche Maßnahmen

Wird vor einem Gericht Klage in einer Angelegenheit erhoben, die Gegenstand einer 697
Schiedsvereinbarung ist, so hat das Gericht die Klage als unzulässig abzuweisen, sofern
der Beklagte dies vor Beginn der mündlichen Verhandlung zur Hauptsache rügt, es sei
denn, das Gericht stellt fest, dass die Schiedsvereinbarung nichtig, unwirksam oder un-
durchführbar ist. Bei Gericht kann bis zur Bildung des Schiedsgerichts **Antrag auf**
Feststellung der Zulässigkeit oder Unzulässigkeit eines schiedsrichterlichen Verfahrens gestellt werden.[776] Prüfungsgegenstand eines Antrags nach § 1032 Abs. 2 ZPO ist
demnach allein, ob eine wirksame Schiedsvereinbarung besteht, diese durchführbar ist
und der Gegenstand des Schiedsverfahrens dieser Schiedsvereinbarung unterfällt.[777]

Ist ein **gerichtliches Verfahren anhängig**, kann ein schiedsrichterliches Verfahren 698
im Übrigen gleichwohl eingeleitet oder fortgesetzt werden und ein Schiedsspruch ergehen.[778]

Eine Schiedsvereinbarung schließt nicht aus, dass ein Gericht vor oder nach Beginn 699
des schiedsrichterlichen Verfahrens auf Antrag einer Partei eine vorläufige oder si-

---

[774] Vgl. BGH 8.2.2011 – XI ZR 168/08, WM 2011, 650, MDR 2011, 717.

[775] Vgl. LG Dortmund 14.5.2014 – 8 O 46/13, Juris JURE140017038, vgl. auch BGH 8.2.2011
– XI ZR 168/08, WM 2011, 650, MDR 2011, 717.

[776] Das Oberlandesgericht, das in der Schiedsvereinbarung bezeichnet ist oder, wenn eine solche Bezeichnung fehlt, in dessen Bezirk der Ort des schiedsrichterlichen Verfahrens liegt, ist
diesbezüglich zuständig, vgl. § 1062 Abs. 1 ZPO, vgl. dazu etwa OLG Köln 1.10.2011 – 19 SchH
7/11, SchiedsVZ 2012, 222.

[777] OLG Köln 1.10.2011 – 19 SchH 7/11, SchiedsVZ 2012, 222; OLG München 7.1.2009 – 34
SchH 014/08, OLGR München 2009, 221.

[778] Vgl. § 1032 ZPO.

chernde Maßnahme in Bezug auf den Streitgegenstand des schiedsrichterlichen Verfahrens anordnet.[779]

j) Maßnahmen des einstweiligen Rechtsschutzes/Sicherheit/Schadensersatz

700   Haben die Parteien nichts anderes vereinbart, so kann das Schiedsgericht auf Antrag einer Partei **vorläufige oder sichernde Maßnahmen** anordnen, die es in Bezug auf den Streitgegenstand für erforderlich hält. Das Schiedsgericht kann von jeder Partei im Zusammenhang mit einer solchen Maßnahme angemessene **Sicherheit** verlangen. Das Gericht kann auf Antrag einer Partei die Vollziehung einer solchen Maßnahme zulassen, sofern nicht schon eine entsprechende Maßnahme des einstweiligen Rechtsschutzes bei einem Gericht beantragt worden ist. Es kann die Anordnung abweichend fassen, wenn dies zur Vollziehung der Maßnahme notwendig ist. Auf Antrag kann das Gericht diesen Beschluss des Schiedsgerichts aufheben oder ändern.[780] Erweist sich die Anordnung einer solchen Maßnahme als von Anfang an ungerechtfertigt, so ist die Partei, welche ihre Vollziehung erwirkt hat, verpflichtet, dem Gegner den **Schaden** zu ersetzen, der ihm aus der Vollziehung der Maßnahme oder dadurch entsteht, dass er Sicherheit leistet, um die Vollziehung abzuwenden. Der Anspruch kann im anhängigen schiedsrichterlichen Verfahren geltend gemacht werden.[781]

k) Zusammensetzung des Schiedsgerichts und Bestellung der Schiedsrichter

701   Die Parteien können die Anzahl der Schiedsrichter vereinbaren. Fehlt eine solche Vereinbarung, so ist die Zahl der Schiedsrichter drei. Gibt die Schiedsvereinbarung einer Partei bei der Zusammensetzung des Schiedsgerichts ein Übergewicht, das die andere Partei benachteiligt, so kann diese Partei bei Gericht beantragen, den oder die Schiedsrichter abweichend von der erfolgten Ernennung oder der vereinbarten Ernennungsregelung zu bestellen.[782]

702   Die Parteien können das Verfahren zur **Bestellung des Schiedsrichters** oder der Schiedsrichter vereinbaren. Sofern die Parteien nichts anderes vereinbart haben, ist eine Partei an die durch sie erfolgte Bestellung eines Schiedsrichters gebunden, sobald die andere Partei die Mitteilung über die Bestellung empfangen hat. Fehlt eine Vereinbarung der Parteien über die Bestellung der Schiedsrichter, wird ein Einzelschiedsrichter, wenn die Parteien sich über seine Bestellung nicht einigen können, auf Antrag einer Partei durch das Gericht bestellt. In schiedsrichterlichen Verfahren mit drei Schiedsrichtern bestellt jede Partei einen Schiedsrichter; diese beiden Schiedsrichter bestellen den dritten Schiedsrichter, der als Vorsitzender des Schiedsgerichts tätig wird.[783] Die **Ablehnung eines Schiedsrichters** ist, wenn Zweifel an dessen Unparteilichkeit oder Unabhängigkeit bestehen, nach den §§ 1036 und 1037 ZPO ebenfalls möglich.

---

[779] Vgl. § 1033 ZPO.
[780] Das Oberlandesgericht, das in der Schiedsvereinbarung bezeichnet ist oder, wenn eine solche Bezeichnung fehlt, in dessen Bezirk der Ort des schiedsrichterlichen Verfahrens liegt, ist diesbezüglich zuständig, vgl. § 1062 Abs. 1 ZPO.
[781] Vgl. § 1041 ZPO.
[782] Vgl. § 1034 ZPO; vgl. zur Frist des § 1034 Abs. 2 Satz 2 ZPO auch OLG Frankfurt 11.7.2013 – 26 SchH 8/12, SchiedsVZ 2013, 294.
[783] Vgl. § 1035 ZPO.

Sofern eine der Parteien keinen Einfluss auf die Besetzung einer Einrichtung hat 703
(etwa bei Sportgerichten[784]), so können diese Einrichtungen nicht als Schiedsgerichte
im Sinne der Zivilprozessordnung qualifiziert werden.[785]

l) Verfahrensregeln/Klage und Klagebeantwortung/Mündliche Verhandlung

Die Parteien sind gleich zu behandeln. Jeder Partei ist **rechtliches Gehör** zu gewäh- 704
ren. Rechtsanwälte dürfen als Bevollmächtigte nicht ausgeschlossen werden.[786]

Innerhalb der von den Parteien vereinbarten oder vom Schiedsgericht bestimmten 705
Frist hat der Kläger seinen Anspruch und die Tatsachen, auf die sich dieser Anspruch
stützt, **darzulegen** und der Beklagte hierzu Stellung zu nehmen. Die Parteien können
dabei alle ihnen erheblich erscheinenden Dokumente vorlegen oder andere **Beweismittel** bezeichnen, derer sie sich bedienen wollen. Haben die Parteien nichts anderes vereinbart, so kann jede Partei im Laufe des schiedsrichterlichen Verfahrens ihre Klage
oder ihre Angriffs- und Verteidigungsmittel ändern oder ergänzen, es sei denn, das
Schiedsgericht lässt dies wegen **Verspätung**, die nicht genügend entschuldigt wird,
nicht zu. Dies gilt für die **Widerklage** entsprechend.[787] Versäumt es der Kläger, seine
Klage fristgemäß einzureichen, so beendet das Schiedsgericht das Verfahren gemäß
§ 1048 Abs. 1 ZPO. Falls daher der Kläger **verfahrensfremde Ziele** verfolgen sollte,
wird dem Gericht die Möglichkeiten an die Hand gegeben, einer solchen Verfahrens-
sabotage mit der Säumnisvorschriften des § 1048 ZPO zu begegnen.[788] Versäumt es der
Beklagte dagegen, die Klage zu beantworten, so setzt das Schiedsgericht das Verfahren
fort, ohne die Säumnis als solche als Zugeständnis der Behauptungen des Klägers zu
behandeln.[789]

Auch eine **mündliche Verhandlung** kann, muss aber nicht angesetzt werden: Das 706
Schiedsgericht kann auch im schriftlichen Verfahren entscheiden.[790] Eine Gehörsver-
letzung kommt insoweit nicht in Betracht.[791]

m) Vom Schiedsgericht bestellter Sachverständiger

Haben die Parteien nichts anderes vereinbart, so kann das Schiedsgericht einen 707
Sachverständigen oder mehrere **Sachverständige zur Erstattung eines Gutachtens**
über bestimmte vom Schiedsgericht festzulegende Fragen bestellen. Es kann ferner
eine Partei auffordern, dem Sachverständigen jede sachdienliche Auskunft zu erteilen
oder alle für das Verfahren erheblichen Dokumente oder Sachen zur Besichtigung vorzulegen oder zugänglich zu machen.[792]

---

[784] Vgl. OLG Karlsruhe 8.11.2012 – 9 U 97/12, SpuRt 2013, 31.
[785] Vgl. BGH 28.11.1994 – II ZR 11/94, BGHZ 128, 93, NJW 1995, 583; OLG Karlsruhe
8.11.2012 – 9 U 97/12, SpuRt 2013, 31.
[786] Vgl. § 1042 ZPO.
[787] Vgl. § 1046 ZPO; siehe zur Aussetzung des Verfahrens vor staatlichem Gericht im Falle einer Aufrechnung mit einer Gegenforderung, OLG Celle 2.3.2016 – 13 U 140/15, juris, und OLG
Zweibrücken 2.8.2013 – 2 U 6/13, juris.
[788] OLG München 29.2.2012 – 34 SchH 6/11, SchiedsVZ 2012, 96.
[789] Vgl. § 1048 Abs. 2 ZPO.
[790] Vgl. § 1047 ZPO.
[791] OLG Frankfurt 31.7.2013 – 26 SchH 4/13, Juris JURE140003467.
[792] Vgl. § 1049 ZPO.

n) Anwendbares Recht/Entscheidung nach Billigkeit/Handelsbräuche

708   Das Schiedsgericht hat die Streitigkeit in Übereinstimmung mit den **Rechtsvorschriften** zu entscheiden, die von den Parteien als anwendbar bezeichnet worden sind.

709   Das Schiedsgericht hat nur dann nach **Billigkeit**[793] zu entscheiden, wenn die Parteien es ausdrücklich dazu ermächtigt haben. Die Ermächtigung kann bis zur Entscheidung des Schiedsgerichts erteilt werden. In allen Fällen hat das Schiedsgericht in Übereinstimmung mit den Bestimmungen des **Vertrages** zu entscheiden und dabei bestehende **Handelsbräuche** zu berücksichtigen.[794]

o) Vergleich/Schiedsspruch/Wirkung

710   Vergleichen sich die Parteien während des schiedsrichterlichen Verfahrens über die Streitigkeit, so beendet das Schiedsgericht das Verfahren. Auf Antrag der Parteien hält es den **Vergleich** in der Form eines Schiedsspruchs mit vereinbartem Wortlaut fest, sofern der Inhalt des Vergleichs[795] nicht gegen die öffentliche Ordnung (ordre public) verstößt.[796]

711   Der **Schiedsspruch** ist schriftlich zu erlassen und durch den Schiedsrichter oder die Schiedsrichter zu unterschreiben. Der Schiedsspruch ist zu begründen, es sei denn, die Parteien haben vereinbart, dass keine Begründung gegeben werden muss, oder es handelt sich um einen Schiedsspruch mit vereinbartem Wortlaut.[797]

712   Der Schiedsspruch hat unter den Parteien die **Wirkungen** eines rechtskräftigen gerichtlichen Urteils.[798] Eine bloße sachliche Unrichtigkeit einer schiedsrichterlichen Entscheidung stellt folglich keinen Aufhebungsgrund dar.[799] Vielmehr gilt das Verbot der sog. revision au fond.[800]

p) Beendigung des schiedsrichterlichen Verfahrens/Kosten

713   Das schiedsrichterliche Verfahren wird mit dem endgültigen **Schiedsspruch** oder mit einem **Beschluss** des Schiedsgerichts beendet.[801]

714   Sofern die Parteien nichts anderes vereinbart haben, hat das Schiedsgericht in einem Schiedsspruch darüber zu entscheiden, zu welchem Anteil die Parteien die **Kosten** des schiedsrichterlichen Verfahrens einschließlich der den Parteien erwachsenen und zur zweckentsprechenden Rechtsverfolgung notwendigen Kosten zu tragen haben. Hierbei entscheidet das Schiedsgericht nach pflichtgemäßem Ermessen unter Berücksichtigung der Umstände des Einzelfalles, insbesondere des Ausgangs des Verfahrens.[802]

715   Die Grundsätze zur Entscheidungsbefugnis des Schiedsgerichts über die Kostenerstattung gelten entsprechend in internationalen Schiedsverfahren. Unerheblich ist hier

---

[793] Vgl. OLG Frankfurt 20.12.2004 – 23 SchH 1/04, OLGR Frankfurt 2005, 548.
[794] Vgl. § 1051 ZPO.
[795] Vgl. OLG Rostock 2.4.2014 – 1 Sch 1/14, BauR 2014, 1361: Vergleich nach § 1053 ZPO verneint.
[796] Vgl. § 1053 ZPO.
[797] Vgl. § 1054 ZPO.
[798] Vgl. § 1055 ZPO.
[799] OLG Frankfurt 11.4.2014 – 26 Sch 13/13, SchiedsVZ 2014, 154.
[800] Vgl. dazu BGH 6.6.2002 – III ZB 44/01, BGHZ 151, 79, NJW 2002, 3031; OLG Frankfurt 11.4.2014 – 26 Sch 13/13, SchiedsVZ 2014, 154.
[801] Vgl. § 1056 ZPO.
[802] Vgl. § 1057 Abs. 1 ZPO.

bei nach dem OLG München, wenn nach der maßgeblichen Schiedsordnung[803] dem Schiedsrichter über die Streitwertbestimmung hinaus für das konkrete Honorar ein Bemessungsspielraum zukommt.[804]

Setzt das Schiedsgericht im Rahmen der nach § 1057 ZPO zu treffenden Kostenent- **716** scheidung den **Streitwert** des schiedsgerichtlichen Verfahrens fest, so stellt dies nach dem BGH kein unzulässiges Richten in eigener Sache dar, auch wenn die Vergütung der Schiedsrichter vereinbarungsgemäß streitwertabhängig ist. Die Festsetzung des Streitwerts ist allerdings nur im Verhältnis der Schiedsparteien zueinander verbindlich und kann insoweit Grundlage einer vom Schiedsgericht angeordneten Kostenerstattung sein. Den Parteien bleibt es jedoch unbenommen, sich in einer vor den ordentlichen Gerichten anhängig zu machenden **Vergütungsstreitigkeit gegenüber** den **Schiedsrichtern** darauf zu berufen, dass der Streitwert zu hoch festgesetzt worden sei.[805]

q) Aufhebungsantrag und Aufhebung durch das Gericht

Gegen einen Schiedsspruch kann nur der **Antrag auf gerichtliche Aufhebung** ge- **717** stellt werden. Ein Schiedsspruch kann nur aufgehoben werden, wenn der Antragsteller begründet geltend macht, dass

- eine der Parteien, die eine Schiedsvereinbarung geschlossen haben, nach dem Recht, das für sie persönlich maßgebend ist, hierzu **nicht fähig** war, oder dass die Schiedsvereinbarung nach dem Recht, dem die Parteien sie unterstellt haben oder, falls die Parteien hierüber nichts bestimmt haben, nach deutschem Recht **ungültig** ist oder
- er von der Bestellung eines Schiedsrichters oder von dem schiedsrichterlichen Verfahren nicht gehörig in Kenntnis gesetzt worden ist oder dass er aus einem anderen Grund seine **Angriffs- oder Verteidigungsmittel** nicht hat geltend machen können oder
- der Schiedsspruch eine Streitigkeit betrifft, die in der Schiedsabrede **nicht erwähnt** ist oder nicht unter die Bestimmungen der Schiedsklausel fällt, oder dass er Entscheidungen enthält, welche die Grenzen der Schiedsvereinbarung **überschreiten**; kann jedoch der Teil des Schiedsspruchs, der sich auf Streitpunkte bezieht, die dem schiedsrichterlichen Verfahren unterworfen waren, von dem Teil, der Streitpunkte betrifft, die ihm nicht unterworfen waren, getrennt werden, so kann nur der letztgenannte Teil des Schiedsspruchs aufgehoben werden; oder
- die **Bildung des Schiedsgerichts** oder das **schiedsrichterliche Verfahren** einer Bestimmung dieses Buches oder einer zulässigen Vereinbarung der Parteien nicht entsprochen hat und anzunehmen ist, dass sich dies auf den Schiedsspruch ausgewirkt hat.[806]

Ein Schiedsspruch kann auch dann aufgehoben werden, wenn das Gericht feststellt, **718** dass

- der Gegenstand des Streites nach deutschem Recht **nicht schiedsfähig** ist oder
- die Anerkennung oder Vollstreckung des Schiedsspruchs zu einem Ergebnis führt, das der **öffentlichen Ordnung (ordre public) widerspricht**.[807]

---

[803] Hier: Art. 39 Internationale Schiedsordnung der Schweizerischen Handelskammern mit Appendix B.

[804] Vgl. OLG München 21.6.2012 – 34 Sch 4/12, SchiedsVZ 2012, 287, IPRspr 2012, Nr 293, 685.

[805] BGH 28.3.2012 – III ZB 63/10, BGHZ 193, 38, MDR 2012, 739 – Streitwertabhängige Schiedsrichtervergütung.

[806] Vgl. § 1059 Abs. 2 ZPO.

[807] Vgl. § 1059 Abs. 2 ZPO.

719   Sofern die Parteien nichts anderes vereinbaren, muss der Aufhebungsantrag nach § 1059 Abs. 3 ZPO innerhalb einer **Frist** von drei Monaten bei Gericht eingereicht werden.

720   Ist die Aufhebung beantragt worden, so kann das Gericht in geeigneten Fällen auf Antrag einer Partei unter Aufhebung des Schiedsspruchs die Sache **an das Schiedsgericht zurückverweisen**. Die Aufhebung des Schiedsspruchs hat im Zweifel zur Folge, dass wegen des Streitgegenstandes die Schiedsvereinbarung wiederauflebt.[808] Das Oberlandesgericht, das in der Schiedsvereinbarung bezeichnet ist oder, wenn eine solche Bezeichnung fehlt, in dessen Bezirk der Ort des schiedsrichterlichen Verfahrens liegt[809], ist auch hier zuständig.[810]

721   Das Oberlandesgericht entscheidet durch Beschluss. Vor der Entscheidung ist der Gegner zu hören. Das Gericht hat die mündliche Verhandlung anzuordnen, wenn die Aufhebung des Schiedsspruchs beantragt wird oder wenn bei einem Antrag auf Anerkennung oder Vollstreckbarerklärung des Schiedsspruchs Aufhebungsgründe nach § 1059 Abs. 2 ZPO in Betracht kommen. Der Vorsitzende des Zivilsenats kann ohne vorherige Anhörung des Gegners anordnen, dass der Antragsteller bis zur Entscheidung über den Antrag die **Zwangsvollstreckung aus dem Schiedsspruch betreiben** oder die vorläufige oder sichernde Maßnahme des Schiedsgerichts nach § 1041 ZPO vollziehen darf. Die Zwangsvollstreckung aus dem Schiedsspruch darf nicht über Maßnahmen zur Sicherung hinausgehen. Der Antragsgegner ist befugt, die Zwangsvollstreckung durch Leistung einer **Sicherheit** in Höhe des Betrages, wegen dessen der Antragsteller vollstrecken kann, abzuwenden. Solange eine mündliche Verhandlung nicht angeordnet ist, können zu Protokoll der Geschäftsstelle Anträge gestellt und Erklärungen abgegeben werden.[811]

722   Gegen die Entscheidungen des Oberlandesgerichtes findet die **Rechtsbeschwerde** statt. Im Übrigen sind die Entscheidungen in den in § 1062 Abs. 1 ZPO bezeichneten Verfahren unanfechtbar. Die Rechtsbeschwerde kann auch darauf gestützt werden, dass die Entscheidung auf einer Verletzung eines Staatsvertrages beruht. Die §§ 707, 717 ZPO sind entsprechend anzuwenden.

r) Zwangsvollstreckung

723   Die **Zwangsvollstreckung inländischer Schiedssprüche**[812] findet statt, wenn der Schiedsspruch für vollstreckbar erklärt ist.[813]

724   Die Anerkennung und Vollstreckung ausländischer Schiedssprüche richtet sich nach dem Übereinkommen vom 10. Juni 1958 über die Anerkennung und Vollstreckung ausländischer Schiedssprüche.[814]

725   Die Vollstreckbarerklärung des inländischer Schiedsspruchs wird durch das Oberlandesgericht, das in der Schiedsvereinbarung bezeichnet ist oder, wenn eine solche Be-

---

[808] Vgl. § 1059 Abs. 4 und 5 ZPO.

[809] Vgl. dazu etwa OLG Köln 1.10.2011 – 19 SchH 7/11, SchiedsVZ 2012, 222.

[810] Vgl. § 1062 Abs. 1 ZPO.

[811] Vgl. § 1063 ZPO.

[812] Vgl. EuGH 6.10.2009 – C-40/08, SchiedsVZ 2010, 110 zur Prüfungspflicht des nationalen Vollstreckungsgerichts hinsichtlich der Missbräuchlichkeit einer Schiedsklausel.

[813] Vgl. § 1060 Abs. 1 ZPO.

[814] Vgl. § 1061 ZPO und Übereinkommen vom 10. Juni 1958 über die Anerkennung und Vollstreckung ausländischer Schiedssprüche, BGBl. 1961 II S. 121. Vgl. auch LG Essen 24.3.2015 – 12 O 37/12, Juris.

zeichnung fehlt, in dessen Bezirk der Ort des schiedsrichterlichen Verfahrens liegt, vorgenommen.[815]

Für die Vollstreckbarerklärung eines **ausländisches Schiedsspruchs** sind gem. **726** § 1062 Abs. 1 Nr. 4 ZPO in Verbindung mit § 1061 ZPO die Oberlandesgerichte in erster Instanz zuständig.[816]

Die Vollstreckbarerklärung eines ausländischen Schiedsspruchs ist nach dem OLG **727** Hamburg[817] jedoch nicht möglich, wenn das ausländische Gericht seine Zuständigkeit nicht aus der Vereinbarung der Parteien ableitet, sondern unmittelbar aus einem ausländischen Schiedsverfahrensgesetz.[818]

5. Die Entscheidung zwischen Verfügungsverfahren oder Hauptsacheklage

Der Gläubiger hat die Wahl zwischen der Erhebung der Hauptsacheklage und der **728** Einleitung eines Verfügungsverfahrens. Der Vorteil des ordentlichen Erkenntnisverfahrens nach der ZPO (Hauptsacheklage) besteht darin, dass dieses alle Verfahrensgarantien für ein materiell richtiges Urteil bietet.[819] Im Vergleich zum Verfügungsverfahren kann es im Rahmen des ordentlichen Erkenntnisverfahrens allerdings mitunter Jahre dauern, bis ein Urteil erstritten wird. Zum Teil liegt dies auch daran, dass bereits die (erste) Terminierung bei manchen Landgerichten über 12 Monate dauert.

Um den Anspuch zwar einstweilig, aber zunächst zügig durchsetzen zu können, **729** wird dem Gläubiger nach der ZPO daher die Möglichkeit eröffnet, seine Forderung im Rahmen des vorläufigen Rechtsschutzes geltend zu machen. Im summarischen Erkenntnisverfahren können binnen kurzer Zeit vollstreckbare Beschlüsse erwirkt werden. Dies liegt insbesondere daran, dass der Vorsitzende der Kammer alleine und zudem ohne mündliche Verhandlung entscheiden kann.

Für die Erhebung einer **Hauptsacheklage** sprechen folgende Punkte bzw. sollten **730** zuvor folgende Aspekte bedacht werden:

- **Materiell richtige Entscheidung**: Das Hauptsacheverfahren bietet erheblich eher die Gewähr einer materiell richtigen Entscheidung.
- **Zeugen**: Anders als im Verfügungsverfahren können im Klageverfahren Zeugen geladen und verpflichtet werden, zur Sache auszusagen. Es ist daher wichtig, im Vorfeld zu klären, ob ein Zeuge, wenn es auf diesen ankommt, bereit ist, sich im Verfügungsverfahren zu beteidigen, d.h. mit einer Zeugenaussage oder einer eidesstattlichen Versicherung. Falls der Zeuge nicht dazu bereit, aber für die Durchsetzung des Anspruches von hoher Bedeutung ist, sollte das Klageverfahren dem Verfügungsverfahren vorgezogen und der Zeuge als Beweismittel benannt werden.
- **Fragliche Dringlichkeit**: Falls bereits über ein Monat verstrichen ist, muss insbesondere geprüft werden, ob eine Hauptsacheklage dem Verfügungsverfahren vorgezogen werden sollte, um nicht Gefahr zu laufen, dass der Antrag auf Erlass einer

---

[815] Vgl. § 1062 Abs. 1 ZPO.
[816] OLG Hamburg 4.11.2008 – 6 Sch 7/08, IPRspr 2008, Nr 205, 653.
[817] OLG Hamburg 4.11.2008 – 6 Sch 7/08, IPRspr 2008, Nr 205, 653.
[818] Hier aus dem Schiedsverfahrensgesetz in der Fassung des Gesetzes Nr. 521/2005 der slowakischen Gesetzessammlung.
[819] Berneke/Schüttpelz, Die einstweilige Verfügung in Wettbewerbssachen, 3. Auflage 2015, Rn. 25.

einstweiligen Verfügung wegen mangelnder Dringlichkeit abgelehnt wird. Wichtig ist hier, die unterschiedliche oberlandesgerichtliche Rechtsprechung eingehend zu prüfen.[820]

- **Prozesskostensicherheit:** Bei einem Klageverfahren kann der Beklagte eine Prozesskostensicherheit für den Fall beantragen, dass der Kläger seinen gewöhnlichen Aufenthalt nicht in einem Mitgliedsstaat der EU oder einem Vertragsstaat des Abkommens über den Europäischen Wirtschaftsraums hat, vgl. § 110 ZPO.

731   Bei der Einleitung eines **Verfügungsverfahrens** sind folgende Aspekte zu bedenken:

- **Eilbedürftigkeit:** Das Verfügungsverfahren bietet Gewähr für eine schnelle Entscheidung. Zum Teil kann binnen weniger Stunden, in der Regel binnen 2 oder 3 Tagen eine Entscheidung beantragt und erlassen werden. Die bereits oben angesprochene Dringlichkeit ist hierbei insbesondere zu prüfen.[821]
- **Summarische Prüfung/Glaubhaftmachung:** Im Rahmen des Verfügungsverfahrens wird lediglich eine summarische Prüfung vorgenommen. Zur Tatsachenfeststellung im Verfügungsverfahren reicht die Glaubhaftmachung aus. Hier muss kein Vollbeweis durch Urkunden, Zeugen oder Sachverständige geführt werden. Die Glaubhaftmachung ist eine erleichterte Art der Beweisführung. Für den Tatsachenvortrag reicht es hier bereits aus, wenn für ihn eine überwiegende Wahrscheinlichkeit spricht. Das Gericht muss daher nicht wie im Klageverfahren von der Wahrheit des Tatsachenvortrags überzeugt sein.
- **Keine Schriftsatzfrist:** Im Verfügungsverfahren gibt es keine Schriftsatzfristen. Jede Partei kann daher, ohne eine Präklusion befürchten zu müssen, noch in der mündlichen Verhandlung neu vortragen. Dies birgt aber auch die Möglichkeit, in der mündlichen Verhandlung mit neuem Sachvortrag überrascht zu werden: Da das Gericht auf der Grundlage des Sachvortrags der mündlichen Verhandlung entscheidet, kann ein Antrag auf Schriftsatzfrist das Verfügungsverfahren nicht retten.[822]
- **Keine Vertagung:** Auch eine Vertagung ist grundsätzlich nicht möglich, da sie dem Charakter des Verfügungsverfahrens widerspricht.
- **Schadensersatzpflicht:** Vor der Stellung eines Antrages auf Erlass einer einstweiligen Verfügung sollte eine mögliche Schadensersatzpflicht nach der ZPO bedacht werden: Der Antragsteller kann sich aufgrund einer ungerechtfertigten Anordnung eines Arrestes oder eines ungerechtfertigten Erlasses einer einstweiligen Verfügung gemäß § 945 ZPO schadensersatzpflichtig machen, dies zudem verschuldensunabhängig[823]. Der Gläubiger geht zumindest mit einer Vollziehung einer einstweiligen Verfügung das Risiko einer verschuldensunabhängigen Haftung nach § 945 ZPO ein.
- **Verfahrenskosten:** Das Verfügungsverfahren ist regelmäßig kostengünstiger, da die Gerichtskosten zum Teil geringer ausfallen als im Hauptsacheverfahren: Die Streit-

---

[820] Siehe zu den Regel- bzw. starren Fristen: Köhler/Bornkamm, UWG, 32. Auflage 2014, § 12, Rn. 3.15b mit weiteren Nachweisen. Viele Gerichte wenden eine Frist von einem Monat an, manche von 6 Wochen, andere von 2 oder 3 Monaten, in Ausnahmefällen bis zu 6 Monaten.

[821] Vgl. auch Köhler/Bornkamm, UWG, 32. Auflage 2014, § 12, Rn. 3.15b mit weiteren Nachweisen.

[822] Vgl. Himmelsbach, Wettbewerbsrecht, 4. Auflage von 2014, § 14, Rn. 747.

[823] Vgl. BGH 20.7.2006 – IX ZR 94/03, BGHZ 168, 352 – Schadensersatzanspruch aus Vollziehung; OLG Köln 30.10.2002 – 6 U 55/02, OLGR Köln 2003, 194, Magazindienst 2003, 493.

Papenhausen

werte werden von einem Teil der Rechtsprechung nach festen Bruchteilen angesetzt, etwa hälfig oder zu zwei Dritteln des Streitwertes der Hauptsacheklage[824]. Zudem entfallen ggf. die anwaltlichen Terminsgebühren nach RVG, da es oftmals zu keiner mündlichen Verhandlung und auch zu keiner zur Abwendung des Rechtsstreits angesetzten Besprechung kommt, durch die nach dem anwaltlichen Vergütungsverzeichnis[825] ebenfalls eine Terminsgebühr ausgelöst werden kann[826].

• **Prozesskostensicherheit**: Anders als bei einem Klageverfahren ist es im Rahmen des Verfügungsverfahrens in der Rechtsprechung umstritten, ob das Gericht (auf Antrag des Anspruchsgegners) dem Anspruchsteller eine Prozesskostensicherheit nach § 110 ZPO auferlegen kann, wenn der Anspruchsteller seinen gewöhnlichen Aufenthalt nicht in einem Mitgliedsstaat der EU oder einem Vertragsstaat des Abkommens über den Europäischen Wirtschaftsraums hat.[827]

Praxistipp des Richters: Solange die Dringlichkeit noch gegeben ist, sollte zunächst ein Verfügungsverfahren eingeleitet werden. Hierfür sprechen folgende Gründe: die Parteien können durch eine beschlussförmige Entscheidung eine schnelle Einschätzung der Rechtslage durch das Gericht erhalten; die entweder sofort oder nach dem Widerspruch anzuberaumende mündliche Verhandlung bietet Gelegenheit im Verfügungsverfahren nicht durchsetzbare Ansprüche, wie Auskunft, Schadensersatz, Erstattung der Abmahnkosten, im Vergleichswege zu erledigen; den Verfahrenswert im Eilverfahren setzen die Gerichte meist niedriger als in der Hauptsache fest, so dass eine Erledigung im Verfügungsverfahren kostengünstiger ist.

732

VII. Internationales Wettbewerbsrecht

Bei Sachverhalten mit Auslandsberührung (dazu Rn. 735 f.) hat der Angreifer zunächst zu prüfen, ob deutsche Gerichte überhaupt international zuständig sind (dazu Rn. 739 f.). Bejaht er das, so folgt allerdings nicht automatisch, dass ein deutsches Gericht neben seinem eigenen – stets anzuwendenden – Prozessrecht (sog. Lex Fori) auch materielles deutsches Recht anzuwenden hat. Vielmehr ist das Sachrecht nach dem deutschen internationalen Privatrecht zu bestimmen (dazu Rn. 761 f.), was dazu führen kann, dass zwar die (deutsche) ZPO gilt, nicht aber das (deutsche) UWG, sondern ein ausländisches Wettbewerbsrecht. Schließlich stellt sich die Frage der Anerkennung und Vollstreckung einer in Deutschland erstrittenen Entscheidung (dazu Rn. 789 f.). **733**

Einigkeit besteht allerdings über die sog. **Qualifikation** einer wettbewerbsrechtlichen oder auf Schutzrechte gestützten Klage, die eine Weichenstellung bedeutet und den Ausgangspunkt der hier zu erörternden Fragen bildet: Tatbestandsmerkmal, zumindest aber Kapitelüberschrift der im Folgenden dargestellten Vorschriften über die **734**

---

[824] Berneke/Schüttpelz, Die einstweilige Verfügung in Wettbewerbssachen, 3. Auflage 2015, Rn. 664 mit weiteren Nachweisen.

[825] Gemäß § 2 Abs. 2 RVG, Teil 3 Vorbemerkung 3 Abs. 3, Nr. 3104 VV-RVG.

[826] Vgl. hierzu auch BGH 8.2.2007 – IX ZR 215/05, AnwBl 5/2007, 383 – Terminsgebühr ohne Anhängigkeit.

[827] Baumbach/Lauterbach/Albers/Hartmann, ZPO, 72. Auflage von 2014, § 110 Rn. 8, mit weiteren Nachweisen; Berneke/Schüttpelz, Die einstweilige Verfügung in Wettbewerbssachen, 3. Auflage 2015, Rn. 678 mit weiteren Nachweisen.

Bestimmung der internationalen Zuständigkeit und des anwendbaren Rechts ist die „unerlaubte Handlung". Darum handelt es sich aber bei Klagen auf Grund unerlaubter Wettbewerbshandlungen und Schutzrechtsverletzungen.[828]

1. Auslandsberührung

735   Internationalrechtliche Fragen sind erst dann zu beantworten, wenn der Sachverhalt eine Auslandsberührung aufweist. Diese kann sich aus mehreren Gründen ergeben:

736   Häufig begründet der **ausländische Sitz des Verletzers** die Auslandsberührung. So auch etwa im Fall „Hi Hotel" des EuGH[829], in dem der Kläger geltend macht, ein in Berlin ansässiger Verlag habe Lichtbilder unbefugt im Inland verbreitet und die in Nizza ansässige Beklagte dazu durch Übergabe der Lichtbilder an den in Paris ansässigen Schwesterverlag Hilfe geleistet, sowie in der Entscheidung „Coty ./. First Note Perfums",[830] der zugrunde lag, dass rechtsverletzenden Waren bei dem beklagten Großhändler in Belgien abgeholt und danach in Deutschland weiterverkauft wurden.

737   Aber auch dann, wenn die Parteien in Deutschland ansässige Unternehmen sind, können **Handlungen im Ausland** (etwa: Versendung eines Telefaxes im Zusammenhang mit einer Ausschreibung in Bulgarien nach dort)[831] die Auslandsberührung begründen.

738   Wenn der **Kläger** seinen gewöhnlichen Aufenthalt in einem Mitgliedstaat der Europäischen Union oder in einem Vertragsstaat des Abkommens über den Europäischen Wirtschaftsraum hat, folgt daraus aber nichts; ist er hingegen **im übrigen Ausland ansässig** ist, führt dies nur dazu, dass er auf Antrag des Beklagten Prozesskostensicherheit zu leisten hat (§ 110 Abs. 1 ZPO). Das gilt auch bei Verfügungsanträgen, dürfte dort aber mangels Antrags der – in der Regel zunächst ja nicht beteiligten – Gegenseite keine Rolle spielen.[832]

2. Internationale Zuständigkeit

739   Die Bestimmung der internationalen Zuständigkeit eines deutschen Gerichts hängt zunächst davon ab, welcher ausländische Staat betroffen ist, insbesondere ob es sich um einen Mitgliedsstaat der EU handelt (dazu Rn. 743 f.). Im Rahmen des europäischen Tatortgerichtsstands ist sodann zwischen den einzelnen Rechtsgebieten zu unterscheiden (dazu Rn. 746 f.). Schließlich sind bei Schadensersatzansprüchen, einstweiligen Maßnahmen und bei doppelter Rechtshängigkeit Besonderheiten zu beachten (dazu Rn. 756 f.).

740   Der gerichtliche **Prüfungsumfang** ist jedenfalls stets eingeschränkt. Für die internationale Zuständigkeit der nationalen Gerichte kommt es nämlich grundsätzlich nur darauf an, ob der Kläger schlüssig die dafür erforderlichen Tatsachen vorgetragen hat, also dass etwa im Inland ein i.S. des Art. 7 Nr. 2 (vormals Art. 5 Nr. 3) der seit Januar 2015

---

[828]   BGH, Urteil vom 24.2.2005 – I ZR 101/02, GRUR 2005, 519 – Vitamin-Zell-Komplex; für das Urheberrecht BGH, EuGH-Vorlage vom 28. Juni 2012 – I ZR 35/11, GRUR 2012, 1069 Rn. 16 – Hi-Hotel; für das Markenrecht BGH, Urt. v. 13.10.2004 – I ZR 163/02, GRUR 2005, 431, 432 – HOTEL MARITIME.

[829]   3.4.2014 – C-387/12, NJW 2014, 1793.

[830]   5.6.2014 – C-360/12, GRUR 2014, 806.

[831]   BGH, Urt. v. 11.2.2010 – I ZR 85/08, GRUR 2010, 847 – Ausschreibung in Bulgarien.

[832]   Gloy/Loschelder/Erdmann/*Schütze* § 11 Rn. 39 mwN.

geltenden **Neufassung der EuGVVO**[833] schädigendes Ereignis eingetreten ist. Ob diese Umstände tatsächlich gegeben sind, betrifft hingegen die Begründetheit der Klage, die vom zuständigen Gericht anhand des anwendbaren nationalen Rechts zu prüfen ist.[834]

Sind deutsche Gerichte hingegen unter keinem Gesichtspunkt zuständig, sondern **741** vielmehr ausländische, wird sich die Hinzuziehung eines ausländischen Rechtsanwalts nicht vermeiden lassen

---

Beispiel für die nachfolgenden Darstellungen: Die Klägerin betreibt in Deutschland Ho- **742** tels unter der für sie eingetragenen Marke „MARITIM"; die Beklagte führt in Kopenhagen ein Hotel mit der Bezeichnung „HOTEL MARITIME" und unterhält die Domain hotel-maritime.dk, wo sie in dänischer, englischer und deutscher Sprache ihr Hotel darbietet sowie Online-Hotelreservierungen und -buchungen in deutscher Sprache ermöglicht. Der BGH entschied, dass viel für eine Begrenzung einer ansonsten bestehenden Vielzahl von Gerichtsständen auf diejenigen spreche, in deren Zuständigkeitsbereich eine Interessenkollision tatsächlich eingetreten sein kann; darauf käme es im Streitfall aber nicht an, da die unter der Internet-Domain abrufbare Homepage der Beklagte sich ohnehin auch inhaltlich bestimmungsgemäß an die Verkehrskreise im Inland richte. Deutsche Gerichte seien also zuständig, was für die Klägerin gleichwohl nicht zum Erfolg führte, weil der Anspruch mangels Inlandsbezug aus materiell-rechtlicher Sicht nicht anerkannt wurde.[835]

---

a) Maßgebliches Recht

Überschreitet der Sachverhalt die Grenzen der EU und bestehen auch keine interna- **743** tionalen Abkommen oder bilaterale Verträge, so folgt die Zuständigkeit eines deutschen Gerichts bei Sachverhalten mit Auslandsberührung aus der oben → Rn. 424 f. beschriebenen örtlichen Zuständigkeit (sog. **Doppelfunktionalität der Gerichtsstandsvorschriften**).[836] Es gelten mithin die dort erläuterten Regeln, also insbesondere die Tatortgerichtsstände des § 14 Abs. 2 Satz 1 UWG und des § 32 ZPO.

Ist hingegen insbesondere die EuGVVO anzuwenden, also im Verhältnis zu den **744** EU-Staaten[837] (was entgegen Art. 1 Abs. 3 aF EuGGVO schon vor der Neufassung der Verordnung auch auf Dänemark zutraf[838]), so gilt folgendes: Zum Einen sind die Ge-

---

[833] VO (EG) Nr. 1215/2012 des Europäischen Parlamentes und des Rates vom 12.12.2012 über die gerichtliche Zuständigkeit und die Anerkennung und Vollstreckung von Entscheidungen in Zivil- und Handelssachen, auch Brüssel-I VO.

[834] EuGH, Urt. v. 19.4.2012 – C-523/10, GRUR 2012, 654 Rn. 26 – Wintersteiger/Products 4U.

[835] 13.10.2004 – I ZR 163/02, GRUR 2005, 431, 432 – HOTEL MARITIME.

[836] BGH 28.6.2007 – I ZR 49/04, GRUR 2007, 884 Tn 23 – Cambridge Institute, mwN; Köhler/Bornkamm Einl. Rn. 5.50 mwN.

[837] Für die in Art. 355 AEUV genannten Territorien gilt das Übereinkommen über die gerichtliche Zuständigkeit und die Vollstreckung gerichtlicher Entscheidungen in Zivil- und Handelssachen (kurz Brüsseler Übereinkommen oder **EuGVÜ**). Für die EFTA-Staaten (also Island, Norwegen, Schweiz, aber nicht Liechtenstein) gilt hingegen das inhaltlich fast wörtlich mit der EuGVÜ übereinstimmende Luganer Übereinkommen über die gerichtliche Zuständigkeit und die Vollstreckung gerichtlicher Entscheidungen in Zivil- und Handelssachen (**LGVÜ**); s. dazu BGH 12.3.2015 – I ZR 188/13, GRUR 2015, 607 – Uhrenankauf im Internet, Rn. 11.

[838] Bereits mit Inkrafttreten des Abkommens zwischen der EU und Dänemark vom 19.10.2005, ABl. (EG) L 299 vom 16.11.2005, S. 62, am 1.7.2007 gilt auch Dänemark als Mitgliedstaat iSd. EuGVVO; Art. 1 Abs. 3 EuGVVO findet gem. Art. 2 Abs. 2 lit. a des Abkommens keine Anwendung mehr.

richte des Mitgliedstaates zuständig, in dem der Beklagte seinen Wohnsitz hat (Art. 4 Abs. 1, vormals Art. 2 Abs. 1 EuGVVO). Andererseits findet sich in Art. 7 Nr. 2 (vormals Art. 5 Nr. 3) EuGVVO („Gericht des Ortes, an dem das schädigende Ereignis eingetreten ist oder einzutreten droht") ebenfalls ein **Tatortgerichtsstand**.[839] Nach der Rechtsprechung des Gerichtshofs der Europäischen Union ist darunter sowohl der Ort des für den Schaden ursächlichen Geschehens (konkret: der Ort der Niederlassung des handelnden Unternehmens) als auch der Ort der Verwirklichung des Schadenserfolgs zu verstehen,[840] also sowohl der **Handlungs-** als auch der **Erfolgsort**. Dies entspricht dem bereits oben → Rn. 434 f. beschrieben innerdeutschen Ansatz und bedeutet nicht zuletzt, dass dann, wenn der Beklagte im Inland keine Niederlassung hat, nur der Erfolgsort die Zuständigkeit eines inländischen Gerichts begründen kann. Art. 7 Nr. 2 EuGVVO regelt im Übrigen nicht nur die internationale, sondern auch die örtliche Zuständigkeit, überlagert also § 14 UWG.[841]

---

745 | **Praxistipp:** Obwohl sich Art. 7 Nr. 2 EuGVVO dem Wortlaut nach von § 14 Abs. 2 Satz 1 UWG und § 32 ZPO deutlich unterscheidet und trotz des Grundsatzes der verordnungsautonomen Auslegung des EuGH[842] kann für eine erste Annäherung von einem **Gleichlauf der örtlichen und der internationalen Zuständigkeit** ausgegangen werden.[843] Sodann ist allerdings nach den einzelnen Rechtsgebieten zu unterscheiden.

b) Bestimmung gem. Art. 7 Nr. 2 EuGVVO nach Rechtsgebieten

746   Der Gerichtshof der Europäischen Union hat mittlerweile vor allem die Bestimmung des Erfolgsorts näher ausgeformt, und zwar ausgehend von der – Persönlichkeitsrechtsverletzungen betreffenden – „Shevill"-Entscheidung:

aa) Persönlichkeitsrechtsverletzungen

747   Bei Persönlichkeitsrechtsverletzungen durch **Printmedien** ist Erfolgsort jeder Mitgliedstaat, in dem die Veröffentlichung verbreitet wird, wenn der Betroffene dort bekannt ist, also das Ansehen des Betroffenen nach dessen Behauptung dort beeinträchtigt worden ist.[844] Das soll nunmehr auch für Persönlichkeitsrechtsverletzungen im **Internet** gelten.[845] Zusätzlich wird dem Verletzten allerdings ein neuer Gerichtsstand gewährt, nämlich am Mittelpunkt seiner Interessen, wobei der Gerichtshof diesen Mittelpunkt typischerweise am **gewöhnlichen Aufenthalt des Verletzten** verortet.[846] Mit

---

[839] Grundsätzlich zu Zweck und Ziel dieser Regelung EuGH 25.10.2012 – C-133/11, GRUR 2013, 98 – Folien Fischer/Ritrama, Rn. 45 f.

[840] EuGH 7. März 1995 – C 68/93, Slg. 1995, I415 = GRUR Int. 1998, 298 Rn. 20 f. – Shevill; EuGH, 25.10.2011 – C-509/09 und C-161/10, GRUR 2012, 300 Rn. 41f – eDate Advertising u. Martinez; 19.4.2012 – C-523/10, GRUR 2012, 654 Rn. 19 – Wintersteiger/Products 4U; BGH 12.12.2013 – I ZR 131/12, GRUR 2014, 601 Rn. 17 – englischsprachige Pressemitteilung.

[841] Ullmann/*Hess* § 14 Rn. 40 mwN.

[842] Musielak/*Stadler* Art. 5 EuGVVO Rn. 24a.

[843] Vgl. Stein/Jonas/*Roth*, ZPO, 23. Aufl., § 32 Rn. 38 mwN; Gloy/Loschelder/Erdmann/ *Schütze* § 11 Rn. 16 mwN.

[844] 7.3.1995 – C 68/93, Slg. 1995, I415 = GRUR Int. 1998, 298 Rn. 28f – Shevill.

[845] 25.10.2011 – C-509/09 und C-161/10, GRUR 2012, 300 Rn. 44 – eDate Advertising u. Martinez.

[846] 25.10.2011 – C-509/09 und C-161/10, GRUR 2012, 300 Rn. 48 – eDate Advertising u. Martine.

dieser Maßgeblichkeit des Interessenmittelpunkts des Angreifers wird letztlich ein Klägergerichtsstand eröffnet.

bb) Wettbewerbsverletzungen

Die für Persönlichkeitsrechtsverletzungen durch Internetveröffentlichungen gel- **748** tenden Grundsätze dürfen allerdings **nicht entsprechend angewandt** werden in Fällen der Verletzung von Rechten des geistigen Eigentums[847] und auch nicht auf Wettbewerbsverletzungen, und zwar selbst auf solche durch ein rufschädigendes – und damit den Persönlichkeitsrechtsverletzungen ähnliches – Verhalten im Internet.[848] Es kommt also nicht darauf an, ob der in der Internetveröffentlichung genannte Mitbewerber oder Rechtsinhaber seinen gewöhnlichen Aufenthalt und Lebensmittelpunkt im Inland hat.[849] Vielmehr soll nach Auffassung des Bundesgerichtshofs – entsprechend seiner bereits oben (→ Rn. 439 f.) dargestellten Rechtsprechung – ein Erfolgsort im Inland zu bejahen sein, wenn sich der Internetauftritt dort **bestimmungsgemäß auswirkt**.[850] Ob daran festgehalten werden kann, erscheint allerdings fraglich (dazu sogleich → Rn. 754).

Jedenfalls kann gegen eine solche bestimmungsgemäße Auswirkung ein wirksamer **749** **Disclaimer** sprechen. Anders als bei rein nationalen Sachverhalten stellt im internationalen Kontext insbesondere die Sprache des Internetauftritts einen wichtigen Indikator für die Frage der bestimmungsgemäßen Auswirkung dar.[851] An die **Wirksamkeit** eines solchen Disclaimers hat der Bundesgerichtshof übrigens gewisse Anforderungen gestellt:[852] Er muss klar und eindeutig gestaltet und auf Grund seiner Aufmachung als ernst gemeint aufzufassen sein; erheblich ist der Disclaimer zudem nur, wenn ihn der Werbende auch tatsächlich beachtet und nicht entgegen seiner Ankündigung gleichwohl in das vom Vertrieb ausgenommene Absatzgebiet liefert.

In der Entscheidung „Coty./.First Note Perfumes" hat der Gerichtshof der Europä- **750** ischen Union jüngst schlicht darauf abgestellt, ob die in einem anderen Mitgliedsstaat begangene Tat im Zuständigkeitsbereich des angerufenen Gerichts einen **Schaden verursacht** hat oder zu verursachen droht.[853] Das hat er auf Vorlage des Bundesgerichtshofs angesichts des auch wettbewerbswidrigen Verkaufs von Parfums in Belgien an einen deutschen Händler für möglich gehalten. Es bleibt abzuwarten, inwieweit der Gerichtshof auf diese Formel, die dem Wortlaut des Art. 7 Nr. 2 EuGVVO nahe steht, diesen aber nicht näher konkretisiert, zurückkommen wird.

cc) Kartellrecht

Hier gilt: Stehen zwei ausländische Parteien jedenfalls auch in Deutschland im Wett- **751** bewerb und wirken sich etwaige wettbewerbsbeschränkende Verhaltensweisen der

---

[847] EuGH 19.4.2012 – C-523/10, GRUR 2012, 654 Rn. 24 – Wintersteiger/Products 4U.

[848] BGH 12.12.2013 – I ZR 131/12, GRUR 2014, 60 – englischsprachige Pressemitteilung, Rn. 20f mwN.

[849] BGH 12.12.2013 – I ZR 131/12, GRUR 2014, 60 – englischsprachige Pressemitteilung, Rn. 24.

[850] BGH 12.12.2013 – I ZR 131/12, GRUR 2014, 60 – englischsprachige Pressemitteilung, Rn. 26 mwN.

[851] BGH 12.12.2013 – I ZR 131/12, GRUR 2014, 60 – englischsprachige Pressemitteilung, Rn. 29 f; zahlreiche weitere Entscheidungen nennt Ullmann/*Hess* § 14 Rn. 38.

[852] 30.3.2006 – I ZR 24/03, GRUR 2006, 513, 515 – Arzneimittelwerbung im Internet.

[853] EuGH 5.6.2014 – C-360/12, GRUR 2014, 873 Rn. 53f, 57.

Kläger unmittelbar auf den deutschen Markt aus, wird ein Erfolgsort in Deutschland begründet.[854]

dd) *Immaterialgüterrechte (Geistige Eigentumsrechte)*

752   Der Gerichtshof der Europäischen Union unterscheidet: Bei Immaterialgüterrechten, die der **Eintragung** bedürfen (also insbesondere Marken, wohl aber auch Designs/Gemeinschaftsgeschmacksmustern, Gebrauchsmustern oder Patenten), ist der Erfolgsort im Mitgliedstaat der Eintragung zu lokalisieren,[855] wenn eine im Inland begangene Verletzungshandlung nicht von vorne herein ausgeschlossen ist.[856] Bei nicht eintragungspflichtigen Immaterialgüterrechten (also insbesondere dem **Urheberrecht**) kommt es darauf an, ob das Recht, dessen Verletzung gerügt wird, im Gerichtsstaat auch geschützt ist, und ob die Gefahr besteht, dass sich der Schadenserfolg dort verwirklicht.[857] Letzteres kann ohne weiteres zu einer sog. Mosaikbetrachtung (dazu Rn. 772 und auch Rn. 756) führen, was bei einem Vorgehen aus einzutragenden Rechten nur bei einer Eintragung in mehreren Mitgliedsstaaten in Frage kommt.[858]

753   Für Gemeinschaftsmarken ist allerdings die Zuständigkeitsregelung des Art. 97 Abs. 5 GMV („ bei den Gerichten des Mitgliedsstaats, ... in dem eine Verletzungshandlug begangen worden ist oder droht ...") zu beachten. Diese geht nach dem Verständnis des Gerichtshofs der Europäischen Union als lex specialis Art. 7 Nr. 2 EuGVVO vor und gewährt aufgrund ihres Wortlauts lediglich einen Gerichtsstand am Handlungsort.[859] Aus deutschem Blickwinkel überrascht das, und zwar wegen der Ähnlichkeit des Wortlauts des des Art. 97 Abs. 5 GMV sowie der § 14 Abs. 2 Nr. 1 UWG und § 32 ZPO einerseits und des Gleichlaufs der Anwendung der letztgenannten Vorschriften und Art. 7 Nr. 2 EuGVVO andererseits.

ee) *Nur bei bestimmungsgemäßer Ausrichtung?*

754   Das nach den Entscheidungen des Bundesgerichtshofs „HOTEL MARITIME"[860] (s. dazu Rn. 742), „Arzneimittelwerbung im Internet"[861] und „Vorschaubilder"[862] im Marken- und Wettbewerbsrecht geltende Erfordernis der bestimmungsgemäßen Ausrichtung erschien im Hinblick auf die Anknüpfung nach Art. 7 Nr. 2 EuGVVO bereits nach der markenrechtlichen Entscheidung „Wintersteiger" des Gerichtshofs der Europäischen Union[863] zweifelhaft, dürfte nach dessen Entscheidung „Pinckney"[864] nun

---

[854]   BGH 29.1.2013 – KZR 8/10, GRUR-RR 2013, 228 Rn. 15f – Trägermaterial für Kartenformulare.

[855]   EuGH 19.4.2012 – C-523/10, GRUR 2012, 654 Rn. 29 – Wintersteiger/Products 4U.

[856]   Musielak/*Stadler* Art. 5 EuGVVO Rn. 24a mwN.

[857]   EuGH 3.10.2013 – C-170/12, GRUR 2014, 100 Rn. 33, 39, 43 – Pinckney/Mediatech; 3.4.2014 – C-387/12, GRUR 2014, 599 Rn. 35 – Hi Hotel.

[858]   Vgl. Musielak/*Stadler* Art. 5 EuGVVO Rn. 24a mwN.

[859]   EuGH 5.6.2014 – C-360/12, GRUR 2014, 873 Rn. 27 – Coty Prestige./.First Note Perfumes.

[860]   13.10.2004 – I ZR 163/02, GRUR 2005, 431, 432.

[861]   30.3.2006 – I ZR 24/03, GRUR 2006, 513, 515.

[862]   29.4.2010 – I ZR 69/08, NJW 2010, 2731 Rn. 14.

[863]   EuGH 19.4.2012 – C-523/10, GRUR 2012, 654 Rn. 29; vom BGH offengelassen: 8.3.2012 – I ZR 75/10, GRUR 2012, 621 Rn. 21 – Oscar.

[864]   3.10.2013 – C-170/12, GRUR 2014, 100 Rn. 42 – Pinckney/Mediatech; bestätigt 22.1.2015 – C-441/13, GRUR 2015, 296 Rn. 32 – Hejduk ./. Energie Agentur.

aber nicht nur für das Urheberrecht, sondern generell bei Schutzrechtsverletzungen zu verneinen sein. Im Wettbewerbsrecht hält der Bundesgerichtshof aber an dem Erfordernis fest.[865]

> **Praxistipp:** Man sollte also insbesondere bei international gelagerten wettbewerbsrechtlichen Sachverhalten weiterhin vorsichtig sein, da sich ausländische Anbieter im Internet möglicherweise bewusst nicht deutschen Gerichten unterwerfen wollen und dies durch Disclaimer, die verwandte Sprache oder zB insbesondere bei Ebay durch die Einstellung des Verkaufsgebiets zum Ausdruck bringen können.[866] Ob dies noch möglich ist, wird erst die weitere Entwicklung der Rechtsprechung zeigen.

755

c) Weitere Besonderheiten

Bei **Schadensersatzansprüchen wegen Persönlichkeitsrechtsverletzungen** im Internet kann der **Gesamtschaden** auch an dem Gerichtsstand des Interessenmittelpunkts des Geschädigten nach „eDate Advertising u. Martinez" geltend gemacht werden.[867] Damit geht der Gerichtshof der Europäischen Union über die bisherigen Grundsätze hinaus, wonach nur die nach am Handlungsort zuständigen Gerichte über sämtliche Schäden in den betreffenden Märkten entscheiden dürfen, während die an den Erfolgsorten nur zur Entscheidung über den Ersatz der im Staat des jeweils angerufenen Gerichts verursachten Schäden berufen sind (sog. „Schadensparzellierung" oder „Mosaikprinzip"),[868] vgl. soeben Rn. 752 und insb. Rn. 772.

756

> **Praxistipp:** Bei **Schadensersatzansprüchen wegen Wettbewerbs- und Immaterialgüterrechtsverletzungen** gelten diese bisherigen Grundsätze hingegen weiterhin: Wenn der Angreifer sich nicht an den Handlungsort begeben will, zwingt ihn das zu einer Klage in mehreren Mitgliedsstaaten, da eben keine Zuständigkeit an seinem Interessenmittelpunkt besteht.[869]

757

Nach Art. 35 (vormals Art. 31) EuGVVO[870] können die im Recht eines Mitgliedstaats vorgesehenen **einstweiligen Maßnahmen** einschließlich Sicherungsmaßnahmen bei den Gerichten dieses Staates auch dann beantragt werden, wenn für die Entscheidung in der Hauptsache das Gericht eines anderen Mitgliedstaats zuständig ist. Das weicht von der deutschen Regelung ab, da gem. § 937 Abs. 1 ZPO für den Erlass einstweiliger Verfügungen das Gericht der Hauptsache zuständig ist, während die Vorschrift des § 942 ZPO (Zuständigkeit des Amtsgerichts der belegenen Sache) einen Sonderfall darstellt.[871] Auch die großzügigere gemeinschaftsrechtliche Bestimmung erfordert allerdings, dass zwischen dem Gegenstand der beantragten Maßnahmen und

758

---

[865] BGH 19.32015 – I ZR 94, 13,GRUR 2015, 1129 Rn. 12 – Hotelbewertungsportal.
[866] Weitere Rechtsprechung zitiert etwa Ullmann/*Hess* § 14 Rn. 38.
[867] 25.10.2011 – C-509/09 und C-161/10, GRUR 2012, 300 Rn. 48.
[868] EuGH, Urt. v. 7.3.1995 – C-68/93, NJW 1995, 1881 Rn. 33 – Shevill; für das Urheberrecht: EuGH 3.4.2014 – C-387/12, GRUR 2014, 599 Rn. 38f – Hi Hotel; 22.1.2015 – C-441/13, GRUR 2015, 296 Rn. 36 f. – Hejduk ./. Energie Agentur.
[869] Etwa Musielak/*Stadler* Art. 5 EuGVVO Rn. 24a mwN.
[870] Eingehend dazu Fezer/*Hausmann/Obergfell* Einl. Rn. 470 f.
[871] Ullmann/*Hess* § 14 Rn. 41.

der gebietsbezogenen Zuständigkeit des Vertragsstaats des angerufenen Gerichts eine
reale Verknüpfung besteht.[872] Außerdem muss nach nationalem Recht eine Zuständigkeit für einstweilige Maßnahmen begründet sein.[873]

---

759 | **Praxistipp:** Will der Angreifer die einstweilige Verfügung im Ausland vollstrecken, so muss
diese begründet (§ 922 Abs. 1 Satz 2) und, soweit es um den Rechtsverkehr mit anderen EU-
Staaten geht, das Gebot des rechtlichen Gehörs beachtet worden sein (näher dazu →
Rn. 792 f.). An beides sollte der Angreifer das Gericht notfalls erinnern.

---

760   Nach Art. 29 Abs. 1 (vormals Art. 27 Abs. 1) EuGVVO hat das später angerufene
Gericht das Verfahren von Amts wegen aussetzen, wenn schon bei einem Gericht eines
anderen Mitgliedsstaates eine Klage zwischen denselben Parteien wegen desselben Anspruchs anhängig ist (doppelte Rechtshängigkeit).[874] Insbesondere kennt die Vorschrift
keinen Vorrang einer später erhobenen Leistungsklage gegenüber der zuvor (auch bei
einem nach Art. 7. Nr. 2 – vormals Art. 5 Nr. 3 – EuGVVO zuständigen Gericht)[875] erhobenen negativen Feststellungsklage.[876] Deshalb blockiert auch eine vor einem unzu-
ständigen Gericht erhobene negative Feststellungsklage die Erhebung der Verletzungs-
klage umgekehrten Rubrums, bis das zuerst angerufene Gericht sich für unzuständig
erklärt hat. Handelt es sich um ein langsam arbeitendes Gericht, kann so die Verlet-
zungsklage lahmgelegt werden; dafür hat sich der Begriff **(italienischer) Torpedo** ein-
gebürgert. Eine Prüfungszuständigkeit des später angerufenen Gerichts hinsichtlich einer offensichtlichen Unzuständigkeit des zuerst angerufenen Gerichts gibt es nicht,[877]
wohl aber ist an Rechtsmissbrauch zu denken.[878]

3. Anzuwendendes Recht

761   Maßgeblich für die Bestimmung des – von einem international zuständigen deutschen Gericht – anzuwendenden Rechts ist mittlerweile allein das Gemeinschafts-
recht. Die sog **Rom II-VO**[879] ersetzt nach ihrem Inkrafttreten am 11.1.2009 (Art. 32)
die Artikel 38 bis 42 des deutschen EGBGB. Die letztgenannten Vorschriften sind
allein auf vor diesem Datum liegende Altfälle anzuwenden, da die Kollisionsrege-
lungen der Rom II-VO nicht nur im Verhältnis der Mitgliedstaaten[880] untereinander,
sondern universell gelten,[881] und da das nach der Rom II-VO bezeichnete Recht
auch dann anzuwenden ist, wenn es nicht das Recht eines Mitgliedstaates ist (Art. 3

---

[872] EuGH, Urt. v. 17.11.1998 – C-391/95, Rn. 40 – Van Uden Maritime (zum wortgleichen
Art. 24 EuGVÜ).
[873] s. etwa Musielak/*Stadler* Art. 31 EuGVVO Rn. 1; Zöller/*Geimer* Art. 31 EuGVVO Rn. 1.
[874] Allgemein dazu BGH 19.2.2013 – VI ZR 45/12, NZV 2013, 336.
[875] EuGH 25.10.2012 – C-133/11, GRUR 2013, 98 – Folien Fischer/Ritrama, Rn. 44.
[876] BGH, Urteil vom 11.12.1996 – VIII ZR 154/95, NJW 1997, 870, 782.
[877] EuGH, Urteil vom 9.12.2003 – C-116/02, EuZW 2004, 188 Rn. 42 f. – Gasser.
[878] LG Hamburg 18.9.2015 – 308 O 143/14.
[879] Verordnung (EG) 864/2007 des Europäischen Parlaments und des Rates vom 11.7.2007
über das auf außervertragliche Schuldverhältnisse anwendbare Recht.
[880] Allerdings mit Ausnahme Dänemarks, Art. 1 Abs. 4 Rom II-VO.
[881] *Köhler*/Bornkamm, Einl. Rn. 5.28.

Danckwerts

Rom II-VO). Aus diesem Grund beschränkt sich die folgende Darstellung auf die
Rom II-VO[882].

Die Rom II-VO enthält im Kapitel „Unerlaubte Handlungen" nach der allgemeinen **762**
Kollisionsnorm des Art. 4 in den Art. 6 und 8 besondere Vorschriften für das Wettbewerbsrecht bzw. Rechte des geistigen Eigentums. Nach Art. 6 Abs. 1 Rom II-VO ist
auf außervertragliche Schuldverhältnisse aus unlauterem Wettbewerbsverhalten das
Recht des Staates anzuwenden, in dessen Gebiet die Wettbewerbsbeziehungen oder
die kollektiven Interessen der Verbraucher beeinträchtigt worden sind oder wahrscheinlich beeinträchtigt werden (dazu sogleich). Dies bedeutet aber keine Abkehr
von der bislang zu Art. 40 Abs. 1 EGBGB geltenden Rechtsprechung, wonach sich die
Beurteilung einer Wettbewerbsverletzung nach dem Recht des Ortes, an dem die wettbewerbsrechtlichen Interessen der Mitbewerber aufeinandertreffen, also nach dem
Recht des Marktortes richtet.[883] Bei einer Verletzung von Rechten des geistigen Eigentums hingegen bestimmt Art. 8 Abs. 1 Rom II-VO das Recht des Staates, für den
Schutz beansprucht wird (sog. **Schutzlandprinzip**; dazu Rn. 788 f.). Auch dies entspricht der bisherigen Praxis.

a) Das für Wettbewerbsverletzungen geltende Recht (Art. 6 Abs. 1 Rom II-VO)

Wenig Schwierigkeiten machen sollte nicht nur der Begriff des außervertraglichen **763**
Schuldverhältnisses, da diesem neben dem weiteren Begriff des unlauteren Wettbewerbsverhaltens keine eigenständige Bedeutung zukommt,[884] sondern auch letztge-
nannter, da sich dieser weitgehend mit dem Anwendungsbereich des UWG decken
dürfte.[885] Der Schwerpunkt liegt daher bei der Bestimmung des für die Anknüpfung
maßgeblichen Gebietes, in dem die Wettbewerbsbeziehungen oder die kollektiven Interessen der Verbraucher beeinträchtigt worden sind oder wahrscheinlich beeinträchtigt werden (also des bereits erwähnten Marktorts), wobei weitere Probleme hinzutreten, wenn es zu Beeinträchtigungen in mehreren Staaten gekommen ist.

Die Bedeutung der damit aufgeworfenen Fragen darf nicht unterschätzt werden. **764**
Zwar obliegt die Ermittlung des anwendbaren, gegebenenfalls ausländischen Rechts
nicht dem Angreifer, sondern dem Gericht von Amts wegen (vgl. § 293 ZPO), auch
insoweit gilt also der Grundsatz „Iura Novit Curia".[886] Der BGH hat jedoch die Anwendung ausländischen Rechts in Einzelfällen davon abhängig gemacht, dass sich
der Angreifer zumindest hilfsweise darauf beruft (und mangels dessen die Klagen jeweils abgewiesen).[887] Zuletzt hat er es offengelassen, ob hieran festgehalten werden
kann.[888]

---

[882] Zur rechtsgeschichtlichen Entwicklung Gloy/Loschelder/Erdmann/*Wilde* § 10 Rn. 7 f.
[883] BGH, Urt. v. 12.12.2013 – I ZR 131/12, GRUR 2014, 60 – englischsprachige Pressemitteilung, Rn. 38 mwN; Urt. v. 11.2.2010 – I ZR 85/08, GRUR 2010, 847 Rn. 10 und 19 – Ausschreibung in Bulgarien, mwN.
[884] vgl. *Köhler*/Bornkamm, Einl. Rn. 5.30.
[885] *Köhler*/Bornkamm, Einl. Rn. 5.31.
[886] Gloy/Loschelder/Erdmann/*Schütze* § 11 Rn. 31 mwN.
[887] Urteil vom 15.11.1990 – I ZR 22/89, GRUR 1991, 463 – Kauf im Ausland; Urteil vom
26.11.1997 – I ZR 148/95, GRUR 1998, 419, 420 – Gewinnspiel im Ausland.
[888] Urt. v. 11.2.2010 – I ZR 85/08, GRUR 2010, 847 Rn. 23 – Ausschreibung in Bulgarien;
s. auch Ullmann/*Ullmann* Einl Rn. 109.

765 | Praxistipp: Der Angreifer sollte daran interessiert, dass deutsches Recht Anwendung findet, da dieses zuweilen strenger ist als ausländisches Wettbewerbsrecht und die Ermittlung letzteren große Schwierigkeiten verursachen kann.[889] In Zweifelsfällen ist der Angreifer aber gut beraten, sich **hilfsweise** auf das neben dem deutschen in Betracht kommende **ausländische Recht zu berufen.**

766   Spätestens dann empfiehlt es sich auch, auf eine spezialisierte Kommentierung zum ausländischen[890] Wettbewerbsrecht zurückzugreifen. Es erscheint nämlich nicht von vornherein ausgeschlossen, sich damit das ausländische Recht zu erschließen, zumal wenn es um Recht eines Mitgliedsstaats der EU geht, das europäische Vorgaben umsetzt. In Betracht kommt auch ein Gutachten eines wissenschaftlichen Sachverständigen zB des Max-Planck-Instituts (MPI).[891] Gerichte können zudem eine ausländische staatliche Stelle um Auskunft über das dortige Recht ersuchen.[892] Schließlich bietet sich die Hinzuziehung eines ausländischen Anwalts an.

767   Bereits bei der Formulierung des Antrags sollte sich der Angreifer übrigens der **territorialen Reichweite** des begehrten Verbots bewusst sein: Mangels weiterer Angaben gilt dieses nur in Deutschland,[893] weshalb deutlich zu machen ist, wenn es doch weiter gehen, also auch das Gebiet ausländischer Staaten erfassen soll. Dies ist denkbar, da zwar das deutsche Recht an der Grenze endet, nicht notwendigerweise aber die Entscheidungskompetenz deutscher Gerichte, die also durchaus eine Werbung in einem Nachbarland aufgrund des dortigen Rechts untersagen können.[894] Die Reichweite des von einem Gemeinschaftsmarkengericht, dessen Zuständigkeit auf den Art. 97 (93 aF) Abs. 1–4 und 98 (97 aF) Abs. 1 GMV (also nicht dem Tatortgerichtsstand des Art. 97 Abs. 5 und 98 Abs. 2 GMV) beruht, ausgesprochenen Verbots erstreckt sich allerdings schon grundsätzlich auf das gesamte Gebiet der Union.[895]

aa) Bestimmung des Marktorts

768   Deutsches Wettbewerbsrecht ist anzuwenden, wenn die wettbewerblichen Interessen der Parteien als Mitbewerber im Inland aufeinandertreffen und die angegriffene Handlung sich bestimmungsgemäß auch im Inland ausgewirkt hat.[896] Geht es – wie im Regelfall – um die wettbewerbsrechtliche Beurteilung eines Verhaltens bei der Gewinnung von Kunden,[897] ist **Marktort** nach ständiger Rechtsprechung der Ort, an dem auf die Entschließung des Kunden eingewirkt werden soll.[898] Bezieht sich der Unlauterkeitsvorwurf also insbesondere auf die Werbung, ist der Ort maßgeblich, an dem potentielle Kunden sie bestimmungsgemäß zur Kenntnis nehmen.[899] Dieser Ort wird

---

[889] Gloy/Loschelder/Erdmann/*Wilde* § 10 Rn. 2; auch im Übrigen sehr instruktiv.
[890] *Köhler*/Bornkamm, Einl. Rn. 4.1 f.; Gloy/Loschelder/Erdmann/*Schulte-Beckhausen/ Maaßen* § 13.
[891] Gloy/Loschelder/Erdmann/*Schütze* § 11 Rn. 33.
[892] Europ Übk v. 7. Juni 1968, BGBl. 1974 II 938; dazu Jastrow IPrax 2004, 402.
[893] BGH, Urteil vom 29.3.2007 – I ZR 122/04 –, GRUR 2007, 1079 Rn. 16 – Bundesdruckerei.
[894] Gloy/Loschelder/Erdmann/*Wilde* § 10 Rn. 21 mwN.
[895] EuGH 12.4.2011 – C-235/09, GRUR 2011, 518 – Chronopost.
[896] BGH, Urt. v. 12.12.2013 – I ZR 131/12, GRUR 2014, 601 – englischsprachige Pressemitteilung, Rn. 38f mwN.
[897] Weitere Fallgruppen bei Gloy/Loschelder/Erdmann/*Wilde* § 10 Rn. 29 mwN.
[898] BGH, Urt. v. 11.2.2010 – I ZR 85/08, GRUR 10, 847 – Ausschreibung in Bulgarien, Rn. 10 mwN.
[899] *Ohly*/Sosnitza Einl. Rn. 17.

auch als **Werbemarkt** bezeichnet. Er gilt selbst dann, wenn der spätere Absatz auf einem anderen Markt stattfinden soll, wie etwa im Fall der Werbung eines deutschen Unternehmens gegenüber deutschen Touristen auf Gran Canaria.[900] Auf die Staatsangehörigkeit, den Wohnsitz oder den gewöhnlichen Aufenthalt der angesprochenen möglichen Kunden kommt es danach ebenso wenig an wie auf die Frage, wo bei grenzüberschreitendem Verhalten der Handlungsort liegt oder wo sich das Verhalten wirtschaftlich auswirkt;[901] die beiden letztgenannten Umstände sind unerheblich, da das schadensbegründende Ereignis und indirekte Schadensfolgen nach Art. 4 Abs. 1 Rom II-VO keine Rolle spielen. Das anwendbare materielle Wettbewerbsrecht ist grundsätzlich auch dann nach dem Marktortprinzip zu bestimmen, wenn sich der wettbewerbliche Tatbestand im Ausland **ausschließlich unter inländischen** Unternehmen abspielt oder sich gezielt gegen einen inländischen Mitbewerber richtet, der dadurch im Wettbewerb behindert wird.[902]

Anders verhält es sich aber dann, wenn sich der Vorwurf der Unlauterkeit der Ankündigung ausschließlich darauf gründen kann, dass das beworbene, im Ausland stattfindende Absatzgeschäft unlauter ist, weshalb der BGH eine im Inland beworbene Verkaufsaktion eines Ausländers nicht dem damals noch geltenden Recht der Sonderveranstaltungen unterworfen hat.[903] In dieselbe Richtung ging er mit der Entscheidung, dass der Vertrieb importierter Asbestware, die im Ausland nach den dortigen Vorschriften ordnungsgemäß, aber ohne Beachtung von Sicherheitsbestimmungen hergestellt worden ist, wie sie im Inland zum Schutz der Arbeitnehmer vor Asbestose bestehen, nicht wettbewerbswidrig im Sinne von § 1 UWG ist.[904] **769**

Darüber hinaus fordern etwa *Ullmann* und *Wilde*, die Verletzung müsse einen hinreichend wirtschaftlichen Bezug zum Marktort (**„commercial effect"**) aufweisen.[905] Der BGH hat diese Frage jüngst offengelassen, allerdings bekräftigt, dass diese Forderung bei Kennzeichenverletzungen gilt.[906] *Köhler* schließlich unterscheidet nach der Art des Wettbewerbsverhaltens, da auf Grund der UGP-Richtlinie unlautere Verhaltensweisen nicht nur vor, sondern auch bei und nach Vertragsschluss erfasst würden, weshalb der bisher verwendete Begriff des Marktorts zu eng sei und sich als Oberbegriff der Begriff des **Einwirkungsorts** anbiete.[907] **770**

bb) Multi-State-Fälle aufgrund von Streuwerbung

Bei Handlungen, die die Interessen von Verbrauchern oder sonstigen Marktteilnehmern in mehreren Staaten beeinträchtigen, bietet sich folgende Unterscheidung an:[908] **771**

---

[900] BGH, Urteil vom 15.11.1990 – I ZR 22/89, GRUR 1991, 463, 465 – Kauf im Ausland; zu älterer Rechtsprechung Gloy/Loschelder/Erdmann/*Wilde* § 10 Rn. 49.

[901] *Ohly*/Sosnitza Einl. Rn. 17.

[902] BGH, Urt. v. 11.2.2010 – I ZR 85/08, GRUR 10, 847 – Ausschreibung in Bulgarien, Rn. 13 mwN unter Aufgabe von BGH, Urteil vom 20.12.1963 – Ib ZR 104/62, GRUR 1964, 316 – Stahlexport.

[903] Urt. v. 13.5.2004 – I ZR 264/00, GRUR 2004, 1035 – Rotpreis-Revolution; s. aber auch Urteil vom 13.5.1977 – I ZR 115/75, GRUR 1977l, 672 – Weltweit-Club.

[904] Urteil vom 9.5.1980 – I ZR 76/78, GRUR 1980, 858 – Asbestimporte.

[905] Ullmann/*Ullmann* Einl Rn. 108 und 116 mwN; Gloy/Loschelder/Erdmann/*Wilde* § 10 Rn. 26f mwN.

[906] Urt. v. 12.12.2013 – I ZR 131/12, GRUR 2014, 60 – englischsprachige Pressemitteilung, Rn. 45f mwN.

[907] *Köhler*/Bornkamm, Einl. Rn. 5.33 f.

[908] *Köhler*/Bornkamm, Einl. Rn. 5.37 f.

772   **(1) Vielzahl gleichartiger Handlungen.** Erfolgt die Werbung durch gleichartige Handlungen, etwa Telefon oder E-Mail, gegenüber einer Vielzahl von Adressaten, so ist jeder dieser Orte, an dem die Werbung wahrgenommen wird, relevant. Hierunter fällt auch die Werbung in einem Massenmedium, wenn sich diese in den einzelnen Staaten unterschiedlich gestalten lässt, wie zB bei verschiedenen Ausgaben einer Zeitschrift in Deutschland und im Ausland. Der Unternehmer muss sich also in diesen Fällen darauf einrichten, dass seine Werbung nach dem Recht des einen Staates zu verbieten, nach dem Recht eines anderen zuzulassen sein kann (sog. **Mosaikbetrachtung**), und dass die gesamte Werbung zu untersagen ist, wenn (auch) das Recht des Herkunftslands sie für unlauter hält.[909]

773   **(2) Unteilbare Handlungen.** Nichts anderes (also: Mosaikbetrachtung) gilt vom Grundsatz her, wenn sich ein Unternehmer für seine Werbung eines grenzüberschreitenden **Massenmediums** bedient, wie nicht zuletzt durch Aktivitäten im Internet. Zwar trifft weder Art. 6 I Rom II-VO dazu eine besondere Regelung noch ist höchstrichterliche Rechtsprechung ersichtlich. Gleichwohl ist in diesen Fällen wiederum vom Marktortprinzip auszugehen,[910] sofern nicht kraft ausdrücklicher gesetzlicher Regelung das Herkunftslandprinzip gilt (§ 3 TMG, dazu sogleich Rn. 779). Der Werbende kann sich auch nicht darauf berufen, dass der Grad der Beeinträchtigung in den einzelnen Staaten unterschiedlich sei, etwa wegen verschieden ausgeprägter Werbeaktivität;[911] maßgebend sind eben die Rechte sämtlicher Staaten, die die Werbung erreicht, und nicht nur beispielsweise das Recht des Staates der hauptsächlichen Werbetätigkeit.[912] Allein nach dem jeweiligen Sachrecht (in Deutschland also nach den §§ 3, 7 UWG) entscheidet sich also, ob eine fehlende Spürbarkeit der Einwirkung zu berücksichtigen ist.[913]

774   Anders als bei den bereits dargestellten Fällen der Vielzahl gleichartiger Handlungen ist jedoch bei den Rechtsfolgen zu unterscheiden: Im Hinblick auf den **Unterlassungsanspruch** kann es zu einer Kumulation anwendbarer Rechte kommen;[914] das führt wegen der Unteilbarkeit der Werbung dazu, dass diese insgesamt dem strengsten der in Betracht kommenden Sachrechte unterliegt. Auch beim **Schadensersatzanspruch** sind grundsätzlich die einzelnen Märkte nach dem jeweiligen Recht getrennt zu betrachten (Schadensparzellierung), jedoch mit der bereits oben (→ Rn. 756) näher beschriebenen Besonderheit, dass – abgesehen von Persönlichkeitsrechtsverletzungen im Internet – der gesamte Schaden nur am Handlungsort geltend gemacht werden kann, während bei Abstellen auf den Erfolgsort ggf. Klagen in verschiedenen Staaten erforderlich wären.

775   **Praxistipp:** Besteht ein erhebliches Rechtsgefälle, was im Vergleich zu Nichtmitgliedsstaaten der EU der Fall sein kann, so muss sich der grenzüberschreitend Werbende (und zwar auch dann, wenn er sich einer Vielzahl gleichartiger Handlungen bedient) darauf einstellen, nach allen in Betracht kommenden Rechten, also zumindest teilweise auch nach dem strengsten, beurteilt zu werden, was nicht zuletzt zu einem Verbot der gesamten Werbung führen kann. Ausschließen lässt sich ein bestimmtes Recht nur mit Hilfe eines wirksamen Disclaimers (→ Rn. 749).[915]

---

[909]   Ullmann/*Ullmann* Einl. Rn. 119.
[910]   *Köhler*/Bornkamm, Einl. Rn. 5.39 mwN; Ullmann/*Ullmann* Einl. Rn. 118.
[911]   Ullmann/*Ullmann* Einl. Rn. 118; vgl. auch *Köhler*/Bornkamm, Einl. Rn. 5.41.
[912]   Gloy/Loschelder/Erdmann/*Wilde* § 10 Rn. 30.
[913]   *Köhler* aaO mwN.
[914]   Gloy/Loschelder/Erdmann/*Wilde* § 10 Rn. 30.
[915]   Ullmann/*Ullmann* Einl. Rn. 119.

Begehrt hingegen ein Kläger Schadensersatz, wird er die soeben beschriebene unterschiedli- **776**
che Kognitionsbefugnis des Gerichts des Handlungsorts (Wohn-/Geschäftssitz des Beklagten) einerseits und an den Erfolgsorten andererseits zu bedenken haben. Jedenfalls dann,
wenn er sich für den erstgenannten Gerichtsstand entscheidet, sollte er konkret zu den einzelnen Rechten und den für die jeweiligen Gebiete geltend gemachten Schäden vortragen
(vgl. Praxistipp zu → Rn. 757).

(3) Spill-Over u. ä. Wie bereits ausgeführt (→ Rn. 441) gilt anderes, wenn es ledig- **777**
lich zu einem Spill-Over in einem weiteren Land gekommen ist: Dann mangelt es am
wettbewerblichen Effekt in diesem weiteren Land.[916] Auch die zufällige Kenntnisnahme einer Zeitschrift außerhalb ihres eigentlichen Verbreitungsgebiets fällt hierunter
(dazu Rn. 439).

cc) Einschränkung der Marktortanknüpfung: Das gemeinschaftsrechtliche
Herkunftslandprinzip

Die vorstehenden Ausführungen zeigen, dass sowohl die Planung als auch die spä- **778**
tere Beurteilung werblicher Maßnahmen in wettbewerbsrechtlicher Hinsicht die
Auseinandersetzung mit einer Vielzahl von Rechten erfordern kann, was nicht nur erheblichen Aufwand bedeutet, sondern auch zu Rechtsunsicherheit führt. All dies
wird vermieden, wenn man anstatt der Marktorte an das Recht des Landes der Herkunft der Werbung anknüpft[917]. Das Herkunftslandprinzip ist allerdings kein allgemeiner Grundsatz des Gemeinschaftsrechts, sondern gilt nur, wenn es durch eine gemeinschaftsrechtliche Norm angeordnet wird. Die wichtigsten diesbezüglichen
Bestimmungen des Sekundärrechts sind Art. 2 und 3 der Richtlinie über audiovisuelle
Mediendienste[918] sowie Art. 3 der E-Commerce-Richtlinie[919], während die Binnen-
marktklausel des Art. 4 der Richtlinie über unlautere Geschäftspraktiken[920] lediglich
eine abgeschwächte Version des Herkunftslandprinzips enthält. Im Einzelnen:

(1) Bei Werbung im Internet ist das Herkunftslandprinzip zu beachten, wie es in **779**
und in Umsetzung der E-Commerce-Richtlinie in § 3 des (deutschen) TMG geregelt
ist. In den Anwendungsbereich dieses Herkunftslandprinzips fallen alle lauterkeitsrechtlichen Vorschriften, die geschäftliche Handlungen im Internet betreffen, mit Ausnahme des geistigen Eigentums und der Regeln über die Zulässigkeit unaufgeforderter
Werbe-E-Mails.[921] Ob diese Vorschrift kollisions- oder sachrechtlich einzuordnen ist,
war allerdings umstritten.[922] Der EuGH hat nunmehr zu Art. 3 der E-Commerce-
Richtlinie entschieden, dass dieser

„keine Umsetzung in Form einer speziellen Kollisionsregel verlangt. Die Mitglied- **780**
staaten müssen jedoch vorbehaltlich der bei Vorliegen der Voraussetzungen des Art. 3

---

[916] S. etwa Gloy/Loschelder/Erdmann/*Wilde* § 10 Rn. 30 mwN.
[917] Instruktiv zu den Hintergründen: *Ohly*/Sosnitza Einl Rn. 67 f.
[918] Richtlinie 2010/13/EU des Europäischen Parlaments und des Rates vom 10. März 2010
zur Koordinierung bestimmter Rechts- und Verwaltungsvorschriften der Mitgliedstaaten über
die Bereitstellung audiovisueller Mediendienste.
[919] Richtlinie 2000/31/EG des Europäischen Parlaments und des Rates vom 8. Juni 2000 über
bestimmte rechtliche Aspekte der Dienste der Informationsgesellschaft, insbesondere des elektronischen Geschäftsverkehrs, im Binnenmarkt.
[920] Richtlinie 2005/29/EG des Europäischen Parlaments und des Rates vom 11. Mai 2005 über
unlautere Geschäftspraktiken von Unternehmen gegenüber Verbrauchern im Binnenmarkt.
[921] *Ohly*/Sosnitza Einl Rn. 71 mwN.
[922] S. etwa Gloy/Loschelder/Erdmann/*Wilde* § 10 Rn. 39f mwN.

IV der Richtlinie 2001/31 gestatteten Ausnahmen im koordinierten Bereich sicherstellen, dass der Anbieter eines Dienstes des elektronischen Geschäftsverkehrs keinen strengeren Anforderungen unterliegt, als sie das im Sitzmitgliedstaat dieses Anbieters geltende Sachrecht vorsieht".[923]

781	Daraus hat der BGH geschlossen, dass auch die Bestimmung des § 3 TMG keine Kollisionsnorm, sondern ein sachrechtliches Beschränkungsverbot enthält.[924] Im Ergebnis bedeutet dies, dass zwar ein oder mehrere Rechte nach Art. 6 Abs. 1 Rom II-VO anwendbar sein mögen, diese aber jeweils nicht zu dem Ergebnis führen dürfen, dass ein Diensteanbieter aus einem anderen Mitgliedsstaat strenger beurteilt wird als nach dem Recht seines Sitzes; erlaubt letzteres die Handlung, ist die Klage also abzuweisen.[925]

782	Beschränkungen sind nach Art. 3 Abs. 4 der E-Commerce-Richtlinie zulässig, wenn sie aus Gründen der öffentlichen Sicherheit und Ordnung, des Gesundheitsschutzes oder des Verbraucherschutzes erforderlich sind und dem Verhältnismäßigkeitsprinzip genügen. Damit kann etwa die Anwendung der möglicherweise strengeren Vorschriften des HWG gerechtfertigt sein.[926]

783	(2) Das für die Werbung in Funk und Fernsehen nach den Art. 2 Abs. 1 und Art. 3 Abs. 1 der Richtlinie über audiovisuelle Mediendienste maßgebliche sog. Sendelandprinzip gilt in mehrfacher Hinsicht nur eingeschränkt, nämlich allein für Mediendiensteanbieter, insbesondere also für Fernsehveranstalter[927], nicht hingegen für den Werbenden, der sich des Mediums bedient[928], und nur für den „koordinierten Bereich". Damit ist, worüber Einigkeit besteht, der Regelungsbereich der Richtlinie (Art. 9 f. und 19 f.) gemeint, während die Geltung für sonstige durch Gemeinschaftsrecht harmonisierte Bereiche, etwa für vergleichende Werbung, umstritten ist[929]. Auch besteht wiederum Streit über die Frage, ob das Herkunftslandprinzip sachrechtlich – wie eben bei der E-Commerce-Richtlinie – oder kollisionsrechtlich zu verstehen ist.[930] Die Funktionsweise des Prinzips zeigt sich im De Agostini-Urteil des EuGH[931], dem zufolge es schwedischen Behörden verwehrt ist, eine aus Großbritannien nach Schweden in schwedischer Sprache ausgestrahlte Werbesendung aus Gründen, die in der Richtlinie geregelt sind (hier: Werbung an Kinder), zu verbieten.

784	(3) Art. 4 der Richtlinie über unlautere Geschäftspraktiken untersagt den Mitgliedstaaten, den freien Waren- und Dienstleistungsverkehr „aus Gründen einzuschränken, die mit dem durch diese Richtlinie angeglichenen Bereich zusammenhängen". Das bedeutet, dass im Anwendungsbereich der Richtlinie geschäftliche Praktiken nur verboten werden dürfen, wenn die Richtlinie es zulässt; insbesondere ist es den Mitgliedstaaten also verwehrt, Beschränkungen des freien Warenverkehrs im Anwendungsbereich

---

[923]	Urt. v. 25.10.2011 – C-509/09 und C-161/10, GRUR 2012, 300 – eDate Advertising u. Martinez.

[924]	Urt. v. 8.5.2012 – VI ZR 217/08, GRUR 2012, 850 Rn. 30 – www.rainbow.at II.

[925]	Beispiel bei *Ohly*/Sosnitza Einl Rn. 79; zum Prüfungsaufbau Gloy/Loschelder/Erdmann/Wilde § 10 Rn. 43 mwN.

[926]	BGH 30.3.2006 – I ZR 24/03 –, GRUR 2006, 513 Rn. 30 – Arzneimittelwerbung im Internet.

[927]	*Köhler*/Bornkamm, Einl. Rn. 5.42.

[928]	Ullmann/*Ullmann* Einl. Rn. 124.

[929]	Dafür Ullmann/*Ullmann* Einl. Rn. 124 Fn 183; dagegen *Köhler*/Bornkamm, Einl Rn. 5.42.

[930]	*Ohly*/Sosnitza Einl Rn. 78 mwN.

[931]	GRUR Int 97, 913; vgl auch die Parallelentscheidung des EFTA-Gerichtshofs, GRUR Int 96, 52 – FO/Mattel und Lego Norge.

der Richtlinie auf die zwingenden Erfordernisse der Cassis-Rechtsprechung des EuGH zu stützen.[932]

dd) „Bilaterale" Handlungen

Nach Art. 6 Abs. 2 Rom II-VO ist die allgemeine Kollisionsnorm des Art. 4 Rom **785** II-VO (insbesondere also das in dessen Absatz 2 vorgesehene gemeinsame Heimatrecht) anwendbar, wenn ein unlauteres Wettbewerbsverhalten ausschließlich die Interessen eines bestimmten Wettbewerbers beeinträchtigt. Das soll beispielsweise bei bestimmten unternehmensbezogenen Eingriffen wie Betriebsspionage der Fall sein, so dass also deutsche Unternehmen, die in einem osteuropäischen Land konkurrieren und sich dort auf diese Weise bekämpfen, gleichwohl nach deutschem Recht beurteilt werden. Liegt hingegen eine unmittelbar marktvermittelte Einwirkung auf die geschäftlichen Entscheidungen der ausländischen Marktgegenseite vor (wie etwa bei Boykottaufruf oder Anschwärzung)[933], gilt Art. 6 Abs. 1 Rom II-VO.[934]

ee) Allgemeine Grundsätze des IPR

Nach Art. 6 Abs. 4 Rom II-VO kann von den Kollisionsnormen der Absätze 1 bis 3 **786** nicht durch eine Vereinbarung gem. Art. 14 Rom II-VO abgewichen werden; eine **Rechtswahlvereinbarung** ist also unzulässig.[935]

Ebenso ausgeschlossen ist nach Art. 24 Rom II-VO ein sog. **Renvoi**, also die Rück- **787** oder Weiterverweisung durch das nach deutschem Kollisionsrecht anzuwendende ausländische Recht wiederum auf das deutsche oder ein drittes Recht. Unter dem nach dieser Verordnung anzuwendenden Recht eines Staates sind nach der genannten Vorschrift nämlich nur die in diesem Staat geltenden Rechtsnormen unter Ausschluss derjenigen des Internationalen Privatrechts zu verstehen.

b) Das für Immaterialgüterverletzungen geltende Recht (Art. 8 Abs. 1 Rom II-VO)

Wie bereits angedeutet richtet sich die Anknüpfung im Immaterialgüterrecht nach **788** dem Schutzlandprinzip: Anwendbar ist das Recht des Staates, für den der Schutz beansprucht wird (Art. 8 I Rom II-VO). Dieses Prinzip gilt insbesondere für das Markenrecht[936] und das Recht geschäftlicher Bezeichnungen[937], aber auch für das Urheberrecht[938]. Hervorgehoben sei für das Kennzeichenrecht Art. 24 (vormals Art. 22) Nr. 4 EuGVVO, wonach für Klagen, welche die Eintragung oder die Gültigkeit von Marken, die einer Hinterlegung oder Registrierung bedürfen, zum Gegenstand haben, die Gerichte des Registrierungsstaates zuständig sind. Für Verletzungsklagen aufgrund von Gemeinschaftsmarken hingegen enthalten Art. 97 f. GMV eine autonome Zuständigkeitsregelung, die gegenüber der EuGVVO und den sonstigen internationalen oder nationalen Vorschriften vorgeht. Im Übrigen wird auf die Kommentierungen zu den

---

[932] *Ohly*/Sosnitza Einl C Rn. 74 mwN. Eingehend zur Rechtsprechung des EuGH *ders.*, aaO Rn. 1f, und Gloy/Loschelder/Erdmann/*Wilde* § 10 Rn. 72f mwN.

[933] *Köhler*/Bornkamm, Einl Rn. 5.44 mwN.

[934] BGH 11.2.2010 – I ZR 85/08, GRUR 10, 847 Rn. 19 – Ausschreibung in Bulgarien, mwN.

[935] Kritisch Gloy/Loschelder/Erdmann/*Wilde* § 10 Rn. 71.

[936] BGH, Urt. v. 13.10.2004 – I ZR 163/02, GRUR 2005, 431, 432 – Hotel Maritime; Urt. v. 8.3.2012 – I ZR 75/10, GRUR 2012, 621 Rn. 17 – OSCAR.

[937] BGH, Urt. v. 28.6.2007 – I ZR 49/04, GRUR 2007, 884 – Cambridge Institute.

[938] BGH, Urt. v. 15.2.2007 – I ZR 114/04, GRUR 2007, 871 Rn. 24 – Wagenfeld-Leuchte.

einzelnen Schutzgesetzen verwiesen, insbesondere auf die von *Ingerl/Rohnke*[939] und *Fezer*[940] zum Markenrecht sowie die urheberrechtlichen von Fromm/Nordemann/ *Nordemann-Schiffel*[941] und Wandtke/Bullinger/*v. Welser*[942].

4. Vollziehung, Anerkennung und Vollstreckung

789   a) Die erforderliche **Vollziehung** der Verbotsverfügung im Parteibetrieb (→ Rn. 948 f.) kann auch im Ausland bewirkt werden, muss aber gleichfalls die Monatsfrist des § 929 Abs. 2 ZPO wahren.[943] Sie ist im Rechtsverkehr zwischen den Mitgliedstaaten der EU selbst dann zulässig, wenn das deutsche Gericht seine Zuständigkeit lediglich auf Art. 35 (vormals Art. 31) EuGVVO iVm den nationalen Zuständigkeitsvorschriften gestützt und dem Antragsgegner kein rechtliches Gehör gewährt hat,[944] was im Rahmen der nachfolgenden Anerkennung und Vollstreckung – wie sogleich ausgeführt – mittlerweile unschädlich sein dürfte.

790   Die Vollziehung erfolgt vorrangig anhand der **Europäischen Zustellungsverordnung**[945]. Deren Artikel 14 ermöglicht zwar die Zustellung unmittelbar durch die Post, was nach deutschem Recht zur Versandform des internationalen Einschreibens mit Rückschein (§ 1068 ZPO) führt;[946] wegen der nach deutschem Recht erforderlichen Einschaltung eines Gerichtsvollziehers (§ 192 ZPO) wird allerdings empfohlen, im Ausland eine vergleichbare Zustellungsform zu wählen.[947] Im Übrigen statuiert die Verordnung kein generelles Übersetzungserfordernis hinsichtlich zuzustellender Schriftstücke, sondern gestattet vielmehr (zunächst) die Zustellung eines nicht übersetzten Schriftstückes; als Ausgleich für diese Erleichterung gewährt Art. 8 Abs. 1 EuZVO ein Annahmeverweigerungsrecht.[948] Außerhalb der EU, etwa im Verhältnis zu den USA[949], sind Staatsverträge zu beachten, insbesondere das Haager Zustellungsübereinkommen.[950]

791   b) Im Hinblick auf die **Anerkennung und Vollstreckung** gilt: Die in einem Mitgliedstaat der EU ergangenen Entscheidungen werden – vergleichbar § 328 ZPO – nach Art. 36 f. (vormals Art. 33 f.) EuGVVO unter den dort genannten formellen Voraussetzungen in den anderen Mitgliedstaaten anerkannt, ohne dass es hierfür eines besonderen Verfahrens bedarf. Sie brauchen nach Art. 39 Abs. 1 EuGVVO auch nicht – wie noch in Art. 38 EuGVVO aF vorgesehen – eigens für vollstreckbar erklärt werden. Insoweit bringt die neue EuGVVO eine weitere deutliche Erleichterung im innergemeinschaftlichen Rechtsverkehr, nämlich die Abschaffung des sog. Exequatur-(Vollstreckbarerklärungs)verfahrens. Titel wirken also im europäischen Ausland ipso iure (ohne weiteres),

---

[939]   Markengesetz, 3. Aufl. 2010, Einl Rn. 28 f.
[940]   Markenrecht, 4. Aufl. 2009, Einl. H.
[941]   Urheberrecht, 11. Aufl. 2014, vor § 120.
[942]   Praxiskommentar zum Urheberrecht, 4. Aufl. 2014, vor § 120.
[943]   *Himmelsbach* Rn. 834 mwN.
[944]   Fezer/*Hausmann/Obergfell* Einl. I Rn. 496 mwN.
[945]   Verordnung (EG) Nr. 1393/2007 des Rates vom 13. November 2007 über die Zustellung gerichtlicher und außergerichtlicher Schriftstücke in Zivil- oder Handelssachen in den Mitgliedstaaten (EuZVO).
[946]   Fezer/*Hausmann/Obergfell* Einl. I Rn. 495.
[947]   *Himmelsbach* Rn. 837 mwN.
[948]   *M. Ahrens*, NJW 2008, 2817.
[949]   BGH, Urt. v. 14.9.2011 – XII ZR 168/09, NJW 2011, 3581 Rn. 19 mwN.
[950]   Haager Übereinkommen über die Zustellung gerichtlicher und außergerichtlicher Schriftstücke im Ausland in Zivil- und Handelssachen vom 15.11.1965 (HZÜ).

Danckwerts

womit sich die gemeinschaftsrechtliche Regelung maßgeblich von dem gegenüber anderen Staaten weiterhin geltenden Verfahren (§§ 722f ZPO)[951] unterscheidet.

Auch **einstweilige Maßnahmen** im Sinne von Art. 35 (vormals Art. 31) EuGVVO **792** sind grundsätzlich anerkennungs- und vollstreckungsfähig (Art. 2 lit. a, vormals Art. 32 EuGVVO). Zu erinnern ist jedoch, dass dies nach umstrittener Rechtsprechung des Europäischen Gerichtshofs nur Anwendung finden sollte, wenn dem Gegner rechtliches Gehör gewährt bzw. er geladen wurde,[952] was auch unter der EuGVVO in der bis zum 10. Januar 2015 geltenden Fassung fortgalt, obwohl ein solches Erfordernis nicht Eingang in den Text der vormaligen Artikel 31 bzw. 32 gefunden hatte: Der Bundesgerichtshof bestätigte die noch auf den Regelugen des EuGVÜ beruhende Rechtsprechung und sah von einer Vorlage an den Europäischen Gerichtshof ab.[953] Nunmehr sieht allerdings Art. 2 lit. a) EuGVVO eine Ausnahme für den Fall vor, dass die zu vollstreckende „Entscheidung, welche die Maßnahme enthält, … vor der Vollstreckung zugestellt" wird. Das dürfte deutsche Gläubiger nicht überraschen, weil § 929 Abs. 2 ZPO schon seit jeher die Vollziehung der einstweiligen Verfügung fordert, und sie angesichts der soeben beschriebenen Regelungen der Europäischen Zustellungsverordnung auch nicht vor unüberwindbare Hindernisse stellen.

> **Praxistipp:** Bislang wurde empfohlen, bei Vorgehen gegen einen Antragsgegner mit Sitz im **793** EU-Ausland auf eine mündlicher Verhandlung, zumindest aber einer schriftlichen Anhörung des Antragsgegners zu bestehen, wenn das Gericht das nicht ohnehin aus eigenen Stücken tut.[954] Das erscheint mit der Neuregelung des Art. 2 lit. a) EuGVVO überflüssig.

Noch gilt aber: Wer sich das **Überraschungsmoment** keinesfalls nehmen lassen **794** möchte, also eine Terminierung oder auch nur Anhörung der Gegenseite durch das Gericht vermeiden will, dem bleibt nur der Weg, die Verfügung in dem Staat zu beantragen, in dem die Vollstreckung erfolgen soll.

Jedenfalls kann der Angreifer das Gericht ersuchen, dem Antragsgegner gem. § 184 **795** ZPO die Benennung eines Zustellungsbevollmächtigten im Inland aufzugeben; dies gilt allerdings nicht für Auslandszustellungen, die nach den Bestimmungen der EuZVO vorgenommen werden.[955] Darüber hinaus dürfte es sich empfehlen, der – nicht zuletzt deshalb kurz zu fassenden – Antragsschrift bereits eine beglaubigte Übersetzung beizufugen.[956] Dies gilt auch für Anlagen, allerdings nicht für solche, die lediglich Beweisfunktion haben und für das Verständnis von Gegenstand und Grund des Antrags nicht unerlässlich sind.[957] Die Übersetzungskosten können im Kostenfestsetzungsverfahren geltend gemacht werden.[958]

---

[951] Dazu etwa Gloy/Loschelder/Erdmann/*Schütze* § 11 Rn. 40f mwN.

[952] Entsch. v. 21.5.1980 – RS 125/79, EuGHE 1980, 1553 = IPRax 1981, 95 m. Anm. Hausmann – Denilauler.

[953] BGH, Beschluß vom 21.12.2006 – IX ZB 150/05, GRUR 2007, 813 – Ausländischer Arrestbeschluss.

[954] Fezer/*Hausmann/Obergfell* Einl. I Rn. 491.

[955] BGH 11.5.2011 – VIII ZR 114/10, NJW 2011, 2218.

[956] Instruktiv dazu Wandtke/Ohst/*v. Welser*, Praxishandbuch Medienrecht, Bd 1, Kap 5 Rn. 124.

[957] EuGH, Urteil vom 8.5.2008 – C-14/07, NJW 2008, 1721 – Ingenieurbüro M. Weiss und Partner GbR/IHK Berlin.

[958] OLG Düsseldorf, Beschluss vom 22.1.2009 – 2 W 11/08, BeckRS 2009, 18543.

Danckwerts

796   Darüber hinaus ist die im Ausland geltend zu machende Beschlussverfügung zu begründen, § 922 Abs. 1 Satz 2 ZPO, woran der Angreifer das Gericht notfalls erinnern sollte. Nach § 31 des Anerkennungs- und Vollstreckungsausführungsgesetzes[959] schließlich ist eine einstweilige Verfügung mit einer Vollstreckungsklausel zur Verwendung im Ausland zu versehen.

797   **Praxistipp:** Bei der **Durchsetzung** eines Verbots stehen dem Angreifer **zwei Wege** offen, die sich danach unterscheiden, welcher Titel letztlich im Ausland durchgesetzt werden soll: Einerseits kann sich der Angreifer mit dem Verbot direkt an das nationale Gericht des Unterlassungsschuldners wenden, um es dort anerkennen und vollstrecken zu lassen. Andererseits kann er beim deutschen Prozessgericht den Erlass eines Ordnungsmittelbeschlusses beantragen und diesen dann im Ausland durchsetzen lassen. Letzteres hat der EuGH für zulässig gehalten[960] und könnte sich innerhalb der EU schon deshalb anbieten, weil der BGH Ordnungsgelder als Forderungen im Sinne der Verordnung zur Einführung eines europäischen Vollstreckungstitels für unbestrittene Forderungen[961] anerkannt hat.[962] Nach Art. 5 EuVTVO entfällt das Vollstreckbarerklärungsverfahren der Art. 38f EuGVVO; erforderlich ist lediglich, dass das Prozessgericht den Beschluss in einen europäischen Vollstreckungstitel (Art. 6 EuVTVO) umwandelt.[963] Allerdings dürfte dies bei einstweiligen Verfügungen – wie auch im Fall des BGH[964] – daran scheitern, dass das deutsche Eilverfahren keine den Mindestvoraussetzungen der Art. 12 ff. EuVTVO entsprechende Belehrung vorsieht. Gleichwohl wird diesem Weg (also dem der Vollstreckung eines in Deutschland festgesetzten Ordnungsmittels im Ausland, aber offenbar eben ohne Anwendung der EuVTVO) der Vorzug gegeben.[965]

5. Prüfungsschema internationales Wettbewerbsrecht

798   1. Auslandsberührung? Wenn ja (insb. bei ausländischem Sitz des Verletzers):

2. Deutsches Gericht international zuständig? Unterscheiden nach berührtem Staat:

Innerhalb der EU	Außerhalb der EU
EuGVVO, neben Art. 4 Abs. 1 (Sitz Bekl) insbesondere. Art. 7 Nr. 2	§ 14 II 1 UWG, § 32 ZPO

Tatort

- Gleichlauf bei der Bestimmung
- Besonderheiten bei Schadensersatzansprüchen in Multi-State- Fällen
- Zur näheren Bestimmung nach Rechtsgebieten unterscheiden:

---

[959] Gesetz zur Ausführung zwischenstaatlicher Verträge und zur Durchführung von Verordnungen und Abkommen der Europäischen Gemeinschaft auf dem Gebiet der Anerkennung und Vollstreckung in Zivil- und Handelssachen (AVAG).

[960] EuGH 18.10.2011 – C-406/09, GRUR 2012, 848 – Realchemie Nederland.

[961] EG-Verordnung 805/2004 (EuVTVO).

[962] Beschluss vom 25.3.2010 – I ZB 116/08, GRUR 2010, 662 Rn. 10.

[963] S. etwa Zöller/*Geimer* Art. 1 EuGVVO Rn. 15a.

[964] BGH aaO Rn. 22 mwN.

[965] *Himmelsbach* Rn. 840a, 846; *Kieser/Sagemann,* GRURPrax 2012, 155.

Danckwerts

Wettbewerbsrecht	Immaterialgüterrecht	Insb. Gemeinschaftsmarke
Marktortprinzip; Bestimmungsgemäße Auswirkung?	Dort, wo eingetragen bzw. (wenn nicht eintragbar) wo geschützt	Nur am Handlungsort

→ Wenn nicht in Deutschland: Ausländischen Anwalt hinzuziehen

3. Welches Sachrecht gilt? Je nach Rechtsgebiet maßgeblich für die Bestimmung:

Wettbewerbsrecht	Immaterialgüterrecht
Art. 6 Rom II-VO <u>Marktortprinzip</u>	Art. 8 Rom II-VO <u>Schutzlandprinzip</u>

a) idR: Werbemarkt
   (wo potentielle Kunden Werbung bestimmungsgemäß zur Kenntnis nehmen)
b) Bei Multi-State-Fällen Mosaikbetrachtung, allerdings:
   – Strengstes Recht beim Unterlassungsanspruch, wenn Werbung nicht teilbar
   – Parzellierung beim Schadensersatzanspruch
c) Einschränkung durch Herkunftslandprinzip:
   – § 3 TMG (insb. Werbung im Internet)
   – Sendelandrecht bei Werbung in Rundfunk/Fernsehen, aber nur für den Veranstalter
   – Art. 4 UGP-Richtlinie

     → Wenn kein deutsches Recht: Handlungsalternativen
       1. Prüfung anhand spezialisierter Kommentare
       2. Rechtsgutachten des MPI o. ä.
       3. notfalls ausländischen Anwalt hinzuziehen

4. Durchsetzung, wenn Schuldner weder Sitz noch Vermögen im Inland
   • Vollziehung: EuZVO, insb. Art. 14 (int. Einschreiben/Rückschein), aber vorsichtshalber: Gerichtsvollzieher
   • Anerkennung und Vollstreckung:
     – in Deutschland Ordnungsmittel festsetzen lassen
     – dieses dann im Ausland vollstrecken

D. Die einstweilige Verfügung

Hat der Anspruchsgegner die für die Abgabe der strafbewehrten Unterlassungserklä- **799** rung gesetzte Frist ganz verstreichen lassen oder lediglich eine unzureichende Erklärung abgegeben, sollte der Gläubiger sofort einen Antrag auf Erlass einer einstweiligen Verfügung ins Auge fassen. Hauptsacheverfahren dauern zumindest einige Monate, durch die Instanzen aber auch mehrere Jahre, während Wettbewerbsverstöße unmittelbare und häufig nicht zu beziffernde Schäden auslösen können. Für die Parteien – und nicht zuletzt auch das Gericht – bietet das Verfügungsverfahren hingegen die Möglichkeit, den Streit rasch und mit begrenztem Aufwand zu klären. Mit Hilfe der Abschlusserklärung, welche die ansonsten bald eintretende Verjährung verhindert, kann sodann aus der vorläufigen Verfügung ein endgültiger Titel geschaffen werden (→ Rn. 1007 f.).

Der Antrag auf Erlass einer einstweiligen Verfügung unterliegt nicht dem Anwalts- **800** zwang (§§ 936, 920 Abs. 3, 78 Abs. 3 ZPO), wohl aber die auf den Widerspruch durchzuführende mündliche Verhandlung (§ 78 Abs. 1 ZPO).

> **Praxistipp des Richters:** Nicht zuletzt wegen der Vertretung in dem damit möglichen Termin, **801** sondern auch wegen der Vielzahl von gesetzlich nicht geregelten und häufig in den einzelnen Bezirken der Oberlandesgerichte unterschiedlich gehandhabten Besonderheiten ist jeder Angreifer gut beraten, sich von Beginn an durch einen spezialisierten Anwalt vertreten zu lassen.

Allerdings ist der Antrag auf Erlass einer einstweiligen Verfügung nur unter be- **802** stimmten Voraussetzungen zulässig. Insbesondere nämlich muss die Sache dringlich sein. Ferner muss der Verfügungsanspruch gegeben sein (§§ 936, 916 Abs. 1 ZPO). Auch im Übrigen weicht das Verfügungsverfahren aber in vielerlei Hinsicht vom Klageverfahren ab und stellt daher an den Anwalt besondere Anforderungen. Im Folgenden werden daher zunächst die formellen und inhaltlichen Anforderungen an den Antragsschriftsatz (Rn. 803 f..), der Verfügungsgrund (Rn. 819 f.) sowie der Antrag selbst (Rn. 857) und der weitere Ablauf des Verfahrens (Rn. 897 f.) dargestellt.

I. Formelle und inhaltliche Anforderungen an den Antragsschriftsatz

Ziel des Verfügungsantrags ist es, ein rechtswidriges Verhalten möglichst schnell zu **803** unterbinden. Deshalb muss zunächst sichergestellt sein, dass er das zuständige Gericht ohne Umwege erreicht. Inhaltlich sollte er sich möglichst unkompliziert erfassen lassen, so dass ihn das Gericht (so das Idealbild) Absatz für Absatz mit einem Häkchen versehen könnte, ohne dabei über unnötige Steine zu stolpern.

1. Adressat und Form der Übertragung

Wie bereits ausgeführt (→ Rn. 416 f.) sind bei der Auswahl des Gerichts verschie- **804** dene Gesichtspunkte zu bedenken, nämlich zunächst die internationale und sodann die sachliche, die funktionale und die örtliche Zuständigkeit. Da selbst bei geschäftsverteilungsplanmäßiger Einrichtung von Spezialzuständigkeiten an einem Gericht **mehrere Wettbewerbskammern** in Betracht kommen können und das Gericht mitunter – wie etwa das Landgericht Berlin – auf mehrere Standorte verteilt ist, empfiehlt es sich, die zuständige Kammer möglichst genau zu benennen und den Schriftsatz an den **richtigen Standort zu adressieren**, da eine gerichtsinterne Weiterleitung den Eingang erheblich verzögern kann.

805   Der Verfügungsantrag kann dem Gericht per Post übersandt werden, ggf. vorab per Fax. Häufig bedienen sich Anwälte aber auch eines Boten oder bringen sogar – was in der Praxis jedoch nur sehr selten vorkommt – den Antrag selbst bei Gericht vorbei und warten sodann dort auf den Erlass der Beschlussverfügung.

806   **Praxistipp:** Das Gericht wird sich allerdings nur ungern zu einer sehr kurzfristigen Entscheidung (etwa binnen weniger Stunden) drängen lassen, wenn es feststellt, dass seit der reaktionslosen Abmahnung mehrere Wochen verstrichen sind. Gleiches gilt, wenn der Antragsteller den Antrag schlicht auf den Postweg gegeben und damit eine Verzögerung von mindestens einem Tag in Kauf genommen hatte. In dringenden Fällen sollte der Antrag also, falls nicht ohnehin ein Bote bemüht wird, immer auch per Telefax vorab gesandt werden. Dabei ist durch einen Hinweis wie etwa: **„Eilt! Sofort dem Richter vorlegen! Antrag auf einstweilige Verfügung!"** sicherzustellen, dass dieses den zuständigen Richtern vorgelegt wird. Geschäftsstellen sind nämlich mitunter angewiesen, vor Vorlage eines per Telefax eingereichten Verfügungsantrags an die Richter auf den Eingang des Originals zu warten, da sich oft erst in diesem die Anlagen und insbesondere lesbare Beweisstücke und unterschriebene eidesstaatliche Versicherungen befinden. In Zweifelsfällen oder bei ungewöhnlicher Bearbeitungsdauer sowie in wirklich eiligen Fällen sollte der Anwalt nicht zögern, bei der Geschäftsstelle, dem Vorsitzenden oder dem (über die Geschäftsstelle zu erfragenden) jeweiligen Berichterstatter der Kammer **anzurufen**.

2. Begründung des Antrags

807   Die Ausführungen sollten möglichst schnörkellos und in kurzen Sätzen erfolgen. Schon die Natur der Sache fordert dies, da eine schnelle Entscheidung durch unnötiges Aufblähen des Schriftsatzes erschwert wird. Besonderes Augenmerk ist allerdings auf die Glaubhaftmachung zu legen.

a) Sachverhalt

808   Der Antragsteller hat zunächst einen Sachverhalt zu schildern, anhand dessen sich das begehrte Verbot rechtfertigen lässt. Es gelten also die allgemeinen zivilprozessualen Regeln, allerdings mit drei wichtigen Ausnahmen:

809   Anders als im Klageverfahren hat der Antragsteller gemäß §§ 936, 920 Abs. 2 ZPO sowohl Verfügungsanspruch als auch Verfügungsgrund mit der Antragsschrift **glaubhaft zu machen**. Grund dieser Glaubhaftmachungslast ist, dass die Entscheidung in dringenden Fällen ohne mündliche Verhandlung, also ohne jede Beteiligung des Antragsgegners, ergehen kann (§ 937 Abs. 2 ZPO), was in der Praxis sogar den Regelfall darstellt (→ Rn. 901). Die damit regelmäßig fehlende Beteiligung des Antragsgegners erfordert aber (sozusagen als Gegengewicht) eine Glaubhaftmachung sämtlicher Tatsachen durch den Antragsteller, mithin deutlich mehr als der im Klageverfahren ausreichende Parteivortrag nebst Beweisangeboten. Der bei Verstoß dagegen zumindest gebotene gerichtliche Hinweis führt nämlich jedenfalls zu einer Verzögerung des

Eilverfahrens.[966] Dies gilt allerdings nicht, soweit eine Vermutung greift, wie etwa gem. § 12 Abs. 2 UWG.[967] Kommt es zum Termin, so müssen dort wegen § 294 Abs. 2 ZPO die **Glaubhaftmachungsmittel präsent** sein – was häufig dazu führt, dass professionell arbeitende Anwälte mit der Partei bzw. deren gesetzlichen Vertretern sowie Mustern der Schutz- und Verletzungsform im Gerichtssaal erscheinen.

> **Praxistipp des Anwalts:** Der zu Grunde liegenden Sachverhalt muss so schnell wie möglich zusammengetragen werden. Für alle erheblichen Sachverhaltselemente sollten schon im Vorfeld der Abmahnung Glaubhaftmachungsmittel – insbesondere Versicherungen an Eides Statt – zur Akte genommen werden, da im laufenden Verfahren dafür häufig keine Zeit mehr bleibt. Der Anwalt hat in jeder Hinsicht zügig zu handeln, um sich nicht dem Vorwurf des dringlichkeitsschädlichen Verhaltens auszusetzen (→ Rn. 819 f.).   **810**

Allerdings besagt das nichts über den erforderlichen **Grad der richterlichen Über-** **811** **zeugungsbildung:** Dieser ist vielmehr im Verfügungsverfahren geringer als im Klageverfahren, da eine Behauptung bereits glaubhaft gemacht ist, sofern eine überwiegende Wahrscheinlichkeit dafür besteht, dass sie zutrifft,[968] während ansonsten eine „persönliche Gewissheit" erforderlich ist, welche den Zweifeln Schweigen gebietet, ohne sie völlig auszuschließen.[969]

§ 294 Abs. 1 ZPO bringt zudem insoweit eine Erleichterung, als **kein Strengbeweis-** **812** **verfahren** gilt, sondern sich der Antragsteller zur Glaubhaftmachung neben den §§ 371 ff. ZPO vorgesehenen Mitteln aller Beweismittel bedienen und insbesondere zur Versicherung an Eides Statt zugelassen werden kann.

aa) Die Überzeugungskraft der **eidesstattlichen Versicherung** ergibt sich aus der **813** Strafdrohung des § 156 StGB. Deshalb sollte sie in der Originalschrift vorgelegt werden. In Ausnahmefällen (etwa dann, wenn es sich um eine besonders eilige Sache handelt und sich derjenige, der versichern soll, im weit entfernten Ausland befindet) mag dem Gericht ein Telefax ausreichen. Rechtlich zwingend ist das Original ohnehin nicht.[970]

Üblich ist ferner, dass der Versichernde im Kopf der Versicherung darauf hinweist, **814** über die Strafbarkeit einer falschen Versicherung an Eides Statt belehrt worden zu sein. Schließlich trägt es sehr zur Überzeugungskraft bei, wenn sich die eidesstattliche Versicherung nicht lediglich auf den Antragsschriftsatz bezieht und die Richtigkeit der dort genannten Tatsachen bestätigt, sondern einen eigenen Sachverhalt schildert und sich möglichst rechtlicher Würdigungen enthält.[971]

> **Praxistipp des Anwalts:** Der Anwalt sollte die eidesstattliche Versicherung nicht von sich aus vorformulieren und dem Versichernden zur Unterschrift vorlegen. Zu groß ist das Risiko, dass sich Fehler einschleichen. Außerdem besteht die Gefahr, dass der Versichernde   **815**

---

[966] Beachte ferner KG v. 2.3.2011 – 5 W 21/11, WRP 2011, 611, wonach bei schlüssigem, aber nicht glaubhaft gemachtem Vortrag eine mündliche Verhandlung durchzuführen ist, da dort der Vortrag unstreitig werden kann. Auch das ist oft nicht im ersten Interesse des Antragstellers.
[967] Ullmann/*Hess* § 12 Rn. 134 mwN.
[968] BGH, Beschl. v. 11.9.2003 – IX ZB 37/03, NZG 2004, 33.
[969] Zöller/*Greger* § 286 Rn. 19 mwN.
[970] BGH, Urt. v. 16.4.2002 – KZR 5/01, GRUR 2002, 915, 916.
[971] Ullmann/*Hess* § 12 Rn. 133.

Danckwerts

nach Abgabe der Erklärung – möglicherweise sogar zur Recht – behauptet, er habe die Versicherung ungeprüft und nur deshalb unterschrieben, weil ihn der Anwalt dazu aufgefordert habe. Falsch wäre es aber auch, eine eidesstattliche Versicherung allein vom Versi-
chernden formulieren zu lassen, um diese dann „blind" einzureichen. In diesem Fall ist das
Risiko zu groß, dass sich der Versichernde nicht hinreichend präzise ausdrückt oder dass er
Sachverhaltselemente anführt, die unerheblich sind, aber einen eigenen Wettbewerbsverstoß nahelegen könnten. Sinnvoll ist es, wenn der Versichernde zunächst selbst eine ausführliche, schriftliche Sachverhaltsschilderung an den Anwalt übermittelt. Der Anwalt
kann sodann eine den Anforderungen genügende eidesstattliche Versicherung entwerfen.
Der Versichernde sollte im Anschluss daran schriftlich aufgefordert werden, die Versicherung an Eides Statt kritisch zu prüfen und nur zu unterschreiben, wenn sie in jeder Hinsicht zutreffend ist. Die Versicherung kann mit folgendem Einleitungssatz beginnen: „Ich,
… (Vor- und Nachname), versichere in Kenntnis der Strafbarkeit einer auch nur fahrlässig
falsch abgegebenen Versicherung an Eides Statt folgendes zur Vorlage bei Gericht eides-
stattlich: …".

816   bb) Als sonstige Beweismittel kommen etwa **Fotos** und heute insbesondere **Aus-**
drucke von Internetseiten in Betracht. Es reicht allerdings nicht aus, schlicht eine bestimmte Internetadresse mitzuteilen, auch wenn dies – aus Sicht des Antragstellers –
dem Gericht eine unmittelbarere und deshalb noch schlagkräftigere Möglichkeit der
Überzeugung gibt: Zwar können Gerichte heute in aller Regel auf das Internet zugrei-
fen, würden bei einer solchen amtswegigen Ermittlung aber die Beibringungsmaxime
des Zivilprozesses verlassen; auch bliebe völlig offen, welche konkrete Gestalt die Internetseite im Zeitpunkt der Antragstellung hatte, was bei Aufnahme einer Verletzungshandlung in den **Antrag** mittels bloßer Internetadresse zu dessen Unbestimmt-
heit (§ 253 Abs. 2 Nr. 2 ZPO) führen dürfte.

b) Rechtliche Ausführungen

817   Nach dem Grundsatz, dass das Gericht das Recht kennt („ius novit curia"), braucht
der Antragsteller nur den Sachverhalt zu schildern. Dies mag in sehr einfach gelagerten
Fällen auch ausreichen. Ansonsten dürfte es sich aber empfehlen, dem Gericht vorsichtshalber die dem Antrag zu Grunde liegende rechtliche Bewertung knapp, ggf.
bloß anhand einer Kette von Paragraphen, aufzuzeigen. Lässt sich der Sachverhalt unter verschiedenen Gesichtspunkten angreifen (→ Rn. 880 f.), kommt der Antragsteller
ohnehin nicht um rechtliche Ausführungen herum.

818 | **Praxistipp:** Insbesondere seitenweise Zitate der bisherigen Rechtsprechungsgrundsätze er-
       | übrigen sich, da davon auszugehen ist, dass der Wettbewerbskammer diese bekannt sind. Im
       | Übrigen besteht neben dem Zeitverlust, den auch das bloße Durchblättern derartiger Text-
       | blöcke verursacht, die Gefahr, dass **wichtige Passagen des Schriftsatzes in den Hinter-**
       | **grund** treten.

II. Verfügungsgrund, insbesondere Dringlichkeit

819   Wie bereits ausgeführt (Rn. 802) ist die Frage, ob (auch) im Eilverfahren oder nur im
Hauptsacheverfahren angegriffen werden kann, vor allem anhand dieser Zulässigkeitsprüfung zu beurteilen.

Danckwerts

1. Bedeutung im richterlichen Alltag

Der Wettbewerbsrichter prüft bei erster Durchsicht eines Verfügungsantrags zu-   820
nächst das Vorliegen des Verfügungsgrunds, also insbesondere die Dringlichkeit. Dabei
handelt es sich um eine **von Amts wegen zu prüfende Prozessvoraussetzung.**[972] Richterliche Strenge ist also zu erwarten – und berechtigt: Einstweilige Verfügungen erfordern entweder, dass durch eine Veränderung des bestehenden Zustandes die Verwirklichung des Rechts einer Partei vereitelt oder wesentlich erschwert werden könnte (sog.
Sicherungsverfügung, § 935 ZPO) oder dass die Regelung zur Abwendung wesentlicher
Nachteile oder zur Verhinderung drohender Gewalt nötig erscheint (sog. Leistungsver-
fügung, § 940 ZPO). Zwar wird das Vorliegen dieser Voraussetzungen nach § 12 Abs. 2
UWG im Wettbewerbsrecht vermutet, aber dies ist widerleglich. Fragen muss sich der
Richter also stets, ob nicht eine solche Ausnahme eingreift, insbesondere etwa die der
Widerlegung der Dringlichkeit durch zu langes Zuwarten des Antragstellers.

Die vorstehend beschriebene Hürde der Zulässigkeit stellt das **Gegengewicht zu**   821
den Erleichterungen dar, die dem Antragsteller im Verfügungsverfahren zu Gute
kommen. Insbesondere sind dies die in § 937 Abs. 2 ZPO geregelte Verzichtbarkeit einer mündlichen Verhandlung, die in der Praxis häufig zu Beschlussverfügungen ohne
jegliche Anhörung des Gegners führt,[973] und die Zulassung der eidesstattlichen Versicherung als Glaubhaftmachungsmittel (§§ 936, 920 Abs. 2, 294 Abs. 1 ZPO).

> **Praxistipp:** Nicht zuletzt ist zu bedenken, dass ein Gericht sich die Auseinandersetzung   822
> mit schwierigen materiell-rechtlichen Fragen ersparen kann, wenn es die Dringlichkeit ver-
> neint. Schon deshalb muss der Gläubiger diese Frage mit höchster Vorsicht prüfen.

In den **einzelnen OLG-Bezirken** wird das **Verfügungsverfahren unterschiedlich**   823
gehandhabt: Da nach § 542 Abs. 1 Satz 1 ZPO gegen derartige Urteile keine Revision
stattfindet, haben sich innerhalb Deutschlands eine Vielzahl von „Fürstentümern" herausgebildet. Ganz augenfällig wird diese Rechtszersplitterung bei der Beurteilung der
Länge der Zeitspanne, in der ein Zuwarten mit der Rechtsverfolgung der Dringlichkeitsvermutung noch nicht schadet, ist aber keineswegs auf diese Frage beschränkt.[974]

Gewisse Ansprüche allerdings sind für ein **Verfügungsverfahren nicht geeignet**   824
(fehlende Eignung für das Verfügungsverfahren). Gemeint sind Fälle mit komplizier-
tem tatsächlichen Hintergrund, wie sie etwa im Patent- oder Softwarerecht auftreten
können und die oft nur mit Hilfe eines Sachverständigengutachtens zu beurteilen sind,
sowie etwa Fälle, in denen ausländisches Recht anzuwenden ist[975] oder die **Interessen-**
abwägung[976] zu Lasten des Antragstellers ausfällt, da nur eine Vorlage an den EuGH
Klärung bringen kann.[977] Gerade in den erstgenannten Rechtsbereichen kommt aber

---

[972] Ahrens/*Schmukle* Kap. 45 Rn. 1 mwN.
[973] *Danckwerts*, GRUR 2008, 763.
[974] Über ältere Literatur zu diesen örtlichen Besonderheiten informiert *Teplitzky* Kap 53
Rn. 8. Übersicht über die Rechtsprechung der OLGs bei Harte/Henning/*Retzer*, § 12 Rn. 942 f.
[975] Ahrens/*Singer* Kap. 44 Rn. 7–9; Ahrens/*Jestädt* Kap. 47; Harte/Henning/*Retzer*, § 12
Rn. 343 mwN.
[976] Berneke/Schüttpelz, Rn. 51 mwN; skeptisch Gloy/Loschelder/Erdmann/*Spätgens,* § 100
Rn. 53 mwN.
[977] OLG Düsseldorf, Urt. v. 23.3.2010 – I-20 U 183/09, GRUR-RR 2010, 291.

die sog. **Besichtigungsverfügung** in Betracht.[978] Im Übrigen besteht stets die Möglichkeit, die Anordnung der einstweiligen Verfügung gem. §§ 936, 921 Satz 2 ZPO von einer **Sicherheitsleistung** abhängig zu machen.[979]

825 | **Praxistipp:** Letzteres sollte der Antragssteller dem Gericht ausdrücklich anbieten, wenn die Gefahr besteht, dass dieses die davor beschriebene „Notbremse" zieht. Erfahrungsgemäß tun Gerichte das aber sehr selten. Der Grund dafür mag in der Bedeutung des Grundrechts auf Gewährleistung effektiven Rechtsschutzes (Art. 19 Abs. 4 GG), aber nicht zuletzt auch daran liegen, dass in der Verneinung der Geeignetheit gleichzeitig zumeist ein Eingeständnis der eigenen Unvollkommenheit liegen würde, weshalb der Anwalt vielleicht vor einer solchen Entscheidung vorsichtig an den Stolz der Richter appellieren sollte.

2. Umfang der Dringlichkeitsvermutung

826 § 12 Abs. 2 UWG sagt ausdrücklich, dass die Vermutung **nur für den Unterlassungsanspruch** gilt, also insbesondere **nicht für Ansprüche auf Schadensersatz und Auskunft**. Ob letzteres auch zutrifft, wenn es um die Verletzung von Schutzrechten geht, ist streitig: Teilweise wird bei § 19 Abs. 7 MarkenG, der in Fällen offensichtlicher Rechtsverletzungen die Anordnung der Auskunftserteilung im Wege der einstweiligen Verfügung vorsieht, auch grundsätzlich von der Eilbedürftigkeit des Auskunftsanspruchs ausgegangen,[980] während diese Erleichterung im Rahmen des gleichlautenden § 101 Abs. 7 UrhG nicht gelten soll.[981] Bei Ansprüchen auf Besichtigung wegen Verletzung gewerblicher Schutzrechte (insbesondere Patente, aber auch etwa Urheberrechte an einer Software) wird allerdings – und damit sogar über die Vermutung des § 12 Abs. 2 UWG hinausgehend – keine Dringlichkeit in zeitlicher Hinsicht vorausgesetzt[982] oder zumindest die Dringlichkeitsfrist nicht streng gehandhabt[983].

827 Erst recht besteht Streit über die Frage, ob die Vermutung des **§ 12 Abs. 2 UWG analog** auch auf Unterlassungsansprüche aus den vorgenannten oder anderen Schutzrechten anzuwenden ist. Insbesondere im Hinblick auf das Markengesetz bejahen dies auch heute noch einige Oberlandesgerichte, so etwa das Kammergericht;[984] der Streit erscheint aber eher theoretischer Natur, da die tatsächliche Praxis bei den die Analogie ablehnenden Gerichten[985] kaum anders aussehen dürfte[986] und sich dies mittels § 940 ZPO auch

[978] *Köklü/Müller-Stoy*, MittdtschPatAnw 2011, 109; *Eck/Dombrowski*, GRUR 2008, 387.
[979] *Teplitzky* Kap. 55 Rn. 4 mwN.
[980] *Ingerl/Rohnke*, MarkenG, 3. Aufl., § 19 Rn. 54.
[981] OLG Hamburg, 9.1.2007 – 5 W 147/06, GRUR-RR 2007, 381, 382.
[982] OLG Düsseldorf, 17.3.2011 – I-2 W 5/11, GRUR-RR 2011, 289.
[983] KG 23.5.2011 – 24 U 195/10, UA S. 8 (nicht veröffentlicht).
[984] 4. April 2008 – 5 W 51/08, MarkenR 2008, 219 Rn. 4; KG 1.8.2014 – 5 W 240/14, juris Rn. 7; ferner OLG Bremen 18.9.2015 – 2 U 33/15; Offengelassen von OLG Hamburg 10.4.2008 – 3 U 78/07, GRUR-RR 2008, 366 Rn. 29. Weitere Fundstellen bei *Büscher*/Dittmer/Schiwy § 14 MarkenG Rn. 690.
[985] Jüngst etwa OLG Köln 25.7.2014 – 6 U 197/13, WRP 2014, 1085 Rn. 8; OLG Düsseldorf, *Urteil* vom 7.6.2011 – I-20 U 1/11, GRUR-RR 2012, 146.
[986] *Ahrens*/Schmukle Rn. 65 mwN; *Büscher*/Dittmer/Schiwy vor § 12 UWG Rn. 106: Geringe Anforderungen an Darlegung und Glaubhaftmachung des Verfügungsgrundes folgten aus „Lage der Dinge selbst". Auf den Sonderfall des beendeten Verstoßes hinweisend *Meinhardt*, GRURPrax 2015, 27 f.

gut begründen lässt: Ausreichend ist nach dieser Vorschrift die „Verhinderung drohender Gewalt", womit jede gegen den Antragsteller gerichtete unerlaubte Handlung gemeint ist,[987] also auch die hier in Rede stehende Schutzrechtsverletzung. Bei Urheber- sowie Geschmacksmusterrechten herrscht hingegen sehr viel größere Skepsis, und im Patent- sowie Gebrauchsmusterrecht wird die Analogie wohl einhellig abgelehnt. In diesen Fällen ist also die Dringlichkeit eigens darzulegen und glaubhaft zu machen, allerdings auch dies unter Berücksichtigung der nachfolgend dargestellten Grundsätze.[988]

3. Ausnahmen von der Dringlichkeitsvermutung

Vor allem hier liegen die bereits erwähnten Fallstricke der Zulässigkeitsprüfung: **828** Obschon nämlich § 12 Abs. 2 UWG zunächst für den Antragsteller streitet, kann dieser sich dringlichkeitsschädlich verhalten, insbesondere durch zu langes Zuwarten mit der Einleitung oder dem zögerlichem Betrieb des weiteren Verfahrens die Vermutung selbst widerlegen.

a) Dringlichkeitsschädliches Zuwarten mit der Antragsstellung

Der Antragsteller muss die **Rechtsverfolgung zügig betreiben**. Auch hat er **um-** **829** **fassend** vorzugehen, also etwa eine Zeitungsanzeige in jeder Hinsicht auf ihre Unlauterkeit hin zu untersuchen und anzugreifen, weil sonst das Gericht die Einführung weiterer (sich auch aus der Anzeige ergebender) Vorwürfe im Verlauf des Verfahrens für dringlichkeitsschädlich halten könnte.[989] Da der Antragsteller zudem noch weitere Ermittlungen anzustellen haben mag und dem Täter in der Regel Gelegenheit geben sollte, sich auf eine Abmahnung hin zu unterwerfen, wird bis zur Einreichung eines Verfügungsantrags zwangsläufig einige Zeit verstreichen. Die Frage, wie lange diese Zeitspanne dauern darf, und ob dem Antragsteller insoweit auch eine fahrlässige Unkenntnis des Verstoßes vorgeworfen werden kann, beantworten die deutschen Obergerichte unterschiedlich:

aa) Zeitspanne („Dringlichkeitsfrist")

Während in den OLG-Bezirken München, Nürnberg, Dresden, Karlsruhe und neu- **830** erdings etwa in Köln und Koblenz bereits ein Zuwarten von mehr als einem Monat schadet, werden dem Antragsteller in Frankfurt wohl sechs Wochen, in Berlin und Rostock zwei Monate sowie in Schleswig drei Monate eingeräumt. Es kann also als Faustregel von einem **Nord-Süd-Gefälle** gesprochen werden,[990] wobei allerdings zumindest Düsseldorf und Stuttgart, wo ebenfalls zwei Monate toleriert werden, die Ausnahmen bilden. Bei manchen Oberlandesgerichten – etwa dem OLG München[991] und dem Kammergericht – ist eine **sehr starre Handhabung** der Frist zu beobachten, die allerdings für Rechtssicherheit sorgt; andere hingegen – genannt sei insbesondere das OLG Hamburg,[992] das früher großzügig sogar sechs Monate hinnahm – stellen in erster Linie **Einzelfallerwägungen** an. Nach Ablauf von sechs Monaten ist der Verfügungsantrag

---

[987] Zöller/*Vollkommer* § 940 Rn. 4.
[988] Büscher/*Dittmer*/Schiwy vor § 12 UWG Rn. 109.
[989] Ahrens/*Schmukle* Rdn. 48 mwN.
[990] *Doepner* WRP 2011, 1384 (der ganze Aufsatz!).
[991] *Himmelsbach* Rn. 736.
[992] Weiterführend Büscher/*Dittmer*/Schiwy § 12 UWG Rn. 35.

jedenfalls nicht mehr dringlich; anderes wäre angesichts der sechsmonatigen Verjährungsfrist im Wettbewerbsrecht (§ 11 Abs. 1 UWG) auch kaum zu rechtfertigen.

831   **Praxistipp:** Der antragsstellende Anwalt sollte unbedingt die Handhabung in dem OLG-Bezirk, in dem er den Antrag einreichen will, anhand aktueller Literatur[993] oder sogar durch Befragung eines ortskundigen Kollegen feststellen. Eine telefonische Anfrage direkt bei Gericht[994] mag ebenso Erfolg haben, könnte aber auch brüsk zurückgewiesen werden.

832   **Praxistipp des Anwalts:** Kein Verlass auf „Faustformeln"!
       Die Oberlandesgerichte lassen Ausnahmen zu, bei denen die Dringlichkeit auch schon vor Ablauf der grundsätzlich angenommenen Dringlichkeitsfristen entfallen soll. Auch sind die Landgerichte (natürlich) nicht an die Rechtsprechung „ihrer" Oberlandesgerichte gebunden; sie können ohne Weiteres kürzere Dringlichkeitsfristen zu Grunde legen. Es kann auch sein, dass ein Oberlandesgericht auf die Linie eines anderen Oberlandesgerichts umschwenkt und beispielsweise nicht mehr von einer zweimonatigen „Regelfrist" ausgeht, sondern plötzlich nur noch einen Monat für ausreichend lang hält. Nach der Rechtsprechung muss ohnehin der jeweilige Einzelfall betrachtet werden, dessen konkreten Umstände eine kürzere Dringlichkeitsfrist begründen können: So mag es sein, dass das Verhalten des für die Antragstellerseite auftretenden Rechtsanwalts (z.B. das Setzen einer sehr kurzen Frist zur Abgabe der Unterlassungserklärung und dem folgend eine späte Antragstellung) dazu führt, dass das angerufene Gericht die Vermutung der Dringlichkeit vor Ablauf der grundsätzlich geltenden Dringlichkeitsfrist als widerlegt erachtet.

833   Andererseits führt eine Überschreitung der jeweiligen Regelfrist nicht zwangsläufig zur Widerlegung der Dringlichkeitsvermutung. Der Antragssteller muss jedoch besondere Umstände glaubhaft machen können, aufgrund derer ihm die Einhaltung der Frist nicht möglich war. Auf die **rechtliche Würdigung** kommt es in diesem Zusammenhang allerdings nicht an[995]; der Antragssteller kann sich also nicht darauf berufen, erst sein Anwalt habe ihn von der Unlauterkeit des bereits zuvor bekannten Geschehens unterrichtet oder die Prüfung der Rechtsfrage sei schwierig gewesen. Ebenso wenig hilft es dem nicht zügig handelnden Antragssteller, dass ein **Interesse der Allgemeinheit** an der einstweiligen Unterbindung des beanstandeten Verhaltens – etwa weil dieses die Verbraucher irreführt – bestehen mag. Als durchgreifende besondere Umstände in Betracht kommen aber insbesondere ernsthafte[996] **Vergleichsverhandlungen** zwischen den Parteien, solange sie in einer dem Eilverfahren gemäßen Zügigkeit betrieben werden.[997]

834   **Praxistipp des Anwalts:** Allerdings ist bei der Führung von Vergleichsgesprächen Zurückhaltung angebracht. Die Antragsgegnerseite hat hier womöglich ein taktisches Interesse. Vergleichsverhandlungen werden oft betrieben, um später die Dringlichkeit in Frage zu stellen. Riskant sind insbesondere Zwischenvergleiche, durch die sich die Parteien des Verfü-

---

[993] Hier bieten sich *Köhler*/Bornkamm § 12 UWG Rn. 3.15b, Harte/Henning/*Retzer* Anhang zu § 12 Rn. 942f oder Ullmann/*Hess* § 12 UWG Rn. 115 an.
[994] *Himmelsbach* Rn. 736.
[995] OLG Hamburg WRP 2007, 675; OLG Hamm WRP 1981, 473.
[996] *Himmelsbach* Rn. 739 mwN.
[997] Ahrens/*Schmukle* Rn. 40 mwN.

Danckwerts

gungsverfahrens darüber verständigen, dass aus der einstweilige Verfügung erst vollstreckt werden soll, wenn über den Widerspruch des Antragsgegners entschieden wurde oder wenn das Berufungsgericht über den Verfügungsantrag entschieden hat. Erfährt das erkennende Gericht von einem solchen Zwischenvergleich, muss es die Dringlichkeit hinterfragen. Der Anwalt des Antragsgegners mag versprochen habe, dass er den Zwischenvergleich nicht zur Sprache bringen wird. Dieses Versprechen ist nichts wert. Es wird auch eingehalten, wenn der Antragsgegner nach Abschluss des Zwischenvergleichs den Anwalt wechselt. Über einen Vergleich kann auch noch nach Erlass der einstweiligen Verfügung verhandelt werden.

Schlichte Vorbereitungshandlungen müssen allerdings nicht unterbunden werden, da die für die Dringlichkeit geltende Zeitspanne erst bei Vorliegen einer Erstbegehungsgefahr läuft. **835**

bb) Erforderlicher Kenntnisstand des Antragsstellers

Es bietet sich an, hier sowohl nach objektiven und subjektiven Gesichtspunkten als auch nach den maßgeblichen Personen zu unterscheiden. **836**

(1) Objektiv. Die Frist läuft ab Kenntnisnahme von den maßgeblichen Umständen der Verletzungshandlung und dem Täter (**„Ross und Reiter"**).[998] Das OLG München vertritt sogar in wohl ständiger Rechtsprechung, dass der Angreifer im Besitze aller derjenigen Unterlagen sein muss, die er nach der Sachlage des Einzelfalles braucht, um mit Aussicht auf Erfolg eine einstweilige Verfügung beantragen zu können, was bei einer längeren Reise eines Zeugen oder der Einholung eines Meinungsforschungsgutachtens durchaus dauern könne.[999] Damit hält es den Antragssteller erst dann fest, wenn dieser – um im soeben gezeichneten Bild zu bleiben – auch über die „Lanze" für die Auseinandersetzung verfügt; die damit einhergehende Flexibilität dürfte wegen der sehr kurzen und starr gehandhabten Frist vor diesem Oberlandesgericht sachgerecht sein. **837**

(2) Subjektiv. Klar ist: **Positive Kenntnis schadet** dem Antragsteller, **nicht jedoch bloß fahrlässige Unkenntnis.**[1000] Was gilt aber etwa, wenn der Antragssteller eine bestimmte Seite eines Prospekts des Konkurrenten zum Gegenstand eines Verfügungsverfahrens gemacht hatte, nun aber noch weitere Angaben in diesem Prospekt bemerkt und beanstandet, obwohl die – nach der ersten Kenntnisnahme des Prospekts berechnete – Dringlichkeitsfrist bereits abgelaufen ist? Bei einer derartigen **grob fahrlässigen Unkenntnis** liegt es nahe, einen Gleichklang mit der bereits erwähnten Verjährungsregelung des § 11 UWG zu suchen, nach dessen Abs. 2 Nr. 2 die Frist auch bereits mit solchen subjektiven Gegebenheiten zu laufen beginnt. Gleichwohl ist die Frage der Behandlung grob fahrlässiger Unkenntnis streitig: Zunehmend halten Oberlandesgerichte – wie etwa in Hamburg und Köln – schon dies zwar für schädlich; die Gegenmeinung beruft sich hingegen auf den althergebrachten Grundsatz, dass es im Wettbewerb **keine Marktbeobachtungspflicht** gäbe.[1001] **838**

---

[998] Ullmann/*Hess* § 12 UWG Rn. 107 mwN.

[999] 29.7.1980–6 W 1509/80, GRUR 1980, 1017; ähnlich 13.8.2007 – 29 W 2073/07, MDR 2007, 973.

[1000] Fezer/*Büscher* § 12 UWG Rn. 80 mwN.

[1001] Auch hier bieten *Köhler*/Bornkamm § 12 UWG Rn. 3.15a und Ullmann/*Hess* § 12 UWG Rn. 107 einen guten und aktuellen Überblick. Dagegen etwa Fezer/*Büscher* § 12 UWG Rn. 80 mwN.

839 | **Praxistipp:** Selbst wenn bloß der Einwand der fahrlässigen Unkenntnis zu befürchten steht, sollte wegen der Dehnbarkeit dieser Begriffe unbedingt eine aktuelle Recherche für den jeweiligen OLG-Bezirk durchgeführt werden.

840   (3) Personenkreis. Der Antragssteller (oder die Organe der antragsstellenden juristischen Person) müssen nicht notwendig selbst hinreichende Kenntnis erlangt haben. Vielmehr ist auch das **Wissen von Mitarbeitern oder sonstigen Dritten** (etwa eines Anwalts[1002]), das sich der Antragssteller zuzurechnen hat, dringlichkeitsschädlich; eine solche Zurechnung findet aber nur dann statt, wenn diese Personen für die Ermittlung und/oder die Geltendmachung von Wettbewerbsverstößen zuständig sind[1003]. Ob bei **Rechtsnachfolge** dringlichkeitsschädliches Wissen zuzurechnen ist, scheint zweifelhaft.[1004]

841   Der Einwand, der Antragssteller habe schon seit längerer Zeit **Wissen von Verstößen Dritter**, hilft dem Antragsgegner hingegen nicht. Es ist vielmehr Sache des Antragsstellers zu entscheiden, gegen wen er wettbewerbsrechtlich vorgehen will.[1005] Im Einzelfall mag ein solches selektives Vorgehen allerdings rechtsmissbräuchlich sein, und die Kenntnis von Verstößen Dritter lässt möglicherweise auf eine grob fahrlässige Unkenntnis von den Verstößen des später Angegriffenen schließen.[1006]

cc) „Wiederaufleben" der Dringlichkeit

842   Handelt es sich um fortgesetzte oder wiederholte Verstöße, etwa durch werbende Angaben im Internet oder zeitlich gestaffelte Anzeigen, so kann sich der Antragssteller, der dies zunächst länger hingenommen hatte, nicht darauf berufen, der Wettbewerber werbe doch immer weiter bzw. wieder unlauter.[1007] Anderes gilt aber, wenn es zu einer **erheblichen Ausweitung oder Änderung der Verstöße** kommt, so etwa dann, wenn nicht nur sporadisch, sondern regelmäßig und mit auffälligeren Anzeigen geworben wird;[1008] auch die Änderung der höchstrichterlichen Rechtsprechung könnte erheblich sein.[1009] Ob allerdings die Dringlichkeit wieder auflebt, wenn der Verstoß nicht mehr nur – wie für eine Erstbegehungsgefahr ausreichend (→ Rn. 48) – unmittelbar bevorsteht, sondern tatsächlich begangen ist (also nunmehr Wiederholungsgefahr besteht, → Rn. 47, ist streitig.[1010]

b) Dringlichkeitsschädliches Zögern beim weiteren Betrieb des Verfahrens

843   Solange der – nach Vorstehendem rechtzeitig eingereichte – Verfügungsantrag noch nicht beschieden ist, läuft die „Uhr" der Dringlichkeit grundsätzlich nicht weiter. Gleichwohl besteht für den Antragssteller weiterhin Gefahr, die Dringlichkeit selbst

---

[1002] OLG Frankfurt 11. Juni 2013 – 6 W 61/13, WRP 2013, 1068 Rn. 4, GRURPrax 2013, 324 (Bohne).

[1003] OLG Brandenburg 14.4.2011 – 6 U 79/10, WRP 2012, 747 Rn. 28; *Himmelsbach* Rn. 738 mwN; großzügiger OLG Frankfurt 6.1.2000 – 6 W 149/99, NJW 2000, 1961.

[1004] Dafür OLG Bremen 18.9.2015 – 2 U 33/15.

[1005] OLG Hamburg 4.7.2013 – 3 U 161/11, WRP 2013, 1209 Rn. 16.

[1006] Zum Problemkreis auch Ahrens/*Schmukle* Rn. 32 mwN; *Teplitzky*, WRP 2013, 1414.

[1007] S. etwa OLG Köln 10.12.2010 – 6 U 112/10, WRP 2011, 362.

[1008] Weitere Beispiele etwa bei Ullmann/*Hess* § 12 Rn. 125.

[1009] LG Hamburg 20.3.2007 – 308 O 172/07, NJOZ 2009, 1456.

[1010] Ablehnend etwa OLG Hamburg 12.7.2007 – 3 U 39/07, GRUR-RR 2008, 100, 101; zum Meinungsstand etwa Ahrens/*Schmukle* Rn. 60 mwN.

Danckwerts

zu widerlegen. Er sollte also insbesondere **keine Anträge auf Fristverlängerung oder Terminsverlegung**[1011] stellen oder sich im Termin **in die Säumnis flüchten**. Gesetzliche Fristen, also etwa die der Vollziehung, der Berufungseinlegung und -begründung, dürfen allerdings ausgeschöpft werden[1012]. Es schadet auch nicht, wenn das Gericht das Verfahren verzögert, etwa durch Umterminierung oder Auflagen, da Verzögerungen bei der nach Antragseinreichung dem Gericht obliegenden Bearbeitung dem Antragsteller nicht schaden dürfen. Erteilt das Gericht allerdings **Hinweise**, so sollte sich der Antragsteller mit deren Erledigung sputen und ggf. Gründe für die Verzögerung benennen und belegen. Dabei ist jedenfalls unschädlich, wenn er Glaubhaftmachungsmittel, etwa die als noch unzureichend beanstandete eidesstattliche Versicherung, innerhalb der – allerdings weiterhin nach der ersten Kenntnisnahme des Verstoßes berechneten – Dringlichkeitsfrist nachbessert.

Gibt das Gericht zu erkennen, dass es den Antrag zurückweisen will, so liegt es **844** nicht fern, diesen bei einem **anderen Gericht (sog. „forum hopping")**[1013] einzureichen. Diesem erneuten Antrag dürfte aber das Rechtsschutzbedürfnis fehlen (→ Rn. 1042 f.), wenn nicht das Vorgehen ohnehin als dringlichkeitsschädlich bewertet wird. Lehnt das Gericht den Antrag durch Beschluss ab, sollte der Antragsteller nicht nur schlicht Beschwerde einlegen, sondern diese auch mit gleichem Schriftsatz begründen; bei **Nachreichung der Begründung beim Beschwerdegericht** kann dieses ihm nämlich vorwerfen, er habe nicht die möglicherweise schnellere Abhilfeentscheidung des Ausgangsgerichts ermöglicht.[1014]

Erlässt hingegen das Gericht die begehrte Beschlussverfügung, so ist aus Sicht des **845** Antragstellers – abgesehen natürlich von der Vollziehung der Verfügung (→ Rn. 948 f.) – nichts Weiteres zu tun. Er widerlegt also nicht etwa die Dringlichkeitsvermutung, wenn er um eine Verschiebung des aufgrund Widerspruchs anberaumten Termins nachsucht. Vorsicht ist indes angebracht, wenn der Gegner Berufung einlegt und der Antragsteller sein bislang erfolgloses Teilbegehren nur mit der **Anschlussberufung** verfolgt.[1015] Ebenso bedenklich ist ein **Absehen von der Vollstreckung** oder ein **vorläufiger Verzicht** darauf: Ersteres kann sich als Fall dringlichschädlich-zögerlicher Betreibung des Eilverfahrens im Vollstreckungsstadium erweisen und sonach den Verfügungsgrund entfallen lassen, und zwar auch dann, wenn es um eine mit Zwangsmitteln nach § 888 ZPO durchzusetzende Auskunft geht.[1016] Letzteres mag eine Vorbedingung für Vergleichsgespräche zwischen den Parteien sein, weshalb dagegen dem Grunde nichts einzuwenden ist; allerdings muss der Antragsteller auch hier den Eilcharakter des Verfügungsverfahrens im Auge behalten.[1017]

[1011] OLG Frankfurt 28.5.2013 – 11 W 13/13, GRUR-Prax 2013, 323 (*Bohne*); offen aber für einen Hinweis im Verlegungsantrag, dass bei einer maßgeblichen Verzögerung jedenfalls eine Verlegung nicht mehr in Kauf genommen würde: OLG Hamm 15.9.2009 – 4 U 103/09.

[1012] Ullmann/*Hess* § 12 UWG Rn. 118 mwN.

[1013] Dazu etwa *Schmidhuber/Haberer*, WRP 2013, 436.

[1014] KG 14.7.2011 – 5 W 129/11; OLG Frankfurt 28.5.2013 – 11 W 13/13, GRUR-Prax 2013, 323 (Bohne); Ahrens/*Schmukle* Rn. 51 mwN.

[1015] OLG Frankfurt 17.1.2012 – 6 U 159/11, GRURPrax 2012, 197 (*Danckwerts*).

[1016] KG 8.4.2011 – 5 U 140/10, GRURPrax 2011, 206 (*Bohne*), nur angerissen hat es dabei die Frage, ob wegen binnen Monatsfrist ausgebliebenen Zwangsgeldantrags bereits von einem Versäumnis der Vollziehungsfrist des § 929 Abs. 2 ZPO auszugehen ist.

[1017] Näher dazu *Danckwerts*, GRURPrax 2010, 473.

Danckwerts

846 | **Praxistipp:** Abschließend ist wärmstens anzuraten, sich einen Überblick über sämtliche vorstehend dargestellten Fallstricke zu verschaffen und während des gesamten Verfahrens – also bei jedem einzelnen Schritt – die Dringlichkeit im Auge (*Himmelsbach* empfiehlt sogar, die Akten ständig in Reichweite und Kontrolle)[1018] zu haben.

847 | **Praxistipp des Anwalts:** Eile ist nicht nur bis zum Zeitpunkt der Antragstellung geboten. Jede unnötige Verzögerung im Laufe des Verfahrens sollte nach Möglichkeit vermieden werden! Dem Terminsverlegungsantrag des Antragsgegners sollte deshalb nicht zugestimmt werden, wenn die beantragte einstweilige Verfügung noch nicht erlassen, sondern stattdessen Termin zur mündlichen Verhandlung angeordnet wurde. Eine Terminsverlegung hätte die Verzögerung der Entscheidung über den Verfügungsantrag und damit möglicherweise auch den Fortfall der Dringlichkeit zur Folge. Die Zustellung der einstweiligen Verfügung sollte im Regelfall so schnell wie möglich bewirkt werden. Ist die einstweilige Verfügung zugestellt worden, muss deren Einhaltung überwacht und gegebenenfalls zeitnah die Zwangsvollstreckung in Form eines Ordnungsmittelantrags betrieben werden. Wer sich mit dem Ordnungsmittelantrag über Wochen und Monate Zeit lässt, muss damit rechnen, dass die einstweilige Verfügung wegen veränderter Umstände – nämlich dem Fortfall der Dringlichkeit – wieder aufgehoben wird.

848 | Der Anwalt des Antragstellers sollte das Verfahren also immer so zügig vorantreiben, wie ihm das möglich ist. Sind Fristen bekannt, sollte immer versucht werden, die notwendige Handlung spätestens eine Woche vor Ablauf der Frist durchzuführen. So bleibt ein gewisser zeitlicher Puffer für den Fall, dass sich doch einmal ein Fehler ergibt. Für die Zustellung des erwarteten Verfügungsbeschlusses sollte beispielsweise eine Frist von einem Monat ab Stellung des Verfügungsantrags notiert werden. Außerdem sollten zwei Vorfristen standardmäßig vermerkt werden. Da die Vollziehungsfrist nicht schon mit Einreichung des Verfügungsantrags beginnt, läuft die wahre Vollziehungsfrist in aller Regel später ab, als die vorsorglich notierte Frist. Der Anwalt bewegt sich damit auf einer sicheren Grundlage.

c) Zeitgebundene Verstöße

849   Kann sich der Verstoß in absehbarer Zeit nicht wiederholen, etwa weil es sich um eine Aktion zu Weihnachten oder anlässlich eines Jubiläums handelte, so ist die Dringlichkeit jedenfalls dann widerlegt, wenn bis zur nächsten möglichen Begehung ein auch nur vorläufig vollstreckbarer Hauptsachetitel erstritten werden könnte.[1019]

d) Fehlende Bedeutung des Verstoßes

850   Die Vermutung des § 12 Abs. 2 UWG soll nach Auffassung des OLG Düsseldorf auch dann widerlegt sein, wenn dem Antragsteller schon nach seinem eigenen Sachvortrag in Bezug auf seine gewerbliche Tätigkeit aktuell kein Schaden droht.[1020] Der gleiche Gedanke liegt zu Grunde, wenn in bestimmten urheberrechtlichen Fällen der Verfügungsgrund verneint wird: Geschützte Kartografien seien zwar weiterhin öffentlich zugänglich iSd § 19a UrhG, auch wenn die Gefahr einer rechtsverletzenden Nutzung oder Kenntnisnahme durch Dritte deswegen äußerst gering sei, weil die Karto-

---

[1018] Rn. 741; s. auch *Büscher*/Dittmer/Schiwy § 12 UWG Rn. 42.
[1019] Ahrens/*Schmukle* Rn. 13 f. mwN.
[1020] Urt. vom 14.12.2004 – 20 U 109/04, GRUR 2005, 523, 524.

grafie im Zeitpunkt der Abmahnung nicht (mehr) in eine Homepage eingebunden gewesen sei; letzteres schließe aber die Dringlichkeit aus.[1021]

e) Gegenschlag

Nach Ansicht des OLG Frankfurt schließlich ist der Verfügungsgrund nicht allein   851 deshalb zu verneinen, weil der Antragsteller zuvor vom Antragsgegner wegen eines gleichartigen Verstoßes in Anspruch genommen worden ist und sich der Eilantrag daher als „Gegenschlag" darstellt; in diesem Fall kann die Geltendmachung eines solchen Unterlassungsanspruchs auch nicht als rechtsmissbräuchlich (§ 8 Abs. 4 UWG) eingestuft werden.[1022]

4. Darlegungs- und Glaubhaftmachungslast

Aus der widerlegbaren gesetzlichen Vermutung des § 12 Abs. 2 UWG folgt zwar   852 nicht, dass der Verfügungsgrund entbehrlich ist, wohl aber, dass der Antragsteller in der Regel den Verfügungsgrund nicht darzulegen und glaubhaft zu machen hat.[1023] Das bedeutet auch, dass die Glaubhaftmachungslast für den Zeitpunkt der Kenntniserlangung durch den Antragsteller bei dessen Gegner liegt.[1024] Gleichwohl sollte der Antragsteller folgendes im Auge behalten: Zu einer Widerlegung oder zumindest hinreichenden **Erschütterung der Vermutung** kann es kommen, wenn gewichtige **Umstände auf eine dringlichkeitsschädliche Kenntnis hindeuten**. In diesem Fall hat der Antragsteller darzulegen und glaubhaft zu machen, wann er erstmals von dem Verstoß erfahren hat. Ob dies darauf hinausläuft, dass er seine Unkenntnis glaubhaft machen muss,[1025] kann dahinstehen, da er sich nunmehr jedenfalls in der unangenehmen Lage des für den Verfügungsgrund Darlegungs- und Glaubhaftmachungsbelasteten befindet.[1026]

> **Praxistipp des Anwalts:** Unbedingt die Antragsschrift selbst, aber auch die zur Glaubhaft-   853
> machung einzureichenden Unterlagen nach Anhaltspunkten für eine dringlichkeitsschädliche Kenntnis durchsehen! Gleiches gilt für den Anwalt des Antragsgegners: Die Suche nach Gründen für eine dringlichkeitsschädliche Kenntnis kann erfolgreich sein. Aufschlussreich ist mitunter das Datum eines zur Glaubhaftmachung eingereichten Screenshots aus dem Internet, aber auch die vorprozessuale Korrespondenz.

5. Fragen & Antworten

Was ist der Unterschied zwischen „Verfügungsgrund" und „Dringlichkeit"? Der   854 erstgenannte Begriff geht weiter als der letztgenannte: Unter „Verfügungsgrund" versteht man die in den §§ 935 und 940 ZPO geregelten (und vorstehend zu 1. a) zitierten)

[1021] OLG Hamburg, Beschl. v. 8.2.2010 – 5 W 5/10, MMR 2010, 418; vgl. ferner BVerfG, Beschl v. 6.4.2010 – 1 BvR 1991/09, GRUR 2010, 1033 Rn. 18 mwN.

[1022] Beschl. v. 5.12.2008 – 6 W 157/08, MMR 2009, 564.

[1023] BGH 1.7.1999 – I ZB 7/99, GRUR 2000, 151, 152 – Späte Urteilsbegründung.

[1024] OLG Stuttgart 27.11.2008 – 2 U 60/08, GRUR 2009, 343, 345; Ullmann/*Hess* § 12 UWG Rn. 109 mwN.

[1025] Ahrens/*Schmukle* Rn. 20 mwN.

[1026] Büscher/*Dittmer*/Schiwy § 12 UWG Rn. 30.

Zulässigkeitsvoraussetzungen. Dazu zählt insbesondere die Dringlichkeit, aber auch die grundsätzlich erforderliche Abwägung der Interessen des Antragstellers (welcher Schaden droht ihm bei Ablehnung der Eilmaßnahme?) und des Antragsgegners (was hat er bei Erlass zu befürchten?).[1027] Auch letzteres wird gemäß § 12 Abs. 2 UWG aber zu Gunsten des Antragstellers vermutet. Da zudem – wie bereits ausgeführt – die problematischen Fragen in erster Linie die Dringlichkeit, insbesondere die Ausnahmen von der Vermutung betreffen, kennzeichnen beide Begriffe zumeist den gleichen Problemkreis. Es schadet also in der Regel nicht, beide Begriffe synonym zu verwenden.

855 *Beeinflusst das Fehlen einer Abmahnung die Dringlichkeit?* Nein! Der Antragsteller muss nicht abmahnen (→ Rn. 32), läuft aber – von Ausnahmen abgesehen (→ Rn. 64) – Gefahr, die Kosten zu tragen, falls der Antragsgegner einen darauf beschränkten Widerspruch einlegt.[1028]

856 *Beseitigt eine strafbewehrte Unterlassungserklärung die Dringlichkeit?* Ein typischer – zwar nicht folgenschwerer, aber doch fehlende Kenntnis schon grundlegender Zusammenhänge verratender – Irrtum liegt darin, diese Frage unter Vermengung von Wiederholungsgefahr und Verfügungsgrund zu bejahen. Das geht fehl, weil die Unterlassungserklärung die Wiederholungsgefahr entfallen lässt und somit die Begründetheit des Anspruchs – im Eilverfahren also der Verfügungsanspruch – betroffen ist.

III. Antrag

857 Das bereits beschriebene Ziel, dem Gericht vor Erlass der Verfügung nicht unnötige Steine in den Weg zu legen, erfordert es insbesondere, den Unterlassungsantrag sorgfältig zu fassen (→ Rn. 858 f.). Dies macht deutlich mehr Schwierigkeiten als der im Zivilprozess sonst in der Regel anzutreffende Zahlungsantrag. Besondere Aufmerksamkeit hat in diesem Zusammenhang jüngst die Frage der alternativen Klagehäufung gefunden (→ Rn. 880 f.). Wenn der Antrag sodann eingereicht ist, der Antragsteller aber nicht mehr an ihm festhalten will, sind – ausgehend vom ansonsten üblichen Klageverfahren – ebenfalls Besonderheiten zu beachten (→ Rn. 893 f.).

1. Fassung

858 Der Angreifer hat bei der Formulierung seines Begehrens zweierlei zu bedenken: Zunächst muss er dem Bestimmtheitserfordernis des § 253 Abs. 2 Nr. 2 ZPO genügen, da der Antrag ansonsten unzulässig ist (→ Rn. 859 f.). Und zweitens muss sich dieser an der Begehungsgefahr ausrichten, da die Begründetheit nicht zuletzt daran scheitern kann, dass sein Begehren die Verletzungsform verfehlt (→ Rn. 870 f.).

a) Bestimmtheitsgebot

859 Der Bundesgerichtshof hat erst kürzlich grundlegend ausgeführt:

860 „Nach § 253 II Nr. 2 ZPO muss die Klageschrift neben einem bestimmten Antrag auch eine bestimmte Angabe des Gegenstands und des Grundes des erhobenen Anspruchs enthalten. Damit wird der Streitgegenstand abgegrenzt und werden die Gren-

---

[1027] *Retzer*, GRUR 2009, 329.
[1028] *Teplitzky* Kap 55 Rn. 9 f. mwN.

zen der Rechtshängigkeit und der Rechtskraft festgelegt sowie Gegenstand und Umfang der Entscheidungsbefugnis des Gerichts (§ 308 I ZPO) bestimmt. Dies erfordert auch der Schutz des angegriffenen, für den erkennbar sein muss, welche prozessualen Ansprüche gegen ihn erhoben werden, um seine Rechtsverteidigung danach ausrichten zu können"[1029]

Was das Gesetz unter einem bestimmten Antrag versteht, ist damit allerdings noch **861** nicht gesagt. Hier hilft jedoch ein Blick in die Rechtsprechung des Bundesgerichtshofs, deren Grundzüge nachfolgend dargestellt sind:

aa) Ohne Risiko geht der Angreifer in der Regel vor, wenn er lediglich das Verbot **862** der Handlung begehrt so wie sie begangen worden ist.[1030] Man spricht auch von der **konkreten Verletzungshandlung oder -form**. Beanstandet er also eine Zeitungswerbung als irreführend, so kann er den Verbotsantrag darauf richten, „... wie folgt zu werben:" und sodann die konkrete Zeitungsseite einblenden. Der Angegriffene kann über die Reichweite eines solchen Antrags keine Zweifel haben.

> **Praxistipp des Anwalts:** Wenn keine besonderen Gründe dafür sprechen, über das Verbot **863** der konkreten Verletzungshandlung hinauszugehen, sollte regelmäßig die konkrete Verletzungshandlung durch Formulierungen wie „wenn dies geschieht wie ..." oder „... wie folgt zu werben:" zum Gegenstand der Auseinandersetzung gemacht werden. Auf diese Weise vermeidet der Antragstellervertreter Diskussionen über den angeblich oder tatsächlich zu weiten Umfang des geltend gemachten Unterlassungsanspruchs.

Mit der Wendung „**insbesondere** ..." gefolgt von der konkreten Verletzungshand- **864** lung macht der Angreifer deutlich, dass er zumindest deren Verbot begehrt, falls das Gericht seinem vorangestellten abstrakter gefassten Antrag nicht folgen sollte. Er kann also etwa beantragen, dass untersagt werden soll „... mit unzutreffenden Angaben zur Größe des Geschäfts zu werben, insbesondere wenn dies geschieht wie am ... in der Zeitung ... geschehen: (es folgt eine Einblendung der Werbung mit dem Slogan „Größtes Möbelhaus Berlins!")". Durch diesen sog. „insbesondere-Zusatz" wird also die konkrete Verletzungsform in den Antrag aufgenommen, was für eine genügende Bestimmtheit des gesamten Antrags sorgen oder zumindest als Minus des Antrags gesondert zuerkannt werden kann.[1031]

bb) Anträge, die lediglich den **Gesetzeswortlaut wiederholen**, sind grundsätzlich **865** nicht hinreichend bestimmt[1032], was anhand einer Abwandlung des vorstehenden Beispiels verdeutlicht werden kann: Hätte der Angreifer Erfolg mit seinem schlicht derart formulierten Antrag, dass es untersagt werden solle „irreführend zu werben", so wäre damit nur das wegen § 5 UWG ohnehin geltende Verbot erneut ausgesprochen; was konkret darunter fällt, wäre vollständig vom Erkenntnis- in das Vollstreckungsverfahren verschoben.

Ausnahmen gelten, wenn entweder bereits der gesetzliche Verbotstatbestand selbst **866** entsprechend eindeutig und konkret gefasst oder der Anwendungsbereich einer Rechtsnorm durch eine gefestigte Auslegung geklärt ist oder wenn der Angreifer hin-

---

[1029] Hinweisbeschl. v. 24.3.2011 – I ZR 108/09, GRUR 2011, 521 Rn. 9 – TÜV I.

[1030] BGH, Versäumnisurt. v. 26.10.2000 – I ZR 180/98, GRUR 2001, 453, 454 – TCM-Zentrum, mwN.

[1031] s. etwa Fezer/*Büscher* § 12 Rn. 301 mwN.

[1032] BGH, Urt. v. 24.11.1999 – I ZR 189/97, GRUR 2000, 438, 440f – Gesetzeswiederholende Unterlassungsanträge; ferner etwa Fezer/*Büscher* § 12 Rn. 299 mwN.

reichend deutlich macht, dass er nicht ein Verbot im Umfang des Gesetzeswortlauts beansprucht, sondern sich mit seinem Unterlassungsbegehren an der konkreten Verletzungshandlung orientiert; die Bejahung der Bestimmtheit setzt in solchen Fällen allerdings grundsätzlich voraus, dass zwischen den Parteien kein Streit darüber besteht, dass das beanstandete Verhalten das fragliche Tatbestandsmerkmal erfüllt.[1033] Das Gebiet der nach § 7 UWG unlauteren Direktwerbung bietet hierzu zahlreiche Beispiele.[1034]

---

867   **Praxistipp:** Sollte der Angreifer sich nicht anders als mit dem Gesetzeswortlaut zu helfen wissen, so empfiehlt es sich, durch den Zusatz „wie geschehen am …" den Bezug zur konkreten Verletzungshandlung und damit die Bestimmtheit herzustellen. Werden zB. Verstöße nach § 4 Nr. 11 UWG iVm fernabsatzrechtlichen Vorschriften beanstandet, so sollte das Angebot möglichst konkret bezeichnet werden, etwa durch die Ebay-Angebotsnummer.

---

868   cc) Zwischen diesen beiden Polen liegen **auslegungsbedürftige oder mehrdeutige Begriffe.** Sie sind häufig nicht zu vermeiden und können insbesondere zulässig sein, wenn ihre Bedeutung im konkreten Fall nicht zweifelhaft ist. Das gilt etwa in der Regel für die in wettbewerbsrechtlichen Unterlassungsanträgen meist anzutreffende Wendung „im geschäftlichen Verkehr".[1035] Auch „unzutreffende Angaben", wie soeben (→ Rn. 864 f.) als Formulierung vorgeschlagen, dürften hierunter fallen, während etwa der Begriff „zu Verwechslungen geeignet"[1036] als unbestimmt angesehen wurde.

869   Allgemeine Aussagen lassen sich jedoch nicht treffen; vielmehr sollten die in den einschlägigen Kommentierungen aufgezählten Beispiele überprüft werden. Immer – und nicht nur bei dieser letzten Fallgruppe – zu berücksichtigen ist allerdings, dass der für den Angreifer streitende Anspruch auf wirksamen Rechtsschutzes eine Abwägung mit dem Interesse an Rechtsklarheit und -sicherheit erfordern kann.[1037] Das kann einem skeptischen Gericht entgegengehalten werden.

b) Konkretisierungsgebot („Treffen der Verletzungsform")

870   Eine Frage der Begründetheit ist es hingegen, ob der Angreifer die Verletzungsform getroffen hat. Gem. § 8 Abs. 1 UWG können nur Verletzungshandlungen untersagt werden, die bereits stattgefunden haben (Satz 1: Wiederholungsgefahr) oder zumindest drohen (Satz 2: Erstbegehungsgefahr); näher zur Begehungsgefahr → Rn. 46. Das sei zunächst anhand von Beispielen veranschaulicht:

871   Wirbt ein Möbelhaus unzutreffend mit „Das größte Möbelhaus Berlins!", so kann der Angreifer zwar auch beantragen, dass eine Werbung mit unzutreffenden Preisangaben untersagt werden soll. Mangels Begehungsgefahr verfehlt er damit aber die Verletzungsform und wird keinen Erfolg haben, was auch nicht verwundern dürfte.

872   Steht entgegen der werblichen Ankündigung eines Lebensmittelmarktes ein einzelner Artikel aus einer bestimmten Warengruppe (konkret: Clementinen aus der Waren-

---

[1033] Jüngst etwa BGH, Urt. v. 2.2.2012 – I ZR 81/10, GRUR 2012, 945 Rn. 16 – Tribenuronmethyl.
[1034] Ullmann/*Seichter* § 8 UWG Rn. 71 mwN.
[1035] Fezer/*Büscher* § 12 Rn. 292 mwN.
[1036] BGH, Urt. v. 12.7.2001 – I ZR 40/99, GRUR 2002, 86, 88 – Laubhefter.
[1037] BGH, Urt. v. 4.3.2004 – I ZR 221/01, NJW 2004, 2080, 2083 – Direktansprache am Arbeitsplatz, mwN.

gruppe Obst und Gemüse) nicht zum Verkauf zur Verfügung, rechtfertigt das nicht ohne weiteres ein Werbeverbot hinsichtlich sämtlicher Lebensmittel des werbenden Unternehmens für den Fall, dass die Waren nicht vorrätig sind.[1038]

Wird die Übernahme eines Teils der Selbstbeteiligung gegenüber Versicherungsneh- **873** mern angeboten, mit deren Versicherern keine Absprachen über die Zulässigkeit entsprechender Rabatte bestehen, kommt es nicht maßgeblich darauf an, ob für ein solches Geschäftsmodell mittels eines Gutscheins (wie im Fall geschehen) oder in anderer Form geworben wird.[1039]

Wiederum geht der Angreifer ohne Risiko vor, wenn er die **konkrete Verletzungs-** **874** **form** zum Gegenstand des Unterlassungsantrags macht. Verallgemeinerungen des Verbotsantrags auf **im Kern gleichartige Verletzungshandlungen** durch vorangestellte abstrakte Formulierungen sind zwar in gewissem Umfang erlaubt; in ihnen muss aber das **Charakteristische der Verletzungsform** zum Ausdruck kommen[1040]. Das traf im letztgenannten Beispielsfall zu, im davor genannten aber eben nicht, weshalb der BGH das zu weitgehende Verbot einschränkte. Beide Entscheidungen zeigen, dass die Abgrenzung anhand des konkreten Einzelfalls erfolgt und sich mangels allgemeiner Regeln nur schwer vorhersagen lässt;[1041] es bleibt also wiederum nur ein Blick in die einschlägigen Kommentierungen.

Klarheit herrscht allerdings bei zwei Fragen: Das Verbot muss lediglich aufzeigen, **875** was beanstandet wird, nicht hingegen Wege, wie künftige Verstöße vermieden werden können; es ist also allein **Sache des Unterlassungsschuldners, den Verbotsbereich zu verlassen**.[1042] Das gilt jedenfalls, wenn der Antrag die konkrete Verletzungsform zum Gegenstand hat. Nimmt er hingegen Verallgemeinerungen vor, die auch erlaubte Verhaltensweisen umfassen, so muss der Antrag entsprechend eingeschränkt werden: Wendet sich also eine Markeninhaberin dagegen, dass ein Internetmarktplatz durch beispielhaft genannte Angebote Plagiate anbieten, in den Verkehr bringen oder bewerben lässt, so muss sie den Antrag auf ein Handeln im geschäftlichen Verkehr beschränken, da er sonst zu weit geht.[1043]

c) Gerichtliche Praxis

Die vorstehend aufgezeigten Schwierigkeiten, vor denen der Angreifer bei der Fas- **876** sung seines Antrags steht, werden allerdings in mehrerlei Hinsicht abgemildert:

Bei einem unbestimmten oder zu weit gefassten Unterlassungsantrag, dem eine kon- **877** krete Werbemaßnahme zugrunde liegt, wird dem Klagebegehren nicht selten zu entnehmen sein, dass jedenfalls diese konkret beanstandete Werbemaßnahme untersagt werden soll.[1044] Folgen mag das insbesondere aus der Klagebegründung, die zur Auslegung des Klageantrags stets heranzuziehen ist.[1045] Auch ohne ausdrücklichen insbesondere-Zusatz wird also häufig zumindest die konkrete Verletzungsform als Minus verboten werden müssen.

[1038] BGH, Urt. v. 25.6.1992 – I ZR 136/90, GRUR 1992, 858 – Clementinen.
[1039] BGH, Urt. v. 8.11.2007 – I ZR 60/05, GRUR 2008, 530 Rn. 23 – Nachlass bei der Selbstbeteiligung.
[1040] s. nur etwa Fezer/*Büscher* § 12 Rn. 304 mwN.
[1041] Ullmann/*Seichter* § 8 UWG Rn. 63.
[1042] BGH, Urt. v. 10.2.2011 – I ZR 183/09, GRUR 2011, 340 Rn. 24 – Irische Butter, mwN.
[1043] BGH, Urt. v. 30.4.2008 – I ZR 73/05, GRUR 2008, 702 Rn. 31 – Internet-Versteigerung III.
[1044] BGH, Urt. v. 10.12.1998 – I ZR 141/96, GRUR 1999, 509, 511 f. – Vorratslücken, mwN.
[1045] Fezer/*Büscher* § 12 Rn. 289 mwN.

878 Bevor der Angriff wegen Verstoßes gegen das Bestimmtheitsgebot mit Prozessurteil verworfen wird, kann der Angreifer entsprechende Hinweise gem. § 139 ZPO erwarten.[1046] Anderes dürfte hingegen bei zu weitgehenden Anträgen gelten, da die Umformulierung des Klageantrags in eine Richtung, in der er Erfolg hat oder haben könnte, nicht Sache des Gerichts ist.[1047]

879 Schließlich räumt § 938 ZPO dem Gericht im Verfügungsverfahren gewisse Freiheiten ein, da er zwar nicht die in § 308 Abs. 1 ZPO geregelte Bindung an den Antrag aufhebt, wohl aber im Sinne eines „Formulierungsermessens" lockert.[1048] Es mag sich also für den Angreifer empfehlen, das Gericht daran zu erinnern und den schwarzen Peter der richtigen Antragsfassung so zurückzugeben.

2. Alternative Anspruchshäufung

880 Gern stützt der Angreifer seinen Unterlassungsantrag auf mehrere Begründungen, etwa verschiedene Schutzrechte oder Irreführungsgesichtspunkte. Wenn es sich um mehrere Streitgegenstände handelt, bewirkt er dadurch eine sog. alternative Klagehäufung. Das ist etwa der Fall, wenn er den Verbotsantrag gegen eine konkrete Werbeanzeige damit begründet, dass diese wegen des Hervorrufens verschiedene Fehlvorstellungen irreführend sei und auch sein Markenrecht verletze.

881 Die Wettbewerbsgerichte hatten es in langer Tradition nicht beanstandet, wenn ihnen auf diese Weise die Auswahl überlassen wurde, auf welchen Grund sie eine stattgebende Entscheidung stützen wollten[1049]. Dieser (mit Ausnahme des Angegriffenen für alle Beteiligten durchaus bequemen[1050]) Praxis schob der zuständige I. Zivilsenat des Bundesgerichtshofs im Jahr 2011[1051] in den weithin beachteten sog. „TÜV"-Entscheidungen einen Riegel vor[1052]. Er begründete das unter Verweis auf das Bestimmtheitsgebot des § 253 Abs. 2 Nr. 2 ZPO und kehrte so auf den ansonsten im Zivilprozess anerkannten Weg zurück.

882 Der Angreifer sieht sich nunmehr vor Einleitung des gerichtlichen Verfahrens mit zwei zusätzlichen Aufgaben konfrontiert:[1053] Zunächst muss er die in Betracht kommenden **Streitgegenstände** bestimmen (→ Rn. 394 f.). Handelt es sich um mehrere, hat er sodann zu entscheiden, welche von ihnen und gegebenenfalls in welchem **Verhältnis** zueinander sie geltend gemacht werden sollen. Das gilt zwar noch nicht bei der Abmahnung,[1054] wohl aber bei Einleitung des gerichtlichen Verfahrens.[1055] Erforderlich ist allerdings mehr als die Angabe einer bloßen Reihenfolge, nämlich eine Antwort auf die Frage, ob die Beschränkung auf einen Gegenstand ausreicht oder – anderenfalls – die verschiedenen Gegenstände kumulativ nebeneinander oder als Haupt- und Hilfsanträge (also eventual) gestellt werden sollen. Die einzelnen Vorgehensweisen,

---

[1046] Fezer/*Büscher* § 12 Rn. 288 mwN.
[1047] BGH, Urt. v. 10.12.1998 – I ZR 141/96, GRUR 1999, 509, 512 – Vorratslücken.
[1048] Zöller/*Vollkommer* § 938 Rn. 2.
[1049] Siehe nur etwa *Scholz*, GRUR-Prax 2010, 141 mwN.
[1050] *Krüger*, WRP 2011, 1504.
[1051] Jeweils zum Az. I ZR 108/09: Beschl. v. 24.3.2011, GRUR 2011, 521 Rn. 8 f.; Urt. v. 17.8.2011, GRUR 2011, 1043 Rn. 36.
[1052] Näher *Danckwerts*, AnwBl 2012, 411.
[1053] *Müller-Broich*, GRUR-Prax 2012, 399.
[1054] *Müller-Broich*, GRUR-Prax 2012, 399, 400.
[1055] BGH, Urt. v. 19.4.2012 – I ZR 86/10, GRUR 2012, 1145 Rn. 23 – Pelikan.

ihre Vor- und Nachteile und die Fallstricke bei Rechtsmitteln sollen im Folgenden dargestellt werden.

a) Mögliche Vorgehensweise bei mehreren Streitgegenständen

Beanstandet der Angreifer eine konkrete Werbeanzeige wegen mehreren Irrefüh- **883** rungen und eines Verstoßes gegen sein Markenrecht, so kann er …

aa) … sich auf einen Streitgegenstand **konzentrieren**, etwa sein Markenrecht. Damit **884** hält er den Vortrag sehr kurz, was auch für das Gericht angenehm ist. Der Angreifer läuft aber Gefahr, dass seine Begründung das Gericht nicht überzeugt und dieses deshalb die Klage abweist, aus dem Wettbewerbsrecht aber durchaus ein Verbot ausgesprochen hätte. Hat er hingegen Erfolg und entfernt der Werbende daraufhin die Marke aus der Anzeige, belässt es im Übrigen aber bei den möglicherweise irreführenden Angaben, so kann der Angreifer deswegen nur ein neues Erkenntnisverfahren anstrengen.

bb) … die verschiedenen Streitgegenstände in einen Haupt- und sodann einen oder **885** mehrere Hilfsanträge staffeln (sog. **Eventualhäufung**). Das bietet sich insbesondere dann an, wenn es dem Angreifer genügt, mit dem Verbot den Anspruchsgegner in dessen Aktivitäten zu stören, ohne dass es ihm auf die konkreten Gründe des Verbots ankommt. Bezeichnet er allerdings die Markenverletzung als Haupt- und die Irreführung als Hilfsantrag und dringt er bereits mit Ersterem durch, so kann er aus dem Titel nicht vollstrecken, wenn der Gegner die Markenverletzung abstellt, aber weiter irreführend wirbt.

cc) … auf ein Verbot aufgrund der verschiedenen Klagegründe bestehen. Will er **886** also weder die Irreführungen noch die Markenverletzung in der Werbeanzeige hinnehmen, so muss er das Verbotsbegehren auf beide Klagegründe stützen (sog. **kumulative Häufung**). Ansonsten könnte der Anspruchsgegner – wie soeben beschrieben – die Anzeige teilweise ändern und das nicht vom Angreifer durch die Klagegründe zum Streitgegenstand gemachte Verhalten unbehelligt fortsetzen. Ebenso mag der Angreifer mehrere Marken und sonstige Kennzeichen innehaben (wie im Sachverhalt der oben zitierten TÜV-Entscheidungen), aber jeweils an deren Bestand zweifeln: Bei einer kumulativen Verurteilung aus allen Schutzrechten würde der Titel nicht schon dann seinen Wert verlieren, wenn eines der dem Verbot zugrunde liegende Schutzrechte keinen Bestand hat, was hingegen bei einer eventualen Klagehäufung und einer allein auf das später aberkannte Schutzrecht gestützten Verurteilung fatal wäre. Die kumulative Häufung soll sogar dann möglich sein, wenn es sich nur um einen Streitgegenstand handelt, was etwa wegen dessen weiten Verständnisses im Wettbewerbsrecht der Fall sein kann.[1056]

b) Gesichtspunkte bei der Wahl der aufgezeigten Wege

Neben den bereits aufgezeigten Folgen für die Reichweite und den Bestand des Ver- **887** bots (nur eingeschränkt bei eventualer, umfassend hingegen bei kumulativer Häufung) ist an die **Selbstwiderlegung der für das Eilverfahren erforderlichen Dringlichkeit** (→ Rn. 828 f.) zu denken: Macht der Angreifer gewisse Ansprüche nur hilfsweise geltend und wird über diese nicht entschieden, sondern nur wegen des Hauptantrags eine einstweilige Verfügung erlassen, so erscheint es problematisch, diese Ansprüche später erneut zum Gegenstand eines Verfügungsantrags zu machen, da der Antragsteller mit

---

[1056] BGH; Urt. v. 13.9.2012 – I ZR 230/11, GRUR 2013, 401 mAnm. *Teplitzky*, Rn. 25 – Biomineralwasser.

seinem Vorgehen gezeigt haben könnte, dass ihm die Sache insoweit nicht ganz so dringlich war.[1057] Ähnliches könnte im Hinblick auf die Verjährung gelten.

888   Die eventuale Häufung hat allerdings den bekannten **Kostenvorteil** des § 45 Abs. 1 GKG, nach dessen Satz 2 ein hilfsweise geltend gemachter Anspruch nur dann mit dem Hauptanspruch zusammengerechnet wird, soweit eine Entscheidung über ihn ergeht, und nach dessen Satz 3 ohnehin nur der Wert des höheren Anspruchs maßgebend ist, wenn die Ansprüche denselben Gegenstand betreffen, wobei allerdings noch nicht geklärt ist, ob dies die hiesigen Fälle erfasst.[1058] Mit der kumulativen Klagehäufung hingegen löst der Angreifer einen höheren Streitwert aus (§ 39 Abs. 1 GKG) und riskiert die mit einer teilweisen Abweisung einhergehende Kostenfolge.

889   Die Kostenentscheidung hängt nicht zuletzt vom **Streitwert** ab. Wurde früher auch bei einer alternativen Klagehäufung ohne nähere Differenzierung ein Streitwert festgesetzt, so wird dies jedenfalls bei einer kumulativen Klagehäufung, aber wohl auch bei einer auf einen Hilfsantrag gestützten Entscheidung zukünftig nicht mehr gehen. Zweifelhaft erscheint allerdings, ob der Wert, den der Kläger für eine auf mehrere Schutzrechte gestützte Klage nennt, schlicht mit dieser Anzahl dieser Schutzrechte zu multiplizieren ist. Das hat das OLG Frankfurt jüngst getan,[1059] widerspricht aber gewichtigen Stimmen in der Literatur, nach denen eine erhebliche Degression vorzunehmen oder ein anderer Weg zur angemessenen Erhöhung des Gesamtwerts zu finden sei[1060]. So schlägt *Büscher* vor, ein ähnliches Kennzeichen mit nur 10–20 % mehr zu bewerten, während bei unterschiedlichen Zeichengestaltungen ein deutlich höherer Aufschlag angebracht sei.[1061]

890 | **Praxistipp des Anwalts:** Im Zweifelsfall wird es im Wettbewerbsprozess ohne markenrechtlichen Einschlag oft sinnvoll sein, alle in Betracht kommenden Ansprüche nebeneinander zu stellen, ohne zu dem Verhältnis Stellung zu nehmen. Stört sich das Gericht an diesem Vorgehen, wird es auf diesen Umstand im Regelfall hinweisen, so dass der Anspruchsteller nachbessern kann. Beanstandet der Antragsteller auch einen Verstoß gegen das Markenrecht, muss er das Verhältnis der Ansprüche zueinander klarstellen. Denn in diesem Fall wird ihm das Gericht Ungenauigkeiten im Zweifel nicht durchgehen lassen.

891 | **Praxistipp des Richters:** Hinweise des Gerichts zu den Erfolgsaussichten der einzelnen Ansprüche vor Bestimmung deren Verhältnisses zueinander verbieten sich auch im Licht des § 139 ZPO wegen des Grundsatzes der Unparteilichkeit. Der Verfasser ist aber bereits auf Kollegen gestoßen, die das weniger eng sehen. Jedenfalls aber erscheint ein solches Vorgehen des Angreifers im Verfügungsverfahren riskant: Das Gericht könnte den Antrag schlicht als unzulässig zurückweisen oder terminieren[1062], und eine Klarstellung erst im Termin könnte gegen den Grundsatz der Waffengleichheit verstoßen.[1063]

[1057]   Vgl. auch *Krüger*, WRP 2013, 140, 142f mwN; *Schmidt*, GRUR-Prax 2012, 179, 180.
[1058]   Dagegen *Büscher* GRUR 2012, S. 16, 22 f.; für eine erweiternde Auslegung von § 45 Abs. 1 Satz 3 GKG hingegen *Engels*, GRURPrax 2011, 523, 524 und *Stieper*, GRUR 2012, 5, 12.
[1059]   Beschl. v. 4.6.2012 – 6 W 60/12, GRUR 2012, 367.
[1060]   *Schwippert*, GRUR-Prax 2011, 233, 234; *Krüger*, WRP 2011, 504, 506, *Teplitzky*, GRUR 2011, 1091, 1094.
[1061]   GRUR 2012, 16, 23.
[1062]   *Müller-Broich*, GRUR-Prax 2012, 399, 401.
[1063]   *Ahrens*, WRP 2013, 129, 133 f.

c) Rechtsmittel

Umsicht ist geboten, wenn der Angreifer seine Ansprüche im Eventualverhältnis ge- 892
häuft hat und eine Berufung im Raum steht. Das Vorgehen richtet sich danach, ob das erstinstanzliche Gericht nach dem Haupt- oder dem Hilfsantrag entschieden hat. Im erstgenannten Fall kann der Kläger keine Berufung mit dem Ziel einlegen, dass auch über die
Hilfsanträge entschieden wird, da er nicht gem. § 511 ZPO beschwert ist[1064]. Er braucht
aber nach einer Berufung des Beklagten auch keine Anschlussberufung einzulegen, da
das Berufungsgericht, das den Hauptantrag für unbegründet hält, auch die Hilfsanträge
zu prüfen hat[1065]. Anders aber, wenn der Kläger lediglich mit einem Hilfsantrag durch-
dringt: Legt in diesem Fall nur der Beklagte Berufung ein, so kann das Berufungsgericht
allein über den zuerkannten Hilfsantrag entscheiden, also diesen durchaus abweisen, obwohl der Kläger mit dem – eben nicht in die Berufungsinstanz gelangten – Hauptantrag
durchgedrungen wäre[1066]. Der Kläger muss daher Anschlussberufung einlegen.

3. Rücknahme und Erledigungserklärung

Vorsicht ist schließlich geboten, wenn der Anlass zur Einleitung des Verfügungsver- 893
fahrens nach Absenden des Antrags entfällt, etwa dadurch, dass der Antragsgegner
eine strafbewehrte Unterlassungserklärung abgibt.

Nach § 269 Abs. 3 S. 3 ZPO gilt: Ist der Anlass zur Einreichung der Klage vor 894
Rechtshängigkeit weggefallen und wird die Klage daraufhin zurückgenommen, so bestimmt sich die Kostentragungspflicht unter Berücksichtigung des bisherigen Sach-
und Streitstandes nach billigem Ermessen. Die Entscheidung, ob in diesem Wege vorgegangen oder vielmehr der Rechtsstreit gem. § 91a Abs. 1 Satz 1 ZPO für erledigt zu
erklären ist, richtet sich mithin nach der Rechtshängigkeit, also der Frage, ob die Klageschrift bereits zugestellt ist (§ 253 Abs. 1, 261 Abs. 1 ZPO).

Im Verfügungsverfahren verschiebt sich hingegen dieser Rahmen: Die Rechtshän- 895
gigkeit tritt schon mit Eingang des Gesuchs ein,[1067] weshalb die Regelung des § 269
Abs. 3 S. 3 ZPO idR unanwendbar ist;[1068] dem Antragssteller bleibt allerdings die Erledigungserklärung.[1069] Raum für dessen Anwendung besteht indes dort, wo der Anlass
für das Eilverfahren schon vor diesem Zeitpunkt entfiel, was etwa dann der Fall ist,
wenn dies zwischen der Aufgabe des Antrags zur Post und seinem Eingang beim Gericht geschieht, der Antragssteller hiervon aber erst nach Einreichung des Antrags
Kenntnis erlangt.[1070]

> **Praxistipp des Richters:** Der falsche Weg kann, wie die zitierte Entscheidung des Branden- 896
> burgischen OLG zeigt, für den Antragssteller fatal sein: Nimmt er den Antrag nach dessen
> Eingang bei Gericht zurück, hat er immer die Kosten gem. Satz 2 des § 269 Abs. 3 ZPO zu
> tragen; weder eine andere Auslegung seiner Erklärung noch ein Analogieschluss zu Satz 3
> helfen ihm dann.

[1064] BGH, Urt. v. 17.8.2011 – I ZR 108/09, GRUR 2011, 1043 Rn. 31 – TÜV II.
[1065] Zöller/*Gummer/Heßler* § 528 Rn. 20 mwN.
[1066] Zöller/*Gummer/Heßler* § 528 Rn. 21 mwN.
[1067] S. nur etwa *Teplitzky* Kap 55 Rn. 2 mwN.
[1068] S. nur etwa Musielak/*Foerste* § 269 Rn. 22.
[1069] Brandenburgisches OLG, Beschl. v. 13.9.2011 – 6 W 73/11, Rn. 22 – zitiert nach juris; Ull-
mann/*Hess* § 12 Rn. 103.
[1070] OLG Karlsruhe, Beschl. v. 23.1.2012 – 6 W 92/11, NJW 2012, 1373.

IV. Reaktionen des Gerichts vor der Entscheidung

1. Registrierung des Verfügungsantrags

897   Der beim Gericht eingegangene Antrag auf Erlass einer einstweiligen Verfügung wird zuerst von der **Eingangsregistratur** erfasst. Danach prüft die Geschäftsstelle, ob eine **Schutzschrift** vorliegt, wobei auch das Schutzschriftenregister[1071] abzufragen ist. Anschließend legt sie den Antrag unter Beifügung einer eventuell eingereichten Schutzschrift dem **Richter** vor. Ein Gerichtskostenvorschuss ist nicht zu entrichten.

2. Übersicht über die Verfahrensalternativen des Gerichts

898   Der in § 128 Abs. 1 ZPO geregelte **Grundsatz der Mündlichkeit** gilt auch für das Eilverfahren. Damit ist der vom Gesetz vorgesehene Regelfall die Anberaumung eines Termins zur mündlichen Verhandlung, in dem das Gericht über den Antrag durch Urteil entscheidet.

899   In dringenden Fällen kann die einstweilige Verfügung **ohne mündliche Verhandlung** durch Beschluss ergehen (§ 937 Abs. 2 ZPO). Voraussetzung ist eine **besondere Dringlichkeit** für die Eilmaßnahme, die über die für den Erlass einer einstweiligen Verfügung erforderliche Dringlichkeit noch hinausgehen muss. Bei wettbewerbsrechtlichen Ansprüchen gilt die Dringlichkeitsvermutung des § 12 Abs. 2 UWG für diese besondere Dringlichkeit nicht.[1072]

900   Der **Vorsitzende** kann in dringenden Fällen auch **allein** entscheiden (§ 944 ZPO). Die Entscheidung über den Antrag muss dann so dringlich sein, dass, um schwerwiegende Nachteile zu vermeiden, sogar das Zusammentreten des Kollegialorgans nicht mehr abgewartet werden kann.

3. Entscheidung ohne mündliche Verhandlung

a) Erlass der einstweiligen Verfügung

aa) Entscheidung ohne mündliche Verhandlung als Regelfall

901   Nach Vorlage des Antrages auf Erlass der einstweiligen Verfügung wird das Gericht prüfen, ob es Termin zur mündlichen Verhandlung anberaumt oder im Beschlusswege ohne mündliche Verhandlung entscheidet.[1073] Dabei hat sich im gewerblichen Rechtsschutz und Urheberrecht die Praxis heraus gebildet, dass die Entscheidung gem. § 937 Abs. 2 ZPO die Regel und die Terminierung die Ausnahme ist. Das Merkmal der besonderen Dringlichkeit in § 937 Abs. 2 ZPO findet in der gerichtlichen Praxis wenig Beachtung.

[1071] Ab 1.1.2016 wird das Schutzschriftenregister in § 945 a ZPO geregelt und damit kraft Gesetzes die Möglichkeit geschaffen, Schutzschriften in dem Register zu hinterlegen (Art. 1 Nr. 26 und Art. 26 Abs. 5 Gesetz zur Förderung des elektronischen Rechtsverkehrs mit den Gerichten).

[1072] Ahrens/*Scharen*, Wettbewerbsprozess, 7. Aufl. 2013, Kap. 51 Rn. 1.

[1073] Zur Behandlung von Eilanträgen, vgl. *Danckwerts*, Die Entscheidung über den Eilantrag, GRUR 2008, 763.

Die Entscheidung ohne mündliche Verhandlung wird aufgrund der gängigen Praxis 902 **von der Anwaltschaft erwartet**. Diese Erwartung fördern die Gerichte durch den mitunter großzügigen Erlass beschlussförmiger einstweiliger Verfügungen, womit sie auch die Hoffnung verbinden, gerade bei zweifelsfreien Sachverhalten die Sache durch den Beschluss endgültig erledigen zu können. Bei der hohen Belastung der Gerichte wäre es kaum möglich, über alle Anträge auf Erlass einer einstweiligen Verfügung mündlich zu verhandeln. Es gibt keine anderen Rechtsgebiete, in denen eine einstweilige Verfügung so regelmäßig beantragt, erwartet und auch erlassen wird, wie der gewerbliche Rechtsschutz und das Urheberrecht.

Die beschlussförmige Entscheidung ohne mündliche Verhandlung bedeutet aber 903 auch, dass ohne Anhörung des Gegners entschieden und ihm damit entgegen Art. 103 GG **kein rechtliches Gehör** gewährt wird. Das rechtliche Gehör soll sicherstellen, dass jede Prozesspartei über das Verfahren informiert ist und sich mit Tatsachenbehauptungen und Rechtsansichten äußern kann. Es gehört zu den elementarsten Regeln des Rechtsstaates und kann auch als prozessuales Urrecht bezeichnet werden.[1074] Rechtliches Gehör ist grundsätzlich vor der Entscheidung zu gewähren und insbesondere der Partei, gegen die eine sie belastende Entscheidung ergeht. Für den Antragsgegner ist eine solche Entscheidung die beschlussförmige einstweilige Verfügung gem. § 937 Abs. 2 ZPO. Ausnahmen vom Erfordernis des vorherigen rechtlichen Gehörs dürfen nur auf seltene Ausnahmen beschränkt werden[1075] und sind zulässig bei besonders dringlichen Entscheidungen, z. B. einstweiligen Verfügungen gem. § 937 Abs. 2 ZPO, oder wenn die Anhörung die Vollstreckung gefährden würde, z. B. beim Haftbefehl oder der Sequestrierung zur Sicherung des Vernichtungsanspruchs. In diesen Fällen genügt die **Nachholung des rechtlichen Gehörs** bei Einlegung eines Rechtsbehelfs, z. B. dem Widerspruch gegen eine Eilentscheidung.

Die geringe Bedeutung, die der besonderen Dringlichkeit bei Eilentscheidungen 904 ohne mündliche Verhandlung im gewerblichen Rechtsschutz und Urheberrecht zukommt, bedeutet nicht, dass die einstweilige Verfügung immer schon dann erlassen wird, wenn der Antrag schlüssig ist, die erforderlichen Tatsachen glaubhaft gemacht sind und Dringlichkeit besteht oder gem. § 12 Abs. 2 UWG vermutet wird. Vor dem Erlass einer Entscheidung gem. § 937 Abs. 2 ZPO hat das Gericht abzuwägen zwischen der Bedeutung der Untersagung für den Antragsteller und der Schwere des Eingriffs für den Antragsgegner.[1076]

bb) *Einstellung der Verletzungshandlung ohne ausreichende Unterwerfungserklärung*

Nicht selten sind Fälle, in denen eine einstweilige Verfügung nur deshalb beantragt 905 wird, weil der Antragsgegner auf die Abmahnung zwar den Verstoß eingestellt, z. B. das Urheberrechte verletzende Foto von der Internetseite entfernt hat, aber keine oder eine nicht ausreichend strafbewehrte Unterwerfungserklärung abgegeben hat. Es mag zweifelhaft sein, ob dann die besondere Dringlichkeit im Sinne des § 937 Abs. 2 ZPO noch gegeben ist. Der Antragsgegner hat jedoch zu erkennen gegeben, dass er die beanstandete Handlung zukünftig unterlassen will. Es fehlt lediglich an einer Sicherung des Unterlassungsanspruchs durch das Versprechen einer ausreichenden Vertragsstrafe. Mit dem gerichtlichen Verbot der Handlung, die der Antragsgegner ohnehin

---

[1074] BVerfG 19.1.2006 – 2 BvR 1075/05, NJW 2006, 1048.
[1075] Teplitzky, Gerichtliche Hinweise im einseitigen Verfahren zur Erwirkung einer einstweiligen Unterlassungsverfügung, GRUR 2008, 34, 37.
[1076] Ahrens/*Scharen*, Kap. 51 Rn. 4.

unterlassen will, wird nicht so schwerwiegend in seine Rechte eingriffen, dass die Beschränkung des rechtlichen Gehörs auf die Nachholung zumutbar ist. Häufig wird dann nach Vollziehung der einstweiligen Verfügung eine ausreichend strafbewehrte Unterlassungserklärung nachgeholt oder die Abschlusserklärung abgegeben, so dass der Antragsgegner wegen der nicht erforderlichen mündlichen Verhandlung die Terminsgebühr spart. Bei dieser Sachlage mündlich zu verhandeln, wäre umständlich, zeitaufwendig und für den Antragsgegner mit unnötigen Kosten verbunden. Hier kann das Gericht Widersprüche vermeiden, wenn es die einstweilige Verfügung mit einer kurzen Begründung versieht und dabei darauf hinweist, dass die Entscheidung auch auf der verweigerten oder nicht ausreichend strafbewehrten Unterwerfungserklärung beruht.

cc) Tatsächlich und rechtlich eindeutige Sachverhalte

906   Auch in **rechtlich vollkommen zweifelsfreien Fällen** ist die Eilentscheidung im Beschlusswege unbedenklich.[1077] Hierzu gehören bspw. fehlerhafte oder nicht ausreichende Belehrungen beim Fernabsatzhandel oder klare Verstöße gegen die Preisangabenverordnung, bspw. wenn gegenüber Verbrauchern mit Preisen geworben wird, die die Umsatzsteuer nicht enthalten. Ein erheblicher rechtlicher Einwand ist bei diesen Sachverhalten nicht zu erwarten.

907   Häufig ist auch der **Verstoß** insbesondere im Wettbewerbsrecht **zweifelsfrei** belegt, bspw. durch ein Inserat in einer Zeitung. Auch in diesem Fall ist mit erheblichen Einwendungen des Antragsgegners nicht zu rechnen, so dass sich das Verfahren durch eine beschlussförmige Entscheidung schnell und ohne Kosten für einen Termin erledigen lässt. Mitunter richtet sich der Unterlassungsantrag auch gegen eine einmalige Werbemaßnahme, die der Antragsgegner ohnehin nicht wiederholen möchte. Die einstweilige Verfügung belastet ihn dann nicht so schwerwiegend, dass eine Entscheidung ohne mündliche Verhandlung nicht ergehen kann.

908   Vorsicht ist jedoch geboten, wenn **Firmierungen oder die Bezeichnung von Waren** untersagt werden sollen, was kurzfristige Umfirmierungen notwendig macht oder wegen erforderlicher Änderungen an der Verpackung die Ware zumindest vorübergehend nicht mehr abgesetzt werden kann. Diese Eingriffe belasten den Schuldner erheblich, weil sie die Geschäftstätigkeit, die bis auf den Wettbewerbsverstoß zulässig ist, erheblich beeinträchtigen. Hier sollte das Gericht mit Entscheidungen ohne mündliche Verhandlung zurückhaltend sein. Zu erwägen ist auf jeden Fall die Gewährung von Umstellungsfristen.

dd) Bedeutung der Abmahnung

909   Bei der Entscheidung, ob zu terminieren oder durch Beschluss zu entscheiden ist, wird das Gericht auch darauf abstellen, ob der Antragsgegner abgemahnt wurde.[1078] Die **Abmahnung** ist keine Prozessvoraussetzung, sondern lediglich eine Obliegenheit, mit der der Antragsteller bei einem sofortigen Anerkenntnis der Kostenfolge des § 93 ZPO entgehen kann. Auch nach den zwischenzeitlich geschaffenen Regelungen, bspw. in § 12 Abs. 1 UrhG und § 97a UrhG, ist die Abmahnung weiterhin nicht vorgeschrieben, sondern nur eine Sollregelung. Wegen der Kostenregelung des § 93 ZPO bei einem sofortigen Anerkenntnis wird vor der Beantragung einer gerichtlichen Entscheidung regelmäßig abgemahnt. Der Antragsgegner erfährt dadurch von dem gegen ihn

---

[1077] Teplitzky, Wettbewerbsrechtliche Ansprüche, 10. Aufl. 2011, Kap. 55 Rn. 2.

[1078] Teplitzky, Kap. 55 Rn. 2; Danckwerts, GRUR 2008, 763, 765;.

erhobenen Vorwurf und kann sich bereits vorprozessual gegenüber dem Antragsteller verteidigen oder eine Schutzschrift hinterlegen. Hierin liegt auch eine **Form des rechtlichen Gehörs**, die es dem Antragsgegner ermöglicht, sich zu der ihm vorgehaltenen Rechtsverletzung zu äußern und in seiner Antwort Tatsachen oder Rechtsansichten vorzubringen, die dem Anspruch entgegenstehen. Eine Abmahnung sollte der Abgemahnte auf jeden Fall beantworten, denn Abmahnungen erledigen sich nicht durch Schweigen.

Mit seiner Antwort auf die **Abmahnung** kann sich der Abgemahnte auch beim Ge- 910 richt Gehör verschaffen, denn der Antragsteller ist gehalten, in der Begründung des Antrages auf Erlass einer einstweiligen Verfügung vorzutragen, ob eine Abmahnung erfolgt ist, welchen Inhalt diese hatte und eine eventuelle Antwort des Antragsgegners mitzuteilen. Die Gerichte erwarten, dass die Abmahnung und eine eventuelle **Antwort** in Ablichtung dem Antrag beigefügt werden. Hat der Antragsgegner auf die Abmahnung geantwortet und dabei keine Umstände mitgeteilt, die dem Anspruch entgegenstehen, wird das Gericht die einstweilige Verfügung eher ohne mündliche Verhandlung erlassen, als wenn überhaupt keine Abmahnung erfolgt ist. Ein Verzicht auf eine Abmahnung ist nur anzuerkennen, wenn der Antrag auch auf **Sequestrierung** gerichtet ist und die Gefahr bestünde, dass der Antragsgegner, durch die Abmahnung gewarnt, die zu sequestrierenden Gegenstände beiseiteschaffen würde.

> **Praxistipp:** Die Abmahnung hat nicht nur für die Vermeidung der Kostenfolge des § 93 ZPO Bedeutung, sondern kann auch eine Entscheidung des Gerichts über den Verfügungsantrag ohne mündliche Verhandlung befördern.   911

ee) Bedeutung der Darlegungs- und Glaubhaftmachungspflicht

In der Regel genügt es bei der Geltendmachung eines Unterlassungsanspruchs, dass 912 der Antragsteller seine **Rechtsinhaberschaft** und die Nutzung des Rechts durch den Antragsgegner darlegt und glaubhaft macht. Es obliegt dann dem Antragsgegner, sein besseres Recht darzulegen und glaubhaft zu machen. So hat im Urheberrecht der Antragsteller nicht die fehlende Berechtigung des Antragsgegners, sondern dieser sein Nutzungsrecht vorzutragen. Ist im Markenrecht die Priorität des Zeichens im Streit, hat der Antragsgegner die Priorität des von ihm genutzten Zeichens darzulegen. Beim Streit, ob der Antragsgegner Produktfälschungen vertreibt, hat er darzulegen und glaubhaft zu machen, dass es sich um Originalware handelt. Den Markeninhaber trifft nur eine sekundäre Darlegungslast hinsichtlich des Vorliegens von Produktfälschungen.[1079] Erschöpfung des Verbreitungsrechts der mit einer Marke gekennzeichneten Waren ist ein Einwand, den der Antragsgegner vorzubringen hat. Im Wettbewerbsrecht besteht eine widerlegliche Vermutung für die Dringlichkeit für den Erlass einer einstweiligen Verfügung (§ 12 Abs. 2 UWG).

All diesen Beispielen ist gemeinsam, dass keine hohen Anforderungen an die Vor- 913 aussetzungen für den Unterlassungsanspruch bestehen und der Antragsgegner die Umstände darzulegen und glaubhaft zu machen hat, aus denen sich die Rechtmäßigkeit seines Handelns ergibt. Diese Gelegenheit wäre ihm bei der Entscheidung über den Verfügungsantrag ohne dessen Anhörung genommen. Dies könnte einer Eilentscheidung ohne mündliche Verhandlung entgegenstehen, denn der Antragsgegner

---

[1079] BGH 15.3.2012 – I ZR 52/10, GRUR 2012, 626 – Converse I.

muss, um seine besseren Rechte geltend zu machen, das Verfahren und das Vorbringen des Antragstellers kennen. Um dennoch eine beschlussförmige Entscheidung treffen zu können, ist vom Antragsteller zu verlangen, darzulegen und glaubhaft zu machen, dass bspw. dem Antragsgegner keine Nutzungsrechte eingeräumt wurden oder dieser über keine prioritätsälteren Rechte verfügt. Für eine Entscheidung ohne mündliche Verhandlung besteht damit für den Antragsteller eine **höhe Darlegungs- und Glaubhaftmachungslast** als bei der Entscheidung aufgrund mündlicher Verhandlung. Ist der Antragsteller nicht in der Lage, die Rechtsverletzung vollständig glaubhaft zu machen, sondern darauf angewiesen, dass der Antragsgegner keine besseren Rechte einwendet, bleibt nur die Entscheidung aufgrund mündlicher Verhandlung, um ihm Gelegenheit zu geben, seine Rechte geltend zu machen.

914   **Praxistipp:** Um eine Entscheidung ohne mündliche Verhandlung zu ermöglichen, ist im Verfügungsantrag nicht nur die Rechtsinhaberschaft des Antragstellers, sondern auch die fehlende Berechtigung des Antragsgegners darzulegen und glaubhaft zu machen.

b) Zurückweisung des Antrages auf Erlass der einstweiligen Verfügung

915   § 937 Abs. 2 ZPO lässt auch die **Zurückweisung des Antrages** auf Erlass einer einstweiligen Verfügung ohne mündliche Verhandlung zu. In diesem Fall kommt es auf eine besondere Dringlichkeit nicht an. Der Antrag ist aber nur zurückzuweisen, wenn der Unterlassungsanspruch aus Rechtsgründen oder wegen nicht ausreichendem Tatsachenvortrag nicht gegeben ist. Fehlt nur die Glaubhaftmachung entscheidungserheblicher Tatsachen, kann mit dieser Begründung die einstweilige Verfügung im Beschlusswege nicht abgelehnt werden. Es ist vielmehr Termin anzuberaumen,[1080] denn diese Tatsachen können unstreitig werden. Auf Glaubhaftmachungsmittel kommt es dann nicht mehr an, weil unstreitige Tatsachen nicht mehr glaubhaft zu machen sind.

916   Die Zurückweisung eines nach Ansicht der Kammer unbegründeten Antrages durch Beschluss und nicht erst aufgrund einer mündlichen Verhandlung kann aber auch im Interesse des Antragstellers liegen. Gegen diese Entscheidung kann er sofortige Beschwerde einlegen und bei Nichtabhilfe schnell eine Entscheidung des Beschwerdegerichts erreichen. Dieser Weg ist schneller als die Anberaumung eines Termins und die Berufung gegen ein zurückweisendes Urteil.

917   Erlässt das Beschwerdegericht die einstweilige Verfügung, muss der Antragsgegner ernsthaft prüfen, ob ein Widerspruch noch sinnvoll ist. Denn das Beschwerdegericht hätte auch als Berufungsgericht über das Rechtsmittel gegen ein im Widerspruchsverfahren ergangenes Urteil zu entscheiden. Und dessen Bewertung des Sachverhalts ist durch die Entscheidung über die Beschwerde bekannt. Ein Widerspruch ist nur dann angezeigt, wenn der Antragsgegner neue Tatsachen glaubhaft machen kann, die der einstweiligen Verfügung entgegenstehen und damit zur Aufhebung des Beschlusses führen.

c) Rechtsbehelfe gegen die beschlussförmige Entscheidung

918   Rechtsbehelfe gegen eine ohne mündliche Verhandlung ergangene Entscheidung sind bei Erlass der einstweiligen Verfügung der **Widerspruch** des Antragsgegners

---

[1080]   OLG Karlsruhe 22.8.1988 – 6 W 103/88, WRP 1989, 265.

(§§ 924, 936 ZPO) und bei Zurückweisung des Antrags die **sofortige Beschwerde** des Antragstellers (§ 567 Abs. 1 Nr. 2 ZPO).

d) Übersendung der Antragschrift zur schriftlichen Anhörung

Einen Mittelweg zwischen Anberaumung eines Termins und Entscheidung ohne 919 mündliche Verhandlung beschreitet das Gericht mit der **schriftlichen Anhörung** des Antragsgegners. Zu diesem Zweck wird ihm der Antrag auf Erlass einer einstweiligen Verfügung mit einer kurzen **Frist zur Stellungnahme** zugestellt. Diese Verfahrensweise, die in der ZPO nicht vorgesehen ist, ist zulässig.[1081] § 937 Abs. 2 ZPO regelt nur die Entscheidung ohne mündliche Verhandlung, schließt aber die Anhörung des Antragsgegners nicht aus. Er erhält damit Gelegenheit, sich im Beschlussverfahren vor der Entscheidung zum Verfügungsantrag zu äußern und im Wege des rechtlichen Gehörs seine Einwendungen vorzubringen. Diese Verfahrensweise bietet sich an, wenn dem Antragsteller durch eine Auflage Gelegenheit gegeben wird, sein Vorbringen zu ergänzen. Die ihm dafür gewährte Zeit kann durchaus sinnvoll zur Anhörung des Gegners genutzt werden. Die schriftliche Anhörung kombiniert die Entscheidung im Beschlussverfahren mit dem verfassungsrechtlich gebotenen rechtlichen Gehör.

Die Antragsteller stehen der schriftlichen Anhörung mitunter skeptisch gegenüber, 920 weil damit der Überraschungseffekt einer beschlussförmigen einstweiligen Verfügung verloren geht. Dieses Verfahren kann auch zu Verzögerungen führen, nicht nur wegen der gesetzten Frist, sondern auch weil Fristsetzungen häufig mit einem Antrag auf Fristverlängerung beantwortet werden. Wenn nach Ansicht des Gerichts ausreichend Zeit für eine Anhörung ist, kann wegen der damit verbundenen Verzögerung auch gleich Termin anberaumt werden. *Danckwerts*[1082] bedenkt auch zu Recht, dass sich das Gericht auf dem Weg zum schriftlichen Verfahren befindet, wenn dem Antragsteller Gelegenheit zur Erwiderung auf die Stellungnahme des Antragsgegners gegeben wird. Ein solches Verfahren hat das Gericht auf jeden Fall zu vermeiden.

Die schriftliche Anhörung vor Erlass einer beschlussförmigen einstweiligen Verfü- 921 gung ist zwar ein gangbarer, aber nur selten genutzter Weg. Sie verbietet sich aber, wenn mit der Eilentscheidung auch die Sequestration zur Sicherung des Vernichtungsanspruchs erfolgen soll. Denn der Antragsgegner würde sonst gewarnt werden und es bestünde die ernsthafte Gefahr, dass er die zu sequestrierenden Gegenstände vor der Vollstreckung beiseiteschafft.

e) Vorgehen bei ergänzungsbedürftigem Vortrag des Antragstellers

Ist das Vorbringen des Antragstellers ergänzungsbedürftig, bspw. bei unvollständi- 922 gem Vortrag oder beim Fehlen von Glaubhaftmachungsmitteln, kann das Gericht Termin zur mündlichen Verhandlung anberaumen und zur Vorbereitung des Termins die erforderlichen Hinweise erteilen. Es kann aber auch **Kontakt mit dem Antragstellervertreter** aufnehmen, um ihm Gelegenheit zu geben, seinen Vortrag zu ergänzen. Im gewerblichen Rechtsschutz und Urheberrecht hat sich die Praxis herausgebildet, da-

---

[1081] Teplitzky, Kap. 55 Rn. 3; *Köhler*/Bornkamm, UWG, 33. Aufl. 2015, § 12 Rn. 3.23; Cepl/Voß, Prozesskommentar zum Gewerblichen Rechtsschutz, 1. Aufl. 2015, § 937 Rn. 24; Danckwerts, GRUR 2008, 763, 765; a.A. Ahrens/*Scharen*, Kap. 51 Rn. 19 ff.
[1082] Danckwerts, GRUR 2008, 763, 765.

von regelmäßig Gebrauch zu machen und zu diesem Zweck zum **Telefonhörer** zu greifen. Diese Vorgehensweise wird kritisch gesehen[1083] und ist in Hinblick auf die Verpflichtung der Gerichte zur Neutralität nicht unproblematisch.[1084]

923 Bei der Beurteilung, ob in dem bis zur Entscheidung noch einseitigen Verfügungsverfahren, dem Antragsteller Gelegenheit zu geben ist, sein Vorbringen zu ergänzen und für den notwendigen Hinweis das Telefon zu benutzen, ist die dem Gericht gem. § 139 ZPO obliegende **materielle Prozessleitung** zu beachten. Es hat danach die Maßnahmen zu ergreifen, die erforderlich sind, um eine schnelle Entscheidung zu ermöglichen.[1085] Im noch einseitigen Verfügungsverfahren können sich diese zunächst nur an den Antragsteller richten, um Hindernisse auszuräumen, die der Entscheidung im Beschlusswege entgegenstehen. Fehlt lediglich **Glaubhaftmachung**, dann ist ein entsprechender Hinweis an den Antragsteller zweckmäßig und auch unbedenklich, um ihm Gelegenheit zu geben, diese zu ergänzen[1086] und damit zunächst die Anberaumung eines Termins zur mündlichen Verhandlung zu vermeiden. Bedenklich sind hingegen Hinweise auf fehlenden **Tatsachenvortrag** und Hinweise zum Ausgang des Verfahrens.[1087] Auf jeden Fall erfordern telefonische Kontaktaufnahmen eine zurückhaltende Vorgehensweise des Richters, bei der ihm die Problematik einseitiger Kontakte mit einer Prozesspartei bewusst sein muss.

924 Über den Gesprächspartner und den Inhalt des Telefonats ist auf jeden Fall ein **Vermerk** anzufertigen, um diese zu dokumentieren und dem Antragsgegner beim Fortgang des Verfahrens mitteilen zu können. Ein Vermerk kann jedoch Zweifel begründen, ob er den Inhalt der telefonischen Kontaktaufnahme zutreffend wiedergibt.[1088]

925 Die nicht unüblichen Telefonate sind auch insoweit problematisch, als sie vom Antragstellervertreter leicht genutzt werden können, den Richter zu überreden, dem Antrag doch noch stattzugeben. Die hiermit begonnene einseitige Erörterung der Sache ist auf jeden Fall bedenklich und darf nicht zu einer inhaltlichen Diskussion des Streitstoffs führen, die dem Antragsteller Hinweise auf noch erforderlichen Sachvortrag und den Ausgang des Verfahrens gibt.

926 Dieses Risiko lässt sich vermeiden, wenn auf Telefonate verzichtet wird und stattdessen auf die Bedenken gegen den Erlass der einstweiligen Verfügung mit einem kurzen **per Telefax übermittelten Schreiben** hingewiesen wird. Dieses Schreiben dokumentiert unzweifelhaft den Inhalt der Mitteilung an den Antragsteller und kann dem Antragsgegner als Abschrift mitgeteilt werden, wenn das Verfahren durch Terminbestimmung oder im Widerspruchsverfahren fortgesetzt wird. Die Übermittlung per Telefax sichert eine verzögerungsfreie Benachrichtigung des Antragstellers und wird damit der Eilbedürftigkeit gerecht.

927 Sollte der einmalige Hinweis auf ergänzungsbedürftigen Vortrag keinen Erfolg bringen, ist ein weiterer Hinweis nicht zu erteilen, sondern der Antrag durch Beschluss zurückzuweisen oder Termin zur mündlichen Verhandlung anzuberaumen.

[1083] Teplitzky, Gewohnheitsunrecht? – Anmerkungen zum Einfluss der normativen Kraft des Faktischen auf die einstweilige Unterlassungsverfügung, Festschrift für Bornkamm, S. 1073; Guhn, Richterliche Hinweise und „forum shopping" im einstweiligen Verfügungsverfahren, WRP 2014, 27.
[1084] Teplitzky, GRUR 2008, 34, 39.
[1085] Teplitzky, GRUR 2008, 34, 35 f.
[1086] Ahrens/*Scharen*, Kap. 51 Rn. 14.
[1087] Ahrens/*Scharen*, Kap. 51 Rn. 14.
[1088] Teplitzky, GRUR 2008, 34, 39.

Längere und wiederholte Korrespondenzen sind zu vermeiden, weil es dann nicht mehr gerechtfertigt sein könnte, eine den Antragsgegner belastende Entscheidung zu treffen, ohne ihn anzuhören.

f) Rücknahme des Antrags und forum shopping

Die aufgrund der Entscheidungspraxis der Gerichte geförderte Erwartungshaltung auf eine beschlussförmige einstweilige Verfügung führt auch dazu, dass in den Antragsschriften um **telefonische Benachrichtigung** gebeten wird, wenn das Gericht den Antrag für ergänzungsbedürftig hält oder beabsichtigt, diesen zurückzuweisen, oder nur aufgrund mündlicher Verhandlung entscheiden will. Diese Bitte mag überraschen, denn ein Antrag wird gerade eingereicht, um eine gerichtliche Entscheidung zu erlangen und die Anberaumung eines Termins zur mündlichen Verhandlung ist der gesetzliche Normalfall. Wenn der Richter dennoch wunschgemäß zum Telefonhörer greift, wird das auch auf der hohen Belastung der Gerichte beruhen und der Hoffnung, einen unschlüssigen Antrag durch einen Telefonanruf schnell und ohne besonderen Aufwand erledigen zu können („wegtelefonieren"). Die Bitte um telefonische Benachrichtigung darf aber nicht dazu führen, dass der Antragsteller bestimmt, ob mit oder ohne mündliche Verhandlung entschieden wird. Zu der gewünschten telefonischen Kontaktaufnahme ist das Gericht nicht verpflichtet. Der Antragsteller muss immer damit rechnen, dass Termin zur mündlichen Verhandlung ohne vorherige Ankündigung anberaumt wird, so wie das Gesetz es als Regelfall vorsieht. **928**

Mit der Bitte um telefonische Mitteilung von Bedenken verbindet der Antragsteller häufig die Absicht, den Antrag zurück zu nehmen, um diesen bei einem anderem Gericht einreichen zu können, wenn er bei dem angegangenen Gericht die einstweilige Verfügung überhaupt nicht oder nicht ohne mündliche Verhandlung erlangen kann. Die Praxis der Telefonanrufe fördert damit die Praxis des **forum shoppings** und begegnet auch aus diesem Grund nachvollziehbaren Bedenken. Forum shopping kann verhindert werden, indem das Erstgericht nach erfolgter Rücknahme den Antragsgegner von dem Verfahren unterrichtet und ihm damit Gelegenheit gibt, forum shopping, das entweder die Dringlichkeit oder das Rechtsschutzbedürfnis entfallen lässt, bei dem anderen Gericht einzuwenden.[1089] Die Benachrichtigung von der Antragsrücknahme dürfte insbesondere geboten sein, wenn der Antragsgegner eine Schutzschrift eingereicht hatte. Diese ist als vorweggenommene Erwiderung zu einem erwarteten Antrag auf Erlass einer einstweiligen Verfügung Bestandteil des Eilverfahrens, das bereits mit Eingang des Antrages rechtshängig wurde.[1090] Nur wenn der Antragsgegner von dem zurückgenommenen Verfahren Kenntnis erlangt, kann er auch den Kostenantrag gem. § 269 Abs. 3 S. 2 ZPO stellen. **929**

Jedes mit einem Antrag auf Erlass einer einstweiligen Verfügung in Anspruch genommene Gericht kann **forum shopping entgegentreten**, indem es misstrauisch wird, wenn ein Antrag eingeht ohne jeden örtlichen Bezug zum Gericht, d.h. wenn die Parteien und auch der den Antrag einreichende Rechtsanwalt ihren Sitz nicht im Gerichtsbezirk haben. Diese Vorgehensweise kann zwar darauf beruhen, dass eine bekannte Rechtsprechung dieses Gerichts genutzt werden soll oder die Dringlichkeitsfrist bei diesem Gericht großzügiger gehandhabt wird. Hintergrund kann aber auch forum shopping sein. Es bietet sich deshalb an, bei Verdachtsmomenten von dem Antragstel- **930**

[1089] Teplitzky, GRUR 2008, 34, 38.
[1090] Teplitzky, Kap. 55 Rn. 1.

ler glaubhaft gemachten Vortrag dazu zu verlangen, ob der gleiche Antrag bereits zuvor bei einem anderen Gericht eingereicht und dort zurückgenommen wurde. Diese Auflage hat schon zu überraschenden Ergebnissen geführt.

931 | **Praxishinweis:** Der Antragsteller muss damit rechnen, dass das Gericht ihn auffordert, darzulegen und glaubhaft zu machen, ob er den gleichen Verfügungsantrag bereits bei einem anderen Gericht eingereicht und dort zurückgenommen hat.

932   Interessant ist in diesem Zusammenhang der Vorschlag von *Danckwerts*,[1091] § 937 ZPO um einen Absatz 3 zu ergänzen, wonach der Antragsteller glaubhaft zu machen hat, dass der Antrag auf Erlass der einstweiligen Verfügung nicht bereits bei einem anderen Gericht gestellt worden war. Solange es aber keine derartige gesetzliche Regelung gibt, bleibt dem Gericht nur eine entsprechende Auflage. Dabei hat es aber auch bedenken, dass forum shopping nicht der Regelfall sondern nur eine Ausnahme ist.

4. Entscheidung durch den Vorsitzenden allein

933   Die Entscheidung durch den Vorsitzenden allein setzt eine **besondere Dringlichkeit** voraus, die nur vorliegt, wenn der Verfügungsantrag so eilbedürftig ist, dass das Zusammentreten der Kammer nicht abgewartet werden kann.[1092] Dies kann der Fall sein, wenn die einstweilige Verfügung wegen einer Rechtsverletzung auf einer **Messe** beantragt wird und wegen der kurzen Dauer der Messe über den Antrag sofort zu entscheiden ist.

934   Der Vorsitzende entscheidet durch Beschluss und kann die **einstweilige Verfügung erlassen** oder einen unbegründeten Antrag nach überwiegender Ansicht aber auch **zurückweisen**. Nach *Vollkommer*[1093] ist die Zurückweisung zwar keine so eilbedürftige Entscheidung, die der Vorsitzende allein treffen muss. Diese auf den ersten Blick plausible Ansicht lässt aber unberücksichtigt, dass der Antragsteller, der erkennen muss, dass sein Antrag beim Landgericht keinen Erfolg haben wird, ein Interesse an einer **schnellen Entscheidung** durch die nächste Instanz hat. Diese Entscheidung kann er am schnellsten mit der **sofortigen Beschwerde** gegen einen zurückweisenden Beschluss erreichen. Damit kann auch die besondere Dringlichkeit für die den Antrag zurückweisende Entscheidung bestehen. Diese Erwägung spricht für die überwiegende Meinung,[1094] die die negative Entscheidung durch den Vorsitzenden allein zulässt. Bei einer sofortigen Beschwerde entscheidet der Vorsitzende ebenfalls allein über die Abhilfe oder Nichtabhilfe gem. § 572 Abs. 1 ZPO, denn diese Vorschrift bezieht sich ausdrücklich auch auf die Entscheidung des Vorsitzenden.[1095]

935   Die praktische Bedeutung des § 944 ZPO liegt eher im Bereich der **Kammern für Handelssachen**. Die Handelsrichter erscheinen im Gericht nur zu den mündlichen Ver-

---

[1091] Danckwerts, GRUR 2008, 763, 767.
[1092] Cepl/*Voß*, § 944 Rn. 3.
[1093] Zöller/*Vollkommer*, ZPO, 30. Aufl. 2014, § 944 Rn. 1.
[1094] OLG Karlsruhe 15.4.1987 – 6 W 30/87, NJW-RR 1987, 1206; MüKo/*Drescher*, ZPO, 4. Aufl. 2012, § 944 Rn. 4; Schuschke/*Walker*, Vollstreckung und vorläufiger Rechtsschutz, 5. Aufl. 2011, § 944 Rn. 4; Stein/Jonas/*Grunsky*, ZPO, 22. Aufl. 2002, § 944 Rn. 4; Wieczorek/Schütze/*Thümmel*, ZPO, 4. Aufl. 2014, § 944 Rn. 5; Cepl/*Voß*, § 944 Rn. 8.
[1095] Ahrens/*Scharen*, Kap. 51 Rn. 29.

handlungen und stehen außerhalb der Sitzungstage für die Beratung eines Eilantrages nicht zur Verfügung. Das Abwarten bis zum nächsten Sitzungstag würde die Entscheidung zu sehr verzögern. Da das Eilverfahren in der Aufzählung der nach § 349 Abs. 2 ZPO vom Vorsitzenden der Kammer für Handelssachen als Einzelrichter zu treffenden Entscheidungen nicht genannt ist, kann er nur unter den Voraussetzungen des § 944 ZPO über den Antrag auf Erlass der einstweiligen Verfügung allein entscheiden.

Für die Zivilkammern hat § 944 ZPO keine Bedeutung. Wegen der regelmäßigen **936** Anwesenheit auch der Beisitzer im Gericht kann die Zivilkammer schnell zusammentreten, um den Antrag zu beraten und zu entscheiden. Erforderlichenfalls können auch Richter aus der Vertreterkammer hinzugezogen werden. Gegen eine Entscheidung des Vorsitzenden allein spricht die stärkere Überzeugungskraft der Kammer wegen der Beteiligung von drei Richtern. Die Entscheidung gem. § 944 ZPO provoziert bei der Zivilkammer die Einlegung eines Widerspruchs, weil der Antragsgegner damit die Hoffnung verbindet, dass die Kammer in Besetzung mit drei Berufsrichtern anders entscheiden wird als der Vorsitzende allein.

5. Entscheidung aufgrund mündlicher Verhandlung

a) Bestimmung des Termins

Hat sich das Gericht entschlossen, nicht ohne mündliche Verhandlung zu entschei- **937** den, dann bestimmt der Vorsitzende den **Termin**. Ein besonderer Beschluss, mit dem die Entscheidung aufgrund mündlicher Verhandlung angeordnet wird, ist nicht erforderlich. Die Kammer hat jedoch vorab zu beraten, ob eine mündliche Verhandlung stattfinden oder ohne mündliche Verhandlung durch Beschluss entschieden werden soll. Die Kammer kann die Sache auf den **Einzelrichter** übertragen, wenn sie keine Schwierigkeiten tatsächlicher oder rechtlicher Art aufweist und auch keine grundsätzliche Bedeutung hat (§ 348a Abs. 1 ZPO). Vor dem Einzelrichterbeschluss sind die Parteien anzuhören.

Bei der Bestimmung des Termins ist die **Ladungsfrist** zu berücksichtigen, die gem. **938** § 217 ZPO eine Woche beträgt. Auf Antrag kann die Frist verkürzt werden, wenn erhebliche Gründe vorliegen (§ 225 Abs. 2 ZPO), die bei einem Antrag auf Erlass einer einstweiligen Verfügung wegen der Eilbedürftigkeit immer gegeben sind. Wird ein ausdrücklicher Antrag auf Abkürzung der Ladungsfrist nicht gestellt, kann der Verfügungsantrag zugleich als Fristverkürzungsantrag ausgelegt werden. Dennoch ist zu empfehlen, einen **Antrag auf Abkürzung der Ladungsfrist** zu stellen.

> **Praxistipp:** Der Antragsteller sollte in der Antragsschrift beantragen, die Ladungsfrist ab- **939** zukürzen.

b) Anträge auf Verlegung des Termins

Die kurzfristig anzuberaumenden Termine führen mitunter zu Terminkollisionen **940** bei den beteiligten Rechtsanwälten und Parteien. Die gelegentlich erbetene telefonische Terminabsprache mit dem Gericht ist zeitaufwendig und beseitigt die Schwierigkeiten nicht, einen allen Beteiligten passenden Termin zu finden. Einem Antrag auf Terminsverlegung ist jedoch nur stattzugeben, wenn ein **erheblicher Grund** geltend (§ 227 Abs. 1 ZPO) und auf Verlangen des Gerichts glaubhaft gemacht wird (§ 227 Abs. 2 ZPO).

941 | **Praxistipp:** Zur Bekräftigung eines entsprechenden Antrages sollte der Verlegungsgrund auch ohne Aufforderung durch den Vorsitzenden gleich mit dem Antrag glaubhaft gemacht werden.

942   Bei seiner Entscheidung über die **Terminsverlegung** hat das Gericht abzuwägen zwischen einerseits dem Interesse der Partei, durch den von ihr beauftragten Anwalt vertreten zu werden, und andererseits der Eilbedürftigkeit der Sachentscheidung. Wegen der Vorläufigkeit des Verfügungsverfahrens dürfte in Eilverfahren eine Vertretung eher zumutbar sein, als im Hauptsacheverfahren. Aber auch das Gericht hat Interesse, dass zur mündlichen Verhandlung der mit dem Fall vertraute Rechtsanwalt und nicht ein Terminsvertreter erscheint, weil sich mit dem **Hauptbevollmächtigten** die Propbleme sachgerechter erörtern und eher einverständliche Regelungen, wie Antragsrücknahme, Vergleich, Anerkenntnis oder Abgabe der strafbewehrten Unterlassungserklärung, erreichen lassen und damit eine Hauptsacheklage vermieden werden kann.

943   Der nicht durch eine beschlussförmige einstweilige Verfügung gesicherte Antragsteller sollte Anträge auf Verlegung des Termins vermeiden, weil diese als Hinweis auf fehlende Dringlichkeit ausgelegt werden können. Auf jeden Fall muss der Antragsteller, beim Landgericht sein Prozessbevollmächtigter, zum Termin erscheinen, denn mit einem gegen ihn ergangenen **Versäumnisurteil** entfällt die Dringlichkeit für den Erlass einer einstweiligen Verfügung.

944   Der mit § 227 Abs. 3 ZPO an die Stelle der Gerichtsferien getretene **Anspruch auf Verlegung von Terminen** in der Zeit vom 1. Juli bis 31. August, wenn dies innerhalb einer Woche Zugang der Ladung beantragt wird, findet im Eilverfahren keine Anwendung (§ 227 Abs. 3 Nr. 1 ZPO), schließt aber eine Terminsverlegung nicht aus.

c) Vorbereitung des Termins und Entscheidung

945   Mit der Ladung zum Termin stellt das Gericht dem Antragsgegner die Abschriften der **Antragschrift** und dem Antragsteller die Abschriften einer ggf. eingereichten **Schutzschrift** zu. Gegenüber einem nicht anwaltlich vertretenen Antragsgegner fügt das Landgericht einen Hinweis auf den Anwaltszwang bei. Die Vorschriften über das schriftliche Vorverfahren und den frühen ersten Termin sind im Verfügungsverfahren nicht anzuwenden. Das Gericht muss deshalb dem Antragsgegner auch **keine Frist zur Antragserwiderung** setzen. Zur Prozessförderung mag es sinnvoll sein, Fristen zu setzen. Die Versäumung der Frist hat jedoch keine Konsequenzen, insbesondere die Verspätungsvorschriften finden keine Anwendung. Im Eilverfahren kann bis zum letzten Moment vorgetragen und glaubhaft gemacht werden, sogar noch in der mündlichen Verhandlung.[1096] Mitunter werden Schriftsätze erst im Termin eingereicht, um den Gegner zu überraschen und ihm die Möglichkeit zu einer Erwiderung zu nehmen. Die Entscheidung darf aber nur auf solche Tatsachen und Rechtsansichten gestützt werden, zu denen sich die Gegenpartei sachgerecht äußern konnte, da sonst der Grundsatz des **rechtlichen Gehörs** nicht gewahrt ist. Erforderlichenfalls ist die Verhandlung zu unterbrechen, damit die Gegenseite auf kurzfristiges Vorbringen erwidern kann. Dem Gericht **vorab per Telefax** übermittelte Schriftsätze sind auch der Ge-

---

[1096] OLG Koblenz 5.2.1987 – 6 U 1319/86, GRUR 1987, 319 – Verspätetes Vorbringen; Cepl/ *Voß*, § 937 Rdnr. 15.

genseite per Telefax zur Kenntnis zu geben. Dieses, sich wegen des Grundsatzes des **fairen Verfahrens** selbstverständliche Verhalten, wird leider nicht immer beachtet.

> **Praxistipp:** Auch im Eilverfahren sind Schriftsätze so rechtzeitig einzureichen, dass das Gericht sie bei der Terminsvorbereitung berücksichtigen und die Gegenseite dazu Stellung nehmen kann. Die Einreichung von Schriftsätzen im Termin ist zu vermeiden. Schriftsätze, die dem Gericht vorab per Telefax übersandt werden, sind auch der Gegenseite vorab per Telefax zu übersenden.

946

Die Entscheidung des Gerichts erfolgt am **Schluss der mündlichen Verhandlung**. Vertagungen gibt es grundsätzlich nicht und Erklärungsfristen sind nicht vorgesehen.[1097] Darauf müssen sich die Beteiligten einstellen. Der Termin ist von den Prozessbevollmächtigten gründlich vorzubereiten und die Parteien sind gut beraten, zum Termin persönlich zu erscheinen, eventuell erforderlich werdende Unterlagen bereit zu halten und Zeugen zu stellen, um auf neues Vorbringen sofort angemessen reagieren zu können, insbesondere mit einer in einer Verhandlungspause erstellten eidesstattlichen Versicherung oder mit Beweis durch präsente Zeugen.

947

V. Welche Maßnahmen müssen die Parteien des einstweiligen Verfügungsverfahrens nach Erlass der einstweiligen Verfügung ergreifen?

1. Vollziehung der einstweiligen Verfügung

Der Antragsteller, der eine einstweilige Verfügung erwirkt hat, muss diese gemäß § 929 ZPO vollziehen. Die Vollziehung erfolgt mit der Zustellung der einstweiligen Verfügung an den Antragsgegner. Soll der Verfügungsbeschluss oder das Urteil dem Verfahrensbevollmächtigten zugestellt werden, kommt eine Übersendung per Post, (vorab) per Fax, per Boten oder per Gerichtsvollzieher in Betracht. Soll es dem Antragsgegner direkt zugestellt werden, muss ein Gerichtsvollzieher damit beauftragt werden, die Zustellung zu bewirken. Der Partei kann die einstweilige Verfügung also grundsätzlich nicht ohne Einschaltung eines Gerichtsvollziehers wirksam zugestellt werden, es sei denn, die Partei hat ihren Sitz im Ausland.

948

Es ist sinnvoll, bereits frühzeitig mit dem Gerichtsvollzieher, der die Zustellungen der zu erwartenden einstweiligen Verfügungen bewirken soll, Kontakt aufzunehmen und das Prozedere abzustimmen. Unter Umständen möchte der Gerichtsvollzieher Abschriften selbst herstellen oder – im Gegenteil – damit nicht belastet werden. Möglicherweise zieht der Gerichtsvollzieher die Übermittlung der zuzustellenden Unterlagen per Boten vor; möglicherweise ist ihm die Übermittlung per Post lieber.

949

Durch die Vollziehung der einstweiligen Verfügung soll dem Antragsgegner verdeutlicht werden, dass der Antragsteller bereit ist, die Zwangsvollstreckung aus dem gerichtlichen Untersagungsgebot zu betreiben.[1098] Der Antragsgegner soll merken: Der

950

[1097] OLG Hamburg 5.1.2009 – 5 U 194/07, GRUR-RR 2009, 365, 367 – Five Four.
[1098] Berneke/*Schüttpelz*, Die einstweilige Verfügung in Wettbewerbssachen, 3. Aufl. 2015, S. 165.

Antragsteller meint es ernst. Dies bedeutet auch, dass der Antragsteller gewillt ist, das **Haftungsrisiko nach § 945 ZPO** einzugehen.[1099] Teilt der Antragsteller dem Antragsgegner hingegen lediglich mit, dass er eine Beschlussverfügung erwirkt hat, oder übermittelt er die einstweilige Verfügung informatorisch – sprich ohne die Voraussetzungen einer wirksamen Zustellung einzuhalten – zieht der Antragsgegner daraus den Schluss, dass er die Zwangsvollstreckung aus dem Unterlassungstitel bis zur wirksamen Zustellung nicht fürchten muss. Dennoch sollte er in diesem Fall bis zum Ablauf der Vollziehungsfrist mit der Zustellung des Titels rechnen.

951　Für den Anwalt des Antragstellers ist die Vollziehung der einstweiligen Verfügung mit möglichen Fehlerquellen verbunden. Häufig ist es aufgrund der laufenden Vollziehungsfrist nicht möglich, einen einmal aufgetretenen Fehler rechtzeitig zu korrigieren. Dementsprechend muss der Bevollmächtigte des Antragsgegners nach Zustellung der einstweiligen Verfügung kritisch prüfen, ob sich ein Zustellungsfehler feststellen lässt. Liegt ein Mangel vor, muss sich die Antragsgegnerseite so verhalten, dass dem Antragsteller die Korrektur des Zustellungsmangels möglichst schwer gemacht wird. In der Regel wird der Antragsteller das Verfügungsverfahren bei einem nicht mehr zu korrigierenden Zustellungsmangel nicht fortsetzen. Lediglich im Einzelfall ist die Dringlichkeit als Voraussetzung für einen weiteren Verfügungsantrag auch dann noch gegeben, wenn die Vollziehungsfrist ohne das Verschulden des Gläubigers ungenutzt verstrichen ist.[1100] In diesem Fall ist der Neuerlass einer einstweiligen Verfügung möglich.[1101] Bevor der zweite Verfügungsantrag gestellt wird, muss der Antragsteller den ersten Antrag zurücknehmen oder auf den Titel verzichten und diesen an den Schuldner herausgeben.[1102]

952　Die Zustellung muss als Vollziehungshandlung auch dann erfolgen, wenn der Antragsgegner Widerspruch gegen die einstweilige Verfügung erhebt, Berufung einlegt oder einen Aufhebungsantrag nach §§ 927, 936 ZPO stellt.[1103]

a) Was muss zugestellt werden?

953　Die einstweilige Verfügung muss zugestellt werden – und zwar unabhängig davon, ob die Verfügung als Beschluss erlassen oder als Urteil verkündet worden ist. Es spielt auch keine Rolle, ob eine streitige Entscheidung erging oder ob die einstweilige Verfügung auf einem Anerkenntnis beruht.[1104]

aa) Beschlussverfügung

954　Ergeht die einstweilige Verfügung im Beschlusswege, muss der Beschluss zugestellt werden. Mitunter verbindet das Gericht den Beschluss mit der beglaubigten Abschrift der Antragsschrift (nebst Anlagen) durch Ösung, Klammerung oder Bindung. In diesem Fall muss der Beschluss mit der beglaubigten Abschrift des Verfügungsantrags zugestellt werden. Es kommt auch vor, dass das Gericht die Verfügung aus den „zutref-

---

[1099] Ahrens/*Büttner*, 7. Aufl., Kap. 57, Rn. 4, 10.

[1100] Berneke/*Schüttpelz*, Die einstweilige Verfügung in Wettbewerbssachen, 3. Aufl. 2015, S. 166.

[1101] Cepl/*Voß*, Prozesskommentar zum Gewerblichen Rechtsschutz, 1. Aufl. 2015, § 929 ZPO, Rn. 19.

[1102] Köhler/Bornkamm/*Köhler*, 33. Aufl. 2015, § 12 UWG Rn. 3.61.

[1103] Ahrens/*Büttner*, 7. Aufl., Kap. 57, Rn. 19.

[1104] Berneke/*Schüttpelz*, Die einstweilige Verfügung in Wettbewerbssachen, 3. Aufl. 2015, S. 166.

fenden Gründen der Antragsschrift" erlässt, diese aber nicht mit dem Beschluss fest zusammen fügt. In diesem Fall sollte der Antragsteller neben der Ausfertigung des Verfügungsbeschlusses ebenfalls eine beglaubigte Abschrift der Antragsschrift zustellen, damit der Antragsgegner erkennen kann, um welchen Streitgegenstand es sich handelt. Die Zustellung der beglaubigten Abschrift des Verfügungsantrags kann sich unter keinen Umständen negativ auswirken, weshalb auch nichts dagegen spricht, die beglaubigte Abschrift immer und unabhängig vom Vorgehen des Gerichts neben der Beschlussverfügung zuzustellen.

bb) Urteilsverfügung

Auch die Urteilsverfügung muss nach §§ 929 Abs. 2, 936 ZPO zugestellt werden. **955** Während beim Erlass eines Verfügungsbeschlusses die Zustellung in der Regel durch den Antragsteller erfolgt, wird die Zustellung von Urteilen erster oder zweiter Instanz mitunter vergessen – vermutlich deshalb, weil das Urteil dem Unterlassungsschuldner auch von Amts wegen zugestellt wird. Die Zustellung durch das Gericht reicht für den Vollzug gemäß § 929 ZPO jedoch nicht aus.[1105]

Außerdem muss berücksichtigt werden, dass die **Vollziehungsfrist** bei der Urteils- **956** verfügung mit **Verkündung des Urteils** beginnt, während die Frist bei der Beschlussverfügung erst ab der Zustellung der einstweiligen Verfügung an den Antragsteller läuft.

cc) Erneute Zustellung bei geänderter oder wiederhergestellter Entscheidung

Wird die einstweilige Verfügung durch Berichtigungsbeschluss infolge eines Wider- **957** spruchs, einer Berufung oder eines Aufhebungsantrags nach §§ 927, 936 ZPO in ihrem Tenor oder in der Begründung geändert, stellt sich die Frage, ob die zuletzt ergangene Entscheidung erneut zugestellt werden muss. Dies ist der Fall, wenn die neue Entscheidung die ursprünglich erlassene einstweilige Verfügung inhaltlich ändert.[1106] Maßgeblich ist also, ob die geänderte Formulierung an dem eigentlichen Inhalt der Entscheidung etwas ändert oder nicht.[1107] Die somit erforderliche Bewertung fällt häufig schwer. Notwendig ist eine erneute Zustellung etwa bei einer Änderung des Streitgenstands, und zwar unabhängig davon, ob auch der Tenor eine Änderung erfährt.[1108] Allerdings kann nicht immer mit Sicherheit gesagt werden, ob eine Änderung des Streitgegenstandes aus Sicht des entscheidenden Gerichts anzunehmen ist oder nicht. Bei einer bloßen Klarstellung des Tenors ist eine erneute Vollziehung nicht notwendig, während andererseits vertreten wird, dass eine bestimmtere Fassung der einstweiligen Verfügung eine erneute Zustellung erforderlich macht.[1109] Es liegt auf der Hand, dass es bei derartigen Abgrenzungsherausforderungen häufig an einer eindeutigen verfahrensrechtlichen Situation mangelt.

Als Faustregel gilt deshalb: Jeder Beschluss und jedes Urteil, durch das die ur- **958** sprüngliche einstweilige Verfügung im Tenor oder in der Begründung geändert wird,

---

[1105] Berneke/*Schüttpelz*, Die einstweilige Verfügung in Wettbewerbssachen, 3. Aufl. 2015, S. 174.
[1106] Berneke/*Schüttpelz*, Die einstweilige Verfügung in Wettbewerbssachen, 3. Aufl. 2015, S. 168.
[1107] Etliche Beispiele bei: Cepl/*Voß*, Prozesskommentar zum Gewerblichen Rechtsschutz, 1. Aufl. 2015, § 929 ZPO, Rn. 9.
[1108] Ahrens/*Büttner*, 7. Aufl., Kap. 57, Rn. 24.
[1109] Berneke/*Schüttpelz*, Die einstweilige Verfügung in Wettbewerbssachen, 3. Aufl. 2015, S. 169.

sollte erneut zugestellt werden. Im Einzelfall mag die neuerliche Zustellung der gerichtlichen Entscheidung zwar aus verfahrensrechtlichen Gründen nicht notwendig sein, da die einstweilige Verfügung trotz der vorgenommenen Änderungen an sich nur bestätigt wird, aber es besteht das Risiko, dass ein Gericht eine erneute Zustellung entgegen der Meinung des Anwalts der Antragstellerseite für erforderlich hält. Läuft in diesem Fall die **Vollziehungsfrist** ungenutzt ab, droht der Wegfall der Bestandskraft der einstweiligen Verfügung. Mit einer überflüssigen Zustellung sind keine nennenswerten Risiken verbunden. Schlimmstenfalls werden die Kosten der erneuten Zustellung im Kostenfestsetzungsverfahren nicht festgesetzt.

959   Eine wiederhergestellte einstweilige Verfügung muss ebenfalls erneut vollzogen werden.[1110] Von einer wiederhergestellten einstweiligen Verfügung spricht man, wenn in der Berufungsinstanz eine einstweilige Verfügung neu erlassen wird, die erstinstanzlich inhaltsgleich erlassen und auf den Widerspruch des Antragstellers hin wieder aufgehoben wurde.

dd) Fotos und Screenshots

960   Häufig werden Abbildungen und Grafiken in Form von Fotos, Screenshots oder Ähnlichem in den Verfügungsantrag aufgenommen oder diesem als Anlage beigefügt. Stellt die gerichtliche Entscheidung auf eine solche Abbildung ab, muss bei der Zustellung der einstweiligen Verfügung darauf geachtet werden, dass die Abbildungen in der zuzustellenden Abschrift genau so wiedergegeben werden wie in der Urschrift der Entscheidung.[1111] Schädlich wäre demnach die Zustellung undeutlicher Kopien, die die gerichtliche Entscheidung nicht mehr wiedergeben. Ebenso unzureichend könnte die Verwendung einer Schwarz-Weiß-Kopie an Stelle einer zur Entscheidung gehörenden Farbkopie sein. Ist die Farbigkeit der Abbildung in wettbewerbsrechtlicher Hinsicht gar nicht von Bedeutung, sollten im Rahmen der Antragsschrift Schwarz-Weiß-Kopien verwendet werden, um etwaige Unstimmigkeiten zu vermeiden.

Generell setzt die Zustellung der einstweiligen Verfügung die Übersendung einer leserlichen Wiedergabe der Entscheidung – egal ob Bild oder Text – voraus.[1112] Dies gilt auch für eine Zustellung an einen Anwalt per Fax, die nach §§ 195, 174 Abs. 3 ZPO möglich ist. Da der Versender der Faxnachricht nicht wissen kann, in welcher Qualität das Schreiben übertragen wird, sollte neben einer Zustellung per Fax auch immer eine Zustellung per Post oder Boten erfolgen.

ee) Muster eines Anschreibens an den Gerichtsvollzieher und eines Schriftsatzes über die erfolgte Zustellung an das Gericht

961   Der Gerichtsvollzieher kann wie folgt damit beauftragt werden, die einstweilige Verfügung unmittelbar an den Antragsgegner zuzustellen:

Sehr geehrter Herr Obergerichtsvollzieher ...,

in der vorbezeichneten Angelegenheit übersenden wir Ihnen eine Ausfertigung und eine beglaubigte Abschrift der Ausfertigung des Beschlusses des Landgerichts München I vom 24.8.2015 sowie zwei beglaubigte Abschriften unserer Antragsschrift vom

---

[1110] Ahrens/*Büttner*, 7. Aufl., Kap. 57, Rn. 26.
[1111] Berneke/*Schüttpelz*, Die einstweilige Verfügung in Wettbewerbssachen, 3. Aufl. 2015, S. 177.
[1112] Köhler/Bornkamm/*Köhler*, 33. Aufl. 2015, § 12 UWG Rn. 3.62.

19.8.2015 nebst den Anlagen Ast 1 bis Ast 12 verbunden mit der Bitte um Zustellung der beglaubigten Abschrift der einstweiligen Verfügung des Landgerichts München I und einer beglaubigten Abschrift der Antragsschrift nebst Anlagen an die Antragsgegnerin. Bitte vermerken Sie dies auch so in der Postübergabe- und Zustellurkunde.

Mit freundlichen Grüßen

Das Gericht, das die einstweilige Verfügung erlassen hat, fordert den Antragsteller **962** in der Regel dazu auf, mitzuteilen, wann die einstweilige Verfügung zugestellt worden ist. Erfolgt diese Mitteilung an das Gericht nicht fristgerecht, werden dem Antragsteller die Gerichtskosten auferlegt. Die Nachricht an das Gericht kann wie folgt formuliert werden:

In Sachen
A GmbH ./. B UG
33 O 2222/15

wurde eine beglaubigte Abschrift der Ausfertigung bzw. eine Ausfertigung der einstweiligen Verfügung des Landgerichts München I vom 24.8.2015 sowie eine beglaubigte Abschrift der Antragsschrift vom 19.8.2015 nebst Anlagen Ast 1 bis Ast 12 der Antragsgegnerin am 7.9.2015 und dem Prozessbevollmächtigten der Antragsgegnerin am 5.9.2015 zugestellt. Kopien der Zustellungsurkunden fügen wir anliegend bei.

Beglaubigte und einfache Abschrift anbei

Diesem Muster liegt die Annahme zugrunde, dass die einstweilige Verfügung nicht **963** nur per Gerichtsvollzieher, sondern darüber hinaus auch von Anwalt zu Anwalt zugestellt wurde. Diese „Doppel-Zustellung" bietet sich an, wenn dem Bevollmächtigten des Antragstellers unklar ist, ob der Gegenanwalt (auch) für das Verfügungsverfahren bevollmächtigt ist. In diesem Fall sollten dem Gericht zwei Zustellungsnachweise in Kopie übermittelt werden: das vom Gegenanwalt unterschriebene Empfangsbekenntnis sowie die im Original gelbe Postzustellungsurkunde.

b) An wen muss der Verfügungsbeschluss zugestellt werden?

Die einstweilige Verfügung muss dem Antragsgegner zugestellt werden. Die Zustel- **964** lung muss im Parteibetrieb gemäß den Bestimmungen der §§ 191 bis 195 ZPO vorgenommen werden. Ist die einstweilige Verfügung zu Lasten mehrerer Antragsgegner erlassen worden, muss sie jedem einzelnen Antragsgegner gesondert zugestellt werden. Werden etwa eine GmbH und deren Geschäftsführer erfolgreich auf Unterlassung in Anspruch genommen, muss die Zustellung gegenüber beiden Personen getrennt voneinander bewirkt werden. Es genügt also nicht, lediglich dem Geschäftsführer oder der Gesellschaft gegenüber zuzustellen, da die jeweils andere Person von dieser Zustellung Kenntnis erlangen müsste. Häufig wird sowohl die Zustellung an die Gesellschaft als auch an deren Geschäftsführer an die Anschrift der Gesellschaft veranlasst. Dabei besteht jedoch die Gefahr, dass die Zustellung an den Geschäftsführer nicht erfolgen kann, da er in den Räumlichkeiten der Gesellschaft (angeblich) nicht anzutreffen ist. In diesem Fall kann der Gerichtsvollzieher die Unterlagen an den Antragsteller zurücksenden. Eine Verpflichtung zur Ersatzzustellung besteht nicht, zumal der Zustellende die Voraussetzungen für eine Ersatzzustellung durch eigene Prüfung feststellen muss.[1113] Die Mitteilung über die erfolglos gebliebene Zustellung an den Geschäftsführer kann in solchen Fällen so spät beim Antragsteller eingehen, dass bei einem zweiten Zustellungsversuch die Einhaltung der Vollziehungsfrist fraglich wird. Aus diesem Grund empfiehlt es sich, die Zustellung an den Geschäftsführer von vorneherein an dessen Wohnanschrift zu veranlassen. Im Regelfall ist der Zustellungsversuch dann erfolgreich, da der Zustellende entweder den Geschäftsführer selbst in seiner Wohnung antrifft oder von der Möglichkeit der Ersatzzustellung durch Einlegung des Schriftstücks in den privaten Briefkasten des Geschäftsführers Gebrauch macht.

965   Meldet sich im Laufe der außergerichtlichen oder der gerichtlichen Auseinandersetzung ein Anwalt, sollte diesem in jedem Fall von Anwalt zu Anwalt zugestellt werden. Melden sich mehrere Anwälte, sollte allen Anwälten zugestellt werden. Darüber hinaus sollte die einstweilige Verfügung auch stets dem Antragsgegner oder den Antragsgegnern direkt zugestellt werden. Die Vollziehung der einstweiligen Verfügung ist unwirksam, wenn nicht (auch) gegenüber der richtigen Person zugestellt wurde. Allerdings wird die Zustellung nicht unwirksam, wenn sie neben der richtigen Person auch an weitere Personen erfolgte, denen an sich nicht zuzustellen war. Meldet sich für den Abgemahnten ein Rechtsanwalt, sollte der Antragsteller folgerichtig keine Zeit mit der Überlegung vergeuden, ob der Anwalt Prozessbevollmächtigter im Sinne des § 172 Abs. 1 Satz 1 ZPO ist oder nicht. Stattdessen sollte er die Zustellung sowohl unmittelbar gegenüber der Partei als auch gegenüber dem Anwalt vornehmen.

c) Durch wen muss die Zustellung erfolgen?

966   Bei der Beantwortung der Frage, durch wen die Zustellung erfolgen muss, kommt es entscheidend darauf an, an wen zugestellt wird.

Ist der Antragsgegner in dem Verfügungsverfahren anwaltlich vertreten, erfolgt die **Zustellung von Anwalt zu Anwalt**. Die Zustellung nimmt also der Anwalt des Antragstellers vor.

Ist der Antragsgegner hingegen nicht anwaltlich vertreten, muss die Zustellung gemäß § 192 Abs. 1 ZPO durch einen **Gerichtsvollzieher** erfolgen. Ohne Einbeziehung eines Gerichtsvollziehers ist die Zustellung der einstweiligen Verfügung in einem solchen Fall unwirksam.

Bei der Zustellung durch den Gerichtsvollzieher übergibt der Antragsteller dem Gerichtsvollzieher die Ausfertigung der einstweiligen Verfügung zusammen mit den erforderlichen Abschriften, § 192 Abs. 2 ZPO. Die Ausfertigung ist das Originalschriftstück, das der Antragsteller vom Gericht erhalten hat. Der Gerichtsvollzieher beglaubigt die Abschriften und kann fehlende Abschriften selbst herstellen.

d) Wie schnell muss der Verfügungsbeschluss zugestellt werden?

967   Bei der Zustellung der einstweiligen Verfügung ist eine Monatsfrist zu wahren. Gemäß § 929 Abs. 2 ZPO ist die Vollziehung der einstweiligen Verfügung unstatthaft, wenn seit dem Tag der Urteilsverkündung oder dem Tag der Zustellung des Verfügungsbeschlusses an den Antragsteller ein Monat verstrichen ist. Bei der Berechnung der Frist muss also beachtet werden, ob die einstweilige Verfügung durch ein Urteil ausgesprochen wurde. In diesem Fall läuft die Monatsfrist ab Verkündung des Ur-

---

[1113] Baumbach/Lauterbach/Albers/*Hartmann*, Zivilprozessordnung, 72. Aufl. 2014, Einführung von §§ 178–181 Rn. 5.

teils.[1114] Handelt es sich hingegen um eine Beschlussverfügung, beginnt die Frist erst mit der Zustellung des Beschlusses beim Antragsteller.[1115]

Mitunter kommt es vor, dass das Gericht dem Antragsteller das verkündete Urteil **968** nicht zeitnah nach der Verkündung zustellt. In diesem Fall kann der Antragsteller im Hinblick auf die laufende Vollziehungsfrist unter zeitlichen Druck geraten. Dieses Problem kann nicht durch die Zustellung des Protokolls der öffentlichen Sitzung gelöst werden.[1116] Es muss der Unterlassungstitel zugestellt werden; das Protokoll stellt keinen Titel dar. Der Antragsteller kann sich auch nicht mit Erfolg darauf berufen, dass er die Vollziehungsfrist nicht einhalten konnte, weil das Gericht ihm die hierfür notwendige Ausfertigung nicht rechtzeitig erteilt hat. Vielmehr muss der Antragsteller alles unternehmen, um das Gericht dazu zu bewegen, ihm die Ausfertigung zu erteilen. Zur Beschleunigung des Verfahrens sollte der Antragsteller eine abgekürzte Ausfertigung des Urteils nach § 750 Abs. 1 ZPO beantragen;[1117] sie reicht aus, um die Zustellung zu bewirken.

e) Was spricht gegen eine unverzügliche Zustellung?

Die Zustellung der einstweiligen Verfügung kann zurückgestellt werden oder ganz **969** unterbleiben, um eine Störung der laufenden Vergleichsgespräche mit der Antragsgegnerseite zu vermeiden.

Daneben kann auf die Zustellung verzichtet werden, wenn dem Antragsteller nach **970** Erlass der einstweiligen Verfügung bewusst wird, dass eine Schadensersatzpflicht zu seinen Lasten nach § 945 ZPO droht.

Der Antragsteller kann die einstweilige Verfügung auch als „Schubladenverfügung" **971** erwirkt haben. In diesem Fall mahnt er den Antragsgegner erst nach Erlass der einstweiligen Verfügung ab und lässt ihn in dem Glauben, dass der Verfügungsbeschluss noch nicht ergangen ist. Der Versuch des Antragsgegners, sich durch Hinterlegung einer Schutzschrift gegen den Erlass der einstweiligen Verfügung zur Wehr zu setzen, läuft damit ins Leere. Des Weiteren kann der Antragsteller den Antragsgegner überraschen, indem er plötzlich die Zustellung der einstweiligen Verfügung veranlasst, von deren Existenz der Antragsgegner zuvor nichts wusste.

f) Was muss bei der Zustellung noch beachten werden?

Damit die einstweilige Verfügung rechtzeitig zugestellt wird, sollten bereits bei der **972** Einreichung des Verfügungsantrags Fristen notiert werden. Es bietet sich an, ab Antragstellung eine Monatsfrist und zwei Vorfristen zu notieren. Da die Vollziehungsfrist nicht schon mit Einreichung des Verfügungsantrags beginnt, läuft die wahre Vollziehungsfrist in aller Regel später ab, als die vorsorglich notierte Frist. Ist die Zustellung bei Eintritt der Vorfrist noch nicht bewirkt worden, kann rechtzeitig geprüft werden, ob und gegebenenfalls welche Hindernisse einer Zustellung im Wege stehen. So bleibt meist genügend Zeit, um die Zustellung doch noch fristgerecht vornehmen zu können.

[1114] Cepl/Voß/*Voß*, Prozesskommentar zum Gewerblichen Rechtsschutz, 1. Aufl. 2015, § 929 ZPO, Rn. 6.

[1115] *Berneke/Schüttpelz*, Die einstweilige Verfügung in Wettbewerbssachen, 3. Aufl. 2015, S. 170.

[1116] *Berneke/Schüttpelz*, Die einstweilige Verfügung in Wettbewerbssachen, 3. Aufl. 2015, S. 178.

[1117] *Berneke/Schüttpelz*, Die einstweilige Verfügung in Wettbewerbssachen, 3. Aufl. 2015, S. 170.

973   Geht das Empfangsbekenntnis des Gegenanwalts oder das Antwortschreiben des Gerichtsvollziehers in der Zustellungssache ein, muss der Rechtsanwalt des Antragstellers prüfen, ob sich die wirksame Zustellung aus dem jeweiligen Schriftstück ergibt. Bestätigt der Gegenanwalt beispielsweise lediglich, dass er die beglaubigte Abschrift des Verfügungsantrags empfangen hat, reicht das für den Nachweis der Zustellung der einstweiligen Verfügung nicht aus. Möglicherweise teilt der Gerichtsvollzieher auch nur einen erfolglos gebliebenen Zustellungsversuch mit. In beiden Fällen muss seitens des Antragstellers alles in Betracht kommende unternommen werden, um die rechtzeitige Zustellung durch einen weiteren Zustellungsversuch zu erreichen.

g) Wie funktioniert die Zustellung im Ausland?

974   Gemäß § 183 Abs. 1 ZPO ist eine Zustellung im Ausland nach den bestehenden völkerrechtlichen Vereinbarungen vorzunehmen. Wenn Schriftstücke aufgrund völkerrechtlicher Vereinbarungen unmittelbar durch die Post übersandt werden dürfen, sollte per Einschreiben mit Rückschein zugestellt werden. Andernfalls sollte die Zustellung auf Ersuchen des Vorsitzenden des Prozessgerichts unmittelbar durch die Behörden des fremden Staates erfolgen. In der Regel sollte man auch in dieser Situation „doppelt nähen" und neben der Zustellung per Einschreiben mit Rückschein die Zustellung durch den Vorsitzenden Richter beantragen.

975 | **Richtertipp:** Es ist also ein diesbezüglicher Antrag erforderlich. Von sich aus wird der Vorsitzende des Spruchkörpers nicht tätig.

976   Insbesondere bei Auslandszustellungen wird die rechtzeitige Beantragung der Auslandszustellung im Sinne des § 167 ZPO als fristwahrend betrachtet.[1118] Die Monatsfrist des § 929 Abs. 2 ZPO gilt also bei rechtzeitiger Antragstellung als eingehalten.

977   Daneben kommt nach § 183 Abs. 2 ZPO eine Zustellung durch die zuständige diplomatische oder konsularische Vertretung des Bundes beziehungsweise durch eine andere zuständige Behörde in Betracht.

h) Was tun bei Zustellungsfehlern?

978   Führt der Zustellungsfehler dazu, dass die Vollziehungsfrist versäumt wird, kommt eine Heilung nicht in Betracht. Die einstweilige Verfügung ist auf Betreiben des Antragsgegners aufzuheben. Die Kosten des Verfahrens müssen in diesem Fall dem Antragsteller auferlegt werden[1119]. Auf die materielle Rechtslage kommt es dann nicht mehr an. Der Zustellungsfehler kann aber während der laufenden Vollziehungsfrist geheilt werden.

aa) Heilung nach § 189 ZPO

979   Der Antragsteller sollte prüfen, ob der Zustellungsmangel möglicherweise rechtzeitig geheilt wurde.

980   Die Heilung richtet sich nach § 189 ZPO. Gemäß dieser Bestimmung gilt ein Dokument als zugestellt, wenn das Dokument der Person, an die die Zustellung dem Gesetz gemäß gerichtet war oder gerichtet werden konnte, tatsächlich zugegangen ist. Wird

---

[1118] Berneke/*Schüttpelz*, Die einstweilige Verfügung in Wettbewerbssachen, 3. Aufl. 2015, S. 172.
[1119] Köhler/Bornkamm/*Köhler*, 33. Aufl. 2015, § 12 UWG Rn. 3.68.

die einstweilige Verfügung beispielsweise dem Antragsgegner persönlich zugestellt, obwohl nach §§ 172 Abs. 1 Satz 1, 191 ZPO die Zustellung an den Anwalt hätte erfolgen müssen, kann eine Heilung des Zustellungsmangels eintreten, wenn der Antragsgegner seinem Anwalt die einstweilige Verfügung aushändigt. Trägt der Anwalt des Antragsgegners im Folgenden vor, dass der Verfügungsbeschluss fälschlicherweise direkt seinem Mandanten zugestellt wurde und dass dieser ihm das Schriftstück sogleich übermittelt hat, kann eine Heilung des Mangels angenommen werden. In diesem Fall ist dem Anwalt das Schriftstück zum Verbleib in seinem Herrschaftsbereich übergeben worden. Um diesen Effekt zu vermeiden, sollte der Anwalt des Antragsgegners seinen Mandanten von einer Übersendung des Beschlusses abhalten und stattdessen Akteneinsicht beantragen. Die Kenntniserlangung durch die Akteneinsicht begründet keine Zustellung,[1120] da die Akte wieder zurückgegeben werden muss. Außerdem kann sich der Anwalt von seinem Mandanten telefonisch mitteilen lassen, was in dem Beschluss steht. Auch diese Kenntnisnahme führt nicht zu einer Heilung des Zustellungsmangels.

bb) Keine Wiedereinsetzung in den vorigen Stand, kein Verzicht

Im Falle einer Fristversäumung kann ein Wiedereinsetzungsantrag nicht mit Erfolg **981** gestellt werden. Die Vollziehungsfrist ist keine Notfrist im Sinne des § 224 Abs. 1 ZPO, weshalb eine Wiedereinsetzung nach § 233 ZPO nicht in Betracht kommt.[1121] Ebenso wenig kann der Antragsgegner auf die Zustellung verzichten.

cc) Erlangung einer Abschlusserklärung

Eine ordnungsgemäße Zustellung wird hinfällig, wenn der Unterlassungsschuldner **982** eine Abschlusserklärung abgegeben hat.[1122] Nach Abgabe der Abschlusserklärung kann ein Rechtsmittel gegen die einstweilige Verfügung nicht mehr auf das Fehlen der ordnungsgemäßen Zustellung gestützt werden. Dementsprechend kann der Gegenseite im Falle eines Zustellungsmangels die Abgabe der Abschlusserklärung nahegelegt werden. Das Vorgehen bietet sich an, wenn dem Antragsgegner der Zustellungsmangel noch nicht aufgefallen ist. In diesem Zusammenhang kann die Abschlusserklärung in einen Gesamtvergleich eingebettet werden, bei dem auch der Gläubiger ein für den Schuldner interessantes Entgegenkommen zeigt, um so die Einigungsbereitschaft zu erhöhen. So könnte der Gläubiger auf Auskunfts- und Schadensersatzansprüche verzichten.

i) Was sind die Folgen der Vollziehung?

Die Vollziehung der einstweiligen Verfügung hat mehrere Konsequenzen. **983**

Bei der Beschlussverfügung wird die einstweilige Verfügung erst mit der Parteizu- **984** stellung wirksam.[1123]

Die Zustellung der einstweiligen Verfügung hat weiterhin zur Folge, dass ein **985** Rechtsmittel gegen die Verfügung nicht darauf gestützt werden kann, dass eine Vollziehung aufgrund der verstrichenen Monatsfrist nicht mehr statthaft ist; die Vollzie-

---

[1120] Berneke/*Schüttpelz*, Die einstweilige Verfügung in Wettbewerbssachen, 3. Aufl. 2015, S. 180.
[1121] Cepl/*Voß*, Prozesskommentar zum Gewerblichen Rechtsschutz, 1. Aufl. 2015, § 929 ZPO, Rn. 5.
[1122] Berneke/*Schüttpelz*, Die einstweilige Verfügung in Wettbewerbssachen, 3. Aufl. 2015, S. 166.
[1123] Ahrens/*Büttner*, 7. Aufl., Kap. 57, Rn. 11.

hungsfrist ist gewahrt. Wird die einstweilige Verfügung nicht binnen Monatsfrist zugestellt, kann der Antragsgegner gegen die einstweilige Verfügung vorgehen und deren
Aufhebung bei dem Gericht beantragen, das die Verfügung ursprünglich erlassen hat.
Voraussetzung dafür ist, dass der Antragsgegner von dem Erlass der einstweiligen Verfügung Kenntnis erlangt hat. Dies kann beispielsweise dann der Fall sein, wenn eine
Zustellung unmittelbar an die Partei selbst erfolgt ist, obwohl die Zustellung gemäß
§ 172 Abs. 1 Satz 1 ZPO an den Prozessbevollmächtigten zu erfolgen hatte.

986   Ergeht die einstweilige Verfügung im Beschlusswege, kann erst nach deren Zustellung die Festsetzung eines Ordnungsmittels nach § 890 ZPO beantragt werden. Voraussetzung dafür ist nicht nur der Unterlassungstenor in der Verfügung, sondern auch
die Androhung von Ordnungsmitteln. Dementsprechend muss der Antragsteller die
Ordnungsmittelandrohung bereits im Rahmen des Verfügungsantrags beantragen.
Wird die einstweilige Verfügung hingegen in der Form eines Urteils verkündet, bedarf
es zur Einleitung des Ordnungsmittelverfahrens keiner Zustellung.

987   Die Zustellung des Verfügungsbeschlusses ist auch mit Risiken für den Antragsteller
verbunden. Stellt sich nach Zustellung des Verfügungsbeschlusses heraus, dass die
einstweilige Verfügung von Anfang an unberechtigt war, ist der Antragsteller gemäß
§ 945 ZPO verpflichtet, dem Antragsgegner Schadensersatz zu leisten. Die Schadensersatzpflicht besteht auch dann, wenn der Antragsteller einer Anordnung der Klageerhebung nach § 926 Abs. 1 ZPO nicht fristgerecht nachgekommen ist und die einstweilige Verfügung deshalb gemäß § 926 Abs. 2 ZPO aufgehoben wird. Erkennt der
Antragsteller nach Erlass der Beschlussverfügung, dass eine solche Schadensersatzpflicht droht, kann er das Risiko abwenden, indem er die Zustellung des Verfügungsbeschlusses unterlässt. Nach Zustellung einer Beschlussverfügung steigt das Kostenrisiko drastisch an. Im Falle eines Widerspruchs muss die Vergütung zweier Anwälte
berücksichtigt werden. Neben den Verfahrensgebühren müssen von der unterlegenen
Partei auch die Termingebühren getragen werden. Stellt sich nach Erlass der Beschlussverfügung heraus, dass sich der Sachverhalt doch nicht so eindeutig darstellt wie angenommen oder dass ein Glaubhaftmachungsmittel nicht valide ist, kann es sinnvoll sein,
auf die Zustellung zu verzichten und den Antrag auf Erlass der einstweiligen Verfügung zurückzunehmen.

2. Abschlussverfahren

988   Die einstweilige Verfügung hat nur vorläufigen Charakter.[1124] Das Verfügungsverfahren hemmt die Verjährung lediglich für kurze Zeit. Gemäß § 204 Abs. 2 S. 1 BGB
endet die Hemmung sechs Monate nach der rechtskräftigen Entscheidung oder einer
anderweitigen Beendigung des eingeleiteten Verfügungsverfahrens. Der Antragsgegner
kann sich nach Erlass der einstweiligen Verfügung der ihm durch die §§ 924, 926, 927
ZPO zur Verfügung stehenden Angriffsmittel bedienen. Das Abschlussverfahren dient
dem Versuch, eine endgültige Streitbeilegung zu erreichen, ohne dass es eines zusätzlichen Klageverfahrens bedarf. Die einstweilige Verfügung soll die Qualität eines rechtskräftigen Urteils in der Hauptsache erlangen. Im Abmahnverfahren spricht man von
der Abmahnung und der Unterlassungserklärung. In dem Abschlussverfahren spricht
man von dem Abschlussschreiben und der Abschlusserklärung. Die beiden Verfahren
weisen in vielerlei Hinsicht Parallelen auf.

[1124] Köhler/Bornkamm/*Köhler*, 33. Aufl. 2015, § 12 UWG Rn. 3.69.

a) Das Abschlussschreiben

Das Abschlussschreiben ähnelt der Abmahnung. Dem Schuldner soll durch die Ab- **989** gabe der mit dem **Abschlussschreiben** geforderten **Abschlusserklärung** die Gelegenheit gegeben werden, ein sich dem Verfügungsverfahren anschließendes Klageverfahren zu vermeiden. Gleichzeitig soll dem Schuldner mit der Versendung des Abschlussschreibens die Möglichkeit genommen werden, sich nach Zustellung der Hauptsacheklage auf § 93 ZPO berufen zu können.

aa) Sollte der Antragsgegner abwarten, bis ihm das Abschlussschreiben zugeht?

Will der Antragsgegner die einstweilige Verfügung als endgültige Regelung anerken- **990** nen, damit der Unterlassungsgläubiger den Unterlassungsanspruch nicht im Rahmen eines Klageverfahrens geltend macht, sollte er die Abschlusserklärung abgeben, bevor der Antragsteller sich gezwungen sieht, ein Abschlussschreiben zu versenden. Denn die Versendung eines berechtigten Abschlussschreibens ist mit Kosten verbunden, die von dem Antragsgegner erstattet werden müssen.

Will der Antragsgegner die einstweilige Verfügung hingegen nicht akzeptieren und **991** dementsprechend auch die Abschlusserklärung nicht abgeben, sollte er dies dem Antragsteller ebenfalls mitteilen, bevor es zur ~~Versendung~~ Absendung des Abschlussschreibens kommt. Denn bei einer Weigerung der Abgabe einer Abschlusserklärung obliegt es dem Unterlassungsgläubiger nicht, das Abschlussschreiben abzusenden. Folgerichtig kann der Unterlassungsgläubiger hinsichtlich des nicht erforderlichen Abschlussschreibens auch keine Erstattung der angefallenen Rechtsanwaltskosten verlangen.

bb) Welchen Inhalt muss das Abschlussschreiben haben?

Inhaltlich ähnelt das Abschlussschreiben der Abmahnung. Mit dem Abschluss- **992** schreiben stellt der Gläubiger noch einmal fest, dass die streitgegenständliche Praktik unlauter ist. Aus diesem Grund wurde auch die einstweilige Verfügung erlassen. Weiter wird im Regelfall ausgeführt, dass die einstweilige Verfügung keine abschließende Regelung darstellt, weil es ihr an der Rechtskraft fehlt, die von einem in einem Klageverfahren verkündeten Urteil ausgehen würde. Darauf folgt die Aufforderung zur Abgabe der Abschlusserklärung und die Drohung einer Klageerhebung für den Fall, dass dem Gläubiger die Abschlusserklärung nicht binnen der gesetzten Frist zugeht.[1125] Üblicherweise wird eine von dem Gläubiger vorformulierte Abschlusserklärung beigefügt; notwendig ist dies aber nicht. Zusätzliche Ausführungen – etwa zu den vorgebrachten Argumenten vonseiten des Schuldners oder zum geltend gemachten Kostenerstattungsanspruch – sind nicht erforderlich, aber meist sinnvoll.

cc) Welche Fristen sind zu berücksichtigen?

Bei dem Abschlussschreiben sind zwei Fristen zu beachten. Zum einen handelt es **993** sich um die Frist, die abgewartet werden sollte, bevor das Abschlussschreiben versandt wird. Zum anderen handelt es sich um die Fristlänge zur Beantwortung des Abschlussschreibens.

Die Bemessung der Fristen richtet sich nach dem Sinn und Zweck des Abschlussver- **994** fahrens. Ein möglicherweise überflüssiges Klageverfahren soll vermieden werden.

[1125] GK-UWG/*Schwippert*, 2. Auf. 2014, § 12 C Rn. 260.

995   Dementsprechend muss der Antragsteller mit der Versendung des Abschlussschreibens bis zu dem Zeitpunkt warten, in dem ein verständiger Antragsgegner eventuell dazu bereit ist, die Abschlusserklärung abzugeben. Wird beispielsweise eine einstweilige Verfügung erlassen und der Termin zur mündlichen Verhandlung nach Widerspruch des Antragsgegners anberaumt, ist die Versendung des Abschlussschreibens kurz vor der mündlichen Verhandlung wenig sinnvoll. Wird nach der mündlichen Verhandlung ein Verkündungstermin anberaumt, wäre die Versendung eines Abschlussschreibens vor Verkündung der Entscheidung in der Regel ebenfalls verfrüht. Daneben sollte das Verstreichen der Berufungsfrist abgewartet werden.[1126] Ist das Verfügungsverfahren hingegen in einem Stadium angelangt, das keine zeitnahe Veränderung der Verfahrenssituation erwarten lässt, kann der Antragsteller das Abschlussschreiben versenden, wenn der Antragsgegner zwei Wochen Zeit hatte, um die Sach- und Rechtslage zu prüfen und seinerseits (ungefragt) die Abschlusserklärung abzugeben. Erfahrungsgemäß ist es sinnvoll, das Abschlussschreiben mit einem zusätzlichen zeitlichen Puffer nach drei Wochen abzusenden, zumal unter Umständen ohnehin die Bestimmung des § 193 BGB beachtet werden muss. Denn wird das Abschlussschreiben nach Ansicht des über die Kosten des Abschlussverfahrens entscheidenden Richters zu früh abgesandt, findet keine Kostenerstattung statt.

996   **Richtertipp:** Da ein hoher Zeitdruck des Gläubigers nicht ersichtlich ist, sollte im Regelfall ein Monat abgewartet werden. Der Bundesgerichtshof hat zwar eine Wartefrist von 17 Tagen für angemessen gehalten, aber auf den konkreten Fall einer durch Urteil ergangenen oder nach Widerspruch bestätigten einstweiligen Verfügung abgestellt.[1127] Das OLG Stuttgart hingegen hat die Latte grundsätzlich höher, nämlich auf einen Monat gelegt.[1128] Es liegt nicht fern, dass Gerichte darauf wieder zurückkommen könnten.

997   Die Frist zur Beantwortung des Abschlussschreibens sollte mit einem Monat angegeben werden. Der Antragsteller kann auch eine kürzere Frist setzen. Er muss dann allerdings damit rechnen, dass ihm die Kosten des Klageverfahrens nach § 93 ZPO auferlegt werden, sollte der Gläubiger unmittelbar nach Ablauf der Frist Klage erheben, der Beklagte die Klageforderung sofort anerkennen und das angerufene Gericht zu dem Ergebnis kommen, dass die Beantwortungsfrist zu knapp bemessen war. Eine zu knapp bemessene Frist zur Abgabe der Abschlusserklärung setzt eine angemessene Frist in Gang;[1129] wartet der Gläubiger hinreichend lang ab, bis er die Klage erhebt, ergeben sich für ihn keine Nachteile. Der Beklagte kann sich nicht mit Erfolg darauf berufen, dass er die Abschlusserklärung nur deshalb nicht abgegeben habe, weil die Beantwortungsfrist zu knapp bemessen war.

dd) Wann ist ein zweites Abschlussschreiben erforderlich?

998   Mitunter meldet sich der Antragsgegner nach Zustellung der einstweiligen Verfügung nicht, woraufhin das Abschlussschreiben zwei Wochen nach Zustellung des Verfügungsbeschlusses abgesandt wird und der Antragsgegner dann doch Widerspruch erhebt. Ist das Widerspruchsverfahren (möglicherweise erst nach einer Entscheidung im Berufungsverfahren) durch Bestätigung der einstweiligen Verfügung abgeschlossen,

---

[1126] GK-UWG/*Schwippert*, 2. Aufl. 2014, § 12 C Rn. 263.
[1127] BGH, Urteil vom 22.1.2015 – I ZR 59/14, Rn. 22, GRUR 2015, 822.
[1128] BGH, Urteil vom 22. Februar 2007 – 2 U 173/0, WRP 2007, 688 – juris Rn. 5.
[1129] BGH, Urteil vom 22.1.2015 – I ZR 59/14 mit weiteren Nachweisen, GRUR 2015, 822.

liegt es nahe, mit einem zweiten Abschlussschreiben nachzufassen. Der Antragsgegner könnte nunmehr eher dazu neigen, seine Verteidigung aufzugeben. In der Literatur und der Rechtsprechung wird diskutiert, unter welchen Umständen ein weiteres Abschlussschreiben nicht für erforderlich erachtet werden muss.[1130] In der anwaltlichen Praxis sollte man kein unnötiges Risiko eingehen. Um einen sich gegebenenfalls nach § 93 ZPO ergebenden Kostennachteil für den Kläger zu vermeiden, sollte der Anwalt der klagenden Partei bei „gestreckten" Verfügungsverfahren ein zweites Abschlussschreiben versenden, das sich inhaltlich am ersten Abschlussschreiben orientieren kann. Allerdings sollte für das zweite Schreiben kein zusätzlicher Kostenerstattungsanspruch geltend gemacht werden.

ee) Welche Kosten fallen an?

Ein Abschlussschreiben ist im Regelfall mit einer 1,3 fachen Geschäftsgebühr nach **999** Nr. 2300 VV-RVG zu vergüten. In der Instanzrechtsprechung wird zum Teil der Standpunkt vertreten, dass eine 0,8 fache Gebühr angemessen sei. Der Bundesgerichtshof hat zu Recht ausgesprochen, dass eine Herabsetzung der Gebühr unter die 1,3 fache Regelgebühr grundsätzlich nicht geboten ist.[1131]

Im Einzelfall kann die Regelgebühr unter- oder überschritten werden. So kann ein **1000** Abschlussschreiben etwa unter besonderen Umständen als „Schreiben einfacher Art" ausnahmsweise nur mit einer 0,3 fachen Gebühr zu vergüten sein. Der Bundesgerichtshof nahm einen solchen Ausnahmefall beispielsweise an, als der Antragsgegner seinen Widerspruch in der mündlichen Verhandlung zurückgenommen und dort gleichzeitig die Abgabe der Abschlusserklärung angekündigt hatte.[1132] Eine höhere Gebühr kann nur gefordert werden, wenn eine Tätigkeit überdurchschnittlich umfangreich und schwierig war.[1133]

Der Anspruch auf Erstattung der Kosten für das Abschlussschreiben beruht auf den **1001** Grundsätzen der Geschäftsführung ohne Auftrag gemäß §§ 677, 683, 670 BGB. Anspruchsvoraussetzung ist somit, dass die Versendung des Abschlussschreibens erforderlich war und dem mutmaßlichen Willen des Schuldners entsprach.

ff) Entspricht die Rücknahme des Widerspruchs der Abgabe der Abschlusserklärung?

Nein, die Rücknahme eines zunächst erhobenen Widerspruchs kann nicht als Ab- **1002** gabe einer Abschlusserklärung gewertet werden. Allein schon deshalb nicht, weil eine Aufhebung der einstweiligen Verfügung wegen veränderter Umstände auch nach Beendigung des Widerspruchsverfahrens beantragt werden kann. Nimmt der Antragsgegner seinen Widerspruch zurück, sollte er auch zeitgleich die Abschlusserklärung abgeben und dies gegebenenfalls im Termin zur mündlichen Verhandlung protokollieren lassen, um ein Kosten verursachendes Abschlussverfahren zu vermeiden.

Richtertipp: Die Wettbewerbskammer wird das in der Regel auch von sich aus anregen. **1003** Verpflichtet ist sie dazu nicht, und es mag bei strenger Betrachtung sogar (m.E. allerdings nicht begründete) Zweifel an der Unbefangenheit auslösen, wenn auf diese Weise zugunsten des Verletzers ins Geschehen eingegriffen wird. Jedenfalls sollte der Anwalt des Verletzers also bei entsprechendem Interesse auf die Abgabe der Erklärung achten.

[1130] Dazu: GK-UWG/*Schwippert*, 2. Auf. 2014, § 12 C Rn. 268 f.
[1131] BGH, Urteil vom 22.1.2015 – I ZR 59/14, GRUR 2015, 822.
[1132] BGH, Urteil vom 4.2.2010 – I ZR 30/08, GRUR 2010, 1038.
[1133] BGH, Urteil vom 13.1.2011 – IX ZR 110/10, NJW 2011, 1603.

1004   Selbstverständlich gilt dies nicht, wenn der Antragsgegner das Bestehen oder Nicht-bestehen des Unterlassungsanspruchs in einem sich anschließenden Klageverfahren klären lassen will. Nimmt der Rechtsanwalt des Antragsgegners den Widerspruch zurück und weist seinen Mandanten nicht auf das drohende Abschlussschreiben hin, kann er sich schadensersatzpflichtig machen. Der Anwalt muss seinem Mandanten in diesem Fall die Kosten des Abschlussverfahrens erstatten. Ein Haftungsrisiko besteht aber auch zu Lasten des Anwalts des Antragstellers. Erkennt dieser nicht, dass die Rücknahme des Widerspruchs nicht mit der Abgabe der Abschlusserklärung gleichge-setzt werden kann und kommt es deshalb nicht zur Erhebung einer Hauptklage, droht der Eintritt der Verjährung. Nach Eintritt der Verjährung kann der Antragsgegner die Aufhebung der einstweiligen Verfügung verlangen.

gg) Kann der Antragsgegner statt der Abschlusserklärung auch eine Unterlassungserklärung abgeben?

1005   Anstelle der Abschlusserklärung kann der Unterlassungsschuldner auch eine den Anforderungen genügende Unterlassungserklärung abgeben. Dieses Wahlrecht entfällt durch die Übersendung des Abschlussschreibens nicht.[1134]

1006   Will der Unterlassungsschuldner dem Antragsteller die Möglichkeit nehmen, ein auf die einstweilige Verfügung gestütztes Ordnungsmittelverfahren zu betreiben, sollte statt der Abschlusserklärung auch eine vertragsstrafenbewehrte Unterlassungserklä-rung abgegeben werden[1135]. Mit Abgabe der Unterlassungserklärung kann der Unter-lassungsschuldner vom Unterlassungsgläubiger verlangen, dass er auf die Rechte aus der einstweiligen Verfügung hinsichtlich des dann erledigten Unterlassungsanspruchs verzichtet. Verweigert der Antragsteller die Abgabe einer entsprechenden Verzichtser-klärung, kann der Antragsgegner die Aufhebung der einstweiligen Verfügung beantra-gen. Zur Begründung kann er darauf verweisen, dass die Wiederhaolungsgefahr bereits ausgeräumt worden ist. Häufig fordert der Antragsgegner den Antragsteller in einer solchen Konstellation dazu auf, auf die Rechte aus der einstweiligen Verfügung zu ver-zichten. Der Antragsteller sollte keine derart umfassende Verzichtserklärung abgeben, sondern den Verzicht lediglich auf den Unterlassungsanspruch – also zumeist auf Nr. 1. des gerichtlichen Tenors – beziehen. Anderenfalls kann der Schuldner argumen-tieren, dass die unbeschränkte Verzichtserklärung auch den Ausspruch über die Vertei-lung der Verfahrenskosten erfasst.

b) Die Abschlusserklärung

1007   Mit der Abschlusserklärung erkennt der Antragsgegner die einstweilige Verfügung als endgültige Regelung an; sie soll die gleiche Wirkung haben wie ein **rechtskräftiges Urteil** in einem Klageverfahren. Damit verzichtet der Antragsgegner auf die Rechts-mittel des Widerspruchs nach § 924 ZPO, des Antrags auf Anordnung der Klageerhe-bung nach § 926 ZPO wie auch auf das gemäß § 927 ZPO bestehende Recht, die Auf-hebung der im Verfügungsverfahren ergangenen Entscheidung wegen veränderter Umstände zu beantragen. Diese Rechtsmittel sind gegen ein Urteil nicht statthaft und können deshalb nach Abgabe einer den Anforderungen genügenden Abschlusserklä-rung nicht mehr angewandt werden.

[1134] GK-UWG/*Schwippert*, 2. Auf. 2014, § 12 C Rn. 277.
[1135] Köhler/Bornkamm/*Köhler*, 33. Aufl. 2015, § 12 UWG Rn. 3.69.

aa) Welchen Inhalt muss die Abschlusserklärung haben?

In der Abschlusserklärung erklärt der Schuldner, dass er die einstweilige Verfügung 1008 als endgültige Regelung (gleich einem rechtskräftigen Urteil in einem Klageverfahren) anerkennt und dass er folgerichtig auf die Rechtsbehelfe gemäß §§ 924, 926 und 927 ZPO verzichtet. Dabei kann sich der Schuldner die Rechte aus § 927 ZPO insoweit vorbehalten, als dass die veränderten Umstände auch gegenüber einem in der Hauptsache ergangenen Titel geltend gemacht werden könnten.[1136]

Es ist möglich, die einstweilige Verfügung mit der Abschlusserklärung nur teilweise 1009 anzuerkennen. So kann sich die Abschlusserklärung im Falle der Anspruchshäufung auf einzelne Ansprüche beziehen, während andere Ansprüche nicht erfasst werden.[1137] Nicht möglich ist es jedoch, die Abschlusserklärung mit Maßgaben abzugeben, die zu einer Veränderung des Untersagungsgebotes führen sollen.[1138] Der Unterlassungsschuldner kann den Umfang des zuerkannten Unterlassungsanspruchs mittels der Abschlusserklärung nicht verändern.

Da die Abschlusserklärung dem Zweck dient, den Streit über den Gegenstand des 1010 Verfügungsverfahrens – also über das Bestehen des Unterlassungsanspruchs – zu beenden, muss sich der Schuldner hinsichtlich anderer geltend gemachter Ansprüche nicht erklären. Er muss weder Zahlungsansprüche noch einen möglicherweise geltend gemachten Auskunftsanspruch anerkennen. Entsprechende Bestimmungen in einer vorformulierten Abschlusserklärung kann der Schuldner streichen.

bb) Beweislastverteilung

Will sich der Schuldner darauf berufen, dass durch die Abgabe der Abschlusserklä- 1011 rung das Rechtsschutzbedürfnis für eine Klage entfallen ist, muss er darlegen und beweisen, dass dem Gläubiger die Abschlusserklärung zugegangen ist.[1139]

Kann der Gläubiger die Abschlusserklärung nicht vorlegen, können sich für ihn hin- 1012 sichtlich des genauen Inhalts der Abschlusserklärung Beweisschwierigkeiten ergeben. Aus diesem Grunde muss sich der Gläubiger auch nicht auf eine lediglich mündlich abgegebene Abschlusserklärung verweisen lassen. Er hat einen Anspruch auf eine schriftliche Bestätigung der Erklärung und ihres Inhalts.[1140]

cc) Muss der Gläubiger die Abschlusserklärung annehmen?

In fast allen Fällen besteht für den Gläubiger keine rechtliche Notwendigkeit, die 1013 Abschlusserklärung anzunehmen.[1141] Anders können die Dinge liegen, wenn das Abschlussschreiben des Schuldners auch materiell-rechtliche Erklärungen oder Angebote enthält, die auf das Zustandekommen eines Vertrages ausgerichtet sind, wie etwa das Angebot auf Zahlung eines Vergleichsbetrages oder auch die Abgabe eines kausalen Anerkenntnisses.[1142] Um sich im Einzelfall nicht lange mit der Frage aufhalten zu müssen, ob nun eine Annahme erklärt werden soll oder nicht, bietet es sich an, auch ohne rechtliche Notwendigkeit die Annahme der Abschlusserklärung zu erklären.

[1136] GK-UWG/*Schwippert*, 2. Auf. 2014, § 12 C Rn. 280.
[1137] GK-UWG/*Schwippert*, 2. Auf. 2014, § 12 C Rn. 281.
[1138] GK-UWG/*Schwippert*, 2. Auf. 2014, § 12 C Rn. 282.
[1139] GK-UWG/*Schwippert*, 2. Auf. 2014, § 12 C Rn. 286.
[1140] GK-UWG/*Schwippert*, 2. Auf. 2014, § 12 C Rn. 285.
[1141] GK-UWG/*Schwippert*, 2. Auf. 2014, § 12 C Rn. 287.
[1142] Ahrens/*Ahrens*, 7. Aufl., Kap. 58, Rn. 32.

dd) Welche Rechtsfolgen hat die Abschlusserklärung?

1014   Eine den Anforderungen genügende Abschlusserklärung beseitigt das **Rechts-schutzbedürfnis** für eine dem Verfügungsverfahren folgende Hauptsacheklage. Ebenso entfällt das **Rechtsschutzinteresse** für eine andere kerngleiche Verletzungs-handlung.[1143]

1015   Eine Klage des ursprünglichen Antragsgegners auf **Schadensersatz nach § 945 ZPO** oder auf Feststellung eines nichtbestehenden Unterlassungsanspruchs kommt nach Abgabe der Abschlusserklärung nicht mehr in Betracht. Es steht rechtskräftig fest, dass der im Verfügungsverfahren geltend gemachte Unterlassungsanspruch zu Recht zuer-kannt wurde. Erhebt der Gläubiger Klage auf Schadensersatz aus der Verletzungs-handlung, entfaltet die Abschlusserklärung keine Bindungswirkung. Das Vorliegen sämtlicher Voraussetzungen des Zahlungsanspruchs muss in dem Klageverfahren überprüft werden.[1144] Dementsprechend gereicht es dem Schuldner auch nicht zum Nachteil, sollte er bei Abgabe der Abschlusserklärung anmerken, dass diese für ein etwa nachfolgendes, einen Schadenersatzanspruch betreffendes Klageverfahren keine Bindungswirkung hat.

1016   Mit Abgabe der Abschlusserklärung wird die Wiederholungsgefahr ausgeräumt. Diese Wirkung betrifft nicht nur das Verhältnis zum ursprünglichen Antragsteller. Auch Dritte müssen die Beseitigung der Wiederholungsgefahr gegen sich gelten lassen.[1145]

c) Muster

1017   Die folgenden Muster bieten – wie dies bei Mustern üblich ist – lediglich eine Ori-entierungshilfe.

aa) Muster eines Abschlussschreibens

1018 *Sehr geehrter Herr B.,*

in vorbezeichneter Angelegenheit haben wir für unsere Mandantin am 21.8.2015 beim Landgericht Frankfurt am Main eine einstweilige Verfügung gegen die von Ihnen ver-tretene S. GmbH erwirkt, die am 28.8.2015 zugestellt worden ist.

Die einstweilige Verfügung gewährt nur vorläufigen Rechtsschutz. Sie hemmt die Ver-jährung nur vorübergehend. Um eine abschließende Regelung zu erreichen, müsste un-sere Mandantin den Unterlassungsanspruch gerichtlich titulieren lassen, wenn der Streit nicht außergerichtlich beigelegt werden kann. Ein Klageverfahren könnte vermieden werden, wenn Sie die geforderte Abschlusserklärung abgeben. Wir geben Ihnen Gele-genheit, durch Abgabe der als Anlage beigefügten Abschlusserklärung zu unseren Hän-den bis spätestens zum

19.10.2015 (bei uns eingehend)

eine Hauptsacheklage zu vermeiden. Sollten Sie diese Frist ungenutzt verstreichen las-sen, werden wir unserer Mandantin empfehlen, ohne weitere Vorankündigung Klage zu erheben.

Nach ständiger Rechtsprechung des Bundesgerichtshofs sind Sie ferner verpflichtet, un-serer Mandantin die Kosten für dieses Abschlussschreiben in Höhe einer 1,3 fachen Ge-

---

[1143] GK-UWG/*Schwippert*, 2. Auf. 2014, § 12 C Rn. 288.
[1144] GK-UWG/*Schwippert*, 2. Auf. 2014, § 12 C Rn. 289.
[1145] GK-UWG/*Schwippert*, 2. Auf. 2014, § 12 C Rn. 290.

schäftsgebühr nach einem Gegenstandswert von € 50.000,00, mithin € 1.511,90 zzgl. € 20,00 Auslagenpauschale, zu erstatten. Bei diesem Betrag handelt es sich um einen Netto-Betrag; unsere Mandantin ist zum Vorsteuerabzug berechtigt. Eine Rechnungslegung Ihnen gegenüber wird nicht erfolgen, da Ihr Unternehmen nicht unsere Auftraggeberin ist. Wir fordern Sie auf, den Betrag in Höhe von € 1.531,90 bis spätestens zum

26.10.2015 (Zahlungseingang)

auf unser Fremdgeldkonto bei der … Bank, IBAN: …, BIC: … unter Angabe des Aktenzeichens „114–15", zu überweisen.

Sollten wir innerhalb der Frist keinen Zahlungseingang feststellen, werden wir unserer Mandantin empfehlen, den Zahlungsanspruch gerichtlich geltend zu machen.

Außerdem stehen unserer Mandantin Ansprüche auf Auskunft und Schadensersatz zu. Für den Fall, dass Sie die Abschlusserklärung nicht fristgerecht abgeben, behalten wir uns die Geltendmachung dieser Ansprüche für unsere Mandantin vor.

Mit freundlichen Grüßen

Rechtsanwältin

Abschlusserklärung

Die S. GmbH, gesetzlich vertreten durch ihren Geschäftsführer Herrn M. B., X Str. 5, 10000 Berlin,

1. *erkennt hiermit die am 21.8.2015 ergangene einstweilige Verfügung des Landgerichts Frankfurt am Main (Az. 2–06 O 549/15) als endgültige, zwischen den Parteien materiell-rechtlich verbindliche Regelung an und verzichtet insbesondere auf die Einlegung eines Widerspruchs (§ 924 ZPO), auf den Rechtsbehelf der Fristsetzung zur Erhebung der Hauptsacheklage (§ 926 ZPO), auf das Recht zur Stellung des Antrags auf Aufhebung der einstweiligen Verfügung wegen veränderter Umstände (§ 927 ZPO) sowie auf die Einrede der Verjährung;*
2. *verpflichtet sich, die der C. GmbH aufgrund dieses Abschlussschreibens entstandenen Rechtsanwaltskosten zu erstatten, wobei die S. GmbH konstitutiv anerkennt, dass sich der Zahlungsanspruch auf € 1.531,90 netto beläuft.*

Ort, Datum, Firmenstempel, Unterschrift

bb) Muster einer Abschlusserklärung

Der Schuldner muss die **vorformulierte Abschlusserklärung** nicht akzeptieren; er **1019** kann eine eigene Erklärung aufsetzen. Mit der Abschlusserklärung soll der Gläubiger so gesichert werden, wie er es im Falle eines rechtskräftigen, im Rahmen eines Klageverfahrens verkündeten Urteils wäre. Doch auch gegen ein solches Urteil kann sich der Schuldner mit der **Vollstreckungsabwehrklage** nach § 767 ZPO zur Wehr setzen.[1146] Dementsprechend kann die Abschlusserklärung nicht als unzulänglich zurückgewie-

---

[1146] BGH, Urteil vom 8.5.2014, AZ: I ZR 210/12, ZIP 2014, 1382.

sen werden, wenn sich der Schuldner die Erhebung der Vollstreckungsabwehrklage vorbehält.

Namens und in Vollmacht meines Mandanten gebe ich folgende Abschlusserklärung ab: Mein Mandant erkennt die einstweilige Verfügung des Landgerichts Berlin vom 16.4.2015, AZ: 52.0.134/2015 als endgültige Regelung gleich einem rechtskräftigen Urteil in einem Klageverfahren an. Mein Mandant verzichtet auf die Rechtsbehelfe gemäß §§ 924, 926 und 927 ZPO, wobei er sich jedoch die Rechte aus § 927 ZPO insoweit vorbehält, als dass die veränderten Umstände auch gegenüber einem in der Hauptsache ergangenen Titel geltend gemacht werden könnten.[1147] Im Übrigen weise ich darauf hin, dass die Abschlusserklärung keine Bindungswirkung für eine etwa nachfolgende Schadensersatzklage hat.[1148]

VI. Was tun, wenn der Verfügungsantrag zurückgewiesen wird?

1020   Der Antragsgegner muss bei Zurückweisung des Verfügungsantrags nichts unternehmen. Falls er eine Schutzschrift hinterlegt hat, liegt die Einleitung eines Kostenfestsetzungsverfahrens nahe. Außerdem könnte der Antragsgegner in Betracht ziehen, eine negative Feststellungsklage zu erheben.

1021   Der Antragsteller kann sich gegen die für ihn ungünstige Entscheidung mit dem richtigen Rechtsmittel zur Wehr setzen. Daneben besteht für ihn die Möglichkeit, das Verfügungsverfahren nicht weiter zu betreiben und stattdessen Klage zu erheben. Im Rahmen des Klageverfahrens ist das Vorliegen eines Verfügungsgrundes nicht von Bedeutung. Außerdem kann sich der Kläger aller Beweismittel bedienen und ist nicht länger darauf angewiesen, die Glaubhaftmachungsmittel rechtzeitig zur Hand zu haben. Der Antragsteller könnte den Verfügungsantrag auch vor dem zunächst angerufenen Gericht zurückzunehmen und einen neuen Verfügungsantrag bei einem anderen Gericht stellen, falls er zwischen verschiedenen Gerichtsständen wählen kann. Ein solches Verhalten wird als „forum shopping" oder „forum hopping" bezeichnet und von der Rechtsprechung und der Literatur kritisch bewertet[1149].

1. Rechtsmittel gegen die Zurückweisung des Verfügungsantrags

1022   Wird der Verfügungsantrag ohne mündliche Verhandlung durch Beschluss zurückgewiesen, ist das richtige Rechtsmittel die sofortige Beschwerde. Erfolgt die Zurückweisung nach mündlicher Verhandlung durch Urteil, muss der Verfügungskläger Berufung einlegen.

a) Sofortige Beschwerde

1023   Wird der Verfügungsantrag durch Beschluss vom Landgericht zurückgewiesen, ist die sofortige Beschwerde das richtige Rechtsmittel.

[1147] Die Formulierung ist angelehnt an: BGH, Urteil vom 2.7.2009, AZ: I ZR 146/07.
[1148] GK-UWG/*Schwippert*, 2. Auf. 2014, § 12 C Rn. 289.
[1149] GK-UWG/*Schwippert*, 2. Auf. 2014, § 12 C Rn. 96 ff.

Die sofortige Beschwerde ist innerhalb einer Notfrist von zwei Wochen einzulegen. **1024** Die Frist beginnt gemäß § 569 Abs. 1 ZPO mit Zustellung des Beschlusses an den Antragsteller.

Bei Zurückweisung des Verfügungsantrags durch das Oberlandesgericht ist kein **1025** Rechtsmittel gegeben.[1150]

Erachtet das Landgericht die Beschwerde für begründet, so hilft sie ihr ab, indem sie **1026** die einstweilige Verfügung im Beschlusswege erlässt; andernfalls ist die Beschwerde nach § 571 Abs. 1 ZPO unverzüglich dem Beschwerdegericht vorzulegen. Hat das Landgericht das Beschlussverfahren gewählt, kann es nach Einlegung der sofortigen Beschwerde nicht umschwenken und eine mündliche Verhandlung anberaumen.[1151] Es muss den eingeschlagenen Weg fortsetzen.

Geht das Beschwerdegericht davon aus, dass die Beschwerde begründet ist, erlässt es **1027** die einstweilige Verfügung im Beschlusswege. Gegen diesen Beschluss ist das Rechtsmittel des Widerspruchs gegeben. Über den Widerspruch entscheidet wiederum das Landgericht durch Urteil nach mündlicher Verhandlung.[1152] Bleibt das Landgericht bei seiner ursprünglichen Auffassung, muss der Antragsteller Berufung gegen das abweisende Urteil einlegen.

b) Berufung

Bei der Einlegung der Berufung müssen die üblichen Anforderungen erfüllt werden. **1028** Insbesondere müssen die einmonatige Berufungsfrist (§ 517 ZPO), die Anforderungen an die Berufungsschrift (§ 519 ZPO) und die Anforderungen an die Berufungsbegründung (§ 520 ZPO) eingehalten werden.

Wichtig ist, dass der in der ersten Instanz erfolglos gebliebene Antragsteller die ge- **1029** setzlich vorgesehenen Fristen einhält und keinen Fristverlängerungsantrag stellt. Ein solcher Antrag kann dringlichkeitsschädlich sein. Der Verfügungsantrag würde demnach in der Berufungsinstanz allein deshalb ohne Erfolg bleiben, weil der Verfügungsgrund nicht mehr gegeben wäre.

Auch im Verfügungsverfahren gilt § 531 ZPO.[1153] Dementsprechend werden neue **1030** Angriffsmittel in der Berufungsinstanz nur dann zugelassen, wenn sie einen Gesichtspunkt betreffen, der vom Landgericht erkennbar übersehen oder für unerheblich erachtet worden ist, der infolge eines Verfahrensmangels entweder in der ersten Instanz oder im ersten Rechtszug nicht geltend gemacht worden ist, ohne dass dies auf einer Nachlässigkeit der Partei beruht. Im Verfügungsverfahren können also in der Berufungsinstanz nicht unbeschränkt neue Tatsachen und Glaubhaftmachungsmittel vorgetragen werden.

Die Revision kommt gemäß § 542 Abs. 2 Satz 1 ZPO nicht in Betracht. **1031**

[1150] Ahrens/*Scharen*, 7. Aufl., Kap. 51, Rn. 72.
[1151] Ahrens/*Scharen*, 7. Aufl., Kap. 51, Rn. 75.
[1152] Ahrens/*Scharen*, 7. Aufl., Kap. 51, Rn. 78.
[1153] Zöller/*Heßler*, Zivilprozessordnung, 30. Auflage 2014, § 531 Rn. 1.

2. Forum-Shopping

a) Allgemeines

1032   Als sog. Forum-Shopping, was in der Literatur zum Teil auch Court Hopping genannt wird[1154], bezeichnet man die Ausnutzung der Vorteile von nebeneinander bestehenden Gerichtszuständigkeiten.[1155]

b) Der fliegende Gerichtsstand

1033   Ausgangspunkt ist der sog. fliegende Gerichtsstand[1156].

1034   Dieser eröffnet nach § 14 Abs. 2 Satz 1 UWG bzw. nach § 32 ZPO hinsichtlich des Internets[1157] und hinsichtlich bundesweit vertriebenen Presseerzeugnisse[1158] die Möglichkeit, sich dasjenige Landgericht in Deutschland auszusuchen, vor dem sich der Antragsteller bzw. der Kläger die größten Erfolgsaussichten für sein Begehren ausrechnet[1159]. Zum Teil wird auch vertreten, es stehe einem Antragsteller bzw. einem Kläger offen, bestehende Rechtsprechungsunterschiede zwischen den zuständigen Gerichten zu testen.[1160]

1035   Der fliegende Gerichtsstand, der etwa für Urheberrechtsverletzungen im Bereich des Filesharing abgeschafft wurde[1161], stößt aber auch auf Einschränkungen und Ablehnung.[1162] Von der Möglichkeit eines ausgreifenden Forum-Shopping, ohne dass eine Gewähr für eine besonders enge Beziehung des Tatortgerichtes zur Streitigkeit als Anknüpfungspunkt für die Gerichtszuständigkeit vorläge, spricht etwa das LG Dortmund in seiner Vorlage zum Gerichtshof der Europäischen Union zur Auslegung des Gemeinschaftsrechts gemäß Art. 267 AEUV zur Vorabentscheidung.[1163]

1036   In Rahmen des fliegenden Gerichtsstands und des Forum-Shopping sind Fragen der örtlichen Zuständigkeit[1164], des Rechtsmissbrauchs, der Dringlichkeit bzw. des Rechtsschutzbedürfnisses berührt.

[1154]   Vgl. Schultz, Kommentar zu OLG Nürnberg, Urteil vom 3.12.2013, Az. 3 U 410/13 (Facebook-Abmahnwelle), WRP 2014, 237.

[1155]   Vgl. Szalai, Rechtsdurchsetzung im Lauterkeitsrecht, DZWIR 2014, 1.

[1156]   Siehe hierzu auch die Ausführungen im Rahmen der Zuständigkeitsfragen zum fliegenden Gerichtsstand unter C.V.3.

[1157]   Vgl. zur Zuständigkeit des Gerichtsstands der unerlaubten Handlung nach Art. 5 Nr. 3 EuGVÜ: BGH 13.10.2004 – I ZR 163/02, WRP 2005, 493 – HOTEL MARITIME.

[1158]   Vgl. OLG Schleswig 21.1.2014 – 2 AR 4/14, ZUM 2014, 430 fliegender Gerichtsstand; LG Braunschweig 16.1.2013 – 9 O 1144/12, ZUM-RD 2013, 187; LG Berlin 7.4.2011 – 27 S 20/10, ZUM-RD 2011, 412.

[1159]   Vgl. etwa OLG Hamm 19.11.2013 – I-4 U 65/13, MMR 2014, 534.

[1160]   OLG Schleswig 21.1.2014 – 2 AR 4/14, ZUM 2014, 430.

[1161]   Nach dem vom Bundestag am 27.6.2013 verabschiedete Gesetz gegen unseriöse Geschäftspraktiken. Vgl. § 104a UrhG.

[1162]   Zu Persönlichkeitsrechtsverletzung im Internet: OLG Jena 7.11.2013 – 1 U 511/13, AfP 2014, 75 und OLG Celle 17.10.2002 – 4 AR 81/02, OLGR Celle 2003, 47; AG Hamburg 30.1.2014 – 22a C 100/13, AfP 2014, 368; kritisch dazu: Danckwerts, Anmerkung zu AG Hamburg 30.1.2014 – 22a C 100/13, GRURPrax 2014, 95; zu Wettbewerbsverstoß durch Internet-Werbung: OLG Bremen 17.2.2000 – 2 U 139/99, OLGR Bremen 2000, 179; LG Potsdam 4.7.2001 – 52 O 11/01, MMR 2001, 833.

[1163]   LG Dortmund 29.4.2013 – 13 O (Kart) 23/09, Juris KORE216842013, EuGH-Vorlage.

[1164]   Vgl. OLG Jena 7.11.2013 – 1 U 511/13, AfP 2014, 75; OLG Bremen 17.2.2000 – 2 U 139/99, OLGR Bremen 2000, 179.

c) Rechtsmissbrauch durch Ausnutzung des fliegenden Gerichtsstands?

Zunächst ist zu klären, ob durch Ausnutzung des fliegenden Gerichtsstands ein **1037** Rechtsmissbrauch im Sinne des § 8 Abs. 4 UWG indiziert ist.

Nach dem BGH ist es grundsätzlich **nicht rechtsmissbräuchlich**, sondern ent- **1038** spricht seinem berechtigten Interesse an einer erfolgreichen Rechtsdurchsetzung, wenn der Kläger aus prozesstaktischen Erwägungen einen Gerichtsstand wählt, an dem nach Einschätzung seines Prozessbevollmächtigten für sein konkretes Begehren voraussichtlich die besten Erfolgsaussichten bestehen. Der BGH stellt ferner fest, dass der nach diesen Gesichtspunkten vom Kläger ausgewählte Gerichtsstand naturgemäß auch ein Ort sein kann, der weder mit dem Gerichtsstand des Beklagten noch mit dem des Sitzes seines Prozessbevollmächtigten übereinstimmt, sondern unter Umständen weit von diesen entfernt liegt, was aber an sich noch als keine rechtsmissbräuchliche Ausübung des Wahlrechts gemäß § 35 ZPO anzusehen ist. Im dem BGH vorliegenden Fall fehlten weitere Gesichtspunkten, die für einen Rechtsmissbrauch sprachen. Im Streitfall wurden solche Umstände vom Beschwerdegericht nicht festgestellt.[1165]

Die Wahl des Gerichtsstandes nach § 14 Abs. 2 UWG für sich genommen kann nach **1039** ganz überwiegender Ansicht eine Annahme eines rechtsmissbräuchlichen Verhaltens noch nicht begründen[1166]: Es kann nach dem BGH zu den berechtigten Interessen des Klägers gehören, bei der ihm gesetzlich eingeräumten Wahl des Gerichtsstandes zu berücksichtigen, ob ein Gericht nach Einschätzung seines Prozessbevollmächtigten bereits Erfahrungen in dem für sein Klagebegehren maßgebenden Sach- oder Rechtsgebiet aufweist oder sogar spezialisierte Spruchkörper gebildet hat. Dass eine Spezialisierung des Gerichts der sachlichen Förderung oder schnelleren Erledigung von Rechtsstreitigkeiten dienen kann, ist vom Gesetzgeber ausdrücklich anerkannt[1167] und kann von der klagenden Partei bei der Auswahlentscheidung gemäß § 35 ZPO zugrunde gelegt werden.[1168]

Das sog. Forum-Shopping an sich wird daher weit überwiegend als nicht miss- **1040** bräuchlich im Sinne des § 8 Abs. 4 UWG angesehen[1169], auch wenn manche Gerichte von rechtsmissbräuchlichem Forum-Shopping sprechen.[1170]

In der Rechtsprechung wird zum Teil jedoch als ein **Indiz für Rechtsmissbräuch-** **1041** **lichkeit**, sofern noch eine zielgerichtete Schädigungsabsicht bei der Wahl des Gerichtsstandes hinzukommt[1171], angesehen, wenn die Klageerhebung des Abmahnenden möglichst weit entfernt vom betreffenden Firmensitz des Abgemahnten stattfindet, ohne dass hierfür sachliche Gründe erkennbar sind.[1172] In einem Verfahren vor dem

---

[1165] BGH 12.9.2013 – I ZB 39/13, K&R 2014, 346, AnwBl 2014, 453 – Klageerhebung an drittem Ort.

[1166] BGH 12.9.2013 – I ZB 39/13, K&R 2014, 346, AnwBl 2014, 453 – Klageerhebung an drittem Ort; OLG Schleswig 21.1.2014 – 2 AR 4/14, ZUM 2014, 430; OLG Hamm 10.9.2013 – 4 U 48/13, MittdtschPatAnw 2014, 185; OLG Hamm 1.4.2008 – 4 U 10/08, Juris JURE090046723.

[1167] Vgl. § 140 Abs. 2 MarkenG; § 105 UrhG; § 92 GWB; § 143 Abs. 2 PatG; § 13a GVG.

[1168] BGH 12.9.2013 – I ZB 39/13, K&R 2014, 346, AnwBl 2014, 453 – Klageerhebung an drittem Ort; vgl. auch LG Erfurt 10.7.2015 – 3 O 1333/14, Juris.

[1169] Vgl. OLG Hamm 10.9.2013 – 4 U 48/13, MittdtschPatAnw 2014, 185.

[1170] Vgl. etwa OLG Hamburg 6.12.2006 – 5 U 67/06, NJW-RR 2007, 763.

[1171] Vgl. dazu OLG Schleswig 21.1.2014 – 2 AR 4/14, ZUM 2014, 430.

[1172] Vgl. etwa KG Berlin 25.1.2008 – 5 W 371/07 – WRP 2008, 511, K&R 2008, 252; OLG Jena 6.10.2010 – 2 U 386/10, GRUR-RR 2011, 327; LG Aurich 22.1.2013 – 6 O 38/13 (5) – MMR 2013, 249; ähnlich: LG Paderborn 3.4.2007 – 7 O 20/07, MMR 2007, 672.

OLG Jena hat die Verfügungsklägerin den von ihr zunächst gewählten Gerichtsort nicht mehr in Anspruch genommen, nachdem dort Fragen der Rechtsmissbräuchlichkeit problematisiert wurden. Danach hat sie die Ansprüche unstreitig sodann vor einem anderen Landgericht verfolgt. Dies indiziere, dass die Verfügungsklägerin das Vorliegen von Vielfachabmahnungen verschleiern wolle, was für Rechtsmissbräuchlichkeit spreche.[1173]

d) Dringlichkeit und Rechtsschutzbedürfnis/Zweit- oder Mehrfacheinreichung

1042   Im Rahmen des Forum-Shopping kann es zu einer **Zweit- oder Mehrfacheinreichung** eines Antrags auf Erlass einer Einstweiligen Verfügung bei unterschiedlichen Gerichten kommen.

1043   In diesem Falle können Fragen der Dringlichkeit bzw. des Rechtsschutzbedürfnisses berührt sein.

1044   Die Rechtsprechung und Literatur ist zerstritten.[1174]

1045   Sinnvoll ist hier, die einzelnen in der Rechtsprechung beurteilten Konstellationen zu unterscheiden:

aa) Sofortige Zurücknahme und unverzügliche anderweitige Anbringung des Antrags unter Offenlegung des bisherigen Verfahrens

1046   Sofern der Antrag auf Erlass einer einstweiligen Verfügung bei einem Landgericht gestellt wird und das Landgericht dem Antragsteller in einem telefonischen Hinweis mitteilt, dass die Kammer aufgrund der Bedeutung der Sache nicht ohne mündliche Verhandlung entscheiden wird und dass als frühester Verhandlungstermin ein Termin in ca. zweieinhalb Monaten in Betracht komme, steht nach dem LG Düsseldorf weder die Dringlichkeit noch das Rechtsschutzbedürfnis im Wege, wenn der Antragsteller das Begehren sofort zurücknimmt und anderweitig unter Offenlegung des bisherigen Verfahrens unverzüglich anbringt.[1175]

1047   Ein derartiger Gerichtswechsel ist nach dem LG Düsseldorf für sich genommen dringlichkeitsneutral und lässt nicht ohne Weiteres die Dringlichkeit oder das Rechtschutzbedürfnis für einen weiteren Verfügungsantrag entfallen: Ein Verfügungskläger, der das verfolgte Begehren für so dringlich halte, dass er alles daran setzt, schon in der ersten Instanz eine Beschlussverfügung zu erreichen, bringe, wenn er bei einem zunächst angerufenen Gericht nicht durchzudringen vermag, durch die sofortige Rücknahme des Begehrens und seine sofortige anderweitige Anbringung nicht zum Ausdruck, die Sache sei ihm nicht eilig. Entscheidend sei vielmehr, ob der Verfügungskläger durch sein Verhalten zeige, dass er das einstweilige Verfügungsverfahren nicht nur alsbald nach zuverlässiger und beweiskräftiger Kenntnis des Verletzungstatbestan-

---

[1173] OLG Jena 6.10.2010 – 2 U 386/10, GRUR-RR 2011, 327;.

[1174] Vgl. OLG Hamburg 26.11.2009 – 3 U 60/09, WRP 2010, 790, GRUR-RR 2010, 266; LG Düsseldorf 4.9.2012 – 4a O 50/12, BeckRS 2012, 19488; vgl. auch Teplitzky, Gerichtliche Hinweise im einseitigen Verfahren zur Erwirkung einer einstweiligen Unterlassungsverfügung, GRUR 2008, 34 – mit weiteren Nachweisen.

[1175] LG Düsseldorf 4.9.2012 – 4a O 50/12, BeckRS 2012, 19488; ebenso OLG Düsseldorf 29.4.2004 – I-20 U 18/04, OLGR Düsseldorf 2004, 364, GRUR-RR 2005, 102; OLG Hamburg 7.3.2002 – 3 U 325/01, GRUR-RR 2002, 226; zustimmend Schmidhuber/Haberer, Rücknahme und Neueinreichung des Verfügungsantrags – Ein rechtsmissbräuchliches Auslaufmodell?, WRP 2013, 436; hierauf erwidernd: Teplitzky, Rücknahme und Neueinreichung des Verfügungsantrags, WRP 2013, 839.

des einleite, sondern dass er es auch während der gesamten Dauer zügig weiter betreibe. Dies sei jedoch dann ohne Weiteres der Fall, wenn sich der Verfügungskläger
gegen einen gerade stattfindenden Marktzutritt wende, aus diesem Grund das Abwarten einer erst in einigen Monaten anstehenden mündlichen Verhandlung für unzumutbar halte und daher seinen Verfügungsantrag unverzüglich, nachdem er erfährt, dass
das Gericht die begehrte Beschlussverfügung zumindest nicht ohne vorherige mündliche Verhandlung erlassen will, zurücknimmt und unmittelbar im Anschluss bei einem
anderen Gericht einen neuen Verfügungsantrag einreicht, in welchem er auch das bisherige Verfahren offenlegt. In einem solchen Fall bestehe kein Grund, der Verfügungsklägerin die in der Zivilprozessordnung grundsätzlich vorgesehene Möglichkeit der
Antragsrücknahme und der anschließenden Einreichung eines weiteren Verfügungsantrages bei einem anderen Gericht zu verwehren.[1176]

Anderer Ansicht sind etwa das OLG Frankfurt und das OLG München, welche ein **1048**
zweites Gesuch um einstweiligen Rechtsschutz grundsätzlich als unzulässig erachten,
wenn seit dem ersten Gesuch keine Veränderung eingetreten ist.[1177]

Richtertipp: Dafür gibt es auch einen durchschlagenden Grund: Wenn der Antragsteller **1049**
schließlich ein Gericht findet, welches das begehrte Verbot erlässt, so steht dem Antragsgegner nicht die Möglichkeit zu, das Verfahren wieder vor die Gerichte zu bringen, die dem Antrag ablehnend gegenüber gestanden hatten. *Teplitzky* hält das für eine „Missachtung berechtigter Interessen des Antragsgegners und der Grundsätze einer (auch verfassungsrechtlich
gebotenen) fairen Prozessführung".[1178]

Verhindern lässt sich ein solches Vorgehen nur, wenn das angegangene Gericht **1050**
streng prüft. Der Antragsteller muss daher darauf eingerichtet sein, bei jedem Verfügungsantrag, für den es mehrere Gerichtsstände gibt, glaubhaft machen zu müssen,
dass er den Antrag nicht bereits bei einem anderen Gericht gestellt hat. Jedenfalls dann,
wenn das angegangene Gericht keine nähere Verbindung zum Streit aufweist und der
zeitliche Abstand zur Abmahnung die Antragsstellung bei einem anderen Gericht
möglich erscheinen lässt, sollte der Antragsteller zu einer solchen Erklärung aufgefordert werden. Anderes mag hingegen gelten, wenn nur das angerufene Gericht als das
örtlich zuständige in Frage kommt.[1179]

*bb) Sofortige Zurücknahme und unverzügliche anderweitige Anbringung des Antrags
unter Verschweigen des bisherigen Verfahrens*

Sofern eine sofortige Zurücknahme und unverzügliche anderweitige Anbringung **1051**
des Antrags unter Verschweigen des bisherigen Verfahrens erfolgt, ist u.a. nach dem
OLG Hamburg ein missbräuchliches Forum-Shopping gegeben, wodurch der Antragsteller das im Rahmen von § 12 Abs. 2 UWG vorausgesetzte Rechtsschutzbedürfnis
für eine (weitere) Anspruchsverfolgung in einem Eilverfahren vor einem anderen Gericht verliert.[1180]

[1176] LG Düsseldorf 4.9.2012 – 4a O 50/12, BeckRS 2012, 19488.
[1177] OLG Frankfurt 14.7.2005 – 16 U 23/05, OLGR Frankfurt 2006, 176, GRUR 2005, 972;
OLG München 27.12.2010 – 6 U 4816/10, WRP 2011, 364; OLG München 9.2.2005 – 29 W 798/
05, Magazindienst 2005, 560.
[1178] Kap. 54 Rdnr. 24.
[1179] Einzelheiten: Danckwerts, GRUR 2008, 763, 766.
[1180] OLG Hamburg 6.12.2006 – 5 U 67/06, NJW-RR 2007, 763, GRUR 2007, 614.

cc) Zurücknahme erst nach der anderweitigen Anbringung des Antrags

1052   Die erneute Beantragung einer einstweiligen Verfügung während der noch gegebenen Rechtshängigkeit der Sache bei einem anderen Gericht ist nach dem OLG Hamburg als unheilbarer Mangel des Verfahrens zu beurteilen.[1181]

1053   Der zweite Verfügungsantrag erfolgte im o.g. Verfahren vor dem OLG Hamburg bereits vor der Rücknahme des ersten Verfügungsantrages: Der Antragsteller hatte in Hamburg eine Unterlassungsverfügung erwirkt, auf die er prozessual keinen Anspruch hatte. Denn, wenn er seiner prozessualen Wahrheitspflicht genügend, in Hamburg mitgeteilt hätte, dass der Antrag zugleich auch in Frankfurt anhängig ist, hätte er vor dem OLG Hamburg nur einen zurückweisenden Beschluss mit der aus einem einzigen Satz bestehenden Begründung der anderweitigen Rechtshängigkeit erhalten können. Anders als im ordentlichen Hauptsacheverfahren, in dem der Gegner auf prozesssteuernde Hinweise des Gerichts nach § 139 ZPO ebenso wie die angesprochene Partei reagieren kann, weil ihm der gerichtliche Hinweis zeitgleich mitgeteilt wird, und anders, als in denjenigen Konstellationen des Eilverfahrens, in denen die Verfahrensordnung den Gegner bewusst auf die erst nachträgliche Gewährung rechtlichen Gehörs verweist, ist hier eine prozessuale Situation entstanden, in der die Wiederherstellung prozessualer Chancengleichheit nur dazu führen kann, den zu Unrecht ergangenen Titel wieder aufzuheben und den prozessual unzulässig gewesenen Antrag auf Erlass einer einstweiligen Verfügung zurückzuweisen.[1182]

dd) Neueinbringung nach (teilweisen) Zurückweisung des Verfügungsantrages

1054   Nach dem OLG Frankfurt ist eine anderweitige Neueinbringung eines zweiten Gesuches um einstweiligen Rechtsschutz stets unzulässig, wenn seit dem ersten Gesuch keine Veränderung eingetreten ist. Insbesondere könne ein zurückgewiesener Antrag auf Erlass einer einstweiligen Verfügung grundsätzlich nicht wiederholt werden.[1183]

1055   Die Dringlichkeit geht nach dem OLG verloren, wenn der Antragsteller nach teilweiser Zurückweisung seines Antrags den Antrag auf Erlass der einstweiligen Verfügung zurücknimmt und bei einem anderen Gericht erneut stellt. Der Antragsteller habe grundsätzlich nur einen Anspruch darauf, dass sein Begehren von einem Gericht überprüft wird. Ist er mit dieser Entscheidung nicht einverstanden, kann er – falls zulässig – ein Rechtsmittel einlegen. Er habe aber kein rechtliches Interesse daran, dass bei unveränderten Verhältnissen über einen gleichlautenden Antrag von einem anderen Gericht entschieden wird. Andernfalls bestünde die Gefahr widersprechender Entscheidungen, die sich im vorliegenden Fall bereits realisiert habe.[1184]

ee) Zurücknahme des Verfügungsantrags in der zweiten Instanz

1056   Sofern der erste Verfügungsantrag erst in der zweiten Instanz zurückgenommen und anderweitig erneut in erster Instanz gestellt wird, entfällt nach dem OLG Karlsruhe und OLG Frankfurt die Dringlichkeit.[1185]

1057   Hier sind nach dem OLG Frankfurt auch die schutzwürdigen Interessen des Antragsgegners zu berücksichtigen: Es ist einer gerichtlich in Anspruch genommenen

---

[1181]   OLG Hamburg 26.11.2009 – 3 U 60/09, WRP 2010, 790, GRUR-RR 2010, 266.
[1182]   OLG Hamburg 26.11.2009 – 3 U 60/09, WRP 2010, 790, GRUR-RR 2010, 266.
[1183]   OLG Frankfurt 14.7.2005 – 16 U 23/05, OLGR Frankfurt 2006, 176, GRUR 2005, 972.
[1184]   OLG Frankfurt 14.7.2005 – 16 U 23/05, OLGR Frankfurt 2006, 176, GRUR 2005, 972.
[1185]   OLG Karlsruhe 12.11.1992 – 4 U 144/92, GRUR 1993, 135; OLG Frankfurt 22.3.2001 – 6 W 67/01, OLGR Frankfurt 2001, 179, WRP 2001, 716.

Partei grundsätzlich nicht zuzumuten, sich nacheinander in mehreren Verfahren gegen das gleiche Begehren verteidigen zu müssen, weil die Gegenseite ein bereits streitig geführtes Verfahren vor der Entscheidung durch Rücknahme beendet und dasselbe Ziel danach in einem neuen Verfahren erneut verfolgt. Im Klageverfahren wird diesem berechtigten Anliegen des Beklagten dadurch Rechnung getragen, dass die Klage nach mündlicher Verhandlung nur noch mit seiner Einwilligung zurückgenommen werden kann (§ 269 Abs. 1 und 2 ZPO). Im Eilverfahren fehlt es dagegen an einer entsprechenden Regelung, da § 269 Abs. 1 und 2 ZPO insoweit nicht anwendbar ist. Daher muss dem berechtigten Schutzbedürfnis des Antragsgegners dadurch Rechnung getragen werden, dass dem Antragsteller ein Verfügungsgrund grundsätzlich nur für ein – den gleichen Gegenstand betreffendes – Eilverfahren zugebilligt wird.[1186]

e) Fazit

Das teils als berüchtigt[1187] bezeichnete Forum-Shopping wird – mit unterschiedlichen Begründungen – von manchen Gerichten grundsätzlich abgelehnt[1188] bzw. in bestimmten Konstellationen abgelehnt[1189], von anderen Gerichten dagegen als rechtmäßig erklärt.[1190] **1058**

Ob die Frage der mehrfachen Stellung des gleichen Verfügungsantrags bei einem anderen Gericht auf der Ebene der Dringlichkeit oder des Rechtsschutzbedürfnisses abzuhandeln ist oder ob es nicht vielmehr um eine Frage der Gewährleistung eines fairen Verfahrens geht, wie in der Rechtsprechung und Literatur umstritten[1191], ist für die Entscheidung, ob und wenn ja, wo und wie ein neuer Antrag eingereicht werden sollte, weniger relevant. **1059**

Wichtiger ist vielmehr die konkrete Fallgestaltung (Konstellation) und sodann die Klärung der Rechtsprechung desjenigen Gerichts, vor dem ein Verfügungsantrag ggf. erneut eingebracht werden soll. **1060**

VII. Wie kann sich der Antragsgegner gegen eine bereits erlassene einstweilige Verfügung zur Wehr setzen?

Dem Antragsgegner stehen die Rechtsmittel des **Widerspruchs** (§ 924 ZPO), des **Antrags auf Aufhebung wegen veränderter Umstände** (§ 927 ZPO) und des **Antrags auf Anordnung der Klageerhebung** (§ 926 ZPO) zur Verfügung. **1061**

[1186] OLG Frankfurt 22.3.2001 – 6 W 67/01, OLGR Frankfurt 2001, 179, WRP 2001, 716.

[1187] Schwippert, Der Streitgegenstand nach der Biomineralwasser-Entscheidung des BGH, WRP 2014.

[1188] Vgl. etwa OLG Frankfurt 14.7.2005 – 16 U 23/05, OLGR Frankfurt 2006, 176, GRUR 2005, 972.

[1189] Vgl. etwa OLG Hamburg 26.11.2009 – 3 U 60/09, WRP 2010, 790, GRUR-RR 2010, 266; OLG Karlsruhe 12.11.1992 – 4 U 144/92, GRUR 1993, 135; OLG Frankfurt 22.3.2001 – 6 W 67/01, OLGR Frankfurt 2001, 179, WRP 2001, 716.

[1190] Vgl. etwa LG Düsseldorf 4.9.2012 – 4a O 50/12, BeckRS 2012, 19488; ebenso OLG Düsseldorf 29.4.2004 – I-20 U 18/04, OLGR Düsseldorf 2004, 364, GRUR-RR 2005, 102; OLG Hamburg 7.3.2002 – 3 U 325/01, GRUR-RR 2002, 226.

[1191] Vgl. dazu OLG Hamburg 26.11.2009 – 3 U 60/09, WRP 2010, 790 und Teplitzky, Gerichtliche Hinweise im einseitigen Verfahren zur Erwirkung einer einstweiligen Unterlassungsverfügung, GRUR 2008, 34, mit weiteren Nachweisen.

1. Widerspruch

1062   Die Erhebung des Widerspruchs ist die häufigste Reaktion des Antragsgegners auf den Erlass einer einstweiligen Verfügung, falls keine Abschlusserklärung abgegeben wird. Mit dem Widerspruch verfolgt der Antragsgegner das Ziel, eine Aufhebung der einstweiligen Verfügung unter Zurückweisung des Verfügungsantrags zu erreichen.

Der Widerspruch ist bei dem Gericht zu erheben, das die Beschlussverfügung als Verfügungsgericht erlassen hat. In der Regel ist dies das Landgericht. Erlässt das Oberlandesgericht aufgrund eines Beschwerdeverfahrens gegen die Zurückweisung des Verfügungsantrags eine einstweilige Verfügung gemäß § 572 Abs. 4 ZPO, ist der Widerspruch ebenfalls beim Landgericht zu erheben.[1192]

1063   Eine Frist zur Erhebung des Widerspruchs existiert nicht. Der Widerspruch kann also auch noch Monate und Jahre nach Erlass der Beschlussverfügung erhoben werden.[1193]

a) Vollwiderspruch

1064   Will der Antragsgegner die Aufhebung der einstweiligen Verfügung erreichen, kann er Widerspruch erheben. Die widersprechende Partei hat in dem Widerspruch gemäß § 924 Abs. 2 ZPO die Gründe darzulegen, die sie für die Aufhebung der Verfügung geltend machen will. Begründet der Antragsgegner den Widerspruch nicht, wird der Widerspruch dadurch nicht unzulässig. Die Begründung kann nachgeschoben werden. Allerdings hat das angerufene Gericht die Möglichkeit, die Terminierung der Verhandlung über den Widerspruch davon abhängig zu machen, dass das Rechtsmittel zuvor schriftsätzlich begründet wird. Erst dann hat das Gericht einen Termin zur mündlichen Verhandlung von Amts wegen zu bestimmen. Über diesen wirkungsvollen Hebel wird der Antragsgegner dazu gezwungen, den Widerspruch in jedem Fall vor der mündlichen Verhandlung zu begründen.

b) Teilwiderspruch

1065   Der Widerspruch kann sich auch nur gegen einen Teil der Beschlussverfügung richten. Wurden beispielsweise im Rahmen eines Beschlusses mehrere Praktiken untersagt, kann der Antragsgegner gegen das eine Verbot Widerspruch erheben und das andere Verbot nicht angreifen. Das Widerspruchsverfahren betrifft in diesem Fall zunächst nur die Teile des Verbots, die zum Gegenstand des Widerspruchs gemacht wurden.

1066   Der Antragsgegner verzichtet damit jedoch nicht darauf, zusätzlich auch die anderen Teile anzugreifen. Er kann zu einem späteren Zeitpunkt einen weiteren Widerspruch gegen den bislang nicht angegriffenen Teil einlegen[1194] oder seinen ursprünglichen Widerspruch erweitern. Will der Antragsgegner den nicht angegriffenen Teil des Beschlusses hingegen akzeptieren – was aus Kostengründen sinnvoll sein kann –, sollte er von sich aus eine Abschlusserklärung oder eine Unterlassungserklärung abgeben.

[1192] Ahrens/*Scharen*, 7. Aufl., Kap. 51, Rn. 53.
[1193] Ahrens/*Scharen*, 7. Aufl., Kap. 51, Rn. 49.
[1194] Ahrens/*Scharen*, 7. Aufl., Kap. 51, Rn. 51.

Tavanti

c) Kostenwiderspruch

Mit dem Kostenwiderspruch will der Antragsgegner erreichen, dass dem Antrag- **1067**
steller die Kosten des Verfahrens nach § 93 ZPO auferlegt werden. Voraussetzung dafür ist, dass der Antragsgegner nicht durch sein Verhalten zur Stellung des Verfügungsantrags Veranlassung gegeben hat und dass er den Unterlassungsanspruch **sofort
anerkennt**. An der Veranlassung für das gerichtliche Verfahren fehlt es meist, wenn der
Antragsgegner im Vorfeld des Verfügungsantrags nicht abgemahnt wurde oder wenn
in der Abmahnung eine zu knappe Frist gesetzt wurde, nach deren Ablauf unverzüglich der Verfügungsantrag bei Gericht eingereicht wurde. Ein sofortiges Anerkenntnis
kommt nur in Betracht, wenn der Antragsgegner den Widerspruch auf die Kosten beschränkt. Der Antragsgegner sollte seinen Schriftsatz mit der Überschrift „Kostenwiderspruch" versehen, um von vornherein zu verdeutlichen, dass es ihm lediglich um
eine fehlende Veranlassung zur Einleitung eines gerichtlichen Verfahrens geht. Legt der
Schuldner hingegen Vollwiderspruch ein und begründet zunächst, warum die Beschlussverfügung nicht hätte ergehen können, bevor er am Ende seines Schriftsatzes
den Unterlassungsanspruch doch noch unter Protest gegen die Kostenlast anerkennt,
kommt für ihn nach § 93 ZPO keine günstige Entscheidung mehr in Betracht. Dieses
Anerkenntnis wäre kein „sofortiges".

Folgerichtig kann der Kostenwiderspruch nicht darauf gestützt werden, dass der **1068**
Unterlassungsanspruch ohnehin nicht bestand.[1195]

Mit dem Kostenwiderspruch verzichtet der Unterlassungsschuldner konkludent **1069**
und unwiderruflich auf den Vollwiderspruch.[1196] Der Kostenwiderspruch kann nicht
im Laufe des Verfahrens auf einen Vollwiderspruch umgestellt werden. Allerdings
bleibt dem Antragsgegner die Möglichkeit, eine negative Feststellungsklage zu erheben
oder sich der Rechtsmittel des § 926 ZPO beziehungsweise des § 927 ZPO zu bedienen. Der nicht abgemahnte, angebliche Unterlassungsschuldner kann also beispiel-
weise Kostenwiderspruch erheben und gleichzeitig – oder auch nach der abschließen-
den Entscheidung im Verfügungsverfahren – die Anordnung der Klageerhebung
beantragen, falls er es vorzieht, den Rechtsstreit in der Hauptsache im Klageverfahren
zu führen.

d) Unterwerfungswiderspruch

Der Antragsgegner kann seinen Widerspruch auch mit der Abgabe einer den An- **1070**
forderungen genügenden Unterlassungserklärung verbinden. In diesem Fall muss der
Antragsteller den Rechtsstreit in der Hauptsache für erledigt erklären. Damit gilt das
mit der einstweiligen Verfügung ausgesprochene Untersagungsgebot nicht mehr, der
Antragsteller müsste im Falle einer Zuwiderhandlung die Vertragsstrafe geltend machen. Meist wird der Antragsgegner den Rechtsstreit ebenfalls in der Hauptsache für
erledigt erklären, so dass eine Kostenentscheidung nach § 91a ZPO ergehen kann.
Auch in diesem Fall wird das Gericht prüfen, ob es an der Veranlassung zur Einreichung des Verfügungsantrags im Sinne des § 93 ZPO fehlt. Ist dies der Fall, entspricht
es in der Regel dem billigen Ermessen, dem Antragsteller die Kosten des Verfahrens
aufzuerlegen.[1197]

[1195] Ahrens/*Scharen*, 7. Aufl., Kap. 51, Rn. 61.
[1196] Ahrens/*Scharen*, 7. Aufl., Kap. 51, Rn. 56.
[1197] Ahrens/*Scharen*, 7. Aufl., Kap. 51, Rn. 65.

e) Widerspruch zur Erlangung einer Aufbrauchsfrist

1071   Geht es dem Antragsgegner allein darum, eine Aufbrauchs- beziehungsweise Umstellungsfrist zu erlangen, kann er seinen Widerspruch hierauf beschränken.[1198] In der Praxis wird in einem solchen Fall jedoch häufig ein Vollwiderspruch erhoben und hilfsweise die Einräumung einer solchen Frist beantragt. Hintergrund ist dabei entweder die Hoffnung, dass die einstweilige Verfügung vielleicht doch noch aufgehoben wird oder aber der Wunsch des Antragsgegners, mit dem Widerspruch „Verhandlungsmasse" zu schaffen, um die Aufbrauchsfrist im Rahmen einer Einigung zu vereinbaren.

1072   **Praxistipp des Richters:** Auf die Zustellung der beschlussförmigen einstweiligen Verfügung sollte der Antragsgegner nicht schematisch mit einem sofort eingelegten Widerspruch reagieren. Vielmehr ist zunächst vom Gericht die beglaubigte Abschrift der Antragsschrift anzufordern, um zu prüfen, wie auf die einstweilige Verfügung zu reagieren ist. Erst danach stellt sich die Frage, ob überhaupt und ggf. in welchem Umfang Widerspruch einzulegen ist. Denn der vorschnell eingelegte Vollwiderspruch verhindert die Beschränkung auf einen Kostenwiderspruch und damit die Anwendung des § 93 ZPO, wenn sich herausstellt, dass der Unterlassungsanspruch zweifelsfrei gegeben ist und der Antragsgegner nur noch eine günstige Kostenentscheidung erwirken will.

2. Aufhebung wegen veränderter Umstände

1073   Die Aufhebung wegen veränderter Umstände kann gemäß § 927 Abs. 1 ZPO jederzeit – auch nach der Bestätigung der einstweiligen Verfügung – beantragt werden. Beruht die Aufhebung auf einem neu entstandenen Umstand, wirkt die Entscheidung ex nunc. Da im Aufhebungsverfahren auch solche Umstände berücksichtigt werden können, aus denen sich die bereits anfänglich fehlende Berechtigung der einstweiligen Verfügung ergibt, kommt eine Aufhebung ex tunc ebenfalls in Betracht.[1199] Dementsprechend sollte sich aus der gerichtlichen Entscheidung ergeben, ab wann die Aufhebung wirkt. Der Antrag des Antragsgegners sollte eine entsprechende Bestimmung beinhalten. Die Unterscheidung kann sich beispielsweise auf ein laufendes Ordnungsmittelverfahren auswirken. Entfällt der Titel rückwirkend, kann auch der Ordnungsmittelantrag keinen Erfolg mehr haben.

1074   Als Aufhebungsgründe kommen insbesondere in Betracht:[1200] Eine Veränderung der tatsächlichen Umstände, eine Veränderung der Beweislage, eine Änderung der Gesetzeslage, die Versäumung der Vollziehungsfrist, der Wegfall der Dringlichkeit, die Ausräumung der Wiederholungsgefahr und die Verjährung. Entfällt etwa die Irreführungsgefahr, weil die ursprünglich unwahre Aussage nunmehr wahr geworden ist, liegt eine Veränderung der tatsächlichen Umstände vor. Legt der Antragsgegner ein neues Gutachten vor, kann dies eine Änderung der Beweislage bedeuten. Die Dringlichkeit kann entfallen, wenn über den Unterlassungsanspruch durch ein rechtskräftiges Urteil entschieden worden ist. Wird der Unterlassungsanspruch rechtskräftig zuerkannt, bedarf es der Verfügungsregelung nicht mehr. Wird rechtskräftig festgestellt, dass der

---

[1198] Ahrens/*Scharen*, 7. Aufl., Kap. 51, Rn. 68.
[1199] Ahrens/*Ahrens*, 7. Aufl., Kap. 60, Rn. 4.
[1200] Ahrens/*Ahrens*, 7. Aufl., Kap. 60, Rn. 7 ff.

Unterlassungsanspruch nicht besteht, entfällt das Erfordernis einer vorläufigen Regelung – und damit die Dringlichkeit – ebenfalls. Die Wiederholungsgefahr kann durch Abgabe einer hinreichenden Unterlassungserklärung beseitigt werden. Verjährung tritt ein, wenn der Antragsgegner keine Abschlusserklärung abgibt und der Antragsteller es versäumt, rechtzeitig Klage zu erheben. Die Hemmung der Verjährung endet gemäß § 204 Abs. 2 Satz 1 BGB sechs Monate nach der Beendigung des ursprünglich eingeleiteten Verfügungsverfahrens.

3. Zwang zur Hauptsacheklage

Das einstweilige Verfügungsverfahren ist ein eigenständiges Verfahren, das neben dem Hauptsacheprozess steht[1201]. **1075**

Ein Übergang vom Verfügungsverfahren in das Klageverfahren ist nach überwiegender Ansicht nicht möglich, auch nicht bei beiderseitigem Einverständnis der Parteien[1202]. **1076**

Nach Erlass einer einstweiligen Verfügung bestehen für den Antragsgegner vor allem zwei **entgegengesetzte Reaktionsmöglichkeiten**: **1077**

a) Abschlusserklärung

Zum einen kann der Antragsgegner (neben der Unterlassungserklärung) insbesondere eine **Abschlusserklärung** abgeben[1203]. **1078**

Die Abschlusserklärung stellt eine Anerkennung der durch die einstweilige Verfügung ergangene Regelung als abschließend dar und beinhaltet gleichzeitig einen Verzicht auf die Rechte aus § 924 ZPO (Widerspruch), § 926 ZPO (Erzwingung des Hauptsacheverfahrens) und § 927 ZPO (Beantragung der Aufhebung wegen veränderter Umstände)[1204]. **1079**

b) Erhebung der Hauptsacheklage

Zum anderen kann der Antragsgegner (neben der Erhebung einer negativen Feststellungsklage mit den damit verbundenen Kosten- und Beweislastrisiken[1205]) nach §§ 936, 926 Abs. 1 ZPO beim Prozess- oder Berufungsgericht[1206] beantragen, dem Antragsteller eine Frist zur **Erhebung der Hauptsacheklage** zu setzen[1207]. **1080**

Der Antragsgegner kann hierdurch den Antragsteller in das Hauptsacheverfahren zwingen. **1081**

[1201] Vgl. etwa OLG Stuttgart 3.4.1996 – 2 W 63/95, juris.

[1202] Vgl. zum Streitstand mit weiteren Nachweisen: Berneke/*Schüttpelz*, Die einstweilige Verfügung in Wettbewerbssachen, 3. Auflage 2015, Rn. 331.

[1203] Zum Abschlussschreiben siehe etwa Hanseatisches Oberlandesgericht Hamburg 6.2.2014 – 3 U 119/13, WRP 2014, 483.

[1204] Siehe hierzu Kapitel Abschlusserklärung D. V.

[1205] Vgl. dazu Münchener Kommentar zum Lauterkeitsrecht – *Schlingloff*, Band 2, 2. Auflage 2014, § 12 UWG, Rn. 517 mit weiteren Nachweisen.

[1206] Vgl. zum Berufungsgericht: Thomas/Putzo, ZPO, 34. Auflage 2013, § 926 Rn. 10.

[1207] § 926 ZPO weicht zum Teil von Art. 50 Abs. 6 TRIPS-Abkommen ab, siehe dazu Münchener Kommentar zum Lauterkeitsrecht – *Schlingloff*, Band 2, 2. Auflage 2014, § 12 UWG, Rn. 517.

Papenhausen

1082   **Praxistipp des Richters:** Der Antrag auf Fristsetzung zur Hauptsacheklage sollte nicht zu früh gestellt werden, insbesondere nicht bevor bei einer beschlussförmigen einstweiligen Verfügung über den Widerspruch verhandelt wurde. Wollen sich die Parteien im Widerspruchstermin vergleichen, dann wird die Einigung wegen der ebenfalls zu regelnden Kosten eines bereits ausgelösten Hauptsacheverfahrens erschwert, wobei es allerdings nur folgerichtig sein kann, dass der Antragsgegner diese Kosten übernimmt. Sinn macht der Antrag auf Fristsetzung zur Hauptsacheklage, wenn der Antragsgegner im Verfügungsverfahren Beweismittel aus rechtlichen oder zeitlichen Gründen nicht beibringen konnte, von denen er sich ein endgültiges Obsiegen erhofft.

1083   Zuständig ist grundsätzlich das Landgericht als Gericht erster Instanz.

1084   Auch hier ist der Anwaltszwang nach § 78 ZPO zu beachten. Eine Ausnahme stellt jedoch die Antragstellung dar: Weil funktional für die Anordnung der Rechtspfleger nach § 20 Nr. 14 RPflG zuständig ist, besteht für den Antrag kein Anwaltszwang (vgl. § 13 RPflG).

1085   Wird die Frist zur Erhebung der Hauptsacheklage durch den Antragsteller versäumt, ist die einstweilige Verfügung rückwirkend nach § 926 Abs. 2 ZPO aufzuheben.

1086   Der Antragsteller muss den Antrag aus dem Verfügungsverfahren vollständig zum Gegenstand des Hauptsacheverfahrens machen, ansonsten ist die Frist zur Erhebung der Hauptsacheklage nicht gewahrt.

1087   Es ist aber auch möglich, weitere Ansprüche im Rahmen einer solchen Hauptsacheklage geltend zu machen, also insbesondere Auskunfts- sowie Kostenerstattungs- und Schadensersatzansprüche.

1088   Auch im Rahmen der Erhebung einer Hauptsacheklage gemäß § 926 Abs. 1 ZPO ist das **Rechtsschutzbedürfnis** zu prüfen:

1089   Das OLG München etwa hatte zu klären, ob die Erhebung einer Hauptsacheklage vom Antragsgegner noch verlangt werden kann, wenn die **Hauptsacheklage sachlich keinen Erfolg** mehr haben kann. Im zum entscheidenden Fall erwirkte die Antragstellerin eine einstweilige Verfügung, mit der der Antragsgegnerin jede Verfügung über ein Grundstück verboten wurde. Nach Auffassung des OLG München mangelte es dem Antrag des Antragsgegners am Rechtsschutzbedürfnis, da die Verfügungsbeklagte jedem etwaigen Vollstreckungsversuch bereits unter Vorlage von Löschungsbewilligungen hätte entgegentreten und die Zwangsvollstreckung beenden können[1208].

1090   Das Rechtsschutzbedürfnis für eine Unterlassungsklage fehlt nach dem OLG Frankfurt ebenfalls, wenn die zu Grunde liegende Verletzungshandlung in den Kernbereich eines rechtskräftigen Unterlassungstitels fällt und der Beklagte den Kernverstoß bereits eingeräumt hat[1209].

c) Aufhebung wegen Nichtbefolgung der Anordnung der Klageerhebung

1091   Wird die Frist zur Erhebung der Hauptsacheklage versäumt, ist die einstweilige Verfügung aufzuheben (§ 927 Abs. 2 ZPO).

[1208] OLG München 29.10.2012 – 5 W 1648/12, juris, BeckRS 2012, 24289.
[1209] OLG Frankfurt 26.4.2012 – 6 U 2/11, GRUR-RR 2012, 404; vgl. auch OLG Köln 10.4.2015 – 6 U 149/14, GRUR-RR 2015, 406, zur notariellen Unterlassungserklärung.

Papenhausen

Allerdings kann der Gläubiger bis zum Schluss der mündlichen Verhandlung über 1092 den Aufhebungsantrag die Klageerhebung nachholen[1210].

Durch eine Aufhebung nach § 926 Abs. 2 ZPO entfällt der Verfügungstitel ex tunc, 1093 d.h. rückwirkend. Im Gegensatz dazu entfällt der Verfügungstitel gemäß § 927 ZPO ex nunc[1211].

Im Kapitel „Die Aufhebung wegen Nichtbefolgung der Anordnung der Klageerhe- 1094 bung" wird die Aufhebung einer einstweiligen Verfügung eingehend behandelt[1212].

[1210] Vgl. hierzu: F. I. 2. Die Aufhebung wegen Nichtbefolgung der Anordnung der Klageerhebung.

[1211] Vgl. dazu Münchener Kommentar zum Lauterkeitsrecht – *Schlingloff*, Band 2, 2. Auflage 2014, § 12 UWG, Rn. 538 mit weiteren Nachweisen.

[1212] Vgl. Kapitel F. I. 2. Die Aufhebung wegen Nichtbefolgung der Anordnung der Klageerhebung.

E.I. Klageanträge

Gegenstand des Wettbewerbsprozesses ist fast immer der geltend gemachte Unter- 1095
lassungsanspruch sowie gegebenenfalls der Aufwendungsersatzanspruch gemäß § 12
Abs. 1 Satz 2 UWG. Daneben kommen wettbewerbsrechtliche Klagen auf Schadensersatz, auf Auskunft und Rechnungslegung, auf Beseitigung, auf Feststellung und auf
Gewinnabschöpfung in Betracht. In seltenen Einzelfällen ist auch die Geltendmachung eines Bereicherungsanspruchs möglich.[1213] In der Praxis hat diese Klageart bislang keine nennenswerte Relevanz erfahren.

1. Formulierung des Klageantrags auf Unterlassung

Dem Unterlassungsantrag kommt im Wettbewerbsrecht große Bedeutung zu. 1096

Die richtige Formulierung hängt davon ab, was für eine Verletzungshandlung vor- 1097
liegt. Bei der Antragstellung macht es einen Unterschied, ob der Wettbewerbsverstoß
beispielsweise durch die Schaltung einer Anzeige oder im Rahmen eines Verkaufsgesprächs begangen wurde.

Bei der Formulierung des Unterlassungsantrags muss in besonderem Maße darauf 1098
geachtet werden, dass nicht mehr verlangt wird, als dem Kläger zusteht und dass die
Anträge hinreichend bestimmt sind. Durch Bezugnahme auf die konkrete Verletzungshandlung wird das Risiko einer unzulänglichen Formulierung deutlich reduziert.
Wird die konkret beanstandete Werbehandlung (z. B eine Anzeige) in den Antrag aufgenommen, dürfte dem Gericht wie auch der beklagten Partei bewusst sein, dass eben
diese Handlung verboten werden soll.[1214] Die Bezugnahme erfolgt häufig durch die
Formulierung *„wenn dies geschieht, wie …"*. In der Regel bietet es sich an, diesen Zusatz in den Antrag aufzunehmen, um die sonst drohenden Unklarheiten gar nicht erst
aufkommen zu lassen. Dies gilt insbesondere auch bei der Formulierung von Verfügungsanträgen. Es ist immer unerfreulich, wenn das Gericht die einstweilige Verfügung nicht erlässt, sondern einen Termin zur mündlichen Verhandlung anberaumt,
weil der Antrag zu weit oder nicht hinreichend bestimmt gefasst ist.

Es ist sinnvoll und absolut üblich, die **Ordnungsmittelandrohung** im Sinne des 1099
§ 890 Abs. 2 ZPO mit dem Unterlassungsantrag zu verbinden.[1215]

Beispielhaft soll folgender Sachverhalt zugrunde gelegt werden: Die Autoglaserei A 1100
wirbt gegenüber potentiellen Kunden damit, dass sie die bei Austausch der Front-
scheibe anfallende Selbstbeteiligung der Kaskoversicherung in bar an den Kunden aus-
zahlen würde, damit dieser die Selbstbeteiligung nicht tragen müsse. Dieses Angebot
ist unzulässig, weil der Kunde die Selbstbeteiligung nach dem Versicherungsvertrag
tragen muss. Eine durch die Autoglaserei gewährte Preisreduzierung müsste der Versicherung zugutekommen. Der umworbene Verbraucher kann durch die Werbung dazu
veranlasst werden, seine Verpflichtung aus dem Versicherungsvertrag zu verletzen, in-

---

[1213] Ahrens/*Bacher*, 7. Aufl., Kap. 70, Rn. 1 ff.
[1214] Ahrens/*Jestaedt*, 7. Aufl., Kap. 22, Rn. 13.
[1215] Ahrens/*Jestaedt*, 7. Aufl., Kap. 22, Rn. 61.

dem er den vermögenswerten Vorteil nicht weitergibt. Außerdem könnte er dazu verleitet werden, ein kostengünstigeres Angebot eines Mitbewerbers der A auszuschla-
gen, um in den Genuss des Vorteils zu kommen.[1216]

1101   Wirbt die A mit einer Anzeige, könnte der Antrag wie folgt formuliert werden:

*Wir beantragen, wie folgt zu erkennen: Der Beklagten wird es bei Vermeidung eines
vom Gericht für jeden Fall der zukünftigen Zuwiderhandlung festzusetzenden Ordnungsgeldes bis zu 250.000,00 €, ersatzweise Ordnungshaft oder Ordnungshaft bis zu 6
Monaten, zu vollziehen an ihrem Geschäftsführer, untersagt, im geschäftlichen Verkehr
den Austausch einer Autoglasscheibe dergestalt anzubieten oder durchzuführen, dass
dem Kunden die Selbstbeteiligung durch Auszahlung eines Betrages in bar, der der
Höhe nach der Selbstbeteiligung entspricht, erstattet wird, wenn dies geschieht, wie in
Anlage K 3 beworben.*

1102   Die Anlage K 3 wäre in diesem Fall eine Kopie der Anzeige. Die Anzeige könnte
aber auch direkt in den Antrag eingefügt werden. Durch die Bezugnahme auf die Anzeige stellt der Kläger klar, dass er nicht etwa schlechthin die Werbung mit einer Erstattung der Selbstbeteiligung verbieten lassen will. Eine solche Werbung kann unter Umständen rechtmäßig sein, beispielsweise wenn die Versicherung mit der Erstattung
einverstanden ist und mit der Autoglaserei im Vorfeld eine entsprechende Vereinbarung getroffen hat. In der streitgegenständlichen Anzeige wird jedoch generell die Erstattung der Selbstbeteiligung angeboten, ohne dass es auf das Vorliegen bestimmter
Umstände ankäme.

1103   Bewirbt A den Scheibenaustausch nicht durch eine Anzeige, sondern im Rahmen eines Verkaufsgesprächs, könnte der Antrag wie folgt formuliert werden:

*Wir beantragen, wie folgt zu erkennen: Der Beklagten wird es bei Vermeidung eines
vom Gericht für jeden Fall der zukünftigen Zuwiderhandlung festzusetzenden Ordnungsgeldes bis zu 250.000,00 €, ersatzweise Ordnungshaft oder Ordnungshaft bis zu 6
Monaten, zu vollziehen an ihrem Geschäftsführer, untersagt, im geschäftlichen Verkehr
den Austausch einer Autoglasscheibe dergestalt anzubieten oder durchzuführen, dass
dem Kunden die Selbstbeteiligung durch Auszahlung eines Betrages in bar, der der
Höhe nach der Selbstbeteiligung entspricht, erstattet wird, wenn dies geschieht, wie im
Rahmen des Verkaufsgesprächs zwischen dem Mitarbeiter der Beklagten und Herrn
Thomas M. am 25.11.2015 geschehen.*

1104   Es versteht sich von selbst, dass der Inhalt und der Verlauf des Verkaufsgesprächs in
der Klagebegründung hinreichend substantiiert dargelegt und unter Beweis gestellt
werden muss.

1105   Die Bezugnahme auf eine bestimmte Anzeige oder ein Verkaufsgespräch engt den
Umfang des gerichtlichen Untersagungsgebots ein, da von dem Urteil nur identische
oder kerngleiche Verstöße erfasst werden. Für einen weiteren Verbotsumfang kann
auch versucht werden, den Umfang des Unterlassungsanspruchs durch abstrakt gehaltene Formulierungen zu erweitern. Ein solcher Antrag könnte wie folgt gefasst
sein:[1217]

[1216] Fallgestaltung angelehnt an: BGH, Urteil vom 8.11.2007, AZ: I ZR 121/06, BeckRS 2008,
08816.
[1217] Der Antrag beruht auf dem Urteil des Saarländischen OLG vom 31.3.2010, AZ: 1 U 352/
09–87.

Tavanti

Der Beklagten wird es bei Vermeidung eines vom Gericht für jeden Fall der zukünftigen Zuwiderhandlung festzusetzenden Ordnungsgeldes bis zu 250.000,00 €, ersatzweise Ordnungshaft oder Ordnungshaft bis zu 6 Monaten, zu vollziehen an ihrem Geschäftsführer, untersagt, im geschäftlichen Verkehr zu Zwecken des Wettbewerbs gegenüber Kunden mit Kaskoversicherung den Austausch einer Autoglasscheibe dergestalt anzubieten, dass bei der Abrechnung ein Nachlass auf die Selbstbeteiligung gewährt wird und/oder wie angekündigt zu verfahren, wenn nicht – worauf der Kunde bereits im Rahmen des Angebots und somit vor Vertragsschluss hinzuweisen ist – der jeweilige Kaskoversicherer mit den gewährten Rabatten und deren Verbleib beim Kunden einverstanden ist bzw., wo ein Einverständnis nicht vorliegt, dem Kunden vor Vertragsschluss verdeutlicht wird, dass ihm der Vorteil nur mit Zustimmung des Kaskoversicherers verbleibt, und der Nachlass auf der Rechnung ausgewiesen ist.

2. Formulierung des Klageantrags auf Schadensersatz

Gemäß § 9 UWG ist derjenige zum Schadensersatz verpflichtet, der vorsätzlich oder **1106** fahrlässig eine nach § 3 oder § 7 unzulässige geschäftliche Handlung vornimmt. Anspruchsinhaber kann nur ein Mitbewerber sein. Anders als der Unterlassungsanspruch und der Beseitigungsanspruch setzt der Schadensersatzanspruch somit Verschulden voraus.

Für den Kläger ist es in der Regel schwierig, die Kausalität und die Schadenshöhe **1107** hinreichend substantiiert darzulegen. Die Möglichkeit des Klägers, Auskunft und Rechnungslegung zu verlangen, hilft häufig nicht weiter, da lediglich der Schaden geltend gemacht werden kann, der gerade auf der rechtswidrigen Praktik beruht.[1218] Eine Erleichterung erfährt der Kläger, weil ihm mehrere Berechnungsansätze zur Verfügung stehen: Er kann den ihm tatsächlich entstandenen Schaden geltend machen, er kann auf die Lizenzanalogie zurückgreifen und er kann den ihm zustehenden Anspruch nach dem Verletzergewinn berechnen. Bei der Bezifferung des zuzusprechenden Betrages kann das Gericht unter den Voraussetzungen des § 287 ZPO eine Schadensschätzung vornehmen. Unter Umständen darf in dem Antrag von der Bezifferung des Betrages abgesehen werden, und zwar dann, wenn dem Gericht die Bestimmung des Betrages überlassen werden soll.[1219] All diese Erleichterungen ändern jedoch nichts daran, dass dem Gericht hinreichende Anknüpfungspunkte für eine Schätzung oder eine sonstige Bestimmung des zuzusprechenden Betrages an die Hand gegeben werden müssen, damit die Klage Erfolg haben kann. Gerade bei nicht bezifferten Anträgen drängt sich häufig der Eindruck auf, dass der Kläger selbst nicht weiß, wie er den Anspruch der Höhe nach begründen und welche Anknüpfungspunkte er nennen kann. Fehlt dem Gericht die erforderliche Grundlage für eine Entscheidung, kann es dieses Defizit nicht durch eine eigene Schadensschätzung ausgleichen; es muss die Klage abweisen.

Von einem Formulierungsbeispiel wird an dieser Stelle abgesehen, da es sich um ei- **1108** nen üblichen Zahlungsantrag handeln würde.

[1218] Ahrens/*Bacher*, 7. Aufl., Kap. 69, Rn. 20.
[1219] Ahrens/*Bacher*, 7. Aufl., Kap. 69, Rn. 30.

3. Formulierung des Klageantrags auf Auskunft und Rechnungslegung

1109   Der Anspruch auf Auskunft und Rechnungslegung beruht auf § 242 BGB. Folgende Tatbestandsvoraussetzungen müssen erfüllt sein: Es muss eine besondere Rechtsbeziehung zwischen den Parteien bestehen. Im Wettbewerbsprozess ergibt sich diese Beziehung aus dem gesetzlichen Schuldverhältnis der unerlaubten Handlung.[1220] Der Gläubiger muss über das Bestehen oder den Umfang eines ihm zustehenden Rechts im Unklaren sein und der entsprechenden Informationen bedürfen, um die Ungewissheit beseitigen zu können. Andere Informationsquellen dürfen für den Gläubiger demnach nicht gegeben sein. Weiterhin setzt der Auskunftsanspruch voraus, dass der Schuldner die Auskünfte unschwer, also in zumutbarer Art und Weise, beschaffen kann.

Die Erteilung der Auskunft soll den Gläubiger in die Lage versetzen, den ihm aufgrund der Verletzungshandlung konkret entstandenen Schaden zu beziffern. Die Auskunftpflicht kann sich demnach nur auf die konkrete Verletzungshandlung und auf kerngleiche Handlungen beziehen.[1221] Außerdem kann dem Gläubiger ein Anspruch gegen den Schuldner auf Mitteilung der Namen und Anschriften anderer Personen zustehen, falls er gegen diese Personen wegen unlauteren Verhaltens vorgehen will. So kann etwa ein Einzelhändler, der unzulässige Nachahmungen im Sinne des Regelbeispiels des § 4 Nr. 9 UWG vertreibt, dazu verpflichtet sein, dem Unterlassungsgläubiger den Namen und die Anschrift des Lieferanten der Look-Alike-Ware mitzuteilen.

Ein allgemein gehaltener Auskunftsanspruch könnte wie folgt formuliert werden:[1222]

Wir beantragen, wie folgt zu erkennen:

I. Unterlassungsantrag

II. Die Beklagte wird verurteilt, der Klägerin Auskunft darüber zu erteilen, in welchem Umfang die Beklagte die unter Ziffer I. bezeichnete Handlung begangen hat und zwar unter Angabe der Art, des Zeitraums und der Anzahl der Werbemaßnahmen.

Soll nicht nur Auskunft erteilt werden, sondern Rechnung gelegt werden, genügt es meist, den Antrag um die Worte *„und Rechnung zu legen"* zu ergänzen, wobei zusätzlich angegeben werden muss, worüber Rechnung gelegt werden soll; meist handelt es sich um den erzielten Gewinn. Der Antrag könnte also lauten:

I. Unterlassungsantrag

II. Die Beklagte wird verurteilt, der Klägerin Auskunft zu erteilen, in welchem Umfang sie die unter Ziffer I. bezeichnete Handlung begangen hat, und zwar unter Angabe der Art, des Zeitraums und der Anzahl der Werbemaßnahmen sowie Rechnung über den durch die unter Ziffer I. bezeichnete Handlung erzielten Gewinn zu legen.

Ein konkretes Beispiel für einen Auskunftsantrag kann der Entscheidung „Praebiotik"[1223] entnommen werden:

[1220] Ahrens/*Bacher*, 7. Aufl., Kap. 7, Rn. 8.
[1221] Ahrens/*Bacher*, 7. Aufl., Kap. 72, Rn. 17.
[1222] Ähnlich: MPFormB GewRS/Schabenberger/SonntagForm. A. 11.
[1223] BGH, Urteil vom 26.2.2014, AZ: I ZR 178/12, GRUR 2014, 500.

Wir beantragen, die Beklagte außerdem zu verurteilen, der Klägerin mittels eines chronologischen Verzeichnisses und unter Vorlage der entsprechenden Belege Auskunft zu erteilen

- *über die Anzahl der Abnehmer der Erzeugnisse von Babynahrung unter der Bezeichnung „Praebiotik® + Probiotik®", die die unter 1. bezeichneten Angaben tragen, unter Angabe der jeweiligen Einkaufsmenge seit der Produkteinführung in Deutschland im April 2010;*
- *mit welchem Medium, wann, bei welcher Gelegenheit und wie oft sie die Erzeugnisse von Babynahrung unter der Bezeichnung „Praebiotik® + Probiotik®", die die unter 1. bezeichneten Angaben tragen, beworben hat.*

4. Formulierung des Klageantrags bei der Beseitigungsklage

Mit der auf § 8 Abs. 1 UWG gestützten Beseitigungsklage will der Kläger nicht nur eine künftige Unterlassung der streitgegenständliche Praktik erreichen, sondern auch die Grundlage für eine weitere Rechtsverletzung beseitigen. Der Beklagte soll also handeln und nicht nur unterlassen. Dementsprechend richtet sich die Vollstreckung bei der Beseitigungsklage nach § 887 ZPO oder § 888 ZPO, während bei dem Unterlassungsanspruch nach § 890 ZPO zu verfahren ist. **1110**

Der Verletzende ist bei vorliegenden Tatbestandsvoraussetzungen dazu verpflichtet, die im Einzelfall zur Beseitigung des Störungszustandes erforderlichen Handlungen durchzuführen.[1224] So kann der Schuldner auch verpflichtet sein, eine Zustimmung zu einer werblichen Handlung des Gläubigers zu erteilen, wenn dadurch die Beseitigung einer rechtswidrigen Behinderung erreicht wird.[1225] **1111**

Häufig wird ein Widerrufsanspruch im Rahmen der Beseitigungsklage geltend gemacht, wenn von dem Unterlassungsschuldner unwahre Tatsachen im Sinne des Regelbeispiels des § 4 Nr. 8 UWG gestreut worden sind. **1112**

Die Anträge könnten beispielsweise wie folgt gefasst werden:[1226] **1113**

Wir beantragen, wie folgt zu erkennen:

I. Unterlassungsantrag

II. Der Beklagte wird im Wege der Stufenklage verurteilt, dem Kläger Auskunft darüber zu erteilen, in welchem Umfang er die vorstehenden unter Ziffer I. a) bis d) wiedergegebenen Äußerungen aufgestellt und/oder verbreitet hat, und zwar unter Angabe der Vor- und Zunamen derjenigen Personen, denen gegenüber er die Behauptung getätigt hat, und unter Angabe, wo, wann und in welcher Form er welche Behauptungen gegenüber der jeweiligen Person getätigt hat.

III. Nach Erteilung der unter II. begehrten Auskunft werden wir im Wege der Stufenklage beantragen, den Beklagten zu verurteilen, gegenüber den sich nach der Auskunftserteilung noch zu bestimmenden Adressaten der jeweiligen Behauptungen, die nach der Auskunftserteilung hinsichtlich der einzelnen Adressaten noch zu bestimmen-

---

1224 Ahrens/*Bacher*, 7. Aufl., Kap. 73, Rn. 12.
1225 BGH, Urteil vom 12.3.2015, I ZR 188/13, GRUR 2015, 607 (m. Anm. *Scheuerl*).
1226 Die Anträge beruhen auf den Entscheidungen: LG Berlin, Teilurteil vom 12.8.2010, AZ: 52.O.105/09 und KG, Urteil vom 27.5.2013, AZ: 10 U 152/10.

den Behauptungen, in der nach Auskunftserteilung noch zu bestimmenden Form zu erklären, dass die jeweiligen Äußerungen unwahr sind und nicht mehr aufrecht erhalten
werden.

5. Formulierung des Klageantrags bei der Feststellungsklage

1114   Im Wettbewerbsprozess kommen im Zusammenhang mit einer Feststellungsklage
in erster Linie zwei Fallkonstellationen in Betracht: Entweder will der Gläubiger mit
der Feststellungsklage seinen Anspruch auf Schadensersatz verfolgen, oder es geht dem
Abgemahnten um die Feststellung, dass der geltend gemachte Unterlassungsanspruch
nicht besteht. Im letztgenannten Fall spricht man von einer negativen Feststellungsklage. Vereinzelt wird eine Feststellungsklage auch erhoben, um Streitigkeiten über einen bereits vorliegenden Unterlassungstitel gerichtlich klären zu lassen.[1227]

1115   Zulässigkeitsvoraussetzung ist, dass die Schadensentwicklung beim Eintritt der Anhängigkeit der Klage noch nicht abgeschlossen ist.[1228] Diese Voraussetzung liegt bei
wettbewerbsrechtlichen Auseinandersetzungen in der Regel vor.

1116   Die positive Feststellungsklage ist nur begründet, wenn eine unlautere Praktik vorliegt und eine gewisse Wahrscheinlichkeit für einen Schadenseintritt spricht. Erfahrungsgemäß lässt die Rechtsprechung die Feststellungsklage ungern an einer fehlenden
hinreichenden Schadenswahrscheinlichkeit scheitern; es wird ein großzügiger Maßstab
angelegt. Nach erfolgter Feststellung der Schadensersatzpflicht müsste eigentlich ein
sogenanntes Betragsverfahren folgen, mit dem der Schadensbetrag gesondert gerichtlich geltend gemacht wird. Im Wettbewerbsprozess kommt es nur selten zur Durchführung des Betragsverfahrens. Meist lässt sich ein Schadenseintritt, die Schadenshöhe
oder die erforderliche Kausalität nicht hinreichend substantiiert darlegen. Die Feststellungsklage dient in erster Linie der Schaffung von „Verhandlungsmasse“. Der Kläger
könnte etwa anbieten, dass er die Feststellungsklage fallen lässt und auf den Schadensersatzanspruch verzichtet, wenn der Beklagte den Unterlassungsanspruch anerkennt
und die Kosten des Verfahrens übernimmt.

1117   Wird ein Schadensersatzanspruch im Rahmen der Feststellungsklage positiv festgestellt, so verjährt der festgestellte Anspruch erst nach dreißig Jahren, § 197 Abs. 1 Nr. 3
in Verbindung mit § 201 BGB.

1118   Der Antrag bei der (positiven) Feststellungsklage könnte wie folgt gefasst werden:

*Es wird festgestellt, dass der Beklagte verpflichtet ist, der Klägerin alle Schäden zu er-
setzen, die ihr aus den in Ziffer … (hier wird auf den Unterlassungsantrag abgestellt)
bezeichneten Handlungen entstanden sind oder zukünftig noch entstehen werden.*

Der Antrag bei der negativen Feststellungsklage könnte wie folgt gefasst werden:

*Es wird festgestellt, dass die von dem Beklagten mit Abmahnung vom 14.10.2015 (An-
lage K 1) geltend gemachten Ansprüche*

*a) es zu unterlassen, das Villenanwesen Xenonstraße 12 in 14193 Berlin im geschäftli-
chen Verkehr zu Zwecken des Wettbewerbs maklermäßig zum Verkauf anzubieten,
ohne dazu seitens des Eigentümers eine Zustimmung erhalten zu haben;
und*

[1227] Ahrens/*Bacher*, 7. Aufl., Kap. 71, Rn. 2.
[1228] Ahrens/*Bacher*, 7. Aufl., Kap. 71, Rn. 8.

b) an den Beklagten die durch die Einschaltung der Rechtsanwaltskanzlei … entstandenen Gebühren in Höhe einer 1,3fachen Geschäftsgebühr nach einem Gegenstandswert von € 50.000,00 zuzüglich Auslagen zu erstatten;

nicht bestehen.

6. Formulierung des Klageantrags bei der Gewinnabschöpfungsklage

Die Gewinnabschöpfungsklage kommt in der Praxis nicht häufig vor. Aktivlegiti-   **1119** miert sind nur die in § 8 Abs. 3 Nr. 2 bis 4 UWG genannten Verbände und Institutionen, nicht aber die Mitbewerber. Mit dieser Klageart sollen in erster Linie Fälle erfasst werden, bei denen die unlauter Handelnden einer Vielzahl von Abnehmern jeweils einen verhältnismäßig geringen Schaden zufügen, insgesamt aber einen hohen Gewinn erwirtschaften können. Typisches Beispiel ist die Fallgruppe des Adressbuchschwindels.

Nach § 10 Abs. 1 UWG kann derjenige auf Herausgabe seines Gewinns an den Bun-   **1120** deshaushalt in Anspruch genommen werden, der vorsätzlich eine nach § 3 UWG oder § 7 UWG unzulässige geschäftliche Handlung vornimmt und hierdurch zu Lasten einer Vielzahl von Abnehmern einen Gewinn erzielt. Die Gewinnerzielung muss also gerade auf der unlauteren Praktik beruhen und unmittelbar zu einem Vermögensnachteil beim Abnehmer führen.

Der Gewinnabschöpfungsanspruch verjährt gemäß § 11 Abs. 4 UWG in drei Jahren   **1121** von der Entstehung an.

Zur Bezifferung des abzuschöpfenden Betrages ist der Kläger auf Informationen   **1122** vonseiten des Beklagten angewiesen, die die Berechnung des abzuführenden Gewinns ermöglichen. Deshalb wird im Regelfall eine Stufenklage erhoben. Alternativ kommt auch die Erhebung einer Auskunfts- und Feststellungsklage mit einer sich anschließenden Zahlungsklage in Betracht.[1229]

Die Anträge könnten beispielsweise wie folgt gefasst werden:[1230]   **1123**

I. Die Beklagte wird verurteilt, dem Kläger Auskunft über Folgendes zu erteilen,

1. die Einnahmen aus der Erhebung der Nichtnutzungsgebühr des Tarifs „Vario 50/ Vario 50 SMS" im Zeitraum 1.6.2011 bis 31.7.2012;

2. die Steuern und Abgaben, die für die unter der vorstehenden Ziffer anzugebenden Einnahmen zu entrichten waren.

II. Nach Erteilung der unter I. begehrten Auskunft werden wir im Wege der Stufenklage beantragen:

Die Beklagte wird verurteilt, an das Bundesamt für Justiz, Adenauerallee 99–103, 53113 Bonn, den sich aus der Auskunft zu Ziffer I. 1. abzüglich des sich aus der Auskunft zu Ziffer I. 2. ergebenden Betrag nebst Zinsen in Höhe von 5 Prozentpunkten über dem Basiszinssatz seit Rechtshängigkeit zu zahlen.

[1229] Ahrens/*Bacher*, 7. Aufl., Kap. 74, Rn. 13.

[1230] Die Anträge beruhen auf den Entscheidungen: LG Kiel, Teilurteil vom 14.5.2014, AZ: 4 O 95/13, BeckRS 2014, 14185 und Schleswig-Holsteinisches OLG, Urteil vom 19.3.2015, AZ: 2 U 6/14, BeckRS 2015, 06076.

E.II. Weitere Unterschiede zum Verfügungsverfahren

1124   Der Gläubiger hat die Wahl zwischen der Erhebung der Hauptsacheklage und der Einleitung eines Verfügungsverfahrens.

1125   Der Vorteil des ordentlichen Erkenntnisverfahrens nach der ZPO (Hauptsacheklage) besteht darin, dass dieses alle Verfahrensgarantien für ein materiell richtiges Urteil bietet.[1231]

1126   Im Vergleich zum Verfügungsverfahren kann es im Rahmen des ordentlichen Erkenntnisverfahrens allerdings mitunter Jahre dauern, bis ein Urteil erstritten wird.

1127   Zum Teil liegt dies auch daran, dass bereits die (erste) Terminierung zur mündlichen Verhandlung bei manchen Landgerichten über 12 Monate dauert.

1128   Um den Anspruch zwar einstweilig, aber zunächst zügig durchsetzen zu können, wird dem Gläubiger nach der ZPO daher die Möglichkeit eröffnet, seine Forderung im Rahmen des vorläufigen Rechtsschutzes geltend zu machen.

1129   Im summarischen Erkenntnisverfahren können binnen kurzer Zeit vollstreckbare Beschlüsse erwirkt werden.

1130   Dies liegt insbesondere daran, dass der Vorsitzende der Kammer alleine und zudem ohne mündliche Verhandlung entscheiden kann.

1131   Zu den weiteren Unterschieden zwischen Verfügungsverfahren und Hauptsacheklage wird insbesondere auf das Kapitel C. V. 5. verwiesen.[1232]

1132   Unterschiede zwischen Verfügungsverfahren und Hauptsacheklage sind auch bei der Vollstreckung hinsichtlich der Sicherheitsleistung zu beachten:

1133   Einstweilige Verfügungen sind grundsätzlich ohne Sicherheitsleistung vollstreckbar, so dass sich hier die Frage einer Sicherheitsleistung nicht stellt. Urteile in Hauptsacheverfahren sind dagegen nach § 709 ZPO nur gegen Sicherheitsleistung vorläufig vollstreckbar.[1233]

[1231] Berneke/*Schüttpelz*, Die einstweilige Verfügung in Wettbewerbssachen, 3. Auflage 2015, Rn. 25.

[1232] Siehe Abschnitt C. V. 5. Verfügungsverfahren oder Hauptsacheklage. Vgl. daneben auch Kapitel D. Die einstweilige Verfügung.

[1233] Siehe hierzu Abschnitt G. I. 3. c). Sicherheitsleistung.

F. Aufhebungsverfahren

I. Aufhebung einstweiliger Verfügungen

Einstweilige Verfügungen sind vorläufige Entscheidungen, die einen Zustand sichern oder einstweilen regeln (§§ 935, 940 ZPO). Der vorläufige Charakter von Eilmaßnahmen wird auch dadurch betont, dass die Eilentscheidung aufgehoben werden kann,[1234] wenn die tatsächlichen oder rechtlichen Umstände sich so verändern, dass ein Festhalten an der vorläufigen Regelung nicht mehr gerechtfertigt ist. Das Gesetz lässt deshalb die **Aufhebung wegen veränderter Umstände** (§ 927 ZPO) und wegen Nichtbefolgung der Anordnung zur Klageerhebung zu (§ 926 Abs. 2 ZPO). Dem steht die Rechtskraft der Eilentscheidung nicht entgegen.

1. Aufhebung wegen veränderter Umstände

Die Aufhebung wegen veränderter Umstände ist in § 927 ZPO geregelt und nennt als Beispiele für Aufhebungsgründe die Erledigung des Arrestgrundes bzw. im Verfügungsverfahren die **Erledigung des Verfügungsgrundes** und das Erbieten zur Sicherheit. Daneben bestehen noch weitere, im Gesetz nicht genannte Aufhebungsgründe wie **Änderung der Rechtslage oder Rechtsprechung, Versäumung der Vollziehungsfrist, Abgabe der strafbewehrten Unterwerfungserklärung** und **Verjährung**.

a) Gesetzlich geregelte Aufhebungsgründe

aa) Erledigung des Verfügungsgrundes durch Entscheidung der Hauptsacheklage

Mit der **Entscheidung der Hauptsacheklage** hat die einstweilige Verfügung ihren Zweck verloren. Der Eilentscheidung bedarf es dann nicht mehr, weil an die Stelle der vorläufigen Regelung nunmehr das endgültige Hauptsacheurteil getreten ist. Die einstweilige Verfügung ist nicht nur aufzuheben, wenn die **Klage abgewiesen** wurde, und damit rechtskräftig feststeht, dass der Unterlassungsanspruch nicht gegeben ist, sondern auch wenn der Schuldner **im Hauptsacheverfahren rechtskräftig zur Unterlassung verurteilt** wurde.[1235] Der Gläubiger hätte sonst zwei Vollstreckungstitel, aus denen er gegen den Schuldner vorgehen könnte, worauf ein Anspruch nicht besteht. Wird die Unterlassungsklage rechtskräftig abgewiesen, ist die Aufhebung notwendig, weil nunmehr entschieden ist, dass ein Unterlassungsanspruch nicht besteht.

Die einstweilige Verfügung ist auf jeden Fall aufzuheben, wenn die **Hauptsacheentscheidung rechtskräftig** ist.

Zu differenzieren ist, ob auch bei noch **nicht rechtskräftiger Hauptsacheentscheidung** die einstweilige Verfügung aufzuheben ist. Bei einem **stattgebenden Urteil** ist

1134

1135

1136

1137

1138

[1234] Ullmann/Hess, jurisPK-UWG, 3. Aufl. 2013, § 12 Rn. 186.
[1235] KG 7.9.1984 – 5 W 4348/84, GRUR 1985, 236 – Veränderte Rechtslage; Ahrens/*Ahrens*, Wettbewerbsprozess, 7. Aufl. 2013, Kap. 60 Rn. 24.

ein Aufhebungsgrund vor der Rechtskraft zu verneinen. Der einstweiligen Verfügung bedarf es in diesem Fall schon deshalb, weil bis zur Rechtskraft das Hauptsacheurteil nur gegen Sicherheitsleistung vollstreckbar ist, während aus einer einstweiligen Verfügung ohne Sicherheitsleistung vollstreckt werden kann.[1236] Dieser Vorteil ist dem Gläubiger nicht zu nehmen. Der Schuldner erleidet dadurch auch keinen Nachteil, weil er ohnehin zur Unterlassung verpflichtet ist.

1139 Anders verhält es sich bei einem **klageabweisenden Hauptsacheurteil**. Hier besteht ein besonderes Interesse an der Aufhebung der einstweiligen Verfügung, weil der Schuldner durch den Titel, auf den nach der Rechtslage eigentlich kein Anspruch mehr besteht, mit der Wettbewerbshandlung noch ausgeschlossen ist. Literatur[1237] und Rechtsprechung[1238] lassen die Aufhebung der einstweiligen Verfügung zu, wenn mit dem Erfolg eines Rechtsmittels gegen die noch nicht rechtskräftige Hauptsacheentscheidung nicht zu rechnen ist.

bb) Erbieten zur Sicherheit

1140 Das in § 927 Abs. 1 HS 2 ZPO ebenfalls geregelte Erbieten zur Sicherheit dient der Sicherung des mit einem dinglichen Arrest gesicherten Zahlungsanspruchs und hat bei der auf Unterlassung gerichteten einstweiligen Verfügung **keine Bedeutung**. Die Unterlassungspflicht kann nicht durch eine Zahlung abgewendet werden.

b) Weitere Aufhebungsgründe

aa) Änderung der Rechtslage

1141 Die einstweilige Verfügung ist aufzuheben, wenn sich nach deren Erlass die **Gesetzgebung ändert**, was auf der Aufhebung von Gesetzen aber auch der Nichtigkeitserklärung durch das Bundesverfassungsgericht beruhen kann.[1239] So wurden im Jahr 2001 das Rabattgesetz und die Zugabeverordnung abgeschafft. Mit dieser Änderung der Gesetzgebung wurden Rabatte und Zugaben zulässig, die vorher verboten waren. Damit entfiel die rechtliche Grundlage für zuvor ergangene einstweilige Verfügungen, die auf diese Gesetze gestützt waren. Nach Aufhebung der rechtlichen Grundlagen sind die Schuldner an ihren Unterlassungspflichten nicht mehr festzuhalten. Denn allein der Zeitpunkt einer Entscheidung vor der Rechtsänderung kann nicht dazu führen, dass der Schuldner an Pflichten gebunden bleibt, die zu einem späteren Zeitpunkt nicht mehr bestanden haben und damit auch nicht mehr Grundlage für eine Verurteilung sein könnten.

1142 Auch die **Änderung der höchstrichterlichen Rechtsprechung** kann zu einer Änderung der Rechtslage führen. Erforderlich ist jedoch eine höchstrichterliche Entscheidung, die ein Obsiegen des Antragstellers im Hauptprozess ausschließt.[1240] Hierbei muss es sich nicht nur um Urteile des Bundesgerichtshofs oder Bundesverfassungsgerichts, sondern kann es sich auch um Entscheidungen des Europäischen Gerichtshofs

---

[1236] Ahrens/*Ahrens*, Kap. 60 Rn. 25.

[1237] *Köhler*/Bornkamm, UWG, 33. Aufl. 2015, § 12 Rn. 3.56; Teplitzky, Wettbewerbsrechtliche Ansprüche, 10. Aufl. 2011, Kap. 56 Rn. 32.

[1238] KG 24.1.1989 – 5 U 3165/87, WRP 1990, 330, 332; OLG Hamburg 9.11.2000 – 3 U 194/00, GRUR-RR 2001, 143.

[1239] Ahrens/*Ahrens*, Kap. 60 Rn. 9.

[1240] KG 24.1.1989 – 5 U 3165/87, WRP 1990, 330 – Veränderte Umstände; BGH 2.7.2009 – I ZR 146/07, GRUR 2009, 1096 Rn. 21 – Mescher weis.

handeln. Wurde die einstweilige Verfügung auf eine Norm gestützt, der nach einer späteren Entscheidung des Europäischen Gerichtshofs der Anwendungsvorrang des Europäischen Rechts entgegensteht, dann entfällt damit die Rechtsgrundlage für die Eilentscheidung und diese ist aufzuheben.

bb) Ablauf oder Löschung von Schutzrechten

Die Änderung der Rechtslage kann auch auf der **zeitlichen Begrenzung von Schutzrechten** beruhen. So werden bspw. Marken, die der Schutzrechtsinhaber nach Fristablauf nicht verlängert, im Register gelöscht, Urheberrechte erlöschen 70 Jahre nach dem Tod des Urhebers und Patente enden nach zwanzig Jahren. Mit der Beendigung des Schutzrechts ist auch die Rechtsgrundlage für den darauf gestützten Unterlassungsanspruch entfallen, so dass der Schuldner ohne den Unterlassungstitel die untersagte Handlung vornehmen dürfte. Da aber der Titel nicht automatisch wegfällt, bleibt der Schuldner weiterhin an eine rechtlich nicht mehr bestehende Unterlassungspflicht gebunden. Dieses Problem lässt sich auf zweierlei Wegen lösen: Der Gläubiger könnte einerseits den Unterlassungsanspruch von Anfang an nur zeitlich begrenzt für die Dauer des Schutzrechts geltend machen, was praktisch nicht üblich ist,[1241] aber durchaus vorkommt. Der Schuldner könnte andererseits nach Ablauf des Schutzrechts die Aufhebung des zeitlich unbegrenzten Titels beantragen. Auch wenn ein vernünftiger Gläubiger nach Schutzrechtsende aus dem Titel nicht mehr vorgehen wird, ist zu empfehlen, eine Klärung herbeizuführen. Diese muss nicht gleich auf einen bei Gericht einzureichenden Antrag hinauslaufen, sondern sollte zuerst die außergerichtliche Aufforderung an den Gläubiger sein, auf den Unterlassungstitel zu verzichten. Jeder vernünftige Gläubiger wird unschwer erkennen, dass er aus einem beendeten Schutzrecht keine Rechte mehr herleiten kann und sofort auf den Titel verzichten.

Die Löschung einer Marke rechtfertigt die Aufhebung einer mit der Verletzung dieser Marke begründeten einstweiligen Verfügung erst dann, wenn das Löschungsverfahren rechtskräftig abgeschlossen ist.[1242] Das mit dem Aufhebungsverfahren befasste Gericht müsste sonst eine Prognose über die endgültige Entscheidung im Löschungsverfahren treffen, was nicht seine Aufgabe ist und auch der Trennung der Zuständigkeiten zwischen Eintragungsinstanzen und Verletzungsgerichten widersprechen würde.

cc) Versäumung der Vollziehungsfrist

Eine einstweilige Verfügung ist innerhalb eines Monats zu **vollziehen** (§ 929 Abs. 2 ZPO), d.h. innerhalb dieser Frist ist eine Unterlassungsverfügung zuzustellen und bei einer auf Auskunft gerichteten Verfügung sollte aus anwaltlicher Vorsicht innerhalb dieser Frist auch ein Zwangsmittel beantragt werden, wenn der Schuldner die Auskunft nicht erteilt. Versäumt der Gläubiger diese Frist, dann ist die einstweilige Verfügung aufzuheben. Auf die Einhaltung der Vollziehungsfrist hat der Antragsteller deshalb besondere Aufmerksamkeit zu richten, damit der Titel nicht wertlos wird und für seinen Verfahrensbevollmächtigten aus einem zunächst erfolgreichen Verfügungsverfahren nicht ein Regressfall wird.

[1241] Zur Frage der Befristung von Unterlassungstiteln vgl. *Körner*, Befristete oder unbefristete Unterlassungstitel bei Wettbewerbsverstößen, GRUR 1985, 909.
[1242] OLG Köln 18.3.2005 – 6 U 203/04, GRUR 2005, 1070, 1071 – Instanzenfortschritt.

dd) Nachträgliche Abgabe der Unterwerfungserklärung

1146   Auch die nach Erlass der einstweiligen Verfügung abgegebene **Unterwerfungserklärung** beseitigt die Wiederholungsgefahr[1243] und stellt den Gläubiger klaglos. Damit entfällt der Anspruch auf gerichtliche Durchsetzung des Unterlassungsanspruchs, worin zugleich ein veränderter Umstand im Sinne des § 927 ZPO liegt. Der Schuldner kann deshalb **entweder Widerspruch** einlegen und geltend machen, dass mit der Unterwerfungserklärung der Unterlassungsanspruch geregelt ist, **oder einen Aufhebungsantrag** nach § 927 ZPO wegen infolge der Unterwerfungserklärung veränderter Umstände stellen.[1244] Im Widerspruchsverfahren werden die Parteien das Verfahren übereinstimmend in der Hauptsache für erledigt erklären und das Gericht wird dann nur noch über die Kosten gem. § 91a ZPO entscheiden. Dabei hat es auch zu prüfen, ob die einstweilige Verfügung ursprünglich zulässig und begründet war, so dass der Schuldner noch einwenden kann, dass ein Unterlassungsanspruch des Gläubigers eigentlich nicht bestanden hat. Der Widerspruch ist deshalb der naheliegende und in der gerichtlichen Praxis auch übliche Rechtsbehelf. Ein Aufhebungsantrag bietet sich nur an, wenn das Verfügungsverfahren bereits rechtskräftig abgeschlossen ist.

1147   **Praxistipp:** Der Schuldner, der nach Erlass der einstweiligen Verfügung die Unterfungserklärung abgibt, sollte, sofern ein Widerspruch noch möglich ist, diesem Rechtsbehelf den Vorzug gegenüber einem Aufhebungsantrag geben. Auf diesem Weg kann er erreichen, dass über die Kosten des Verfügungsverfahrens gem. § 91a ZPO entschieden wird.

ee) Verjährung

1148   Wettbewerbsrechtliche Ansprüche verjähren in sechs Monaten (§ 11 Abs. 1 UWG). Diese kurze **Verjährungsfrist** wird zwar mit der Zustellung des Antrages oder mit dessen Einreichung **gehemmt**, wenn die beschlussförmige einstweilige Verfügung innerhalb eines Monats zugestellt wird (§ 204 Abs. 1 Nr. 9 BGB). Die Hemmung endet aber sechs Monate nach rechtskräftiger Entscheidung oder anderweitiger Beendigung des Verfahrens (§ 204 Abs. 2 BGB). Die mit der ZPO-Reform von 2002 eingeführte Hemmung der Verjährung durch ein Verfügungsverfahren hat der kurzen Verjährungsfrist des § 11 Abs. 1 UWG ihre Schärfe genommen. Da jedoch sechs Monate nach Beendigung des Verfügungsverfahrens nur die **restliche Verjährungsfrist** weiterläuft, ist dennoch besonderes Augenmerk auf die Verjährung zu richten. Denn Verjährung beseitigt zwar nicht den Anspruch, ist aber dem Anspruch als Einrede entgegen zu halten und damit ein Grund für die Aufhebung des Titels.[1245]

1149   **Praxistipp:** Die Hauptsacheklage sollte innerhalb von sechs Monaten nach Beendigung des Verfügungsverfahrens eingereicht werden, um bei der kurzen Verjährungsfrist im Wettbewerbsrecht (sechs Monate) das Risiko der Verjährung zu vermeiden.

[1243] Teplitzky, Kap. 56 Rn. 31; Gloy/*Spätgens*, Handbuch des Wettbewerbsrechts, 4. Aufl. 2010, § 108 Rn. 11.
[1244] BGH 17.9.2009 – I ZR 217/07 – GRUR 2010, 355, 357 Rn. 25 – Testfundstelle.
[1245] Ahrens/*Ahrens*, Kap. 60 Rn. 23.

2. Aufhebung wegen Nichtbefolgung der Anordnung der Klageerhebung

Gem. § 926 Abs. 1 ZPO kann der Schuldner beim Prozessgericht beantragen, dem **1150** Gläubiger eine **Frist zur Erhebung der Hauptsacheklage** zu setzen. Er kann damit den Gläubiger frühzeitig in das Hauptsacheverfahren zwingen. Wird die Frist versäumt, ist die einstweilige Verfügung aufzuheben (§ 927 Abs. 2 ZPO). Allerdings kann der Gläubiger bis zum Schluss der mündlichen Verhandlung über den Aufhebungsantrag die **Klageerhebung nachholen**, was *Nordemann*[1246] mit § 231 Abs. 2 ZPO begründet. Für dieses Ergebnis spricht auch der praktische Zweck des § 926 ZPO, den Gläubiger zu veranlassen, das Hauptsacheverfahren durchzuführen. Dieser Zweck wird auch mit der verspäteten Klageerhebung erreicht. Das Aufhebungsverfahren ist dann in der Hauptsache für erledigt zu erklären (§ 91a ZPO).

Die in der Regel zwischen zwei und vier Wochen gesetzte Frist zur Klageerhebung **1151** ist nur gewahrt, wenn innerhalb dieser Frist die Klage zugestellt wird. Die nach Fristablauf erfolgte Zustellung wirkt jedoch zurück, wenn sie demnächst i. S. d. § 167 ZPO erfolgt. Der zur Klageerhebung verpflichtete Antragsteller im Verfügungsverfahren hat deshalb darauf zu achten, dass er keine Verzögerungen der Zustellung veranlasst, die über zwei Wochen hinausgehen. Hierzu gehört bspw., dass er den für die Klage zu entrichtenden Gerichtskostenvorschuss nicht später als zwei Wochen nach dessen Anfoderung einzahlt.[1247]

> **Praxistipp:** Wird nach einer Fristsetzung zur Erhebung der Hauptsacheklage, diese nicht **1152** innerhalb der Frist zugestellt, dann sollte vor Einreichung des Aufhebungsantrages bei Gericht nachgefragt werden, ob eine Klage eingegangen ist.

Zweifelsfrei wahrt die mit dem Gegenstand des Verfügungsverfahrens **identische** **1153** **Hauptsacheklage** die Frist. Dabei soll es unschädlich sein, wenn mit der Klage ein Plus geltend gemacht wird.[1248] Bleibt die Klage hinter dem Regelungsgehalt der einstweiligen Verfügung zurück, rechtfertigt dies die Aufhebung der Eilentscheidung. Die mit dem Verfügungsverfahren nicht identische Hauptsacheklage birgt Risiken und sollte deshalb vermieden werden.

> **Praxistipp:** Um die Aufhebung der Eilentscheidung auszuschließen, weil die Frist zur Er- **1154** hebung der Hauptsacheklage nicht eingehalten wurde, sollten der Antrag und die Begründung der Hauptsacheklage mit dem Tenor und der Begründung der einstweiligen Verfügung übereinstimmen.

[1246] Nordemann, Wettbewerbsrecht Markenrecht, 11. Aufl. 2012, Rn. 1590.
[1247] KG, Beschluss vom 19.6.2015 – 5 W 95/15.
[1248] Ahrens/*Ahrens*, Kap. 61 Rn. 19.

3. Verfahren zur Aufhebung einstweiliger Verfügungen

a) Geltendmachung der Aufhebungsgründe

1155   Aufhebungsgründe führen **nicht automatisch zur Unwirksamkeit** der einstweiligen Verfügung. Solange der Unterlassungstitel besteht, ist er zu befolgen. So können Aufhebungsgründe im Ordnungsverfahren der Vollstreckung einer einstweiligen Verfügung nicht als Einwand entgegengehalten werden. Der Schuldner muss mit zusätzlichen Schritten dafür sorgen, dass der Titel aus der Welt geschafft wird.

1156   Praxistipp: Aufhebungsgründe können in der Zwangsvollstreckung dem Ordnungsantrag nicht entgegen gehalten werden.

b) Einstweilige Einstellung der Zwangsvollstreckung

1157   Die trotz eines Aufhebungsantrages noch zulässige Zwangsvollstreckung kann den Schuldner veranlassen, neben der Aufhebung der Eilentscheidung die einstweilige Einstellung der Zwangsvollstreckung zu beantragen. Eine gesetzliche Regelung hierfür fehlt. Gleichwohl kann das Interesse des Schuldners, an eine Verpflichtung nicht mehr gebunden zu sein, die ohnehin aufzuheben ist, nicht völlig unberücksichtigt bleiben. Ein Einstellungsantrag muss deshalb analog §§ 924 Abs. 3, 707 ZPO zulässig,[1249] kann aber nur dann erfolgreich sein, wenn sicher feststeht, dass die einstweilige Verfügung aufgehoben werden wird.[1250] Dies ist bspw. anzunehmen, wenn die gesetzliche Grundlage für den Unterlassungstitel entfallen ist, wie bei der Aufhebung des Rabattgesetzes und der Zugabeverordnung, oder mit der rechtskräftigen Abweisung der Ansprüche im Hauptsacheverfahren entschieden ist, dass der Verfügungsanspruch nicht besteht. Die bloße Versäumung der Klagefrist kann dagegen die einstweilige Einstellung der Zwangsvollstreckung nicht rechtfertigen, weil die Klageerhebung noch bis zum Schluss der mündlichen Verhandlung über den Aufhebungsantrag nachgeholt werden kann.[1251]

1158   Praxistipp: Der Aufhebungsantrag sollte mit einem Antrag auf einstweilige Einstellung der Zwangsvollstreckung nur dann verbunden werden, wenn zweifelsfrei feststeht, dass die einstweilige Verfügung aufgehoben werden wird.

c) Widerspruch oder Aufhebungsverfahren?

1159   Aufhebungsgründe können in einem besonderen **Aufhebungsverfahren** aber auch im **Widerspruchs-** oder noch nicht rechtskräftig abgeschlossenen **Berufungsverfahren** geltend gemacht werden. Welches Verfahren der Schuldner wählt, kann er frei entscheiden, jedoch nur solange weder ein Aufhebungsverfahren noch ein Widerspruchs- oder Berufungsverfahren anhängig sind.[1252] Unzulässig sind wegen der damit verbun-

---

[1249] *Köhler*/Bornkamm, § 12 Rn. 3.57; Harte-Bavendamm/*Retzer* § 12 Rn. 602; Cepl/*Voß*, Praxiskommentar zum Gewerblichen Rechtsschutz, 1. Aufl. 2015, § 927 Rn. 21.
[1250] Teplitzky, Kap. 56 Rn. 41.
[1251] Ahrens/*Ahrens*, Kap. 61 Rn. 55.
[1252] Teplitzy, Kap. 56 Rn. 24.

denen unnötigen Kostenbelastung parallele Verfahren.[1253] Die Vorgehensweise des
Schuldners richtet sich deshalb danach, in welchem Stadium sich das Eilverfahren befindet.

Hat der Schuldner bereits **Widerspruch eingelegt** und ist das Verfahren noch nicht **1160**
rechtskräftig abgeschlossen, sind die Aufhebungsgründe im Eilverfahren bzw. Rechtsmittelverfahren gegen den Verfügungsanspruch oder Verfügungsgrund einzuwenden.
Für ein besonderes **Aufhebungsverfahren** fehlt es in diesem Verfahrensstadium am
Rechtsschutzbedürfnis.[1254]

Hat der Schuldner aber noch **keinen Widerspruch** eingelegt, hat er die **Wahl** zwi- **1161**
schen einem gesonderten **Aufhebungsantrag** und einem auf den Aufhebungsgrund
gestützten **Widerspruch**. Er ist nicht verpflichtet einen Widerspruch einzulegen, um
die Aufhebungsgründe geltend machen zu können. Legt er jedoch nach Einreichung
des Aufhebungsantrags Widerspruch ein, dann entfällt nachträglich das **Rechtsschutzbedürfnis für das Aufhebungsverfahren**.[1255] Dies gilt auch, wenn der Widerspruch
nicht mit einem Aufhebungsgrund begründet wird, denn jeder Aufhebungsgrund
kann zusätzlich im Widerspruchsverfahren geltend gemacht werden. Der **Widerspruch** ist der **weitergehende Rechtsbehelf**, der eine umfassende Prüfung des Unterlassungsanspruchs und der Kostenentscheidung ermöglicht, während im Aufhebungsverfahren nur die Rechtmäßigkeit der Fortdauer der einstweiligen Verfügung geprüft
wird.[1256]

Praxistipp: Solange noch ein Widerspruch gegen die einstweilige Verfügung zulässig ist, **1162**
sollte der Widerspruch eingelegt werden, denn in diesem Verfahren können neben dem Aufhebungsgrund auch andere Einwendungen gegen die Eilentscheidung geltend gemacht werden. Darüberhinaus ist sichergestellt, dass über die Kosten des Verfügungsverfahrens entschieden wird. Der Aufhebungsantrag ist dagegen auf einen Aufhebungsgrund beschränkt
und wird unzulässig, wenn später aus einem anderen Grund noch Widerspruch eingelegt
wird. Dies spricht dafür, dem Widerspruch gegenüber dem Aufhebungsverfahren den Vorzug zu geben.

---

d) Aufhebungsantrag

aa) Zuständigkeit

Das Aufhebungsverfahren wird durch einen Antrag eingeleitet, für den bei den **Land-** **1163**
gerichten Anwaltszwang besteht (§ 78 ZPO). Zuständig ist das **Gericht, das die
einstweilige Verfügung erlassen hat** oder, wenn die Hauptsache bereits anhängig ist,
das **Gericht der Hauptsache** (§ 927 Abs. 2 ZPO). Im ersten Fall ist immer das erstinstanzliche Gericht zuständig, selbst dann wenn das Berufungsgericht die einstweilige
Verfügung erlassen hat.[1257] Demgegenüber ist Gericht der Hauptsache das gerade damit
befasste Instanzgericht.[1258] Nur wenn es sich dabei um das Revisionsgericht handelt, ist

---

[1253] Ahrens/*Ahrens*, Kap. 60 Rn. 34.
[1254] OLG Koblenz 30.1.1989 – 6 W 210/98, GRUR 1989, 373 – Veränderte Umstände; *Köhler*/
Bornkamm, § 12 Rn. 3.60.
[1255] OLG Düsseldorf 15.7.1987 – 2 U 77/87, NJW-RR 1988, 188, 189; Teplitzy, Kap. 56
Rn. 24; Gloy/*Spätgens*, § 108 Rn. 7.
[1256] OLG Düsseldorf 15.7.1987 – 2 U 77/87, NJW-RR 1988, 188.
[1257] Ullmann/*Hess*, § 12 Rn. 190; OLG Hamm 26.2.1987 – 4 U 7/87, MDR 1987, 593.
[1258] KG 24.1.1989 – 5 U 3165/87, WRP 1990, 330; Ullmann/*Hess*, § 12 Rn. 190.

das erstinstanzliche Gericht zuständig, damit über den Antrag eine Tatsacheninstanz entscheiden kann.[1259] Wegen § 802 ZPO sind die Gerichtsstände ausschließlich.

bb) Glaubhaftmachung

1164   Der Aufhebungsgrund ist wegen der Zugehörigkeit des Aufhebungsverfahrens zum Verfügungsverfahren **glaubhaft zu machen**.[1260] In der gerichtlichen Praxis dürfte es darauf aber selten ankommen, da die Aufhebungsgründe in der Regel gerichtsbekannt sein dürften.

cc) Wechsel der Parteirollen

1165   Für das **Aufhebungsverfahren wechseln die Parteirollen**, d.h. aus dem Antragsteller im Verfügungsverfahren wird der Antragsgegner im Aufhebungsverfahren und aus dem Antragsgegner im Verfügungsverfahren wird der Antragsteller im Aufhebungsverfahren. Diesen Wechsel müssen die Parteien in ihren Schriftsätzen und das Gericht genau beachten, weil das Aufhebungsverfahren in den Akten des Verfügungsverfahrens geführt wird.

1166   **Praxistipp:** Bei der Einreichung eines Aufhebungsantrags ist auf den Wechsel der Parteirollen besonders zu achten.

dd) Entscheidung des Gerichts

1167   Über den Aufhebungsantrag entscheidet das Gericht durch Urteil, indem es bei einem erfolgreichen Antrag in der Sachentscheidung nur ausspricht, dass die **einstweilige Verfügung** vom ... **aufgehoben** wird. Der Antrag auf Erlass der einstweiligen Verfügung wird nicht zurückgewiesen und bleibt damit formal unbeschieden. Denn Gegenstand des Aufhebungsverfahrens ist nur die Aufhebung des Titels, nicht aber die Entscheidung über den Verfügungsantrag. Der Antrag kann deshalb wie folgt lauten:

In dem Aufhebungsverfahren
pp.
wird beantragt:

1. *Die einstweilige Verfügung vom ... wird aufgehoben.*
2. *Der Antragsgegner im Aufhebungsverfahren hat die Kosten des Aufhebungsverfahrens zu tragen.*

ee) Vorprozessuale Aufforderung zum Titelverzicht

1168   Bevor der Schuldner einen Aufhebungsantrag wegen veränderter Umstände stellt (§ 927 ZPO), sollte er auf jeden Fall den Gläubiger **vorprozessual auffordern**, auf die Rechte aus der einstweiligen Verfügung zu verzichten. Reicht er den Aufhebungsantrag ohne vorherige Aufforderung ein und erkennt der Gläubiger den Anspruch sofort an, hat der Schuldner gem. **§ 93 ZPO** die Kosten des Verfahrens zu tragen.[1261] Diese

---

[1259] Schuschke/*Walker*, Vollstreckung und vorläufiger Rechtsschutz, 5. Aufl. 2011, § 927 Rn. 9.
[1260] Gloy/*Spätgens*, § 107 Rn. 21.
[1261] OLG Koblenz 30.1.1989 – 6 W 210/98, GRUR 1989, 373 – Veränderte Umstände; *Köhler*/Bornkamm, § 12 Rn. 3.58; Gloy/*Spätgens*, § 108 Rn. 7.

Aufforderung ist ebenso wie die Abmahnung vor Beantragung der einstweiligen Verfügung keine Verfahrensvoraussetzung, aber eine Obliegenheit zur Vermeidung von Kostennachteilen.

> **Praxistipp:** Vor der Einreichung eines Aufhebungsantrags sollte der Aufhebungsgrund vorprozessual geltend gemacht und der Gläubiger zum Titelverzicht aufgefordert werden. **1169**

Wird die Aufhebung auf die Versäumung der Frist zur Klageerhebung gestützt **1170** (§ 926 Abs. 2 ZPO), ist nach *Ahrens*[1262] die vorprozessuale Aufforderung zum Titelverzicht nicht erforderlich, weil der Gläubiger durch die Fristsetzung hinreichend gewarnt ist.

Ein gut beratener Gläubiger wird aber, wenn der Aufhebungsgrund für ihn feststeht, **1171** bspw. wenn das Hauptsacheverfahren rechtskräftig abgeschlossen oder durch Gesetzesänderung der rechtliche Grund für den Unterlassungstitel entfallen ist, **von sich aus auf die Rechte aus der einstweiligen Verfügung verzichten**. Ein schnelles Handeln des Gläubigers ist hier nicht nur wegen der Schadensersatzpflicht des § 945 ZPO geboten.[1263] Kommt er mit dem Verzicht der außergerichtlichen Aufforderung zuvor, fallen dadurch auch keine zu erstattenden Rechtsanwaltskosten an.

> **Praxistipp:** Liegt ein Aufhebungsgrund vor, sollte der Gläubiger auch ohne Aufforderung **1172** durch den Schuldner auf die Rechte aus dem Unterlassungstitel verzichten.

e) Veränderte Umstände nach der Abschlusserklärung

Einstweilige Verfügungen werden nicht selten bestandskräftig gemacht, indem der **1173** Schuldner die **Abschlusserklärung** abgibt. Hierzu erklärt er, die Eilentscheidung als endgültige Regelung anzuerkennen und auf die Rechte aus §§ 924, 926 und 927 ZPO zu verzichten. Die Verfügung steht damit einer rechtskräftigen Hauptsacheentscheidung gleich. Der Gläubiger ist klaglos gestellt und der Schuldner vermeidet ein kostenträchtiges Hauptsacheverfahren. Kommt es nunmehr zu veränderten Umständen, weil sich die Rechtslage durch Wegfall des Verbotsgesetzes, auf das die einstweilige Verfügung gestützt war, ändert oder eine Änderung der höchstrichterlichen Rechtsprechung eintritt, ist zu fragen, ob der Schuldner sich trotz seines Verzichts auf das Recht aus § 927 ZPO noch auf diese Änderungen berufen und die Aufhebung des Titels verlangen kann. Der Bundesgerichtshof[1264] lässt es zu, dass sich der Schuldner in der Abschlusserklärung die **Rechte aus § 927 ZPO vorbehält**, die er auch gegenüber einer rechtskräftigen Hauptsacheentscheidung geltend machen könnte. Fehlt jedoch ein solcher Vorbehalt, stellt sich die Frage, ob der Schuldner dennoch einen Aufhebungsantrag nach § 927 ZPO stellen kann oder eine Vollstreckungsgegenklage gem. § 767 ZPO erheben muss.[1265] Gegen ein Aufhebungsverfahren spricht, dass der Schuldner uneingeschränkt auf die Rechte aus § 927 ZPO verzichtet hat, obwohl nach der Rechtsprechung des Bundesgerichtshofs ein entsprechender Vorbehalt wirksam wäre. Der **Vollstreckungsgegenklage** ist der Vorzug zu geben, denn die Abschlusser-

---

[1262] Ahrens/*Ahrens*, Kap. 61 Rn. 59.
[1263] Ullmann/*Hess*, § 12 Rn. 187.
[1264] BGH 2.7.2009 – I ZR 146/07, GRUR 2009, 1096 Rn. 27 – Mescher weis.
[1265] Ahrens/*Ahrens*, Kap. 36 Rn. 211 m.w.N.

klärung stellt die einstweilige Verfügung einem rechtskräftigen Hauptsacheurteil in der Wirkung gleich.[1266]

f) Wirkung des Aufhebungsurteils

1174   Die Aufhebung einer einstweiligen Verfügung kann in der Wirkung auf die Zukunft beschränkt sein **(ex nunc)**. Sie kann aber auch rückwirken auf den Erlass der einstweiligen Verfügung und damit den Unterlassungstitel vollständig beseitigen **(ex tunc)**. Die Unterscheidung zwischen ex-nunc-Wirkung und ex-tunc-Wirkung des Aufhebungsurteils erlangt Bedeutung für die Zwangsvollstreckung und die Kostenentscheidung des Verfügungsverfahrens.

1175   Folgen der Aufhebung mit ex-nunc-Wirkung:

- **Zwangsvollstreckung** wegen vor der Aufhebung begangener Verstöße bleibt möglich;
- die **Kostenentscheidung** des Verfügungsverfahrens bleibt unverändert.

1176   Folgen der Aufhebung mit ex-tunc-Wirkung:

- der Unterlassungsanspruch kann aus der einstweiligen Verfügung nicht mehr **vollstreckt** werden;
- die **Kostenentscheidung** des Verfügungsverfahrens wird aufgehoben und die Kosten werden dem Antragsteller auferlegt.

1177   Ob die Aufhebung ex-nunc- oder ex-tunc-Wirkung hat, bestimmt sich nach dem **Aufhebungsgrund**.

1178   Aufhebungsgründe mit ex-nunc-Wirkung:

- **Änderung der Gesetzeslage**, denn sie wirkt nur in die Zukunft;
- **Verjährung**, denn sie ist nur eine Einrede gegenüber dem titulierten Anspruch;
- mit der einstweiligen Verfügung übereinstimmende **Hauptsacheentscheidung**, denn die Entscheidung bestätigt die vorläufige Regelung und die Aufhebung erfolgt lediglich deshalb, weil nunmehr eine Sicherung nicht mehr erforderlich ist.

1179   Aufhebungsgründe mit ex-tunc-Wirkung:

- **Versäumung der Vollziehungsfrist**, denn dadurch wird der Titel unwirksam;
- **Änderung der Rechtsprechung**,[1267] denn sie ändert nicht die Rechtslage, sondern spricht nur das aus, was schon immer so geregelt war;[1268] Rechtsprechung schafft kein Recht, sondern wendet dieses nur an;
- das **Hauptsacheurteil** weist die Klage endgültig ab, denn damit steht fest, dass der zu sichernde Anspruch nicht bestand;
- **Nichtbefolgung der Frist zur Klageerhebung**[1269].

1180   Die unterschiedliche Wirkung des Aufhebungsurteils haben der Antragsteller bei seinem Antrag und auch das Gericht bei der Tenorierung zu berücksichtigen. Anzuge-

---

[1266]   Ahrens/*Ahrens*, Kap. 36 Rn. 212.
[1267]   Gloy/*Spätgens*, § 108 Rn. 14.
[1268]   Ahrens/*Bornkamm*, Kap. 33 Rn. 17.
[1269]   Ahrens/*Ahrens*, Kap. 61 Rn. 62; Cepl/*Voß*, § 927 Rn. 25.

ben ist, ob die Entscheidung nur für die Zukunft wirkt oder die einstweilige Verfügung auch rückwirkend für die Vergangenheit aufhebt.

g) Kostenregelungen

Hinsichtlich der Kosten ist im Aufhebungsverfahren immer eindeutig zu unter- **1181** scheiden zwischen den **Kosten des ursprünglichen Verfügungsverfahrens** und den **Kosten für das** später veranlasste **Aufhebungsverfahren**. Diese Unterscheidung ist nicht nur bei der Verteilung der Kostenlasten zu beachten, sondern auch vom Gericht in der getroffenen Entscheidung unmissverständlich zum Ausdruck zu bringen.

aa) Kosten des Aufhebungsverfahrens

Für die Kosten des Aufhebungsverfahrens gelten die allgemeinen Kostenregelungen **1182** der §§ 91 ff. ZPO. Entscheidet das Gericht durch Urteil über den Aufhebungsantrag, trägt die unterlegene Partei gem. § 91 ZPO die Kosten des Aufhebungsverfahrens. Um bei einem sofortigen Anerkenntnis die nachteiligen Kostenfolgen des § 93 ZPO zu vermeiden, sollte der Schuldner auf jeden Fall vor der Einreichung des Aufhebungsantrages den Gläubiger zum Verzicht auf den Unterlassungstitel auffordern. Erklärt der Gläubiger während des Aufhebungsverfahrens den Verzicht auf den Unterlassungsanspruch und gibt er den Titel heraus, dann ist das Verfahren in der Hauptsache erledigt. Stimmt der Gläubiger der Erledigungserklärung zu, ist nur noch gem. § 91a ZPO über die Kosten des Aufhebungsverfahrens zu entscheiden. Das Gericht hat dann zu prüfen, ob der ursprüngliche Antrag zulässig und begründet war.

Der **Streitwert des Aufhebungsverfahrens** ist grundsätzlich identisch mit dem **1183** Wert des vorangegangenen Verfügungsverfahrens.[1270]

Hinsichtlich der Gebühren bestehen erhebliche Unterschiede für die Gerichtsgebühren und die Rechtsanwaltsgebühren. **Gerichtsgebühren** werden im Aufhebungsverfahren gesondert von den Gebühren des Verfügungsverfahrens erhoben (Vorbemerkung 1.4 KV GKG). Im Aufhebungsverfahren entsteht eine 1,5-Verfahrensgebühr (Nr. 1410 KV GKG), die sich auf eine 3,0-Gebühr erhöht, wenn das Gericht durch Urteil, Beschluss nach § 91a ZPO oder gem. § 269 Abs. 3 S. 3 ZPO entscheidet (Nr. 1412 KV GKG). Für **Rechtsanwälte** ist das Aufhebungsverfahren im gebührenrechtlichen Sinn **dieselbe Angelegenheit** wie das vorangegangene Verfügungsverfahren (§ 16 Nr. 5 RVG). Dies bedeutet, dass bereits im Verfügungsverfahren entstandene Gebühren im Aufhebungsverfahren nicht erneut entstehen. Damit ist im Aufhebungsverfahren eine Verfahrensgebühr immer ausgeschlossen und eine Terminsgebühr kann nur anfallen, wenn diese nicht bereits im Verfügungsverfahren entstanden ist. Zur Begründung der für den Rechtsanwalt ungünstigen Gebührenregelung wird angeführt, dass der bereits im Verfügungsverfahren tätige Rechtsanwalt für das Aufhebungsverfahren auf diese Tätigkeit zurückgreifen kann.[1271] Der hieran geäußerten Kritik von *Himmelsbach*[1272], wonach im Aufhebungsverfahren andere Fragen als im Verfügungsverfahren zu prüfen sind, ist zuzustimmen, denn das Aufhebungsverfahren ist auf Umstände zu stützen, die bei Erlass der einstweiligen Verfügung gerade nicht vorlagen. Nur ändert dies nichts an der gesetzlichen Regelung.

[1270] Cepl/Voß/*Zöllner*, Prozesskommentar zum Gewerblichen Rechtsschutz, 1. Aufl. 2015, § 3 Rn. 28.
[1271] Mayer/Kroiß/*Rohn*, RVG, 6. Aufl. 2013, § 16 Rn. 27.
[1272] Himmelsbach, Wettbewerbsrecht, 4. Aufl. 2014, Rn. 823, Fn. 2143.

1184 Praxistipp: Die im Aufhebungsverfahren neu entstehenden Gerichtskosten und die Behandlung des Verfügungsverfahrens und des Aufhebungsverfahrens für die Rechtsanwaltskosten als dieselbe Angelegenheit sind aus Sicht des Anwalts ein Argument dafür, dem Widerspruchsverfahren den Vorzug zu geben.

bb) Kosten des Verfügungsverfahrens

1185 Die Aufhebung der einstweiligen Verfügung führt nicht automatisch zu einer Änderung der Kostenentscheidung im Verfügungsverfahren. Wird über die Kosten des Eilverfahrens nicht ausdrücklich entschieden, bleibt es bei der ursprünglichen Regelung, nach der der Schuldner die Kosten zu tragen hat.[1273] Ob das Gericht auch die Kostenentscheidung des Verfügungsverfahrens zu ändern hat, richtet sich nach dem Aufhebungsgrund. Hier kommt es darauf an, ob der Aufhebungsgrund ex nunc oder ex tunc wirkt.

1186 Bei einem nur in die Zukunft wirkenden Aufhebungsgrund mit ex-nunc-Wirkung besteht keine Veranlassung, die Kostenentscheidung des Verfügungsverfahrens zu ändern, denn die Entscheidung war ursprünglich begründet. Anders verhält es sich bei einem Aufhebungsgrund mit ex-tunc-Wirkung. Bei diesem Grund wird die Eilentscheidung von Anfang an unwirksam und es entfällt die Grundlage für eine den Schuldner belastende Kostenentscheidung. Die Kosten des Verfügungsverfahrens sind in diesem Fall dem Gläubiger aufzuerlegen.

1187 Der außerprozessuale Verzicht des Gläubigers auf den Unterlassungsanspruch und die Rückgabe des Titels haben keine Auswirkung auf die Kostenentscheidung des Verfügungsverfahrens. Auch in diesem Fall kann der Schuldner aber noch ein Aufhebungsverfahren durchführen, um eine Änderung der ihn belastenden Kostenentscheidung des Verfügungsverfahrens zu erreichen,[1274] was jedoch nur erfolgreich sein kann, wenn der Aufhebungsgrund ex tunc wirkt. Bei diesem Aufhebungsgrund ist dem Gläubiger deshalb zu empfehlen, zugleich mit der Rückgabe des Titels zu erklären, dass auch auf die Kostenentscheidung verzichtet wird und die Kostenlast des Verfügungsverfahrens übernommen wird. Nur so kann ein Aufhebungsverfahren endgültig vermieden werden.

1188 Praxistipp: Bei einem ex tunc wirkenden Aufhebungsgrund ist, um eine Aufhebungsverfahren zu vermeiden, mit der Rückgabe des Titels auch auf die Kostenentscheidung zu verzichten und die Kostenlast für das Verfügungsverfahren zu übernehmen.

4. Was ist im Aufhebungsverfahren zu beachten?

1189 • Wurde gegen eine beschlussförmige einstweilige Verfügung noch kein Widerspruch erhoben, dann ist der Geltendmachung des Aufhebungsgrunds im Widerspruchsverfahren gegenüber einem besonderen Aufhebungsverfahren der Vorzug zu geben.
  • Zuständig ist das Gericht, das die einstweilige Verfügung erlassen hat oder das Gericht der Hauptsache, wenn diese bereits anhängig ist.
  • Im Aufhebungsverfahren ändern sich die Parteirollen.

[1273] Teplitzky, Kap. 56 Rn. 37.
[1274] BGH 1.4.1993 – I ZR 70/91, GRUR 1993, 998 – Verfügungskosten.

- Der Antrag ist nur auf Aufhebung der einstweiligen Verfügung zu richten und nicht zusätzlich auf Zurückweisung des Antrages auf Erlass der einstweiligen Verfügung.
- Der Antrag ist zu begründen, wobei auch auszuführen ist, ob die einstweilige Verfügung von Anfang an unwirksam ist (ex tunc) oder die Aufhebung nur in die Zukunft wirkt (ex nunc).
- Die erforderlichen Tatsachen sind, sofern streitig, glaubhaft zu machen; sie dürften aber auch häufig gerichtsbekannt sein.

II. Aufhebung rechtskräftiger Hauptsacheentscheidungen

Im Hauptsacheverfahren ergangene rechtskräftige Entscheidungen sind grundsätz- 1190 lich unabänderlich. Aber auch hiervon gibt es Ausnahmen.

Aus Unterlassungstiteln kann wie aus jedem gerichtlichen Titel 30 Jahre vollstreckt 1191 werden. Während dieser Zeit ist der Schuldner verpflichtet, die Untersagung zu befolgen. In diesem Zeitraum können sich aber auch die **Umstände verändern**, auf denen die Verurteilung beruht. So können die **Rechtsvorschriften**, die zur Unterlassung verpflichten, aufgehoben werden, bspw. die Zugabeverordnung und das Rabattgesetzt im Jahre 2001, für verfassungswidrig erklärt werden, bspw. die Preisauszeichnungspflicht aufgrund der Preisangabenverordnung von 1973,[1275] oder es kann sich auch die **höchstrichterliche Rechtsprechung** ändern. All diese Umstände führen dazu, dass das ursprünglich untersagte Verhalten nunmehr zulässig ist. In dieser Situation, den Schuldner an seiner Unterlassungspflicht festzuhalten, kann nicht mehr gerechtfertigt sein und würde ihn in seiner wirtschaftlichen Betätigung unangemessen benachteiligen. Anders als im Verfügungsverfahren gibt es hierfür im Hauptsacheverfahren keine gesetzliche Regelung.

Der Gesetzgeber lässt jedoch zukünftige Entwicklungen für den Bestand und die 1192 Durchsetzung eines Titels nicht vollständig unberücksichtigt. § 323 ZPO eröffnet deshalb bei der Verurteilung zu zukünftig fällig werdenden Leistungen die Möglichkeit, die Abänderung der Leistung beantragen zu können (**Abänderungsklage**); eine Regelung die im Unterhaltsrecht von Bedeutung ist, wenn sich die Leistungsfähigkeit des Unterhaltsschuldners oder die Bedürftigkeit des Unterhaltsgläubigers ändern. Mit der **Vollstreckungsgegenklage** gem. § 767 ZPO können der Zwangsvollstreckung Einwendungen entgegen gehalten werden, die den festgestellten Anspruch betreffen.

Beide Klagearten sind geeignet, bei einem Unterlassungstitel zukünftige Verände- 1193 rungen zu berücksichtigen. Der **Bundesgerichtshof** hat sich bereits 1973 für die Anwendung des **§ 767 ZPO** entschieden.[1276] In der Literatur wird mitunter der Anwendung des § 323 ZPO der Vorzug gegeben.[1277] Für § 323 ZPO mag sprechen, dass die andauernde Unterlassungspflicht mit einer künftig fällig werdenden wiederkehrenden Leistung durchaus vergleichbar ist und die Abänderungsklage eine wesentliche Veränderung der der Entscheidung zugrunde gelegten Tatsachen erfordert. Andererseits

---

[1275] BVerfG 8.11.1983 – 1 BvR 1249/81, GRUR 198, 276 – Verfassungswidrigkeit der Preisauszeichnungspflicht.
[1276] 23.2.1973 – I ZR 117/71 – GRUR 1973, 429 – Idee-Kaffee; so auch Teplitzky, Kap. 57 Rn. 51.
[1277] hierzu ausführlich Ahrens/*Ahrens*, Kap. 36 Rn. 192 ff.

steht nur die Vollstreckungsgegenklage der Vollstreckung entgegen, weil § 323 ZPO lediglich zu einer Anpassung des Titels führt. Als Indiz für die Anwendung des § 767 ZPO kann auch die Regelung des § 10 UKlaG herangezogen werden, nach der § 767 ZPO anzuwenden ist, wenn nach dem Verbot einer Klausel wegen einer nachträglichen Entscheidung des Bundesgerichtshofs oder des gemeinsamen Senats der Obersten Gerichtshöfe diese Klausel nicht mehr zu untersagen ist und das Verbot den Verwender in seinem Geschäftsbetrieb unzumutbar beeinträchtigen würde.

| 1194 | **Praxistipp:** Ist infolge Änderung der Gesetzeslage oder der höchstrichterlichen Rechtsprechung die mit dem rechtskräftigen Hauptsacheurteil untersagte Handlung nunmehr zulässig, ist wegen der eindeutigen Rechtsprechung des Bundesgerichtshofes mit der Vollstreckungsgegenklage (§ 767 ZPO) vorzugehen. |

1195   Ob auch die Rechtsprechung des Europäischen Gerichtshofes zu einer Vollstreckungsgegenklage berechtigt, ist nach *Ahrens*[1278] noch nicht vollständig geklärt. Der Anwendungsvorrang des Unionsrechts könnte jedoch ein Argument dafür sein, auch in diesem Fall eine Vollstreckungsgegenklage zuzulassen.

1196   Bevor der Schuldner eine Vollstreckungsgegenklage erhebt, ist gründlich zu prüfen, ob eine Änderung der Rechtslage tatsächlich eingetreten ist. Bei der Aufhebung von Gesetzen wie dem Rabattgesetz oder den Vorschriften über die Sonderveranstaltungen im UWG lässt sich dies noch leicht feststellen und dürfte schon die vorprozessuale Geltendmachung zum Erfolg führen. Ob eine Änderung der Rechtsprechung vorliegt, lässt sich schon schwerer feststellen, steht aber der Vollstreckungsgegenklage nicht entgegen.

[1278] Ahrens/*Ahrens*, Kap. 36 Rn. 209.

G. Vollstreckung

Die Zwangsvollstreckung aus einem in einem Wettbewerbsprozess erstrittenen Titel **1197** richtet sich nach den allgemeinen Vorschriften der §§ 704 ff. ZPO. Vollstreckungstitel sind in der Regel Urteile und Vergleiche, häufig beschlussförmig ergangene einstweilige Verfügungen, aber auch notarielle Urkunden. Zu vollstrecken sind Ansprüche auf Unterlassung, Zahlung von Schadensersatz und Erstattung der Kosten für die Abmahnung und das Abschlussschreiben, sowie Ansprüche auf Auskunft zur Berechnung des Schadensersatzes oder in Produktpirateriefällen über die Herkunft und den Weitervertrieb der rechtsverletzenden Produkte. Die unterschiedlichen Ansprüche bedingen **unterschiedliche Vollstreckungsverfahren.**

I. Vollstreckung von Unterlassungsansprüchen

Die Zwangsvollstreckung von Unterlassungsansprüchen erfolgt durch **Verhän-** **1198** **gung von Ordnungsmitteln** gem. § 890 ZPO. Ordnungsmittel sind Ordnungsgeld und Ordnungshaft. In der Regel wird ein Ordnungsgeld verhängt, wobei der angedrohte Strafrahmen von 250.000,– € nur in seltenen Fällen ausgeschöpft wird. Gleichzeitig wird für den Fall der Nichtzahlung des Ordnungsgeldes ersatzweise eine Ordnungshaft festgesetzt, bei der der Betrag angegeben wird, an dessen Stelle ein Tag Ordnungshaft tritt. Ordnungshaft ohne vorherige Festsetzung von Ordnungsgeld wird nur in Ausnahmefällen bei wiederholten und schwerwiegenden Verstößen gegen das Unterlassungsgebot verhängt.

1. Einleitung der Zwangsvollstreckung

a) Zuständiges Vollstreckungsorgan

Für die Zwangsvollstreckung eines gerichtlichen Unterlassungstitels ist das **Prozess-** **1199** **gericht des ersten Rechtszuges** zu ständig (§ 890 Abs. S. 1 ZPO), auch dann wenn ein vom Berufungs- oder Beschwerdegericht erlassener Titel vollstreckt wird. Zuständig ist damit immer das Gericht, das in erster Instanz über den Unterlassungsanspruch entschieden hat. Beim Landgericht entscheidet die Kammer als Kollegialorgan über den Ordnungsantrag, da für Verfahren des gewerblichen Rechtsschutzes und Urheberrechts die Vorschriften über den originären Einzelrichter nicht gelten (§ 348 Abs. 1 S. 2 Nr. 2 lit. j und k ZPO). Nur wenn bereits das Erkenntnisverfahren gem. § 348a Abs. 1 ZPO auf den Einzelrichter übertragen war, ist dieser auch für den Ordnungsantrag zuständig.[1279]

Für die Vollstreckung aufgrund einer notariellen Urkunde, in der sich der Schuldner **1200** zu einer Unterlassung verpflichtet hat, ist nur das Gericht sachlich zuständig, in dessen

---

[1279] Ahrens/*Spätgens*, Wettbewerbsprozess, 7. Aufl. 2013, Kap. 67 Rn. 2.

Bezirk der Notar seinen Sitz hat.[1280] Der fliegende Gerichtsstand des § 32 ZPO ist im Vollstreckungsverfahren nicht anzuwenden.[1281]

b) Antrag

1201   Eingeleitet wird die Zwangsvollstreckung mit einem an das Prozessgericht gerichteten **Schriftsatz**, in dem die Festsetzung eines Ordnungsmittels beantragt wird. Ist Prozessgericht das Landgericht, ist der für das gesamte Ordnungsverfahren geltende Anwaltszwang zu beachten (§ 78 ZPO).

1202   In seinem Antrag muss der Gläubiger keine Angaben zu der Art des Ordnungsmittel machen, das heißt, ob Ordnungsgeld oder Ordnungshaft verhängt werden soll. Es sind auch keine Angaben zur Höhe eines Ordnungsgeldes oder zur Dauer von Ordnungshaft erforderlich. Es genügt, wenn der Gläubiger seinen Antrag auf die Verhängung eines angemessenen Ordnungsmittels beschränkt. Der Gläubiger ist vielmehr mit Kosten zu belasten, wenn er einen Mindestbetrag benennt und das Gericht ein geringeres Ordnungsgeld festsetzt.[1282] Dieses Kostenrisiko kann er vermeiden, indem er darauf verzichtet, im Antrag ein konkret beziffertes Ordnungsgeld anzugeben. Lediglich, wenn er daneben noch eine Sicherheitsleistung gem. § 890 Abs. 3 ZPO festsetzen lassen will, ist dies ausdrücklich zu beantragen, wobei Angaben zur Höhe dieser Sicherheitsleistung ebenfalls nicht notwendig sind.

1203 | **Praxistipp:** Auf die Bezifferung des beantragten Ordnungsgeldes ist zu verzichten, da bei der Verhängung eines geringeren Ordnungsgeldes durch das Gericht der Gläubiger wegen eines Teilunterliegens anteilig mit Kosten zu belasten ist. Es reicht aus, nur die Festsetzung eines angemessenen Ordnungsgeldes zu beantragen.

1204   Der Antrag ist zu begründen, wobei zunächst die **Tatsachen** vorzutragen sind, aus denen sich der Verstoß gegen den Unterlassungstitel ergeben soll. Für diese Tatsachen ist **Beweis** anzutreten, denn über streitige Tatsachen ist im Ordnungsverfahren Beweis zu erheben. Dies gilt auch für Vollstreckungsmaßnahmen aufgrund einer einstweiligen Verfügung. Abweichend vom Erkenntnisverfahren reicht hier Glaubhaftmachung nicht aus,[1283] so dass eidesstattliche Versicherungen nicht vorzulegen sind. Diese können allenfalls als Tatsachenvortrag berücksichtigt werden, die erforderlichen Beweisantritte jedoch nicht ersetzen.

2. Allgemeine Vollstreckungsvoraussetzungen

1205   Auch für die Vollstreckung von Ordnungsmitteln gelten die **allgemeinen Vollstreckungsvoraussetzungen**: Titel, Klausel, Zustellung (wobei beschlussförmige einstweilige Verfügungen nicht mit einer Vollstreckungsklausel versehen werden). Mit dem Antrag ist deshalb zugleich der Originaltitel vorzulegen und bei der Vollstreckung aus

---

[1280] LG Bonn 15.7.2014 – 1 O 222/14, MD 2014, 851; MüKo/*Gruber*, ZPO, 4. Aufl. 2012, § 887 Rn. 25.
[1281] OLG Köln 26.3.2014 – 6 W 43/13, GRUR-RR 2014, 277.
[1282] OLG Köln 27.6.2013 – 6 W 77/13, GRUR-RR 2014, 48 (LS) = BeckRS 2013, 11184; BGH 19.2.2015 – I ZB 55/13, GRUR 2015, 511 – Kostenquote bei beziffertem Ordnungsmittelantrag.
[1283] OLG Frankfurt 5.8.2013 – 6 W 67/13, GRUR-RR 2014, 48 (LS) – Champagnerflaschen = BeckRS 2013, 15310; OLG München 11.3.2015 – 29 W 290/15, BeckRS 2015, 05083.

einer einstweiligen Verfügung auch der Nachweis der Zustellung im Parteibetrieb (Vollziehung). Die Einreichung von Ablichtungen genügt nicht, da der Gläubiger bei Beginn der Zwangsvollstreckung nachzuweisen hat, dass er im Besitz des Titels ist. Dieser Nachweis ist nur durch Vorlage der Originalurkunde zu führen.

> **Praxistipp:** Dem Antrag sind zum Nachweis der allgemeinen Vollstreckungsvoraussetzungen der Titel und bei einer einstweiligen Verfügung der Nachweis der Zustellung jeweils im Original beizufügen.

1206

Titel, aus denen Unterlassungsansprüche vollstreckt werden können, sind neben **1207** einstweiligen Verfügungen und Hauptsacheurteilen auch notarielle Urkunden, gerichtlich protokolliert Vergleiche und Anwaltsvergleiche unter den Voraussetzungen des § 796a ZPO. Aus einer einfachen oder strafbewehrten Unterlassungserklärung kann die Zwangsvollstreckung von Ordnungsmitteln nicht betrieben werden.[1284]

3. Besondere Vollstreckungsvoraussetzungen

a) Androhung von Ordnungsmitteln

aa) Im Erkenntnisverfahren

Besondere Voraussetzung der Zwangsvollstreckung ist die **Androhung der Ord-** **1208** **nungsmittel** (§ 890 Abs. 2 ZPO), die zugleich mit der Sachentscheidung im Erkenntnisverfahren zu beantragen ist und sich auf die Wiederholung der in § 890 ZPO genannten Ordnungsmittel mit den Höchstgrenzen beschränken kann. Das Gericht nimmt im Erkenntnisverfahren die Androhung in den Tenor der Sachentscheidung auf. Ergeht die Sachentscheidung jedoch ohne Androhung von Ordnungsmitteln, bspw. weil der entsprechende Antrag vergessen wurde, kann das Gericht auf Antrag durch besonderen Beschluss die Androhung nachholen. Ob der Unterlassungstitel vorher zugestellt werden muss, ist in der Literatur umstritten.[1285] Der BGH[1286] verlangt die vorherige Zustellung, weil die Ordnungsmittelandrohung durch besonderen Beschluss bereits der Beginn der Zwangsvollstreckung ist und zu diesem Zeitpunkt die allgemeinen Voraussetzungen der Zwangsvollstreckung vorliegen müssen, zu denen auch die Zustellung des Titels gehört. Der Antragsteller sollte deshalb darauf achten, die Ordnungsmittelandrohung bereits im Erkenntnisverfahren in die Sachentscheidung aufzunehmen, um ein „Vollstreckungsloch" zwischen Zustellung des Titels und der späteren Androhung durch besonderen Beschluss zu vermeiden.

> **Praxistipp:** Bei der Formulierung eines Unterlassungsantrags sollte die Androhung der Ordnungsmittel nicht vergessen werden. Dabei ist immer der im Gesetz vorgesehene Höchstrahmen des Ordnungsgeldes und der Ordnungshaft anzugeben und nicht lediglich der Betrag eines im Fall des Verstoßes erwarteten Ordnungsgeldes.

1209

[1284] OLG Hamburg 10.6.2014 – 7 W 51/14, GRUR-RR 2014, 471 – einfache Unterlassungsverpflichtungserklärung; hierzu Helling, GRUR-Prax 2014, 395.
[1285] hierzu Ahrens/*Spätgens*, Kap. 64 Rn. 40.
[1286] 22.11.2012 – I ZB 18/12, BeckRS 2013, 07698 Rn. 10.

bb) Durch besonderen Beschluss

1210   Wurden, aus welchen Gründen auch immer, im Erkenntnisverfahren die Ordnungsmittel nicht angedroht, kann dies durch einen besonderen Beschluss nachgeholt werden. Ebenso ist zu verfahren, wenn der Unterlassungsanspruch in einem **Prozessvergleich**, einem **gerichtlich bestätigten Anwaltsvergleich** oder einer **notarieller Urkunde** tituliert wurde, in die die Ordnungsmittelandrohung nicht wirksam aufgenommen werden kann. Denn als Beginn der Zwangsvollstreckung ist sie eine dem Gericht vorbehaltene hoheitliche Maßnahme, die durch die Erklärung des Schuldners in einem Vergleich oder einer notariellen Urkunde nicht wirksam zu ersetzen ist.[1287] Die erforderliche Androhung der Ordnungsmittel erfolgt durch besonderen Gerichtsbeschluss, der voraussetzt, dass die allgemeinen Voraussetzungen der Zwangsvollstreckung einschließlich der Zustellung des Titels vorliegen.[1288] Nicht erforderlich ist aber, dass der Schuldner bereits gegen seine Unterlassungspflicht verstoßen hat.[1289]

1211   Der **Streitwert** für die isolierte Androhung von Ordnungsmitteln richtet sich nach dem Wert der zu vollstreckenden Unterlassung.[1290]

1212   Nach einer **notariellen Unterwerfungserklärung** ist für die Androhung von Ordnungsmitteln das Gericht am Amtssitz des Notars **örtlich zuständig. Sachlich zuständig** ist nach der wohl überwiegenden Ansicht das Amtsgericht.[1291] Das OLG Düsseldorf[1292] begründet dies mit einer Analogie zu § 797 Abs. 3 ZPO, wobei es die Anwendung der besonderen Zuständigkeitsregelungen des UWG ablehnt. Dem gegenüber bejaht das LG Paderborn[1293] die Zuständigkeit des Prozessgerichts, das für den zu vollstreckenden Unterlassungsanspruch zuständig wäre und stützt sich hierbei auf eine näherliegende Parallele zu § 796b ZPO, wonach die Vollstreckbarkeitserklärung des Anwaltsvergleichs von dem Gericht vorzunehmen ist, das auch über den zu vollstreckenden Anspruchs zu entscheiden hätte.

b) Nebeneinander von Ordnungsmitteln und Vertragsstrafe

1213   Die Verpflichtung zur Unterlassung in einem gerichtlichen Vergleich oder einer notariellen Urkunde ist regelmäßig mit dem Versprechen einer **Vertragsstrafe** für jeden Fall der Zuwiderhandlung verbunden. Fraglich ist, ob der Gläubiger zusätzlich noch beim Gericht beantragen kann, dem Schuldner **Ordnungsmittel gem. § 890 ZPO** anzudrohen. Der BGH[1294] bejaht diese Frage und begründet dies damit, dass beide Sanktionen **nebeneinander** bestehen können, weil sie dem gemeinsamen Zweck dienen, Verstöße gegen die Unterlassungspflicht zu verhindern. Sie haben jedoch unterschied-

---

[1287] BGH 2.2.2012 – I ZB 95/10, GRUR 2012, 957 – Vergleichsschluss im schriftlichen Verfahren; Cepl/Voß/*Haft*, § 890 Rn. 22.

[1288] BGH 22.11.2012 – I ZB 18/12, BeckRS 2013, 07698 Rn. 10; OLG Düsseldorf 5.9.2014 – 20 W 93/14, BeckRS 2014, 21345.

[1289] BGH 3.4.2014 – I ZB 3/12, GRUR 2014, 909, 911 Rn. 19 – Ordnungsmittelandrohung nach Prozessvergleich.

[1290] OLG Hamm, 8.5.2014 – 4 W 81/13, NJOZ 2014, 1426, 1427; KG 22.8.2014 – 5 W 254/14, MD 2014, 1036; LG Paderborn, 27.8.2013 – 7 O 30/13, BeckRS 2013, 22653.

[1291] OLG München 5.3.2015 – 34 AR 35/15, zitiert nach Möller, GRUR-Prax 2015, 153.

[1292] OLG Düsseldorf 5.9.2014 – 20 W 93/14, BeckRS 2014, 21345; hierzu Löffel, GRUR-Prax 2014, 561.

[1293] LG Paderborn, 27.8.2013 – 7 O 30/13, BeckRS 2013, 22653.

[1294] 3.4.2014 – I ZB 3/12, GRUR 2014, 909 Rn. 11 – Ordnungsmittelandrohung nach Prozessvergleich; so auch Harte-Bavendamm/*Brüning*, UWG, 3. Aufl. 2013, § 12 Rn. 243.

lichen Charakter, denn das Ordnungsmittel ist eine strafähnliche Sanktion, während mit der Vertragsstrafe eine schuldrechtliche Leistung zur Vertragserfüllung und Schadenspauschalisierung erbracht wird. Sie unterscheiden sich auch im Umfang der Einstandspflicht. Der Schuldner einer Vertragsstrafe haftet gem. § 278 BGB auch für das Verschulden seiner Erfüllungsgehilfen. Demgegenüber kann ein Ordnungsmittel nur für eigenes Verschulden verhängt werden.[1295]

Das Nebeneinander von Vertragsstrafe und Ordnungsmittel darf aber nicht zu einer **1214** doppelten Sanktionierung eines Verstoßes gegen die Unterlassungspflicht führen. Dies wird durch die Anrechnung der früher verhängten Sanktion auf die spätere verhindert. Der Schuldner kann nach der Rechtsprechung des BGH die doppelte Sanktion dadurch vermeiden, indem er entweder keine Vertragsstrafe verspricht oder darauf besteht, dass der Gläubiger auf die Vollstreckung von Ordnungsmitteln verzichtet, was gegebenenfalls eindeutig in die Vereinbarung oder Erklärung aufzunehmen ist. Ob sich der Verletzte auf einen Vergleich mit einer Unterlassungserklärung ohne Vertragsstrafe einlässt, ist äußerst zweifelhaft.

c) Sicherheitsleistung

Einstweilige Verfügungen sind grundsätzlich **ohne Sicherheitsleistung** vollstreck- **1215** bar, so dass sich hier die Frage einer Sicherheitsleistung nicht stellt. Ordnungsmittel können sofort nach der Vollziehung (§ 929 Abs. 2 ZPO) und beim Vorliegen der sonstigen Vollstreckungsvoraussetzungen verhängt werden. Den erforderlichen Schutz des Schuldners, für den im Hauptsacheverfahren die Sicherheit zu leisten ist, gewährt im Eilverfahren die Schadensersatzpflicht des Gläubigers nach **§ 945 ZPO**, wenn sich die Unterlassungspflicht später als unbegründet erweisen sollte.[1296] Die Geltendmachung von Ansprüchen nach § 945 ZPO kommt aber in der gerichtlichen Praxis so gut wie gar nicht vor, was auf der Schwierigkeit der Berechnung des durch eine unberechtigte einstweilige Verfügung verursachten Schadens beruhen dürfte.

Das Gericht kann die Anordnung der einstweiligen Verfügung auch von einer Si- **1216** cherheitsleistung abhängig machen (§§ 921 S. 2, 936 ZPO). Die Sicherheit des Gläubigers ist dann innerhalb der Vollziehungsfrist zu leisten. Diese Vollziehungssicherheit hat in der gerichtlichen Praxis keine Bedeutung.

Urteile in **Hauptsacheverfahren** sind zunächst nur gegen Sicherheitsleistung vor- **1217** läufig vollstreckbar (§ 709 ZPO). Aus diesen Urteilen kann deshalb erst vollstreckt werden, wenn die **Sicherheit geleistet** ist und dem **Schuldner dies mitgeteilt** wurde (§ 751 Abs. 2 ZPO). Diese Voraussetzungen müssen im Zeitpunkt der Zuwiderhandlung bereits erfüllt sein, weil vorher kein vollstreckbarer Titel bestand.[1297] Wegen einer bereits zuvor erfolgten Zuwiderhandlung, kann ein Ordnungsmittel nicht verhängt werden.

> **Praxistipp:** Bei der Vollstreckung aus einem vorläufig vollstreckbaren Urteil sollte der **1218** Gläubiger möglichst schnell die angeordnete Sicherheit leisten und den Schuldner davon in Kenntnis setzen, um Verstöße gegen das Unterlassungsgebot sanktionieren zu können.

[1295] Hess, Aktuelles Wettbewerbsverfahrensrecht, WRP 2015, 317 Rn. 24, 70.

[1296] BGH 22.1.2009 – I ZB 115/07, MD 2009, 719; Cepl/*Voß*, Prozesskommentar zum Gewerblichen Rechtsschutz, 1. Aufl. 2015, § 945 Rn. 1.

[1297] BGH 10.4.2008 – I ZB 14/07, GRUR 2008, 1029 Rn. 9 – Nachweis der Sicherheitsleistung; Cepl/*Voß/Haft*, § 890 Rn. 31.

d) Bestehen des Titels zur Zeit des Verstoßes gegen die Unterlassungspflicht

1219   Der Unterlassungstitel muss während des gesamten Vollstreckungsverfahrens bestehen. Entfällt der Titel nach einer Verletzungshandlung bspw. aufgrund eines Widerspruchs, eines Rechtsmittels oder eines Aufhebungsantrags, ist zunächst zu fragen, ob
der Titelfortfall ex-tunc- oder ex-nunc-Wirkung hat. Ein nur ex nunc entfallener Titel
kann weiterhin Grundlage für Vollstreckungsmaßnahmen wegen vorher begangener
Verletzungshandlungen sein. Entfällt der Titel ex tunc, was aufgrund eines Widerspruchs oder einer Berufungsentscheidung immer der Fall ist, dann ist ein bereits er-
gangener Ordnungsmittelbeschluss gem. §§ 775 Nr. 1, 776 ZPO aufzuheben. Dies gilt
auch für rechtskräftige Ordnungsmittelbeschlüsse. Bereits gezahltes Ordnungsgeld ist
an den Schuldner zurückzuerstatten.[1298]

1220   Gibt der Schuldner erst nach Erlass der einstweiligen Verfügung die **strafbewehrte
Unterwerfungserklärung** ab, wird dadurch der Gläubiger klaglos gestellt. Das Erkenntnisverfahren ist in der Hauptsache erledigt. Erklärt er folgerichtig den Rechtsstreit in der Hauptsache für erledigt, so entfällt damit der Titel und eine Vollstreckung
ist nicht mehr möglich. Dies gilt auch für Zuwiderhandlungen vor dem erledigenden
Ereignis, weil mit der Erledigungserklärung der Titel insgesamt beseitigt wird. Wegen
dieser Verstöße kann nunmehr ein Ordnungsgeld nicht mehr verhängt werden, obwohl bis zum erledigenden Ereignis die Vollstreckungsvoraussetzungen vorgelegen
haben. Der Schuldner hätte so die Möglichkeit, durch nachträgliche Abgabe einer
strafbewehrten Unterwerfungserklärung einer Sanktion zu entgehen. Denn die Festsetzung eines Ordnungsgeldes ist wegen des weggefallenen Titels nicht mehr möglich
und die Vertragsstrafe kann nicht verlangt werden, weil im Zeitpunkt des Verstoßes die
Unterlassungserklärung noch nicht bestand. Um diese für den Gläubiger nachteilige
Situation zu verhindern, dass er einerseits den Rechtsstreit für erledigt erklären muss,
aber die Vollstreckung wegen Verstößen vor dem erledigenden Ereignis möglich sein
muss, kann er die Erledigungserklärung auf den Zeitraum ab dem erledigenden Ereignis beschränken[1299]. Diese zeitliche Beschränkung sollte in der Erledigungserklärung
deutlich gemacht werden, kann sich aber auch durch Auslegung der unbeschränkten
Erledigungserklärung ergeben, wobei auf die Begleitumstände und die Interessenlage
abzustellen ist.[1300] Im Erkenntnisverfahren kann aber nicht lediglich eine Kostenentscheidung gem. § 91a ZPO ergehen, weil nur eine teilweise Erledigung des Rechtsstreits vorliegt.[1301]

1221   **Praxistipp:** Ist der Rechtsstreit nach Erlass des Unterlassungstitels in der Hauptsache für
erledigt zu erklären, dann ist dies auf den Zeitraum ab dem erledigenden Ereignis zu beschränken.

[1298] OLG Köln 2.8.1991 – 6 W 79/86, GRUR 1992, 476, 477 – Rückzahlung von Ordnungsgeld; *Köhler*/Bornkamm, UWG, 33. Aufl. 2015, § 12 Rn. 6.17.

[1299] BGH 23.10.2003 – I ZB 45/02 – GRUR 2004, 264 – Euro-Einführungsrabatt; Cepl/Voß/
Haft, § 890 Rn. 9.

[1300] OLG Köln 11.3.2014 – 6 W 217/13, GRUR 2014, 1032 Rn. 8 – NACT-Studie; OLG
München 13.10.2014 – 29 W 1474/14, GRUR-RR 2015, 87 Rn. 16 – Treuebonus III; BGH
20.1.2016 – I ZR 102/14, GRUR 2016, 421 Rn. 15 – Erledigungserklärung nach Gesetzesänderung; hierzu Kefferpütz, GRUR-Prax 2016, 111.

[1301] OLG Köln 11.3.2014 – 6 W 217/13, GRUR 2014, 1032 Rn. 7 – NACT-Studie; hierzu Kefferpütz GRUR-Prax 2014, 426.

e) Einstweilige Einstellung der Zwangsvollstreckung und Vollstreckungsverzicht

Schließlich darf die **Zwangsvollstreckung nicht einstweilen eingestellt** sein. Bei **1222** Rechtsmitteln gegen ein Urteil und Einspruch gegen ein Versäumnisurteil kann die einstweilige Einstellung gem. §§ 707, 719 ZPO erfolgen, wobei das Gericht die Erfolgsaussichten des Rechtsbehelfs zu prüfen hat. Für die Vollstreckung von in Hauptsacheverfahren ergangenen Titeln ergeben sich hier keine Abweichungen. Es kann deshalb insoweit auf die allgemeine Rechtsprechung und Literatur verwiesen werden.

Besonderheiten sind aber zu beachten, wenn nach einem Widerspruch die Zwangs- **1223** vollstreckung aus einer Unterlassungsverfügung einstweilen eingestellt werden soll. Für den dinglichen Arrest ermöglicht § 924 Abs. 3 ZPO mit dem Verweis auf § 707 ZPO die einstweilige Einstellung der Zwangsvollstreckung. Diese Regelung gilt nach der ganz h.M. auch für das Verfügungsverfahren und damit die Unterlassungsverfügung, weil die Vorschriften des Arrestes auf die **einstweilige Verfügung** anzuwenden sind (§ 936 ZPO) und letztere keine Ausnahme enthalten.[1302] Die einstweilige Einstellung widerspricht jedoch dem Zweck der einstweiligen Verfügung, die gerade den Unterlassungsanspruch sichern soll und erforderlichenfalls im Wege der Zwangsvollstreckung durchzusetzen ist. Die Anforderungen an die einstweilige Einstellung sind deshalb strenger als im Hauptsacheverfahren, weshalb die Zwangsvollstreckung aus einer einstweiligen Verfügung nur in seltenen Ausnahmefällen einstweilen einzustellen ist. Die Einstellung kann nur erfolgen, wenn aufgrund des Widerspruchs sicher feststeht, dass die einstweilige Verfügung keinen Bestand haben wird.[1303] Bloße Erfolgsaussichten des Widerspruchs genügen nicht. So kann die Gegenglaubhaftmachung eines anderen Sachverhalts durch den Schuldner oder die Äußerung einer vom Gericht abweichenden Rechtsansicht die einstweilige Einstellung der Zwangsvollstreckung jedenfalls nicht rechtfertigen. Denkbar wäre eine Einstellung der Zwangsvollstreckung, wenn aufgrund des Widerspruchs sicher feststeht, dass sich der Gläubiger durch unzutreffende Angaben zur Dringlichkeit den Titel erschlichen hat. Bei der Entscheidung über die Einstellung wird das Gericht aber auch abwägen, wie stark der Unterlassungstitel den Schuldner belastet ist. Hat er die Verletzungshandlung bereits eingestellt und erging die einstweilige Verfügung nur, weil er keine oder eine nicht ausreichende Unterlassungserklärung abgegeben hat, dann besteht für eine Einstellung der Zwangsvollstreckung kein praktisches Bedürfnis mehr. Das gleiche gilt, wenn ihm etwas untersagt wird, was er ohnehin nicht machen darf, bspw. Internethandel ohne Impressum. In diesen Fällen belastet ihn allenfalls eine drohende Vollstreckung der Kosten, aber auch nur, wenn der Kostenfestsetzungsbeschluss bereits ergangen ist.

Das Gericht wird mit der einstweiligen Einstellung der Zwangsvollstreckung aus **1224** einer einstweiligen Verfügung immer größte Zurückhaltung üben, so dass derartigen Anträgen nur äußerst selten Erfolg beschieden ist. Bei Einstellungsanträgen, die mit dem Widerspruch gestellt werden, ohne dass der Widerspruch gleichzeitig begründet wird, muss der Schuldner ohnehin entweder mit der sofortigen Zurückweisung oder der Rückstellung des Antrags bis zum Vorliegen der Widerspruchsbegründung rechnen.

[1302] BGH 21.5.1997 – I ZB 7/97, NJW-RR 1997, 1155.
[1303] OLG Celle 28.7.1986 – 9 W 86/86, OLGZ 1986, 491, 492; OLG Frankfurt 3.3.1989 – 6 U 20/89, GRUR 1989, 456 – Vollstreckungseinstellung.

1225   Praxistipp: Der Einstellungsantrag nach einem Widerspruch gegen eine einstweilige Verfügung bleibt in der Regel erfolglos. Er sollte nur gestellt, wenn sicher zu erwarten ist, dass der Titel aufgehoben werden wird, bspw. wenn sicher feststeht, dass die Dringlichkeit nicht gegeben ist.
Auf keinen Fall sollte der Einstellungsantrag vor der Begründung des Widerspruchs gestellt werden. Das Gericht wird entweder die Entscheidung über den Antrag zurückstellen bis der Widerspruch begründet wird oder den Antrag wegen fehlender Begründung sofort zurückweisen.

1226   Die gerichtliche Praxis zeigt, dass nach Zugang des Einstellungsantrags der Gläubiger mitunter erklärt, aus dem Titel vorerst nicht vollstrecken zu wollen. Häufig wird auch nur befristet auf die Zwangsvollstreckung verzichtet, um eine Fristverlängerung zur Stellungnahme auf den Einstellungsantrag zu erreichen. Bei der Vollstreckung aus einer einstweiligen Verfügung kann der **Vollstreckungsverzicht** den Verlust der Dringlichkeit zur Folge haben. Denn der Gläubiger gibt damit zu erkennen, dass ihm die Beachtung der einstweiligen Verfügung nicht so eilig ist. Unproblematisch dürfte deshalb nur ein kurzfristiger Vollstreckungsverzicht sein, um zum Einstellungsantrag Stellung nehmen zu können. Hier liegt ein besonderer Grund vor, denn der Gläubiger gibt mit der Befristung zu erkennen, dass er dem Einstellungsantrag entgegen treten und damit den Unterlassungsanspruch durchsetzen will.

1227   Ein längerer Vollstreckungsverzicht kann aber schnell zum **Verlust der Dringlichkeit** führen.[1304] So ist nach der Rechtsprechung des Kammergerichts[1305] die Dringlichkeitsvermutung widerlegt, wenn der Gläubiger nach einem erfolgreichen Eilverfahren ohne besonderen Grund bis zum Verfahrensabschluss auf die Vollstreckung aus der einstweiligen Verfügung verzichtet. Das OLG Frankfurt[1306] verneint die Dringlichkeit, wenn der Gläubiger bis zur Verhandlung über die Berufung gegen das Urteil des Landgerichts auf die Vollstreckung der einstweiligen Verfügung wegen des Kostenrisikos verzichtet und deshalb weitere Verstöße hinnimmt. Das Haftungsrisiko des § 945 ZPO ist kein ausreichender Grund für den Vollstreckungsverzicht. Nach Ansicht des OLG Köln[1307] kann ein Vollstreckungsverzicht wegen Vergleichsverhandlungen nur dann für die Dringlichkeit unschädlich sein, wenn diese zügig durchgeführt werden.

1228   Praxistipp: Mit dem auch nur vorläufigen Verzicht auf die Vollstreckung aus einer einstweiligen Verfügung riskiert der Gläubiger, die Dringlichkeit für die Eilmaßnahme zu verlieren.

[1304] hierzu Danckwerts, Aktuelle Entscheidungen zur Dringlichkeit – Welche Risiken birgt ein Vollstreckungsverzicht?, GRUR-Prax 2010, 473.
[1305] 11.5.2010 – 5 U 64/09, GRUR-RR 2010, 358 (LS) = NJOZ 2010, 1562 – Vorübergehender Vollstreckungsverzicht.
[1306] 25.3.2010 – 6 U 219/09 – BeckRS 2010, 16885.
[1307] 29.1.2010 – 6 U 177/09, GRUR-RR 2010, 448 – Vollstreckungsverzicht im Eilverfahren.

4. Zuwiderhandlung gegen das Unterlassungsgebot

a) Unterlassungspflicht und Handlungspflicht

Nur bei einer Zuwiderhandlung gegen eine Unterlassungspflicht kann ein Ord- **1229**
nungsgeld oder, was eher selten ist, Ordnungshaft verhängt werden. Die Unterlassungspflicht kann, wie der Begriff bereits zum Ausdruck bringt, darin bestehen, eine
bereits **abgeschlossene Handlung** nicht zu wiederholen. So hat der Schuldner es bspw.
zu unterlassen, ein Zeitungsinserat mit einem wettbewerbswidrigen Inhalt erneut zu
schalten. In diesem Fall kommt der Schuldner dem Unterlassungsgebot nach, indem er
untätig bleibt und die untersagte Handlung nicht noch einmal durchführt. Er kann
aber auch verpflichtet sein, **aktiv tätig** zu werden, um zukünftige Verstöße zu verhindern.[1308] Kann ein Unterlassungsgebot nur dadurch befolgt werden, dass ein vom
Schuldner geschaffener Störungszustand beseitigt wird, so hat er die dafür erforderlichen Handlungen vorzunehmen. Hierfür hat er auch auf Dritte in seinem Einflussbe-
reich einzuwirken und bspw. von einem Vertriebsverbot betroffene Ware zurückzuru-
fen.[1309] Bei einem Dauerdelikt, bspw. bei einer Veröffentlichung im Internet, hat er
sofort für die vollständige Entfernung aus dem Netz zu sorgen, was auch die Löschung
im Zwischenspeicher gängiger Suchmaschinen umfasst.[1310] Hier gehört zur Unterlassung auch die Beseitigung.

b) Reichweite des Unterlassungsanspruchs – Kerntheorie

Dass eine Zuwiderhandlung vorliegt, lässt sich unschwer feststellen, wenn der **1230**
Schuldner genau die Handlung vornimmt, die ihm untersagt wurde oder die zur Befolgung des Titels erforderliche Handlung unterbleibt. Schwieriger wird die Feststellung
einer Zuwiderhandlung bei einem auf die konkrete Verletzungsform gerichteten Unterlassungsgebot, von der die Zuwiderhandlung abweicht.

> **Beispiel:** Das Inserat eines Maklers in einer Tageszeitung für eine konkret bezeichnete **1231**
> Wohnung mit dazugehöriger Garage wird wegen Verstoßes gegen die Preisangabenverord-
> nung untersagt, weil ein Preis angegeben ist mit dem Zusatz „zzgl. Umsatzsteuer". Später
> wirbt der Makler auf einem Internetportal für eine andere Wohnung ebenfalls mit der An-
> gabe „zzgl. Umsatzsteuer".

Durch Auslegung des Titels ist zu ermitteln, ob in dem vorstehenden Beispiel ein **1232**
Verstoß gegen das Unterlassungsgebot vorliegt. Die Rechtsprechung hat hierfür die
sogenannte **Kerntheorie** entwickelt. Danach werden von der konkreten Verletzungsform auch abweichende Handlungen erfasst, die im Kern gleichartig sind, indem sie
das Charakteristische der Verletzungsform wieder geben.[1311] Maßgebend ist dabei, ob
beide Handlungen gleichwertig sind, weil sie nur geringfügig voneinander abweichen.

[1308] BGH 22.10.1992 – IX ZR 36/92, NJW 1993, 1076 – Straßenverengung; *Köhler*/Born-
kamm, § 12 Rn. 6.7.
[1309] OLG München 28.5.2014 – 29 W 546/14, BeckRS 2014, 15704.
[1310] OLG Düsseldorf 3.9.2015 – 15 U 119/14, MMR 2016, 114 Rn. 85; hierzu Kuhlmann,
GRUR-Prax 2016, 22.
[1311] *Köhler*/Bornkamm, § 12 Rn. 6.4.

Betrifft die Abweichung nur unbedeutende Nebensächlichkeiten, dann befindet sich der Schuldner noch im Kernbereich des Unterlassungstitels.[1312] Lediglich ähnliche Handlungsformen können wegen des strafähnlichen Charakters nicht die Grundlage für die Verhängung von Ordnungsmitteln bilden.[1313] Für die Auslegung des Titels, sind die Begründung der gerichtlichen Entscheidung aber auch die Klageschrift, aus der sich das Begehren des Verletzten ergibt, heranzuziehen.[1314] Das Charakteristische der konkreten Verletzungsform wird bestimmt durch den Prüfungsgegenstand im Erkenntnisverfahren.[1315]

1233   Im vorstehenden Beispiel ist danach von einer kerngleichen Verletzung auszugehen, denn das Charakteristische der Verletzungsform beruht nicht auf der konkret bezeichneten Wohnung, sondern auf der fehlenden Angabe des Endpreises durch den Hinweis „zzgl. Umsatzsteuer". Auf welche Wohnung sich diese Angabe bezieht, ist ebenso eine unwesentliche Nebensache wie die Werbung im Zeitungsinserat oder im Internet. Beide Umstände haben für den Verstoß gegen die Preisangabenverordnung wegen der fehlenden Endpreisangabe keinerlei Bedeutung.

1234   Erhebliche Zweifel an einem kerngleichen Verstoß würden jedoch bestehen, wenn der Makler in dem vorstehenden Beispiel mit dem zweiten Inserat gegenüber Endverbrauchern mit der Aussage „zzgl. Garage" geworben hätte. In diesem Fall liegt ebenfalls ein Verstoß gegen die Preisangabenverordnung vor, weil ein Preis genannt wird, der nicht alle Preisbestandteile enthält, nämlich die für die Wohnung und die mit zu erwerbende Garage. Die fehlende Endpreisangabe könnte für einen kerngleichen Verstoß sprechen. Dagegen ist aber anzuführen, dass sich das Charakteristische der Verletzungsform nicht nur aus der fehlenden Endpreisangabe, sondern auch aus dem Preisbestandteil (Umsatzsteuer bzw. Garage) ergibt, das in den Endpreis einzubeziehen ist. Im Ergebnis spricht deshalb in dieser Fallabwandlung mehr gegen als für einen kerngleichen Verstoß.

1235   Diese Beispiel zeigen, welche Unsicherheiten bei der Vollstreckung von Unterlassungsansprüchen bestehen können, wenn der Unterlassungstitel die konkrete Verletzungsform widergibt und die Zuwiderhandlung nicht identisch ist. Der Gläubiger, der davon ausgeht, es läge ein kerngleicher Verstoß vor, und deshalb ein Ordnungsmittel beantragt läuft Gefahr, dass das für die Vollstreckung zuständige Gericht diese Frage anders entscheidet und den Ordnungsantrag wegen fehlender Zuwiderhandlung zurückweist. Er muss dann erneut ein Erkenntnisverfahren durchführen, wobei wegen der Dauer des Ordnungsverfahrens die Dringlichkeit für eine einstweilige Verfügung entfallen sein dürfte. Zwischenzeitlich könnte der Schuldner die Rechtsverletzungen ungehindert fortsetzen. Es ist deshalb folgerichtig, bei der Frage der Rechtskraft eines Titels großzügig zu sein und **im Zweifel ein erneutes Erkenntnisverfahren** zuzulassen.[1316]

[1312] Ahrens/*Ahrens*, Kap. 65 Rn. 9.
[1313] *Köhler*/Bornkamm, § 12 Rn. 6.4.
[1314] BGH 19.5.2010 – I ZR 177/07, GRUR 2010, 855 Rn. 17 – Folienrollos.
[1315] BGH 3.4.2014 – I ZB 42/11, GRUR 2014, 706 Rn. 13 – Reichweite des Unterlassungsgebots.
[1316] *Köhler*/Bornkamm, § 12 Rn. 6.4; BGH 7.4.2011 – I ZR 34/09, GRUR 2011, 742 Rn. 20 – Leistungspakete im Preisvergleich; OLG Düsseldorf 7.5.2015 – 15 U 15/15, MD 2015, 722, 725.

> **Praxistipp:** Vor der Einreichung eines Ordnungsantrages wegen einer Zuwiderhandlung, die nicht identisch ist mit der im Unterlassungstitel wiedergegebenen konkreten Verletzungsform, ist kritisch zu prüfen, ob ein kerngleicher Verstoß vorliegt. Im Zweifel sollte ein neuer Titel beantragt werden. **1236**

Nach der Rechtsprechung des BGH[1317] ist ein kerngleicher Verstoß nicht ausge- **1237** schlossen, wenn sich die erneute Rechtsverletzung auf einen **anderen Schutzgegenstand** bezieht. Der Entscheidung vom 3.4.2014 lag ein Sachverhalt zugrunde, bei dem der Gläubiger einen Unterlassungsanspruch wegen drei konkret bezeichneter Lichtbilder erwirkt hatte und nunmehr die Zwangsvollstreckung wegen zwei anderer Fotos betrieb, die der Schuldner im Internet öffentlich zugänglich gemacht hatte. Der BGH sieht in jedem Lichtbild einen eigenen Schutzgegenstand. Sofern die Schutzrechte im Kern gleichartig sind, kann auch bei unterschiedlichen Schutzgegenständen ein Verstoß gegen den Titel vorliegen. Erforderlich ist jedoch, dass die kerngleiche Verletzungshandlung bereits Gegenstand des Erkenntnisverfahrens gewesen ist. Diese Voraussetzung lag in dem konkreten Fall nicht vor, weshalb der BGH die Rechtsbeschwerde des Gläubigers zurückgewiesen hat.

5. Verschulden

a) Eigenes Verschulden

Die Verhängung eine Ordnungsmaßnahme, d.h. von Ordnungsgeld oder Ord- **1238** nungshaft, setzt **Verschulden** voraus. Diese Voraussetzung wird zwar in § 890 ZPO nicht genannt, dennoch entspricht das **Verschuldenserfordernis allgemeiner Ansicht**, denn Zweck des Ordnungsmittels ist nicht nur die Sanktion des erfolgten Verstoßes gegen den Unterlassungstitel, sondern auch den Schuldner durch ein Druckmittel zur Einhaltung der Pflicht zu veranlassen. Die Ordnungsmittel haben damit auch strafähnlichen Charakter. Verschulden bedeutet Vorsatz und Fahrlässigkeit, die gegeben ist, wenn der Schuldner die im Verkehr erforderliche Sorgfalt nicht beachtet (§ 276 Abs. 2 BGB).

b) Fehlverhalten Dritter

Der Schuldner hat nur für **eigenes Verschulden** einzustehen. Eine Haftung für **1239** fremdes Verschulden, d.h. für den Erfüllungsgehilfen (§ 278 BGB) oder den Verrichtungsgehilfen (§ 831 BGB), besteht nicht. Ist Schuldner eine Gesellschaft oder ein Verein, dann hat sie für schuldhafte Zuwiderhandlungen ihrer **gesetzlichen Vertreter** einzustehen, denn sie handelt durch diese Personen.[1318] Ohne diese Zurechnung könnte sonst eine gegen eine Gesellschaft oder einen Verein ergangene Unterlassungsverpflichtung nicht vollstreckt werden.

Die Haftung des Schuldners nur für eigenes Verschulden bedeutet aber nicht, dass **1240** das **Fehlverhalten Dritter**, wie Angestellter oder Vertriebsunternehmen, völlig unerheblich ist. Eigenes Verschulden des Schuldners liegt auch dann vor, wenn er nicht mit den **erforderlichen Maßnahmen sicherstellt**, dass der Unterlassungstitel auch von Dritten beachtet wird. Hier gilt ein strenger Maßstab, denn der Schuldner soll sich

---

[1317] 3.4.2014 – I ZB 42/11, GRUR 2014, 706 Rn. 12 – Reichweite des Unterlassungsgebots.
[1318] Ahrens/*Ahrens*, Kap. 64 Rn. 68.

nicht hinter Dritten verstecken können. So genügt es nicht, die Hilfsperson lediglich zu veranlassen, das Erforderliche vorzunehmen, z. B. den Webmaster anzuweisen, das untersagte Foto von der Internetseite zu entfernen. Erforderlich ist, den notwendigen Druck zu erzeugen, um die Befolgung des Titels durch Dritte, wie Angestellte, Vertriebsunternehmen, Werbeagenturen, tatsächlich sicherzustellen. Zu den Pflichten des Schuldners hat der BGH[1319] ausgeführt:

„Erforderlich ist zunächst, auf diese Personen durch Belehrungen und Anordnungen einzuwirken, auf die Nachteile aus einem Verstoß sowohl hinsichtlich des Dienstverhältnisses als auch der Zwangsvollstreckung deutlich hinzuweisen, Rückmeldungen anzuordnen und zu kontrollieren sowie Sanktionen für die Nichteinhaltung der Anordnung anzudrohen. Darüber hinaus müssen die Anordnung auch streng überwacht und gegebenenfalls angedrohte Sanktionen wie Kündigungen auch verhängt werden, um die Durchsetzung von Anordnungen sicherzustellen."

1241   Zu den Sanktionen gehört die **Androhung von Schadensersatz und der Beendigung des Vertragsverhältnisses**, insbesondere bei Mitarbeitern die sofortige Kündigung. Die für die Umsetzung der Unterlassungspflicht erforderlichen Zeiten, bspw. für die Umstellung einer Internetseite, sind auf das Minimum zu reduzieren, um zu verhindern, dass unter dem Vorwand erforderlicher Bearbeitungszeiten die Zuwiderhandlung fortgesetzt wird. Der Schuldner hat die für die Befolgung des Titels **erforderlichen Maßnahmen sofort einzuleiten**, d. h. bei einer einstweiligen Verfügung unmittelbar nach deren Zustellung. Notwendige Anweisungen sind schriftlich zu erteilen. Jedes Zögern ist ihm anzulasten und rechtfertigt die Annahme einer schuldhaften Zuwiderhandlung. Selbstverständlich muss der Schuldner auch überwachen, ob seine Anweisungen befolgt werden und erforderlichenfalls die **angedrohten Sanktionen tatsächlich durchsetzen**.[1320]

c) Darlegungs- und Beweislast

1242   Die Voraussetzungen der Zwangsvollstreckung und damit auch die schuldhafte Zuwiderhandlung hat der Gläubiger darzulegen und erforderlichenfalls auch zu beweisen. Welche **Maßnahmen** der Schuldner ergriffen hat, um den Titel zu befolgen, gehört aber zu dessen betriebsinternen Vorgängen, von denen der Gläubiger üblicherweise keine Kenntnis hat. Der Gläubiger kann damit nicht darlegen und beweisen, welche Versäumnisse beim Schuldner vorliegen, die die Annahme einer schuldhaften Zuwiderhandlung gegen den Unterlassungstitel rechtfertigen. Der Schuldner hat dagegen die Möglichkeit, die zur Beachtung des Titels durch seine Mitarbeiter ergriffenen Maßnahmen darzulegen und zu beweisen. Dies rechtfertigt es, hierfür die **Darlegungs- und Beweislast dem Schuldner aufzuerlegen**.[1321] Um im Streitfall den erforderlichen Beweis führen zu können, sind die Anweisungen schriftlich zu erteilen und von den Angewiesenen der Empfang bestätigen zu lassen.

1243   Die richterliche Praxis zeigt, dass Schuldner sich häufig darauf beschränken, den Dritten nur mit der notwendigen Änderung zu beauftragen, ohne dabei den notwendi-

---

[1319] 24.1.2013 – I ZR 174/11, GRUR 2013, 1067 Rn. 18 – Beschwer des Unterlassungsschuldners; so auch OLG Hamburg 10.3.1993 – 3 W 40/93, NJW-RR 1993, 1392; KG 20.2.1989 – 25 W 7770/88, GRUR 1989, 707 – Zeitungswerbung; OLG Köln 23.1.2015 – 6 W 154/14, MD 2015, 466.
[1320] *Köhler*/Bornkamm, § 12 Rn. 6.7; Hess, WRP 2015, 317 Rn. 70.
[1321] *Köhler*/Bornkamm, § 12 Rn. 6.8.

gen Nachdruck auszuüben, um die schnellstmögliche Änderung sicherzustellen. Häufig ist bereits aus diesem Grund das für die Verhängung eines Ordnungsgeldes erforderliche Verschulden gegeben. An dieser Stelle ist für den Schuldner besondere Sorgfalt zu beachten.

Praxistipp: Ist für die Befolgung des Unterlassungstitels die Mitwirkung Dritter erforderlich, dann sind diese sofort von der Verpflichtung durch Übermittlung des Titels zu unterrichten. Gleichzeitig sind unter Androhung von Sanktionen, wie Schadensersatz und Kündigung, schriftliche Weisungen zu erteilen, die die Einhaltung der Unterlassungspflicht sicherstellen. Anweisungen sollten schriftlich mit Empfangsbestätigung erteilt werden.   1244

d) Verbotsirrtum

Es gelten hier auch die Grundsätze des Verbotsirrtums. An die Vermeidbarkeit dieses Irrtums, der geeignet ist, das Verschulden auszuschließen, sind aber strenge Anforderungen zu stellen. Das Risiko, ob eine Änderung der untersagten Werbung nicht mehr unter die Unterlassungspflicht fällt, trägt der Schuldner. So liegt kein vermeidbarer Verbotsirrtums vor, wenn der Schuldner nach einem Rechtsrat unschwer erkennen konnte, dass dieser Rat unrichtig ist.[1322] Ebensowenig kann sich der Schuldner darauf verlassen, dass ihm eine Aufbrauchfrist gewährt wird, er in der nächsten Instanz obsiegen werde oder seine Handlung, die einem gerichtlichen Vergleichsvorschlag entspricht, zulässig ist.[1323] Ein anzuerkennender Irrtum soll jedoch vorliegen, wenn der Schuldner Handlungen vornimmt, die das Gericht in einer vorangegangenen mündlichen Verhandlung als nicht mehr vom Kern des Unterlassungstitels bezeichnet hat, die später aber dennoch als Verstoß gegen den Titel behandelt werden.[1324]   1245

6. Festsetzung des Ordnungsmittels

a) Entscheidung durch Beschluss

Nach Eingang des Ordnungsantrags prüft das Gericht die **Voraussetzungen der Zwangsvollstreckung** (Titel, Klausel, Zustellung) und stellt den Antrag dem Schuldner bzw. seinem Prozessbevollmächtigten zu. Die für das Erkenntnisverfahren erteilte Prozessvollmacht gilt auch für das Vollstreckungsverfahren (§ 81 ZPO). Dem Schuldner wird gleichzeitig eine **Frist zur Stellungnahme** gesetzt, mit der das vorgeschriebene rechtliche Gehör gewährt wird (§ 891 ZPO). Auf die Anhörung des Vollstreckungsgegners kann allerdings verzichtet werden, wenn der Ordnungsantrag von vornherein unzulässig oder unbegründet ist. In diesem Fall droht ihm keine nachteilige Entscheidung, so dass seine rechtlichen Interessen durch die Zurückweisung nicht berührt sind.   1246

Das Gericht prüft, ggf. unter Beachtung der Kerntheorie, ob ein Verstoß gegen die Unterlassungspflicht vorliegt. Einwendungen des Schuldners gegen den Unterlassungsanspruch sind unerheblich und im Vollstreckungsverfahren nicht zu beachten.[1325] Diese sind, sofern noch möglich, im Widerspruchs- oder Rechtsmittelverfahren gel-   1247

[1322] Ullmann/*Hess,* juris-PK-UWG, 3. Aufl. 2013, § 12 Rn. 232.
[1323] Teplitzky, Wettbewerbsrechtliche Ansprüche, 10. Aufl. 2011, Kap. 57 Rn. 27.
[1324] Ahrens/*Spätgens,* Kap. 64 Rn. 73.
[1325] OLG Karlsruhe 6.7.2015 – 4 W 45/15, MD 2015, 878.

tend zu machen. Denkbar ist auch eine Vollstreckungsgegenklage gem. § 767 ZPO oder bei einer einstweiligen Verfügung ein Aufhebungsantrag gem. § 927 ZPO.

1248   Die Entscheidung über den Ordnungsantrag kann **ohne mündliche Verhandlung** ergehen (§ 128 Abs. 4 ZPO), was der Regelfall ist. Über streitige Tatsachen ist **Beweis** zu erheben, auch wenn die Vollstreckung auf Grund einer einstweiligen Verfügung erfolgt.[1326] Hierfür ist eine mündliche Verhandlung anzuberaumen. Der Termin kann auf die Beweisaufnahme beschränkt werden und die Entscheidung über den Ordnungsantrag später im Dezernatswege ergehen. Bei auswärtigen Zeugen kann der ersuchte Richter die Vernehmung durchführen (§ 362 ZPO).

1249   **Praxistipp:** Im Ordnungsverfahren ist für alle Tatsachen sogleich Beweis anzutreten. Bei der Vollstreckung aus einer einstweiligen Verfügung reicht die Vorlage von Glaubhaftmachungsmitteln nicht aus. Diese sind nur als substantiierter Parteivortrag zu berücksichtigen.

---

b) Ordnungsgeld oder Ordnungshaft

1250   Ist der Sachverhalt hinreichend aufgeklärt, die eventuell erforderliche Beweisaufnahme durchgeführt oder der Verstoß unstreitig, setzt das Gericht das Ordnungsmittel fest. Ihm ist hierbei **Ermessen** eingeräumt.[1327] Es hat dabei zu berücksichtigen, dass Zweck des Ordnungsmittels die Sanktion eines bereits erfolgten Verstoßes aber auch die Verhinderung weitere Verstöße ist. Das Ordnungsverfahren hat damit **neben Strafcharakter auch Sicherungscharakter.** Es ist zunächst auf die **Schwere der Rechtsverletzung,** wie Dauer und Häufigkeit der Zuwiderhandlung und Bedeutung der Unterlassungspflicht für den Gläubiger abzustellen. Aber auch die **Schwere der Schuld** ist zu beachten. So kommt es darauf an, ob Vorsatz oder Fahrlässigkeit vorliegen. Der bewusste und wiederholte Verstoß ist strenger zu bewerten als die Fehleinschätzung des Schuldners, alles für die Befolgung des Titels unternommen zu haben. Verzögerungen bei der Umsetzung der Unterlassungspflicht wiegen weniger schwer, als wenn der Schuldner seiner Pflicht überhaupt nicht nachgekommen ist. Maßgebend für die Schwere der Sanktion sind immer die Umstände des Einzelfalls.[1328]

1251   Das Ermessen des Gerichts führt fast ausschließlich zur Festsetzung eines Ordnungsgeldes. Der schwerwiegende Eingriff in die persönliche Freiheit des Schuldners durch Ordnungshaft ist nur bei entsprechend schwerem schuldhaftem Verhalten gerechtfertigt. Dies ist aber nur anzunehmen, wenn die wiederholte Verhängung von Ordnungsgeldern den Schuldner nicht von weiteren schwerwiegenden Verstößen abgehalten und er damit zu erkennen gegeben hat, dass die Ordnungsgelder nicht ausreichen, ihn zur Befolgung des Unterlassungstitels anzuhalten.

1252   Die Höhe des mindestens 5,– € betragende Ordnungsgeld richtet sich neben den bereits genannten Maßstäben auch nach der **wirtschaftlichen Leistungsfähigkeit** des Schuldners. Nur ein spürbares Ordnungsgeld ist eine ausreichende Sanktion und kann den Schuldner von weiteren Verstößen abhalten. Was spürbar ist, bestimmt sich nach der wirtschaftlichen Leistungsfähigkeit des Schuldners. Bei Großunternehmen ist die Spürbarkeit anders zu bewerten als bei einem Kleinhändler. Die wiederholte Festset-

---

[1326] OLG Schleswig 10.12.2013 – 15 WF 401/13, MDR 2014, 561; OLG München 11.3.2015 – 29 W 290/15, BeckRS 2015, 05083.
[1327] BGH 23.10.2003 – I ZB 45/02, GRUR 2004, 264, 267 – Euro-Einführungsrabatt.
[1328] Himmelsbach, Wettbewerbsrecht, 4. Aufl. 2014, Rn. 925.

zung eines Ordnungsgeldes rechtfertigt nicht nur die Erhöhung des Betrages, sondern kann auch zur Verhängung von Ordnungshaft führen.

Mit dem Ordnungsgeld setzt das Gericht zugleich eine **Ersatzordnungshaft** fest. **1253**
Diese tritt wie bei einer Ersatzfreiheitsstrafe an die Stelle des Ordnungsgeldes, wenn dieses nicht beigetrieben werden kann, bspw. bei Insolvenz des Schuldners. Dabei bestimmt das Gericht auch, an die Stelle welchen Teilbetrags ein Tag Ordnungshaft tritt. Die Ordnungshaft ist an dem Schuldner zu vollstrecken, wenn dieser eine natürliche Person ist. Bei einer juristischen Person wird die Haft an dem gesetzlichen **Vertretungsorgan** vollzogen. Dieses Organ ist bereits im Tenor des Ordnungsbeschlusses namentlich zu bezeichnen.[1329] Nur in diesem Fall kann die Ordnungshaft vollstreckt werden, weil auch nur dann feststeht, gegenüber welcher Person die Haft anzuordnen ist. Die spätere Abberufung des Geschäftsführers und Bestellung einer anderen Person oder sogar das Ausscheiden aus der Gesellschaft kann die Vollstreckung der Ordnungshaft an der im Tenor genannten Person nicht verhindern.[1330] An rechtsgeschäftlichen Vertretern, wie Prokuristen, ist die Vollstreckung der Ordnungshaft nicht möglich.

Praxistipp: Bei der Vollstreckung gegen eine Körperschaft ist im Passivrubrum des Ordnungsmittelantrags stets der aktuelle gesetzliche Vertreter namentlich zu bezeichnen. Es empfiehlt sich, vor der Einreichung eines Ordnungsantrages beim Handelsregister die Vertretungsverhältnisse abzufragen und in der Antragsschrift die Person namentlich zu bezeichnen, die während der Verletzungshandlung gesetzlicher Vertreter der Körperschaft gewesen ist.   **1254**

---

c) Fortsetzungszusammenhang/natürliche Handlungseinheit

Verstößt der Schuldner mehrfach gegen den Unterlassungstitel, so stellt sich die **1255**
Frage, ob für jeden Einzelakt ein Ordnungsgeld zu verhängen ist, das mit der Anzahl der Verstöße multipliziert wird oder nur von einem Verstoß auszugehen ist, für den ein einheitliches Ordnungsgeld festzusetzen ist. In der Vergangenheit konnten nach der im Strafrecht entwickelten Rechtsfigur des **Fortsetzungszusammenhangs** mehrere selbständige Tatbestandsverwirklichungen, die in räumlichem und zeitlichem Zusammenhang standen, zu einer **rechtlichen Handlungseinheit** zusammengefasst werden, wenn sie von Gesamtvorsatz getragen waren. Diese Rechtsprechung gab der Große Senat für Strafsachen des Bundesgerichtshofs mit der Entscheidung vom 3.5.1994[1331] auf. Dem schloss sich der Bundesgerichtshof mit Beschluss vom 18.12.2008[1332] für die Zwangsvollstreckung an.

Es bleibt jedoch bei der Annahme einer **natürlichen Handlungseinheit** für meh- **1256**
rere, in räumlichem und zeitlichem Zusammenhang[1333] stehende Teilakte, die bei natürlicher Betrachtung als einheitliche Handlung erscheinen, was auch fahrlässiges Verhal-

---

[1329] BGH 16.5.1991 – I ZR 218/89, GRUR 1991, 929, 931 – Fachliche Empfehlung II; OLG Jena, 20.11.2001 – 6 W 678/01, NJOZ 2002, 1558; Cepl/Voß/*Haft*, § 890 Rn. 47; Zöller/*Stöber*, § 890 Rn. 16.

[1330] OLG Nürnberg 18.9.2002 – 3 W 2621/02, MDR 2003, 293.

[1331] 3.5.1994 – GSSt 2/93, NJW 1994, 1663.

[1332] 18.12.2008 – I ZB 32/06, GRUR 2009, 427 – Mehrfachverstoß gegen Unterlassungstitel.

[1333] Bei zwei Verstößen im Abstand von zwei Monaten hat das OLG Düsseldorf 4.7.2014 – 20 W 31/14, BeckRS 2014 17729 Rn. 9, eine natürliche Handlungseinheit verneint.

ten umfassen kann.[1334] Den tatsächlichen Verhältnissen bei der Verhängung von Ordnungsmitteln kann damit sachgerecht Rechnung getragen werden, wobei die Rechtsfigur der natürlichen Handlungseinheit zu ähnlichen Ergebnissen kommt, wie die aufgegebene Rechtsprechung zum Fortsetzungszusammenhang.

1257   Mitunter wird die Verletzungshandlung noch nach Zustellung eines Ordnungsantrags fortgesetzt. Ob in diesem Fall bereits die Zustellung des Antrags oder erst die Festsetzung eines Ordnungsgeldes die natürliche Handlungseinheit unterbricht, kann letztendlich dahingestellt bleiben. Denn dem Gericht obliegt bei der Festsetzung der Ordnungsmaßnahme, mithin auch bei der Bestimmung der Höhe des Ordnungsgeldes, ein Ermessen. Bei dieser **Ermessensentscheidung** kann es auch berücksichtigen, dass der Zugang des Ordnungsmittelantrags für den Schuldner ein deutlicher Hinweis auf nicht ausreichende Maßnahmen zur Befolgung des Unterlassungstitels ist. Kommt es danach zu weiteren Verstößen, muss der Schuldner mit einem deutlich höheren Ordnungsgeld rechnen.[1335]

d) Unterlassungstitel gegen mehrere Personen

1258   Die Ordnungsmittel verhängt das Gericht nur gegen den Schuldner, der der ihm gegenüber bestehenden Unterlassungspflicht zuwider gehandelt hat. Bei einem Unterlassungstitel, der infolge **subjektiver Klagehäufung** gegen mehrere Personen ergangen ist, hat der Gläubiger bereits bei der Einreichung des Antrags darauf zu achten, dass er diesen nur gegen den Schuldner stellt, der gegen die gerichtliche Entscheidung verstoßen hat.

1259   Häufig werden bei Rechtsverletzungen von juristischen Personen auch ihre **Organe**, d.h. die Geschäftsführer der GmbH oder der Vorstand der AG, zur Unterlassung verpflichtet. Handelt in diesem Fall das Organ in seiner Funktion als gesetzlicher Vertreter der Gesellschaft der Unterlassungspflicht zuwider, dann kann ein Ordnungsgeld nur gegen die Gesellschaft, nicht aber gegen die Geschäftsführer verhängt werden.[1336] Denn die Gesellschaft handelt durch ihr Organ und muss sich deren Verhalten nach § 31 BGB zurechnen lassen. Das Handeln des Organs ist dem Handeln der Gesellschaft gleichzusetzen. Für eine persönliche Haftung des Geschäftsführers neben der Gesellschaft deshalb besteht keine Veranlassung. Der Bundesgerichtshof[1337] begründet dieses Ergebnis auch mit dem Zweck des Ordnungsmittels, das nicht eine zivilrechtliche Beugemaßnahme ist, sondern auch repressiven strafähnlichen Sanktionscharakter hat, um zukünftige Zuwiderhandlungen zu vermeiden. Die Verhängung des Ordnungsmittels gegen zwei Personen wegen eines Verstoßes, den eine natürliche Person begangen hat, soll damit nicht in Einklang stehen.

1260   Damit wird der Unterlassungstitel gegen das Organ persönlich aber nicht überflüssig. Gegen die natürliche Person kann vollstreckt werden, wenn sie im Zeitpunkt des Verstoßes gegen die Unterlassungspflicht nicht mehr als Organ juristischen Person ge-

---

[1334] BGH 18.12.2008 – I ZB 32/06, GRUR 2009, 427 Rn. 13 – Mehrfachverstoß gegen Unterlassungstitel; BGH 9.7.2015 – I ZR 224/13, GRUR 2015, 1021 Rn. 29 – Kopfhörerkennzeichnung; *Köhler*/Bornkamm, § 12 Rn. 6.4; Cepl/Voß/*Haft*, § 890 Rn. 28.

[1335] BGH 18.12.2008 – I ZB 32/06, GRUR 2009, 427 Rn. 14 – Mehrfachverstoß gegen Unterlassungstitel.

[1336] BGH 12.1.2012 – I ZB 43/11, GRUR 2012, 541, 542 Rn. 7 – Titelschuldner im Zwangsvollstreckungsverfahren.

[1337] 12.1.2012 – I ZB 43/11, GRUR 2012, 541, 542 Rn. 8 – Titelschuldner im Zwangsvollstreckungsverfahren.

handelt hat, bspw. wenn sie vorher als Geschäftsführer der GmbH abberufen wurde oder nunmehr ein einzelkaufmännisches Unternehmen betreibt.[1338]

7. Anordnung einer Sicherheitsleistung gem. § 890 Abs. 3 ZPO

§ 890 Abs. 3 ZPO eröffnet dem Gericht die Möglichkeit gegen den Schuldner eine **1261** Sicherheit für die durch zukünftige Zuwiderhandlungen entstehenden Schäden festzusetzen. Dies erfordert einen Antrag des Gläubigers, in dem allerdings die Höhe Sicherheit nicht zu beziffern ist. Der Gläubiger soll jedoch Angaben zu dem aufgrund zukünftiger Verstöße befürchteten Schaden machen, um dem Gericht Anhaltspunkte für die Bestimmung der Höhe der Sicherheit zu geben. Voraussetzung für die Anordnung der Sicherheitsleistung ist die vorherige oder gleichzeitige Festsetzung eines Ordnungsmittels. Das Gericht hat ein **Ermessen**, ob es eine derartige Sicherheit anordnet.[1339] In der gerichtlichen Praxis wird der Antrag auf eine Sicherheit gem. § 890 ZPO nur äußerst selten gestellt und bleibt in der Regel auch erfolglos. Dies mag nicht nur darauf beruhen, dass die für eine Schätzung der Sicherheitsleistung notwendigen tatsächlichen Anhaltspunkte fehlen, sondern nach richterlicher Beobachtung dürfte die Ursache auch darin liegen, dass häufig der Eindruck entsteht, der Antrag werde nur gestellt, um weiteren wirtschaftlichen Druck gegen den Schuldner aufzubauen, der häufig auch ein Konkurrent ist. Die Vorschrift des § 890 Abs. 3 ZPO hat bisher keine erheblich praktische Bedeutung erlangt.

8. Vollstreckung der Ordnungsmittel

Die Zwangsvollstreckung der vom Prozessgericht festgesetzten Ordnungsmittel er- **1262** folgt durch den **Rechtspfleger** (§ 31 Abs. 3 RPflG). Er ist für die gesamte Vollstreckung zuständig. Ausgenommen hiervon sind nur Vollstreckungshandlungen, die sich der Richter vorbehält (§ 31 Abs. 3 2.HS RPflG) und Freiheitsentziehungen (§ 4 Abs. 2 Nr. 2 RPflG). Die Vollstreckung des festgesetzten Ordnungsmittels wird von Amts wegen eingeleitet und bedarf keines Antrags des Gläubigers. Voraussetzung ist ein vollstreckbarer Ordnungsbeschluss, der bereits dann vorliegt, wenn die gerichtliche Entscheidung dem Schuldner zugestellt wurde. Rechtskraft ist nicht erforderlich. Die Einlegung eines Rechtsbehelfs gegen den Ordnungsbeschluss steht somit der Vollstreckung nicht entgegen.

a) Vollstreckung von Ordnungsgeldern

Die Vollstreckung der Zahlung des vom Gericht festgesetzten Ordnungsgeldes rich- **1263** tet sich nach der **Justizbeitreibungsordnung** (§ 1 Abs. 1 Nr. 3) und der Einforderungs- und Beitreibungsanordnung vom 1. August 2011 (§ 1 Abs. 1 Nr. 3). Vollstreckungsbehörde ist danach, soweit nichts anderes bestimmt ist, der Vorsitzende der Behörde oder Dienststelle, die das Ordnungsgeld festgesetzt hat. Erfolgte die Festsetzung durch die Kammer des Landgerichts, dann wäre danach Vollstreckungsbehörde der Vorsitzende des Spruchkörpers ohne Mitwirkung der Beisitzer. Die Aufgaben der

---

[1338] BGH 12.1.2012 – I ZB 43/11, GRUR 2012, 541, 542 Rn. 9 – Titelschuldner im Zwangsvollstreckungsverfahren; Cepl/Voß/*Haft*, § 890 Rn. 2.
[1339] Zöller/*Stöber*, ZPO, 30. Aufl. 2014, § 890 Rn. 27.

Vollstreckungsbehörde sind jedoch gem. § 31 Abs. 3 RPflG auf den Rechtspfleger übertragen.

1264   Dieser hat die Zahlung des Ordnungsgeldes gegenüber dem Schuldner geltend zu machen und erforderlichenfalls Vollstreckungsmaßnahmen einzuleiten. Auf Antrag des Schuldners kann der Rechtspfleger **Zahlungserleichterungen** gewähren, wenn ihm nach seinen wirtschaftlichen Verhältnissen die sofortige Zahlung des Ordnungsgeldes nicht zuzumuten ist (Art. 7 Abs. 1 S. 1 EGStGB). Diese Erleichterungen bestehen in der Gewährung von Ratenzahlungen, die jedoch pünktlich einzuhalten sind, da sonst die Vergünstigung widerrufen werden kann (Art. 7 Abs. 1 S. 2 EGStGB). Diese Widerrufsmöglichkeit ist mit der Ratenzahlungsgewährung anzudrohen. Der **Widerruf** schließt eine erneute Gewährung von Ratenzahlungen nicht aus (Art. 7 Abs. 3 S. 2 EGStGB), was insbesondere dann erfolgt, wenn sich die zuerst gewährten Raten unter Berücksichtigung der wirtschaftlichen Verhältnisse des Schuldners als zu hoch erwiesen haben. Während der Gewährung von Zahlungserleichterungen ruht die zweijährige Frist, in der die Vollstreckung des Ordnungsgeldes verjährt (Art. 9 Abs. 2 Nr. 2 EGStGB).

b) Vollstreckung von Ordnungshaft

1265   Die Ordnungshaft ist keine Strafhaft, sondern eine **Zivilhaft**. Die Vollstreckung erfolgt durch den Rechtspfleger, der auch für die Umwandlung des Ordnungsgeldes in Ordnungshaft zuständig ist (Art. 8 Abs. 2 EGStGB; § 4 Abs. 2 Nr. 2a RPflG). Der Erlass eines eventuell erforderlichen **Haftbefehls** ist jedoch den Richtern vorbehalten (Art. 104 Abs. 2 GG). Da es sich um eine Zivilhaft handelt, werden die Kosten nicht von der Staatskasse getragen, sondern sind gem. § 788 ZPO Kosten der Zwangsvollstreckung. Der Schuldner kann die Vollstreckung der Ersatzordnungshaft nur abwenden oder vorzeitig beenden, indem er das noch offene Ordnungsgeld bezahlt.

c) Kein Gnadenerlass

1266   Gerichtliche festgesetzte Ordnungsmittel können nicht im Gnadenwege erlassen oder reduziert werden. Denn vollstreckt wird nicht ein staatlicher Strafanspruch, sondern der zivilrechtliche Anspruch des Gläubigers.[1340] So können dem Schuldner, der die ihm gem. Art. 7 Abs. 1 EGStGB bewilligten Raten über einen längeren Zeitraum pünktlich gezahlt hat, die letzten Raten nicht erlassen werden. Ebensowenig kann die Ordnungshaft Gegenstand einer Gnadenentscheidung oder einer Amnestie[1341] sein. Lediglich, wenn die Vollstreckung für den Schuldner ein unbillige Härte wäre, kann das Gericht und nicht der Rechtspfleger anordnen, dass die Vollstreckung der Ordnungshaft unterbleibt (Art. 8 Abs. 2 EGStGB)

9. Vollstreckung von Ordnungsgeldern innerhalb der Europäischen Union

1267   Die Freiheit des Waren- und Dienstleistungsverkehrs macht vor **grenzüberschreitenden Wettbewerbsverletzungen** keinen Halt. Daraus ergibt sich ggf. die Notwendigkeit

---

[1340] Stein/Jonas/*Brehm*, ZPO, 22. Aufl. 2004, § 890 Rn. 49; MüKo/*Gruber*, ZPO, 4. Aufl. 2012, § § 890 Rn. 39; Schuschke/Walker/*Sturhahn*, § 890 Rn. 52; Brehm, Die Zwangsvollstreckung nach §§ 888, 890 n.F. ZPO, NJW 1975, 249, 250.
[1341] OLG Düsseldorf 22.1.1955 – 4 W 285/54, NJW 1955, 506.

auch Vollstreckungshandlungen grenzüberschreitend durchzuführen. Voraussetzung für Ordnungsmaßnahmen ist immer eine Zuwiderhandlung im Geltungsbereich des Unterlassungstitels. Dies betrifft zunächst die Fälle, in denen ein im Ausland ansässiges Unternehmen im Inland eine Rechtsverletzung begangen hat und diese nach Erlass eines Unterlassungstitels im Inland wiederholt oder fortsetzt. Denkbar ist aber auch die Vollstreckung aus einem EU-weit geltenden Unterlassungstitels, der aufgrund der Gemeinschaftsmarkenverordnung oder der Gemeinschaftsgeschmacksmusterverordnung ergangen ist und Verstöße erfasst, die im gesamten EU-Ausland begangen werden, d.h. auch außerhalb der Bundesrepublik Deutschland. Da jedoch gemeinschaftsweite Titel nur vom Gericht des allgemeinen Gerichtsstands erlassen werden können (Art. 98 Abs. 1 GMV[1342]; Art. 83 Abs. 1 GGV[1343]), kann dies nur Unternehmen betreffen, die entweder noch im Inland ansässig sind oder nach dem Erlass des Unterlassungstitels ihren Sitz in das Ausland verlegt haben. Beispielsfälle für grenzüberschreitende Sachverhalte sind das Inserat eines ausländischen Unternehmens in einer deutschen Zeitung. Aber auch Internetangebote im europäischen Ausland können grenzüberschreitende Wirkung haben und damit eine internationale Zuständigkeit deutscher Gerichte begründen,[1344] deren Entscheidungen ggf. im Ausland zu vollstrecken sind.

Bei der Vollstreckung eines Ordnungsgeldes innerhalb der Europäischen Union ist **1268** zu unterscheiden zwischen dem Verfahren nach der EuGVVO und einem europäischen Vollstreckungstitel nach der EuVTVO.

a) Vollstreckung nach der EuGVVO

Das Ordnungsverfahren ist nach der Rechtsprechung des EuGH[1345] eine Zivil- und **1269** Handelssache im Sinne des Art. 1 Abs. 1 EuGVVO. Der EuGH führt zur Begründung aus, dass das einem Ordnungsverfahren vorangehende Ausgangsverfahren ein Rechtsstreit zwischen Privatpersonen ist, der die Sicherung privater Rechte zum Ziel hat. Damit liegt ein privates Rechtsverhältnis vor. Die Leistung des festgesetzten Ordnungsgeldes an den deutschen Staat ist nach Ansicht des EuGH eine Besonderheit des deutschen Vollstreckungsverfahrens, die für die Rechtsnatur des Vollstreckungsanspruchs nicht entscheidend ist. Ordnungsbeschlüsse sind deshalb Entscheidungen, die bei grenzüberschreitenden Rechtsverletzungen auch in anderen Mitgliedsstaaten der Europäischen Union vollstreckt werden können.

Entscheidungen, die in einem Mitgliedsstaat der Europäischen Union ergangen sind, **1270** werden in einem anderen Mitgliedsstaat ohne besonderes Verfahren anerkannt (Art. 33 EuGVVO alt[1346] und Art. 36 EuGVVO neu[1347]), d.h. sie entfalten dort Wirkung. Von der **Anerkennung** ausgeschlossen waren nach der alten EuGVVO nur Entscheidungen, bei denen sich der Beklagte nicht eingelassen hat, das verfahrenseinleitende Schriftstück nicht so rechtzeitig zugestellt worden ist, dass eine Verteidigung möglich war, es

---

[1342] Verordnung (EG) Nr. 207/2009 des Rates vom 26.2.2009 über die Gemeinschaftsmarke.

[1343] Verordnung (EG) Nr. 6/2002 des Rates vom 12.12.2001 über das Gemeinschaftsgeschmacksmuster.

[1344] KG 13.7.2007 – 5 W 173/07, MMR 2007, 652.

[1345] 18.10.2011 – C-406/09, GRUR 2012, 848 – Realchemie Nederland.

[1346] Verordnung (EG) Nr. 44/2001 vom 22.12.2000 des Rates über die gerichtliche Zuständigkeit und die Anerkennung und Vollstreckung von Entscheidungen in Zivil- und Handelssachen.

[1347] Verordnung (EU) Nr. 1215/2012 des europäischen Parlaments und des Rates vom 12.12.2012 über die gerichtliche Zuständigkeit und die Anerkennung und Vollstreckung von Entscheidungen in Zivil- und Handelssachen, die am 10. Januar 2015 in Kraft getreten ist.

sei denn der Beklagte hat einen möglichen Rechtsbehelf nicht eingelegt (Art. 34 Nr. 2 EuGVVO alt). Eine ohne kontradiktorisches Verfahren ergangene Entscheidung des einstweiligen Rechtsschutzes wurde deshalb nach der Rechtsprechung des BGH[1348] nicht anerkannt, so dass daraus auch nicht vollstreckt werden konnte. Mit der neuen EuGVVO ist nunmehr insoweit eine Änderung eingetreten, als Entscheidungen grundsätzlich anerkannt werden und das fehlende kontradiktorische Verfahren vom Schuldner mit einem Antrag geltend zu machen ist (Art. 45 Abs. 1 lit. a EuGVVO neu). Für die Vollstreckung aus einer beschlussförmigen einstweiligen Verfügung bedeutet dies aber, dass weiterhin damit zu rechnen ist, dass, sofern die ausländischen Gerichte der gleichen Ansicht wie der BGH sind, aus einem derartigen Titel im EU-Ausland nicht vollstreckt werden kann, obwohl mit dem Widerspruch (§ 924 Abs. 1 ZPO) ein Rechtsbehelf zur Verfügung steht.

1271 | **Praxistipp:** Aus anwaltlicher Vorsicht sollte der Antrag auf Erlass einer einstweiligen Verfügung, die im EU-Ausland zu vollstrecken ist, weiterhin mit der Bitte an das Gericht verbunden werden, nicht ohne mündliche Verhandlung zu entscheiden. Die sich daraus ergebende zeitliche Verzögerung ist gegenüber dem Risiko, einen beschlussförmig ergangenen Titel im EU-Ausland nicht vollstrecken zu können, hinzunehmen.

1272   Von der Anerkennung zu unterscheiden ist die Vollstreckung aus einer gerichtlichen Entscheidung. Hier hat die neue EuGVVO mit der Abschaffung des Exequaturverfahrens eine weitere Änderung gebracht. In einem Mitgliedsstaat ergangene Entscheidungen sind seit dem 10. Januar 2015 **ohne Vollstreckbarkeitserklärung** in einem anderen Mitgliedsstaat vollstreckbar (Art. 39 EuGVVO neu). Versagungsgründe bestehen weiterhin, sind jedoch vom Schuldner mit einem Antrag geltend zu machen, wobei es sich um dieselben Gründe wie für die Anerkennung von Entscheidungen handelt (Art. 46 EuGVVO neu).[1349]

1273   Unverändert geblieben ist das Erfordernis der endgültigen Festsetzung der Höhe des Zwangsgeldes für die Vollstreckbarkeit (Art. 55 EuGVVO neu), was ohnehin der deutschen Rechtslage entspricht.

b) Vollstreckung nach der EuVTVO

1274   Neben der Vollstreckung eines **Ordnungsgeldes** nach dem Verfahren der EuGVVO besteht auch die Möglichkeit wegen eines Ordnungsgeldes einen **europäischen Vollstreckungstitel** zu erwirken.[1350] Die EuVTVO[1351] ist nach Ansicht des Bundesgerichtshofs[1352] anwendbar, denn die Vollstreckung des Ordnungsgeldes ist eine Zivil- und Handelssache im Sinne dieser Verordnung.

1275   Der europäische Vollstreckungstitel, der vom Gläubiger ausdrücklich zu beantragen ist (Art. 6 EuVTVO), kennt neben den Mindestvorschriften für das Verfahren für den

---

[1348] 21.12.2006 – IX ZB 150/05, GRUR 2007, 813 – Ausländischer Arrestbeschluss.
[1349] Alio, Die Neufassung der Brüssel I-Verordnung, NJW 2014, 2395.
[1350] hierzu Hall, Die Vollstreckung von deutschen Ordnungsgeldbeschlüssen in einem anderen EU-Mitgliedsstaat, FS Bornkamm, S. 1045.
[1351] Verordnung (EG) Nr. 805/2004 des europäischen Parlaments und des Rates vom 21.4.2004 zur Einführung eines europäischen Vollstreckungstitels für unbestrittene Forderungen.
[1352] BGH 25.3.2010 – I ZB 116/08, GRUR 2010, 662 – Ordnungsmittelbeschluss; a.A. die Vorinstanz OLG München 3.12.2008 – 6 W 1956/08, GRUR-RR 2009, 324.

Erlass eines Ordnungsgeldbeschlusses im wesentlichen zwei zusätzliche Voraussetzungen: zum einen muss das Verlangen des Ordnungsgeldes unbestritten sein (Art. 3 Abs. 1 EuVTVO) und zum anderen ist der Schuldner über die Verfahrensschritte zum Bestreiten dieses Verlangens zu unterrichten (Art. 17 EuVTVO). Während es durchaus vorkommt, dass ein Ordnungsverfahren einseitig bleibt und damit die Forderung unbestritten ist, was insbesondere dann der Fall ist, wenn bereits gegen den durch beschlussförmige einstweilige Verfügung oder durch Versäumnisurteil ergangenen Unterlassungstitel kein Widerspruch oder Einspruch eingelegt wurde, fehlt es in der Regel an der Belehrung gem. Art. 17 EuVTVO. Eine solche Belehrung, die mit der Zustellung des Antrags auf Festsetzung eines Ordnungsmittels an den Schuldner zu verbinden ist, ist bei deutschen Gerichten nicht üblich. Die fehlende Belehrung kann jedoch durch die Unterrichtung über einen Rechtsbehelf gegen die zu vollstreckende Entscheidung nachgeholt werden (Art. 18 Abs. 1 lit. b EuVTVO). An dieser Stelle kann die seit dem 1. Januar 2014 in § 232 ZPO vorgesehene allgemeine Rechtsmittelbelehrung Bedeutung erlangen. Nach dem Wortlaut des § 232 S. 2 ZPO ist im Anwaltsprozess die Belehrung über die sofortige Beschwerde nicht vorgeschrieben. Der BGH[1353] hält sie aber gegenüber der anwaltlich nicht vertretenen Partei für erforderlich, weil in diesem Fall die Beratung und Belehrung durch einen Rechtsanwalt nicht sichergestellt ist.

Mit dem Wegfall des Erfordernisses der Vollstreckbarkeitserklärung in Art. 39 **1276** EuGVVO neu sind nationale Titel und damit auch Ordnungsgeldbeschlüsse zu europäischen Vollstreckungstiteln geworden. Der wesentliche Unterschied zu Titeln gem. EuVTVO dürfte darin zu sehen sein, dass bei der Vollstreckung auf Grundlage der EuGVVO noch Versagungsgründe gegen die Anerkennung der Entscheidung und gegen die Vollstreckbarkeit geltend gemacht werden können, während die Anerkennung eines Titels nach der EuVTVO nicht angefochten und die Vollstreckung nur unter den engen Voraussetzungen des Art. 21 EuVTVO verweigert werden kann. Die äußerst geringen Möglichkeiten nach der EuVTVO, die Vollstreckbarkeit eines solchen Titels abzuwenden, werden durch Beschränkung auf unbestrittene Forderungen und Unterrichtungspflichten ausgeglichen. Ob nach der Neufassung der EuGVVO der europäische Vollstreckungstitel über unbestrittene Forderungen noch Bedeutung erlangen wird, bleibt abzuwarten.

> **Praxistipp:** Ist beabsichtigt, für das Ordnungsgeld einen europäischen Vollstreckungstitel **1277** gem. der EuVTVO zu erlangen, sollte gleich mit Einreichung des Ordnungsantrages ein entsprechender Antrag gem. Art. 6 EuVTVO gestellt werden, verbunden mit der Bitte an das Gericht, die erforderlichen Formalien zu beachten und Belehrungen vorzunehmen.

Die Vollstreckung von **Ordnungshaft** ist im Ausland nicht möglich, denn dies wäre **1278** ein zu weitgehender Eingriff in die Hoheitsrechte des fremden Staates. Art. 55 EuGVVO neu betrifft nur Zwangsgelder, d.h. Zahlungsansprüche. Und der Europäische Vollstreckungstitel kann auch lediglich wegen einer Forderung ergehen, die zudem noch unbestritten sein muss (Art. 3 EuVTVO).

[1353] 28.1.2016 – V ZB 131/15 Rn. 7.

10. Verjährungsfragen

1279   Bei der Verjährung ist zu unterscheiden zwischen der Verjährung des Anspruchs auf Verhängung einer Ordnungsmaßnahme wegen einer Zuwiderhandlung gegen den Unterlassungstitel (Verfolgungsverjährung) und der Verjährung der Vollstreckung der vom Gericht festgesetzten Ordnungsmaßnahme (Vollstreckungsverjährung).

1280   Rechtskräftig festgestellte Ansprüche verjähren in dreißig Jahren (§ 197 Abs. 1 Nr. 3 BGB). In diesem Zeitraum ist die Vollstreckung eines Unterlassungstitels wie auch sonstiger Ansprüche möglich. Titelschuldner sollten dies bedenken, denn gerade Verbände verfügen häufig über ein gut gepflegtes Archiv und vollstrecken Verstöße aus Titeln, die mitunter viele Jahre zurückliegen.

1281   Der Anspruch auf Festsetzung von Ordnungsmitteln nach einer Zuwiderhandlung gegen den Titel verjährt zwei Jahre nach dem Verstoß (Art. 9 Abs. 1 S. 1 EGStGB). Die Verjährungsfrist beginnt mit Beendigung der Handlung (Art. 9 Abs. 1 S. 2 EGStGB), ohne dass es auf die Kenntnis des Gläubigers ankommt. Der Gläubiger ist deshalb gehalten, zu beobachten, ob sich der Schuldner an das Unterlassungsgebot hält. Bei einem Dauerdelikt beginnt die Verjährung erst mit dessen Beendigung. Die Verfolgungsverjährung endet mit der Festsetzung des Ordnungsmittels, ohne dass es auf die Rechtskraft ankommt.[1354]

1282   Die Vollstreckung eines festgesetzten Ordnungsmittels verjährt in zwei Jahren, beginnend mit der Vollstreckbarkeit des Ordnungsmittels (Art. 9 Abs. 2 EGStGB). Die Verjährung ruht jedoch, solange die Vollstreckung ausgesetzt ist oder Zahlungserleichterung bewilligt ist (Art. 9 Abs. 2 Nr. 2 und 3 EGStGB). Lange Zeit ungeklärt war die Frage, ob die sofortige Beschwerde gegen die Festsetzung von Zwangs- und Ordnungsmitteln gem. § 570 ZPO auch aufschiebende Wirkung für Maßnahmen der Zwangsvollstreckung hat. Mit Beschluss vom 17.8.2011 hat der Bundesgerichtshof[1355] diese Frage entschieden und die aufschiebende Wirkung auch für Maßnahmen gem. §§ 888 und 890 ZPO bejaht. Damit ruht die Verjährung während der Dauer des Beschwerdeverfahrens. Die Verjährung der Vollstreckung des Ordnungsmittels ist ein absolutes Vollstreckungshindernis, dass von Amts wegen und nicht auf Einrede des Schuldners zu beachten ist.

11. Verfahrenswert und Kosten

1283   Das Ordnungsverfahren ist auch im gebührenrechtlichen Sinn ein besonderes Verfahren, für das ein Verfahrenswert festzusetzen und eine Kostenentscheidung zu treffen ist.

a) Verfahrenswert des Ordnungsverfahrens

1284   Der Gegenstandswert des Ordnungsverfahrens richtet sich nach dem Interesse des Gläubigers an der zu vollstreckenden Unterlassung.[1356] Dieses Interesse orientiert sich zunächst am Wert des Unterlassungsanspruchs, wobei es nicht der identische Wert,

---

[1354] BGH 5.11.2004 – IXa ZB 18/04, GRUR 2005, 269 – Verfolgungsverjährung.
[1355] 17.8.2011 – I ZB 20/11, GRUR 2012, 427 – Aufschiebende Wirkung; 16.5.2012 – I ZB 52/11, GRUR-RR 2012, 496 (LS) – Aufschiebende Wirkung II = BeckRS 2012, 12382.
[1356] Teplitzky, Kap. 49 Rn. 40.

sondern nur ein Bruchteil dessen ist. Denn das Interesse an der Vollstreckung ist auf die Verhinderung zukünftiger Verstöße gerichtet.[1357] In der Regel handelt es sich um einen Bruchteil, der teilweise mit 1/3 des Wertes der Hauptsache angenommen wird, in Berlin mit 1/6.

Nach allgemeiner Ansicht soll die Höhe des festgesetzten Ordnungsgeldes für den **1285** Gegenstandswert nicht maßgebend sein.[1358] Auch ein im Ordnungsantrag bezifferter Betrag soll unerheblich sein, weil es sich dabei nur um eine Anregung für einen angemessenen Betrag handeln soll.[1359] Die vollständige Abkopplung des Wertes von der Höhe des beantragten oder festgesetzten Ordnungsgeldes vermag nicht zu überzeugen, denn in diesen Beträgen kommt auch das Interesse des Gläubigers an der Festsetzung der Ordnungsmaßnahme zum Ausdruck. Es ist deshalb sachgerecht, diese Beträge zu berücksichtigen, soweit diese die quotale Berechnung vom Streitwert des Unterlassungsanspruchs im Erkenntnisverfahren übersteigen.

In Berlin hat sich die Praxis herausgebildet, den Wert grundsätzlich in Höhe von 1/ **1286** 6 des Wertes des im Erkenntnisverfahren geltend gemachten Unterlassungsanspruchs anzunehmen. Nur wenn das verhängte Ordnungsgeld diesen Wert übersteigt, ist das Ordnungsgeld maßgebend. Wird im Ordnungsantrag ein Betrag für das zu verhängende Ordnungsgeld angegeben, bestimmt dieser den Verfahrenswert, sofern er einerseits 1/6 des Wertes der Hauptsache und andererseits das festgesetzte Ordnungsgeld übersteigt. Bleibt das festgesetzte Ordnungsgeld hinter dem vom Gläubiger im Antrag bezifferten Betrag zurück, kann dies zu einer Kostenbeteiligung des Gläubigers führen. Dies gilt auch, wenn der Gläubiger die Höhe des Ordnungsgeldes in das Ermessen des Gerichts stellt und gleichzeitig einen Mindestbetrag nennt.[1360] Der Gläubiger sollte deshalb im Ordnungsantrag auf jegliche Angaben zur Höhe des zu verhängenden Ordnungsgeldes oder auch nur eines Mindestbetrages verzichten. Derartige Angaben sind auch nicht erforderlich, weil es ausreicht, die Festsetzung eines angemessenen Ordnungsgeldes zu beantragen.

Praxistipp: Der Gläubiger sollte in seinen Ordnungsantrag keine Angaben zur Höhe des **1287** Ordnungsgeldes aufnehmen, um das Risiko einer auch nur teilweisen Kostenbelastung zu vermeiden.

---

b) Kostenentscheidung

Das Ordnungsverfahren ist Zwangsvollstreckung, so dass sich die Kostenentscheidung nach § 788 ZPO richten könnte. Mit der Regelung in § 891 ZPO stellt der Gesetzgeber aber klar, dass die §§ 91–93, 95–100, 106, 107 ZPO entsprechend anzuwenden sind. Damit richtet sich die Kostentscheidung nach dem jeweiligen Obsiegen und Unterliegen. Ist der Antrag in vollem Umfang erfolgreich, trägt der Schuldner die Kosten; wird der Antrag zurückgewiesen, sind die Kosten dem Gläubiger aufzuerlegen (§§ 891, 91 ZPO). **1288**

[1357] Schuschke/Walker/*Sturhahn*, Vollstreckung und vorläufiger Rechtsschutz, 5. Aufl. 2011, § 890 Rn. 60.
[1358] Ahrens/*Ahrens*, Kap. 68 Rn. 57 mwN.
[1359] Ahrens/*Ahrens*, Kap. 68 Rn. 56.
[1360] OLG Köln 27.6.2013 – 6 W 77/13, GRUR-RR 2014, 48 (LS) – Kartenausschnitte = BeckRS 2013, 11184; BGH 19.2.2015 – I ZB 55/13, GRUR 2015, 511 Rn. 16 – Kostenquote bei beziffertem Ordnungsmittelantrag.

1289   Stellt sich im Verfahren heraus, dass nicht alle Verstöße gegeben sind, auf die der
        Ordnungsantrag gestützt wurde, kommt es für die Kostenscheidung darauf an, ob es
        sich um mehrere selbständige Handlungen handelt oder die Voraussetzungen einer na-
        türlichen Handlungseinheit vorliegen. Bei mehreren selbständigen Handlungen ist der
        Antrag nur teilweise erfolgreich und der Gläubiger ist bei einer gespaltenen Kostenent-
        scheidung quotal mit Kosten zu belasten. Bei einer natürlichen Handlungseinheit
        kommt es jedoch nicht darauf an, ob alle Teilakte tatsächlich gegeben sind, denn in
        rechtlicher Hinsicht wird nur wegen eines Verstoßes ein Ordnungsgeld festgesetzt.
        Dies hat allenfalls Auswirkung auf die Höhe des Ordnungsgeldes. Der Ordnungsan-
        trag ist in diesem Fall in vollem Umfang erfolgreich und der Gläubiger hat auch nicht
        anteilig Kosten zu tragen.

1290   Bei der Vollstreckung wegen einer Markenverletzung sind auch die Kosten des mit-
        wirkenden Patentanwalts gem. § 140 Abs. 5 MarkenG erstattungsfähig.[1361]

c) Berechnung der Kosten

1291   An Gerichtskosten ist im Ordnungsverfahren eine Festgebühr in Höhe von 20,– €
        (Nr. 2111 des VV zum GKG) zu entrichten. Erst nach deren Zahlung soll über den
        Ordnungsantrag entschieden werden (§ 12 Abs. 6 GKG).

1292   Für Rechtsanwälte ist das Ordnungsverfahren gebührenrechtlich eine besondere
        Angelegenheit (§ 18 Abs. 1 Nr. 14 RVG). Es entsteht eine 0,3-Verfahrensgebühr
        (Nr. 3309 VV zum RVG) und, wenn ein Termin stattfindet, eine weitere 0,3-Termins-
        gebühr (Nr. 3310 VV zum RVG). Für die Androhung des Ordnungsgeldes, auch wenn
        sie durch gesonderten Beschluss erfolgt, fallen keine besonderen Kosten an.

1293   Das Verfahren zur Bestellung einer Sicherheit gem. § 890 Abs. 3 ZPO ist ebenfalls
        eine besondere Angelegenheit (§ 18 Abs. 1 Nr. 15 RVG), so dass hier zusätzlich die
        Verfahrensgebühr und ggf. die Terminsgebühr entstehen.

12. Rechtsbehelfe

1294   Bei den Rechtsbehelfen im Ordnungsverfahren ist zu unterscheiden zwischen de-
        nen, die sich gegen die Festsetzung des Ordnungsmittels und denen, die sich gegen die
        Vollstreckung des festgesetzten Ordnungsmittels richten.

a) Rechtsbehelfe gegen die Festsetzung des Ordnungsmittels

1295   Gegen Beschlüsse im Ordnungsverfahren findet als Rechtsmittel die sofortige Be-
        schwerde statt (§ 793 ZPO), die innerhalb einer Frist von zwei Wochen einzulegen ist
        (§ 569 ZPO). Beschwerdeberechtigt ist der Gläubiger, wenn der Ordnungsantrag zu-
        rückgewiesen wurde oder ein seiner Ansicht nach zu geringes Ordnungsgeld festge-
        setzt wurde.[1362] Der Schuldner kann sich gegen die Festsetzung eines Ordnungsgeldes
        überhaupt oder dessen Höhe wenden.

1296   Die sofortige Beschwerde hat nach der Rechtsprechung des BGH[1363] nunmehr auf-
        schiebende Wirkung. Damit ruht während des Beschwerdeverfahrens die Vollstre-

---

[1361] OLG Düsseldorf 14.6.1983 – 10 W 62/83, GRUR 1983, 512 – Mitwirkung eines Patentanwalts – zu § 32 WZG.
[1362] MüKo/*Gruber*, § 890 Rn. 55.
[1363] 17.8.2011 – I ZB 20/11, GRUR 2012, 427 – Aufschiebende Wirkung; 16.5.2012 – I ZB 52/
11, GRUR-RR 2012, 496 (LS) – Aufschiebende Wirkung II = BeckRS 2012, 12382.

ckung des verhängten Ordnungsmittels. Ein besonderer Beschluss, mit dem die Zwangsvollstreckung einstweilen einzustellen ist, ist nicht erforderlich, kann aber zur Klarstellung der Wirkung des Rechtsbehelfs ergehen.[1364]

Das Beschwerdegericht kann die Rechtsbeschwerde zulassen (§ 574 Abs. 1 Nr. 2 **1297** ZPO), wenn die Sache grundsätzliche Bedeutung hat oder eine Entscheidung des Rechtsbeschwerdegerichts zur Fortbildung des Rechts oder für die Sicherung der Einheitlichkeit der Rechtsprechung erforderlich ist (§ 574 Abs. 2 ZPO).

b) Rechtsbehelfe gegen die Vollstreckung des Ordnungsmittels

Die Vollstreckung des Ordnungsgeldes obliegt dem Rechtspfleger (§ 31 Abs. 3 **1298** RPflG). Gegen dessen Maßnahmen ist der Rechtsbehelf gegeben, der nach den allgemeinen Vorschriften zulässig ist. Nach der Rechtsprechung des Kammergerichts[1365] handelt es sich dabei nicht um die Vorschriften der sofortigen Beschwerde gem. § 793 ZPO, sondern um die speziellere Regelung des Art. 7 Abs. 4 StGB. Danach entscheidet zunächst die Zivilkammer, die den Ordnungsbeschluss erlassen hat. Gegen deren Entscheidung findet dann die sofortige Beschwerde gem. § 793 ZPO statt.

13. Was ist bei der Beantragung eines Ordnungsmittels zu beachten?

a) es müssen die allgemeinen Vollstreckungsvoraussetzungen vorliegen: Titel, Klausel **1299** (soweit erforderlich)[1366], Zustellung;

b) der Unterlassungstitel muss im Zeitpunkt der Zuwiderhandlung vollstreckbar sein; **1300** dies erfordert:
   – bei einer einstweiligen Verfügung Vollziehung durch Zustellung der Entscheidung im Parteibetrieb[1367];
   – bei einem gegen Sicherheitsleistung vorläufig vollstreckbaren Urteil geleistete Sicherheit und Benachrichtigung des Schuldners davon;
   – keine einstweilige Einstellung der Zwangsvollstreckung;

c) der Antrag ist an das im ersten Rechtszug zuständige Prozessgericht zu richten; **1301** beim Landgericht besteht Anwaltszwang;

d) der Antrag ist nicht zu beziffern; Angaben eines Mindestbetrages sind nicht erfor- **1302** derlich; es genügt, die Festsetzung eines angemessenen Ordnungsgeldes zu beantragen;

e) bei der Vollstreckung gegen eine juristische Person ist der gesetzliche Vertreter na- **1303** mentlich zu bezeichnen, da nur dann die Ersatzordnungshaft vollstreckt werden kann;

f) der Antrag ist zu begründen; die Tatsachen, aus denen sich die schuldhafte Zuwider- **1304** handlung ergibt, sind darzulegen; Beweisantritte sind erforderlich, auch bei der Vollstreckung aufgrund einer einstweiligen Verfügung.

[1364] OLG Frankfurt 12.6.2009 – 6 W 81/09, BeckRS 2009, 20252.
[1365] KG, 14.8.2007 – 5 W 187/07 – zitiert nach juris.
[1366] Bei der einstweiligen Verfügung wird die Vollstreckungsklausel nur erteilt, wenn die Vollstreckung gegen eine andere Person als den Antragsgegner erfolgt.
[1367] Bei einer Urteilsverfügung kann die Zustellung durch das Gericht die Vollziehungsfrist nicht wahren.

II. Vollstreckung von Zahlungs- und Freistellungsansprüchen

1. Vollstreckung von Zahlungsansprüchen

1305   Vollstreckbare Zahlungsansprüche können Schadensersatzansprüche aber auch die Erstattung von Rechtsanwaltskosten für die vorprozessuale Abmahnung oder für das Abschlussschreiben sein. Hier sind die Vorschriften über die Zwangsvollstreckung wegen Geldforderungen gem. §§ 802a ff. ZPO anzuwenden. Für den Bereich des Wettbewerbsprozesses bestehen keine Besonderheiten, so dass an dieser Stelle auf die zu §§ 802a ff. ZPO bestehende Rechtsprechung und Literatur verwiesen werden kann.

2. Vollstreckung von Freistellungsansprüchen

1306   Die Erstattung von Kosten der Abmahnung oder des Abschlussschreibens wird häufig als Freistellungsanspruch geltend gemacht (§ 257 BGB), wenn diese Kosten noch nicht an den Rechtsanwalt gezahlt sind. Diese Vorgehensweise ist aber nicht unbedingt geboten. Denn nach der Rechtsprechung des Bundesgerichtshofs[1368] kann auch gleich auf Zahlung der Anwaltskosten als Schadensersatz geklagt werden, wenn die Leistung, d.h. die Kostenerstattung, endgültig und ernsthaft verweigert wird.[1369] Grundsätzlich besteht zwar nur ein Freistellungsanspruch. Aber auch das OLG Hamm[1370] bejaht den Anspruch auf Zahlung der Rechtsanwaltskosten für eine wettbewerbsrechtliche Abmahnung als Schadensersatz (§§ 280, 281 BGB), wenn nach Fristsetzung der Anspruch nicht ausgeglichen oder die Zahlung ausdrücklich verweigert wird.[1371] Das Interesse des Freistellungsschuldners, die Leistung selbst zu bestimmen, ist nur solange schützenswert, wie der Schuldner zur Leistung überhaupt bereit ist. Dennoch kann die Geltendmachung eines Freistellungsanspruchs bei noch nicht entrichteten Anwaltskosten aus anwaltlicher Vorsicht durchaus geboten sein, weil nicht sicher feststeht, ob alle Gerichte beim Übergang vom Freistellungsanspruch auf einen Zahlungsanspruch großzügig verfahren.

1307   **Praxistipp:** Sind die geltend zu machenden Rechtsanwaltskosten für die vorprozessuale Abmahnung oder das Abschlussschreiben von der Mandantschaft noch nicht bezahlt, so kann gleich auf Zahlung geklagt werden, hilfsweise sollte aber der Antrag auf Freistellung gestellt werden.

1308   Der Anspruch auf Freistellung ist kein Zahlungsanspruch, sondern auf Erbringung einer vertretbaren Handlung gerichtet. Die Zwangsvollstreckung erfolgt deshalb nach § 887 ZPO und nicht nach §§ 802a ff. ZPO.[1372]

1309   Die Zwangsvollstreckung beginnt mit einem an das Prozessgericht des ersten Rechtszuges zu richtenden Antrag, mit dem begehrt wird, den Gläubiger zur Vor-

---

[1368] BGH 13.1.2004 – XI ZR 355/02, NJW 2004, 1868; 24.7.2012 – II ZR 297/11, NJW 2013, 452 Rn. 30.

[1369] OLG Köln 23.7.2010 – 6 U 31/10, MMR 2010, 780 – Kfz-Diagnose-Software.

[1370] OLG Hamm 23.10.2012 – 4 U 134/12, MMR 2013, 171.

[1371] Hess, Abmahnkostenerstattung nach § 12 Abs. 1 S. 2 UWG: Zahlung oder Freistellung?, Festschrift für Bornkamm, 2014.

[1372] MüKo/*Gruber*, § 887 Rn. 4; KG 17.7.1970 – 1 W 6313/70, OLGZ 1973, 54, 55.

nahme der Handlung auf Kosten des Schuldners zu ermächtigen (§ 887 Abs. 1 ZPO).[1373] Gleichzeitig kann der Gläubiger beantragen, den Schuldner zu verpflichten, einen Vorschuss zu leisten (§ 887 Abs. 2 ZPO).

Das Gericht entscheidet nach Anhörung des Schuldners durch Beschluss (§ 891 **1310** ZPOP), wobei eine mündliche Verhandlung freigestellt ist.

Hat der Gläubiger aufgrund der ihm gestatteten Ersatzvornahme die Handlung vor- **1311** genommen, d.h. die Anwaltskosten für die Abmahnung oder das Abschlussschreiben bezahlt, kann er die hierfür aufgewendeten Beträge als Kosten der Zwangsvollstreckung vom Schuldner gem. §§ 891, 91 ZPO erstattet verlangen, die festzusetzen sind. Dabei ist natürlich ein vom Schuldner eventuell geleisteter Vorschuss anzurechnen. Damit führt der Freistellungsanspruch über den Umweg der Kostenerstattung im Rahmen der Zwangsvollstreckung letztendlich doch zu einem Zahlungstitel, der einfacher zu erreichen ist, wenn bereits im Erkenntnisverfahren von einer Umwandlung des Freistellungsanspruchs ausgegangen wird.[1374]

Einwendungen des Schuldners gegen den Freistellungsanspruch sind nicht zulässig. **1312** So kann er bspw. nicht mehr geltend machen, die Rechtsanwaltskosten seien nicht gerechtfertigt oder falsch berechnet.

Dem Schuldner verbleibt jedoch der Erfüllungseinwand. Ursprünglich wurde dieser **1313** Einwand mit der Begründung abgelehnt, dass er gem. § 767 ZPO geltend zu machen sei.[1375] Dem ist der BGH[1376] entgegen getreten, nach dessen Entscheidung vom 5.11.2004 der Erfüllungseinwand zu beachten sei. Er beruft sich dafür auf den Wortlaut des § 887 ZPO, der von der Nichterfüllung der Verbindlichkeit als Vollstreckungsvoraussetzung ausgeht, und auf die mit der 2. Zwangsvollstreckungsnovelle 1997 eingeführte Kostenregelung des § 891 ZPO, wonach nicht ausgeschlossen ist, dass der Gläubiger mit Kosten belastet werden kann.

Zulässiger Rechtsbehelf gegen die Entscheidung gem. § 887 ZPO ist die sofortige **1314** Beschwerde (§ 793 ZPO).

Die Kosten der Ersatzvornahme sind Kosten der Zwangsvollstreckung, über die **1315** aber nicht gem. § 788 ZPO, sondern wegen § 891 ZPO unter Berücksichtigung der §§ 91 bis 93, 95 bis 100, 106, 107 ZPO zu entscheiden ist. Festsetzbare Kosten sind neben den im Rahmen der Ersatzvornahme geleisteten Beträgen die Gerichtskosten in Höhe einer Festgebühr von 20,– € (Nr. 2111 KV GKG) und Rechtsanwaltskosten, die sich als 0,3-Verfahrensgebühr (Nr. 3309 VV RVG) und, bei Durchführung einer mündlichen Verhandlung, als 0,3-Terminsgebühr (Nr. 3310 VV RVG) berechnen. Der Geschäftswert für die Rechtsanwaltskosten bestimmt sich nach dem Betrag, auf den sich die Ersatzvornahme bezieht.

> **Praxistipp:** Um das etwas umständliche Vollstreckungsverfahren und die dadurch entste- **1316**
> henden weiteren Kosten zu vermeiden, sollte der Schuldner die Rechtsanwaltskosten für die
> Abmahnung und das Abschlussschreiben, von denen der den Gläubiger freizustellen hat,
> zügig bezahlen. Denn auch der Freistellungsanspruch führt im Ergebnis zu einem voll-
> streckbaren Zahlungstitel.

[1373] OLG Hamburg 12.8.1982 – 2a WF 56/82, BeckRS 2010, 06826.
[1374] KG 17.7.1970 – 1 W 6313/70, OLGZ 1973, 54, 55.
[1375] Schuschke/*Walker*, § 887 Rn. 15.
[1376] BGH 5.11.2004 – IXa ZB 32/04, NJW 2005, 367, 369.

III. Vollstreckung von Ansprüchen auf Auskunft und Rechnungslegung

1317   Nach seiner Verurteilung zur Erteilung von Auskünften oder Rechnungslegung kann der Schuldner die hierfür erforderlichen Handlungen nur selbst und nicht durch Dritte vornehmen. Es handelt sich deshalb um nicht vertretbare Handlungen, die gem. § 888 ZPO durch die Verhängung von Zwangsgeld oder Zwangshaft vollstreckt werden.

1. Vollstreckungsantrag

1318   Die Zwangsvollstreckung erfolgt nur aufgrund eines Antrages des Gläubigers, den dieser an das Prozessgericht des ersten Rechtszuges zu richten hat. Wie bei jeder Zwangsvollstreckung müssen die allgemeinen Vollstreckungsvoraussetzungen (Titel, Klausel, Zustellung) vorliegen und sollten dem Gericht gleich mit dem Antrag unter Beifügung der erforderlichen Originalunterlagen nachgewiesen werden. Ist für die Vollstreckung das Landgericht zuständig, ist der Anwaltszwang zu beachten (§ 78 ZPO). Der Antrag muss keine Angabe zur Art des Zwangsmittels und dessen Höhe enthalten.[1377] Es genügt, wenn lediglich die Verhängung eines angemessenen Zwangsmittels beantragt wird. Ein Antrag gem. § 890 ZPO kann in einen Antrag gem. § 888 ZPO umgedeutet werden[1378] und auch umgekehrt. Die vorherige Androhung des Zwangsmittels ist nicht vorgesehen (§ 888 Abs. 2 ZPO).

1319   Ein Zwangsmittel ist zu beantragen, wenn die Auskunft bzw. Rechnungslegung überhaupt nicht erteilt ist oder die Angaben unvollständig, nicht ernst gemeint oder von vornherein unglaubwürdig sind. In diesen Fällen ist der Auskunftsanspruch noch nicht erfüllt.[1379] Hiervon abzugrenzen ist die nicht richtig oder nicht sorgfältig erteilte Auskunft. In letzterem Fall ist die Abgabe der eidesstattlichen Versicherung gem. § 260 Abs. 2 BGB zu beantragen.[1380] Zweck des Zwangsmittelverfahrens ist es nicht, den Schuldner so lange durch Zwangsmittel zu Auskünften anzuhalten, bis eine nach Ansicht des Gläubigers richtige Auskunft erteilt ist. Zweifel an der Richtigkeit oder Sorgfalt der Auskünfte sind im Verfahren auf Abgabe der eidesstattlichen Versicherung zu verfolgen. Mit dem Antrag auf Abgabe der eidesstattlichen Versicherung gibt der Gläubiger zu erkennen, dass der Auskunftsanspruch erfüllt ist, so dass die Festsetzung eines Zwangsmittels nicht mehr beantragt werden kann.

1320   **Praxistipp:** Hat der Schuldner Auskünfte erteilt, ist vor der Einreichung eines Zwangsmittelantrages zu prüfen, ob Zweifel an der Vollständigkeit oder der Richtigkeit bestehen. Nur bei ergänzungsbedürftigen Auskünften ist ein Zwangsmittelantrag zu stellen. In der Antragsbegründung ist klar zum Ausdruck zu bringen, dass und aus welchem Grund die Auskünfte unvollständig sind.

[1377]   MüKo/*Gruber*, § 888 Rn. 17.
[1378]   MüKo/*Gruber*, § 888 Rn. 18.
[1379]   OLG Köln 5.12.2014 – 6 U 57/14, MD 2015, 260, 264 – Parfumfotos bei eBay; BGH 17.5.2001 – I ZR 291/98, GRUR 2001, 841, 844 – Entfernung der Herstellernummern II.
[1380]   MüKo/*Gruber*, § 888 Rn. 12.

2. Entscheidung des Gerichts

Das Gericht hört den Schuldner an und entscheidet aufgrund freigestellter mündlicher Verhandlung durch Beschluss. Die Entscheidung ohne mündliche Verhandlung ist der Regelfall. Es prüft hierbei, ob der Schuldner seiner Verpflichtung zur Erteilung von Auskunft und Rechnungslegung nachgekommen ist. Das Gericht ermittelt den Inhalt und Umfang der Auskunftspflicht durch Auslegung des Tenors der zu vollstreckenden Entscheidung und zieht ergänzend die Entscheidungsgründe und erforderlichenfalls die Klagebegründung heran.[1381] **1321**

Erhebt der Schuldner Einwendungen, so ist zu unterscheiden, ob sie sich gegen die Zwangsvollstreckung oder gegen den Titel selbst richten. Einwendungen gegen den titulierten Anspruch sind im Vollstreckungsverfahren unzulässig und können, sofern die Fristen noch nicht abgelaufen sind, mit einem Rechtsmittel gegen den Titel oder mit der Vollstreckungsgegenklage (§ 767 ZPO) verfolgt werden. **1322**

Demgegenüber ist der Einwand des Schuldners, er habe den titulierten Auskunftsanspruch erfüllt, zulässig.[1382] Ob Erfüllung tatsächlich eingetreten ist, bleibt mitunter zwischen den Parteien streitig, insbesondere ist dann streitig, ob die Auskünfte vollständig und richtig erteilt sind. An dieser Stelle muss sich der Gläubiger entscheiden, ob er einen Zwangsmittelantrag stellt oder den Schuldner eine eidesstattliche Versicherung abgeben lässt. **1323**

Die Zwangsvollstreckung ist ausgeschlossen, wenn die Auskünfte nur von Dritten erteilt werden können. Unter Umständen kann jedoch der Schuldner verpflichtet sein, sich diese Informationen zu beschaffen, um seiner Auskunftspflicht nachkommen zu können.[1383] **1324**

Hat das Gericht die Überzeugung gewonnen, dass die Auskunft überhaupt nicht oder nicht vollständig erteilt ist, dann verhängt es durch Beschluss das angemessene Zwangsmittel. Dies wird in der Regel Zwangsgeld und nur ersatzweise Zwangshaft sein. Zwangshaft als ausschließliches Zwangsmittel bleibt die große Ausnahme und ist nur in besonders hartnäckigen Fällen gerechtfertigt, wenn wiederholte Festsetzungen von Zwangsgeld sich als erfolglos erwiesen haben. Das einzelne Zwangsgeld beträgt mindestens 5,– € und darf 25.000,– € nicht übersteigen (§ 888 Abs. 1 S. 2 ZPO). Die Zwangshaft darf höchstens sechs Monate betragen (§ 888 Abs. 1 S. 3 iVm. § 802j ZPO). Die Höhe des Zwangsmittels muss angemessen sein, wobei das Gericht zu beachten hat, dass Zweck der Zwangsmaßnahme nur die Vornahme der nicht vertretbaren Handlung ist. Das Zwangsmittel hat keinerlei Sanktionscharakter; es ist lediglich Beugemittel. Aus diesem Grund ist auch Verschulden nicht erforderlich.[1384] Das Zwangsmittel muss so bemessen werden, dass es auf den Schuldner den notwendigen Druck ausübt, der Auskunftspflicht nachzukommen. Die wiederholte Beantragung und Festsetzung eines Zwangsmittels ist erst zulässig, wenn die Vollstreckung eines zuvor festgesetzten Zwangsgeldes nicht den bezweckten Erfolg gezeigt hat. **1325**

Bei einem ausschließlich gegen eine juristische Person gerichteten Auskunftstitel, ist das Zwangsgeld nur gegen diese festzusetzen. Dem steht es nicht entgegen, dass die Auskunft in tatsächlicher Hinsicht durch das Vertretungsorgan erteilt wird. Denn Ti- **1326**

[1381] BGH 25.2.2014 – X ZB 2/13, GRUR 2014, 605 Rn. 18 – Flexitanks II.
[1382] Schuschke/*Walker*, § 888 Rn. 20.
[1383] MüKo/*Gruber*, § 888 Rn. 15.
[1384] MüKo/*Gruber*, § 888 Rn. 25.

telschuldner ist die Gesellschaft und nicht der Geschäftsführer oder der Vorstand. Zwangshaft hingegen ist am gesetzlichen Vertreter zu vollstrecken, denn nur die natürliche Person kann die Haft antreten. Diese Person ist bereits im Zwangsmittelbeschluss namentlich zu bezeichnen, so dass die hierfür erforderlichen Angaben im Rubrum des Vollstreckungsantrags nicht vergessen werden sollten. Sind Titelschuldner eine Gesellschaft und ihr Geschäftsführer, kann das Zwangsmittel gegen die juristische Person und ihr Organ verhängt werden. Das OLG Frankfurt[1385] führt zur Begründung aus, dass das Zwangsmittel eine Beugemaßnahme und im Gegensatz zum Ordnungsgeld keine repressive Rechtsfolge für einen Ordnungsverstoß ist.

1327 | **Praxistipp:** Bei der Zwangsvollstreckung gegen eine juristische Person ist das vertretungsberechtigte Organ namentlich zu bezeichnen, denn nur dann kann auch die Ersatzzwangshaft festgesetzt werden.

3. Vollstreckung des Zwangsmittels

1328   Das Zwangsgeld wird, wie das Ordnungsgeld, nach der Justizbeitreibungsordnung (§ 1 Abs. 1 Nr. 3) von Amts wegen vollstreckt.[1386] Diese Verfahrensweise ergibt sich aus dem eindeutigen Wortlaut des § 1 Abs. 1 Nr. 3 JBeitrO, der zwischen Ordnungsgeldern und Zwangsgeldern nicht unterscheidet. Wegen der weiteren Durchführung der Vollstreckung kann deshalb auf die Ausführungen zur Vollstreckung von Ordnungsgeld bei der Durchsetzung von Unterlassungsansprüchen Bezug genommen werden.

1329   Da Zwangsgeld und Zwangshaft nur Beugemittel für die Durchsetzung des Auskunftsanspruchs sind, ist die Vollstreckung dieser Zwangsmittel sofort zu beenden, wenn die Auskünfte erteilt werden.[1387] Damit kann der Schuldner, anders als bei der Vollstreckung eines Ordnungsgeldes, noch nach der Festsetzung des Zwangsgeldes dessen Vollstreckung verhindern oder abbrechen lassen. Erst recht ist nach Erteilung der Auskunft die Zwangshaft sofort zu beenden und der Schuldner aus der Haft zu entlassen.

1330   Die Zwangshaft ist eine Zivilhaft, die vom Gerichtsvollzieher zu vollstrecken ist, erforderlichenfalls mit Amtshilfe der Polizei.

1331   Ebenso wie Ordnungsgelder können auch Zwangsgelder innerhalb der Europäischen Union unter Beachtung der Voraussetzungen der EuGVVO oder als europäischer Vollstreckungstitel für unbestrittene Forderungen nach der EuVTVO vollstreckt werden. Wegen Einzelheiten hierzu wird auf die Ausführungen unter Rn. 1267 ff. verwiesen. Die Vollstreckung von Zwangshaft, die in Art. 55 EuGVVO nicht genannt wird, ist in anderen Staaten jedoch nicht zulässig.

4. Vollstreckung aus einer einstweiliger Verfügung

1332   Das **Produktpiraterigesetz** schuf u.a. im Markenrecht und im Urheberrecht die Voraussetzungen dafür, bestimmte, dort näher geregelte Auskunftsansprüche bei ein-

---

[1385] 9.4.2015 – 6 W 32/15, GRUR-RR 2015, 408 Rn. 13; Anmerkung Löffel, GRUR-Prax 205, 243.

[1386] a.A. MüKo/*Gruber*, § 888 Rn. 31, wonach die Zwangsvollstreckung nicht nach der JustizbeitreibungsO, sondern auf Antrag des Gläubigers gem. §§ 803 ff. ZPO erfolgen soll; Gründe hierfür werden aber nicht genannt.

[1387] *Köhler*/Bornkamm, § 12 Rn. 6.22.

deutigen Rechtsverletzungen auch im Wege einstweiliger Verfügung durch zu setzen (§ 19 Abs. 7 MarkenG, § 101 Abs. 7 UrhG). Einstweilige Verfügungen sind innerhalb eines Monats zu vollziehen, d.h. innerhalb dieser Frist ist die entsprechende Handlung vom Gläubiger vorzunehmen. Erteilt der Schuldner die Auskunft nicht, zu der er verpflichtet ist, dann ist zur Wahrung der Vollziehungsfrist innerhalb dieser Frist die Festsetzung eines Zwangsmittels zu beantragen.[1388] Dagegen wird zwar eingewandt, dass dem Schuldner ausreichend Zeit einzuräumen ist, der Auskunftspflicht nachzukommen.[1389] Für die Notwendigkeit eines Zwangsmittelantrags dürfte jedoch sprechen, dass die Zustellung der einstweiligen Verfügung nur eine Voraussetzung der Zwangsvollstreckung ist, aber erst die Zustellung des Antrags beim Schuldner den notwendigen Vollstreckungsdruck erzeugt.[1390] Darüberhinaus wird darauf abgestellt, dass bei einem Zwangsmittel anders als bei einem Ordnungsmittel wegen § 888 Abs. 2 ZPO eine vorherige Androhung nicht stattfindet.[1391] Bei dieser Rechtslage kann sich der Gläubiger nicht darauf verlassen, dass die Zustellung der einstweiligen Verfügung ausreicht, die einstweilige Verfügung durchzusetzen. Aus anwaltlicher Sorgfalt ist daher geboten, bei einer zur Auskunft verpflichtenden einstweiligen Verfügung zügig zu handeln und noch innerhalb der Vollziehungsfrist, Zwangsmittel zu beantragen, wenn die Auskunft nicht erteilt wird. Der Gläubiger läuft sonst Gefahr, die Dringlichkeit und in einem anschließenden Aufhebungsverfahren die Rechte aus dem Titel zu verlieren.[1392] Ihm bliebe dann nur die Geltendmachung der Auskunft in einem Hauptsacheverfahren.

> **Praxistipp:** Bei der Vollstreckung des Auskunftsanspruchs aus einer einstweiligen Verfügung ist darauf zu achten, dass, wenn der Schuldner die Auskunft nicht erteilt, der Antrag auf Festsetzung eines Zwangsmittels innerhalb der Vollziehungsfrist gestellt wird.   **1333**

5. Rechtsbehelfe

Gegen Entscheidungen über einen Zwangsmittelantrag ist als Rechtsbehelf die sofortige Beschwerde gem. § 793 ZPO gegeben. Beschwerdeberechtigt ist der Gläubiger, wenn sein Antrag zurückgewiesen oder seiner Ansicht nach ein zu mildes Zwangsmittel festgesetzt wurde. Dies gilt selbst dann, wenn der Gläubiger keine Angaben zu einem für angemessen gehaltenen Zwangsgeld gemacht hat. Der Schuldner kann sofortige Beschwerde gegen jede ihn belastende Zwangsmittelentscheidung einlegen. Für die sofortige Beschwerde gilt eine Frist von zwei Wochen und der Anwaltszwang ist zu beachten. Die sofortige Beschwerde hat aufschiebende Wirkung.[1393]   **1334**

Materiell-rechtliche Einwände gegen die Auskunftspflicht sind auch im Beschwerdeverfahren unzulässig und vom Schuldner nur mit der Vollstreckungsgegenklage   **1335**

[1388] OLG Hamburg 6.6.1996 – 3 U 9/96, GRUR 1996, 147 – Vollziehung der Gebotsverfügung; *Köhler*/Bornkamm, § 12 Rn. 3.62; Gloy/*Spätgens*, Handbuch des Wettbewerbsrechts, 4. Aufl. 2010, § 103 Rn. 4; Teplitzky, Kap. 55, 40, 40 a; Ahrens/*Büttner*, Kap. 57 Rn. 8.

[1389] OLG Frankfurt 20.1.1997 – 6 U 139/07, NJW-RR 1998, 1007.

[1390] OLG Hamburg 6.6.1996 – 3 U 9/96, GRUR 1997, 147 – Vollziehung der Gebotsverfügung.

[1391] *Köhler*/Bornkamm, § 12 Rn. 3.62.

[1392] Ahrens/*Büttner*, Kap. 57 Rn. 8.

[1393] BGH 17.8.2011 – I ZB 20/11, NJW 2011, 3791.

gem. § 767 ZPO geltend zu machen.[1394] Vollstreckungsgegenklage ist auch zu erheben, wenn sich der Schuldner gegen ein rechtskräftig festgesetztes Zwangsmittel wenden möchte.

6. Streitwert und Kosten des Zwangsmittelverfahrens

1336   Der Streitwert richtet sind nach dem im Erkenntnisverfahren für den Auskunftsanspruch festgesetzten Wert. Werden im Erkenntnisverfahren neben dem Auskunftsanspruch weitere Ansprüche wie Unterlassung und Schadensersatz geltend gemacht, dann sollte in der Klageschrift nicht lediglich ein Gesamtstreitwert, sondern für jeden Anspruch gleich der Teilstreitwert angegeben und auch vom Gericht festgesetzt werden. Denn maßgebend für den Wert des Zwangsmittelverfahrens ist allein der für den Auskunftsanspruch festgesetzte Teilstreitwert. Die sofortige Wertfestsetzung unter Angabe der Teilstreitwerte erspart später die gesonderte Wertfestsetzung für den Auskunftsanspruch.

1337 | **Praxistipp:** Bei einer Klagehäufung sollten in der Klageschrift nicht ein geschätzter Gesamtstreitwert angegeben werden, sondern für alle Ansprüche die Teilstreitwerte, aus deren Summe sich der Gesamtstreitwert errechnet.

1338   Die Kosten des Verfahrens auf Festsetzung von Zwangsmitteln sind Kosten der Zwangsvollstreckung, die sich jedoch nicht nach § 788 ZPO richten, sondern über die gem. § 891 ZPO unter Beachtung der Vorschriften der §§ 91 ff. ZPO zu entscheiden ist. Danach können Kosten auch dem Gläubiger ganz oder teilweise auferlegt werden. Dies kann nicht nur geschehen, wenn der Antrag zurückgewiesen oder gem. § 91a ZPO über die Kosten entschieden wird, sondern auch wenn der Gläubiger die Festsetzung eines bestimmten Zwangsgeldes beantragt oder auch nur in der Begründung die Erwartung eines bestimmten Zwangsgeldes zu erkennen gibt und das Gericht einen geringeren Betrag festgesetzt hat.[1395] In der Literatur wird zwar im letztgenannten Fall eine Kostenbeteiligung des Gläubigers mit der Begründung abgelehnt, dass der Gläubiger zur Angabe eines Betrages für das beantragte Zwangsgeld nicht verpflichtet ist.[1396] Dem ist jedoch entgegen zu halten, dass der Gläubiger, der mit der Benennung eines Zwangsgeldes zu erkennen gegeben, wie hoch seiner Meinung nach ein angemessenes Zwangsgeld sein sollte, sich bei der Festsetzung eines geringeren Betrages nur zum Teil durchsetzen konnte.[1397] Dies muss sich auch bei der Kostenentscheidung widerspiegeln. Der Gläubiger sollte deshalb darauf verzichten, in den Antrag Angaben zur Höhe eines angemessenen Ordnungsgeldes aufzunehmen. Für ein Rechtsmittel gegen die Festsetzung eines seiner Ansicht nach zu geringeren Ordnungsgeldes erleidet er dadurch keinen Nachteil, denn sie sofortige Beschwerde ist auch in diesem Fall zulässig.

[1394] Schuschke/*Walker*, § 888 Rn. 51.
[1395] OLG Köln 27.6.2013 – 6 W 77/13, GRUR-RR 2014, 48 – Kartenausschnitte (LS) = BeckRS 2013, 11184 – zum Ordnungsgeld.
[1396] Schuschke/*Walker*, § 888 Rn. 38.
[1397] OLG Köln 27.6.2013 – 6 W 77/13, GRUR-RR 2014,48 – Kartenausschnitte (LS) = BeckRS 2013, 11184 – zum Ordnungsgeld.

> **Praxistipp:** Im Zwangsmittelantrag sollten Angaben zu einem angemessenen Zwangsgeld zwecks Vermeidung eines Kostenrisikos unterbleiben. | **1339**

Die Gerichtsgebühren und die Anwaltsgebühren richten sich nach den gleichen **1340** Vorschriften wie bei der Vollstreckung von Ordnungsmitteln gem. § 890 ZPO. Es kann deshalb auf die dort gemachten Ausführungen verwiesen werden (→ Rn. 1291 ff.).

H. Kosten

Die Bedeutung von Kosten darf im Wettbewerbsprozess nicht unterschätzt werden. **1341** Während der Abgemahnte schnell bereit ist, die Unterwerfungserklärung abzugeben, weil er die Rechtswidrigkeit seines Handelns einsieht oder die Handlung ohnehin nicht wiederholen möchte oder die Erwartung hegt, mit der Unterwerfungserklärung die Angelegenheit erledigen zu können, führt in vielen Fällen erst die Geltendmachung von Ansprüchen auf Kostenerstattung zu mitunter heftig geführten Wettbewerbsprozessen. Die Intensität dieser Rechtsstreite steht häufig nicht mehr in einem vernünftigen Verhältnis zur Höhe der streitgegenständlichen Ansprüche auf Kostenerstattung. Es kann deshalb immer wirtschaftlicher sein, an dieser Stelle eine vergleichsweise Regelung der Kostenfolgen anzustreben, statt diese unter Umständen durch mehrere Instanzen auszufechten und dadurch weitere Kosten zu verursachen. Gerade bei geringen Beträgen, insbesondere unter der Berufungsgrenze, empfiehlt sich auch in Zweifelsfällen die Zahlung statt eines Rechtsstreits. Die Verärgerung über die Abmahnung, die häufig Ursache für die Nichtzahlung ist, ist bei Bagatellbeträgen ein schlechter Ratgeber.

Bei der Erörterung von Kostenfragen ist zu behandeln, welche Kosten zu tragen **1342** sind, welche Streitwerte zu berücksichtigen sind und wie sich die Kosten unter Beachtung der Kostenfaktoren konkret berechnen.

I. Erstattung von Kosten

1. Erstattung der Kosten für die Abmahnung

Wird nach einer erfolglosen Abmahnung der Unterlassungsanspruch gerichtlich im **1343** Wege einstweiliger Verfügung oder mit einer Hauptsacheklage durchgesetzt, sind die Kosten der Abmahnung **keine Kosten des Rechtsstreits** und deshalb im Kostenfestsetzungsverfahren nicht festsetzbar.[1398] Die Aufwendungen für eine Abmahnung müssen immer als gesonderter Erstattungsanspruch geltend gemacht werden, wobei im Hauptsacheverfahren eine Klageverbindung mit dem Unterlassungsanspruch oder sonstigen wettbewerbsrechtlichen Ansprüchen zulässig ist.

Abmahnkosten wurden ursprünglich als Aufwendungserstattungsanspruch unter **1344** dem rechtlichen Gesichtspunkt der Geschäftsführung ohne Auftrag zugesprochen (§§ 670, 683, 677 BGB).[1399] Dieser Umweg, der **gewohnheitsrechtlich** anerkannt ist, ist im **Wettbewerbs- und Urheberrecht** nicht mehr erforderlich. Hier schuf der Gesetzgeber mit den Regelungen in § 12 Abs. 1 S. 2 UWG und § 97a Abs. 3 UrhG materiell-rechtliche **Anspruchsgrundlagen**, denen gemeinsam ist, dass eine berechtigte Abmahnung vorliegen muss.

[1398] BGH 20.10.2005 – I ZB 21/05, GRUR 2006, 439 – nicht anrechenbare Geschäftsgebühr.
[1399] BGH 26.9.1991 – I ZR 149/89, GRUR 1992, 176 – Abmahnkostenverjährung.; Ahrens/*Scharen*, Wettbewerbsprozess, 7. Aufl. 2013, Kap. 11 Rn. 17.

1345   Berechtigt ist die Abmahnung bei einem begründeten Unterlassungsanspruch. Da die strafbewehrte Unterwerfungserklärung kein Anerkenntnis des Unterlassungsanspruchs ist,[1400] ist bei der Klage auf Erstattung der Abmahnkosten der Unterlassungsanspruch schlüssig darzulegen. Hierfür genügt es nicht, lediglich auf die der Klageschrift als Kopie beigefügte Abmahnung Bezug zu nehmen. Zu verlangen ist eine Darlegung des Rechtsverstoßes in der Klageschrift. Damit wird nach einer Unterwerfungserklärung der Wettbewerbsprozess im Kostenerstattungsprozess nachgeholt.

1346   Neben der Geschäftsführung ohne auf Antrag oder den Regelungen in § 12 UWG und § 97a UrhG kann der Erstattungsanspruch auch als Schadensersatz geltend gemacht werden. Dies erfordert aber als zusätzliches Tatbestandsmerkmal Verschulden des Abgemahnten.

1347   Der auf § 12 UWG gestützte Erstattungsanspruch ist ein Anspruch aufgrund des UWG, für den gem. § 13 UWG unabhängig vom Streitwert die Landgerichte zuständig sind. Darüberhinaus gilt für diesen wettbewerbsrechtlichen Anspruch auch der fliegende Gerichtsstand (§ 14 Abs. 2 S. 1 UWG), sofern Anspruchsinhaber kein Verband, keine Einrichtung oder keine Kammer gem. § 8 Abs. 3 Nr. 2–4 UWG ist (§ 14 Abs. 2 S. 2 UWG). Bei urheberrechtlich begründeten Abmahnkosten ist regelmäßig das Amtsgericht zuständig, weil diese in der Regel 5.000,– € nicht übersteigen. § 97a ZPO lässt aber die Anwendung des **fliegenden Gerichtsstands** gem. § 32 ZPO zu, wovon nur Klagen gegen natürliche Personen, die die Rechtsverletzung außerhalb ihrer gewerblichen oder selbständigen beruflichen Tätigkeit begangen haben, ausgenommen sind (§ 104a UrhG). Die Klage auf Kostenerstattung wegen einer markenrechtlichen Abmahnung ist Kennzeichenstreitsache, so dass in erster Instanz das Landgericht unabhängig vom Streitwert sachlich zuständig ist.[1401]

1348   Der Anspruch aufgrund Geschäftsführung ohne Auftrag, der noch im **Markenrecht** anzuwenden ist, ist kein deliktischer Anspruch, so dass für ihn der Gerichtsstand der unerlaubten Handlung nicht gilt. Bei der Verbindung dieses Anspruchs mit markenrechtlichen Ansprüchen, wie Unterlassung oder Schadensersatz, sollte die Klage am **allgemeinen Gerichtsstand** das Beklagten eingereicht werden, um eine Abtrennung und Verweisung des Erstattungsanspruchs und damit zwei Prozesse an unterschiedlichen Orten mit unter Umständen unterschiedlichen Ergebnissen zu vermeiden. Nur wenn die Abmahnkosten zumindest zusätzlich auf Schadensersatz gestützt werden, ist auch für diese Ansprüche der Gerichtsstand der unerlaubten Handlung zuständig.

1349   **Praxistipp:** Wird im Markenrecht der Anspruch auf Erstattung der Abmahnkosten auf Geschäftsführung ohne Auftrag gestützt, dann ist die Klage am allgemeinen Gerichtsstand des Beklagten einzureichen, weil für diese Anspruchsgrundlage der fliegende Gerichtsstand nicht gilt. Nur wenn der Anspruch ausschließlich oder zusätzlich als Schadensersatz geltend gemacht wird, kann der Gerichtsstand der unerlaubten Handlung angerufen werden.

1350   Mit der Abmahnung wird, abgesehen von Wettbewerbsverbänden, üblicherweise ein Rechtsanwalt beauftragt. Die Erstattung dieser Kosten ist grundsätzlich zu bejahen. Selbst ein Unternehmen, das über eine eigene Rechtsabteilung verfügt, die Wettbewerbsverstöße nicht bearbeitet, kann einen Rechtsanwalt mit der Abmahnung beauf-

---

[1400]   BGH 24.9.2013 – I ZR 219/12, GRUR 2013, 1252 – Medizinische Fußpflege.
[1401]   Nordemann, Wettbewerbsrecht Markenrecht, 11. Aufl. 2012, Rn. 1692.

tragen.[1402] Ein kaufmännisches Unternehmen ist nicht verpflichtet, den Geschäftsbetrieb so auszustatten, dass es in der Lage ist, Wettbewerbsverstöße selbst zu verfolgen. Auch bei einer Vielzahl urheberrechtlicher Abmahnungen sind Rechtsanwaltskosten erstattungsfähig. Vom Verletzten ist nicht zu verlangen, mit einem vom Rechtsanwalt ausgearbeiteten Mustertext selbst abzumahnen.[1403]

Dennoch bestehen Ausnahmen von der Erstattungsfähigkeit der Rechtsanwaltskos- **1351** ten. So können Wettbewerbsverbände die Erstattung von Abmahnkosten für Rechtsanwälte nicht verlangen, weil sie nach § 8 Abs. 3 Nr. 2 UWG über die notwendige sachliche und personelle Ausstattung für ihre Tätigkeit verfügen müssen, wozu auch die Abmahnung von Wettbewerbsverstößen gehört.[1404]

Eine weitere Ausnahme betrifft Rechtsanwälte, die gegen einen sie selbst betreffenden **1352** Wettbewerbsverstoß mit einer Abmahnung vorgehen. Der BGH[1405] geht hier von dem schadensersatzrechtlichen Grundsatz aus, dass die Einschaltung eines Rechtsanwalts nicht erforderlich ist, wenn der Geschädigte über die notwendigen Fachkenntnisse und Erfahrungen zur Abwicklung eines Schadensfalls verfügt und es sich um einen einfach gelagerten Fall handelt. Die Rechtsprechung[1406] nimmt dies an, wenn der abgemahnte Verstoß berufsrechtliche Vorschriften betrifft, weil zu verlangen ist, dass ein Rechtsanwalt typischerweise über Kenntnis seines Berufsrechts verfügt. Auch bei unerbetener Telefonwerbung gegenüber einem Rechtsanwalt lehnt der BGH[1407] die Erstattung von Abmahnkosten ab, wenn die Identität des Anrufers und die Widerrechtlichkeit des Anrufs unzweifelhaft feststehen. Die Rechtsprechung geht in den vorstehend bezeichneten Fällen von typischen, unschwer zu verfolgenden Rechtsverstößen aus und verneint die Kostenerstattung bei **Selbstbeauftragung** oder Beauftragung eines Kollegen.

Hat der Abmahnende seinen Rechtsanwalt bezahlt, ist die Klage auf die Zahlung **1353** der Rechtsanwaltskosten zu richten. Sind diese Kosten jedoch nicht ausgeglichen, dann besteht grundsätzlich nur ein Freistellungsanspruch gem. § 250 BGB. Der **Befreiungsanspruch** wandelt sich aber in einen Zahlungsanspruch um, wenn der Schuldner die Erfüllung des Befreiungsanspruchs endgültig und ernsthaft verweigert.[1408] Mit der Rechtsprechung ist davon auszugehen, dass selbst dann auf Zahlung geklagt werden kann, wenn die Anwaltskosten noch nicht bezahlt sind, der Abgemahnte aber die Zahlung endgültig verweigert.[1409] Da nicht sicher ist, ob alle

---

[1402] BGH 8.5.2008 – I ZR 83/06, GRUR 2008, 928 – Abmahnkostenersatz.

[1403] OLG Düsseldorf 24.10.2012 – 23 S 386/11, GRUR-RR 2013, 59 (LS) – paniertes Schnitzel = BeckRS 2012, 21983.

[1404] BGH 12.4.1984 – I ZR 45/82, GRUR 1984, 691 – Anwaltsabmahnung mit Anm. Jacobs; OLG Stuttgart 11.9.2014 – 2 U 178/13, NJW-RR 2015, 168 Rn. 30.

[1405] BGH 6.5.2004 – I ZR 2/03, GRUR 2004, 789 – Selbstauftrag; BGH 12.12.2006 – VI ZR 175/05, GRUR 2007, 620 Rn. 13 – Immobilienwertgutachten.

[1406] BGH 6.5.2004 – I ZR 2/03, GRUR 2004, 789 – Selbstauftrag; OLG Düsseldorf 30.8.2005 – 20 U 42/05, MMR 2006, 559.

[1407] BGH 12.12.2006 – VI ZR 175/05, GRUR 2007, 620 Rn. 14 – Immobilienwertgutachten.

[1408] BGH 24.7.2012 – II ZR 297/11, NJW 2013, 452 Rn. 30.

[1409] OLG München 20.5.2010 – 6 U 2236/09, BeckRS 2010, 15097; OLG Köln, 23.7.2010 – 6 U 31/10, MMR 2010, 780 – Kfz-Diagnose-Software; OLG Frankfurt 23.8.2011 – 6 U 49/11, BeckRS 2011, 24257; OLG Hamm 23.10.2012 – 4 U 134/12, MMR 2013, 171 und 3.9.2013 – 4 U 58/13, GRUR-RR 2014, 133 – Zahlung statt Freistellung; differenzierend Hess, Abmahnkostenerstattung nach § 12 Abs. 1 S. 2 UWG: Zahlung oder Freistellung?, Festschrift für Bornkamm, 2014, S. 375; Hewecker, Marquardt, Neurauter, Der Abmahnkostenersatz im Urheberrecht, NJW 2014, 2753, 2757.

Gerichte, dieser Ansicht folgen, sollte neben dem Zahlungsantrag hilfsweise ein Frei-stellungsantrag gestellt werden.

1354   Verbände können nur die Erstattung einer **Kostenpauschale** verlangen, deren Höhe zur Zeit ca. 200,– bis 250,– € beträgt.[1410] Nicht erstattungsfähig sind die Rechtsanwalts-kosten eines Verbandes für eine zweite Abmahnung, nachdem die erste Abmahnung erfolglos geblieben war. Der Bundesgerichtshof[1411] verneint in diesem Fall eine berech-tigte Abmahnung, weil die Zweitabmahnung nicht erforderlich ist, „dem Schuldner den Weg [zu] weisen, wie er den Gläubiger klaglos stellen kann, ohne dass die Kosten eines Gerichtsverfahrens anfallen". Anders mag es sich verhalten, wenn der Rechtsan-walt vom Verband beauftragt wird, um nach einer Reaktion des Abgemahnten, bspw. einer Teilunterwerfung oder der Zurückweisung des Unterlassungsbegehrens, nachzu-fassen und auf diesem Weg einen Rechtsstreit zu vermeiden.

1355   Erstattungsfähig sind nur Kosten für eine Abmahnung vor Einleitung eines gericht-lichen Verfahrens. Erwirkt der Antragsteller eine sogenannte Schubladenverfügung, indem er den Verletzer erst nach Erlass der einstweiligen Verfügung durch seinen Rechtsanwalt abmahnen lässt, kann er die Aufwendungen für die Abmahnung nicht erstattet verlangen.[1412]

2. Erstattung der Kosten des einstweiligen Verfügungsverfahrens

1356   Für das Verfügungsverfahren gelten die allgemeinen Regeln, wonach die unterlegene Partei die Verfahrenskosten zu tragen hat. Festsetzungsfähig sind die Gerichtskosten und die außergerichtlichen Kosten der Parteien, bei denen es sich in der Regel um die Rechtsanwaltskosten handelt. In Kennzeichensachen können zusätzlich die Kosten ei-nes mitwirkenden Patentanwalts festzusetzen sein (§ 140 Abs. 3 MarkenG).

3. Erstattung der Kosten einer Schutzschrift

1357   Die im Gesetz nicht geregelte Schutzschrift ist die vorweggenommene Erwiderung auf einen erwarteten Antrag auf Erlass einer einstweiligen Verfügung. Sie kann aber auch lediglich darauf gerichtet sein, die Anberaumung eines Termins zur mündlichen Verhandlung zu beantragen. Die Kosten einer Schutzschrift, die in der Regel von ei-nem Rechtsanwalt eingereicht wird, sind nur dann erstattungsfähig, wenn ein Antrag auf Erlass einer einstweiligen Verfügung tatsächlich bei dem Gericht eingeht, bei dem die Schutzschrift hinterlegt ist. Mit Rücksicht auf den fliegenden Gerichtsstand wer-den im gewerblichen Rechtsschutz und Urheberrecht Schutzschriften häufig bei allen Gerichten eingereicht, die zuständig sein könnten. Erstattungsfähig sind aber nur die Kosten, die bei dem Gericht angefallen sind, bei dem später der Verfügungsantrag ein-gegangen ist, denn nur dort ist ein Prozessrechtsverhältnis entstanden.[1413] Die Rück-nahme des Antrages oder dessen Zurückweisung ohne mündliche Verhandlung steht dem Kostenerstattungsanspruch nicht entgegen.[1414] Der Rechtsanwalt erhält in die-

---

[1410] Köhler/*Bornkamm*, UWG, 33. Aufl. 2015, § 12 Rn. 1.98; Hess, Aktuelles Wettbewerbs-verfahrensrecht, WRP 2015, 317 Rn. 15.
[1411] BGH 21.1.2010 – I ZR 47/09, GRUR 2010, 354 – Kräutertee.
[1412] BGH 7.10.2009 – I ZR 216/07, GRUR 2010, 257 – Schubladenverfügung.
[1413] OLG Hamburg 23.10.2013 – 4 W 110/13, GRUR-RR 2014, 96 – Schutzschrift.
[1414] BGH 13.2.2003 – I ZB 23/02, GRUR 2003, 456 – Kosten einer Schutzschrift.

sem Fall eine 1,3-Geschäftsgebühr gem. Nr. 3100 VV RVG.[1415] Ein Anspruch auf Kostenerstattung besteht grundsätzlich nicht, wenn die Schutzschrift erst nach Rücknahme des Antrages auf Erlass der einstweiligen Verfügung eingereicht wird. Dies gilt selbst dann, wenn der Antragsgegner die Antragsrücknahme nicht kannte oder nicht kennen musste, weil nach dem zugrunde zu legenden objektiven Maßstab die nachträglich hinterlegte Schutzschrift zur Rechtsverteidigung nicht erforderlich ist.[1416] Hat jedoch der Verfahrensbevollmächtigte des Antragsgegners für diesen vor der Antragsrücknahme bereits das Geschäft betrieben und von diesem den Auftrag und erste Informationen entgegengenommen, dann hat der Antragsteller die 0,8-Verfahrensgebühr (Nr. 3100, 3101 VV RVG) gem. § 269 Abs. 3 S. 2 ZPO zu erstatten.[1417] Selbstverständlich besteht keine Erstattungspflicht des Abmahnenden, wenn ein Verfügungsantrag nicht eingereicht wird und damit ein Prozessrechtsverhältnis nicht zum Entstehen kommt.[1418] Ein materiell-rechtlicher Anspruch auf Kostenerstattungsanspruch[1419] dürfte zu verneinen zu sein. Denn die Abwehr unbegründeter Ansprüche rechtfertigt grundsätzlich keine Erstattungsansprüche und nach der Rechtsprechung des Bundesgerichtshofs sind auch die Kosten für die Abwehr einer wettbewerbsrechtlichen Abmahnung nicht erstattungsfähig.[1420] Wird das Verfügungsverfahren streitig durchgeführt, dann gehen die Kosten der Schutzschrift in der Verfahrensgebühr auf, weil in der vorweggenommenen Erwiderung keine besondere Angelegenheit im gebührenrechtlichen Sinn zu sehen ist. Sie gehört zum Rechtszug (§ 19 Abs. 1 S. 2 Nr. 1a RVG).

4. Erstattung der Kosten für das Abschlussschreiben

Die Kosten des Abschlussschreibens sind im Verfügungsverfahren oder in einem **1358** nachfolgenden Hauptsacheverfahren nicht festsetzungsfähig.[1421] Sie können jedoch als materieller Erstattungsanspruch unter den rechtlichen Gesichtspunkten der Geschäftsführung ohne Auftrag und des Schadensersatzes gerichtlich geltend gemacht werden.[1422] Ob der Erstattungsanspruch auch analog auf die Regelungen in § 12 UWG und § 97a UrhG gestützt werden kann, ist streitig.[1423] Erstattungsfähig sind nur die Kosten eines erforderlichen Abschlussschreibens, was voraussetzt, dass dem Antragsgegner ausreichend Gelegenheit gegeben wurde, nach Vollziehung der einstweiligen Verfügung die Abschlusserklärung abzugeben. Deswegen besteht eine Wartefrist von mindestens zwei Wochen für das Abschlussschreiben.[1424]

[1415] BGH 13.3.2008 – I ZB 20/07, GRUR 2008, 640 – Kosten der Schutzschrift III.

[1416] BGH 23.11.2006 – I ZB 39/06, GRUR 2007, 727 – Kosten der Schutzschrift II.

[1417] BGH 23.11.2006 – I ZB 39/06, GRUR 2007, 727 – Kosten der Schutzschrift II.

[1418] Nordemann, Rn. 1555.

[1419] *Köhler*/Bornkamm, § 12 Rn. 3.41.

[1420] BGH 6.12.2007 – I ZB 16/07, GRUR 2008, 639 – Kosten des Abwehrschreibens.

[1421] Gloy/*Loschelder*, Handbuch des Wettbewerbsrechts, 4. Aufl. 2010, § 92 Rn. 23.

[1422] Gloy/*Loschelder*, § 92 Rn. 23.

[1423] bejahend: Ahrens/*Ahrens*, Kap. 58 Rn. 50; *Köhler*/Bornkamm, § 12 Rdnr. 3.73; verneinend: BGH 4.2.2010 – I ZR 30/08, GRUR 2010, 1038 Rn. 26 – Kosten für Abschlussschreiben; Harte/Hennig/*Retzer*, UWG, 3. Aufl. 2013, § 12 Rn. 662; Fezer/*Büscher*, UWG, 2010, § 12 Rn. 181; Teplitzky, Wettbewerbsrechtliche Ansprüche, 10. Aufl. 2011, Kap. 43 Rn. 30;.

[1424] KG 3.8.2012 – 5 U 169/11, BeckRS 2012, 18408; OLG Hamburg 6.2.2014 – 3 U 119/13, GRUR-RR 2014, 229, 230 – Standardabschlussschreiben.

1359 | **Praxistipp für den Antragsteller:** Mit dem Abschlussschreiben ist nach Erlass der einstweiligen Verfügung eine Wartefrist einzuhalten, die mindestens zwei Wochen beträgt, von manchen Gerichten aber auch mit einem Monat angenommen wird.

1360 | **Praxistipp für den Antragsgegner:** Die Kosten eines Abschlussschreibens lassen sich vermeiden, wenn die Abschlusserklärung innerhalb der Wartefrist abgegeben wird.[1425]

5. Erstattung der Kosten des Hauptsacheverfahrens

1361   Für die Kostenentscheidung im Hauptsacheverfahren gelten die allgemeinen Vorschriften der §§ 91 ff. ZPO. Die Pflicht zur Tragung von Kosten richtet sich auch hier nach dem jeweiligen Obsiegen und Unterliegen der Partei. Besonderheiten für den Wettbewerbsprozess bestehen an dieser Stelle nicht. Diese können sich lediglich hinsichtlich der festzusetzenden Kosten ergeben.

6. Erstattungsfähige Kosten

a) Rechtsanwaltskosten

aa) Grundsatz der Kostenerstattung in gerichtlichen Verfahren

1362   Kosten für Rechtsanwälte sind in gerichtlichen Verfahren ausnahmslos zu erstatten. Für Verfahren vor den Landgerichten und Oberlandesgerichten ergibt sich dies bereits aus dem Anwaltszwang gem. § 78 ZPO, der die Einschaltung eines Rechtsanwalts unentbehrlich macht. Auch in Amtsgerichtsprozessen sind Rechtsanwaltskosten zu erstatten, denn die Beauftragung eines Rechtsanwalts ist zur zweckentsprechenden Rechtsverfolgung bzw. Rechtsverteidigung stets notwendig (§ 91 ZPO).[1426]

1363   Mit dem Wegfall des Lokalitätsgrundsatzes kann jeder Rechtsanwalt bei jedem Amtsgericht, Landgericht und Oberlandesgericht (in Berlin Kammergericht) auftreten. Jede Prozesspartei kann deshalb einen Rechtsanwalt am Gerichtsort, an ihrem Sitz oder an einem dritten Ort beauftragen. Sie ist in dieser Entscheidung frei. Die Auswahl des Anwalts hat keine Auswirkung, ob überhaupt Anwaltskosten zu erstatten sind, sie kann aber die Höhe der zu erstattenden Kosten beeinflussen. Dies gilt insbesondere für die Erstattung von Reisekosten des Rechtsanwalts (Nr. 7003 ff. VV zum RVG.

bb) Beauftragung eines Rechtsanwalts am Sitz des Gerichts

1364   Die Kosten eines Prozessbevollmächtigten am Sitz des Gerichts sind als zur zweckentsprechenden Rechtsverfolgung oder Rechtsverteidigung notwendig zu erstatten. Hat die Partei jedoch ihren Sitz nicht am Gerichtsort, stellt sich die Frage, ob weitere Kosten für einen Verkehrsanwalt, der den Verkehr der Partei mit dem Prozessbevollmächtigten führt (Nr. 3400 des VV zum RVG), oder eine Informationsreise zum Prozessbevollmächtigten erstattungsfähig sind.

[1425] LG Karlsruhe 3.7.2014 – 15 O 19714 KfH IV, BeckRS 2014, 13929.
[1426] BGH 20.5.2014 – VI ZB 9/13, GRUR 2014, 709 Rn. 9 – Festsetzung von Mehrkosten; Ahrens/*Büttner*, Kap. 42 Rn. 27.

Die zusätzlichen Kosten für einen Verkehrsanwalt am Sitz des Mandanten sind nur **1365** ausnahmsweise zu erstatten, bspw. wenn die Prozesspartei wegen Krankheit oder sonstiger persönlicher Umstände den Prozessbevollmächtigten am Gerichtsort nicht persönlich, schriftlich oder telefonisch informieren kann oder dies unzumutbar ist.[1427] Wird ein **Verkehrsanwalt** beauftragt, ohne dass diese Voraussetzungen vorliegen, sind zumindest die Kosten einer **fiktiven Informationsreise** zu erstatten, sofern diese Reise zweckmäßig gewesen wäre. Nach der Rechtsprechung des Bundesgerichtshofs[1428] ist dies regelmäßig anzunehmen, weil das Interesse der Partei anzuerkennen ist, ihren Prozessbevollmächtigten kennen zu lernen. Hiervon ausgenommen sind nur Unternehmen mit eigener Rechtsabteilung, die die Sache bearbeitet. Von diesen ist zu erwarten, dass sie in der Lage sind, einen Rechtsanwalt am Gerichtsort schriftlich oder telefonisch zu instruieren, so dass weder die Kosten für einen Verkehrsanwalt noch für eine fiktive Informationsreise erstattungsfähig sind.[1429]

Ist an einem Rechtsstreit ein **Unternehmen mit Sitz im Ausland** beteiligt, ist zu fra- **1366** gen, welcher Maßstab für die Erstattung der Kosten eines Verkehrsanwalts gelten soll. Hier wurde einerseits die Ansicht vertreten, dass die Kosten eines Verkehrsanwalts immer zu erstatten seien und die Partei dabei zwischen einem Rechtsanwalt im Inland oder im Ausland wählen durfte, während nach der anderen Ansicht die gleichen Maßstäbe wie für eine inländische Partei gelten sollten.[1430] Der Bundesgerichtshof hat diese Frage dahingehend entschieden, dass auch bei einer ausländischen Prozesspartei zu prüfen ist, ob die Einschaltung eines Verkehrsanwalts zur zweckentsprechenden Rechtsverfolgung oder Rechtsverteidigung im Einzelfall erforderlich ist,[1431] weil die zur Tragung der Kosten verpflichtete Partei nicht unangemessen belastet werden darf. Das Gericht hat bei der Prüfung der Notwendigkeit des Verkehrsanwalts zu berücksichtigen, dass wegen sprachlicher Barrieren, kultureller Unterschiede oder mangelnder Vertrautheit eine ausländische Partei eher auf einen Verkehrsanwalt angewiesen sein wird als eine inländische Partei. Die Erstattung der Kosten kann aber nicht verlangt werden, wenn der inländische Verfahrensbevollmächtigte bereits über alle Informationen verfügt, bspw. wenn nach einer Abmahnung und strafbewehrten Unterwerfungserklärung nur noch über die Kosten der Abmahnung gestritten wird. In diesem Fall ist die Einschaltung eines ausländischen Rechtsanwalts zur zweckentsprechenden Rechtsverfolgung nicht erforderlich. Ebenso verhält es sich, wenn die ausländische Prozesspartei in der Lage ist, einen inländischen Rechtsanwalt unmittelbar zu informieren, was insbesondere bei einer langjährigen Geschäftstätigkeit im Inland, unter Umständen mit einer Vertriebseinrichtung im Inland und Kenntnissen der deutschen Sprache, anzunehmen ist.

Ein **Verband zur Förderung gewerblicher Interessen** ist einem Unternehmen mit **1367** Rechtsabteilung gleich zu stellen. Denn der Verband muss über die erforderliche persönliche und sachliche Ausstattung verfügen, um das Wettbewerbsgeschehen zu beobachten und zu bewerten und erforderlichenfalls ohne Hilfe eines Rechtsanwalts abzumahnen. Von einem Wettbewerbsverband ist deshalb zu verlangen, dass er in der Lage ist, seinen auswärtigen Prozessbevollmächtigten mit den für die Prozessführung not-

---

[1427] BGH 7.6.2006 – XII ZB 245/04, NJW-RR 2006, 1563 Rn. 6.

[1428] BGH 7.6.2006 – XII ZB 245/04, NJW-RR 2006, 1563 Rn. 11.

[1429] BGH 21.9.2005 – IV ZB 11/04, NJW 2006, 301, 303.

[1430] zu dem Streitstand vgl. BGH 28.9.2011 – I ZB 97/09, GRUR 2012, 319 – ausländischer Verkehrsanwalt.

[1431] BGH 28.9.2011 – I ZB 97/09, GRUR 2012, 319 – ausländischer Verkehrsanwalt.

wendigen Informationen schriftlich zu versorgen.[1432] Weder die Kosten eines Verkehrsanwalts noch die für eine Informationsreise sind zu erstatten, weil sie in diesem Fall zur zweckentsprechenden Rechtsverfolgung nicht erforderlich sind.

cc) Beauftragung eines Rechtsanwalts am Sitz der Prozesspartei für den Rechtstreit am auswärtigen Gericht

1368   Die Prozesspartei kann auch einen Rechtsanwalt an ihrem Sitz beauftragen. Dieser Rechtsanwalt ist seit dem Wegfall des Lokalisationsprinzips seit 1. Januar 2000 auch an einem auswärtigen Gericht postulationsfähig. Neben den sich aus der Prozesstätigkeit des Anwalts ergebenden üblichen Kosten für die Verfahrens- und Terminsgebühr können sich noch zusätzliche Kosten ergeben für die Reise des Rechtsanwalts zum auswärtigen Gericht oder, wenn er den Termin nicht selbst wahrnimmt, für einen Unterbevollmächtigten oder lediglich Terminsvertreter.

1369   Die **Reisekosten des Hauptbevollmächtigten** zum auswärtigen Gericht sind als zur zweckentsprechenden Rechtsverfolgung oder Rechtverteidigung erforderlich (§ 91 Abs. 2 S. 1 HS. 2 ZPO) grundsätzlich zu erstatten, denn eine Partei wird für das Beratungsgespräch zunächst einen Rechtsanwalt an ihrem Wohn- oder Geschäftssitz beauftragen und hat dann Interesse, vor dem Prozessgericht von dem Anwalt ihres Vertrauens vertreten zu werden.[1433] Der Schutz des Vertrauens zwischen Mandant und Rechtsanwalt war auch ein Grund für die Aufhebung des Lokalisationsprinzips und die Singularzulassung, was nach Ansicht des Bundesgerichtshofs[1434] im Kostenrecht ebenfalls zu berücksichtigen ist. Dem Wettbewerbsprozess geht in der Regel eine Abmahnung voraus, für die ein Rechtsanwalt eingeschaltet wird, der in vielen Fällen seinen Sitz am Ort der Mandantschaft hat. Bleibt die Abmahnung erfolglos, führt dieser Rechtsanwalt auch den sich anschließenden Rechtsstreit. Wären in diesem Fall die Reisekosten des Prozessbevollmächtigten zum auswärtigen Gericht nicht erstattungsfähig, müsste die Prozesspartei bereits bei der Beauftragung des Rechtsanwalts mit der Abmahnung entscheiden, wo sie den Rechtsstreit führen möchte. Hierzu ist sie häufig wegen der vielfältigen Wahlmöglichkeiten, die der fliegende Gerichtstand bietet, nicht in der Lage.

1370   Gleichwohl besteht die Kostenerstattungspflicht nicht ausnahmslos. Reisekosten sind nach der Rechtsprechung des Bundesgerichtshofs[1435] nicht zu erstatten, wenn ein Mandantengespräch nicht erforderlich ist, weil das Unternehmen über eine die Sache bearbeitende eigene Rechtsabteilung verfügt. Das Unternehmen kann einen Rechtsanwalt am Gerichtsort schriftlich unterrichten und dadurch die Reise des Prozessbevollmächtigten zum Gerichtstermin und anfallende zusätzliche Kosten vermeiden. Ist eine eigene Rechtsabteilung nicht vorhanden, dann kann gleichwohl ein persönliches Mandantengespräch entbehrlich sein, wenn Mitarbeiter des Unternehmens die Sache bearbeiten, die in der Lage sind, einen Rechtsanwalt am Sitz des Prozessgerichts zu unterrichten. Dies ist insbesondere bei rechtskundigem Personal und in tatsächlicher und rechtlicher Hinsicht einfach gelagerten Sachverhalten anzunehmen.[1436]

[1432] BGH 21.9.2005 – IV ZB 11/04, NJW 2006, 301, 303.

[1433] BGH 16.10.2002 – VIII ZB 30/02, NJW 2003, 898, 901.

[1434] BGH 28.6.2006 – IV ZB 44/05, NJW 2006, 3008, 3009.

[1435] BGH 16.10.2002 – VIII ZB 30/02, NJW 2003, 898, 901; 28.6.2006 – IV ZB 44/05, NJW 2006, 3008.

[1436] BGH 25.3.2004 – I ZB 28/03, GRUR 2004, 623 – Unterbevollmächtigter.

Eine Ausnahme von der Ausnahme lässt der Bundesgerichtshof[1437] für den **Haus-** 1371
anwalt zu. Ist die Prozesspartei einerseits in der Lage, den Anwalt schriftlich zu instruieren, führt sie aber andererseits eine Vielzahl von Rechtsstreiten, kann sie hierfür
ihren Hausanwalt beauftragen, der die Verfahren an den jeweiligen Gerichtsorten
führt. Von der Prozesspartei ist unter kostenrechtlichen Gesichtspunkten nicht zu
verlangen, jeweils einen Rechtanwalt an wechselnden Gerichtsorten zu beauftragen.
Sie kann von ihrem Hausanwalt die Termine an allen auswärtigen Gerichten wahrnehmen lassen und erlangt im Fall des Obsiegens einen Anspruch auch auf Erstattung
der Reisekosten.

Das bloße Vorliegen eines einfach gelagerten Sachverhalts genügt für eine Versagung 1372
der Erstattung von Reisekosten nicht, denn für eine rechtsunkundige Partei ist gerade
nicht vorherzusehen, welche Schwierigkeiten ein Rechtsstreit bieten kann.[1438] Dies gilt
in besonderem Maße für die materiell-rechtlichen und prozessrechtlichen Besonderheiten des Gewerblichen Rechtsschutzes und Urheberrechts.

Beauftragt der Prozessbevollmächtigte einen **Unterbevollmächtigten** mit der Ter- 1373
minswahrnehmung, dann sind die dadurch verursachten zusätzlichen Kosten unter
den gleichen Voraussetzungen wie die ersparten Reisekosten erstattungsfähig. Dabei
ist es unschädlich, wenn die Kosten für den Unterbevollmächtigten die ersparten Reisekosten nicht wesentlich überschreiten, denn diese lassen sich wegen Unwägbarkeiten bei der Reisedauer und der Terminsdauer nicht sicher kalkulieren. Wesentlich ist
nach dem VIII. Zivilsenat des Bundesgerichtshofs eine Überschreitung der Kosten
für den Unterbevollmächtigten um mehr als 1/10 der ersparten Reisekosten.[1439] Nach
der Rechtsprechung des XII. Zivilsenats ist für den Vergleich der fiktiven Reisekosten
mit den Kosten für einen Unterbevollmächtigten auf eine ex-ante Betrachtung abzustellen, bei der es darauf ankommt, ob eine verständige und wirtschaftlich denkende
Partei die kostenauslösende Maßnahme als sachdienlich ansehen durfte. Sie darf die
zur Wahrnehmung ihrer Belange erforderlichen Maßnahmen ergreifen und ist nur
verpflichtet unter mehreren gleichartigen Maßnahmen die kostengünstigere auszu-
wählen.[1440]

Eine Beschränkung der Kostenerstattung auf die Kosten für einen Terminsverteter 1374
findet nicht statt.[1441] Die Reisekosten des Prozessbevollmächtigten zum Termin sind
grundsätzlich erstattungsfähig, damit die Prozesspartei von dem Rechtsanwalt ihres
Vertrauens vertreten wird. Die Beauftragung eines Terminsvertreters ist keine gleichartige Maßnahme.

Verbände zur Förderung gewerblicher oder selbständiger beruflicher Interessen 1375
und Verbraucherschutzverbände, die einen Rechtsanwalt an ihrem Sitz beauftragen,
können die Reisekosten ihres Prozessbevollmächtigten zum auswärtigen Gerichtstermin nicht erstattet verlangen.[1442] Diese Verbände müssen, um prozessführungsbefugt
zu sein, über die notwendige personelle, sachliche und finanzielle Ausstattung verfügen. Von ihnen ist deshalb zu verlangen, einen Rechtsanwalt am Gerichtsort schriftlich

---

[1437] BGH 28.6.2006 – IV ZB 44/05, NJW 2006, 3008.
[1438] BGH 16.10.2002 – VIII ZB 30/02, NJW 2003, 898, 901.
[1439] BGH 16.10.2002 – VIII ZB 30/02, NJW 2003, 898, 901.
[1440] BGH 26.2.2014 – XII ZB 499/11, NJW-RR 2014, 763, 764 Rn. 9.
[1441] BGH 13.9.2005 – X ZB 30/04, GRUR 2005, 1072 – Auswärtiger Rechtsanwalt V.
[1442] BGH 18.12.2003 – I ZB 18/03 GRUR 2004, 448 – Auswärtiger Rechtsanwalt IV; 2.10.2008 –
I ZB 96/07, GRUR 2009, 191 – Auswärtiger Rechtsanwalt VII; 12.12.2012 – IB ZB 18/12, NJW-
RR 2013, 242.

informieren zu können. Sie sind insoweit einem Unternehmen mit eigener Rechtsabteilung gleichgestellt.[1443] Anders als bei Unternehmen, die entscheiden können, wie sie ihren Betrieb organisieren und von denen deshalb die Errichtung einer Rechtsabteilung nicht verlangt werden kann, kommt es bei Verbänden nicht auf die konkrete Organisation an. Sie sind unabhängig davon, wie sie die Schwerpunkte ihrer Tätigkeit setzen, kostenrechtlich immer so zu behandeln, als ob sie in der Lage sind, einen auswärtigen Rechtsanwalt schriftlich zu informieren.[1444]

1376   Den weitergehenden Schritt, aus der Gleichstellung von Verbänden mit Unternehmen mit eigener Rechtsabteilung abzuleiten, dass zumindest bei einem Hausanwalt, der den Verband regelmäßig vertritt, die Reisekosten zu erstatten sind, will der Bundesgerichtshof wohl nicht gehen. Soweit ersichtlich fehlt hierzu eine eindeutige Entscheidung. In seinem Beschluss vom 12.12.2012[1445] hat er bei 17 Parallelverfahren die Beauftragung des Hausanwalts nicht als zur zweckentsprechenden Rechtsverfolgung erforderlich anerkannt, wobei in jenem Fall allerdings die maßgebende Rechtsfrage bereits geklärt war. Dies deutet darauf hin, dass zumindest der IV. Zivilsenat des Bundesgerichtshofs bei klagenden Verbänden die Mehrkosten wegen der Beauftragung des Hausanwalts nicht für erstattungsfähig hält.

*dd) Beauftragung eines Rechtsanwalts weder am Gerichtsort noch am Sitz
der Prozesspartei*

1377   Nach dem Wegfall des Lokalisierungsprinzips kann die Prozesspartei einen Rechtsanwalt nicht nur an ihrem Sitz sondern auch an einem dritten Ort, der weder ihr Sitz noch der Gerichtsort ist, als Prozessbevollmächtigten beauftragen.

1378   Die Beauftragung eines Rechtsanwalts an einem dritten Ort ist im gewerblichen Rechtsschutz und Urheberecht keine Ausnahme und kann auf vielfältigen Ursachen beruhen. Die Partei kann einen auswärtigen Rechtsanwalt beauftragen, weil dieser auf dem Fachgebiet des Rechtsstreits besondere Kenntnisse und Erfahrungen gesammelt hat und deshalb über einen besonderen Ruf verfügt und überlässt diesem die Wahl des Gerichtstands. Der weit verbreitete fliegende Gerichtsstand eröffnet die Möglichkeit, sich das Gericht auszusuchen, bei dessen Rechtsprechung der Prozesserfolg sicher zu erwarten ist und/oder besonders schnell entschieden wird. Im Eilverfahren kann für einen Verfügungsantrag am dritten Ort auch sprechen, wenn durch Vergleichsgespräche schon einige Zeit verstrichen ist und die Dringlichkeit nur noch bei den Gerichten gewahrt ist, die ein Zuwarten von bis zu zwei Monaten nicht für dringlichkeitsschädlich halten. Der Prozessbevollmächtigte am dritten Ort kann allerdings auch Anlass für Misstrauen des Gerichts sein. Haben in einem Eilverfahren weder die Prozessparteien noch der Prozessbevollmächtigte des Antragstellers ihren Sitz am Gerichtsort kann dies ein Indiz für forum shopping sein, insbesondere wenn zusätzlich der Antrag bei einem Gericht eingereicht wird, nach dessen Rechtsprechung eine Wartefrist bis zu zwei Monaten der Dringlichkeit nicht entgegensteht und diese Frist annähernd abgelaufen ist. Im Wettbewerbsrecht kann es sogar nach § 8 Abs. 4 UWG missbräuchlich sein, wenn bei einer regelmäßigen Abmahntätigkeit, wie bei der Verfolgung von AGB-Verstößen, der Anwalt am dritten Ort unter Ausnutzung des fliegenden Gerichtsstands Rechtsstreite, verteilt über das

---

[1443] BGH 21.9.2005 – IV ZB 11/04, NJW 2006, 301, 303.
[1444] BGH 12.12.2012 – IV ZB 18/12, NJW-RR 2013, 242, 244.
[1445] BGH 12.12.2012 – IV ZB 18/12, NJW-RR 2013, 242.

Gebiet der Bundesrepublik, immer an einem Gerichtsort führt, der vom Sitz des Antragsgegners bzw. Beklagten weit entfernt ist.[1446]

> **Praxistipp des Anwalts:** Vor der Aussprache von Abmahnungen sollte die Rechtsprechung des Gerichts, welches angerufen werden soll (inkl. der Berufungsinstanz), eingehend geprüft werden, da dem sog. fliegenden Gerichtsstand einige (auch höhere) Gerichte kritisch gegenüberstehen, wie etwa die Oberlandesgerichte Bremen, Celle, Jena (→ Rn. 1035).

1379

Beauftragt die Partei einen Rechtsanwalt am dritten Ort sind Reisekosten nur bis zur Höhe der fiktiven Reisekosten zu erstatten, die bei einem am Sitz der Partei ansässigen Rechtsanwalt entstanden wären.[1447] Dies gilt auch dann, wenn der Rechtsanwalt mit dem Unternehmen durch eine langjährige vertrauensvolle Zusammenarbeit verbunden ist. Eine Ausnahme besteht nur, wenn am Sitz der Partei oder Gerichtsort kein Rechtsanwalt zugelassen ist, der für eine sachangemessene Prozessvertretung geeignet ist.[1448] Wird am Sitz des Rechtsanwalts aufgrund unternehmensinterner Organisation der Fall bearbeitet, ohne dass das Unternehmen dort seinen Sitz hat, dann sind die Reisekosten unter den gleichen Voraussetzungen zu erstatten, wie wenn ein Rechtsanwalt am Unternehmenssitz beauftragt worden wäre.[1449] Denn bei der Kostenerstattung ist auf die tatsächliche Organisation abzustellen und nicht darauf, welche nach Ansicht des Gerichts zweckmäßig ist.

1380

Für einen im Ausland ansässigen Kläger, der einen inländischen Rechtsanwalt nicht am Gerichtsort beauftragt, sind jedoch die tatsächlichen Reisekosten des Rechtsanwalts zum Gerichtstermin erstattungsfähig. In dem der Entscheidung des BGH vom 12.9.2013[1450] zugrunde liegenden Sachverhalt hatte ein in Großbritannien ansässiger Kläger einen Rechtsanwalt in Kiel beauftragt, der den im Bezirk des Amtsgerichts Wolgast wohnhaften Beklagten vor dem Amtsgericht München in Anspruch nahm. Der BGH verneinte die Erstattungsfähigkeit der Reisekosten nicht deshalb, weil der Kläger keinen Rechtsanwalt am Gerichtsstand des Beklagten beauftragt oder die Klage nicht am Sitz des Rechtsanwalts oder des Beklagten erhoben hatte. Eine Beschränkung der Reisekostenerstattung auf die fiktiven Reisekosten vom Sitz der Prozesspartei nahm der Bundesgerichtshof nicht an, weil dies bei ihrem Sitz im Ausland nicht möglich ist. Er ging bei typisierender Betrachtungsweise davon aus, dass die Auswahl des Rechtsanwalts wegen erwarteter vertrauensvoller Zusammenarbeit und optimaler Prozessvertretung erfolgte und konnte sachfremde Erwägungen nicht erkennen. Auch die Wahl des Gerichtsorts steht der Erstattung der Reisekosten nicht entgegen, weil der ausländische Kläger nach § 35 ZPO den Gerichtsstand frei wählen konnte. Missbräuchliches Verhalten liegt nicht deshalb vor, weil ein Gericht entfernt vom Sitz des Beklagten und des Rechtsanwalts angerufen wurde. Für diese Vorgehensweise kann sprechen, dass das Gericht auf dem Gebiet des Streitgegenstands besondere Erfahrungen besitzt und dort der Prozesserfolg am besten zu erwarten ist.

1381

[1446] KG 25.1.2008 – 5 W 371/07, GRUR-RR 2008, 212 – Fliegender Gerichtsstand.

[1447] BGH 18.12.2003 – I ZB 21/03, GRUR 2004, 447 – Auswärtiger Rechtsanwalt III; 13.9.2011 – VI ZB 9/10, NJW 2011, 3520 Rn. 6.

[1448] BGH 13.9.2011 – VI ZB 42/10, NJW 2011, 3521 Rn. 9.

[1449] BGH 23.1.2007 – I ZB 42/06, GRUR 2007, 726, 727 Rn. 14, 15 – Auswärtiger Rechtsanwalt V.

[1450] BGH 12.9.2013 – I ZB 39/13, GRUR 2014, 607 – Klageerhebung an einem dritten Ort.

ee) Beauftragung eines auswärtigen Rechtsanwalts für den am Sitz der Prozesspartei geführten Rechtsstreit

1382   Reisekosten sind grundsätzlich nicht erstattungsfähig, wenn eine an ihrem Sitz klagende oder verklagte Prozesspartei einen auswärtigen Rechtsanwalt beauftragt.[1451] Weder die ständige Zusammenarbeit mit dem auswärtigen Rechtsanwalt noch dessen vorprozessuale Tätigkeit rechtfertigt dessen Beauftragung als zur zweckentsprechenden Rechtsverfolgung erforderlich. Eine Ausnahme lässt der Bundesgerichtshof nur zu, wenn ein spezialisierter Rechtsanwalt benötigt wird, der am Sitz der Prozesspartei nicht vorhanden ist.[1452] Für den Gewerblichen Rechtsschutz und das Urheberrecht dürfte diese Ausnahme aber keine Bedeutung erlangen. Denn die große Anzahl von Fachanwälten für Gewerblichen Rechtsschutz rechtfertigt die Vermutung, dass in fast jedem Landgerichtsbezirk ausreichend sachkundige Rechtsanwälte beauftragt werden können.

b) Patentanwaltskosten

aa) Erstattung im Rechtsstreit

1383   § 140 Abs. 3 MarkenG sieht die Erstattung der Kosten eines Patentanwalts vor, der in einer Kennzeichenstreitsache mitwirkt. Gleichlautende Regelungen finden sich in § 52 Abs. 4 DesignG für die Mitwirkung des Patentanwalts in einer Designsache sowie in den Vorschriften über die technischen Schutzrechte (§ 143 Abs. 3 PatG, § 27 Abs. 3 GebrMG, § 38 Abs. 3 SortenSchutzG). Zu erstatten sind jeweils die gesetzlichen Gebühren nach § 13 RVG, was zugleich bedeutet, dass eine Abrechnung der tatsächlichen Leistungen nach Stundensätzen, wie sie bei der Honorierung von Patentanwälten wegen einer fehlenden Gebührenordnung durchaus üblich ist, nicht stattfindet. Der Patentanwalt, der an einem Rechtsstreit mitwirkt, erhält sämtliche Anwaltsgebühren, d. h. die Verfahrensgebühr, die Terminsgebühr und unter Umständen auch die Vergleichsgebühr. In der Praxis bedeutet dies eine Verdoppelung der Rechtsanwaltskosten, die eine erhebliche Erhöhung des Kostenrisikos bei Kennzeichen-, Designsachen und Sachen über technische Schutzrechte zur Folge hat. Für die Entstehung dieser Gebühren genügt es, dass der Patentanwalt seine Mitwirkung anzeigt. Auf den Umfang und die Intensität seiner Mitwirkung, die im Festsetzungsverfahren nicht zu prüfen ist,[1453] kommt es nicht an. Der Gesetzgeber geht davon aus, dass die Mitwirkung eines Patentanwalts im Verletzungsprozess immer sinnvoll ist, weil die Recherche, Anmeldung, Überwachung von Schutzrechten zu seinen typischen Aufgaben gehört. Die Anzeige der Mitwirkung erfolgt üblicherweise im ersten an das Gericht zu richtenden Schriftsatz. Die fehlende Anzeige der Mitwirkung kann durch die Glaubhaftmachung der Mitwirkung im Kostenfestsetzungsverfahren ersetzt werden.[1454] Gegenüber dem Auftraggeber kann der Patentanwalt die Vergütung nicht gem. § 11 A bs. 1 S. 1 RVG festsetzen lassen, denn diese Vorschrift richtet sich nur an Rechtsanwälte.[1455]

[1451] BGH 12.12.2002 – I ZB 29/02, NJW 2003, 901, 902; 20.11.2011 – XI ZB 13/11, NJW-RR 2012, 697 Rn. 7.

[1452] BGH 20.11.2011 – XI ZB 13/11, NJW-RR 2012, 697 Rn. 9.

[1453] OLG Köln 31.5.2013 – 17 W 32/13, GRUR-RR 2014, 48 (LS) – Langlaufskier = NJOZ 2013, 1977.

[1454] Nordemann, Rn. 1646.

[1455] BGH 25.8.2015 – X ZB 5/14, GRUR 2015, 1253 Rn. 15 – Festsetzung der Patentanwaltsvergütung; hierzu Albrecht, GRUR-Prax 2015, 419.

Ist der Prozessbevollmächtigte zugleich Patentanwalt und zeigt er seine Mitwirkung **1384** in dieser Funktion an, dann erhält er von der Mandantschaft die doppelten Anwaltsgebühren, die auch beim Obsiegen im Rechtsstreit von der Gegenseite zu erstatten sind.[1456] Der BGH stellt nicht darauf, ob der Rechtsanwalt eine Mehrleistung erbringt, sondern lässt bei einer eher formalisierten Betrachtung ausreichen, dass der Patentanwalt ein unabhängiges Organ der Rechtspflege gem. § 1 PatAnwO ist.

bb) Erstattung bei der Abmahnung

Auch bei einer Abmahnung können die Kosten des neben dem Rechtsanwalt mit- **1385** wirkenden Patentanwalts erstattungsfähig sein. Hier sind aber die Anforderungen strenger als im Rechtsstreit. Die Erstattung erfolgt nicht gem. § 140 Abs. 3 MarkenG, denn diese Vorschrift findet nur im gerichtlichen Verfahren Anwendung.[1457] Auch eine analoge Anwendung findet nicht statt, weil die materiell-rechtlichen Vorschriften der Geschäftsführung ohne Auftrag und § 140 Abs. 3 MarkenG abschließende Regelungen sind, die eine Regelunglücke ausschließen.[1458] Während Rechtsanwaltskosten für eine Abmahnung immer als zur zweckentsprechenden Rechtsverfolgung erforderlich zu erstatten sind, sind Kosten für einen Patentanwalt nur zu erstatten, wenn dessen Mitwirkung erforderlich ist. Der Patentanwalt muss Aufgaben übernommen haben, die für seine Tätigkeit typisch sind. Typische Aufgaben sind etwa Recherchen zum Registerstand oder zur Benutzungslage.[1459] Die Voraussetzungen sind von der Kostenerstattung verlangenden Partei darzulegen und erforderlichenfalls zu beweisen.[1460] Hieran sind strenge Anforderungen zu stellen. So reicht der pauschale Hinweis, der Patentanwalt habe eine Markenrecherche durchgeführt, nicht aus, die Erstattungsfähigkeit darzulegen.[1461] Anders als im gerichtlichen Verfahren genügt also bei einer Abmahnung die bloße Anzeige der Mitwirkung des Patentanwalts nicht, um einen Anspruch auf Kostenerstattung zu begründen.

Praxistipp: Bei der Mitwirkung eines Patentanwalts bei einer Abmahnung ist für die Kos- **1386** tenerstattung zu beachten, dass dessen Mitwirkung erforderlich sein muss, indem er für sein Berufsbild typische Aufgaben übernimmt. Die Voraussetzungen sind darzulegen und zu beweisen.

---

cc) Erstattung im Wettbewerbsprozess

In Rechtsstreiten, die wettbewerbsrechtliche Ansprüche zum Gegenstand haben, **1387** können die Kosten eines Patentanwalts erstattungsfähig sein, wenn in dem Prozess zugleich kennzeichenrechtliche Fragen oder technische Schutzrechte eine erhebliche Rolle spielen.[1462] So kann die Geltendmachung wettbewerbsrechtlichen Leistungsschutz die Erstattung der Patentanwaltskosten rechtfertigen, wenn der Patentanwalt mit typischen Aufgaben seiner Tätigkeit befasst war, beispielsweise mit Recherchen

---

[1456] BGH 3.4.2003 – I ZB 37/02, GRUR 2003, 639 – Kosten des Patentanwalts.
[1457] BGH 24.2.2011 – I ZR 181/09, GRUR 2011, 754 Rn. 13 – Kosten des Patentanwalts II.
[1458] BGH 24.2.2011 – I ZR 181/09, GRUR 2011, 754 Rn. 14 – Kosten des Patentanwalts II.
[1459] OLG Frankfurt 12.11.2009 – 6 U 130/09, GRUR-RR 2010, 127 – Vorgerichtliche Patentanwaltskosten.
[1460] BGH 24.2.2011 – I ZR 181/09, GRUR 2011, 754 Rn. 24 – Kosten des Patentanwalts II.
[1461] BGH 10.5.2012 – I ZR 70/11, GRUR 2012, 759 Rn. 16 – Kosten des Patentanwalts IV.
[1462] OLG Hamburg 18.6.2007 – 8 W 101/07, BeckRS 2008, 02308; Harte/Henning/*Brüning*, Vor § 12 Rn. 269; *Köhler*/Bornkamm, § 12 Rn. 2.121.

zum Formenschatz.[1463] In der Praxis dürfte diese Frage bei Rechtsstreiten mit kennzeichenrechtlichem Hintergrund keine Bedeutung erlangen, weil neben dem wettbewerbsrechtlichen Anspruch in der Regel im Wege der Klagehäufung auch markenrechtliche oder designrechtliche Ansprüche geltend gemacht werden.

dd) Kosten für den ausländischen Patentanwalt

1388   Die Regelungen über die Erstattung von Patentanwaltskosten (bspw. § 140 Abs. 3 MarkenG) gelten grundsätzlich nur für inländische Patentanwälte. Sie sind aber wegen der Freiheit des Waren- und Dienstleistungsverkehrs entsprechend auf Patentanwälte innerhalb der Europäischen Union anzuwenden. Eine Kostenerstattung für ausländische Patentanwälte findet aber nur statt, wenn diese hinsichtlich ihrer Ausbildung und ihrem Tätigkeitsbereich einem inländischen Patentanwalt gleichstehen.[1464] Ob diese Voraussetzungen vorliegen, ist im Kostenfestsetzungsverfahren bzw. Kostenerstattungsprozess jeweils zu prüfen. Für den italienischen consulente in marchi hat der BGH[1465] die Erstattungsfähigkeit offen gelassen und das Verfahren an das Beschwerdegericht zurückverwiesen. Das OLG Naumburg[1466] misst die Erstattungsfähigkeit der Kosten für die Beauftragung eines italienischen Patentanwalts (consulente in marchi) zur Erfüllung einer richterlichen Auflage an § 91 ZPO und hält diese nicht für Aufwendungen gem. § 140 Abs. 3 MarkenG. Schweizer Rechtsanwälte sind nach der Rechtsprechung des Kammergerichts deutschen Patentanwälten nicht gleichzustellen. Das Kammergericht hat jedoch die Kostenerstattung als Verkehrsanwalt anerkannt.[1467]

c) Vorbereitungskosten

1389   Kosten der Vorbereitung, sind wie alle anderen Kosten zu erstatten, sofern sie zur Vorbereitung der zweckentsprechenden Rechtsverfolgung erforderlich sind (§ 91 ZPO). Hierbei muss es sich um Kosten handeln, die der Vorbereitung des konkret zu führenden Rechtsstreits dienen. Aus Gründen der Prozesswirtschaftlichkeit, können sie im Kostenfestsetzungsverfahren geltend gemacht werden.[1468] Folgende Kosten können, ohne Anspruch auf Vollzähligkeit der Aufzählung, erstattet werden:

1390   Durch einen **Testkauf**[1469] verursachte Kosten sind zu erstatten, sofern schon vor dem Kauf der Entschluss zur Rechtsverfolgung bestand. Dem steht es nicht entgegen, wenn der Testkauf vor der Abmahnung vorgenommen wird.[1470] Dabei ist angemessen, insbesondere sparsam und wirtschaftlich, vorzugehen.[1471] Wurde der Kaufgegenstand im Prozess nicht verbraucht, sondern ist noch als wirtschaftlicher Wert vorhanden,

---

[1463] OLG Frankfurt 12.10.2010 – 6 W 132/10, GRUR-RR 2011, 118 – Engel-Schmuckstücke; OLG Jena 12.3.2002 – 2 W 45/02, GRUR-RR 2003, 30 – Gebührenerstattung in Wettbewerbssachen.

[1464] BGH 19.4.2007 – I ZB 47/06, GRUR 2007, 999 Rn. 15 – consulente in marchi.

[1465] BGH 19.4.2007 – I ZB 47/06, GRUR 2007, 999 Rn. 18 – consulente in marchi.

[1466] 18.9.2013 – 2 W 51/12, GRUR 2014, 304 – KfB = BeckRS 2013, 22093.

[1467] KG 3.6.2008 – 1 W 385/06, GRUR-RR 2008, 373 – Schweizer Anwalt.

[1468] BGH 20.10.2005 – I ZB 21/05, GRUR 2006, 439 Rn. 11 – nicht anrechenbare Geschäftsgebühr.

[1469] zum Testkauf vgl. Mes, Testkauf zur Vorbereitung des Prozesses im gewerblichen Rechtsschutz und Wettbewerbsrecht, GRUR 2013, 767.

[1470] OLG München 19.2.2004 – 29 W 886/04, GRUR 2004, 190 – Testkaufkosten.

[1471] *Köhler*/Bornkamm, § 12 Rn. 2.123.

dann erfolgt die Kostenerstattung nur Zug um Zug gegen Übergabe des Testkaufobjekts.[1472] Dies setzt jedoch voraus, dass der Kostenschuldner sein Zurückbehaltungsrecht (§ 273 BGB) ausdrücklich geltend macht.[1473] Auch bei einer Kostenteilung sind die Kosten Zug um Zug gegen Herausgabe des Testkaufobjekts festzusetzen. Übersteigt der Wert des Objekts die zu erstattenden Kosten, mag sich der Gläubiger überlegen, ob er den Kostenerstattungsanspruch durchsetzen will.[1474] Die Herausgabe des Testkaufobjekts ist jedoch abzulehnen, wenn dieses ein Schutzrecht verletzt und damit der Vernichtung unterliegt. In diesem Fall dürfte der Vernichtungsanspruch der Herausgabe an den Verkäufer entgegenstehen,[1475] weshalb dieser nur die Kosten zu erstatten hat, ohne die Herausgabe des Testkaufobjekts verlangen zu können. Kosten für einen Testkauf im Rahmen einer allgemeinen Marktbeobachtung sind nicht erstattungsfähig, selbst wenn diese später zu einem Rechtsstreit führt.[1476]

Meinungsumfragen sind als Beweismittel anerkannt. Die Kosten für eine gericht- **1391** lich angeordnete Meinungsumfrage sind von der unterlegenen Partei gem. § 91 ZPO zu tragen und im Kostenfestsetzungsverfahren festsetzbar.[1477]

Im einstweiligen Verfügungsverfahren können Meinungsumfragen, die von einer **1392** Partei zur Vorbereitung des Verfahrens in Auftrag gegeben wurden, ein Glaubhaftmachungsmittel sein. Erstattungsfähig sind die Kosten aber nur, wenn die Partei vor der Beauftragung erwarten durfte, mit der Meinungsumfrage das Verfahren zu fördern.[1478] An die Erstattungsfähigkeit sind strenge Anforderungen zu stellen, insbesondere dürfen die Kosten nicht außer Verhältnis zur Bedeutung der Sache stehen. Im Klageverfahren entscheidet jedoch das Gericht über die zu erhebenden Beweise. Hier sind von der Prozesspartei in Auftrag gegebene Meinungsumfragen kein Beweismittel, sondern lediglich substantiierter Parteivortrag. Die Kosten von privat veranlassten Meinungsumfragen sind deshalb nur im Eilverfahren erstattungsfähig.[1479] Eine Ausnahme ist nur zu machen bei einer privat in Auftrag gegebenen Meinungsumfrage, die im Hauptsacheverfahren der gerichtlichen Meinungsumfrage entgegen gehalten werden soll.[1480]

Detektivkosten, die zur zweckentsprechenden Rechtsverfolgung erforderlich sind, **1393** sind zu erstatten. Voraussetzung ist, dass die Informationen nicht auf anderem Wege zu beschaffen und die Kosten nicht unverhältnismäßig sind.[1481]

Kommt es für die Entscheidung des Rechtsstreits auf die Anwendung **ausländi-** **1394** **schen Rechts** an, sind die Kosten eines **Rechtsgutachtens** zu erstatten, aber auch nur, sofern dieses im Rechtsstreit berücksichtigt wurde. Kosten für Gutachten zum inlän-

---

[1472] KG 9.4.2002 – 1 W 41/02, KGR Berlin 2003, 163; OLG Celle 21.11.2013 – 13 U 84/13, GRUR-RR 2014, 152 – Klebefähnchen; Ullmann/*Müller-Bidinger/Seichter*, jurisPK-UWG, 3. Aufl. 2013, § 4 Nr. 10 Rn. 158.

[1473] OLG Hamburg 12.3.2014 – 4 W 23/14, NJOZ 2014, 1135.

[1474] KG 10.7.1990 – 1 W 63092/89, JurBüro 1991, 86.

[1475] Mes, GRUR 2013, 767, 774; a.A. KG 9.4.2002 – 1 W 41/02, KGR Berlin 2003, 163 (1. Zivilsenat).

[1476] OLG Zweibrücken 1.4.2004 – 4 W 42/04, GRUR 2004, 343 – Testkaufkosten; Ahrens/ *Büttner*, Kap. 42, Rn. 11.

[1477] *Köhler*/Bornkamm, § 12 Rn. 2.88.

[1478] KG 13.2.1987 – 1 W 4941/85, GRUR 1987, 473; OLG Karlsruhe 12.2.2007 – 6 W 109/06, BeckRS 2008, 08734.

[1479] KG 13.2.1987 – 1 W 4941/85, GRUR 1987, 473.

[1480] Harte/Henning/*Brüning*, Vor § 12 Rn. 204.

[1481] Köhler in *Köhler*/Bornkamm, § 12 Rn. 2.124; Harte/Henning/*Brüning*, Vor § 12 Rn. 276.

dischen Recht sind nur erstattungsfähig, wenn dieses der Klärung außerordentlich schwieriger Rechtsfragen dient.[1482]

d) Kosten für die Abwehr von Ansprüchen

aa) Abwehr von unberechtigten Abmahnungen im Wettbewerbsrecht

1395   Der Abgemahnte, der nicht gewillt ist, die geforderte strafbewehrte Unterwerfungs-erklärung abzugeben, lässt mitunter die Abmahnung durch ein Anwaltsschreiben zu-rückweisen. Für die Erstattungsfähigkeit der durch ein solches Abwehrschreiben, das auch als Gegenabmahnung bezeichnet wird, verursachen Kosten[1483] kommt es darauf an, ob es gegen die Abmahnung eines wettbewerbsrechtlichen Anspruchs oder eines auf ein Schutzrecht gestützten Unterlassungsanspruchs gerichtet ist.

1396   Die Kosten der Abwehr wettbewerbsrechtlicher Ansprüche sind grundsätzlich nicht erstattungsfähig. § 12 UWG ist weder unmittelbar noch analog anzuwenden.[1484] Denn diese Vorschrift regelt lediglich die Kostenerstattung für eine Abmahnung und behandelt nicht die Abwehr von Ansprüchen. Auch auf die Grundsätze über eine un-berechtigte Schutzrechtsverwarnung kann ein Erstattungsanspruch nicht gestützt wer-den,[1485] denn wettbewerbsrechtliche Ansprüche sind keine Schutzrechte, sondern le-diglich relative Rechte, die die Beziehungen nur zwischen den beteiligten Parteien regeln. Die Kosten für die Abwehr einer Abmahnung dienen nicht der Prozessvorbe-reitung, sondern sollen den Rechtsstreit verhindern, und sind deshalb nicht im nach-folgenden Wettbewerbsprozess festsetzbar.[1486] Sie können auch nicht gesondert mit der Leistungsklage verlangt werden.

1397   Nach *Sosnitza*[1487] können die Kosten der Gegenabmahnung ausnahmsweise erstat-tungsfähig sein, wenn die Abmahnung auf erkennbar falschen Annahmen beruht, bei deren Richtigstellung mit einer Änderung der Auffassung zu rechnen ist, oder die in der Abmahnung angedrohte Klage längere Zeit nicht erhoben wurde.

1398   Wegen vergleichbarer Interessenlage soll die Abmahnung wegen ergänzendem wett-bewerbsrechtlichen Leistungsschutzes, jedenfalls bei Herkunftstäuschung und Ruf-ausbeutung, einer Schutzrechtsverwarnung gleichgestellt werden,[1488] so dass bei einer unberechtigten Abmahnung die Kosten der Gegenabmahnung als Schadensersatz we-gen Eingriffs in den eingerichteten und ausgeübten Gewerbetrieb gem. § 823 Abs. 1 BGB zu ersetzen sind. Diese Ansicht ist jedoch auf erhebliche Ablehnung gestoßen.[1489]

1399   Als Grundsatz bleibt zu merken, dass im Wettbewerbsrecht die Kosten einer Ge-genabmahnung nicht zu erstatten sind und im Übrigen gelten auch hier die allgemei-nen Grundsätze über die Kosten für die Verteidigung gegen unbegründete Ansprüche,

---

[1482] BVerfG 25.5.1993 – 1 BvR 397/87, NJW 1993, 2793.

[1483] hierzu ausführlich Chudziak, Die Erstattung der Rechtsanwaltskosten des unbegründet Abgemahnten, GRUR 2012, 133.

[1484] Köhler/*Bornkamm*, § 12 Rn. 1.78 a.

[1485] BGH 20.1.2011 – I ZR 31/10, GRUR-RR 2011, 343 – Unberechtigte Abmahnung (Ls.) = BeckRS 2011, 03867.

[1486] BGH 6.12.2007 – I ZB 16/07, GRUR 2008, 639 – Kosten eines Abwehrschreibens.

[1487] Ohly/*Sosnitza*, UWG, 6. Aufl. 2014, § 12 Rn. 28.

[1488] OLG Stuttgart 10.9.2009 – 2 U 11/09, GRUR-RR 2010, 298 – Dampfdruckbügeleisen; Harte/Henning/*Omsels*, § 4 Rn. 181.

[1489] Köhler/*Bornkamm*, § 12 Rn. 1.70; Fezer/*Büscher*, § 12 Rn. 53; Ohly/*Sosnitza*, § 12 Rn. 28.

die nur bei Vorliegen einer besonderen Anspruchsgrundlage zu ersetzen sind.[1490] Eine solche Anspruchsgrundlage kann die Schadensersatzpflicht gem. § 9 UWG sein, die aber Verschulden bei der unberechtigten Abmahnung voraussetzt, was nur in Ausnahmefällen gegeben sein dürfte.

bb) Abwehr einer unberechtigten Abmahnung wegen eines Schutzrechts

Die auf die Verletzung eines Schutzrechts, wie dem Markenrecht, gestützte Abmahnung ist eine Schutzrechtsverwarnung. Mit seinem Beschluss vom 15. Juli 2005[1491] hat der Große Senat für Zivilsachen des BGH bestätigt, dass die unberechtigte Schutzrechtsverwarnung ein Eingriff in den eingerichteten und ausgeübten Gewerbetrieb ist und bei Verschulden zum Schadensersatz verpflichtet. Ein nach diesen Grundsätzen zu erstattender Schaden können auch die Kosten für die Gegenabmahnung sein, die jedoch alle Voraussetzungen eines deliktischen Anspruchs, d.h. Rechtswidrigkeit der Schutzrechtverwarnung und Verschulden des Abmahnenden, erfüllen müssen. Neben den Kosten eines Rechtsanwalts sind auch die Kosten eines Patentanwalts zu erstatten, der bei der Abwehr einer unberechtigten Schutzrechtsverwarnung mitgewirkt hat. Der Abgemahnte muss jedoch die Erforderlichkeit der Mitwirkung des Patentanwalts nachweisen, was voraussetzt, dass dieser typische Aufgaben aus einem Arbeitsgebiet übernommen hat.[1492]

Mit § 97a Abs. 4 UrhG schuf der Gesetzgeber erstmals eine gesetzliche Regelung für den Ersatz der Kosten der Rechtsverteidigung. Danach sind die Aufwendungen zu erstatten, wenn die Abmahnung unberechtigt oder unwirksam war, es sei denn die mangelnde Berechtigung war für den Abmahnenden im Zeitpunkt der Abmahnung nicht zu erkennen. Diese Regelung geht über die Ansprüche wegen unberechtigter Schutzrechtsverwarnung hinaus. Zum einen erfasst sie auch Fälle einer sachlich berechtigten Abmahnung, die jedoch aus formalen Gründen unwirksam ist. Zum anderen kommt es bei § 97a Abs. 4 UrhG auf Verschuldenselemente nur insoweit an, als der Abmahnende darzulegen und ggf. zu beweisen hat, dass er die mangelnde Berechtigung im Zeitpunkt der Abmahnung nicht erkennen konnte. Damit findet gegenüber dem Schadensersatz wegen einer unberechtigten Schutzrechtsverwarnung insoweit eine Umkehr der Darlegungs- und Beweislast statt, die nunmehr den Abmahnenden trifft, während bei einer Schutzrechtsverwarnung der Anspruchsteller für alle Anspruchsvoraussetzungen beweispflichtig ist und damit auch für das Verschulden. Der Abmahnende hat danach für alle Umstände aus seiner Sphäre einzustehen, so dass er sich auch das Verschulden seine Mitarbeiter und Erfüllungsgehilfen zurechnen lassen muss.[1493] Weitergehende Ersatzansprüche bleiben nach § 97a Abs. 4 S. 2 UrhG unberührt. Damit gelten auch weiterhin die Grundsätze der unberechtigten Schutzrechtsverwarnung, die jedoch im Urheberrecht für die Erstattung von Kosten der Gegenabmahnung wegen des leichter durchsetzbaren Anspruchs gem. § 97a Abs. 4 UrhG keine praktische Bedeutung mehr haben dürften.

1400

1401

[1490] Köhler/*Bornkamm*, § 12 Rn. 1.78 a; BGH 12.12.2006 – VI ZR 224/06, NJW 2007, 1458.
[1491] BGH 15.7.2005 – GSZ 1/04, GRUR 2005, 882 – Unberechtigte Schutzrechtsverwarnung.
[1492] BGH 21.12.2011 – I ZR 196/10, GRUR 2012, 756 Rn. 25 – Kosten des Patentanwalts III.
[1493] Wandtke/Bullinger/*Kefferpütz*, UrhR, 4. Aufl. 2014, § 97 a Rn. 41.

II. Streitwert

1. Zuständigkeitsstreitwert/Gebührenstreitwert

1402 Beim Streitwert ist zu unterscheiden zwischen dem Zuständigkeitsstreitwert und dem Gebührenstreitwert. Der Zuständigkeitsstreitwert dient der erstinstanzlichen Zuständigkeitsabgrenzung zwischen dem Amtsgericht und dem Landgericht. Im Bereich des geistigen Eigentums hat er lediglich noch im Urheberrecht Bedeutung, weil es hier an einer streitwertunabhängigen Zuweisung an das Landgericht fehlt. Maßgebend ist deshalb in diesem Bereich die Streitwertgrenze von 5.000,– € deren Überschreitung erst die Zuständigkeit der Landgerichte begründet (§ 23 Nr. 1 GVG). Im Wettbewerbsrecht, Markenrecht, Designrecht und bei den technischen Schutzrechten bestehen jeweils streitwertunabhängige Zuständigkeitsregelungen für das Landgericht als Eingangsgericht (§ 13 Abs. 1 UWG; § 140 Abs. 1 MarkenG; § 52 Abs. 1 DesignG; § 143 Abs. 1 PatG; § 27 Abs. 1 GebrMG), die die Bedeutung eines Zuständigkeitsstreitwertes entfallen lassen. Die nachfolgenden Ausführungen behandeln deshalb nur den Gebührenstreitwert.

2. Streitwert von Unterlassungs- und Beseitigungsansprüchen

a) Grundsätze der Streitwertbemessung

1403 Bei Unterlassungs- und Beseitigungsansprüchen bestimmt das Gericht den Streitwert durch Beschluss. Nach Einreichung der Klage wird der Streitwert zunächst vorläufig nur zur Berechnung des Gerichtskostenvorschusses festgesetzt (§ 63 Abs. 1 GKG). Die endgültige Wertfestsetzung, nach der sich auch die Rechtsanwaltsgebühren berechnen, erfolgt erst nach Beendigung des Verfahrens (§ 63 Abs. 2 GKG).

1404 § 51 Abs. 1 GKG legt für die Gerichtskosten fest, dass in Verletzungsverfahren für Ansprüche nach dem Patentgesetz, dem Gebrauchsmustergesetz, dem Markengesetz, dem Designgesetz, dem Halbleitschutzgesetz und dem Sortenschutzgesetz der Wert nach **billigem Ermessen** zu bestimmen ist.

1405 Bei Ansprüchen nach dem UWG ist gem. § 51 Abs. 2 GKG der Streitwert nach **Ermessen** unter Berücksichtigung der sich für den Kläger aus dem Antrag ergebenden Bedeutung der Sache festzusetzen. Dieser Streitwert ist angemessen zu **mindern**, wenn die Sache für den Beklagten geringere Bedeutung als der nach § 51 Abs. 2 GKG ermittelte Streitwert hat (§ 51 Abs. 3 S. 1 GKG). Fehlen genügende Anhaltspunkte für eine Bestimmung des Streitwerts ist gem. § 51 Abs. 3 S. 2 GKG bei Ansprüchen auf Beseitigung und Unterlassung ein Streitwert von **1.000,– €** anzunehmen, bei dem es sich um eine feste Größe handelt, die nicht nach oben der unten geändert werden kann. Nach der Begründung des Gesetzgebers[1494] soll diese Regelung „in den Fällen zur Anwendung kommen, in denen ein Verstoß gegen Marktverhaltensvorschriften im Sinn des § 4 Nummer 11 UWG außerhalb des Gesetzes gegen den unlauteren Wettbewerb vorliegt, die Verzerrung des Wettbewerbs aber eher unwahrscheinlich ist, da sich ein vernünftiger Verbraucher oder sonstiger Marktteilnehmer durch den Verstoß in seiner Entscheidung über den Kauf einer Ware oder die Inanspruchnahme einer Dienstleis-

---

[1494] BT-Drs. 17/13057, S. 30 f., Entwurf eines Gesetzes gegen unseriöse Geschäftspraktiken.

tung nicht beeinflussen lassen wird." Gegen diese Begründung, die übrigens im Wortlaut des § 51 Abs. 3 S. 2 GKG keinen Niederschlag gefunden hat, wird zu Recht vorgebracht, dass es bei den beschriebenen Handlungen an der geschäftlichen Relevanz im Sinne des § 3 UWG fehlt, weshalb der Anwendungsbereich nur bei einem geringfügigen Wettbewerbsverstoß durch einen Kleinunternehmer liegen dürfte.[1495] Diesen Fällen kann auch durch die Streitwertminderung gem. § 51 Abs. 3 S. 1 GKG Rechnung getragen werden. In der Rechtsprechungspraxis hat der feste Streitwert von 1.000,– € gem. § 51 Abs. 3 S. 2 GKG jedenfalls keine Bedeutung erlangt.

Für das Urheberrecht fehlen, mit Ausnahme zum Gegenstandswert für eine Abmahnung gegenüber einer natürlichen Person, die nicht gewerblich oder selbständig handelt (§ 97a Abs. 3 UrhG), Regelungen zur Bemessung des Streitwerts. Deshalb ist hier auf die Regelung des § 3 ZPO zurückzugreifen, wonach der Wert nach **freiem Ermessen** zu bestimmen ist.   **1406**

Die gerichtlich festgesetzten Werte gelten gem. § 32 RVG auch für die Berechnung der Rechtsanwaltsgebühren.   **1407**

Im Zusammenwirken von § 51 GKG und § 3 ZPO haben sich in der Rechtsprechung Kriterien herausgebildet, nach denen im gewerblichen Rechtsschutz und Urheberrecht der Streitwert festgesetzt wird. Dies hat aber nicht zu Regelstreitwerten geführt. Soweit sich Typisierungen entwickelt haben, hat diesen gegenüber die Streitwertfestsetzung unter Betrachtung des Einzelfalls immer Vorrang.   **1408**

Der Streitwert eines Unterlassungsanspruchs richtet sich nach dem Interesse des Klägers an der Unterlassung gleichartiger Rechtverletzungen.[1496] Maßgebend ist der **Angriffsfaktor**[1497], der sich einerseits nach der Bedeutung des verletzten Rechts für den Kläger und andererseits nach der Schwere der Verletzungshandlung richtet. Abzustellen ist zunächst auf die Größe und wirtschaftliche Bedeutung des Verletzten und bei einer Zeichenverletzung auf die sich aus der Bekanntheit ergebende Bedeutung des Zeichens. Auch bei der Gegenseite sind die Größe und Bedeutung des Unternehmens zu beachten. Weitere Kriterien ergeben sich aus der Angriffshandlung selbst und die dabei zum Ausdruck kommende Schwere der Rechtsverletzung, insbesondere unter Berücksichtigung der Heftigkeit, der Zielrichtung und der Dauer des Angriffs. Schließlich können auch subjektive Umstände Bedeutung erlangen, insbesondere ob der Verletzer vorsätzlich oder fahrlässig gehandelt hat. Entscheidend sind immer die Umstände des Einzelfalls, bei denen neben der Schwere der Verletzungshandlung auch die wirtschaftliche Stellung der Parteien von Bedeutung ist. Für die Streitwertfestsetzung ist insgesamt eine pauschalisierende Betrachtung vorzunehmen, bei der die einzelnen Indiztatsachen prognostizierend zu berücksichtigen sind.[1498]   **1409**

Es gibt **keine Regelstreitwerte**.[1499] Der BGH hat dies mit seinem Beschluss vom 22.1.2015[1500] nunmehr höchstrichterlich entschieden und zur Begründung ausgeführt, dass Regelstreitwerte mit der gem. § 3 ZPO und § 51 Abs. 2 GKG vorgesehenen Er-   **1410**

[1495] *Köhler*/Bornkamm, § 12 Rn. 5.3. d; OLG Dresden 1.12.2014 – 14 W 1007/14 MD 2015, 110.

[1496] BGH 26.4.1990 – I ZR 58/89, GRUR 1990, 1052, 1053 – Streitwertbemessung.

[1497] Nordemann, Rn. 1663; Teplitzky, Kap. 49 Rn. 12; Harte/Henning/*Retzer*, § 12 Rn. 825 ff.; Cepl/Voß/*Schilling*, § 3 Rn. 183 ff.

[1498] BGH 13.11.2013 – X ZR 171/12, GRUR 2014, 206 Rn. 16 – Einkaufskühltasche.

[1499] LG Hamburg 17.12.2014 – 310 O 162/14, BeckRS 2015, 01705 zu urheberrechtlichen Streitigkeiten im Foto-Recht; hierzu Bildhäuser, GRUR-Prax 2015, 113; Ahrens/*Büttner*, Kap. 40 Rn. 48; Teplitzky, Kap. 49, Rn. 17.

[1500] I ZR 95/14, BeckRS 2015, 03109.

messensausübung nicht vereinbar sind. Soweit Gerichte von Regelstreitwerten ausgegangen sind, ist zu erwarten, dass sie ihre Rechtsprechung anpassen werden.[1501] Dies schließt jedoch Orientierungsrahmen nicht aus, die aber nur Anhaltspunkte für die jeweils individuell vorzunehmende Streitwertbestimmung sein können und damit einer Ermessensentscheidung nicht entgegenstehen. So ist bei einer durchschnittlichen Markensache ein Wert von 50.000,– bis 100.000,– € anzunehmen, der je nach dem Einzelfall erheblich überschritten aber auch deutlich unterschritten werden kann.[1502]

1411   Ausgangspunkt jeder Streitwertfestsetzung sind die **Angaben in der Klageschrift** bzw. Antragsschrift im Eilverfahren. Diese Angabe gibt das Interesse der Partei noch unbeeinflusst von Ausgang des Rechtsstreits wieder und ist damit geeignet, Anhaltspunkte für die Streitwertfestsetzung zu liefern. Sie ist jedoch nicht einfach zu übernehmen, sondern das Gericht hat zu prüfen, ob die Wertfestsetzung sich an den üblichen Kriterien orientiert.[1503]

1412 | **Praxistipp:** Auf die Streitwertangabe in der Klageschrift ist wegen der Bedeutung für die Streitwertfestsetzung besonderes Augenmerk zu richten. Auch bei einem Antrag auf Erlass einer einstweiligen Verfügung sollte auf eine Streitwertangabe nicht verzichtet werden.
Zu warnen ist auch vor einer besonders hohen Streitwertgabe, um den Gegner einzuschüchtern, denn im Fall des Unterliegens oder der Klagerücknahme muss der Kläger damit rechnen, nach dem von ihm angegebenen Streitwert die Kosten zu tragen.

1413   Der für die Streitwertsetzung maßgebende Angriffsfaktor mag auch durch den Schaden beeinflusst werden, den die Rechtsverletzung verursacht hat.[1504] Dies rechtfertigt es aber nicht, den Wert des Unterlassungsanspruchs in Höhe eines gleichzeitig verlangten Schadensersatzes festzusetzen. Denn der Unterlassungsanspruch soll gerade zukünftige Rechtsverletzungen verhindern, während der Schadensersatz in der Vergangenheit erlittene Vermögensnachteile ausgleichen soll. Es ist deshalb nicht ungewöhnlich, dass im gewerblichen Rechtsschutz und Urheberrecht der Wert des Unterlassungsanspruchs den Schadensersatzanspruch erheblich übersteigt.

1414   Ob bei der Streitwertbestimmung auch **generalpräventive Gesichtspunkte** zu berücksichtigen sind, mit denen zukünftige Rechtsverletzungen verhindert werden sollen, wird von den Oberlandesgerichten unterschiedlich gesehen. Während das Kammergericht[1505] und die Oberlandesgerichte Koblenz,[1506] Jena[1507] und Hamburg[1508] dies bejahen, wird von den Oberlandesgerichten Braunschweig,[1509] Hamm,[1510] Nürnberg[1511] und

---

[1501] Rehart, Ende des Regelstreitwerts im Wettbewerbsrechts?, GRUR-Prax 2015, 122.

[1502] Zu den Streitwerten im Gewerblichen Rechtsschutz und Urheberrecht vgl. Mayer/Kroiß/*Nordemann-Schiffel*, RVG, 6. Aufl. 2013, V. Streitwerte im Gewerblichen Rechtsschutz und Urheberecht, Presse und Persönlichkeitsrecht, Rn. 1 ff., 11 f., 13 ff.

[1503] *Köhler*/Bornkamm, § 12 Rn. 5.3a.

[1504] KG 23.9.2002 – 5 W 106/02, NJW-RR 2003, 1505.

[1505] 19.12.2003 – 5 W 367/03, GRUR 2005, 88 – Stadtplanausschnitte, das Kammergericht nahm in dieser Entscheidung noch einen Streitwert von 10.000,– €. Inzwischen ist in Berlin für Stadtplanausschnitte ein Streitwert von 7.500,– € üblich.

[1506] 9.6.1998 – 4 W 337/98, BeckRS 2012 09989.

[1507] 16.12.2009 – 2 W 504/09, BeckRS 2010, 00490.

[1508] 10.3.2004 – 5 W 3/04, GRUR-RR 2004, 342 – Kartenausschnitte.

[1509] OLG Braunschweig 14.10.2001 – 2 W 92/11, GRUR-RR 2012, 93 – eBay-Produktfoto.

[1510] OLG Hamm 13.9.2012 – I-22 W 58/12, GRUR-RR 2013, 39 – Produktfoto.

[1511] OLG Nürnberg 4.2.2013 – 3 W 81/13, BeckRS 2013, 03188.

Celle[1512] dieser Gesichtspunkt für die Streitwertbemessung abgelehnt. Die letztgenannten Oberlandesgerichte kommen deshalb zu äußerst geringen Streitwerten, indem sie im Urheberrecht bei der Nutzung von Produktfotos für den privaten Verkauf im Internet den Streitwert des Unterlassungsanspruchs nach der doppelten Lizenzgebühr für das Lichtbild berechnen bzw. bei der unberechtigten öffentlichen Wiedergabe des Programms eines Pay-TV-Senders in einer Gaststätte ohne Abonnementvertrag den Wert in Höhe der geschätzten Lizenzgebühren für drei Jahre festsetzen. Es ist zweifelhaft, ob diese äußerst geringen Streitwertfestsetzungen den sich aus der Verletzungshandlung ergebenden Angriffsfaktor noch angemessen berücksichtigen. Denn maßgebend ist nicht allein die Frage der generalpräventiven Wirkung des Unterlassungsanspruchs, sondern sind auch die vorstehend erörterten Gesichtspunkte wie Schwere der Verletzungshandlung, wirtschaftliche Bedeutung des Verletzers und der Verschuldensgrad. Darüberhinaus ist darauf hinzuweisen, dass mit der gerichtlichen Entscheidung ein Unterlassungstitel geschaffen wird, aus dem 30 Jahre vollstreckt werden kann. Selbst wenn manche Schutzobjekte, wie Fotos, mitunter nur eine kurze Nutzungsdauer haben, kann dieser Zeitfaktor bei der Streitwertbemessung nicht unbeachtet bleiben.

Die **Androhung von Ordnungsmitteln** bleibt bei der Streitwertbemessung unberücksichtigt, wenn sie mit dem gerichtlich geltend gemachten Unterlassungsanspruch verbunden ist. Sind sie jedoch nach einer notariellen Unterwerfungserklärung in einem besonderen Verfahren anzudrohen, dann ist hier der Wert der zu erwirkenden Unterlassung maßgebend (§ 25 Abs. 1 Nr. 3 RVG). Dies ist der volle Wert des Unterlassungsanspruchs und nicht ein reduzierter Wert, wie er von einigen Gerichten bei der Festsetzung von Ordnungsmitteln berücksichtigt wird. Die Androhung der Ordnungsmittel ist zwar bereits Teil der Zwangsvollstreckung. Gleichwohl soll hier nicht der Wert für die Festsetzung von Ordnungsmitteln gelten, denn die Androhung soll die Verhängung von Ordnungsmitteln wegen sämtlicher zukünftiger Verstöße gegen die Unterlassungspflicht erst ermöglichen, während mit dem Festsetzungsantrag ein in der Vergangenheit erfolgter Verstoß sanktioniert werden soll.[1513]   **1415**

Beseitigungsansprüche werden häufig neben dem Unterlassungsanspruch geltend gemacht, bspw. wenn ein Foto unberechtigt in das Internet eingestellt und nach der Abmahnung nicht entfernt wurde. Dem Beseitigungsanspruch kommt in diesen Fällen keine praktische Bedeutung zu, denn der Unterlassungsanspruch kann nur befolgt werden, indem das Foto im Internet entfernt wird. Der Beseitigungsanspruch geht damit in tatsächlicher Hinsicht im Unterlassungsanspruch auf. Gleichwohl ist er streitwertmäßig zu berücksichtigen, was jedoch auf einen geringen Erinnerungswert zu beschränken ist, der lediglich 100,– € betragen sollte.   **1416**

b) Klagehäufung

aa) *Mehrheit von Unterlassungsansprüchen*

Nach der sog. TÜV-Rechtsprechung des BGH[1514] beinhaltet ein einheitlicher Unterlassungsanspruch, der auf mehrere Schutzrechte gestützt wird, mehrere Streitgegenstände, die entweder **kumulativ oder eventuell** (= hilfsweise) geltend gemacht werden können.   **1417**

[1512] OLG Celle 7.12.2011 – 13 U 130/11, GRUR-RR 2012, 270 – Unterlassungsstreitwert.

[1513] OLG Hamm 8.5.2014 – 4 W 81/13, WRP 2014, 965 Rn. 14; KG 22.8.2014 – 5 W 254/14, MD 2014, 1036.

[1514] BGH 24.3.2011 – I ZR 108/09, GRUR 2011, 521 – TÜV; BGH 17.8.2011 – I ZR 108/09, GRUR 2011, 1043 – TÜV II; Büscher, Klagehäufung im gewerblichen Rechtsschutz – alternativ, kumulativ, eventuell?, GRUR 2012, 16.

1418   Bei der **kumulativen Klagehäufung** hat das Gericht über alle Klagegründe zu entscheiden, auf die der Unterlassungsanspruch gestützt wird. Hier stellt sich die Frage,
ob sämtliche Einzelstreitwerte in voller Höhe addiert werden. Dies ist abzulehnen,
nicht nur weil sich dadurch extrem hohe Streitwerte ergeben können, sondern auch
weil es aus sachlichen Gründen nicht angezeigt ist. Denn bei der kumulativen Klagehäufung wird ein einheitlicher Unterlassungsanspruch nur auf mehrere Klagegründe
gestützt. Das Rechtsschutzziel, nämlich der konkrete Unterlassungsanspruch, und der
Angriffsfaktor bleiben jedoch immer gleich, weshalb es richtig ist, keine Addition vorzunehmen, sondern den Streitwert eines Anspruchs lediglich angemessen zu erhöhen[1515], wobei der BGH[1516] für jeden weiteren Klagegrund 10 % berücksichtigt.

1419   Dringt der Kläger nicht mit allen kumulativen Klagegründen durch, dann ist nach
Ansicht des OLG Köln[1517] eine Kostenquote nicht schematisch nach dem Verhältnis
der erfolgreichen und erfolglosen Klagegründe zu treffen. Das Gericht setzt vielmehr
den Ausgangswert ins Verhältnis mit der Erhöhung wegen der zusätzlichen, erfolglosen Streitgegenstände, weil es von einem einheitlichen Angriffsfaktor und dem wirtschaftlichen Erfolg mit dem Ausgangswert ausgeht.

1420   Gibt das Gericht bei **eventueller Geltendmachung** mehrerer Klagegründe, bei der
der Unterlassungsanspruch nur hilfsweise auf weitere Klagegründe gestützt wird, nur
dem Ausgangspruch statt, dann richtet sich der Streitwert nur nach diesem Wert, denn
über die weiteren Klagegründe ergeht keine Entscheidung. Entscheidet das Gericht
aber auch über die eventuell geltend gemachten Klagegründe, ist bei der Festsetzung
des Streitwerts § 45 Abs. 1 S. 2 und 3 GKG zu beachten. Nach dieser Vorschrift sind
der Haupt- und der Hilfsanspruch, über den entschieden wird, zu addieren. Betreffen
jedoch beide Ansprüche denselben Gegenstand, ist nur der höhere Wert maßgebend.
Damit kommt es darauf an, ob ein einheitlicher Unterlassungsanspruch, der hilfsweise
auf mehrere Klagegründe gestützt wird, **derselbe oder verschiedene Gegenstände**
sind. Der BGH[1518] nimmt hier eine Addition vor, weil verschiedene Gegenstände vorliegen. Er geht bei § 45 Abs. 1 GKG von einem kostenrechtlichen Gegenstandsbegriff
aus, bei dem es auf eine wirtschaftliche Betrachtung ankommt. Er stellt darauf ab, ob
mit der Entscheidung eine wirtschaftliche Werthäufung entsteht oder ein wirtschaftlich identisches Interesse betroffen ist. Letzteres ist nur anzunehmen, wenn die Ansprüche nicht nebeneinander bestehen können, d.h. die Stattgabe des einen Anspruchs
die Abweisung des anderen Anspruchs zur Folge haben müsste. Davon kann jedoch
nicht ausgegangen werden, wenn ein einheitlicher Unterlassungsanspruch auf mehrere
Klagegründe gestützt werden kann. Diese Ansprüche können nebeneinander bestehen,
wie die Möglichkeit der kumulativen Klagebegründung zeigt. Aber auch hier sind wie
bei der kumulativen Klagehäufung die Einzelstreitwerte nicht in voller Höhe zu addie-

---

[1515]   OLG Köln 21.11.2014 – 6 U 187/11, GRUR-RR 2015, 402 Rn. 26 und MD 2015, 266, 272;
Büscher, GRUR 2012, 16, 23; Scholz, Praktische Fragen des Streitgegenstands in der ersten Instanz, GRUR-Prax 2010, 141, 143; a.A. noch OLG Frankfurt 4.6.2012 – 6 W 60/12, GRUR-RR
2012, 367 – Streitwertaddition.

[1516]   12.9.2013 – I ZR 58/11, WRP 2014, 192 Rn. 9, 10; so jetzt auch OLG Frankfurt
11.12.2013 – 6 U 218/13, GRUR-RR 2014, 280 – 10%-Erhöhung.

[1517]   OLG Köln 21.12.2014 – 6 U 187/11, MD 2015, 266, 272.

[1518]   12.9.2013 – I ZR 58/11, WRP 2014, 192 Rn. 6, 7; hierzu Heim, GRUR-Prax 2014, 21; Böl-
ling, WRP 2014, 158; OLG Frankfurt 4.6.2012 – 6 W 60/12, GRUR-RR 2012, 367 – Streitwertaddition; hierzu Labesius, Streitwertbemessung bei der hilfsweisen Geltendmachung unter-
schiedlicher gewerblicher Schutzrechte, GRUR-RR 2012, 317.

ren, sondern es ist lediglich der Streitwert eines Anspruchs angemessen zu erhöhen[1519], was der BGH[1520] mit 10 % für jeden weiteren Streitgegenstand annimmt.

bb) Mehrheit von Beklagten

Bei der Rechtsverletzung durch eine juristische Person werden in vielen Fällen ne- **1421** ben der Gesellschaft auch die **Geschäftsführer oder Vorstände** auf Unterlassung in Anspruch genommen. Diese sehr weit verbreitete Praxis dürfte allerdings durch die Rechtsprechung des Bundesgerichtshofs,[1521] der der persönlichen Haftung des Geschäftsführers Grenzen setzt, zukünftig eine Einschränkung erfahren. Wer weiterhin den Geschäftsführer mit in Anspruch nimmt, kann zwar davon ausgehen, dass jede Person bei der Streitwertfestsetzung berücksichtigt wird und die Einzelstreitwerte zu addieren sind.[1522] Das Kammergericht[1523] und das Oberlandesgericht Hamburg[1524] berücksichtigen dabei für den Geschäftsführer einen auf 20 % bzw. 50 % reduzierten Streitwert. Das Kammergericht begründet diese Reduzierung damit, dass für die Durchsetzung des Unterlassungsanspruchs die Inanspruchnahme der Geschäftsführer neben der Gesellschaft nicht erforderlich ist, sondern ihr lediglich Sicherungsfunktion zukommt, falls der Geschäftsführer aus der Gesellschaft ausscheidet und an anderer Stelle geschäftlich tätig wird. Es sollen lediglich Rechtsverletzungen erfasst werden, die der Geschäftsführer unabhängig von der Gesellschaft begeht.[1525]

c) Einstweilige Verfügung

Einstweilige Verfügungen sind nur vorläufige Regelungen, die den im Hauptsache- **1422** verfahren durchzusetzenden Anspruch lediglich sichern bzw. weitere Rechtsverletzungen bis zu einer Entscheidung in der Hauptsache verhindern sollen. Sie verpflichten zwar ebenfalls zur Unterlassung, erwachsen aber nicht in materieller Rechtskraft und können nach der Hauptsacheentscheidung aufgehoben werden (§ 927 ZPO). Andererseits hat mit der Hemmung der Verjährung durch den Verfügungsantrag (§ 204 Abs. 1 Nr. 9 BGB) die Bedeutung der einstweiligen Verfügung zugenommen. All diese Umstände, bei denen der vorläufige Charakter der einstweiligen Verfügung im Vordergrund steht, rechtfertigen es, für das Eilverfahren den **Verfahrenswert geringer** anzusetzen, wobei sich für die vorgenommenen Abschläge eine unterschiedliche örtliche Praxis entwickelt hat. Durchaus üblich ist es, den Wert des Verfügungsverfahrens nur auf 1/3,[1526] die Hälfte[1527] oder 2/3[1528] des Hauptsachewertes festzusetzen.[1529]

[1519] OLG Köln 24.10.2014 – 6 U 211/13, BeckRS 2015, 00478 Rn. 48 – Kinderstube.

[1520] BGH 12.9.2013 – I ZR 58/11, WRP 2014, 192 Rn. 10; so auch Ahrens/*Büttner*, Kap. 40 Rn. 40.

[1521] 18.6.2014 – I ZR 242/12, GRUR 2014, 883 – Geschäftsführerhaftung; Goldmann, Geschäftsführer „mbH": Einschränkung der persönlichen Haftung von Organen bei Wettbewerbsverstößen, GRUR-Prax 2014, 404.

[1522] KG 9.11.2010 – 5 W 188/10, NJOZ 2011, 1029.

[1523] Beschluss vom 5. Juni 2012 – 24 W 53/12; Beschluss vom 25. November 2011 – 5 W 63/11.

[1524] 3.4.2013 – 3 W 18/13 Rn. 12, zitiert nach juris.

[1525] 3.4.2013 – 3 W 18/13 Rn. 11, zitiert nach juris.

[1526] OLG Bamberg 12.7.1991 – 4 W 22/91, JurBüro 1991, 1690.

[1527] OLG Oldenburg 6.6.1995 – 1 W 45/95, WRP 1995, 878.

[1528] KG 26.11.2004 – 5 W 146/04, WRP 2005, 368; OLG Celle 7.12.2011 – 13 U 130/11, GRUR-RR 2012, 270 – Unterlassungsstreitwert; OLG Frankfurt 1.12.2015 – 6 W 96/15, WRP 2016, 368 Rn. 19.

[1529] eine ausführliche Übersicht findet sich bei Harte/Henning/*Retzer*, § 12 Rn. 864.

1423 Demgegenüber verzichtet das OLG München[1530] auf Abschläge im einstweilen Verfügungsverfahren, weil der Antragsteller für die unabsehbare Dauer des Bestands der einstweiligen Verfügung mit seinem Unterlassungsanspruch bereits befriedigt wird. Auch das OLG Hamburg[1531] geht im Verfügungsverfahren vom vollen Streitwert aus und begründet dies damit, dass die einstweilige Verfügung im Wettbewerbsprozess darauf gerichtet ist, eine endgültige Regelung herbeizuführen. Schließlich wird der volle Streitwert angenommen, wenn es im Verfügungsverfahren mit der Abschlusserklärung zu einer endgültigen Regelung des Rechtsstreites kommt. Ob diese Praxis fortgesetzt werden kann, wenn § 51 Abs. 4 GKG vorschreibt, dass in Verfahren des einstweiligen Rechtsschutzes „der Wert in der Regel unter Berücksichtigung der geringeren Bedeutung gegenüber der Hauptsache zu ermäßigen" ist, bleibt abzuwarten.

1424 | **Praxistipp:** Bei der Streitwertangabe in dem Antrag auf Erlass einer einstweiligen Verfügung ist auf die örtlichen Besonderheiten zur Streitwertfestsetzung im Eilverfahren zu achten.

1425 Für das **Widerspruchsverfahren** gelten die gleichen Streitwerte wie für das vorgegangene Beschlussverfahren. Bei einem Teilwiderspruch richtet sich für die weiteren Kosten der Wert nach dem Gegenstand des Unterlassungsanspruchs gegen den Widerspruch eingelegt wurde.

1426 Der **Kostenwiderspruch** richtet sich nur gegen die Kostenentscheidung der im Beschlusswege ergangenen einstweiligen Verfügung. Die Parteien streiten dann lediglich noch über die bis dahin entstandenen Kosten unter Berücksichtigung der Voraussetzungen des § 93 ZPO, wobei der auf die Kosten beschränkte Widerspruch bereits als Anerkenntnis zu werten ist. Für das Widerspruchsverfahren bemisst sich in diesem Fall der Verfahrenswert nach den bis zur Einlegung des Widerspruchs entstandenen Kosten.[1532] Vor dem Kostenwiderspruch entstandene Gebühren berechnen sich weiterhin nach dem ursprünglichen Verfahrenswert.

d) Streitwertbegünstigung/Streitwertbegrenzung

aa) Wettbewerbsrecht

1427 (1) Die mitunter hohen Streitwerte im Wettbewerbs- und Markenrecht können für die unterlegene Partei existenzbedrohend sein. Damit eine wirtschaftlich schwache Partei sich vom Prozesskostenrisiko nicht davon abhalten lässt, ihr Recht zu suchen, hat der Gesetzgeber die Möglichkeit der Streitwertherabsetzung geschaffen.

1428 Für das Wettbewerbsrecht regelt § 12 Abs. 4 UWG die **Streitwertbegünstigung**, der mit dem Inkrafttreten des Gesetzes über unseriöse Geschäftspraktiken vom 8.10.2013[1533] eine Änderung erfahren hat. Entfallen ist die Streitwertminderung für Sachen, die nach Art und Umfang einfach gelagert sind. Verblieben ist die Streitwertbegünstigung wegen erheblicher Gefährdung der wirtschaftlichen Lage der Partei, wobei nunmehr auch die Auswirkung der Streitwertbegünstigung auf die Kostener-

---

[1530] 26.5.2009 – 29 W 1498/09, JurBüro 2009, 484.
[1531] 25.3.2004 – 3 U 184/03, MD 2004, 1113.
[1532] Harte/Henning/*Retzer*, § 12 Rn. 864.
[1533] BGBl. I S. 3714.

stattung geregelt ist. § 12 Abs. 5 UWG enthält zusätzlich einige Regelungen für das Verfahren.

Streitwertbegünstigung kann für alle in dem UWG geregelten Rechtsverhältnisse **1429** geltend gemacht werden und ist nicht mehr, wie noch in § 12 Abs. 4 UWG a.F., auf die in § 8 Abs. 1 geregelten Ansprüche auf Unterlassung und Beseitigung beschränkt. Streitwertbegünstigung ist nur zu gewähren, wenn die Belastung mit den Kosten nach dem vollen Streitwert die wirtschaftliche Lage einer Partei erheblich gefährden würde. Bloße finanzielle Schwierigkeiten reichen hierfür nicht aus. Es gilt ein **strenger Maßstab**,[1534] wobei Köhler[1535] sogar verlangt, dass infolge der Kostenbelastung Insolvenz drohen mnuss. Die Neufassung des § 12 Abs. 4 UWG hat damit die Voraussetzungen verschärft, weshalb die ohnehin schon wenig in Anspruch genommene Regelung noch mehr an Bedeutung verlieren dürfte.

Streitwertbegünstigung können auf Klägerseite einerseits Wettbewerber und ande- **1430** rerseits Verbände beantragen. Für Wettbewerbsverbände im Sinne des § 8 Abs. 3 Nr. 2 UWG dürfte eine Streitwertbegünstigung in der Regel ausscheiden, weil diese, um überhaupt klagebefugt zu sein, über die notwendige finanzielle Ausstattung für ihre Prozesstätigkeit verfügen müssen.[1536] An eine Begünstigung ist allenfalls bei extrem hohen Streitwerten zu denken, die aber erheblich über der Revisionssumme liegen müssen.[1537] Für Verbraucherverbände, die im öffentlichen Interesse tätig werden, dürfte Streitwertbegünstigung leichter zu erreichen sein, da diese Verbände finanziell knapp gehalten werden.[1538] Auch Beklagte können Streitwertbegünstigung beantragen, was insbesondere bei Kleinunternehmern erfolgreich sein kann.[1539] Zu denken ist hier an die vielen Kleinhändler, die im Internet ihre Waren über Verkaufsplattformen absetzen. Beruht jedoch die wirtschaftliche Gefährdung auf der Vielzahl der Abmahnungen, dann muss der Händler damit rechnen, dass seine Abmahntätigkeit als missbräuchlich (§ 8 Abs. 4 UWG) angesehen und ein Unterlassungsanspruch verneint wird, wenn sie in keinem vernünftigen Verhältnis zum Umfang seiner unternehmerischen Tätigkeit steht. Dafür gibt es keine Streitwertbegünstigung.

Die erhebliche Gefährdung der wirtschaftlichen Lage ist glaubhaft zu machen. Hier- **1431** für sind Unterlagen vorzulegen, wie Steuerbescheide, betriebswirtschaftliche Auswertungen und Bilanzen, soweit vorhanden. Diese Unterlagen dürfen entsprechend § 117 Abs. 2 S. 2 ZPO der Gegenseite nur mit Zustimmung der Partei zur Kenntnis gegeben werden.[1540]

Die Streitwertbegünstigung ist eine Ermessensentscheidung des Gerichts, das bei **1432** der Bestimmung des begünstigten Streitwertes zu berücksichtigen hat, dass einerseits die Prozessführung ermöglicht werden soll, andererseits aber auch leichtfertige Prozesstätigkeit nicht gefördert wird. Der begünstigten Partei ist nicht jedes Prozesskostenrisiko zu nehmen.[1541] Eine schematische Anwendung für die Bemessung des Streitwerts ist deshalb nicht angebracht.[1542]

[1534] Cepl/Voß/*Schilling*/Zöllner, § 3 Rn. 234.

[1535] *Köhler*/Bornkamm, § 12 Rn. 5.21.

[1536] BGH 17.3.2011 – I ZR 183/09, GRUR 2011, 560 – Streitwertherabsetzung II.

[1537] BGH 5.3.1998 – I ZR 185/95, GRUR 1998, 958 – Verbandsinteresse.

[1538] BGH 17.3.2011 – I ZR 183/09, GRUR 2011, 560 – Streitwertherabsetzung II.

[1539] *Köhler*/Bornkamm, § 12 Rn. 5.24.

[1540] *Köhler*/Bornkamm, § 12 Rn. 5.27.

[1541] *Köhler*/Bornkamm, § 12 Rn. 5.22.

[1542] BGH 27.1.1994 – I ZR 276/91, GRUR 1994, 385 – Streitwertherabsetzung.

1433   § 12 Abs. 4 S. 2 UWG regelt nunmehr die Auswirkung der Streitwertbegünstigung auf die Kostenerstattung. Die Streitwertherabsetzung wirkt nur zugunsten der begünstigten Partei. Diese hat Rechtsanwaltskosten und Gerichtskosten immer nur nach dem begünstigten Wert zu erstatten. Im Fall des Obsiegens kann ihr Rechtsanwalt zwar bei der Gegenseite die Gebühren nach dem vollen Streitwert geltend machen. Ist die Gegenseite jedoch nicht leistungsfähig, dann hat die begünstigte Partei ihren Rechtsanwalt nur nach dem herabgesetzten Wert zu honorieren.

1434   § 12 Abs. 5 UWG stellt klar, dass Streitwertbegünstigung nur auf Antrag zu gewähren ist. Dieser Antrag kann auch vor der Geschäftsstelle zur Niederschrift erklärt werden, so dass der Anwaltszwang hierfür nicht gilt (§ 78 Abs. 3 ZPO). Der Antrag ist vor der Verhandlung zur Hauptsache zu stellen, es sei denn, das Gericht setzt den angenommenen oder festgesetzten Wert später herauf. Damit ist es nicht möglich, spekulativ den Ausgang des Verfahrens abzuwarten, und den Antrag erst nach einem eventuellen Unterliegen zu stellen. Vor der Entscheidung ist der Gegenseite rechtliches Gehör zu gewähren.

1435   (2) Das Gericht kann auch den **Streitwert** gem. § 51 Abs. 3 S. 1 GKG angemessen **herabsetzen**, wenn die Bedeutung der Sache für den Beklagten erheblich geringer zu bewerten ist als für den Kläger. So hat das OLG Zweibrücken[1543] in einem Verfügungsverfahren wegen nicht ausreichender Widerrufsbelehrung beim Online-Handel für Bekleidung den Wert herabgesetzt, weil der Antragsgegner in den ersten beiden Monaten nach Beginn seines Handels bis zum Erlass der einstweiligen Verfügung nur monatliche Umsätze von 167,– € bzw. 249,– € erzielt hatte. Den vom Antragsteller im Verfügungsantrag mit 7.500,– € angegebenen Streitwert hielt es wegen dessen monatlichen Umsatzes von 20.000,– € nicht für unangemessen. Mit Rücksicht auf die geringen Umsätze des Antragsgegners nahm das Oberlandesgericht gem. § 51 Abs. 3 GKG einen Wert von nur 5.000,– € an, den es wegen der Entscheidung im einstweiligen Verfügungsverfahren gem. § 51 Abs. 4 GKG nochmals auf 3.000,– € reduzierte. Die Anwendung des Regelstreitwerts von 1.000,– € gem. § 51 Abs. 3 S. 2 GKG lehnte das Gericht ab, weil der Antragsteller mit seiner Umsatzangabe ausreichende Anhaltspunkte für die Streitwertfestsetzung gegeben hatte. Diese Entscheidung des Oberlandesgerichts Zweibrücken zeigt, dass es gerade für Kleinhändler im Internet von Bedeutung sein kann, mit der Anwendung von § 51 Abs. 3 S. 1 GKG eine Reduzierung des Streitwerts zu erlangen, ohne dass dies zu beantragen ist und die strengen Voraussetzungen des § 12 Abs. 4 UWG vorliegen müssen. Die Herabsetzung gilt, anders als bei § 12 Abs. 4 UWG, für beide Parteien.

1436   **Praxistipp:** Kleinhändler, die wegen eines Wettbewerbsverstoßes in Anspruch genommen werden, sollten nicht darauf verzichten, Angaben zu ihrem Umsatz zu machen, um ggf. eine Streitwertherabsetzung gem. § 51 Abs. 3 S. 1 GKG zu erreichen.

bb) Markenrecht

1437   Eine mit § 12 Abs. 4 und 5 UWG inhaltlich gleiche Regelung enthält § 142 MarkenG für das Kennzeichenrecht, die bereits am 1.1.1995 in Kraft trat. An dieser Stelle kann deshalb auf die Ausführungen zu § 12 Abs. 4 und 5 UWG verwiesen werden

---

[1543] 4.8.2014 – 4 W 46/14, BeckRS 2014, 19910; Schembecker, GRUR-Prax 2014, 562.

(→ Rn. 1428 ff.), ebenso wie die Literatur und Rechtsprechung zu § 142 MarkenG bei § 12 Abs. 4 und 5 UWG zu beachten ist.

§ 53 Abs. 3 GKG ist im Markenrecht wegen der Verweisung auf Abs. 2, der nur An- **1438** sprüche nach dem Gesetz gegen den unlauteren Wettbewerb betrifft, nicht anzuwenden. Eine entsprechende Anwendung scheidet aus, weil der Streitwert für Markensachen ausdrücklich in § 51 Abs. 1 GKG geregelt ist und damit eine Regelungslücke nicht angenommen werden kann.

cc) Urheberrecht

Eine besondere Form der Streitwertbegünstigung ist im Urheberrecht geregelt. **1439** Nach § 97a Abs. 3 UrhG ist der Anspruch auf Erstattung der Rechtsanwaltskosten für die Abmahnung einer natürlichen Person, die die abgemahnte Rechtsverletzung nicht im Rahmen ihrer gewerblichen oder selbständigen Tätigkeit begangen hat und die kein Wiederholungstäter ist, auf einen **Gegenstandswert von 1.000,– €** begrenzt. Hierbei handelt es sich um einen echten **Regelstreitwert**, der nur für die Erstattung der Kosten durch den Abgemahnten und damit nicht für den Gebührenanspruch des Rechtsanwalts gegenüber seinem Auftraggeber gilt. Da in der Regel der Geschäftswert für den Unterlassungsanspruch bei einer Schätzung gem. § 3 ZPO über 1.000,– € liegt, bewirkt § 97 Abs. 3 UrhG, dass der Verletzte keine vollständige Erstattung seiner Rechtsanwaltskosten für die Abmahnung erlangen kann. Diese Vorschrift begünstigt Verbraucher, gegen die der Abmahnende erstmalig vorgeht. § 97a Abs. 3 UrhG gilt nur für die Kosten der Abmahnung. Im gerichtlichen Verfahren ist der Streitwert gem. § 3 ZPO zu bestimmen.[1544]

Bei einer schuldhaften Rechtsverletzung sind die Kosten der Abmahnung auch als **1440** Schadensersatz gem. § 97 Abs. 2 UrhG zu erstatten. Auch hier gilt die Begrenzung der Erstattung von Rechtsanwaltskosten auf einen Geschäftswert von 1.000,– €,[1545] wenn die Voraussetzungen des § 97a Abs. 3 UrhG vorliegen. Denn es würde sonst der gesetzgeberische Zweck, den erstmals wegen einer Urheberrechtsverletzung in Anspruch genommenen Verbraucher zu privilegieren, umgangen werden.

e) Einige Beispiele aus der Rechtsprechung für die Festsetzung von Streitwerten bei Unterlassungsansprüchen

Die nachfolgenden Beispiele von Streitwertfestsetzungen sollen nur Hinweise auf **1441** die Rechtsprechungspraxis geben. Sie erheben in keinster Weise den Anspruch auf Vollständigkeit und können die gerichtliche Praxis auch nur ausschnittsweise wiedergeben. Zu berücksichtigten sind durchaus örtliche Unterschiede und Änderungen der Wertfestsetzungsmaßstäbe im Laufe der Zeit. Die nachfolgenden Beispiele beziehen sich auf Wertfestsetzungen im Hauptsacheverfahren, sofern kein Hinweis auf ein einstweiliges Verfügungsverfahren erfolgt:

[1544] LG Köln 3.12.2013 – 28 T 9/13, MMR 2014, 194.
[1545] Wandtke/Bullinger/*Kefferpütz*, Urheberrecht. 4. Aufl. 2014, § 97 a Rn. 59; a.A. Faustmann/Ramsperger, Abmahnkosten im Urheberrecht, MMR 2010, 662, 666 die nur auf den Wortlaut abstellen.

aa) Wettbewerbsrecht
1442 § 4 Nr. 3 UWG

Ergänzender wettbewerblicher Leistungsschutz für eine faltbare Handtasche	30.000,– €	LG Dortmund, 17.1.2014 – 3 O 204/13, BeckRS 2014, 02677

1443 § 3a UWG

fehlendes Impressum im Internethandel	15.000,– €	KG, Beschluss vom 15.3.2016 – 5 W 224/15
unvollständiges Impressum im Internethandel	7.500,– €	KG, Beschluss vom 15.3.2016 – 5 W 224/15
fehlerhafte Klausel in allgemeinen Geschäftsbedingungen	2.500,– €	KG, Beschluss vom 6.10.2009 – 5 W 30/09
Beanstandung von vier Klauseln beim Fernabsatz	insgesamt 15.000,– €	LG Dortmund, 24.1.2014 – 10 O 42/13, BeckRS 2014, 16078
Fernabsatz ohne jegliche Widerrufsbelehrung	7.500,– €	KG, 9.4.2010 – 5 W 3/10, NJOZ 2010, 2020
Werbung eines Unternehmens mit einer kostenpflichtigen Servicetelefonnummer und Preisangabe mit einem Sternchenhinweis	50.000,– €	OLG Düsseldorf, 28.5.2014 – 15 U 54/14, BeckRS 2014, 12090
Werbung im Internet für neue Pkw ohne Verbrauchsangaben nach § 5 Pkw-EnVKV	5.000,– €	OLG Celle, 22.5.2014 – 13 W 22/14, MDR 2014, 982
nicht ausreichende Angaben gem. § 5 Pkw-EnVKV in Zeitungsanzeige bei Annahme eines einfach gelagerten Falls	3.000,– €	LG Freiburg, 14.4.2014 – 12 O 72/13, Beck RS 2014, 07803
Werbung für Umzugsdienstleistungen mit Nettopreisen „zzgl. Umsatzsteuer", § 1 Abs. 1 PrAngVO, einstweilige Verfügung	5.000,– €	KG, Beschluss vom 14.10.2014 – 5 W 277/14

1444 §§ 5, 5a UWG

Verwendung von 6 Sternen an der Außenfassade eines Hotels ohne neutrale Klassifizierung	5.000,– €	OLG Celle, Beschluss vom 15.7.2014 – 13 U 76/14
Werbung im Internet für Drucker, bei der drei Werbeaussagen unter dem Gesichtspunkt der Herausstellung bestehender Verbraucherrechte als Besonderheit und der Werbung mit Selbstverständlichkeiten angegriffen wurden	65.000,– €	BGH, 19.3.2014 – I ZR 185/12, GRUR 2014, 1007 – Geld-Zurück-Garantie III
Werbung mit einem Prüfsiegel, ohne anzugeben, wo weitere Informationen über den konkreten Test erhältlich sind	20.000,– €	OLG Düsseldorf, 30.12.2014 – 15 U 76/14, WRP 2015, 365 Rn. 84

1445 belästigende Werbung

eMail-Werbung gegenüber einem Gewerbetreibenden außerhalb eines Wettbewerbsverhältnisses	1.000,– €	OLGH Hamm, 9.12.2014 – 9 U 73/14 WRP 2015, 377 Rn. 9

eMail-Werbung an Versicherungsmakler	2.000,– €	OLG Braunschweig, Beschluss vom 10.2.2014 – 2 W 11/14
eMail-Werbung eines Modehändlers an einen Rechtsanwalt	3.000,– €	BGH, 30.11.2004 – VI ZR 65/04, BeckRS 2004, 12785
eMail-Werbung für ein Rhetorikseminar an einen Rechtsanwalt	3.000,– €	LG Hamburg, Urteil vom 19.7.2005 – 312 O 216/05
eMail-Werbung eines Verlages an eine Büroausstattungsfirma	6.000,– €	LG Hagen, 25.10.2013 – 2 O 278/13, BeckRS 2013, 22028
eMail-Werbung gegenüber einem Gewerbetreibenden	7.500,– €	KG, Beschluss vom 5.12.2014 – 5 W 257/14
eMail-Werbung bei vier inhaltsgleichen eMails an unterschiedliche eMail-Adressen der Empfängerin (§ 823 BGB)	9.000,– €	KG, Beschluss vom 9.8.2013 – 5 W 187/13
eMail-Werbung eines Finanzmaklers an einen Rechtsanwalt (einstweilige Verfügung)	10.000,– €	OLG Koblenz, 29.9.2006 – 4 W 590/06, GRUR 2007, 352 – Finanzmakler
Telefonwerbung zur Nachfrage beim Kunden über die Zufriedenheit mit der Geschäftsabwicklung durch Meinungsforschungsinstitut	25.000,– €	OLG Köln, Urteil vom 30.3.2012 – 6 U 191/11, BeckRS 2012, 09543
Telefonwerbung für Krankenversicherung (§ 7 UWG)	15.000,– €	OLG München, 19.5.2011 – 6 U 458/11, BeckRS 2011, 21257
Telefonwerbung für Zeitschriftenabonnement	30.000,– €	BGH, 14.4.2011 – I ZR 38/10, BeckRS 2010, 28474
Telefonwerbung für Teilnahme an Gewinnspielgemeinschaften (Verbandsklage)	30.000,– €	LG Köln, 19.11.2010 – 6 U 38/10, BeckRS 2010, 28474
Telefonwerbung (Klage der Verbraucherzentrale)	30.000,– €	KG, 9.4.2010 – 5 W 3/10, NJOZ 2010, 2020
Telefaxwerbung eines Handelsunternehmens (Klage eines Wettbewerbsverbands)	7.500,– €	LG Kleve, 9.3.2010 – 7 O 38/08, BeckRS 2010, 09145
Telefaxwerbung eines Versandhandels für Faxpapier (Klage eines Wettbewerbsverbands)	10.000,– €	LG Ulm, 30.4.2009 – 10 O 39/09, BeckRS 2009, 22039
Telefaxwerbung eines Unternehmens für Telekommunikationswerbung (Klage eines Wettbewerbsverbands)	7.500,– €	OLG Sachsen Anhalt, 17.2.2006 – 10 U 41/05, BeckRS 2007, 01415

bb) Markenrecht

Ausgangspunkt bei Unterlassungsanspruch wegen eingetragener Marke, ggf. mit Zu- oder Abschlägen	50.000,– €	KG, 19.2.2013 – 5 W 535/12, BeckRS 2013, 04374

1446

Titelschutz für den Titel „Kinderstube" für eine Zeitschrift zum Thema Gesundheitsschutz in der Familie, die zunächst vierteljährlich und später halbjährlich erscheint	25.000,– €	OLG Köln, 24.10.2014 – 6 U 211/14, BeckRS 2015, 00478 Rn. 48 – Kinderstube

Unterlassungsanspruch wegen Marke „Christian Audigier" bei kleinem eBay-Händler	30.000,– €	KG, Beschluss vom 23.4.2010 – 5 W 48/10
Verletzung einer Wortmarke für Handyhüllen durch Verwendung einer identischen Bezeichnung beim Vertrieb über Amazon	50.000,– €	LG Düsseldorf, 20.,1.2014 – 2 a O 58/13, BeckRS 2014, 08639
Satirische Titelverwendung „Die schönsten Wanderwege der Wanderhure" (einstweilige Verfügung)	100.000,– €	OLG Düsseldorf, 5.8.2014 – 20 U 63/14, BeckRS 2014,17491
Verletzung der Werktitelrechte „Rock am Ring" (einstweilige Verfügung)	125.000,– €	OLG Koblenz, 29.8.2014 – 6 U 850/14, BeckRS 2014, 16858
Verletzung des Unternehmenskennzeichens „Peek & Cloppenburg KG"	250.000,– €	BGH, Beschluss vom 12.9.2013 – I ZR 58/11, BeckRS 2013, 20393
Identverletzung einer bekannten Marke (MINI) bei 250 Filialen des Beklagten	500.000,– €	LG Hamburg, 12.6.2014 – 327 O 516/13, BeckRS 2014, 13034

cc) Urheberrecht

1447 | | | |
|---|---|---|
| **illegales Filesharing** einer Tonaufnahme | 6.000,– € | OLG Frankfurt, 15.7.2014 – 11 U 115/13, BeckRS 2014, 14608 |
| illegales Filesharing je Musikstück bzw. Filmwerk (einstweilige Verfügung) | 2.000,– € | OLG Hamm, 4.11.2013 – 22 W 60/13, NJW-RR 2014, 229 |
| illgales Filesharing eines Musiktitels (einstweilige Verfügung) | 5.000,– € | KG, Beschluss vom 6.5.2011 – 24 W 33/11 |
| illegales Filesharing von 5 Musiktiteln (Unterlassungsanspruch gegen Eltern als Störer) | 10.000,– € | OLG Hamburg, 4.11.2006 – 5 W 173/06, GRUR-RR 2007, 375 – Filesharing |
| illegales Filesharing von 10 Musiktiteln (Unterlassungsanspruch gegen Eltern als Störer) | 15.000,– € | OLG Hamburg, 14.11.2006 – 5 W 173/06, GRUR-RR 2007, 375 – Filesharing |
| illegales Filesharing einer CD | 15.000,– € | KG, Beschluss vom 26.3.2010 – 24 W 26/10 |
| **öffentliche Wiedergabe** des Programms eines Pay-TV-Senders in einer Gaststätte ohne Abonnementvertrag | 25.000,– € | KG, Beschluss vom 6.1.2012 – 24 W 1/12 |
| öffentliche Wiedergabe des Programms eines Pay-TV-Senders in einer Gaststätte ohne Abonnementvertrag | die geschätzten Einnahmen für drei Jahre | OLG Celle, 7.12.2011 – 13 U 130/11, GRUR-RR 2012, 270 – Unterlassungsstreitwert |
| **öffentliche Zugänglichmachung** eines Lichtbildes i.S.d. § 72 UrhG | 6.000,– € | LG Köln, 3.12.2013 – 28 T 9/13, MMR 2014, 194 |
| öffentliche Zugänglichmachung eines Lichtbildes i.S.d. § 72 UrhG bei privater oder kleingewerblicher Nutzung | 3.000,– € | LG Köln, 3.12.2013 – 28 T 9/13, MMR 2014, 194 |

fehlende Urheberbenennung bei öffentlicher Zugänglichmachung eines Hotelfotos (einstweilige Verfügung)	5.000,– €	KG, Beschluss vom 21.3.2014 – 24 W 16/14
Nutzung eines Objektfotos für den privaten eBay-Verkauf (doppelter Lizenzsatz)	300,– €	OLG Braunschweig, 14.10. 2011 – 2 W 92/11, GRUR-RR 2012, 93 – eBay-Produktfoto
Nutzung eines Objektfotos für den privaten eBay-Verkauf (doppelter Lizenzsatz)	900,– €	OLG Hamm, 13.9.2012 – I-22 W 58/12, GRUR-RR 2013, 39 – Produktfoto
Nutzung von drei Objektfotos für den privaten eBay-Verkauf (doppelter Lizenzsatz)	900,– €	OLG Nürnberg, 4.2.2013 – 3 W 81/13, BeckRS 2013, 03188
öffentliche Wiedergabe eines Fotos im Internet	6.000,– €	ständige Rechtsprechung der Urheberrechtskammern des Landgerichts Berlin
öffentliche Zugänglichmachung eines Stadtplanausschnitts	7.500,– €	KG, Beschluss vom 8.3.2016 – 24 W 22/16; ständige Rechtsprechung in Berlin
öffentliche Zugänglichmachung eines Stadtplanausschnitts	6.000,– €	OLG Hamburg, 10.3.2004 – 5 W 3/04, GRUR-RR 2004, 342 – Kartenausschnitte

3. Streitwert von Feststellungsansprüchen

a) Negative Feststellungsklage

Die Abmahnung oder vorgerichtliche Geltendmachung von Schadensersatzan- **1448** sprüchen, wird häufig mit einer negativen Feststellungsklage beantwortet, die darauf gerichtet ist, festzustellen, dass die vom Beklagten geltend gemachten Ansprüche nicht bestehen. Für negative Feststellungsklagen besteht der allgemeine Grundsatz, dass sich deren Wert nach dem Wert des Anspruchs bemisst, dessen Nichtbestehen festgestellt werden soll. Ein Abschlag, weil es sich um eine Feststellungsklage handelt, ist nicht vorzunehmen, denn der Erfolg der Klage vernichtet den Gegenanspruch.[1546]

Bei einer negativen Feststellungsklage zur Abwehr eines Unterlassungsanspruchs **1449** wäre demnach auf den Wert des Unterlassungsanspruchs abzustellen. Dieser Ansatz wird mit der Begründung in Zweifel gezogen, dass das Interesse des Feststellungsklägers maßgebend ist, das nicht identisch mit dem Interesse des Beklagten am Unterlassungsanspruch sein muss. Das Interesse des Feststellungsklägers ist darauf gerichtet, nicht mit der Unterlassungspflicht belastet zu sein.[1547] Wie hoch dieser Wert im Einzelfall ist, lässt sich nicht einfach feststellen. Es bestünde sonst die Gefahr, dass ein abmahnendes Kleinunternehmen sich einer negativen Feststellungsklage mit einem viel höheren Streitwert gegenübersehen würde. Zu folgen ist deshalb der Rechtsprechung des

---

[1546] Zöller/*Herget*, § 3 Rn. 16 Stichwort: Feststellungsklagen.
[1547] OLG München 7.7.1986 – 6 W 1831/86, GRUR 1986, 840 – Negative Feststellungsklage; Teplitzky, Kap. 49 Rn. 36; Harte/Henning/*Retzer*, UWG 3. Aufl. 2013, § 12 Rn. 875.

Kammergerichts[1548], wonach auch bei der Abwehr eines Unterlassungsanspruchs der Wert der negativen Feststellungsklage sich nach dem Wert des abzuwehrenden Anspruchs richtet.

b) Klagen auf Feststellung der Schadensersatzpflicht

1450   Die großzügige Handhabung der Zulässigkeit von Klagen, die auf bloße Feststellung der Schadensersatzpflicht gerichtet sind, hat zur Folge, dass insbesondere auch bei der Stufenklage kein bezifferter Anspruch, sondern lediglich der Feststellungsanspruch verfolgt wird. Dies erspart zwar mitunter komplizierte Berechnungen zur Höhe des Schadensersatzes. Die Bestimmung eines Streitwertes lässt sich jedoch nicht vermeiden, der bei Feststellungsklagen mit 80 % des festzustellenden Schadensersatzanspruchs anzunehmen ist.[1549] Damit kommt es darauf an, wie hoch der festzustellende Schadensersatzanspruch zu bemessen ist. Hierfür ist wiederum auf den Unterlassungsanspruch abzustellen, denn der Schadensersatz hat einen Bezug zum Unterlassungsanspruch, weshalb es gerechtfertigt ist, den Wert des Schadensersatzfeststellungsanspruchs in einem bestimmten Verhältnis zum Unterlassungsanspruch zu bestimmen.[1550] In Berlin hat sich auf der Grundlage der Rechtsprechung des Kammergerichts[1551] die Praxis herausgebildet, den Wert des auf Feststellung der Schadensersatzpflicht gerichteten Anspruchs mit **20 % des Wertes des entsprechenden Unterlassungsanspruchs** zu bemessen. Dieser Prozentsatz ist nicht unbedingt zwingend, erleichtert aber die Handhabung und macht für die Parteien die Streitwertfestsetzung vorhersehbar.

4. Streitwert von Auskunftsansprüchen

1451   Auskunftsansprüche sind lediglich Hilfsansprüche, soweit sie die Berechnung von Schadensersatzansprüchen vorbereiten sollen. Sie sind jedoch selbständige Ansprüche, soweit Auskunft über die Herkunft von Waren oder über Vertriebswege oder zu Produktpiraterieware erteilt werden soll (§ 19 MarkenG, § 101 UrhG). In allen Fällen richtet sich der Wert gem. § 3 ZPO nach dem Interesse des Klägers an der erstrebten Auskunft. Aber auch hier ist, ebenso wie bei der Feststellungsklage, ein Bezug zum Unterlassungsanspruch nicht zu verkennen. Es ist deshalb gerechtfertigt bei typisierender Betrachtung den Auskunftsanspruch in einem bestimmten Verhältnis zum Unterlassungsanspruch zu bestimmen. Das Kammergericht nimmt den Wert des Auskunftsanspruchs mit **5 % des Unterlassungsanspruchs** an.[1552] Damit wird der Bedeutung dieses Anspruchs, der lediglich vorbereitende Zwecke hat, ausreichend Rechnung getragen. Natürlich bleibt es unbenommen, die besonderen Umstände des Einzelfalls zu berücksichtigen[1553] und einen anderen Wert festzusetzen, wobei aber von der Partei die Tatsachen anzugeben sind, die die Bestimmung eines höheren oder geringeren Streitwertes rechtfertigen sollen.

[1548] KG 4.11.2008 – 5 W 389/07, JurBüro 2009, 194; a. A. OLG München 7.7.1986 – 6 W 1831/86, GRUR 1986, 840 – Negative Feststellungsklage.
[1549] Zöller/*Herget*, § 3 Rn. 16 Stichwort: Feststellungsklagen.
[1550] Teplitzky, Kap. 49 Rn. 32.
[1551] KG, Beschluss vom 31.10.2003 – 5 W 103/03 – und Beschluss vom 13.7.2010 – 5 W 123/09.
[1552] KG, Beschluss vom 31.10.2003 – 5 W 103/03 – und Beschluss vom 13.7.2010 – 5 W 123/09.
[1553] *Köhler*/Bornkamm, § 12 Rn. 5.15.

5. Streitwert von Abmahnkosten

Ansprüche auf Erstattung der Rechtsanwaltskosten für die vorprozessuale Abmah- **1452** nung werden als Zahlungsanspruch oder Freistellungsanspruch geltend gemacht. Hier gilt der allgemeine Grundsatz, dass sich der Streitwert nach dem verlangten Betrag richtet. Davon ist jedoch eine Ausnahme zu machen, wenn die Kosten der Abmahnung im Wege der Klagehäufung neben dem abgemahnten Unterlassungsanspruch einge-klagt werden. In diesem Fall sind die Abmahnkosten lediglich Nebenforderung, denn es handelt sich um einen unselbständigen Anspruch, der in seinem Bestand vom Un-terlassungsanspruch abhängig ist.[1554] Als **Nebenforderung** bleiben sie gem. § 4 ZPO bei der Wertberechnung unberücksichtigt.[1555] Dies gilt auch für die negative Feststel-lungsklage, wenn sich der Kläger zugleich gegen die als Nebenforderung geltend ge-machten Abmahnkosten der Gegenpartei wendet.[1556] Hat der Abgemahnte jedoch die Unterwerfungserklärung abgegeben, sind die gesondert eingeklagten Abmahnkosten Hauptforderung und deshalb bei der Streitwertberechnung zu berücksichtigen. Wird während des Rechtsstreits der Unterlassungsanspruch in der Hauptsache für erledigt erklärt, werden die Abmahnkosten zur Hauptforderung.

6. Was ist für die Streitwertfestsetzung zu beachten?

- In der Klageschrift oder im Antrag auf Erlass einer einstweiligen Verfügung ist die **1453** Angabe eines Streitwertes erforderlich; hierzu verpflichtet auch § 61 GKG.
- Der angegebene Streitwert muss realistisch sein; das Gericht wird sonst den Streit-wert herauf- oder herabsetzen.
- Werden mehrere Ansprüche geltend gemacht, z.B. Unterlassung, Auskunft und Feststellung der Schadensersatzpflicht, ist zunächst für jeden Anspruch der Einzel-streitwert anzugeben und erst daraus ein Gesamtstreitwert zu bilden; die Einzel-streitwerte sind bei nur teilweisem Erfolg für die Kostenentscheidung erforderlich, und um bei einer eventuellen Zwangsvollstreckung den Wert für das Vollstre-ckungsverfahren bestimmen zu können.
- Bei typisierten Ansprüchen, wie eMail-Werbung, Filesharing, Stadtplanausschnitte, werden üblicherweise die gleichen Werte festgesetzt, die je nach Oberlandesge-richtsbezirk unterschiedlich sein können.
- Der Wert für das einstweilige Verfügungsverfahren bestimmt sich nach dem Haupt-sachewert und wird regional unterschiedlich teilweise herabgesetzt; es sollte deshalb im Verfügungsantrag deutlich gemacht werden, in welchem Verhältnis die Wertan-gabe zum Hauptsachewert steht.

[1554] Musielak/*Heinrich*, ZPO, 11. Aufl. 2014, § 4 Rn. 11.
[1555] BGH 30.1.2007 – X ZB 7/06, NJW 2007, 3289; KG 18.2.2008 – 2 AR 7/08, NJW-RR 2008, 879.
[1556] BGH 12.3.2015 – I ZR 99/14, BeckRS 2015, 358; hierzu Elzer, GRUR-Prax 2015, 358.

7. Rechtsbehelfe gegen die Streitwertfestsetzung

a) Vorläufige/endgültige Streitwertfestsetzung

1454   Nach Eingang der Klage setzt das Gericht den **Streitwert vorläufig** fest, sofern nicht ausschließlich ein Zahlungsanspruch geltend gemacht wird. Diese Wertfestsetzung dient lediglich der Berechnung der Gerichtskosten, die vom Kläger vorab zu entrichten sind (§ 63 Abs. 1 GKG). Sie ist immer nur vorläufig, auch wenn dies im Beschluss so nicht ausdrücklich bezeichnet wird. Erst nach Abschluss des Verfahrens setzt das Gericht den Streitwert endgültig fest (§ 63 Abs. 2 GKG).

b) Rechtsbehelf gegen die vorläufige Streitwertfestsetzung

1455   Gegen die lediglich der Berechnung des Gerichtskostenvorschusses dienende **vorläufige Streitwertfestsetzung** gibt es grundsätzlich **keinen Rechtsbehelf**, denn § 68 GKG sieht die Streitwertbeschwerde nur für die endgültige Wertfestsetzung vor. Der Beklagte ist durch diese Festsetzung nicht beschwert, weil er nicht vorschusspflichtig ist. Der Kläger kann jedoch beschwert sei, wenn er den Streitwert für zu hoch festgesetzt hält und eine Herabsetzung anstrebt. Gegen einen zu hoch festgesetzten Streitwert muss es einen Rechtsbehelf geben, weil die Zustellung der Klage von der Einrichtung des **Gerichtskostenvorschusses** abhängt und Gerichtskosten nur für einen zutreffenden Streitwert zu entrichten sind. Dem Kläger ist deshalb ein Beschwerderecht einzuräumen. Dabei genügt es aber nicht, nur die Streitwertfestsetzung anzugreifen, sondern es ist gleichzeitig eine Beschwerde gegen die Vorschussanforderung einzulegen (§ 67 GKG),[1557] um auch die Grundlage für die Kostenanforderung zu beseitigen ist.

c) Rechtsbehelf gegen die endgültige Streitwertfestsetzung

1456   Gegen die endgültige Streitwertfestsetzung ist die **Streitwertbeschwerde** gegeben (§ 68 GKG). Diese setzt zunächst voraus, dass der Wert des Beschwerdegegenstands 200,– € übersteigt. Der **Beschwerdewert** meint nicht die Differenz zwischen dem alten und dem neuen Streitwert, sondern bezieht sich auf die Veränderung der Gebühren und ist gegeben, wenn infolge der Streitwertänderung sich die Gebühren um mindestens 200,01 € erhöhen oder reduzieren.

1457   Legt der Prozessbevollmächtigte die Streitwertbeschwerde ein, so ist fü das **Rechtsschutzbedürfnis** zu unterscheiden, ob er den Rechtsbehelf im eigenen Namen (§ 32 Abs. 2 RVG) oder für seinen Mandanten geltend macht. Für eine Heraufsetzung des Streitwertes hat nur der Rechtsanwalt ein Rechtschutzinteresse, weil die Höhe seiner Gebühren von der Streitwertfestsetzung abhängt. Die Prozesspartei, die u.U. kostenpflichtig ist, hat an einer Heraufsetzung grundsätzlich kein Interesse. Nur bei einer Honorarvereinbarung, die zu einem die gesetzlichen Gebühren übersteigenden Honorar führt, kann auch ein Interesse der Partei an einer Streitwerterhöhung gegeben sein.[1558] Für eine Herabsetzung des Streitwertes hat nur die Prozesspartei ein Rechts-

---

[1557] OLG Brandenburg 7.7.1999 – 9 WF 114/99, MDR 2000, 174; OLG Koblenz 24.1.2006 – 10 W 16/06, NJOZ 2007, 1387; Binz/*Dörndorfer*, GKG, FamGKG, JVEG, 3. Aufl. 2014, § 63 Rn. 2.

[1558] Ullmann/*Hess*, § 12 Rn. 292.

schutzinteresse, nicht aber ihr Rechtsanwalt. Für die Streitwertbeschwerde bedeutet dies, dass der Rechtsanwalt, der sie einlegt immer anzugeben hat, ob er den Rechtsbehelf im eigenen Namen oder für die Prozesspartei erhebt. Bei einer fehlenden Klarstellung kann er sich nicht darauf verlassen, dass das Gericht die Beschwerde immer als für die Person eingelegt behandelt, für die auch das Rechtsschutzinteresse besteht. Er muss damit rechnen, dass sein Rechtsbehelf als unzulässig zurückgewiesen wird. Er kann aber wiederholt werden, sofern die Fristen noch nicht abgelaufen sind.

> **Praxistipp:** Der Rechtsanwalt muss in seinem Schriftsatz unmissverständlich ausführen, ob er die Streitbeschwerde im eigenen Namen oder für die von ihm vertretene Prozesspartei einlegt.

1458

Für die Streitwertbeschwerde besteht **kein Anwaltszwang**, denn sie kann auch zu **1459** Protokoll der Geschäftsstelle erklärt werden (§ 66 Abs. 5 S. 1, § 68 Abs. 1 S. 5 GKG, § 78 Abs. 3 ZPO).[1559] Die Partei kann somit auch ohne Rechtsanwalt Streitwertbeschwerde einlegen, weshalb es erforderlich ist, Streitwertbeschlüsse mit einer Rechtsbehelfsbelehrung zu versehen. Die Ausnahmeregelung des § 232 S. 2 ZPO für Verfahren mit Anwaltszwang gilt nicht.

Die Streitwertbeschwerde ist **fristgebunden**. Die einzuhaltende Frist beträgt sechs **1460** Monaten ab Rechtskraft der Entscheidung in der Hauptsache oder anderweitiger Erledigung des Rechtsstreits (§ 68 Abs. 1 S. 3, § 63 Abs. 3 S. 2 GKG). Eine anderweitige Erledigung ist die Zustellung einer beschlussförmigen einstweiligen Verfügung, sofern der Antragsgegner nicht innerhalb von sechs Monaten Widerspruch einlegt.[1560] Wird neben dem Eilverfahren auch die Hauptsacheklage geltend gemacht, beginnt die Frist erst, wenn beide Verfahren beendet sind.[1561] Bei einer Streitwertfestsetzung weniger als einen Monat vor Ablauf der Sechsmonatsfrist, beträgt die Beschwerdefrist einen Monat ab Zustellung oder formloser Mitteilung, wobei die Entscheidung mit dem dritten Tag nach Aufgabe zur Post als bekannt gemacht gilt (§ 68 Abs. 1 S. 4 GKG).

Gegen die Beschwerdeentscheidung ist die weitere Beschwerde zulässig, wenn Be- **1461** schwerdegericht das Landgericht ist und dieses den Rechtsbehelf zugelassen hat, weil die Sache grundsätzliche Bedeutung hat (§ 68 Abs. 1 S. 5, § 66 Abs. 4 GKG).

Mit der Streitbeschwerde kann nur der **Gebührenstreitwert** angefochten werden. **1462** Die Festsetzung des **Zuständigkeitsstreitwerts**, der die sachliche Zuständigkeit bestimmt und für den Bereich des geistigen Eigentums nur bei urheberrechtlichen Ansprüchen noch Bedeutung erlangen kann, ist unanfechtbar. Für einen Rechtsbehelf gegen die Bestimmung des Zuständigkeitsstreitwerts gibt es keine rechtliche Grundlage. Über die sachliche Zuständigkeit wird im Urteil entschieden.[1562]

d) Änderung des Streitwerts von Amts wegen

Nach § 63 Abs. 3 Nr. 1 GKG kann das Gericht, das den Streitwert festgesetzt hat, **1463** diesen von Amts wegen ändern. Diese Möglichkeit kann zum einen genutzt werden, wenn sich im Widerspruchsverfahren herausstellt, dass die mit der Eilentscheidung festgesetzte Wertfestsetzung nicht angemessen ist. Zum anderen kann jede Partei auch

---

[1559] OLG Hamburg 3.4.2013 – 3 W 18/13, NJOZ 2013, 2118; Binz/*Zimmermann*, § 68 Rn. 14.
[1560] KG 2.4.1982 – 5 W 1158/82, WRP 1982, 582.
[1561] OLG Hamburg 19.10. 2010 – 3 W 89/10, MDR 2011, 258.
[1562] OLG Köln 17.2.1997 – 26 W 2/97, NJW-RR 1998, 279.

anregen, dass das Gericht den Streitwert ändern möge, ohne förmlich Streitwertbeschwerde einlegen zu müssen. Folgt das Gericht dieser Anregung nicht, dann werden
zwar die Akten dem Beschwerdegericht nicht vorgelegt, die Partei erspart sich aber das
Kostenrisiko eines Beschwerdeverfahrens.

1464   Das Beschwerdegericht kann den Streitwert von Amts wegen nur ändern, wenn dort
die Hauptsache oder die Streitwertbeschwerde oder andere Rechtsbehelfe gegen Kos-
tenentscheidungen anhängig sind (§ 63 Abs. 3 S. 1 Nr. 2 GKG). Ist die Streitwertbeschwerde unzulässig, kann das Beschwerdegericht auch nicht von Amts wegen den
Streitwert ändern.[1563]

8. Was ist bei der Streitwertbeschwerde zu beachten?

1465 • Gegen eine vorläufige Streitwertfestsetzung ist nur die Beschwerde der klagenden
        Partei zulässig mit dem Ziel, eine Herabsetzung des Streitwerts zu erreichen.
      • Gegen die endgültige Festsetzung des Streitwerts kann der Rechtsanwalt im eigenen
        Namen oder für seinen Mandanten Beschwerde einlegen; im eigenen Namen kann
        er nur eine Heraufsetzung und für die Mandantschaft nur eine Herabsetzung bean-
        tragen.
      • In der Streitwertbeschwerde hat der Rechtsanwalt deshalb immer ausdrücklich anzu-
        geben, ob die Beschwerde im eigenen Namen oder im fremden Namen eingelegt wird.
      • Für die Streitwertbeschwerde besteht kein Anwaltszwang.
      • Anstelle einer Streitwertbeschwerde können die Partei oder ihr Rechtsanwalt auch
        lediglich anregen, den Streitwert von Amts wegen zu ändern. Wird die Änderung ab-
        gelehnt, dann wird eine Entscheidung des Beschwerdegerichts nicht herbeigeführt.
      • In dem Schriftsatz, der sich gegen die Streitwertfestsetzung wendet, ist deshalb im-
        mer deutlich mitzuteilen, ob eine Beschwerde als Rechtsbehelf eingelegt oder ledig-
        lich eine Änderung des Streitwerts angeregt wird.
      • Die Frist zur Einlegung der Streitwertbeschwerde ist einzuhalten. Sie beträgt sechs
        Monate und beginnt mit der rechtskräftigen Entscheidung der Hauptsache oder an-
        derweitiger Erledigung des Verfahrens.

III. Gebührenfaktoren

1. Grundsatz der Gebührenbemessung bei Abmahnungen und Abschlussschreiben

1466   Abmahnungen und Abschlussschreiben sind Vertretungen in außergerichtlichen Tätigkeiten, für die dem Rechtsanwalt als Honorar eine Geschäftsgebühr gem. Nr. 2300
VV zum RVG zusteht. Hierbei handelt es sich um eine Rahmengebühr mit dem Satz
0,5 bis 2,5, wobei ein höherer Gebührensatz als 1,3 nur gefordert werden kann, wenn
die Tätigkeit umfangreich und schwierig war. § 14 RVG schreibt vor, dass bei Rahmengebühren der Rechtsanwalt die Gebühr unter Berücksichtigung aller Umstände des
Einzelfalls, insbesondere des Umfangs und der Schwierigkeit der Tätigkeit, der Bedeutung der Angelegenheit für die Partei und deren wirtschaftlichen Verhältnissen nach
billigem Ermessen bestimmt.

[1563] OVG Hamburg 7.12.2009 – 5 So 192/09, BeckRS 2010, 46800.

2. Gebührenfaktor für Abmahnungen

In der Rechtsprechung hat sich für Abmahnungen ein regelmäßiger Gebührensatz **1467** von 1,3 für die Geschäftsgebühr herausgebildet. Dieser Regelsatz darf nur bei überdurchschnittlich schwierigen und umfangreichen Tätigkeiten des Rechtsanwalts überschritten werden. Dabei können bestimmte Sachgebiete im gewerblichen Rechtsschutz nicht von vornherein als überdurchschnittlich schwierig und umfangreich angesehen werden. So hält der Bundesgerichtshof in Gebrauchsmuster- und Geschmacksmustersachen den Regelsatz von 1,3 für angemessen.[1564] Dies schließt einen höheren Gebührensatz nicht aus, der aufgrund der gefestigten Rechtsprechung aber ausführlich zu begründen ist und dessen Voraussetzungen nur in seltenen Ausnahmefällen vorliegen dürften.

Die Abmahnung ist grundsätzlich kein Schreiben einfacher Art, das nur eine 0,3- **1468** Geschäftsgebühr gem. Nr. 2301 VV zum RVG rechtfertigt. Ein Schreiben einfacher Art kann jedoch vorliegen, wenn dieses weder schwierige rechtliche Ausführungen noch größere sachliche Ausführungen enthalten. Das ergibt sich nicht daraus, dass wegen einer Vielzahl ähnlicher Sachverhalte abgemahnt wurde. Allein der Umstand der Vielzahl der Abmahnungen rechtfertigt nicht die Annahme, dass diese weder schwierige rechtliche Ausführungen noch größere sachliche Auseinandersetzungen enthalten. Denn jede Abmahnung ist gesondert zu betrachten und jeweils eine selbständige gebührenrechtliche Angelegenheit. Der in der gerichtlichen Praxis nicht seltene Einwand gegen einen Anspruch auf Erstattung der Abmahnkosten, dass der Gebührenfaktor überhöht ist wegen einer Vielzahl von Abmahnungen wegen gleichartiger Verstöße, war, soweit ersichtlich, bisher nicht erfolgreich.

3. Gebührenfaktor für Abschlussschreiben

Das Abschlussschreiben, mit dem der Rechtsanwalt nach Erlass der einstweiligen **1469** Verfügung den Antragsgegner auffordert, diese als endgültige Regelung anzuerkennen, ist eine weitere selbständige gebührenrechtliche Angelegenheit,[1565] für die ihm grundsätzlich eine Geschäftsgebühr gem. Nr. 2300 VV zum RVG und nicht lediglich die Gebühr für ein Schreiben einfacher Art gem. Nr. 2301 VV zum RVG zusteht. Der Bundesgerichtshof begründet die Anwendung der Nr. 2300 VV zum RVG damit, dass ein Abschlussschreiben schwieriger sei als eine Zahlungsaufforderung, Mahnung oder Einwohnermeldeamtsanfrage, weil der Antragsgegner nach der einstweiligen Verfügung zum Verzicht auf Gegenrechte aufgefordert wird und zu prüfen ist, ob die abgegebene Abschlusserklärung ausreichend ist.[1566] Auch die Instanzgerichte gehen davon aus, dass eine Geschäftsgebühr gem. Nr. 2300 VV zum RVG gerechtfertigt ist, wobei die Rechtsprechung bisher eine 1,3[1567] oder 0,8[1568] Gebühr annimmt.

[1564] BGH 13.11.2013 – X ZR 171/12, GRUR 2014, 206 Rn. 25 – Einkaufskühltasche; so auch Wandtke/Bullinger/*Kefferpütz*, Urheberrecht, 4. Aufl. 2014, § 97 a Rn. 48.

[1565] BGH 12.3.2009 – IX ZR 10/08, NJW 2009, 2068.

[1566] BGH 4.2.2010 – I ZR 30/08, GRUR 2010, 1038 Rn. 31 – Kosten für Abschlussschreiben.

[1567] OLG Frankfurt 19.9.2013 – 6 U 105/12 MDR 2014, 175 (LS).

[1568] OLG Hamburg 6.2.2014 – 3 U 119/13, GRUR-RR 2014, 229, 232 – Standardabschlussschreiben; KG 1.4.2009 – 24 U 133/08; OLG Düsseldorf 3.12.2013 – 20 U 162/12, BeckRS 2014, 12143.

1470   Welcher Gebührenfaktor angemessen ist, hat der Bundesgerichtshof mit seiner Entscheidung vom 22.1.2015 klargestellt.[1569] Danach ist von der 1,3-Geschäftsgebühr als Regelgebühr auszugehen, die wegen der Funktion des Abschlussschreibens, die mit einer Abmahnung vergleichbar ist, nicht herabzusetzen ist. Ferner stellt der Bundesgerichtshof darauf ab, dass das Abschlussschreiben sich nicht auf die Bezugnahme auf die ergangene einstweilige Verfügung beschränkt, sondern den Verzicht des Antragsgegners auf die Gegenrechte erreichen soll und nach Abgabe der Abschlusserklärung auch zu prüfen ist, ob diese den Antragsteller klaglos stellt.

1471   In Einzelfällen kann das Abschlussschreiben auch nur ein Schreiben einfacher Art gem. Nr. 2301 VV zum RVG sein, wenn das Abschlussschreiben keine erneute rechtliche Prüfung erfordert. In dem vom Bundesgerichtshof[1570] entschiedenen Fall nahm der Antragsgegner im Widerspruchsverfahren den Widerspruch zurück und kündigte die Abschlusserklärung an, weil das Gericht die einstweilige Verfügung als zutreffend bestätigte. Auf derart besondere Sachverhalte ist die Anwendung der Nr. 2301 VV zum RVG zu beschränken, weshalb es grundsätzlich bei der Rahmengebühr gem. Nr. 2300 VV zum RVG verbleibt.

1472   Was ist bei der Bestimmung der Gebührenfaktoren zu beachten?
- für die Abmahnung ist in der Regel eine 1,3-Geschäftsgebühr angemessen; ein höherer Gebührensatz bedarf der Darlegung einer umfangreichen oder schwierigen Tätigkeit;
- für das Abschlussschreiben ist in der Regel eine 1,3-Geschäftsgebühr angemessen.

4. Keine Anwendung der Toleranzrechtsprechung

1473   Nach der sogenannten Toleranzrechtsprechung steht dem Rechtsanwalt bei der Bestimmung von Rahmengebühren ein Spielraum von 20 % zu. Gebühren, die innerhalb dieses Rahmens liegen, entsprechen noch billigem Ermessen im Sinne des § 14 Abs. 1 RVG.[1571] Diese Rechtsprechung kann aber nicht zur Begründung einer Erhöhung der Geschäftsgebühr von 1,3 auf 1,5 herangezogen werden. Denn eine höhere Gebühr als die Regelgebühr von 1,3 kann nur verlangt werden, wenn die Tätigkeit des Rechtsanwalts umfangreich oder schwierig ist. Diese Anforderung ist durch die Toleranzrechtsprechung nicht zu ersetzen.[1572] Wird eine höhere Gebühr als 1,3 verlangt, müssen immer die Voraussetzungen gegeben sein, die eine Überschreitung der Regelgebühr rechtfertigen.

5. Anrechnung der Gebühren nach § 15a Abs. 2 RVG

a) Grundsatz der Anrechnung

1474   Die Abmahnung und das Abschlussschreiben sind jeweils selbständige gebührenrechtliche Angelegenheiten, für die der Rechtsanwalt die Geschäftsgebühr erhält.[1573] Wird der Rechtsanwalt im nachfolgenden Verfahren auf Erlass einer einstweiligen Ver-

---

[1569] I ZR 59/14, BeckRS 2015, 11097 Rn. 35; hierzu Rehart GRUR-Prax 2015, 294 und Dittmer GRUR-Prax 2015, 309.

[1570] BGH 4.2.2010 – I ZR 30/08, GRUR 2010, 1038 Rn. 32 – Kosten für Abschlussschreiben; so auch OLG München 4.8.2011 – 6 U 3128/10, GRUR-RR 2011, 424 – Elektrogeräteregistrierung.

[1571] BGH 13.1.2011 – IX ZR 110/10, NJW 2011, 1603 Rn. 5.

[1572] BGH 13.11.2013 – X ZR 171/12GRUR 2014, 206 Rn. 24 – Einkaufskühltasche; BGH 11.7.2012 – VIII ZR 323/11, GRUR-RR 2012, 491 Rn. 11 – Toleranzbereich.

[1573] BGH 12.3.2009 – IX ZR 10/08, NJW 2009, 2068.

fügung und im Hauptsacheverfahren tätig, entsteht zusätzlich in beiden Verfahren die Verfahrensgebühr gem. Nr. 3100 VV zum RVG mit dem Gebührensatz 1,3. Nach § 15a Abs. 1 RVG kann der Rechtsanwalt die Geschäftsgebühr und die Verfahrensgebühr nebeneinander verlangen, wobei jedoch Anrechnungsvorschriften zu beachten sind. Eine solche Anrechnungsvorschrift enthält Teil 3 Vorbemerkung 3 Absatz 4 VV RVG, nach der die Geschäftsgebühr zur Hälfte auf die Verfahrensgebühr anzurechnen ist, jedoch höchstens mit dem Gebührensatz von 0,75, wenn beide Angelegenheiten denselben Gegenstand betreffen. Damit reduziert sich durch die Anrechnung die Verfahrensgebühr. Die Abmahnung und die nachfolgende einstweilige Verfügung sowie das Abschlussschreiben und das Hauptsacheverfahren sind zwar im gebührenrechtlichen Sinne jeweils selbständige Angelegenheiten, betreffen aber mit dem geltend gemachten Unterlassungsanspruch denselben Gegenstand. Der Rechtsanwalt kann danach die Geschäftsgebühr und die Verfahrensgebühr gegenüber seinem Auftraggeber geltend machen, jedoch insgesamt nicht mehr als ihm insgesamt unter Berücksichtigung der Anrechnungsvorschrift zusteht.

Für eine **Abmahnung mit nachfolgendem Hauptsacheverfahren** ergibt sich damit **1475** folgende Beispielsberechnung:

Abmahnung:	
1,3-Geschäftsgebühr (Nr. 2300 VV RVG)	845,00 €
nach einem Wert von 15.000,– €	
Hauptsacheverfahren:	
1,3-Verfahrensgebühr (Nr. 3100 VV RVG)	845,00 €
nach einem Wert von 15.000,– €	
	1.690,00 €
Anrechnung der Hälfte der Geschäftsgebühr (0,65)	./. 422,50 €
verbeiben dem Rechtsanwalt insgesamt	**1.267,50 €**

zuzüglich 2 × 20,– € Post- und Telekommunikationspauschale (Nr. 7002 VV RVG).

Hinzu kommt eine 1,2-Termingebühr, wenn in der Hauptsache mündlich verhandelt wird.

Bei unterschiedlichen Streitwerten der **Abmahnung mit nachfolgendem Eilver- 1476 fahren**, bei dem der Wert nur 2/3 des Hauptsachewerts beträgt, ergibt sich folgendes Berechnungsbeispiel:

Abmahnung:	
1,3-Geschäftsgebühr (Nr. 2300 VV RVG)	
nach einem Wert von 15.000,– €	845,00 €
Eilverfahren:	
1,3-Verfahrensgebühr (Nr. 3100 VV RVG)	
nach einem Wert von 10.000,– €	725,40 €
	1.570,40 €

Auf die Verfahrensgebühr ist gem. Teil 3 Vorbemerkung 3 Absatz 4 Satz 5 VV RVG die Geschäftsgebühr zur Hälfte (= 0,65) anzurechnen, jedoch nach dem Wert des gerichtlichen Verfahrens. Anzurechnen ist danach die Geschäftsgebühr in Höhe von 0,65

nach einem Wert von 10.000,– €,	./. 362,70 €
so dass sich ein Gebührenanspruch von insgesamt	**1.207,70 €**

Scholz

zuzüglich 2 × 20,– € Post- und Telekommunikationspauschale (Nr. 7002 VV RVG) errechnet.

Hinzu kommt eine 1,2-Termingebühr, wenn in dem Verfügungsverfahren mündlich verhandelt wird.

1477 Für das **Abschlussschreiben mit nachfolgender Hauptsacheklage** ist folgende Beispielsberechnung vorzunehmen:

Abschlussschreiben: 1,3-Geschäftsgebühr (Nr. 2300 VVRVG) nach einem Wert von 15.000,– €	845,00 €
Hauptsacheverfahren: 1,3-Verfahrensgebühr (Nr. 3100 VVRVG) nach einem Wert von 15.000,– €	<u>845,00 €</u> 1.690,00 €
Hierauf ist gem. Teil 3 Vorbemerkung 3 Absatz 4 Satz 5 VV RVG die Geschäftsgebühr zur Hälfte anzurechnen, jedoch nach dem Wert des gerichtlichen Verfahrens. Anzurechnen ist danach die Geschäftsgebühr in Höhe von 0,65 nach einem Wert von 15.000,– €,	./. <u>422,50 €</u>
so dass sich ein Gebührenanspruch von insgesamt	**1.267,50 €**

zuzüglich 2 × 20,– € Post- und Telekommunikationspauschale (Nr. 7002 VV RVG) errechnet.

Hinzu kommt eine 1,2-Termingebühr, wenn in dem Verfügungsverfahren mündlich verhandelt wird.

b) Anrechnung bei der Geltendmachung gegenüber Dritten

1478 Die Anrechnung der Geschäftsgebühr auf die Verfahrensgebühr hat grundsätzlich keine Wirkung gegenüber Dritten.[1574] Sie regelt nur das Verhältnis zwischen Rechtsanwalt und Auftraggeber. So kann bei einer erfolgreichen Unterlassungsklage die Verfahrensgebühr festgesetzt werden, wenn zuvor wegen der Abmahnung die Geschäftsgebühr entstanden ist. Die Regelung des § 15a Abs. 2 RVG soll nur sicherstellen, dass der Dritte nicht mehr an Gebühren zu erstatten hat, als dem Anwalt gegenüber dem Auftraggeber zustehen. § 15a Abs. 2 RVG sieht hierzu vor, dass der Dritte, bspw. der Abgemahnte, der in der nachfolgenden Unterlassungsklage unterlegen ist, sich nur auf die Anrechnung berufen kann, wenn er eine der Gebühren bezahlt hat, wegen einer der Gebühren ein Vollstreckungstitel gegen ihn besteht oder beide Gebühren gegen ihn in demselben Verfahren geltend gemacht werden. Vollstreckungstitel können alle zur Kostenregelung geeigneten Titel sein,[1575] damit auch bereits ergangene Kostenfestsetzungsbeschlüsse. Diese Titel müssen nicht rechtskräftig sein. So ist bei der Verurteilung zur Zahlung der Geschäftsgebühr, diese zur Hälfte auf die Verfahrensgebühr für den gleichzeitig geltend gemachten Unterlassungsanspruch anzurechnen.

1479 Im Wettbewerbsprozess erlangt § 15a Abs. 2 RVG Bedeutung, wenn der Verletzte den Verletzer auf Erstattung der Kosten für die Abmahnung und das Abschlussschreiben so-

---

[1574] BGH 2.9.2009 – II ZB 35/07, NJW 2009, 3101 Rn. 8.
[1575] *Mayer*/Kroiß, RVG, 6. Aufl. 2013, VV Vorbemerkung 3 Rn. 136.

wie im Wege einstweiliger Verfügung und mit der Hauptsacheklage auf Unterlassung in Anspruch nimmt. Hier stellt sich die Frage, wie die Anrechnung vorzunehmen ist. Grundsätzlich ist die Geschäftsgebühr auf die Verfahrensgebühr anzurechnen, so dass die Verfahrensgebühr zu kürzen ist. Nur wenn die Verfahrensgebühr bereits festgesetzt ist, erfolgt die Anrechnung auf die Geschäftsgebühr, was zu deren Kürzung führt.[1576]

c) Was ist zu beachten, wenn der Schuldner den Einwand der Anrechnung erhebt?

- die Abmahnung bereitet die einstweilige Verfügung vor, so dass die Geschäftsgebühr für die Abmahnung auf die Verfahrensgebühr des einstweiligen Verfügungsverfahrens anzurechnen ist; **1480**
- das Abschlussschreiben bereitet die Hauptsacheklage vor, so dass die Geschäftsgebühr für das Abschlussschreiben auf die Verfahrensgebühr im Hauptsacheverfahren anzurechnen ist;
- die Geschäftsgebühren für Abmahnung und Abschlussschreiben sind nicht festsetzbar, weshalb sie mit einer Zahlungsklage durchzusetzen sind, die in der Regel mit der Unterlassungsklage verbunden wird;
- im vorangehenden Verfügungsverfahren, in dem Zahlungsansprüche nicht geltend gemacht werden können, wird die volle Verfahrensgebühr festgesetzt; in diesem Fall ist mit dem Kostenfestsetzungsbeschluss die Verfahrensgebühr tituliert;
- die nachfolgende Zahlungsklage wegen der Geschäftsgebühr für die Abmahnung ist auf den Differenzbetrag zu beschränken, der nach der Anrechnung und der festgesetzten Verfahrensgebühr verbleibt;
- die Geschäftsgebühr für das Abschlussschreiben kann neben dem Unterlassungsanspruch im Hauptsacheprozess in voller Höhe eingeklagt werden; beim Klageerfolg besteht ein Vollstreckungstitel wegen dieser Geschäftsgebühr;
- im Kostenfestsetzungsverfahren ist dann die Verfahrensgebühr für den Unterlassungsanspruch unter Anrechnung der Geschäftsgebühr für das Abschlussschreiben festzusetzen.

[1576] KG 3.8.2012 – 5 U 169/11, BeckRS 2012, 18408.

Sachverzeichnis

Zahlen = Randnummern